Magie der Nordwest-Passage

der ganz hohe Nord-Westen

Die schönste Arktisreise der Welt.
Erlebnisse, Informationen, Gedanken und Emotionen.
Ein Reise- und Naturführer mit Reise-Tagebuch über die phantastisch- abenteuerliche Expeditions-Reise von Grönland durch die Nordwest-Passage in die kanadische Arktis.
Die Nordwest-Passage – früher wie heute - das klingt schon nach Abenteuer, ist es auch, war es auch und wird es auch immer bleiben!

Vorwort

Ich schreibe in diesem Buch über meine abenteuerliche Expeditions-Reise von Grönland, durch die legendäre Nordwest-Passage und die kanadisch-arktische Inselwelt bis Cambridge Bay. Es ist ein Bericht von meiner Reise in 2019, ergänzt mit vielen Informationen und Wissenswertem über Eis, Schnee, Gletscher und Eisberge, Fauna und Flora, wilde Landschaft, die besondere Magie der Arktis und den „Ur-Einwohnern". Eine Reise auf den Spuren der vielen früheren Seefahrer, Entdecker und Entdeckung der Nordwest-Passage und ebenso eine Reise in eine Ur-Natur, wie man es sich kaum vorstellen kann.

Außerdem möchte ich mit dem Buch die Arktis, die wunderbare Natur, näherbringen – es soll ebenso ein Buch für die Seele sein, denn ich empfinde es entspannend, über ein Gebiet zu lesen, mit sooo vielen Puzzleteilen, was man so gar nicht kennt. Ein Buch sowohl zum Träumen, Erkunden als auch zum Nachdenken -- und gerade der Mix aus Allem und nicht nur Geschichte, Natur oder Klima, macht es so spannend und entspannend zugleich – in eine Welt aus Schnee und Eis eintauchen, sich beim Lesen mit den Eskimo verbunden fühlen, ihre Lebensweise und Lebensauffassung verstehen.. und sich selbst und die eigene Umwelt anders, feinfühliger wahrnehmen... wir leben nur einmal und alle wollen leben und die Tiere und unsere Natur gehören zu uns, sie sind unsere Familie !

Ich schreibe bewußt in verschiedenen „gramatischen Zeiten" und in den „landestypischen" Bezeichnungen. Außerdem habe ich diverse Koordinaten und auch viele

andere Daten und Zahlen mit einbezogen - und wer aufmerksam liest, kann anhand dieser Daten vieles verstehen und nachvollziehen, auf welcher Höhe das jeweils ist usw.
Im Laufe des Buches habe ich selbst, anhand einiger dieser Angaben, den einen und anderen Zusammenhang bemerkt und zum Teil sehr verblüffende und erstaunliche Vergleiche und Parallelen erkennen können (an einer Stelle habe ich dazu eine besondere Entdeckung beschrieben und eine kuriose Feststellung.
Beim Lesen kann man mitfühlen und miterleben, was und wie ich es direkt erlebt und gefühlt habe. Vieles ist schlichtweg nicht in Worte zu fassen, dennoch versuche ich dieses unvergeßliche Abenteuer dieser Reise zu schildern, mit umfangreichen, zusätzlichen Informationen, wie eine Art Reise- und Naturführer.
Dieser Pfeil **---->** soll immer, wie ein roter Faden, den Reiseverlauf anzeigen, damit man beim Lesen weiß: aha, hier geht der Reise-Bericht weiter und man kann einen Abstecher machen, z.B. zu der Historie /Seefahrer usw. und „springen“ zwischen Reisebericht und diversen Zusatzinformationen, sei es zur Ur-Historie, Geografie, Natur oder Klima und dann den Reiseverlauf weiter lesen...alles hängt zusammen und verliert dabei nicht mein Hauptaugenmerk: die Reise und die besonderen Reiseerlebnisse.
Dieses Wechselspiel des Lesens macht es so interessant. Man kann ganz direkt die Etappen der Reise verfolgen, begleitend mit vielen Informationen, ansonsten ist es schwer nachzuvollziehen: wo sind wir, wie heißt es dort, wo liegt das genau und warum heißt es so (komisch), woher kommen all die Namen der Gewässer, Inseln und

vieles mehr. Das ist irre spannend! Zusätzlich habe ich das Buch mit einigen skandinavischen Weisheiten „geschmückt“, das paßt so schön dazu und gibt dem jeweiligen Abschnitt eine besondere „Stärke“, regt zum Nachdenken an. Es ist eine ganz andere Art Buch, zum einen Reise-, Natur- und Landschaftsführer, mit vielen Informationen dazu, zum anderen mit vielen Themen und Kapiteln z.B.: die arktische Geschichte / Entdeckergeschichte, besondere Persönlichkeiten, das Klima, Nordpol und Nordlicht, was ist der Unterschied zwischen Eskimo und Inuit, was bedeuten diese Begriffe und wie kamen die Wikinger nach Grönland? Außerdem kommen sogar König und Königin vor – aber keineswegs märchenhaft!

Als die Reise geplant wurde, war ich auf der Suche nach geeigneter Lektüre über dieses See-Gebiet und über die Arktis. Es gibt viele Bücher, Bildbände und Berichte über die Arktis und die Nordwest-Passage, viele davon auf historische Art, überwiegend von den Entdeckern geschrieben oder über Segeltörn-Fahrten.

Meine Expeditions-Reise war etwas von allem und doch ganz anders und das möchte ich für mich selbst nochmal erleben, in dem ich dieses Buch schreibe und zugleich einen spannenden Reiseführer erstelle, mit meinen eigenen Entdeckungen.

Im Zweiten Buchteil gehe ich auf die unglaublich fantastische Historie ein, sie ist so außergewöhnlich und extrem spannend!

Ich habe durch die Vorträge von Wissenschaftlern an Bord des Schiffes viele Dinge erfahren, eine sensationelle Geschichte, die ganz tiefe Wurzeln hat. Was war während der Zeit, in der die Nordwest-Passsage unermüd-

lich und über Jahrzehnte gesucht wurde und was hat die Helden zu glücklichen oder auch tragischen Helden gemacht? Das hatte mich schon auf der Reise überaus interessiert. Dabei entstand der Gedanke, dass ich zuhause mehr, viel mehr darüber erfahren möchte. Bei meinen diversen Recherchen, bin ich auf so vielfältige und sensationelle Berichte und Dinge der arktischen Historie gestoßen, die mich auf die Idee gebracht haben, darüber unbedingt ein Buch zu schreiben... Reisetagebuch und die Historie.. ..von damals bis heute - altes und neues - alles miteinander verbunden... was war früher und was ist im Laufe der vielen Jahre geworden, wie ist es teilweise heute?
Je mehr ich Recherchen dazu machte, desto mehr fand ich heraus, dass gerade diese besondere Nordwest-Passage eine unendliche Geschichte ist, die bis heute nicht zu Ende ist und auch in den nächsten Jahren nicht zu Ende sein wird. Sie beginnt wie ein Märchen ...es war einmal .... , endet aber nicht mit ...und wenn sie nicht gestorben sind. (Man könnte das aber auf die Tierwelt beziehen oder auch auf die Wikinger und Ur-Inuit). Leider sind viel zu viele seefahrende Menschen gestorben, weil sie einem Reiz, einem Abenteuer, einer Gier, Neugier oder Wißbegier nicht wiederstehen konnten, oder sind durch Krankheiten oder Überfälle, dahingehend gibt es viele Möglichkeiten (die ich teilweise auch beschreibe) ums Leben gekommen. Doch darum geht es nicht. Das Lesen der vielen Informationen über die Nordwest-Passage, die Arktis und die Eskimo hat mich regelrecht in seinen Bann gerissen! Ich habe oft bis spät in die Nacht gelesen und Notizen gemacht, immer mehr fand ich interessant für mein Buch, für die Leser! Ich

konnte teilweise gar nicht so schnell schreiben, wie mir die Gedanken sprudelten, um die vielen Dinge zu beschreiben. Einige Text-Sequenzen kommen öfter vor, weil sie teilweise sehr eng in Verbindung mit unterschiedlichen Dingen stehen und dadurch mehrfach erwähnt werden müssen, zum besseren Zusammenhangs-Verständnis. Einiges ist sehr verblüffend und eindrucksvoll und vieles weiß man gar nicht. Sogar die Entdeckung von Amerika und Kanada, eigentlich die halbe Welt, ist mit dieser Nordwest-Passage verknüpft. Die Entdeckung von New York und kanadischen Städten, vom magnetischen Nordpol und den vielen arktischen Inseln kommt im Buch vor. Es hängt so unfaßbar vieles – nur– mit der ewigen Suche nach der Nordwest-Passage zusammen, ist mit ihr verbunden, wie der Kern einer großen Frucht. Sie ist legendär, grandios, einzigartig und das wiederum ist der Mittelpunkt meiner Reise. Es war für mich selbst oft überraschend und überaus interessant, wieviele Dinge sich immer wieder neu ergeben haben.

Eigentlich verwirrt das Wort Nordwest-Passage. Diese Route führt keines Wegs von Nord nach West, vielmehr führt sie ziemlich genau vom Osten nach Westen, wenn man das gemäß dem Uhrzeigersinn betrachtet. Noch dazu verläuft sie relativ gerade, aber genau das wußten die Seeleute früher nicht, sondern hatten nur viele, verschiedene Vermutungen.

Nicht nur die uralte Vergangenheit, mit der langen Suche, hat mich extrem fasziniert, es ist auch die Neuzeit und wie sich in all den Jahren vieles verändert, entwickelt hat. Erst vor ein paar Jahren haben Wissenschaftler neue Erkenntnisse erhalten, insbesondere zu den

lange vermissten Expeditions-Schiffen, was somit in früheren Berichten und Büchern nicht steht. Das gehört zu der größten Expeditions-Tragödie, die jemals in arktischen Gebieten passiert ist, mit unzähligen Opfern sowie sehr vielen Folge-Opfern, einige Jahre später.
Zudem wurde 2019 ein ganz besonderer Schatz geborgen und in ein Museum gebracht, was die Besucher regelrecht ins Staunen versetzt.
(dazu stehen Informationen weiter hinten im Buch – es soll ja spannend bleiben!) Schon an Bord hatte mich ein Kurzfilm, der diesen Schatz zeigte, so sehr beeindruckt, dass ich das Video glatt mehrmals angesehen habe. Unglaublich, einfach unglaublich, denn davon weiß sicher kaum jemand. Es ist sogar abenteuerlich-märchenhaft!
Während ich dieses Buch schreibe, habe ich x-fach die vielen Erlebnisse nochmal erlebt und das macht diese Reise so ganz besonders und einzigartig. Ich möchte hauptsächlich die Schönheit, die Ur-Natur, die Arktis und ihre Bewohner erklären und näherbringen, da dieser Teil unserer Erde so kostbar ist für die ganze Menschheit und Tierwelt. Wir alle müssen dazu beitragen, dass sie nicht „ausgebeutet" wird. Was im Übrigen für die ganze Welt gilt! Es hat in all den Jahren des Nordwest-Passagen-Lebenslaufes üblen Krieg, Ausbeuterei und vieles in der Art gegeben ... aber darüber zu schreiben führt viel zu weit.
Ich erwähne auch das Klima –allgemein– nicht nur den Klimawandel, denn dieses Thema würde viele Seiten, sogar ganze Bücher füllen. Klima-Sorgen machen sich alle Länder rund um den Nordpol, rund um den Globus und mittlerweile ist ein Teufelskreis entstanden, von der

Gewinnung der Rohstoffe bis zum Verbrauch dieser Rohstoffe.
Die Arktis gibt es seit schätzungsweise 2,7 Mill. Jahren - eine Landschaft aus Gletschern und teilweise Vulkanen, die Berge und Ebenen geformt haben, mit Saiblingen, die in eisigen, glasklaren Flüssen schwimmen und Eisbären, die im Meereis jagen, mit Flechten, die Nahrung finden, wo sonst nichts wächst und mit Menschen, für die diese sich ständig verändernde Ökologie schon immer ihr zu Zuhause war. Vor über 5000 Jahren wanderten die Vorfahren der heutigen Inuit aus Asien in diese Gebiete, die zu der Zeit völlig anders aussahen und vor ca. 100.000 Jahren kamen diese Ur-Völker ganz ursprünglich aus Afrika. Dieses „Reise-Gen" haben wir (alle) noch heute in unseren Adern! Und der Entdeckergeist verschwindet nie aus unserem Leben, er beginnt schon in der Kindheit!
Ich bin sehr oft auf Reisen gewesen, schon als Kind mit meinen Eltern, habe viele Länder und deren Natur gesehen. Als ich mit meinen Eltern in Norwegen war, wir waren öfter dort und immer wieder woanders, habe ich schon begonnen, einen Reiseführer zu schreiben, denn ich wollte diese Schönheit des Landes, was mich tief beeindruckt hat, einfach festhalten. Dieses Schulheft habe ich immer noch, es ist eine schöne Kindheits-Erinnerung. Vielleicht ist damals schon, als ich 13/14 Jahre alt war, der Traum entstanden, ein Reise-Buch zu schreiben. Außerdem haben meinen Großeltern früher viele Busreisen gemacht, das war damals in den 1960/70 ziger Jahren sehr populär. Meine Oma hat immer Tagebuch geschrieben, die Seiten mit Postkarten und Prospektfotos verziert und alles sorgfältig mit Da-

ten und Zahlen versehen. Ich habe bestimmt die Globetrotter-Gene von ihr. Mein Vater hat für unsere Reisen fast immer vorher Notizen gemacht, wie die Route sein wird und was man ansehen kann. Gerade in Norwegen war das wichtig, denn dort war nicht alles so perfekt ausgeschildert, wir mussten uns oft durchfragen und ja irgendwann wieder die Fähre nachhause erreichen. Dazu war ein ungefährer Zeit- und Kilometer-Plan sehr brauchbar. Vor Ort haben wir viel Prospektmaterial gesammelt um dies für die nächste Reise zu verwenden. Somit habe ich sogar doppelte Globetrotter-Gene.
Spirit of the arktic / Spirit und Zauber einer bis heute andauernden Geschichte.
Cabot, Davis, Hudson, Baffin, Franklin und viele andere haben alle, wie ein Puzzle, Teile zur Entdeckung der Nordwest-Passage beigetragen und Amundsen hat es vollendet! Jeder auf seine Weise, nach seinen Möglichkeiten und jeder mit gewissen Schicksalen. Das macht jeden einzelnen von ihnen so interessant.
Der Nordpol und die Suche der Nordwest-Passage, vom Atlantik zum Pazifik durch die Arktis, waren lange Zeit die begehrtesten Ziele der Polarforscher und der Seefahrernationen und hielten Entdecker über Jahrhunderte hinweg in ihrem Entdecker-Bann. Forscher waren damals fast immer wagemutige Abenteurer, die im Dienst der Wissenschaft und ebenso zur Befriedigung ihres unbändigen Wissensdurstes in den unbekannten Norden fuhren. Dafür nahmen sie unvorstellbare Strapazen und Lebensgefahren auf sich. Im Mittelpunkt des Interesses standen die Erschließung neuer Handelswege nach Asien und damit große kommerzielle Vorteile zu ergattern. Es steckt so viel und so vieles in dieser ganz

besonderen und einzigartigen Nordwest-Passage. Sie besteht jedoch nicht nur aus Abenteuer, Entdeckern und Entdeckungen mit viel tragischer und auch ganz extrem interessanter Geschichte – sie hat so unglaublich viel mehr zu bieten, mit ungewöhnlichen Dingen und Geschichten, verknüpft mit vielen Besonderheiten, die kaum jemand vermutet oder kennt und es liest sich teilweise wie ein Krimi. Darüber gibt es einige Bücher und könnte weiterhin Bücher füllen, aber keinen Reiseführer der heutigen Zeit.

Es beginnt mit einer Idee, einem Traum und einem Schwärmen, es könnte auch die super-unendliche Geschichte heißen, denn seit über 720 Jahren „läuft" sie schon und ist immer noch nicht ganz zu Ende und wird es wohl auch nie sein: Der Traum von der Nordwest-Passage, oder Expedition Nordwest-Passage - diese Geschichte könnte sehr viele Titel haben, es gibt viele Möglichkeiten, das auszudrücken und zu beschreiben, was sich mit der historischen Abenteuer-Geschichte, nach wahren Begebenheiten, verbindet.

Im 13. Jhd. begann es mit einer großen Reise eines damals venezianischen, siebzehnjährigen Jungen, der mit seinem Vater und seinem Onkel als Handelsreisender im vorderen Orient unterwegs war. Diese Reisen dauerten insgesamt 24 Jahre und hat einen jungen Menschen beeindruckt und auch geprägt: Marco Polo. Er schwärmte nach seiner Rückreise, aus Cathay (China) kommend, von den einzigartigen Schätzen und Reichtum dieses fernen Landes.

Im Laufe vieler Jahre, weit nachdem die Wikinger im 11. Jhd. nach Amerika gelangten, wurde der Traum oft zum Trauma und Mythos. Überzeugt, einem Seeweg nach

Asien zu finden, war der italienische Seefahrer Sebastian Cabot, Sohn des Labrador-Entdeckers John Cabot, der, der als erster europäischer Entdecker 1497 danach suchte und das nordamerikanische Festland erreichte. Er glaubte, dass eine Art Hindernis zwischen Europa und Asien lag, was man ganz nördlich umfahren müsste. Er fand keine Durchfahrt, entdeckte dafür die Hudson Strait. Die Vorstellung von einer Durchfahrt, um zu den schönen Schätzen Ostasiens zu gelangen, nahm immer mehr Form an. Sebastian Cabot war nahezu fanatisch, einen Weg und Möglichkeiten zu finden und obwohl er viele Jahre um Gelder für seine Erkundungsreisen kämpfen musste, hielt ihn nichts davon ab, es immer wieder zu versuchen. Sicher auch, weil man von Marco Polo von dem großen Reichtum, der ihn so beeindruckte, erfahren hatte.

Die Teufels-Passage und die tragischen Helden

Viele Nachfolger kamen dabei ums Leben. Ebenso suchten Henry Hudson und viele andere, teils bekannte, teils unbekannte Seefahrer vergeblich nach der Route. Legendär ist die tragische Franklin-Expedition: John Franklin war 1845, auf der dritten Expedition, mit 129 Seeleuten und zwei Schiffen zur Nordwest-Passagen-Expedition in die Arktis aufgebrochen. Er verlor neben beiden Schiffen *Erebus* und *Terror* sein eigenes Leben und das von seiner Mannschaft, auf schicksalhafte Weise im ewigen Eis. Das Verschwinden der Schiffe löste von 1848 bis 1859 eine der längsten und größten Suchaktionen in der Geschichte aus und führte nach und nach zur Entdeckung des gesamten kanadischen Archipels und schließlich der Nordwest-Passage. Noch nie zuvor waren in der Geschichte der Polarforschung so

viele Menschen auf einmal verschwunden. Weder die britische Öffentlichkeit, noch die Royal Navy hatten ernsthaft an ein Scheitern Franklins und seiner Mannschaft gedacht. Deshalb wurde erst 1848 mit Nachforschungen begonnen. Das tragische Schicksal der Mannschaft wurde zur Legende und regte zahlreiche weitere Forschungsexpeditionen an.
In über 500 Jahren suchten gut 40 Expeditionen mit über 140 Schiffen und einige Überlandexpeditionen die „Teufels-Passage". Der Gedanke an eine nordwestliche Durchfahrt ließ, trotz vieler bitterer Enttäuschungen, die Gemüter nicht zur Ruhe kommen und die Frage danach kam wieder in Gange.
Das Wort Expedition stammt ab vom lateinischen expeditio – bedeutet „Feldzug", ähnlich bedeutet das Wort expedire: losmachen, frei machen – Abenteuer.
Erstmals erfolgreich durchquert wurde die Nordwest-Passage von dem Norweger Roald Amundsen von 1903 bis 1906.
Vieles ist bekannt, jedoch viel mehr ist unbekannt über Franklin und Amundsen ... beide sind die tragischen Helden der Arktis. Der eine hat die Nordwest-Passage geschafft, der andere nicht. Beide hatten das gleiche Schicksal: jeder ist auf sehr tragische Weise im Eis verschollen - mit 81 Jahren Unterschied zwischen den Ereignissen.

Erlebnisse, Gedanken und Emotionen

Mit meinen eigenen Erlebnissen, Eindrücken und Gedanken, umfangreicher Recherche und einer Quintessenz aus vielen Büchern, Berichten und Informationen, habe ich dieses Buch geschrieben. Es soll nicht nur ein „normales" Reise-Tagebuch sein, sondern von allem

etwas. Zusätzlich „geschmückt" mit einigen grönländischen/dänischen/ norwegischen und indianischen Sprüchen und Weisheiten, die sich so wunderbar einfügen. Sogar eine winzig-kleine Ader meiner Familien-Biografie kommt vor, die sich, zu meiner eigenen Überraschung, in diese Erlebnisse mit einfädelt, was mir vorher gar nicht so bewußt war.
Ich ergänze meine Erlebnisse mit vielen entsprechenden Fotos. Die fangen nur einen Augenblick ein, aber der war jedes Mal wunderschön, unvergesslich und zu jeden Foto gäbe es eine Menge zu erzählen, von all den Eindrücken, die sich mit dem fotografieren eingeprägt haben. Dies hat mich irgendwann u.a. auf die Idee gebracht, ein Buch zu schreiben. Ich möchte sozusagen meine Reise-Erlebnisse, ergänzt mit vielen Informationen, mitteilen. Die Reise zieht sich wie ein roter Faden durch das Buch, unterbrochen durch entsprechende Anmerkungen und Informationen zu den jeweiligen Dingen. Am Ende steht eine Zusammenfassung der Ur-Geschichte und Kurz-Portraits über einige, besondere Seefahrer und Entdecker, sowie verschiedene Extra-Kapitel.
Je mehr ich mich damit beschäftigt habe und je mehr ich für die unterschiedlichen Themen, vieles nachgelesen und recherchiert habe, desto spannender und interessanter wurde es auch für mich. Wie ein Puzzle wurden meine Ideen immer mehr, immer größer und am Ende zu einem Gesamtbild. Es ist extrem erstaunlich, welche Ähnlichkeiten mit vielen anderen Dingen in dieser Nordwest-Passage und der Arktis stecken. Das ergibt eine sehr breite Spanne, von der Frühzeit der Entdeckung bis zur heutigen Zeit. Und am Ende wird sogar ein

großer, wunderbarer Schatz gefunden! – das ist kein Märchen. Das Buch ist für den Leser einerseits eine Reise-Erzählung, aber andererseits kann das Buch wie ein Reiseführer betrachtet werden, für ein unendlich großes Gebiet, was in vielen Teilen noch sehr unbekannt ist, vieles kennt man gar nicht und wird verwundert sein!
Das Buch lockt zum Reisen, zum Entdecken dieses überwiegend unbekannten Teils unserer Erde. Mittlerweile kann man, im Gegensatz zu früher, nahezu überall hin reisen, kann wandern, erkunden und entdecken, fast so wie die kühnen Seefahrer von früher.
Die grandiose Arktis, Geburtsstätte der Wolken und Nistplatz der Winde. Die unbeschreibliche Klarheit und Reinheit der Arktis liegt über den vielen Inseln, dem Eis und dem Wasser.
- Eine unendliche Stille in der stillen Unendlichkeit -
Es ist einfach so unglaublich faszinant ---- meine eigene Wort-Kreation aus fasziniert und interessant.

***

Man reist nicht um anzukommen, sondern um zu reisen...
Johann Wolfgang von Goethe

***

*** Für meinen lieben Onkel Martin ***

D.A.N.K.E

für die schönste Arktis-Reise der Welt
19. August bis 2. September 2019

ANFANG

***D**en virkelige oppdagelsesreisen streber ikke etter nytt land,*
men for å se ting med nye øyne.
***D**ie wirkliche Entdeckungsreise strebt nicht nach neuem Land,*
sondern danach, Dinge mit neuen Augen zu sehen.
Norwegische Weisheit

Reise-Tagebuch mit Natur- und Reiseführer über die abenteuerliche Fahrt durch die Nordwest-Passage, von Grönland in die kanadische Arktis. Die schönste Seereise der Welt wird die Postschiff-Route entlang der norwegischen Küste bezeichnet. Die abenteuerlichste Seereise der Welt ist die Fahrt durch die Nordwestpassage! Eine Expedition, mit einem Hauch der einstigen Abenteurer und Abenteuern der großen Entdeckerzeit.
Ende August starten mein Onkel und ich in Hamburg am Flughafen und da fing das Abenteuer gleich schon an und hielt uns, bis zur Rückkehr hierher, täglich in seinem Bann. Mit dem Shuttlebus sind wir fast unter der Nase eines Jumbos hindurch gefahren, welch ein Riese - und dann besteigen wir ein sehr kleines Flugzeug mit dem Ziel København. Dort haben wir lange Aufenthalt bis der Flug nach Kangerlussuaq / Westgrönland startet. Lange vor der Reise habe ich mich mit meiner Freundin zum einem Treffen am Airport verabredet. Sie ist Dänin und wohnt in København.

Wir kennen uns seit der Kindheit und sehen uns nicht so oft, darum war die Wiedersehens-Freude riesig. Mein Onkel kennt meine Freundin auch. Sie kam aber nicht mit auf die Reise. Am Scheck-In Schalter war ein Gedrängel und wir mussten unsere Koffer wieder neu aufgeben, die von Hamburg nicht durchbefördert wurden. Dieses Flugzeug war schon wesentlich größer und voll besetzt mit Expeditions- Abenteuer-Reisenden, wie wir.

Auf nach Grönland, auf in die Arktis

Der Begriff Arktis steht für hohe Breitengrade, Eismeer, einsame Buchten, steinige Küsten, Ur-Natur, Tundra und Seen, Gletscher und ewiges Eis, Geröll-Landschaften, dunkle, meist schnee- und eisbedeckte Berge und lange Bergketten, kaum Bäume, die lange Winter-Polarnacht, kurze, kühle Sommer, schöne Mittsommernacht, den Big 5 der Arktis: Wal, Eisbär, Moschusochse, Walross und Rentier, sowie die „kleinen Big 5`s“ : Robben, Polarfuchs, die Vögel, die Nager und die Fische.

GRÖNLAND

Grönland 70°0′N, 40°0′W Grønland/ Grünland- , auf grönländisch Kalaallit Nunaat – „Land der Kalaallit“ (Land der Menschen) ist die größte Insel der Welt, umfaßt ein Gebiet von 2,2 Mill. km² (ungefähr 6 Mal Deutschland), wird geologisch zum arktischen Nordamerika gezählt, dennoch europäisch.

Die Rieseninsel ist auch ein Königreich, kann man so sagen, denn seit 1721 war sie eine dänische Kolonie und seit 1979 ist sie ein autonomer Teil des dänischen Königreiches, rund 52 Mal so groß als das Mutterland. Die dänische Königsfamilie ist oft zu Gast auf „ihrer“ Insel und wird von den Grönländern stets freudig begrüßt - die dänische Königin ist somit auch die grönländische Königin!
Nur an den überwiegend eisfreien Küstenstreifen wohnen ca. 57.000 Ew., immer mehr besiedeln die großen Städte, der Großteil lebt an der Westküste und nur ca. 4000 Menschen bewohnen die Ostküste. Ungefähr 80% der Bevölkerung sind indigener Abstammung, rund 6.000 Dänen wohnen in Grönland und etwa 18.000 Grönländer in Dänemark.
Der größte Insel-Teil befindet sich nördlich des Polarkreises. Insgesamt ist die Insel 2670 km lang und max. 1200 km breit, Kanada ist an einer Stelle nur 26 km entfernt.
Grönlands „Nordkap“ ist Kap Morris Jessup 83°37′39″N, 32°39′52″W, 1900 von Robert Peary benannt nach Morris Ketchum Jesup, einem seiner Finanziers, nur 709 km vom Nordpol entfernt und 1888 km nördlich vom Polarkreis. Jedoch hiervon 37 km östlich und 750 m weiter nördlich ist die Mini Insel Kaffeklubben Ø (1km lang, 400 m breit), die nördlichste Insel der Erde, benannt vom Entdecker Lauge Koch (1892-1964) dänischer Polarforscher und Geologe nach dem Kaffeeklub im

Museum für Mineralogie in København. Der südlichste Punkt von Grönland liegt auf dem gleichen Breitengrad wie Oslo, der westlichste Punkt auf dem gleichen Längengrad wie New York. Vor ca. 3,8 Milliarden Jahren lag Grönland auf der südlichen Halbkugel. Genaue Informationen hierzu erfährt man im Geologischen Museum in København. Die Ausstellung erzählt u.a. wie die massive Insel nach Norden „wanderte", dorthin, wo Grönland jetzt ist. Eis bedeckt rund 85 % des Landes, ist bis zu 3400 m dick, reicht bis zu einer Tiefe von 1,5 km und ist der zweitgrößte Eispanzer der Welt (nach der Antarktis). Somit liegt auf Grönland ca. 8 % der Gesamteismenge der Welt und wenn das alles schmelzen würde, wäre das ein Anstieg des Meeresspiegels um ca. 7 m. Das gesamte Gewicht des Eises drückt die riesige Insel gut 300 m unter den Meeresspiegel. Jedes Jahr verliert das Eisschild 200 km^2 Eis! Ungefähr 10 % vom globalen Süßwasser-Vorkommen sind hier gespeichert. Wissenschaftler haben mittlerweile Eisbohrungen durchgeführt und an einer 3 km langen Eis-Säule lassen sich Rückschlüsse auf die vergangenen rund 150.000 Jahre Klimageschichte analysieren.
In Westgrönland gibt es viele eisfreie Gegenden und über 150 km reicht die Tundra ins Landesinnere, der Lebensraum für zahlreiche Rentiere. Sie dienen den Menschen schon seit 4000 Jahren als Nahrungsquelle.

Die Ostküste ist die am wenigsten besiedelte Region der Welt.

Grönland macht süchtig ....

...süchtig nach klarer Luft, blauem Himmel, bunten Häusern, liebenswerten Menschen und gigantischen Eisbergen mit uriger Natur, zierlicher Flora und großartiger Fauna. Es ist ein Irrglaube, dass Grönland nur Eis und Schnee zu bieten hat - Grönland ist riesig, hat sehr viele verschiedene Sehenswürdigkeiten und Besonderheiten von ganz unterschiedlichster Art: wunderbares Meer, Wale, Inuit, Hundeschlitten, Schnee und Eis, die zweitgrößte Eiskappe der Welt und ganz besonders schön sind die Naturphänomene: Milliarden Eisberge, die tolle Mitternachtssonne und Aurora Borealis, das Nordlicht. Zu den großen Naturwundern Grönlands gehört der Eisfjord bei Ilulissat. Dort drängt ein Gletscher mit einer ca. 8 km breiten Front täglich 30 m in den Fjord und das sind ca. 20 Mill. Tonnen Eis. Eine riesige Menge Eisberge Grönlands sind zu Packeis festgefroren, liegen bis zu 9 Monate unbeweglich in der kalten Arktis und es dauert viele Jahre, bis sie auftauen. Sie sind für die Bewohner wichtige Süßwasserspeicher. Der Scoresby Sund, an der mittleren Ostküste ist mit 350 km der längste Fjord der Welt und zugleich einer der tiefsten, mit 1500 Metern.

Die grönländische National-Fahne „Erfalasorput“ wurde am 21. Juni 1985 eingeführt. Der Name bedeutet ‚unsere Flagge'. Sie ist ganz anders als die anderen nordischen National-Flaggen (Norwegen, Dänemark, Schweden, Island, Åland, Færøerne und Finnland), hat kein „nordisches Kreuz". Sie ist mit rot und weiß der dänischen Flaggen-Farbe angeglichen, eine Art Zusammengehörigkeit. Der weiße Hintergrund repräsentiert das Inlandeis, der untere rote Hintergrund den Ozean, der obere Halbkreis stellt die Sonne dar und der untere Halbkreis einen schwimmenden Eisberg. Am Nationalfeiertag 21. Juni, zugleich Mittsommer, weht die grönländische Flagge stolz an jeder Ecke im Lande. Grönland hat auch das größte Hubschraubernetzt der Welt; von Nord nach Süd, entlang der Westküste, vergleichsweise mit der Entfernung København bis Rom. Es verkehren aber auch diverse Schiffsverbindungen, meist Versorgungsschiffe (im Winter nicht). Ansonsten hat Grönland ein dünnes Straßennetz und kein Ort ist mit einem anderen durch eine Straße verbunden. Grönland ist ein Fischland, Krabben-, Kabeljau und Heilbutt-Vorkommen sind reichlich vorhanden (noch). Bisher ist das Land bei den Exporten zu mehr als 80 Prozent von der Fischerei abhängig, jedoch noch immer kommen viele Männer bei Jagd- und Fischereiunfällen ums Leben. Einen kleinen „üblen Beigeschmack" hat das schöne Land dennoch: Müll. An vielen Stellen liegt, mehr oder weniger achtlos der Müll und überwiegend sind das rostige Schiffsteile, rostige Schnee-

mobile. Darum scheint sich keiner weder zu kümmern, noch zu sorgen. Die urbane Natur ist in Ordnung, doch auch hier liegt vieles im Argen, was die grönländische Bevölkerung nicht bemerkt???
Geschichte: Grönlands Urgeschichte ist sehr lang, sehr alt und sehr verzweigt. Um 2000 v.Chr. wanderten erstmals indige Völker ein, der sogenannten Independence I-Kultur, asiatischer Abstammung, von Sibirien aus über Nordamerika bis Nord-Grönland. Damals herrschte ein mildes Klima und machte die Überquerung der schmalen Meerenge zwischen Kanada und Grönland möglich. Die Jagd auf arktische Tiere bildete ihre Lebensgrundlage. Ein weiterer und anderer Einwander-Volksstamm, die Sarqaq-Kultur, wanderte entlang der Westküste bis zur Disko Bugt (dänisch /Disko-Bucht). Sie brachten Hunde mit, die als Lastenträger dienten. Um ca. 1000 v.Chr. kamen erneut indigene Völker, die als Independence II-Kultur bezeichnet wird. In der Zeit zwischen 500 v. Chr. und 500 n. Chr. kam mit den Dorset-Eskimo ein weiteres und neues Volk ins Land, benannt nach Cape Dorset in Kanada, an der Hudson Bay. In dieser Zeit, gingen die Temperaturen immer mehr zurück und sie erfanden den Iglu-Bau, vermutlich aus der Not heraus. Ansonsten diente ihnen eine halbunterirdische Behausung mit Wänden aus Felsbrocken und Grasstücken, Vorläufer des später üblichen Qarmaqs (Grassodenhaus). Die Dorset-Kultur breitete sich auf einem Gebiet

von Victoria Island / Kanada bis Grönland im Norden und Newfoundland im Osten aus, was auf eine intensive Kommunikation über Tausende von Kilometern hinweist.

Die mittelalterliche Warmzeit (ca. 950-1250) brachte in Grönlands Westen selbst im Winter milde Temperaturen und die Wiesen müssen sehr grün gewesen sein.

Als letztes Volk, ca. 1000 n. Chr. kam das Thule-Volk, benannt nach der Fundstelle in der Nähe des gleichnamigen Ortes Thule (grönländisch: Qaanaaq), die nördlichste grönländische Stadt. Im Nachherein entstand der Name Thule-Kultur, als Zuordnung, für die „nördlichsten Menschen der Welt".

Die Entdeckung Grönlands... eine isländisch-norwegisch-dänische Geschichte. Insel oder Festland? ...und sehr verwurzelt mit der legendären Nordwest-Passage.

Die ersten Europäer, die nach Grönland kamen, waren Wikinger, auch Normannen oder Nordmänner, die ursprünglich in Skandinavien lebten. Die Wikinger, die schon im Jahre 874 in Island seßhaft waren, betrieben Handel mit dem europäischen Festland. Auf einer der Handels-Seefahrten wurde 875 der Norweger Gunnbjørn Úlfsson (*um 845) mit seinem Schiff, bei starkem Sturm, weit an Island vorbeigetrieben. Er glaubte dabei, am Horizont eine hohe Gebirgskette erkannt zu haben.

Wegen extrem schlechter Wetterlage kam er nicht näher in diese Richtung. Durch Erzählungen oder auch Sagen verbreitete sich die Kunde von diesem unbekannten Gebirge und Land. Mittlerweile ist gewiß, dass sich Gunnbjørn nicht getäuscht hatte und die höchsten Berge Grönlands entdeckte und ihm zu Ehren wurde der höchste Berg Grönlands Gunnbjørn Fjeld genannt. Der ewig weiße Berg ist 3694 Meter hoch, in den isländischen Sagas Hvitserk „Weißhemd" bezeichnet. Er ist zugleich der höchste nördlich des Polarkreises, liegt in der Mitte der Watkins-Berge (dänisch Watkins Bjerge), nach Gino Watkins benannt, ein Gebirge an der Blosseville-Küste im Südosten, 60 km von der Küste entfernt, es umfasst die zehn höchsten Gipfel der Arktis.

Wissenschaftlich-meteorologische Forschungen mit tragischem Ende

Gino Watkins (1907-32), britischer Polarforscher, war von 1927-31 auf verschiedenen Arktis-Expeditionen in Spitsbergen, Labrador und zu meteorologischen Forschungen an der grönländischen Ostküste unterwegs. Seine Idee, eine Weltumrundung entlang des nördlichen Polarkreises, musste er aufgrund der damals schlechten wirtschaftlichen Lage aufgeben. 1930-31 sollte die Möglichkeit einer Flugroute von Großbritannien zur Westküste der USA über Island, Grönland, Baffin Island, Hudson Bay und Edmonton untersucht und Erkundungsflüge durchgeführt werden und eine meteorologische Station weit auf dem grönländischen Inlandeis (*Ice Cap Station*) wurde errichtet. Durch den harten Winter gab es viele Schwierigkeiten und die Arbeiten mussten frühzeitig abgebrochen werden, es zählt jedoch als bedeutendste britische Polarexpedition zu der Zeit. Im August 1932, während einige Forschungs-Gruppenmitglieder ihre wissenschaftlichen Arbeiten an der Südostküste Grönlands durchführten, war es Watkins Aufgabe, die Gruppe durch die Jagd auf Robben mit Nahrung zu versorgen – eine lebensgefährliche Sache, da von einem Gletscher immer wieder große Stücke in den Fjord stürzten und dort hohe Wellen verursachten. Dadurch kenterte Watkins mit seinem Kajak und wenige Tage später entdeckten die übrigen Expeditionsteilnehmer Watkins gekentertes Kajak auf dem Fjord treibend. Watkins Leichnam wurde nie gefunden.

Eiríkur rauði (Erik der Rote), der aus Island verbannte norwegische Wikinger, entdeckte Grönland. Das ist eine spannende, sehr lange Historie! Der rothaarige Erik steuerte sein Schiff, mit seiner Familie und einigen Getreuen, auf den Spuren Gunnbjörns im Jahre 982 auf Grönland zu und gelangte an der Westküste in einen Fjord, den er Eriksfjord nannte. Vermutlich wurden damals auch schon Spuren von (unbekannten) Eskimo entdeckt. Er kehrte 985 nach Island zurück, mit dem Entschluß, in Südgrönland eine Siedlung zu errichten. Er nannte das „neue“ Land auf isländisch Grænland (Greenland /Grünland) und gründete die erste Siedlung, die er Brattahlíð (steiler Abhang) nannte. Das Grönland kein Land sondern eine Insel ist, die größte der Erde, wurde erst im 19. Jhd. durch viele Expeditionen nach und nach erforscht und entdeckt. Der historische Platz Brattahlíð heißt mittlerweile in Inuktitut-Sprache: Qassiarsuk (kleiner Bach) und existiert als verlassene, ehemalige Schafzüchtersiedlung (in der Nähe der kleinen Siedlung Narsarsuaq, die sogar einen kleinen internationalen Flughafen hat), am Eriksfjord, ziemlich nah an Inlandeis-Gebieten. Hier stehen noch die freigelegten Grundmauern der ersten grönländischen christlichen Kirche/ Kirche von Brattahlíð, die auf Bestreben von Thjodhilde, der Frau Eriks des Roten, um das Jahr 1000 erbaut worden ist. Sie war es vermutlich, die sich um die Einführung des Christentums bemühte. Der Bau dieser Kirche, die vor einigen Jahren als eine Art Grassodenhaus rekonstruiert gebaut wurde, stand vermutlich im Zusammenhang mit der Errichtung des Bistums Garðar und der Ankunft der ersten Bischöfe auf Grönland. Im heutigen Igaliku (mit ca. 25 Ew.) wurden bei Ausgrabungen Teile des Bischofssitzes Garðar freigelegt.

Die Ortschaft Qassiarsuk ist inzwischen etwas aus dem arktischen Schlaf erwacht, denn heute gibt es sogar das Leif Eriksson Hostel, mittlerweile zwei Museen und eine Statue von Leif Eriksson (* ca. 970 auf Island,† um 1020), der den Beinamen „der Glückliche" trägt, weil er einst 15 Schiffbrüchigen an Grönlands Riff-Küste das Leben rettete. Auf eine schwere Streitaxt gelehnt, überblickt er den Eriksfjord, den sein Vater Erik der Roten so benannte. Leif war es, der um 1000 als erster Europäer ein Landgebiet an der Nordamerika Ostküste entdeckte und an Land ging, nachdem er gehört hatte, wie sein Landsmann Bjarni Herjólfsson (* um 966 auf Island) von einer fremden Küste westlich von Grönland erzählte, die er entdeckt hatte, war aber nicht an Land gegangen. Leif Eriksson entdeckte verschiedene Landbereiche, denen er die Namen Vinland, Markland (Waldland) und Helluland gab - diese Gebiete sind Neufundland und Labrador.

>>> weitere Informationen /Ergänzungen über Erik und Leif Eriksson stehen im Kapitel: Die Wikinger entdeckten Grönland

Ab dem Jahr 986 ließen sich die ersten skandinavische Siedler, von Island kommend, auf dem Gebiet Südgrönland nieder und nannten sich, dem Namen der Insel nach, Grænlendingar (Grünländer), also eine ursprünglich isländische Bezeichnung für die auf Grönland siedelnden Wikinger. Sie haben eine eigene Sprache entwickelt, die als grönlandnordisch bezeichnet wird und heute würde man das einen Mix aus isländisch und norwegisch bezeichnen, nicht zu verwechseln mit der eskimoaleutisch-grönländischen Sprache, die sie nicht

oder nur schwer verstehen konnten, was häufig zu vielen Konflikten führte. Heutzutage ist die Sprache kalaallisut/ grönländisch, auf dänisch: grølandsk und überwiegend dänisch, mit westgrönländischen Dialekt, außerdem ist kalaallisut die grönländische Amtssprache, neben dänisch. Die Inuit-Sprachen, einschließlich Inuktitut, Inuinnaqtun und Inuvialuktun, gehören zur Eskimo-Aleuten-Sprachfamilie. Die Dialekte verzweigen sich in weiten Teilen der Arktis und spiegeln die jahrtausendalte Migration der Inuit aus dem Fernen Osten Asiens über Russland, Alaska, Nord- Kanada und Grönland wider. Die „Traditions-Sprachen“ nehmen rapide ab, viele Grönländer sprechen, außer dänisch, englisch.
Die römische Rechtschreibung führten einst die Missionare ein und um 1960 wurde dann die Schriftsprache sozusagen standardisiert.
Früher vermischten sich gelegentlich Grönländer mit Inuit, was oft mit Kultur-Konflikten verbunden war. Noch heute gibt es viele Grönländer mit vielen norwegisch-isländischen Ur-Wurzeln, das erkennt man deutlich an ihren typisch isländischen Namen. Somit sind die ersten West-Grönländer eine Mischung aus Wikingern, norwegischen Isländern. Nach und nach fand die Besiedlung statt, rund um die beiden Hauptsiedlungen Garðar und 20 km nördlich Brattahlíð, bis ca. 2000 Menschen dort lebten, die sich ungefähr 500 Jahre angesiedelt haben. Sie hatten viele Vieh- und Landwirtschaft-

höfe und auch ihre Kirchen gebaut, sowie typische Langhäuser (für Mensch und Vieh) und lebten von der Viehhaltung und der Jagd auf Land- und Seetiere. Die Grönländer betrieben oft Handel mit Pelzen aus Markland und beschafften Holz von dort, bauten aber ihre Behausungen nicht aus Holz, das wurde für Schiffe verwendet. Das grönlän-dische Brattahlíð-Langhaus wurde aus Steinen und Kiesel gebaut, zur Hälfte in die Erde gesetzt, mit Grassoden bedeckt und ein Erdwall an der Außenwand schützte vor Kälte. Dieser Bau war den Hofhäusern in Norwegen und Island sehr ähnlich. Die Grönländer waren geschickt im Fertigen von Milch, Käse und Quark. Aber immer wieder verstarben viele Menschen an Krankheiten, die vermutlich die neuen Siedler ganz unbewußt eingeschleppt hatten und daraufhin mussten Höfe verlassen werden. Viele Siedlungsruinen sind heute noch in Igaliku (verlassener Kochplatz), in Südwestgrönland, sichtbar. An dieser Stelle lag im Mittelalter der Ort Garðar, an dem die Grænlendingar mit der Kathedrale von Garðar ihren Bischofssitz hatten. 1124 war Arnaldur der erste Bischof von Garðar. Die Kolonie konnte sich von der Epidemie nach und nach etwas erholen, bis es sogar um die 5000 Einwohner wurden.

In der zweiten Hälfte des 13. Jhd. hatten die Kirche und die Bischöfe einen grönländischen Besitzanspruch und Norwegen verfügte über die Vorherrschaft, mit dem Hauptsitz Nidaros (Bischofsdomkirche des Bistums Trondheim, ungefähr im Jahre 1090 gebaut). Der Glaube an die Kirche veranlaßte früher die Grönländer viel und vieles ihrer Dinge, die sie selbst zum Leben und zur Grundnahrung benötigten, als Geschenk und Dankesopfer für die Kirche und Bischöfe zu geben, bzw. geben zu müssen, ihnen waren auch die Volksversammlungen (Thing) und Gespräche sehr wichtig. Ab ca. 1350 lebten die Grönländer teilweise mit ärmlicher Landwirtschaft auf kleinen Höfen und kämpften jedes Jahr ums Überleben, vermutlich haben noch dazu kranke Tiere furchtbare Krankheiten auf die arktischen Bauern übertragen. Auch in Grönland Sagas kann man darüber lesen. Außerdem kamen immer wieder Männer bei der Jagd ums Leben. Das damals milde Klima machte eine recht gute Landwirtschaft möglich und die Grönländer standen im regen Tausch- Handel. Als Mitte des 14. Jhd. der sogenannte schwarze Tod auf dem europäischen Festland viele Todesopfer zur Folge hatte, kamen auch kaum noch Handelsschiffe und die lebenswichtige Verbindung zu Norwegen unterbrach. Außerdem bedrohte ein langsam beginnender Klimawechsel (die kleine Eiszeit Anfang 15. - 19. Jhd.) die Region. Bittere Kälte und viel Eis brachte große Not und doch ist es einigen Ureinwohnern gelungen, zu überleben! Das waren überwiegend die Eskimo, die sich schon seit Generationen eine völlig andere

Ernährungsweise angeeignet hatten, durch die Jagd auf Seetiere – ein klarer Vorteil, würde man heute sagen. Seit Generationen lebten sie schon in den arktischen Regionen, haben sich angepaßt. Um 1500 herrschte kein Kontakt zu Island und Norwegen und bald glaubte man, den Menschen sei Unheil zugestoßen. Das war auch tatsächlich der Fall. Außer teils blutigen Auseinandersetzungen, auch mit den inzwischen stellenweise angesiedelten Eskimo, den von den Grönländern genannten Skrælingar (heute Kalaallit, bzw. Inuit) und vereinzelten Seefahrern aus England kamen viele andere Katastrophen hinzu, wie schlimme Krankheiten, Seuchen, schlechte Wetter-Bedingungen, demzufolge schlechte Ernten, Nahrungsmangel und Hungertod, weil auch das Hausvieh unter Nahrungsmangel litt, alles Dinge, die, schon damals, mit dem Klima zusammen hingen. 1721 machte sich der norwegisch-dänische Missionar **Hans Egede** (1686-1758) auf die Suche nach den „norwegischen“ Grönländern und fand nur Ruinen, sowie einige dort wohnende Eskimo. Viele Theorien entwickelten sich über das mysteriöse Verschwinden der Siedler. Egede und auch sein Sohn Paul Egede (1709-89) verbrachten 15 Jahre auf Grönland, setzten sich mit den Lebensgewohnheiten der Eskimo auseinander und Hans Egede predigte das Christentum. Beide trugen maßgebend dazu bei, dass Grönland nach und nach besiedelt wurde und beide hat-

ten mehr oder weniger unbewußt auch dazu beigetragen, dass Grönland zukünftig zu Dänemark gehören sollte, was sich später aus dem Militärgouverment entwickelte, auch in Bezug auf den europäischen Walfang. 1728 gründete Egede die Siedlung Godthåb (Gute Hoffnung), die inzwischen Nuuk heißt. Hier kam 1888 Fridjof Nansen von seiner Grönland Ost-West Durchquerung an.
Nuuk 64°10'48"N, 51°43'12"W, früher Nûk, ist die Hauptstadt und die älteste heute noch existierende Siedlung an der Südwestküste Grönlands. Einige der am besten erhaltenen ehemaligen Hofruinen liegen im Fjordsystem nahe Nuuk an der Westküste. Der norwegische Pfarrer ist auch ein grönländischer Nationalheld und eine große Statue wurde 1922 in Nuuk ihm zu Ehren gebaut, eine ähnliche steht in Svolvær /Lofoten-Inseln. Seit 1721 war Grönland eine dänische Kolonie, wurde 1953 Teil des dänischen Reichs und gehört außen- und sicherheits-politisch zu Dänemark, mit Landes-Selbstverwaltung seit 2009. Es gibt ca. 90 Siedlungen und ein Fünftel lebt in der Hauptstadt Nuuk, mit ca. 18.350 Ew. Die Bevölkerungszahl wächst jährlich enorm und die Stadt vergrößert sich rasch, auch noch in den nächsten Jahren und mittlerweile hat Nuuk ein Klimaforschungszentrum.
Der grönländisch-dänische Polarforscher und Schriftsteller Knud Rasmussen (1879-1933) ist durch seine Thule Expeditions Reisen zum grönlän-

dischen Nationalheld geworden und er hat vieles zum Erhalt der Eskimo-Kultur und den Übergang in ein teilweise moderneres Leben beigetragen. 1953 wurde Thule als dänische Bezeichnung für das neugegründete Qaanaaq übernommen.

>>> weitere Informationen über Eskimo und Inuit stehen im Kapitel zehn und zu Knud Rasmussen im Kapitel: Besondere Persönlichkeiten - Helden der Nordwest-Passage.

Grönlands heiße Quellen - touristisches Highlight und recht unbekannt: Die Wiking-Grönländer entdeckten schon vor langer Zeit die 38° heißen Quellen in Uunartoq ('der warme Ort'). Sie sind auf einer kleinen, unbewohnten Insel, im südwestlichen Zipfel der grönländischen Fjordlandschaft, etwas südlich von Igaliku gelegen, gut einen Kilometer vom Meeresrand, ungefähr eine Stunde entfernt mit dem Boot von dem Ort und gleichnamiger Insel Nanortalik (die südlichste Stadt Grönlands, 60°8'30"N, 45°14'35"W, ca. 1185 Ew.) und Qaqortoq (Julianehåb, fünftgrößte Stadt des Landes und ca. 3000 Ew.), mit Blick auf hohe Berggipfel, im Meer treibende Eisberge, inmitten grüner, steiniger Landschaft. Die drei heißen Quellen liegen an der Nordwestküste der Insel ca. 50 m über dem Meer und sind nicht, wie auf Island, durch vulkanische Aktivität entstanden. Das Wasser wird durch Reibung der Erdschichten gegeneinander erhitzt.
Ungewisse Klima-Dramatik: 2012 war auf Grönland 97% der Oberfläche des Festlandeises aufgetaut (normal sind 40%) und es taut kontinuierlich wei-

ter. Im Sommer 2019 verlor Grönland über 320 Milliarden Tonnen Eis. Die Gletscher ziehen sich immer mehr von der Küste zurück. Wo vor ein paar Jahren noch meterdickes Eis das Land bedeckte, ist heute Geröll und Gestein „aufgetaucht". Einige Buchten sind mit Fischerbooten nicht mehr erreichbar. Das Schmelzwasser spült Sandbänke auf. Doch die Grönländer sehen den Klimawandel durchaus positiv. Sie haben seit Urzeiten gelernt, lernen müssen, sich der Natur, anzupassen. Wenn die Küste im Winter immer öfter eisfrei bleibt, könnten Fischer auch mit ihren kleineren Booten hinaus aufs Meer. Viele Grönländer sehen einen Anstieg für die Wirtschaft, dadurch auch Bevölkerungszunahme, mehr Arbeitsplätze, die Universität in Nuuk wächst und der Abbau von Bodenschätzen nimmt wieder zu, bewirkt durch den Klimawandel. Unter grönländischem Eis lagern wertvolle Rohstoffe. Ebenso wird in Nuuk der Flughafen vergrößert, um den Tourismus anzukurbeln, dadurch entstehen Hotelneubauten, auch der Wohnungsmarkt boomt seit einigen Jahren. Sicher kann all das den Grönländern die lang ersehnte Unabhängigkeit ein Stück näher bringen. Ein guter Ausblick in die Zukunft. Erst 1933 erkannte der internationale Schiedsgerichtshof Den Haag die Oberhoheit Dänemarks über ganz Grönland an, das daraufhin offiziell zur dänischen Krone zählte und seit 1985 wird nur noch die Außen- und Verteidigungspolitik von

Dänemark übernommen. Die Erforschungs-Anfänge der geographischen Gegebenheiten gehen auf das 16. Jh. zurück, als damals vor allem englische Seefahrer erkunden wollten, ob es eine schiffbare Verbindung zwischen dem Atlantik und dem Pazifik gibt. So kamen einige seefahrende Entdecker an der grönländischen Küste entlang, umrundeten oft das Kap Farvel im Süden und gelangten sogar bis weit in den Norden nach Thule. Fast alle waren auf der Suche nach der Nordwest-Passage. Somit ist verständlich, wie eng Grönland mit dem Schicksal der Nordwest-Passagen-Sucher und –Entdecker verbunden ist. **Kap Farvel** /Cape Farevel (dänisch: Kap Lebewohl) 59°46′28″N,43°54′39″W. Die Gewässer um Kap Farvel galten seit dem Mittelalter wegen häufiger Stürme und Treibeis als besonders gefährlich. Der englische Seefahrer und Entdecker John Davis (1550-1605) gelangte 1585 bei seiner ersten Fahrt in arktische Gewässer und landete, auf der Suche nach der Nordwest-Passage, als erster Neuentdecker Grönlands, das er Land of Desolation (Verwüstung) nannte, im selben Jahr in der Nähe des heutigen Nuuk. Er umschiffte die Südspitze Grönlands und gab ihr den Namen Cape Farevel. Er musste ja hier auf der Rückfahrt wieder vorbei. Er erkundete auch die nach ihm benannte Davis Strait. Ein „Vater und Sohn-Gespann“ war der englische Walfänger William Scoresby jun. (1789-1857) der zwischen 1803 und 1822 über 15 Reisen in nordische Gewässer machte. Er segelte 1806 mit seinem Vater William Scoresby sen. (1760-1828) auf dem Walfangschiff Resolution die Grönlandsee/ Ostsee, zwischen Grönland und Spitsbergen (norwegisch), entlang und drang dabei in die damals nördlichste bekannte Region vor (81° 30' N, Breite), erforschte 1817 und 1818 Spitsbergen und landete 1822 als Erster an der Ostküste Grönlands. Durch seine Untersuchungen erkannte Scoresby, dass Eis auch auf offener See entsteht und dass sich Packeis ununterbrochen von Spitsbergen bis Nowaja Semlja (russische Doppel-Insel) ausdehnt. Scoresby veröffentlichte 1839-52 seine Forschungsergebnisse über den Erdmagnetismus. Der Fjord und spätere Ort tragen die Namen zu Ehren der beiden Seemänner. Der Ort wurde erst 1924/ 25 gegründet, ist der mit Abstand die entlegenste grönländische Siedlung, hat heute ca. 360 Ew.

1888 gelang dem Norweger Fridtjof Nansen (1861-1930) eine Inlandeis-Durchquerung in Südgrönland, in 49 Tagen, mit Hilfe von Hundeschlitten auf Ski-Kufen. Er hat großartige Dinge geleistet und dafür viel Anerkennung und Auszeichnungen erhalten.

>>> *weitere Informationen über Fridtjof Nansen stehen im Kapitel: Besondere Persönlichkeiten - Helden der Nordwest-Passage.*

Der Amerikaner Robert Edwin Peary drang 1895 vom Thule Gebiet aus über das Inlandeis bis zum Independence Fjord vor, der das nach Peary benannte größte, eisfreie Gebiet, eine Halbinsel in Nordostgrönland, nach Südosten hin abgrenzt. Der

Independence-Fjord, im heutigen Nordost-Grönland-Nationalpark, ist benannt nach den damaligen Bewohnern der Independence-I-Kultur. Erst als der dänische Grönland-Forscher Ludvig Mylius-Erichsen (1872-1907) 1906 entlang der Ostküste den Independence Fjord erreichte, war gewiß, dass Grönland eine Insel ist. Viele weitere Forschungen, Entdeckungen und vor allem Expeditionen folgten in all den Jahren, mit einer langen Liste berühmt gewordener Seefahrer und Entdecker und bis heute gibt es besonders im Bezug auf das Inlandeis und das Klima noch vieles zu erforschen und zu entdecken, das wird niemals enden. Welche enormen Risiken diese vielen Seefahrer in all den Jahren auf sich genommen und erlebt haben, ist in der heutigen Zeit, mit speziell technischen Geräten, Schiffen usw. kaum noch vorstellbar. Jeder trug ein Puzzleteil dazu bei, das die Erforschung Grönlands und des Nordpolargebietes viele Dinge hervorgebracht hat. Insgesamt war das nicht nur von Erfolgen, sondern auch von vielen gescheiterten und tragischen Unternehmungen geprägt. Ob das alles mit Macht und Gier zusammenhing, mag kaum gewesen sein, viel größer war bei vielen Forschern der Entdecker- und Abenteuer-Geist. Und genau dieser Entdecker-Eifer „steckt" heutzutage noch viele Menschen an.
Auch das Leben des bekannten, deutschen Meteorologen, Polar- und Geowissenschaftler

Alfred Lothar Wegener (1880-1930) endete mit der 3. Deutschen Grönlandexpedition 1930 tragisch: auf dem Rückweg von der kleinen Überwinterungs- und Forschungsstation „Eismitte", mitten im Inlandeis auf 3010 Meter (damals wurden im Laufe eines Jahres Temperaturen zwischen −64,9 ° und −2,8 °gemessen), kam der Expeditionsleiter vermutlich um den 16. November 1930 ums Leben. Zuletzt wurde er begleitet vom grönländischen Schlittenhundeführer Karl Ole Rasmus Villumsen (1907-30), der ihn noch im Eis begraben hatte, blieb dann selbst im Eis verschollen und mit ihm Wegeners Tagebuch. Erst im Mai 1931 wurde Wegener Grab im Eis gefunden. Die vermutete Todesursache ist Herzversagen infolge von Überanstrengung. Etwas weniger bekannt ist, dass der dänische Kronprinz Frederik André Henrik Christian (*1968), Sohn von Königin Margrethe II., im Mai 2000 das nördliche Grönland auf einer Hundeschlitten-Expedition über eine Strecke von 2795 km durchquerte.

Die Ankunft --- die Abenteuer-Reise beginnt schon abenteurlich - im Dunkeln

---> Schon die Ankunft am Kangerlussuaq Airport war abenteuerlich, so kurz vor Mitternacht, leicht dunkel, kühl, aber kein Regen. Beim Landeanflug haben wir Teile der Landschaft und Eisfelder!!! gesehen, aber leider saßen wir nicht am Fenster (obwohl das gebucht war!), darum konnten wir nicht viel sehen und erkennen.

Der kleine Flugplatz machte den Eindruck, als

wären wir schon mitten in der Arktis, nur Schnee und Eis fehlte. In alten Schulbussen wurden wir zum 10 km entfernten Ufer-Anleger Kellyville gefahren, über eine rumpelige Schotterpiste, durch urbane Natur, soweit man das bei der nordischen Mitternachts-Dunkelheit noch einigermaßen erkennen konnte. Hafen kann man das nicht nennen, es sieht hier ehr aus, wie das Ende einer Landschaft, ein paar Holzbuden oder Container, sonst nichts. Das Schiff liegt in der Bucht des Kangerlussuaq-Fjord vor Anker und unsere erste Fahrt mit Zodiacs führt hinüber zum Schiff. Es ist jetzt dunkel, durch die umliegenden Berge, kalt und windig – schon richtig arktisch!

Kangerlussuaq 67°0'36"N, 50°42'0"W (grönländisch) - „langer Fjord", dänischer Name: Søndre Strømfjord, hat ca. 500 Ew., liegt am Ende des ca. 170 km langen gleichnamigen Fjords (einer der längsten Fjorde weltweit), ca. 50 km nördlich des Polarkreises, 2557 km Entfernung zum Nordpol und etwa 130 km von der Küste entfernt, ist damit der mit Abstand am weitesten von der Küste entfernte Ort. **Polarkreis** nennt man beide Breitenkreise auf 66° 33′ 55″ nördlicher sowie südlicher Breite, auf denen die Sonne an den Tagen der Sonnenwende nicht mehr auf- beziehungsweise untergeht. Im Winter, zur Wintersonnenwende, umhüllt drei Monate lang die dunkle Polarnacht die ganze Arktis nördlich des Polarkreises wie ein Mantel und die einzige Lichtquelle ist der Mond und das Polarlicht flackert in kalten, klaren Nächten. Die beiden Polarkreise haben einen Abstand von 2602 km zu den jeweiligen Polen, zum Äquator, der die geographische Breite 0° hat, sind es 7383 km und er hat eine Länge von 15.996 km (der Äquator hat einen Umfang von 40.075,017 km) und „wandern“, je nach der Erdneigung, ein paar Meter pro Jahr hin und her. Direkt neben dem Ort verbinden sich die beiden aus Richtung des nur 25 km entfernten Inlandeises kommenden Flüsse Akuliarusiarsuup Kuua im Ørkendalen und Qinnguata Kuussua im Sandflugtdalen und fließen in den Fjord, der in die Davis Strait mündet. Am Ende des Fjordes liegt die unbewohnte Insel Simiutaq. Das Gebiet des Fjordes gehört zu der grönländischen Großkommune Sisimiut. Der lange Fjord ist auf seiner ganzen Länge schiffbar. Die Breite beträgt zwischen 1,5 und 8 km. Vom Inlandeis schiebt sich der Russellgletscher Richtung Kangerlussuaq. Sein Schmelzwasser und das anderer Gletscher speist im Sommer den Fluss. Nördlich von Kangerlussuaq liegen die drei Bergregionen: Tarajornitsut, Qarliissuit und Isunngua. Im Gebiet um den Fjord erstreckt sich bis zum Inlandeis eine Tundra-Vegetation, die auch tausende Rentiere und Moschusochsen ernährt. Vom Kopf des Fjordes ist das Inlandeis etwa nur 35 km entfernt. Am 1. Januar 2002 wurde die kleine Stadt in die Gemeinde Sisimiut eingemeindet

und der Tourismus bietet in Kangerlussuaq eine Vielzahl an Möglichkeiten: Man kann in den umliegenden Bergen wandern, mit dem Kajak durch den Fjord fahren, Polarlichter beobachten, zum nahen Inlandeis fahren oder wandern. Außerdem befindet sich hier mit dem Kangerlussuaq-Museum das zweitgrößte Museum Grönlands, das vor allem die Luftfahrtgeschichte Grönlands thematisiert.
Geschichte: Kangerlussuaq entstand als US-Stützpunkt, der ab dem 7. Oktober 1941 in Betrieb war (wurde 1992 an die grönländische Regierung übergeben). 1954 begann der kommerzielle Luftbetrieb auf der Militärbasis (durch SAS Scandinavian Airlines), die mit Zwischenhalt in Kangerlussuaq die erste Flugverbindung zwischen Europa und der nordamerikanischen Westküste anboten. Bis in die 1990er-Jahre hießen Flughafen und Stadt Søndre Strømfjord (und in der dänischen Sprache auch heute noch, daher der IATA-Code: SFJ und der ICAO-Code: BGSF). Der Flughafen ist der größte internationale und wichtigste Flughafen in Grönland. Er bedient die Region um Kangerlussuaq. Gleichzeitig ist der Flughafen das größte Drehkreuz der Air Greenland. Über ihn wird fast der gesamte Luftverkehr nach Europa abgewickelt, wobei die wichtigste Flugverbindung die zum Flughafen København ist, sowie die Flüge zu den Regionalflughäfen Grönlands. Auf Grund der windgeschützten Lage und der Temperaturen von meist knapp

über 0° sind die Flugbedingungen am Flughafen gut, Großraumflugzeuge wie die Boeing 747 können hier landen. Ein Luftfrachtzentrum verstärkt den Frachtverkehr. Vom Flughafen Reykjavík fliegt Island Air Iceland mit einer Bombardier DHC-8 neben Kangerlussuaq fünf weitere Ziele an. Da Kangerlussuaq nicht direkt am Wasser liegt, führt eine Straße an den etwa 10 km südwestlich liegenden Hafen, den Camp Lloyd oder Kellyville. Der Hafen liegt in einem Bereich, wo das Wasser nicht sehr tief ist. Obwohl Kangerlussuaq ein wichtiger Hafen für Kreuzfahrtschiffe ist, kann folglich nicht direkt dort angelegt werden. Es existieren zwei potentielle Standorte für einen neuen Hafen, die 5 bzw. 10 km südwestlich des bisherigen Hafens liegen und auch für größere Schiffe zugänglich sein sollen. Die Umgebung ist kaum bewachsen, lediglich in den nahen Tälern gibt es Weidengestrüpp. Die Fauna ist dafür sehr reichhaltig. Es kommen Rentiere, Polarfüchse, Moschusochsen und Schneehasen vor, sowie Schneeammern, Birkenzeisige, Raben und Falken. Im Juni/Juli gibt es 8 und im August 6 Sonnenstunden, im Winter die gleiche Menge weniger Sonnenstunden.

---> Nachdem alle 184 Passagiere an Bord waren, wurde der Anker gelichtet und das Schiff nahm Kurs auf Sisimiut, Grönlands zweitgrößte Stadt, die wir am nächsten Mittag erreichten. Die Fahrt begann langsam durch den Kangerlussuaq Fjord. Da

es nachts war und dunkel, konnten wir die hohen Gebirgszüge an beiden Ufern nur erahnen.
Die erste Nacht war kurz, aber das macht nichts. Am Morgen, als erstes ein Blick aus dem Kabinenfenster, wo sind wir überhaupt? Eine tägliche Übersichtskarte im Zimmer-Monitor gab Informationen zur Position. Diese zeigte, dass wir uns auf der

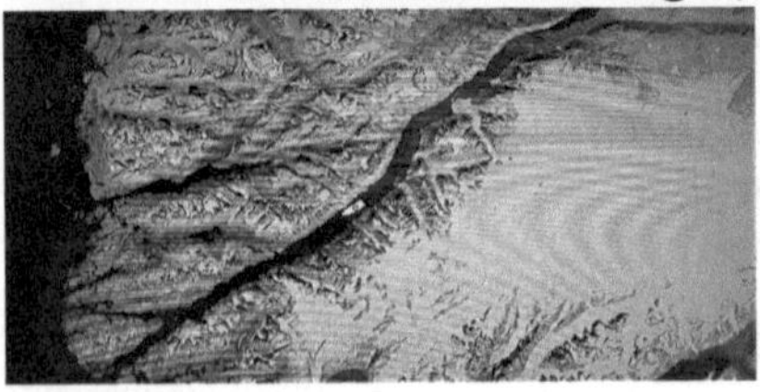

Hälfte des langen Fjords bewegen. Das Schiff fuhr langsam und lautlos durch dieses schmale Gebiet, mit großen, teilweise hohen, schneebedeckten Felsen und vereinzelten Gletscher-Feldern zu beiden Seiten der an Norwegen erinnernden, zerklüfteten Fjordland- und Berglandschaft. Das Wasser ist ganz glatt und türkis-grün. Wir stehen morgens um 6.30 staunend an Deck: die Morgensonne schaute immer wieder hier und da über die Felsspitzen oder zwischen ihnen hindurch und jede Himmelsrichtung leuchtete anders.
Dieses besondere Licht prägte eine ganz spezielle, nordisch-mystische Atmosphäre, erinnert an den

Geiranger Fjord in Norwegen. Auch der Mond

war zu sehen !
Ich stehe am Bug und verfolge, wie sich das Schiff der Fjordmündung nähert und bin gespannt, was man dann sehen und erleben wird, vor allem stellt sich die Frage, gibt es dann Seegang? Es sieht wie eine schwedische Schärenlandschaft aus, überall sind kleine Felsen, die nur knapp aus dem Wasser ragen. Ab und zu fliegen Möwen vorbei, scheinen uns eine Weile zu begleiten. Je weiter wir zur Mündung gelangten, desto mehr Wind und Wellen kamen auf. Dann schwenkte das Schiff nordwärts, das heißt, bog nach rechts ab in die Davis Strait. Leichter Seegang setzte ein und die Sonne schien mit voller Kraft auf der Fahrt Richtung Sisimiut. Nun habe ich auch Zeit für das Frühstück und dabei kann man wunderbar den felsigen, teilweise noch schneebedeckten Küstenstreifen sehen.
Gegen Mittag fahren wir in die Bucht an dessen rechter Seite unser erstes Ziel liegt. Von weitem sieht es aus, wie eine Spielzeugstadt, mit vielen, kleinen, typisch grönländisch-bunten Häusern, die auf Felsen verteilt stehen, mit einen hohen Berg im

Hintergrund, von der Sonne angestrahlt. Sisimiut ! Das Schiff machte direkt am Hafen-Anleger fest, unterhalb der Stadt und wir hatten bis zum Nachmittag Zeit, diese schöne Gegend zu erkunden. Bei einem ausgiebigen Ausflug in die, auf einer Anhöhe gelegene Altstadt, führt die Straße dorthin an einem kleinen Yachthafen entlang. Im Becken ist das Wasser glasklar. Gegenüber im Supermarkt finden wir viele Dinge, die wir aus Dänemark kennen und natürlich gibt es alles für Angler und Jäger. Die Sonne scheint und wir empfinden die Temperaturen mit 15° als angenehm, - für die Grönländer müssen sie fast tropisch sein. Sehr beeindruckt sind wir von der hübschen kleinen, blauen Kirche und dem kleinen Freilichtmuseum. Es stellt Einblick in das Wohnen und Leben der grönländischen Inuit dar, als ob es so auch jetzt noch ist und die Bewohner gerade nicht zuhause sind. Den sehr schönen Ausblick auf den Hafen, die Bucht und das Schiff

genießen wir, bei traumhaft, sonnigem Wetter.
Sisimiut 66°56´9"N, 53°40´3"W (*die Fuchshöhlen-bewohner*), dänisch *Holsteinsborg* (bis Ende der 1970er-Jahre gebräuchlich), ist mit einer Bevölkerungszahl von ca. 5700 und einer Fläche von 14.000 km² die zweitgrößte Stadt Grönlands, an der Kangerluarsunnguaq / Ulke-Bucht (Seebärenbucht). Diese Bucht teilt die Stadt. Sie liegt knapp 100 km nördlich vom Polarkreis, gut 3000 Seemeilen (5556 km) von Hamburg entfernt, an der Westküste von Grönland und auf halbem Weg zwischen Nuuk und der Disko Bugt und sie ist, wie die meisten grönländischen Städte, auf einer dem Inlandeis vorgelagerten Halbinsel, auf sieben Hügeln gebaut, zwischen den beiden Fjorden Kangerluarsuk Tulleq im Norden und Amerloq im Süden. Vor der Stadt liegen zahlreiche Inseln, von denen Qeqertarmiut die größte ist und ein kleiner Hafen ist vorgelagert, Tankanlagen und Fischereigebäude prägen zuerst das Bild, dann fällt der Blick auf die vielen bunten Häuser. Auch die Häuser der Ortschaft Tasiilaq (*wie ein See*), die mit ca. 2000 Ew. die größte Stadt an der Ostküste ist, sehen ähnlich aus, mit diesen typischen Farben, überwiegend rot und blau.
Ein kleiner Sisimiut Yachthafen ist mittlerweile entstanden, das Wasser im Becken ist glasklar. Klimatisch günstig gelegen, ist es hier das ganze Jahr eisfrei. Zum Inlandeis sind es ca. 180 km, die größte Entfernung zwischen einer grönländischen Stadt

und der Inlandeisfläche. Ca. 350 km ist die Entfernung über die Davis Strait bis zur westlichen kanadischen Küste. Insgesamt lebt in der bevölkerungsreichen Region um Nuuk, Disko-Bugt, mit Sisimiut und Upernavik mehr als die Hälfte der grönländischen Bevölkerung. Hinter der Stadt thront der Hausberg Nasaasaaq (Kællingehætten) („Frauenkapuze“) mit 784 m Höhe. Er gleicht der Form nach einer Kapuze eines Frauenanoraks. Die Inuit haben früher ihre Kinder auf der Schulter mit unter der Kapuze getragen.
1764 wurde Sisimiut in der heutigen Altstadt gegründet und hier befindet sich auch die älteste Kirche Grönlands, blå kirke (blaue Kirche)
oder Bethelkirke (nach Bet-El) genannt. Sie wurde um 1772 in København gebaut und 1775 in Sisimiut errichtet, hat einen Glockenturm, wurde 1969 restauriert und dient heute als Gemeindehaus und Kirchenbüro, ist aber auch Teil des Museums. (Steinkirchen gab es schon bei den Nordmännern unter Erik dem Roten um das Jahr 1000). Bei der Kirche steht eine Art Bogen, dargestellt als Kieferknochen eines 1902 im Fjord gestrandeten Grönlandwales, heute das Wahrzeichen der Stadt.

Anfang des 20. Jhd. wurde die kleine Kirche von der neuen roten Kirche auf dem Felsen abgelöst. Sie wurde 1926 nach Plänen von Helge Bojsen-Møller errichtet und 1985 durch Ole Nielsen verlängert. Das südliche Sisimiut ist ein typisch grönländischer

Stadtteil, mit kleinen und bunten Häusern, mitten auf den schroffen Steinfelsen, richtig typisch grönländisch. Da einige Wohnblocks an Legobausteine erinnern, trägt dieser Stadtteil den niedlichen Beinamen Legoland.

Die Stadt wird auch kleine „kleine Perle der Polarküste" genannt. Sie ist berühmt für das Kunsthandwerk der einheimischen Inuit, das es in vielen kleinen Läden entlang der Hauptstraße zu kaufen gibt. In verschiedene Werkstätten stellen Künstler Schmuck oder Tupilaks – die traditionellen Schnitzfiguren der Inuit – her. Hier und da stehen Holzboote, wie Autos zwischen den Häusern, auf der Wiese geparkt. Das kulturhistorische Sisimiut-Museum, ist ein grönländisches Freilichtmuseum, im Kolonialzentrum in der unter Denkmalschutz stehenden Altstadt. Die ehemaligen Kolonialhäuser, z.T. aus dem 18. Jh. wurden liebevoll restauriert und geben den Charme dieser kleinen Stadt mit ihren Einwohnern, am Rande der Arktis, wieder. In einem der Häuser ist eine Ausstellung mit archäologischen Fundstücken aus der Saqqaq-Kultur. Oft finden hier Sonderausstellungen statt. Viele Gebäude im Stadtkern sind erhaltenswürdig oder stehen unter Denkmalschutz. Überall im Stadtgebiet hört man oft das Heulen von Schlittenhunden. Nur nördlich des Polarkreises, dem „Hunde-Äquator“, dürfen sie gehalten werden. Sisimiut ist die südlichste Gemeinde Grönlands, in der das Halten von Schlittenhunden noch erlaubt ist, die „Hundeschlittengrenze“. Diese Hunde sind in Grönland eine Art Besonderheit. Rund 30.000 leben hier, sie sehen aus wie Wölfe und stammen auch direkt von ihm ab. Es gibt Hunde in allen Farben, gemustert und gescheckt, eisbärenfarben, cremig weiss, braun und wuschelig, die Augen funkeln grün und tiefschwarz. Die Rasse wird Grønlandshund / Grönlandhund genannt, ist sehr kräftig, ausdauernd und zählt zu den Polarhunden, auch Polarspitz. Außerdem gibt es die Rassen: Alaskan Malamute: größter und schwerster Schlittenhund, Siberian Husky: mit den schönen Augen, kleinster und schnellster der klassischen Schlittenhunderassen, Kanadischer Eskimohund: wolfsartiger Ausdruck, Samojede: meist reinweißes Fell. Die Grönländer haben eine sehr unsentimentale

Art, mit ihren Hunden umzugehen, sie sehen sie nicht als Haustiere sondern als Arbeitstiere und nur wenige sind zahm. Es sind unentbehrliche Nutztiere bei Eis, Schnee und Kälte. Durch Verordnung der Stadt müssen die Hunde, wie im ganzen Land, wegen der großen Gefährlichkeit, an der Kette gehalten werden. Weil in dieser Gegend schon teilweise Schafe gehalten werden, ist dieses Hunde-Gesetz erforderlich. Da die Hunde nur wenig Bewegung haben, bekommen sie meist nur ein- bis zweimal pro Woche zu fressen, und müssen während der Wintermonate hart für ihr Futter arbeiten. Ihre Lebenserwartung ist begrenzt: meist werden sie nicht älter als 10 Jahre. Überall in der Stadt sitzen oder liegen die Hunde angeleint, am Haus oder auf den Hügeln, dösen faul in der Sonne oder beobachten, was so passiert. Kaum, dass einer der Hunde zu heulen anfängt, beginnt die ganze Meute zu jaulen. Etwas entfernt von der Altstadt befindet sich das einzige Freibad des Landes, das nördlichste der Welt, natürlich beheizt. Östlich der Stadt liegt ein großes Skigebiet, mit Skilift. Im Stadtkern ist das Rathaus, es gibt Lebensmittelläden, kleine Geschäfte, Supermarkt, Restaurants und Imbisse, aber auch ein Hotel, eine Polizeistation (Ausgabestelle für Angel- und Jagdscheine), eine Post und Souvenierlädchen. Die Lebensmittel sind relativ teuer und (importiertes) Gemüse gibt es in geringer Auswahl und unfrischer Qualität. Auf dem Fischmarkt wird neben Krabben, Arctic Char/Lachs, Heilbutt und Saibling auch Walfleisch und fast schwarz aussehendes Robbenfleisch verkauft. Robben gehören seit Jahrhunderten auf Grönland zum festen Bestandteil des Speisezettels und mittlerweile ist Moschusochse ein Grundelement der Speisekultur, sowie Rentier, Schneehase und Schneehuhn, Schweinefleisch kommt aus Dänemark eingeflogen. Sisimiut verfügt über ein Krankenhaus, alle Schulen, ein Altersheim, einen Fußballplatz, eine Sporthalle und das Kulturhaus Taseralik, sowie einen lokalen Rundfunk- und Fernsehsender mit eigenem Aufnahmestudio. Auf dem Friedhof sind die Gräber mit Plastikblumen geschmückt, die können nicht erfrieren. Interessant ist die kleine westlich gelegene Halbinsel, Tømmermands Ø, wegen der dortigen Fernmeldemasten kurz Tele Ø (Tele Insel) genannt. Das Besondere sind allerdings die Siedlungsplätze der Saqqaq-Kultur und die alten Vorratshäuser der Walfänger aus dem 15. Jahrhundert. Von hier aus bietet sich ein schöner Ausblick auf die Bucht und die Stadt. Neues Wohngebiet entsteht auf der anderen Seite der Bucht auf dem Weg zum Flughafen und soll in den nächsten Jahren um Hunderte Häuser nach Osten hin ausgebaut werden. 1998 wurde der Flughafen Sisimiut / Holsteinsborg Lufthavn auf dem Gebiet der früheren Siedlung Asummiut, am nördlichen Ufer Kangerluarsunnguaq (Ulkebucht) angelegt, eine 3 km lange Straße führt dorthin. Die wichtigste Flug-Verbindung geht nach Kangerlussuaq, sowie in die Hauptstadt Nuuk und nach Ilulissat. Insgesamt verfügt Sisimiut über ein gut ausgebautes Straßennetz. **Geschichte**: Die ältesten Spuren von Besiedlung gehen auf das Jahr 2500 v.Chr. zurück und stammen von Angehörigen der Saqqaq-Kultur. (Anschließend war die Gegend von der Dorset-Kultur bewohnt). Diese frühzeitliche grönländische Kultur war von ca. 2400 bis 800 vor Christus und wurde nach dem Ort Saqqaq an der Disko Bugt benannt. Der Siedlungsort war für sie ideal, da es Wale, Rentiere und Robben gab und immer noch gibt. Moschusochsen hingegen wurden erst in den 1980er-Jahren eingeführt. Obwohl die Gegend einen perfekten Lebensraum für diese Tiere bietet, verhinderten die unüberwindbaren Gletscher zwischen Qaanaaq und Upernavik, dass die aus dem arktischen Kanada einwandernden Tiere auch die Westküste besiedeln konnten. Der Tierreichtum und die auch im Winter eisfreie See um Sisimiut lockte schon im 15. Jhd. Walfänger aus Schottland, Deutschland, Holland und Dänemark nach Sisimiut. Die Europäer in Sisimiut betrieben regen Handel mit den Inuit und tauschten europäische Artikel wie Messer, Perlen, Nadeln und Zwirn gegen Waren der Inuit, wie zum Beispiel Robbenfleisch, Fett oder Felle. 1724 kamen Dänen nach Sisimiut und versuchten, dort eine Handelsstation aufzubauen, was ihnen jedoch wegen der aufgebrachten holländischen Walfänger nicht gelang. Diese hatten Angst, Geld zu verlieren und brannten zweimal die ganze Handelsstation ab. Erst 1756 gründeten die Dänen hier die Handelsstation Sydbay, die schließlich 1764 wegen der schlechten Fang- und Handelsmöglichkeiten an die Stelle der heutigen Stadt verlegt wurde und den Namen Holsteinsborg bekam, benannt nach Johan Ludvig von Holstein, dem Vorsitzenden des Missionskollegium, das zuständig war für die Dänische Mission in Grönland. Sisimiut wurde zu einer Walfängerstadt und die Bevölkerung wuchs rasch, bis 1801 die Pocken ausbrachen. Die Epidemie tötete 400 Menschen. Doch die Stadt erholte sich schnell und wuchs das ganze 19. Jhd. hindurch. Anfang des 20. Jhd. begann die Umstellung von Walfang auf Fischerei und Fischverarbeitung. 1924 wurde die erste grönländische Fischfabrik in Sisimiut errichtet und sieben Jahre später wurde auch die erste Werft des Landes hier gebaut. Als man in den 1960er-Jahren begann, Grönländer aus den kleinen Dörfern in die Städte umzusiedeln, wuchs Sisimiut kontinuierlich auf seine heutige Größe. Es herrscht ein wärmeres Klima als in der Disko-Bugt-Region, das auch nur wenig kühler ist als das Klima im südlicheren Nuuk. Im Winter fallen die Temperaturen selten unter –15° und im Sommer steigen sie kaum über 20°. Im Juni/Juli gibt es 8 und im August 5 Sonnenstunden. Man muss allerdings jederzeit mit plötzlichen Wetterwechseln rechnen. Die Nähe des Meeres hat einen entscheidenden Einfluss auf das Klima: im Vergleich zu Gebieten die näher am Inlandeis liegen, ist das Klima hier an der Küste deutlich maritimer, mit geringeren Temperaturschwankungen und auch die Minima und Maxima sind deutlich weniger ausgeprägt als etwa 100 km weiter im Landesinneren. Gleichzeitig sind die Niederschlags-Mengen jedoch deutlich höher als landeinwärts. Der erste Schnee fällt normalerweise Anfang/Mitte Oktober, und Tauwetter setzt Mitte/Ende April ein. Sisimiut ist eine der wohlhabendsten und wirtschaftlich am weitesten entwickelten Städte Grönlands und ist im Land berühmt für seine gute Lebensqualität. Der Alltag der Menschen wird vor allem vom Fisch- und Garnelenfang geprägt. Die Krabbenfischerei ist der wichtigste Wirtschaftsfaktor, mit Grönlands modernster Krabbenverarbeitungsfabrik, einer der modernsten der Welt. Exportiert wird aber auch Heilbutt, Lachs und Kabeljau, vor allem nach Dänemark (wichtigster Handelspartner), aber auch nach England und Skandinavien. An vielen Stellen hängen Robbenfelle, Rentierfleisch und Fisch zum Trocknen in der Sonne, die meisten Inuit leben noch immer von der Jagd. Außerdem ist hier die älteste Werft Grönlands. Die einstige wirtschaftliche Grundlage, der Walrossfang, ist nur auf dem Stadtwappen zu sehen: ein silberner Walrosskopf vor blauem Hintergrund. Es gibt viele verschiedene

Ausflugsmöglichkeiten, Wanderungen sind im Ulke-Bucht Gebiet möglich, im Winter mit Hundeschlitten. Wanderkarten sind in der Touristinformation erhältlich. Eine Berg-Tour zum Nasaasaaq-Berg (ca. 6 Stunden) lohnt sich nur bei guten Wetter! Der Arctic Circle Trail, ein 170 km langer anspruchsvoller Wander-Trail, ist einer der aufregendsten Wanderungen der Welt, entlang der faszinierenden Fels- und Eislandschaft. Er beginnt in Kangerlussuaq, endet in Sisimiut und dauert ca. 14-16 Tage (mit Zelt, Schlafsack usw.), es gibt aber auch sieben Hütten. Seinen Namen verdankt er dem rund 50 km südlich gelegenen Polarkreis, zu dem er fast parallel verläuft. Er kann nur zur schneefreien Zeit, Juni-September, gewandert werden. Mittlerweile findet jährlich das internationale Skilanglaufrennen „Artic Circle Race" statt.
---> Kurz vor dem Ablegen bekamen wir alle noch eine tolle Vorführung der traditionellen Kajakfahrkünste zu sehen. Das muss sehr anstrengend sein....

....den Atem anhalten und dabei immer noch weiter paddeln, mit den Armen nach oben. Ein Kajakfahrer aus dem Ort, drehte sich in seinem Kajak ca. 20 Mal, fast ununterbrochen, um die eigene Achse

und zeigte dabei verschiedene Möglichkeiten. Uns allen blieb der Atem stehen, als er einige Zeit Kopf über unter Wasser war und dabei mit den Armen weiter sein Paddel geschickt bewegte.
---> Beim Abfahren hatten wir lange einen schönen Blick auf die farbenfrohen Häuschen, die wie willkürlich auf den Felsen verteilt sind. Aber noch viel aufregender sind die unendlichen Eisberge in unzähligen, verschiedenen Formen und Größen, die uns nun ständig begegnen, erstaunen, faszinieren und die so vor sich hin dümpeln. Den Abend verbringen an Deck und schauen zurück auf Sisimiut. Jetzt sind wir im Fahrwasser der Davis Strait, die mittlerweile viel befahren wird, aufgrund zunehmendem Schiffs-Tourismus. Weiter nördlich geht dieses Gewässer weiter und wird dann Baffin Bay genannt, wobei es im Grunde keine Bucht ist, sondern nur so aussieht. In der Nacht träumen wir von Eisbergen, ist ja auch normal. Mein Onkel kennt das Gefühl schon und erzählt mir von seinen See-Reisen an dieser Küste. Man freut sich auf den ersten Eisberg und glaubt, das wäre der einzige, den man sehen wird, aber dann geht es erst richtig los...und wie !!!
Am nächsten Morgen schon -------- Eisberge! Durch unser großes Fenster kann man Eisberge sehen! Es ist 6 Uhr früh, und wir sind putzmunter. Tatsächlich: EISBERGE, kleine und größere in bunter Folge, sie dümpeln im Wasser, beeindrucken mich sofort

und ich möchte gern wissen, wie groß sie wohl tatsächlich sind, woher sie kommen und wie lange sie schon dort umhertreiben, bei Wind, Wellen und Wetter. Und ich schieße die ersten Eisberg-Fotos!
---> Am Vormittag läuft das Schiff in eine Art Bucht vor der Siedlung Ilimanaq und geht dort vor Anker. Wir Passagiere werden in Bootgruppen aufgeteilt, nur so können immer 8-10 Personen in einem Zodiac zur Anlandung gebracht werden. Hier ist jedoch keine Anlandung geplant, sondern Touren mit alten Fischkuttern in die Welt der schwimmenden Eisberge. Und das ist einer der Höhepunkte der Expedition. Wir haben Glück mit dem Wetter, es ist zwar bedeckt, aber sehr klar, etwas kalt und windig und eine tolle Sicht. Während die Gruppen jeweils auf 2 Fischkutter aufgeteilt werden, haben die anderen Passagiere an Bord die Möglichkeit einen Film zu sehen, oder sich anderweitig zu beschäftigen. Die Aussicht vom Deck ist nicht so toll, außer niedrigen Gebirgszügen sieht man nicht viel, aber kleinere Eisberge tummeln sich im Wasser. Ob vielleicht mal kurz eine Robbe geguckt hat ? Auf der „Kutter-Fahrt“ zu den Eisgiganten, an der Küste entlang, können wir Ilimanaq nur aus der Ferne sehen. Die wenigen Häuser sind ebenso bunt wie die in Sisimiut. Überall liegen vereinzelt große und kleinere Eisberge vor dem Küstenstreifen. Das sieht aus wie eine ganz besondere Dekoration.

Ilimanaq [iˈlimanaq] 69°4′59″N, 51°6′59″W (Platz der Erwartungen), (dänisch Claushavn) ist eine grönländische Siedlung im Distrikt Ilulissat, liegt auf dem grönländischen Festland an der fast gerade verlaufenden Küstenlinie am östlichen Ufer der Disko Bugt, auf einem schmalen 160 m breiten Streifen, am südlichen Ufer des Eisfjordes, der im Osten vom See Tasersiaq begrenzt wird.
Der Ilulissat-Eisfjord trennt die Gegend Ilimanaq vom 15 km nördlich liegenden Ilulissat. Mittlerweile wird der Ort sehr durch die Nähe zum Eisfjord geprägt, überall schippern große und kleine Eisberge umher, blockieren oft den kleinen Hafen. Da müssen sie mit Schiffen regelrecht abgedrängt werden, ein schwieriges Unterfangen. Ilimanaq ist eine der ältesten dänischen Siedlungen in Grönland. Früher ein niederländischer Außenposten für den Walfang und daher benannt nach dem niederländischen Kapitän Klacs (Klaus) Pieterz Torp, der hier in der Disko Bugt zwischen 1719 und 1732 als Walfänger aktiv war. Sie wurde 1741 von der dänischen Handelsmission gegründet. Die alten Häuser aus der Kolonialzeit, wie auch die rote Holzkirche aus dem Jahr 1908, sind noch gut erhalten und zu besichtigen. Viele Gebäude stammen noch aus der frühen Zeit des Ortes, aus dem 18. Jhd. und sind dementsprechend geschützt. Später wurde der Ort als Walfängerstation genutzt. Ilimanaq ist bis heute eine der kleinsten Siedlungsgemeinschaften,

nur noch 55 Ew. leben hier (1930 waren es 320). Das Örtchen lebt von der Jagd, Handel und vom Fischfang aber eine Fischfabrik gibt es nicht. Der Tourismus spielt eine größere Rolle. Man kann (mit etwas Glück) Wale und Seehunde beobachten und befindet sich in einer unberührten, zerklüfteten und felsigen Natur. Schöne Wanderungen lassen sich unternehmen, auf einer 7 km langen Wanderung zum Eisfjord kommt man an verlassene Siedlungen und Eskimo-Ruinen vorbei. Mittlerweile werden interessante Solardach-Hütten /Lodges angeboten. Der Eisfjord sieht von weitem aus wie eine riesige voll geschlossene Eisfläche. Der Schein trügt, es handelt sich um unzählige dicht gedrängt, schwimmende Eisberge. Die Gletscherfront ist 65 Kilometer entfernt.

Im Reich der Eisberg-Riesen – die verzaubernde Mystik und Magie der Eiswelt

---> Mit einem alten, grönländischen Fischkutter, mit dem Namen Esla, fahren wir durch die Eisberg-Welt. Ein grönländischer Skipper manövriert ganz

geschickt nahe an die glitzernden Eis-Kolosse. Bis auf das Brummen des Motors ist alles ruhig. Das Meer ist flach, die Sicht geht. Alle verstummen vor Erstaunen, Eisberge - zum Greifen nahe! - sie sind so gigantisch, es wirkt hier wie ein Labyrinth aus Eisfelsen, eine mystisch-zauberhafte Eis-Kulisse. Wir haben irgendwie das Gefühl, uns schon nahezu direkt am Nordpol zu befinden. Dafür aber kein Gefühl mehr für die Himmelsrichtungen, ständig tauchten aus allen Richtungen neue Eis-Riesen auf und ziehen uns in ihren Bann. Wie weit sind wir gerade vom Nordpol, oder magnetischen Nordpol entfernt? Das spielt hier gar keine Rolle, man fühlt sich mittendrin, magnetisch angezogen von tausenden Eisbergen in der gewaltigen, einzigartigen Eiswelt. Tatsächlich sind wir (nur) ca. 2300 km vom Nordpol entfernt (im Vergleich: von Hamburg zum Nordpol sind es ca. 4054 km). Unser kleiner Fischkutter ist von riesigen Eisklötzen umgeben, wie von Zauberhand gemeißelt, der Fantasie sind keine Grenzen gesetzt, in verschiedensten Formen und weiß-türkis-bläulichen Farbennuancen. Es gibt unterschiedliche Eisberg-Farben, gar nicht so weiß (wie das menschliche Auge es wahrnimmt) sondern weißlich glitzernd, mit bläulich-cyan und dunkelsmaragd-grünlichen Tönen aller Farbvarianten. Blau entsteht vermutlich, wenn Luftblasen fehlen, grün dagegen entsteht durch winzige Einschlüsse im Eis. (Leider geben die Schwarz-Weiß-Fotos diese Farben nicht, da muss unser Auge es „übersetzten“. Für dieses Taschenbuch ging es nicht anders - im Ebook sind die Fotos im Original). Bei den vielen Wolken weiß man nicht, wo das Eis aufhört und der Himmel anfängt. Die Oberfläche wirkt oft schmutzig und schnell wird der Begriff schmutziges Eis benutzt. Die dunklen Flecken sind kein Dreck, wie man denken könnte. Das ist ganz normal und sogenannter Stein- und Felsabrieb, aus vielen Jahren der Vergangenheit, in denen das Eis über Sand und Felsen zog und dabei viel Geröll, Steine und auch Moose und Flechten mitgerissen hat. Das alles „wandert“ mit den Eisbergen auf dem langen Weg ins Meer. Wir nähern uns dem ersten großen Eisberg, der zieht mich sofort in seinen Bann... was ist dort unten an der Spitze?

Mein „Lieblings-Eisberg“ versetzt mich in absolutes Erstaunen! Er hat eine große Kugel, die, wie es aussieht, frei auf einem (Eis-)Podest liegt. Das erinnert mich sofort an die norwegische Stahl-Globus-Skulptur mit Sockel auf dem Nordkap-Plateau. Ein Wahrzeichen des Nordkaps. Hier thront eine Kugel von undefinierbarer Größe (und Alter) auch auf einem Sockel, von der Natur gebildet, und für einen ganz kurzen „Zoom-Moment“ ist das für mich „mein“ Wahrzeichen der Nordwest-Passagen-Expedition. Plötzlich habe ich auch das Gefühl, diese Reise wird gut verlaufen.....aber die Abenteuer

kommen ja erst noch! Schnell habe ich ein paar Fotos gemacht, ich will den Moment festhalten, denn die Fahrt mit dem Kutter geht immer weiter und im gleichen Augenblick ist „meine" Polar-Kugel von einem anderen Eisberg verdeckt, oder hängt sie seitlich daran ? Ich muss mich auf die nächsten Skulpturen konzentrieren, das sind alles so unglaublich tolle Gebilde und meine Kamera brennt gleich durch. Die phänomenalen Formen kann kein Künstler jemals schaffen! Die Kreativität ist hier Sache der Natur, hauptsächlich der Sonne. Sie bringt in den zwar wenigen, aber dennoch warmen Sommertagen die Oberflächen unterschiedlich zum Schmelzen. Dadurch entstehen immer neue Formen und Formationen. Man ist sprachlos, atemlos und überwältigt, das ist einfach nur cool ......
...im wahrsten Sinne des Wortes! -Es ist grandios „faszinant" !!! Ganze Eisgebirgszüge scheinen an uns vorbei zu ziehen, doch sie treiben seicht im

Wasser- wir ziehen vorbei, im kleinen Fischerboot, staunen immer wieder neu. Von einer Seite betrachtet klein aussehend, zeigt sich von einer anderen Perspektive ein riesiges, unüberschaubares Eisberg-Massiv, dessen Ausmaß man nicht einschätzen kann, weder wie es über Wasser, noch unter Wasser aussieht. Jeder Zipfel, jede Seite oder Wand sieht anders aus, eindrucksvolle Wasserfälle, oder Wasser rinnt aus Rissen und Spalten.

Von der Sonne beschienen sehen sie jedes Mal anders aus, das Sonnenlicht gibt besondere Licht-Schattierungen. Hier und da sitzen Möwen auf den Eis-Klippen und wir haben sogar eine Robbe auftauchen gesehen.
Leider nur eine Robbe, aber die Tiere sollen hier Ruhe vor den Touristen haben, finde ich. Von einem Wal haben wir nur die Atemfontäne in weiter Ferne gesehen. Diese und andere Tiere leben hier ...noch....... Ich sehe einen liegenden Eisbären -aus Eis- in einer Höhle und Eisgebilde mit Zacken, Grotten, Spalten, Spitzen, Lücken, Löchern, Rissen, Höhlen. Eine Höhle gleicht einer großen Theaterkulisse, darin schien sich etwas zu bewegen .....

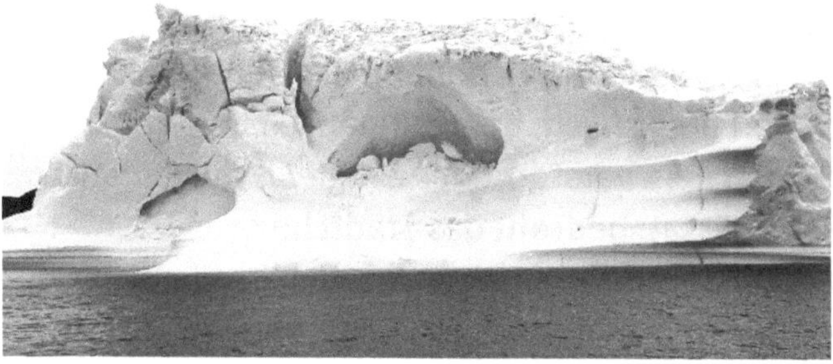

– ein Eis-Theater? – unsere Vorstellungskraft spielt total verrückt. Jedem an Bord geht es so und jeder sieht etwas anderes, oder etwas, ganz anders. Wie heißt wohl dies Phänomen? – Eis-Berg-Phantasie? Wir wissen gar nicht, wo wir zuerst hinschauen sollen. Ein riesiges Stück Eisberg, sieht aus wie ein zu Eis gewordener langer Riesen-Christtollen, mit akkurater Schnittfläche. Ein anderer Riesen-Eis-Klotz hat Ähnlichkeit mit einer Pyramide. Die größten Gebilde könnten um die 70 bis 80 m hoch sein und 200-300 m lang, das ist schwer zu schätzen. Uns stockt der Atem bei all den verschiedenen Formen und Figuren. Wir fühlen uns entfernt von der Welt, auf einem Eis-Planeten gelandet, so beschreibt ein Norweger spontan sein Gefühl auf dieser Eis-Tour: „ich weiß gar nicht mehr, wo ich bin, das hier ist nicht in Worte zu fassen!“ Wir bemerken die Kälte nicht, vor lauter Staunen, uns wird`s direkt warm ums Herz, bei all diesen Anblicken und Eindrücken, mit einer Ehrfurcht vor der Natur und unserer Mutter Erde. Jeder Eis-Klotz ist ein Natur-

Unikat, welch eine fantastische Schönheit von der unendlichen, aber auch sensiblen Natur geschaffen. Gigantisch schön, aber auch gigantisch gefährlich und bedrohlich, denn allmählich, mit der kommenden Zeit, verstopft das ewige Eis die Einfahrt nach Ilulissat, bedroht das Städtchen.
Der Ilulissat-Eisfjord erstreckte sich in alle Richtungen, so kam es uns vor, es wirkte unendlich.
Mündung und Disko Bugt erschien wie eine Gesamt-Fläche, gefüllt mit monumentalen Eisbergen.
Wir konnten gar nicht schnell genug fotografieren, da kamen wir schon an den nächsten Schönheiten vorbei, bizarr und voller Fantasiefiguren. Man fühlt sich verzaubert und auch regelrecht winzig gegenüber diesen riesigen Riesen. Natürlich gibt es überall in den polaren Gebieten Eisberge, rund um Spitsbergen, an der grönländischen Ostküste, dort können die Brocken in Größen von kleinen Ortschaften vorkommen und auch an der nordrussischen Küste, mit all den dortigen Inseln. Dort gibt es ebenso Eisbären und Robben usw., sowie Gletscher-Abbruchkanten und ein Rückzug der Gletscher. Wir fragen uns, ob die Eisriesen vor ihrer „Seereise" noch viel, viel größer waren, beziehungsweise, wie konnten sie diese unglaubliche Größe überhaupt erreichen? Und wie alt mögen sie sein? Von Sonne, Frost und Schnee geformt, jeden Tag auf`s Neue. Eine Eis-Skulpturen-Welt, die unvergesslich bleibt.

Wir fragen uns auch, wie lange werden diese Riesen im Wasser verbleiben, bis sie nicht mehr existieren? Die Eisberge treiben stetig schmelzend, mit ungefähr 13 km pro Tag, je nach Strömungen, meist südwärts. Von dem bis zu 140.000 Jahre alten Eis wird auf seiner Reise in den Süden irgendwann nur noch so viel übrig sein, dass es in ein Wasserglas paßt. Kommt ein Eisberg durch die Sonneneinwirkung und den Wellenschlag aus dem Gleichgewicht, fällt er mit lautem Getöse ins Wasser, oder im Wasser um und erzeugt durch einen gigantischen Wasseraufschlag und Flutwelle. Dadurch kommen im Domino-Effekt die nahe liegenden Eisberge ins Schaukeln und Trudeln, verlieren ebenso an Stabilität, kippen um, schieben sich zusammen oder übereinander. Der Natur-Kreativität sind hierbei keine Grenzen gesetzt und so ein Szenario kann eine Weile dauern, bis sich alle beteiligten Eisberge wieder beruhigt haben. **Eisberge** – warum sind einige weiß und andere in blaugrünen Farbtönen? Dahinter steckt die Physik des Lichtes. Jede Farbe entspricht einer anderen Wellenlänge und je größer diese ist, desto mehr Licht wird von Eis absorbiert. Gefrorenes Wasser wirkt wie ein ganz schwacher Farbfilter. Einige Eisberge schimmern blau, weil rotes, orangenes, gelbes und grünes Licht im Innern der Eisberge "geschluckt" wird und die genaue Ursache liegt im Aufbau der Eiskristalle. Bei Gletschereis ist es ähnlich: trifft

Sonnenlicht auf die Oberflächen, werden von dem Gesteinsmehl vor allem die blaugrünen Anteile des Lichts reflektiert. Eisberge können sogar singen!!! Dringt Wasser in die winzig dünnen Spalten und Höhlen, wirkt das fast wie Luft in einer Orgel. Der Ton ist aber leider zu tief für das menschliche Ohr. Forscher versuchen schon seit Jahren, sauberes Trinkwasser aus Eisbergen gewinnen zu können. Jedes Jahr brechen allein von Grönlands Gletschern um die 360 Tonnen Eis ab und schmelzen, über z.T. viele Jahre, „ungenutzt" im Polarmeer. Es gibt mittlerweile schon Eisbergwasser in Flaschen (89 € pro Flasche), aber dies nur in edlen Super-Luxushotels, da es enorm teuer ist – und braucht man das? – vielleicht in weiter Zukunft – wer weiß.

---> Am Nachmittag fährt unser Schiff weiter nach Ilulissat und zirkelt dabei regelrecht im großen Bogen durch einen Eisberge-Irrgarten. Auch hier kommen uns außergewöhnliche Eis-Gestalten entgegen, dh. wir fahren ja an ihnen vorbei. Auf einem Eishügel sitzen Möwen! Ein anderes Stück Eis zerbricht und verfällt in viele kleine Stücke.

Unsere Fantasie läßt uns in einigen Eis-Gebilden das eine oder andere Tier erkennen, der Blick, etwas zu deuten oder zu erkennen, wird immer intensiver. Wir sehen eine Schildkröte, der Nachbar-Eisberg ähnelt einem schlafenden Riesen-Tiger oder sowas und ein Eisvogel auf einer Eisbergspitze

ein türkis schillernden kleiner Eisberg – also es sieht aus, wie ein Vogel aus Eis. Außerdem sehe ich einen Schwan mit rundgeformten Flügeln und andere futuristische Gestalten und Formen schwimmen im Wasser, auf einigen haben sich ein paar Möwen niedergelassen, aber auch kleine bis winzige Eisberg-Bröckchen sitzen auf größeren, wie Streusel auch einem Kuchen. Ich sehe übrigens auch ähnliche Figuren in Wolkengebilden und überall, wo ich Wolken beobachte, habe ich schon die schönsten Formationen gesehen, wie Drachen, Elefanten, große Vögel, eine riesiges Herz war auch darunter und lustige Trolle. Ebenso kann man lustige Dinge in alten Baumstümpfen sehen. Doch hier habe ich nur Augen für das Eis. Auf einer kleinen Eisscholle sitzt eine Möwe und schaukelt etwas, durch die leichte Bugwelle von unserem Schiff. Es könnte ja mal eine Robbe auftauchen, aber es tut sich nichts.

Wir können nicht in den Hafen von Ilulissat einlaufen, da dort noch ein Schiff liegt und darum ankert unser Schiff etwas außerhalb der Hafeneinmündung. Von hier haben einige Passagiere die Möglichkeit zur Anlandung per Zodiac, um Ilulissat zu erkunden. Eine Wanderung zum Holm Bakke, an den Eisfjord oder ein Stadtrundgang wird angeboten. Mein Onkel und ich haben aber etwas ganz besonderes vor und müssen noch warten, bis wir mit dem Zodiac-Taxi zum Hafen von Ilulissat fahren können. Die Sonne scheint, wir nutzen die Zwischenzeit und schauen vom Deck aus auf die Stadt in der Ferne und beobachten Eisberge, oder suchen das Wasser ab, ob vielleicht mal eine Robbe auftaucht? Leider haben wir keine bemerkt oder nicht gesehen, bei dem Schiffsbetrieb auch sicher kein Wunder, das dröhnt unglaublich unter Wasser. Wir beobachten das Auslaufen eines Schiffes aus dem kleinen Hafen, der Schornstein schiebt schwarzen Dampf in den so frischen arktischen Himmel und wir an Deck fragen uns spontan, ob das so sein muss und wohin das noch führt, gerade hier oben in der total unberührten Natur und klarer Luft. Aber wir sind selbst auf einem Schiff hier unterwegs und verursachen entsprechende Abgase, das vergißt man schnell. Dennoch empfinde ich plötzlich diese Reise in diesem Punkt sehr wichtig, denn nur so können wir mit eigenen Augen selber sehen, das es auch hier im hohen Norden nicht (viel) anders ist. Aber der Klimawandel hat viele unterschiedliche Gründe und Faktoren, nicht nur diese verdreckten Schornsteinabgase.

Ilulissat 69°12'59"N, 51°6'0"W (in kalaallisut/ grönländisch bedeutet es Eisfelsen) – (dänisch Jakobshavn) ist mit ca. 4500 Ew. die drittgrößte Stadt des Landes, liegt im Südwesten der Halbinsel Paakitsup Nunaa, die durch den Fjord Paakitsoq/Paakitsup Ilorlia im Norden und den Sikuiuitsoq im Osten begrenzt wird, im Inneren der Disko Bugt, 290 km nördlich vom Polarkreis und 2311 km entfernt vom Nordpol. Der Hafen ist eine 600 m lange und 150 m breite Bucht. Nur 2 km von vielen Häusern entfernt beginnt der mit Eisbergen gefüllte 50 km lange Eisfjord. Die Abbruchkante des Gletschermassives schiebt ununterbrochen Eisbrocken in den Fjord und in die Disko Bugt. Diese bizarren Eisberge sind eine Art Wahrzeichen und ließen den Ort mittlerweile zum Touristenzentrum werden. Etwas 6000 Schlittenhunde leben hier, meist nicht zu überhören. Klima: im Sommer, zur Mitternachtssonne kann es schon mal 20° warm werden, im Winter dagegen bis -30° kalte Polarnächte. Die Stadt bietet, ähnlich wie Sisimiut eine recht gute Infrastruktur, einen Flughafen, sowie Schiffsverkehr mit einigen grönländischen Städten an der Westküste und Europa. Außerdem gibt es Fabriken, Hotels, ein Hostel, eine Feriensiedlung, einige Restaurants, Geschäfte, ein Markt, Krankenhaus, Stadthalle,

Kino, Post und die Touristinformation. Auf der linken Seite des Hafenbeckens führt eine schmale Straße einen Hügel hinauf, von hier geht es weiter zum Flughafen und auf der anderen Seite ist das, durch eine Sperrmauer aufgestaute, Süßwasserreservoir der Stadt. Auffällig ist ein schwarzes Lagerhaus, das im Jahre 1781 gebaut wurde und damit ist es das älteste Gebäude der Stadt. Heute werden darin Kajaks, Schlitten und Fischfanggeräte ausgestellt. Über mehr als 250 Jahre beschäftigen sich Glaziologen mit dem antiken Gletscher und seiner täglichen Produktion von immensen Mengen an Eis. Es bleibt ein idealer Ort für die wissenschaftliche Beobachtung des Klimawandels und für Touristen. Neu seit 2019: Die Dänin Dorte Mandrup hat das neue Icefjord Center in Ilulissat entworfen, eine Holzkonstruktion, die sich in die eindrucksvolle Landschaft einfügt und den Einheimischen, Touristen und Klimaforschern den ultimativen Blickwinkel bietet, von dem aus sie die historische Atmosphäre des Icefjord genießen können, zu jeder Jahreszeit. Geneigte Fensterscheiben und 52 einzigartige Stahlrahmen ragen über einen Binnensee. Das Icefjord Center erzählt eine Geschichte des Eises, der Menschheitsgeschichte und der Evolution auf lokaler und globaler Ebene. **Geschichte:** Diese Gegend war bereits in der vorchristlichen Zeit ein guter Siedlungsplatz für unterschiedliche Inuit-Kulturen, einst die größte in ganz Grönland. In einem nahe gelegenen Tal befand sich bis 1850 die Siedlung Sermermiut, die bereits von den ersten Inuit-Kulturen vor 4000 Jahren bewohnt worden war und die Stelle, an der Ilulissat heute liegt, diente schon lange zuvor als Sommerplatz für die Bewohner von Sermermiut. Der dänische Kaufmann Jacob Severin begründete 1741 die Stadt und gab ihr den dänischen Namen Jakobshavn. Seit einigen Jahren bildet Ilulissat zusammen mit einigen anderen Siedlungen entlang der Westküste die Großgemeinschaft Qaasuitsup (nach deren Angaben die flächenmäßig größte Gemeinde der Welt). Im Stadtzentrum befindet sich das „rote" Geburtshaus des berühmt gewordenen grönländisch-dänischen Polarforschers Knud Rasmussen (1879-1933). Hervorzuheben ist: Rasmussen führte zwischen 1912 und 1933 sieben Expeditionen (die sogenannten „Thule-Expeditionen") nach Nordgrönland und in die arktischen Gebiete von Kanada und Alaskas durch. Ziel war neben der geographischen Forschung vor allem die Erforschung und Erhaltung der Eskimo-Kultur, der -Sprache (Inuktitut), der -Sagen und -Geschichten. Im Frühjahr 1923 begann Rasmussen in Begleitung zweier Inuit die längste Hundeschlittenreise in der Geschichte der Arktisforschung, die ihn entlang der Nordküste des nordamerikanischen Festlandes innerhalb von 16 Monaten bis nach Nome /Alaska führte. In Rasmussens Geburtshaus befindet sich heute das Ilulissat-Museum, das insbesondere an diesen berühmtesten aller Grönländer erinnert. Weitere Erinnerungsstücke sind im Thule-Museum in Qaanaaq und ein Gedenkstein steht in der Nähe vom Hafen. Der Fischreichtum, früher auch Robben- und Walfang, mittlerweile die Krabbenfischerei bildeten früher wie heute den Haupterwerb der Einwohner, die sich in den letzten 20 Jahren verdreifacht haben. Früher war der Walfang wichtiger Wirtschaftsfaktor und dadurch wurde die Stadt damals zur größten des Landes. Mit dem Walfang-Rückgang im 19. Jh. kamen viele Probleme auf. Dann bescherte der Heilbutt-Fang wieder einen Aufschwung und noch heute wird Heilbutt-Fang betrieben und in der modernen Greenland Halibut-Fabrik verarbeitet. Die Fisch- und Garnelenverarbeitung ist ebenso ein wichtiger Hauptzweig, jährlich werden ca. 50.000 Tonnen dieser begehrten Meerestiere gefangen. Der Hafen wird für kleine Kreuzfahrtschiffe, für die Fischfabrik, für Trawler und Personenverkehr genutzt. Drei alte Holzhäuser erinnern an die Kolonialzeit, eins davon steht seit dem Gründungsjahr 1741 und alle sind mittlerweile verschiedene Museen. Sehenswert ist auch die Zionskriche, 1779 gebaut, aus Einzelteilen, die aus Dänemark kamen. Ungewöhnlich ist die „Würfel“-Kirche, die aus Qullissat hier in Ilulissat wieder aufgebaut wurde. (Qullissa liegt in einem Flussdelta an der Nordostküste der Insel Disko, ist seit 1972 unbewohnt). Der Flughafen löste 1983 den alten Heliport ab. Direkt anschließend an die momentane Landebahn soll eine neue deutlich längere Landebahn errichtet werden, durch die der Flughafen Ilulissat zum internationalen Flughafen für ganz Nordgrönland ausgebaut werden soll. Die Wasserversorgung erfolgt über die Seen, die sich in der Nähe der Stadt befinden. Der Strom wird z.T. durch ein Wasserkraftwerk erzeugt, der Rest durch ein Dieselkraftwerk. Viele tausend Touristen besuchen jährlich die Stadt, die damit noch vor Nuuk die wichtigste Tourismusdestination des Landes ist. Wanderungen zu schönen Seen, auf Berge oder Hochebenen, an die Gletschergebiete, Ausflüge, Bootstouren, Segeln, Kajakfahren und Hundeschlittenfahrten werden angeboten, sowie Rundflüge über das Inlandeis.

Faszination Gletscher - eindrucksvoll und unbeschreiblich !

---> Mein Onkel und ich haben, an Bord, spontan einen Rundflug über das Gletschergebiet gebucht – mein persönliches „Reise-Highlight“! Und dem Wetter sei Dank, die Sonne schien, oder lag es daran ... wenn Engel reisen?! Wir hatten ja bisher immer gutes Wetter!! Jedenfalls konnte dieser Flug stattfinden. Wir hätten uns elegant anziehen mögen, es ging doch zu einem tollen „Abenteuer“ und die Freude darauf war so groß, wir konnten es kaum abwarten. Natürlich zieht man sich nicht chic an, wenn man einen Flug-Ausflug macht, aber das Gefühl war so ähnlich. Zuerst wurden wir vom Schiff mit dem Zodiac zum kleinen Hafenanleger Ilulissat gebracht. Dort konnten wir uns zunächst etwas umsehen. Eine kleine Straße führt steil hoch auf eine Anhöhe und von hier ist ein toller Ausblick auf die Bucht, mit all den verstreuten Eisbergen und auf unser Schiff. Plötzlich entdeckte mein Onkel einen kleinen Eisberg, ein Winzling im Verhältnis zu all den großen. Der hatte an einem Bootssteg eingeparkt und den wollten wir erstmal genau untersuchen. So klein war der dann doch nicht, wir konnten ihn im Wasser nicht einmal bewegen, aber die Freude war groß - ein kleiner Eisberg – zum Anfassen !

Mit einem Mini-Bus fuhren wir vom Hafen zum nahe gelegenen Flugplatz und mit uns noch ein paar weitere Schiff-Passagiere. Das Airzafari Flug-Team begrüßte uns freundlich und erklärte den genauen Ablauf. Wir waren 10 Personen und wurden auf zwei Flugzeuge (Vulcanair P68, zweimotoriges Leichtflugzeug, 5 Sitzplätze plus Pilot) verteilt. Zunächst ging der Flug über felsiges Gebiet der

Discoinsel in der Disko Bugt und der Pilot zeigte uns Wale, die von oben kaum zu erkennen waren, nur an der Atemfontäne. Dann machte er einen Schlenker zum dem Festland, in der Ferne konnte man schon das Weiß der Gletscher-Front erkennen. Unter uns Felsen, das Wasser in schönen grünlichen Farben, im Winter liegt alles unter der Schneedecke.
Überall schwimmen die Eisberge, die vom Eisfjord kommen, in allen Größen. Sie sehen aus, wie im Wasser treibende Styropor Klumpen und Klümpchen. Dann ging es über den Abbruchkanten des Gletschers entlang. Wir bekommen ein Gefühl von Faszination, Ehrfurcht und Staunen – haben wir eben noch die Eisberge im Wasser bewundert, nun bestaunen wir die unglaubliche Gletscher-

Ähnliche Abbruchkanten gibt es auch auf Spitsbergen, mit einer fast identischen „Rückzugsquote".

Welt von oben, deren ganzes Ausmaß sich nicht einmal erahnen läßt! Es ist gigantisch- unendlich und sieht immer wieder anders aus, bizarr und schön, mit den vielen Gletscherspalten und Rissen.

Wunderschön - Arktis pur – atemberaubende Aussicht ! Hier sieht man deutlich den natürlichen Abrieb vom felsigen Untergrund. Stein und Geröll werden mit den Eismassen über die Jahre Richtung Meer geschoben, bleiben aber auch hier und da liegen, wenn das Gletschereis geschmolzen ist, nicht mehr „schiebt“, sondern fließt. Überall viele, bizarre Eisgebilde, eine Palette aus blauen und grau-weißen Farbtönen von jahrhundertealten Eisschichten. Und unendlich viele Risse und Spalten, sie wirken wie eingefrorene Meereswellen, die kantigen Brüche wie ein Steinschlag. Die Masse schien sich zu bewegen, aber wir waren es ja, die sich darüber bewegten. Immer neue Formen auf weitgestreckter Eisfläche, kein Abschnitt gleicht dem anderen, das ist überwältigend und man bekommt eine unbeschreibliche Ehrfurcht vor der Natur. Der Flug ging weiter Richtung Inlandeis / Jakobshavn Isbræ. Der Pilot erklärte alles Wissenswerte und wir kamen aus dem Staunen überhaupt nicht heraus, diese Eis-Welt von oben zu betrachten, einzigartig! Diese Dimensionen, wir schienen über einen Eis-Planeten zu fliegen, zu schweben!

Uns blieb die Luft weg, von diesen Anblicken. Es ist gigantisch, eindrucksvoll, grandios und spektakulär! Wie sind einst solche Massen Eis entstanden? Jedes Stück, was wir überflogen sah anders aus und doch sehr ähnlich, eine unendliche Eiswüste. Dazwischen tauchten immer mal wieder felsige Bergrücken, Berge oder flache Gipfel auf, die nicht mit Eis bedeckt sind. So sieht man es nur im Sommer und die Spuren alter Eismassen lassen sich gut erkennen. Sogar einen leichten Sonnenuntergang haben wir gesehen. Im kurzen, arktischen Sommer geht sie kaum unter, höchstens hinter Felsen oder Eisbergen. Der Pilot zeigte uns seine „Lieblingsstelle“ und erklärte begeistert: „ schaut da unten ist ein blaues Herz!“ Es wirkt fast, wie das Herz des Gletschers, ein Schmelzwassergebilde auf dem Gletschereis,

in Herzform! – (die Spitze ist nach rechts gerichtet). „Zwischen all den Rissen und Furchen lagern sich verschiedene Flächen ab, die im Sommer mit Schmelzwasser gefüllt sind und dadurch bei blauem Himmel extrem türkis-blau leuchten. Tatsächlich sind es oft tiefe Spalten!“ Er liebt seinen Job, das spürt man ganz deutlich, indem er diese gewaltige Natur erklärt und davon schwärmt. Es gibt auch häufig eine Art „Eis-Fall“, das sieht aus wie ein Wasserfall, nur mit den Eismassen, die sich in eine Spalte ergießen. Das wirkt fast wie die Victoria-Fälle, in Eisform. Wenn man es hören könnte, es wäre ein enorm lautes Getöse! Der Isua-Gletscher, so heißt die direkt in den Eisfjord mündende Gletscherfront, gehört zu den weltweit am meisten geschätzten Naturwundern und steht auf der Liste des UNESCO-Weltkulturerbes. Dieser Gletscher ist der am meisten Eisberg produzierende Gletscher auf der nördlichen Hemisphäre. Uns bot sich ein toller Blick auf den eisschollen-überfüllten Eisfjord, die Fjord-Mündung und die Disko Bugt, außerdem eine super Aussicht auf die Ilulissat-Bucht, auf die vielen „kleinen Eisberge“ überall und auf unser Schiff, es ist sehr klein im Verhältnis zu den Eis-Riesen ! Auf einem großen

Eisberg, unmittelbar vor der Ilulissat-Bucht, sieht die Oberfläche aus wie mit Riesen-See-Pocken übersäht. Der Pilot macht uns nochmal auf Wale aufmerksam, die wir, ohne seine Information, gar nicht bemerkt hätten. „Es ist eine Walmutter mit einem Kind und drum herum fliegen viele Möwen“, erklärt er. Riesige Eisberge liegen vereinzelt vor der Bucht. Am liebsten würden wir nochmal eine Runde fliegen, es war so unglaublich toll, dieser Ausblick von oben, mit einer Eis-Ehrfurcht, die unbeschreiblich ist. Es werden auch Heli-Flüge mit Landung angeboten, das werde ich vielleicht irgendwann einmal machen.

****

UNESCO-Weltnaturerbe

Der **Ilulissat-Eisfjord** 69°9'32"N, 50°30'23"W (grönländisch Kangia), ist weltberühmt, erstreckt sich über 40 km Länge ins Inland, ist 7 km breit, verläuft etwas südlich und mündet in der Disko Bugt/ Gewässer der Baffin Bay. Nirgendwo auf der nördlichen Halbkugel lässt sich das Kalben eines Gletschers eindrucksvoller beobachten, als hier, an der grönländischen Westküste, 290 km nördlich des Polarkreises. – Wir haben einen Teil der gigantischen Ausmaße von oben gesehen !

UNESCO-Weltnaturerbe: Aufgrund seiner gewaltigen Ausmaße und seiner großen Bedeutung für die Gletscherforschung wurde der Ilulissat-Eisfjord 2004 zum UNESCO-Weltnaturerbe erklärt. An seinem landseitigen Ende ist der Jakobshavn Isbræ Gletscher, einer der aktivsten Gletscher der Erde.

Auf einer Breite von mehr als 10 km krachen täglich Tonnen von Eis in den Fjord und driften als Eisberge hinaus aufs Meer. Mit einer Geschwindigkeit von bis zu 35 m pro Tag schieben sich die Eismassen des Sermeq Kujalleq Gletschers unter mächtigem Getöse in den 1000 m tiefen Eisfjord. Bedingt durch diese rege Gletscheraktivität ist der Fjord vollständig mit Eis und Eisbergen gefüllt. Nur aufgrund dieser Tiefe können die Eisberge, von denen nur rund ein Zehntel zu sehen ist, schwimmend den Fjord passieren, bis sie von der Isfjellbanken / Eisfjell-Bank aufgehalten werden. Das ist eine Moränen-Ablagerung, am meerseitigen Ende bis 225 m unterhalb des Meeresspiegels, an der die größeren Eisberge unter Wasser hängen bleiben. Es wird angenommen, dass das Eisbergufer Teil einer Unterwasserlinie von Moränen ist, die vor ca. 9500 Jahren am Rand des Inlandeises gebildet wurde. Dies ist die Ursache für eine Ansammlung riesiger Eisberge an dieser Stelle. Ist der Druck durch das nachfließende Eis groß genug, brechen kleinere Eisberge ab und strömen ins offene Meer, bis sich der nächste verklemmt. Die Strömung in der David Strait leitet sie weiter nach Süden oder hinüber an die kanadische Küste. Ein weiterer großer Auslassgletscher ist der Sermeq Avannarleq (nördlicher Gletscher), der etwas nordöstlich liegt und zusammen mit einem Teil des Sermeq Kujalleq sind es zwei große Gletscherströme, die in den nördlichen

Nebenarm der Eisfjordes münden. Außerdem schieben zwei südlich gelegene Gletscher-Zungen, der Alanngorliup Sermia und Saqqarliup Sermia ihre Eismassen in zwei Süd-Nebenarme des Fjordes. Das sogenannte Kalben des Gletschers ereignet sich meist während des Sommers. Dabei lösen sich riesige Eisberge mit einer Größe von bis zu 700 Metern (10-12 % davon über Wasser) von der Gletscherkante. Zum Erreichen der Fjord-Mündung benötigen die Eisberge rund 12-15 Monate. Fjord und Gletscher haben dank ihrer guten Erreichbarkeit viel zur Erforschung des Aufbaus des grönländischen Eisschildes, des Klimawandels und verwandter geomorphologischer Prozesse beigetragen. **Eiskappe** oder auch Plateaugletscher wird ein Gletscher bezeichnet, der ein weitläufiges, festes Land bedeckt, mit einer Fläche von weniger als 50.000 km². **Eisschilde** werden die Flächen mit einer Größe über 50.000 km² genannt. In dieser Größe gibt es nur noch die Eisschilde auf Grönland und in der Antarktis. Obwohl die Oberfläche eines Eisschildes kalt ist, ist der Mittelteil wärmer und erreicht an manchen Stellen den sogenannten Druckschmelzpunkt. Das somit erzeugte Schmelzwasser wirkt wie eine Art Schmierfilm und beschleunigt die Eisbewegung sehr stark. Dadurch können sich schnell fließende Kanäle im Eisschild bilden, die so genannten Eisströme. Der Grönländische Eisschild bildete sich vor über 5,5 Mill. Jahren, mit der ersten kontinentalen Vereisung (Eiszeit). Das verlief vermutlich relativ schnell was man an Fossilien von Pflanzen, die zuvor dort wuchsen, feststellen konnte. Der **Jakobshavn Isbræ** 69°10'N, 49°50'W (grönl. Sermeq Kujalleq „Südlicher Gletscher") ist ein nahe Ilulissat gelegener Auslassgletscher - (bedeutet: durch seitliche Felsformationen begrenzter Eisstrom). Er stellt einen beträchtlichen Teil der grönländischen Eismasse dar, umfasst etwa 6,5 % des Inlandeises, hat eine ungefähre Höhe von 1400 m und sein Eis fließt in den Ilulissat-Eisfjord und weiter in die Davis Strait /Polarmeer. Außerdem führt er geschätzt zwischen 5 und 10 % der Wassermenge ab, die Grönland ins Meer abgibt. Die Masse der Eisberge, die sich pro Jahr von seiner Gletscherzunge ablösen, summiert sich auf bis zu 35 Mill. Tonnen; damit kalbt dieser Gletscher am meisten auf der gesamten Nordhalbkugel und zählt zu den Naturwundern. Nur in der Antarktis gibt es dickere Eisschilde. Beim Kalben spritzt das Wasser oft über 100 m hoch. Viele einzelne Eisberge können dabei mehrere Kilometer lang und bis zu einem Kilometer hoch sein und meist über ein Jahr brauchen die Eisberge, bis sie die Diskobucht erreichen. Seit ca. 1850 zieht sich der Jakobshavn Isbræ zurück. Mit Fließgeschwindigkeiten von schätzungsweise 7 km pro Jahr gilt der Gletscher als der dauerhaft am schnellsten fließende Eisstrom der Welt. Er ist einer von mehreren grönländischen Meeresgletschern, an denen Gletscherbeben registriert wurden und er entwässert ca.7% der Eisdecke sowie einen Teil der Eisdecke in Paakitsoq, wo eine intensive paläoökologische (Paläoökologie= Lehre von den fossilen Lebensräumen und deren Lebensgemeinschaften, also die Ökosysteme der erdgeschichtlichen Vergangenheit) und gletscherhydrologische Aktivität herrscht. (Paakitsoq liegt an der Nordküste eines kleinen gleichnamigen Fjords, der durch den Paakitsup Ilorlia gespeist wird, an dem sich das Wasserkraftwerk von Ilulissat befindet). Der Gletscher hat sich von 1850-1960 auf 26 km zurückgezogen und war etwa 30 Jahre lang stabil mit einer mittleren Eisgeschwindigkeit von 7 km pro Jahr. 1996 und in den folgenden Jahren wurde in Abständen sogar eine Verdoppelung dieser Geschwindigkeit festgestellt. Im Zuge der weltweiten Gletscherschmelze, auch als Folge der globalen Erwärmung in der Arktis, hat dieser Eisstrom zwischen 2000 und 2010 so viel Eis ans Meer abgegeben, dass er alleine einen Meeresspiegelanstieg von einem Millimeter verursacht hat. Die Gletscher speichern 70 % des Süßwassers der Welt, sind nach den Ozeanen die größten Wasserspeicher der Erde und bedecken in den Polargebieten große Teile der Landflächen. Die Entwicklung der grönländischen Gletscher in einem sich erwärmenden Klima hängt von der Tiefe unter dem Meeresspiegel, der Fließgeschwindigkeit, der Oberflächenschmelze und der

durch den Ozean verursachten Unterschneidung an der Kalbungsfront ab. Im Winter fließt der Gletscher langsamer, die Kalbungsfront stößt dabei vor; im Sommer wird er schneller und die Front zieht sich zurück. Die Eisberge können weit in südliche Richtungen driften, in warme Gewässer vordringen. Der Eisberg, mit dem die Titanic nachts am 15. April 1912 vor Newfoundland kollidierte, stammte sehr wahrscheinlich vom diesem Gletschergebiet ! Damals lagen ca. sieben Achtel des Eisberges unter Wasser und noch heute kann man sich schlecht vorstellen, welche Dimensionen das hat /hatte.
((Unterwasserarchäologen fanden am 1. September 1985 das Wrack in 3803 m Tiefe, ca. 645 km südöstlich von Newfoundland und inzwischen konnten über 5000 Artefakte geborgen werden.))
Warum schwimmen Eisberge eigentlich und gehen nicht unter?? Sie schwimmen, weil Wasser sich beim Gefrieren ausdehnt und gefrorenes Wasser, also Eis, ist darum leichter als flüssiges. Jedes Teil besteht aus Süßwasser, denn sie stammen alle von den Inlandgletschern ab, die sich von den Höhen zu den Küsten der Arktis und Antarktis ins Meer schieben und dort oft an den Außenkanten abbrechen. Dieser Prozess wird „kalben" genannt. Gletscher sind immer in Bewegung. Auf ihre Oberfläche fällt immer wieder frischer Schnee und gefriert zu einer neuen Schicht Eis. Durch das enorme Gewicht der Schneemassen werden im Gletscherinneren die Eiskristalle zu gleitfähigen Schichten geformt, sie drücken und schieben sich mit viel Druck

voran. Das Eis rutscht, der Schwerkraft folgend, stetig bergab. Oft fließen Gletscherströme mit der Zeit über die Küste des Festlandes hinaus, ohne zu zerbrechen und schieben sich in flache, küstennahe Meeresbuchten. So entsteht auf die Dauer Schelfeis. Dies umgibt die Festlandgebiete der ganzen Arktis, ebenso der Antarktis, fast wie ein Gürtel. Es ist stellenweise sogar am Meeresboden festgefroren. Ohne diese Art Anker würde das nachfließende Eis der Inlandgletscher das Schelfeis in die See hinausdrücken. Durch Neuschnee und Zusammenfrieren mit Meereis und Eisbergen wird es vor allem in der Antarktis sehr mächtig. Dort hat das sogenannte Ross-Schelfeis ungefähr die Größe von Frankreich. Eisberge sind nicht die einzige Form von Eis in den Polargebieten. Sie schwimmen in unterschiedlichen Größen in einer Art mehr oder weniger festen Brei aus gefrorenem Meerwasser. Feste Schichten von mehrere Jahre altem Meereis wird Packeis bezeichnet. Dies liegt um die Nordpolargebiete sowie die Antarktis herum und bildet den, teilweise bis zu 8 Metern dicken, Packeisgürtel. Temperaturen von minus 70° wurden 1933 in Ostsibirien gemessen. Kälterekord der Antarktis: im Juli 2004: -98,6°, gemessen auf einem Hochplateau in der östlichen Antarktis in ca. 3800 m Höhe und am 9. Januar 1954 haben Forscher auf Grönland -65,9° gemessen. Während die Arktis über sehr viel Meereis verfügt, ist es in der Antarktis überwiegend Festlandeis. Die Arktis ist im Vergleich mit -15 bis -20° deutlich milder. Der Grund liegt an den umliegenden Wassermassen, die ihre Wärmeenergie an das Eis abgeben. Dazu kommen hin und wieder wärmere Luftmassen aus dem Süden Richtung Nordpol und ein Arm des Golfstromes bringt oft etwas Wärme mit. Die Temperaturen können somit gelegentlich auf Werte über den Gefrierpunkt steigen. Einerseits sind daher die Niederschläge deutlich höher als über der Antarktis, andererseits gibt es im Sommer umfangreiche Schmelzvorgänge an der Oberfläche, die sich über nahezu die Hälfte des Eisschildes erstrecken können und deren Wasser größtenteils ins Meer abfließt. Ein anderer Teil des Eises geht auch durch das Kalben und Gletscherabflüsse ins Meer verloren. Während der antarktische Eisschild mit Ausnahme einiger Randgebiete der Westantarktis nur sehr verzögert auf Klimaänderungen reagiert, zeigt der Eisschild auf Grönland deutlich stärker die Folgen des aktuellen Klimawandels. -------- Die Eisschmelze auf Grönland, im Jahr 2012, übertraf alle früheren Rekorde. Im Juli 2012 kam es zu einem extremen Schmelzereignis, wie es nur alle 150 Jahre vorkommt. Satellitenbeobachtungen zeigten (am 12. Juli 2012), dass auf 98,6 % der 1,71 Mio. km^2 großen Fläche Grönlands das Eis schmolz. Normal wären zu dieser Zeit Schmelzvorgänge auf 40-50 % der Fläche. Sogar auf den höchsten Teilen des Eisschildes in ca. 3000 m

Höhe schmolz der Schnee des letzten Winters. Die 2012-Eisschmelze war durch ungewöhnlich warme Wetterverhältnisse bedingt und die durch ein ausgedehntes Hochdruckgebiet verursachten hohen Temperaturen, ca. 2 ° über dem Mittel von 1981-2010, hielten den ganzen Sommer über bis zum September an. In diesem Sommer 2012 wurde 1 km oberhalb des Gletscherendes die bisher höchste Fließgeschwindigkeit gemessen, sie lag bei 46,8 m pro Tag und gilt als die größte je gemessene Geschwindigkeit eines Auslassgletschers in Grönland oder der Ant- arktis, dreimal so hoch wie Mitte der 1990er Jahre. Im Vergleich: die Gletscherzunge des Aletschgletscher, ein ca. 3800 m hoher Talgletscher in den Berner Alpen, fließt 1 m pro Woche in Richtung Tal. Wissenschaftler schätzen, dass er in ca. 100 Jahren ganz verschwunden ist (so wie fast wohl alle anderen Gletscher auch). Früher war das Gebiet um den Aletschgletscher bedroht, als der Gletscher stetig zugenommen hatte und große Flächen mit Schnee und Eis bedeckte, Weiden, Wiesen und Höfe zerstörte. Jetzt wird sein Eis weniger, aber die Bedrohung für Mensch und Natur wird dadurch nicht weniger... im Gegenteil.

---> Als wir mit dem Zodiac vom Ilulissat-Hafen zum Schiff zurückfuhren kamen wir uns winzig klein vor und sehen nun diese Eisberge mit anderem Gespür. Unser Schiff gleitet am späten Nachmittag vom Ankerplatz vor Ilulissat in die Disko Bugt. Lange stehen wir noch an Deck, lassen unsere Eindrücke des ganzen Tages, diesen atemberaubenden Eis-Zauber, noch auf uns wirken und Revue passieren. Die arktische Sonne wirft ihr magisches Abend-Licht auf die im Meer treibenden Eisberge, es scheint kein Ende zu geben. Mächtig und doch friedlich verharren die weißen Riesen und lassen nicht erahnen, was sich unter der Wasseroberfläche befindet. Die Atmosphäre ist mystisch. Gebilde aus Eis machen eine ganz besondere Abendstimmung, die Silhouetten der Eisberge, eine Eis-Wunderwelt einzigartig-wunderschön.

Auf einem bizarren Zacken-Eisberg, der wie ein Schiff mit vielen Schornsteinen aussieht, sitzen Möwen auf jeder Spitze, ein eindrucksvolles Bild der absoluten Ruhe. Nebenbei sind unsere Augen immer aufs Wasser gerichtet, damit wir die vorbeiziehenden Wale nicht verpassen. Aber es tut sich nichts. Dafür scheint die Mitternachtssonne noch, es ist Ende August, sie taucht das Meer in ein fast goldenes Licht und so scheinen auch die Eisberge leicht vergoldet, magisch. Die Helligkeit der Polar-Mittsommertage „malt" einen schönen rosa-orange gefärbten Himmel über dem Weiß der Eisberge und dem Blau des Wassers, welch eine Stimmung! Die Sonne

geht zwar nicht ganz unter, jedoch beginnt allmählich schon das Ende der Mittsommerzeit-Phase (hier von Juni bis Ende August). Mittsommer im Land der Eisbären und Eisberge! Die Grönländer sagen: jede Minute Sonne ist kostbar, bevor wieder die dunkle Jahreszeit beginnt. Der arktische Sommer ist kurz, dafür strahlt die Sonne drei Monate lang, am 21. Juni ist Mittsommernacht. Die Sonne „wandert" dann horizontal am Himmel entlang, rollt auf dem Wasser, je nach Perspektive des Betrachters. Dieser längste Tag ist der Nationalfeiertag „Ullortuuneq" in Grönland und wird überall in der Arktis besonders gefeiert. Die Natur erblüht explosionsartig mit winzigen Blümchen, Wollgras, Beeren, Pilzen, Farnen und das purpurrote Weideröschen, die Nationalblume. Am Nordpol ist es sogar sechs Monate lang hell, demzufolge hat der Südpol die lange Winterzeit. Zwischen November und Mitte Januar senkt sich die unendliche Polarnacht über das Gebiet, am 21. Dezember ist Wintersonnenwende.
Wir lassen uns den arktisch-kühlen Wind um die Nase wehen und genießen den Ausblick /Rückblick auf Ilulissat mit der teilweise vergletscherten Bergkette im Hintergrund. Mit dieser Abfahrt aus Ilulissat werden wir etwas wehmütig. Nun verlassen wir nicht nur die Eisberge, sondern auch Grönland. Vielleicht sollte man mal einen mehrtägigen Aufenthalt planen, um noch mehr Eindrücke über das

Leben der Inuit zu bekommen.
Die Fahrt geht südwestlich entlang der Disko-Insel, in Höhe Qeqertarsuaq. Das können wir nicht so genau erkennen, sehen die Inselküste als leicht dunkle Gebirgszüge am fast nördlichen Horizont. Die Luft ist klar und es ist frisch an Deck, ungefähr nur 5° und wieder spüren wir die Kälte nicht, bei dieser besonderen Atmosphäre. Ab und zu kommt uns ein kleines Fischerboot entgegen. Weiterhin bewundern wir die Eisberge und sehen wieder tolle Fantasie-Gestalten, diesmal sieht alles in typischen Sonnenuntergangs-Farben warm und ganz anders aus, sie wirken immer mehr bizarrer, diese Naturkunstwerke. Die späte Abendsonne bringt ein wunderbares Licht und wir haben das Gefühl in einer Eis-Revue zu sein, schauen und staunen! Nach einiger Zeit nehmen die Eisberge eine dunkle, fast violett-blaue Farbe an. Für uns ist die Sonne nicht so gut zu sehen, sie versteckt sich immer wieder hinter Wolkenfeldern, die wie Berge aussehen, aber die Küste Kanadas ist viel zu weit entfernt. Sie geht in den Wolken unter, mit den ähnlichen typischen Sonnenuntergangs-Farbtönen und der Abend-Atmosphäre, die sich am Horizont entlang zieht. Es ist ein wunderbares Gefühl, dies zu beobachten und zu wissen, dass sie eigentlich auf dem Horizont rollt und nicht untergeht, wenn man sie ohne all die Wolken sehen würde! Daher ist es am späten Abend noch relativ hell und nur etwas dunkler wird

es erst weit nach Mitternacht, was wir dann ja wegen der Nachtruhe nicht sehen. Gegen 22 Uhr ist die Mitternachtssonne gen Westen am Horizont ab und zu durch das Wolkenband zu sehen. Es soll stürmisch werden, meldet das Expeditionsteam. Das kann ja heiter werden, denn wir fahren in der Baffin Bay nach Westen mit dem Ziel Pond Inlet und werden zwei Tage auf See sein.
Das Abenteuer hat begonnen, wir sind mittendrin – auf nach Kanada – in die hohe Arktis!
Ein norwegischer Spruch ist sehr passend:

Den virkelige oppdagelsesreisen streber ikke etter nytt land, men for å se ting med nye øyne.
Die wirkliche Entdeckungsreise strebt nicht nach neuem Land, sondern danach, Dinge mit neuen Augen zu sehen.

---> Wir Passagiere hören uns jeden Abend (auf der gesamten Schiffsreise) einen der interessanten Fachvorträge an, oder sehen einen Film. Das internationale Expeditionsteam, aus Geologen, Meteorologen, Archäologen, Naturwissenschaftlern und Reiseleitern hat dazu eine Menge Info über die Natur, Gletscher und Eisbären zusammengestellt, sie referieren zu aktuellen Themen der Gegend mit vielen Themen, rund um die Eiswelt, aber auch über die Polar-Forscher, Seefahrer und Entdecker, auf dessen Spuren wir uns ab jetzt Richtung Kanada bewegen, sowie der Entdeckung der Nordwest-Passage und geben Einblicke und Eindrücke in die Geschichte und ihre Region. Darunter sind immer

Informationen zum Plan der nächsten Tage und die Wetter- und Windmeldungen. Besonders interessant wird ab jetzt die tägliche „Eis-Karte“, der wir alle noch keine große Bedeutung schenken, aber das soll sich noch sehr ändern.
Die **Diskobugt** 69°0′0″N, 52°0′0″W (Qeqertarsuup Tunua) liegt in der Baffin Bay, an der mittleren Westküste Grönlands bei der Diskoinsel. Der Name wurde ihr gegeben wegen der runden Form. Rund 13.000 Menschen wohnen in den vier Städten: Ilulissat (Jakobshavn), Qasigiannguit, (Christianshåb), Aasiaat (Egedesminde), Qeqertarssuaq (Godhavn) und mehreren Siedlungen im Küstengebiet. Haupterwerbszweig ist Krabben- und Fischfang. Hier bilden Schiffe und Hubschrauber die Verkehrsverbindungen. Die Bucht sowie die Insel gelten als einzigartige Naturschönheiten, prägend sind Eisberge, vom Gletscher, die ständig umher treiben. Es gibt viele verschiedene Ausflugsmöglichkeiten. Trotz der Nähe zum Gletschergebiet hat diese Bucht ein recht stabiles Klima, durch einen der Arme des Golfstromes. Im Sommer kann es schon mal 20° warm werden, im Winter auch 20°, jedoch unter dem Gefrierpunkt. Im Winter sind die Hundeschlitten im Einsatz, im Sommer, der hier von Mai-Juli dauert, kann man die Mitternachtssonne genießen. In diese riesige Bucht münden mehrere Fjorde an deren Ende Gletscherabbruchkanten vom Inlandeis auf dem Wasser liegen, so sieht es jeden-

falls aus. Häufig brechen urplötzlich riesige Stücke vom Gletscher ab, oft mit lautem Getöse oder Knall-Geräuschen durch die immense Urgewalt des Eises und dann folgt eine Sturzwelle über das Wasser, nicht ganz ungefährlich! Und ein neuer Eisberg oder gar ein Eisgebirge beginnt seine Reise ist die Vergänglichkeit, die einige Jahre dauern kann, je nach seiner Größe. Manche Eisberge laufen auf Grund, sitzen vorerst fest, denn der größte Teil ihrer Größe liegt unter dem Wasser. Dann belagern sie die Bucht, bis sich ihr Weg durch die Gezeiten und die Strömung in Bewegung setzt. Viele frühere Expeditionen starteten von hier gen Norden oder Westen auf der Suche nach einer Passage.
Diskoø (Disko Insel) 69°48'N, 53°21'W, in der Inuit-Sprache: Qeqertarsuaq, das bedeutet „Große Insel", ist mit 8.578 km² eine der 100 größten der Welt und die größte Grönlands (zum Vergleich: Mallorca 3.640 km², Sjælland (die größte dänische Insel) 7.031,3 km² und Korsika: 8.680 km²), liegt etwa 60 km westlich von Ilulissat, vor der Westküste von Grönland in der Diskobugt / Baffin Bay, in einem Meer mit Eisbergen. Die vor 55-65 Mill. Jahre entstandenen Bergzüge sind aus rötlichem Basalt, die höchste Erhebung misst 1919 m, die durchschnittliche Höhe beträgt 975 m.
Der Permafrostboden der Insel lässt nur Tundra-Vegetation zu, landwirtschaftliche Nutzflächen und Bäume gibt es nicht. Die Insel ist auf Dänisch nach

ihrer Form benannt, sehr dünn besiedelt und es gibt nur zwei bewohnte Orte. Im gleichnamigen Ort Qeqertarsuaq (dänisch: Godhavn) leben rund 1100 Ew., fast 500 km nördlich vom Polarkreis. Der Ort, 1773 gegründet, hat sogar eine Cafè und einen schwarzen Basaltgestein-Strand, denn dieses Gestein beherrscht das Landschaftsbild und 35 km nördlich davon liegt die noch sehr ursprüngliche Inuit-Siedlung Kangerluk. Das Innere der Insel bedeckt zu einem recht großen Teil der 918 km² große Sermersuaq („großer Gletscher"). Die Bræpasset-Eiskappe erstreckt sich über 254 km². Oberhalb von Godhavn liegt der kleinere Lyngmarksgletscher. Insgesamt sind 19 % der Inselfläche vergletschert. Heute stehen Fischfang und zunehmend Tourismus im Mittelpunkt der wirtschaftlichen Aktivitäten. Die Diskobugt ist das Hauptreiseziel in Grönland und wird von zahlreichen Kreuzfahrtschiffen angesteuert. In der Baffin Bay werden große Ölvorräte vermutet. 2010 gelang Cairn Energy in der Diskobugt ein Erdgasfund, der auf ein Ölvorkommen hindeutet. Interessant ist die Insel wegen ihrer mit Fossilien durchsetzten geologischen Formationen. In mineralogischer Hinsicht stellt die Insel eine Berühmtheit dar, da sie einer der wenigen Fundorte für Eisen ist. Außerdem ist sie reich an seltenen Pflanzenarten. An der Westküste liegen drei große Fjorde, das sind von Nord nach Süd: Nordfjord, Mellemfjord und Diskofjord

(Kangerluk). Östlich von Qeqertarsuaq mündet das rote Wasser des Røde Elv ins Meer. Auf der anderen Seite des Flusses, nahe der steil zum Meer hin abfallenden 930 m hohen Basaltberge, zeigt vom Wasser ausgewaschenes Lavagestein sehr abstrakte Formationen. Entlang dem Røde Elv kann man gut wandern, bis auf die andere Seite der kleinen Halbinsel Disko-Fjord, im Winter fahren hier Hundeschlitten. Im nordöstlichen Teil befindet sich der 1919 m hohe Højryggen.

Geschichte: Schon vor ca. 4000 Jahren haben dort Paläo-Eskimo gelebt, später besiedelten die Vorfahren der heutigen Inuit das Gebiet, aus der Zeit der frühen und der späten Dorset-Kultur. Ab 1100 etablierte sich die Thule-Kultur der heutigen Inuit. Die ersten Euro-päer, die die Diskobucht erreichten, war die Schiffsbesatzung von Erik dem Roten im Jahre 986. Permanente Siedlungen errichteten die Wikinger dort nicht, aber während der Besiedlung Grönlands suchten sie das Gebiet zur Jagd auf Robben, Wale und Walrosse im Sommer regelmäßig auf. Diese Jagdzüge, die wichtige Handelsgüter lieferten, endeten mit dem Scheitern der Wikingischen Besiedlung mit dem Beginn der kleinen Eiszeit, eine kühle Periode ab dem 15. Jhd.

TRAGISCH: Auf der Suche nach der Nordwest-Passage ankerten am 4. Juli 1845 die Schiffe *Erebus* und *Terror* der Franklin-Expedition in der Bucht vor Qeqertarsuaq, um noch einmal Frischwasser auf-

zunehmen. Bis auf eine kurze Sichtung durch einen Walfänger auf hoher See, nur wenige Tage später, war dies das letzte Mal, dass die 129 Seefahrer lebend gesehen wurden. Spätere Suchmannschaften machten hier ebenso einen Zwischenstopp, bevor sie Richtung Nordwest-Passage weiter segelten.
Das Städtchen war bis in die 50-ziger Jahre Walfängerzentrum und die Hauptstadt Nordgrönlands. Nur einige 1000 Menschen lebten bis 1970 in der Siedlung Qutdligssat, die früher wegen der Kohlegruben bekannt war und fast ganz Grönland mit Heizmaterial versorgte. Mit den Jahren wurde es zu unrentabel und die Menschen zogen in die Umgebung und in die größeren Städte.
Die **Davis Strait** 67°N, 58°W (Davisstraße, dänisch: Davisstrædet) ist die Meerenge zwischen Grönland und Baffin Island. Sie verbindet die Labrador Sea mit der Baffin Bay, ist 700 km lang, 300 km breit und damit eine der breitesten Meerengen der Welt. Größter Ort an der Davis Strait ist Sisimiut, Grönlands zweitgrößte Stadt. Der ca. 170 km lange und 1,5-8 km breite, auf ganzer Länge schiffbare Fjord Kangerlussuaq, an dessen Ende der gleichnamige Ort ist, mündet breit, in einem felsigen Schären-Gebiet zu beiden Seiten, in die Davis Strait. Der Fluß hat keine Quelle, er besteht aus den beiden aus Richtung des 25 km entfernten Inlandeises kommenden Flüssen Akuliarusiarsuup Kuua und Qinnguata Kuussua. **Geschichte**: Um das Jahr

1000 durchquerte Leif Eriksson als erster Europäer dieses Seegebiet in westlicher Richtung, worauf er Vinland entdeckte. Im Jahr 1585 wurde sie vom englischen Seefahrer John Davis erstmals in der Neuzeit befahren.Nach ihm trägt sie seinen Namen. John Davis (1550 -1605) war ein englischer Seefahrer und Entdecker, fuhr 1585 zu seiner ersten Seefahrt in arktische Gewässer und landete, auf der Suche nach der Nordwest-Passage, als erster Neuentdecker Grönlands, das er Land of Desolation nannte, im selben Jahr in der Nähe der heutigen Stadt Nuuk / Godthåb.

>>> weitere Informationen über Davis stehen im Kapitel: Nordwest-Passage --- wo zum Teufel ist die Nordwest-Passage???

---> Ich stehe oft an Deck, an der Reling und schaue auf das schöne blaue, stahlblaue Meer, wünsche mir Wale, und Robben zu erblicken, sicher sind sie irgendwo da draußen! Ich fühle mich ganz verbunden mit dem Meer, fast so, als würde ich allein mit dem Schiff fahren. Die anderen Passagiere sind selten draußen zu sehen, sie schauen von drinnen durch die Fenster. Ich genieße die klare Luft, sie ist 7° kühl, aber so herrlich. Meine Gedanken schweben in Erinnerung an die Eiswelt und Eiswüste und all das Erlebte. Und auch hier mitten im Meer der Baffin Bay kommen vereinzelnd Eisberge des Weges. So scheint es, aber sie bewegen sich ja kaum, das Schiff kommt ihnen entgegen. Was zuerst am Horizont wie ein Schiff aussieht, denn danach sind meine Sinne ausgerichtet, ist natürlich ein kleiner

Eisberg, der immer größer wird, je näher das Schiff kommt und tatsächlich ist er dann so hoch wie ein Hochhaus. Auch Form und Farbe verändern sich, fast so, als ob er ab und zu Licht an- und ausschaltet. Die Sonne spielt mit den Eisbergen und macht mit ihnen, was sie will. Mir fällt auf, das man unglaublich weit sehen kann, der Horizont ist weit und doch so nah. Er verschwimmt mit den einzelnen Eisbergen – was sind Eisberge und was sind Berge? Und wo sind dazwischen Lücken, oder der Eingang zum Lancaster Sound? In diese Richtung fahren wir und ab jetzt wird mir ganz klar, dass die Forscher und Entdecker früher oft nur erahnen konnten, wo genau der Seeweg weiterführt und wenn dann noch schlechte Sicht und dicker Nebel war – alles gut nachvollziehbar. Ich denke an die vielen damaligen mutigen Seefahrer, die hier in just diesem Seegebiet (jahrelang) umher segelten, ohne zu wissen, was auf sie zukommen wird oder worauf sie sich eingelassen haben, eine gewisse Gier, besonders bei den vielen Walfängern steckte immer auch dahinter.
Gut, wir wissen auch nicht so genau, was auf unserer Expeditionsreise kommen wird, obwohl es einen Plan, eine Übersicht, eine Route gibt und sollte Nebel aufkommen ... wir haben ja Schiffs-Radar. Es heißt aber immer wieder: vielleicht muss eine andere Route gefahren werden, als vorgesehen. Daran verschwende ich keinen Gedanken. Das Schiff

fährt nicht schnell, schaukelt leicht im Wellengang. Sturm soll aufkommen, doch das kann uns, im Gegensatz zu den früheren Holzsegelschiffen, nichts ausmachen. Immer wieder oder eigentlich immer halten wir Ausschau nach Walen. Hier wäre es doch ideal, auf dem breiten, offenen Meer der Baffin Bay, aber es tut sich nichts – vielleicht ist die See zu unruhig oder das Schiff ist ihnen zu laut? Wale können sich über hunderte Kilometer Entfernung verständigen und hören über eine Distanz von ca. 1400 km. Der Blauwal, das größte Tier der Erde, ist stark gefährdet! Schade, dass wir keine Wale sehen - wo sind sie nur ??
Vor der Reise habe ich viele Bücher gelesen, rund um die Arktis und über frühere Seefahrer, nahezu verschlungen und war fasziniert von all den Geschichten, Berichten, Fotos und Eindrücken. Jetzt könnte ich stundenlang auf das Meer schauen, in Gedanken versunken. Ich betrachte die Form der Wellen und bemerke, dass sie, je nach Windstärke, sehr unterschiedlich sein können. Mögen die Eskimo, wie es heißt, 100 Wörter für Schnee haben (wieviele gäbe es dann für Eis?), so könnte ich eine Menge Wörter für Wellen-Arten aufzählen: es gibt welche mit Schaumkronen, die kennt jeder. Dann gibt es Wellen, die haben eine Art tiefes Tal, sie schieben sich, peitschen hoch, drängen, schubsen oder sie schlagen gegeneinander, übereinander oder kreuzen sich. Andere Wellen versprühen ihre

Schaumkronen, oder ziehen diese wie einen kleinen Teppich hinterher, es gibt tiefe, kleine und große Wellen und die bösen Monsterwellen, aber das tut hier nichts zur Sache. Natürlich kommen nicht alle Formen gleichzeitig vor. Jetzt hier haben wir fast gar keinen Wellengang, klar, bei Windstille. Sind das jetzt schon 100 Wörter?? ... sind das bei den Eskimo wirklich 100 Schnee-Wörter? – das ist eine Menge, aber egal. Dazu mache ich mir später Gedanken. Zu Wolken gäbe es auch 100 Wörter/ Begriffe, die kennen aber nur die Meteorologen.
Ich war schon oft auf See unterwegs und „Wellengucken" hat mich dabei schon immer interessiert, das hat also nichts mit dieser Reise und der momentanen Umgebung zu tun. Allerdings war ich noch nie in diesem Meeresgebiet, mit einer Tiefe bis zu 2900 m. Ich schaue zwischendurch immer wieder, ob nicht doch ein Wal zu sehen ist, das machen mittlerweile auch einige andere Passagiere. Einer würde ja schon reichen, wie er seinen Buckel oder die Fluke (Schwanzflosse) auf dem Wasser streckt, Sprünge vollführen höchstens die Jungtiere. Jedoch tut sich nichts, machen die Wale Sommerpause? Ob wohl die damaligen kühnen Expeditions-Seefahrer oft Walen begegnet sind?, mal abgesehen von den Walfängern.
Wir lassen uns den spürbar stärker werdenen Wind um die Nase wehen, es sind 7° und das Schiff fährt überwiegend mit 12 Knoten (ist das schnell? – das

kommt uns nicht so vor). Meeresluft macht hungrig und so werden wir zum Essen gehen, dabei weiter auf das Meer schauen und den Sonnen-Horizont-Gang verfolgen und gehen später wieder an Deck, an die frische, klare Meeresluft. Abgesehen von etwas Wind und kleinen Schaum-Wellen sieht es ruhig aus, kein Hinweis auf einen Sturm, der erwartet wird, jedoch die Wolkenformation spricht dafür. Das Expeditionsteam hat wieder einige spannende Themen, davon können wir nicht genug kriegen und freuen uns über jede neue Information.
Ich stehe an der Reling, schaue auf die Wellen, den Horizont und allmählich zieht mich das Abenteuer Nordwest-Passage in seinen Bann. Ich merke, wie die Spuren der alten Seefahrer in meine Gedanken kommen, wie mich das Abenteuer packt.
Vielleicht hat es auch etwas damit zu tun, dass der Onkel von meiner Mutter und meinem „Reise-Onkel" damals ein recht bekannter Seefahrer war. Gottfried Clausen, seinerzeit berühmter Kapitän des Lloyd-Segelschulschiffs *„Kommodore Johnsen"*. Der berühmte Windjammer ist eine aus Stahl gebaute Viermastbark (Segelschiff), 1921 gebaut und erhielt dem Namen *Magdalene Vinnen II*. Im Jahre 1936 wurde die Bark vom Norddeutschen Lloyd als Schulschiff umgebaut und nach dem Lloyd-Kapitän und Kommodore Nikolaus Johnsen (1869–1930) umbenannt. Nach dem Zweiten Weltkrieg gelangte das Schiff 1945 in britischen Besitz, wurde an die

Sowjetunion gegeben und erhielt 1946 seinen heutigen Namen *Sedov* (auch als Sedow bekannt), benannt nach dem russischen Marineoffizier und Polarforscher Georgi Jakowlewitsch Sedow (1877-1914). Die *Sedov* wird mittlerweile von Russland als Segelschulschiff genutzt, ist das größte noch aktiv segelnde traditionelle Segelschiff der Welt (117m) und das zweitgrößte überhaupt.

Gottfried Clausen (*1902 †1986), war von 1937-45 Kapitän/ Nautischer Offizier der *Kommodore Johnsen* und als Kaphoornier bekannt, ist 15 Mal mit einem Segelschiff um Kap Hoorn gefahren, davon 1 Mal als Kapitän der *Kommodore Johnsen*. 1986 starb mit Gottfried Clausen der letzte Deutsche, dem das gelang.

Kurz-Info: Wer als Kapitän unter Segeln das Kap Hoorn (Landspitze auf der chilenischen Felseninsel Isla Hornos) umrundet hatte, wurde Kaphoornier genannt. Diese Kaphoorniers umrundeten Kap Hoorn schon als junge Männer. Ihr Symbol ist der Albatros – der größte Seevogel, der vor allem auf der Südhalbkugel lebt. Die Seeleute der Windjammer fühlten sich dem Albatros traditionell verbunden. Albatrosse folgten den Schiffen oft lange Strecken über die südlichen Ozeane. (Die Gorch Fock hat einen Albatros als Galionsfigur).

>>>>> So klein ist die Welt... da bin ich in entfernter Linie mit einem Kapitän verwandt, der von 1937-45 mit einem Segelschiff unterwegs war, was genau

ein Jahr später, 1946, den Namen eines Polarforschers bekommen hat, dies weiß sicher kaum jemand-und plötzlich tauchen Gedanken Verbindunggen zu meiner Reise in die Arktis auf und bilden eine unsichtbare Aura um mich. Ein kleines Seefahrer-Gen steckt in uns allen. Nie zuvor habe ich mir darüber überhaupt Gedanken gemacht. Meine Mutter und auch mein Onkel reisen gerne mit (kleineren) Schiffen. Meine Mutter hat oft von seinen Fahrten erzählt, wir haben ihn auch ab und zu besucht, aber ich war damals noch zu klein, um das jetzt noch alles zu wissen. Jedoch immer, wenn ich auf See-Reisen bin, denke ich an ihn.
Und noch etwas Erstaunliches: im Buch von Tina Uebel „ Nordwestpassage für dreizehn Arglose und einen Joghurt" wird, auf Seite 171, ganz kurz über die Kaphorniers nachgedacht, was überhaupt nicht mit deren oder meiner Reise einen Zusammenhang hat. Jedoch beschreibt die Autorin, einer ihrer Segel-Reise-Kameraden, namens Jaap, sei mal auf einem Treffen der Kaphorniers gewesen „a bunch of old men" (Buch-Zitat). Es kann somit rein zeitrechnerisch vielleicht möglich gewesen sein, dass er dabei meinen „Onkel Gottfried" angetroffen hat, wer weiß??? Dazu will ich kurz erklären: bis 2003 gab es eine weltweite Vereinigung von Kaphoorniers, darunter auch eine deutsche Abteilung, der ein Großteil der deutschen Kaphoorniers angehörte. Weil inzwischen wohl alle Kaphoorniers gestor-

ben sind, wurde die Vereinigung aufgelöst, ursprünglich 1937 in Saint-Malo/ Bretagne gegründet. (Geburtsstadt von Jacques Cartier, französicher Seefahrer und Gründer von Québec).
Der **70. Breitengrad**: während wir vorhin, kurz hinter Ilulissat, die Eis-Revue im Meerwasser der Baffin Bay bestaunt haben, wurde hier irgendwo, bei leichtem Wellengang, der 70. Breitengrad überquert! Wir sind sozusagen über ein Koordinaten-Kreuz gefahren: 70° Länge und 60° Breite. (Hätte es hierfür einen Schnaps gegeben???)
Wir gelangen in die subpolare Zone, das sind die Breitengrade 60-90°. Hat darüber der Kapitän informiert? Das weiß ich nicht so genau. Das kommt uns hier, in diesen Gebiet gar nicht so vor, sind wir tatsächlich schon so weit „oben“, sehr weit oberhalb vom Polarkreis? Dieser arktische 70. Breitengrad verläuft durch Grönland, Nord- Norwegen, Nord-Russland, Ost-Alaska und Nord-Ost Kanada und durch 260 Orte. Wenn wir Cambridge Bay erreichen, sind wir unmittelbar unter dem 70. Breitengrad. In der Nacht träumen wir davon, zum Nordpol zu fahren, irgendwie kommt es einem am Tage ja auch so vor, bei all den Eis-Kolossen und der kühlen, klaren Luft.
---> Wir verbringen einen Tag auf See, auf der Überfahrt nach Kanada und die Zeit vergeht wie im Fluge. Immer wieder sind wir an Deck und setzten uns, in Decken gehüllt, auf Liegestühle, genießen den Wind, das stahlblaue Meer, die Luft, die Stille,

kaum Leute um uns herum. Mittlerweile scheint es, als ob wir Passagiere eine kleine, große Familie geworden sind. Sehr viele Nationen reisen mit: außer aus Norwegen sind einige Reisende aus Deutschland, Kanada, USA, Australien, Österreich, Schweiz, Dänemark. Wir bekommen die Möglichkeit, die Brücke des Schiffes zu besichtigen, das vermittelt einen guten Eindruck von dem, was unser norwegischer Kapitän von dort oben sieht. Und ich denke nochmals an den Kaphoornier Gottfried Clausen, ob er so eine Expeditionsreise auch geliebt hätte? Schade, dass er kein Buch geschrieben hat, er hätte unglaublich vieles berichten können.
Ein Tag Erholung auf See, es gibt immer etwas zu erleben, wir halten uns häufig an Deck auf, schauen auf das Meer...immer noch kein Wal?? - nein. Dafür

immer mal wieder ein Schiff ... ach nein, das ist ja ein Eisberg! Schiffen begegnen wir hier nicht, obwohl welche unterwegs sind. Wir befinden uns jetzt mitten im Gewässer der ca. 2900 m tiefen Baffin Bay und ebenso ist es hier mitten zwischen zwei Kontinenten, Europa und Amerika, auf dem Weg zur Nordwest-Passage und allmählich zieht mich das Abenteuer immer stärker in seinen Bann. Das Ziel ist Kanada, Pond Inlet, ca. 600 Meilen entfernt, wo wir wieder an Land gehen können. Sehr schön ist es auch, beim Essen auf das Heck-

wasser des Schiffes schauen zu können. Am Nachmittag sehen wir einen spannenden Film über das Leben eines jungen Inuit, das sehr ergreifend ist und zeigt, mit welchen Schwierigkeiten die Inuit kämpfen müssen, in einer Natur, die seit der letzten Eiszeit im ständigen Wandel ist und damit auch zu einem gefährlichen Leben der „Eis-Bewohner" und der Tiere ist und weiterhin auch sein wird.
Am Abend ist der Sonnenuntergang, diesmal fast über der Bugspitze, das besagt, wir fahren gen Westen, der Sonne entgegen, die das Schiff zu locken scheint. Es ist recht stürmisch geworden, im Gegensatz zum Vormittag und das Gehen an Deck ist nicht mehr ganz so einfach, dennoch schön, am Bug zu stehen und die Wellen zu beobachten und von Kanada zu träumen, wie das wohl früher auch die Seefahrer gemacht haben? .. da ist es wieder, dies Abenteuer-Gefühl und die Spannung, was uns erwarten wird in der Arktis. Bisher waren wir „nur" in Grönland, das fühlte sich schon etwas arktisch an, wir waren umgeben von Eisbergen und hatten zwischendurch das Gefühl, direkt am Nordpol zu sein. Ich gehe immer mal wieder für einen kurzen Moment an Deck, es stürmt, schöner Seegang! Es ist kühl, ich schaue auf die Wellen, den Horizont und denke noch an den letzten Stopp mit all den Erlebnissen.
Wovon träumen wir in dieser Nacht??? ... von Eisbergen, die wir schon gesehen haben und die noch

kommen werden, nur sind sie dann auf einem anderen Kontinent und „sprechen“ eine andere Sprache, aber im Wesen sind sie gleich: schön, bizarr, weiß und kalt, jeder anders geschaffen und einzigartig, wie wir Menschen --- wir haben also etwas mit Eisbergen gemeinsam.
Nachts (und das habe ich mittlerweile fast immer auf Reisen, nach 3 Tagen) bekomme ich eine Art Heimweh. Mir fehlt meine Familie und das Gefühl, dass wir uns ja nun ständig weiter weg von ihnen bewegen, macht die Sache noch etwas schwieriger. Ich möchte so gern so vieles erzählen, was wir schon erlebt haben. Bis auf einige WhatsApp Kontakte und Fotos senden, ist man völlig ab von der Welt... hier oben, gerade mitten in der Baffin Bay, auf der Schiffsreise in die Hocharktis, dem Nordpol nahe, in einer einsamen Welt aus Öde und Leere und dennoch sind ja Tiere um uns herum, wir sehen sie nur nicht. Bin ich einsam in dieser Einsamkeit?? Nein, so ist es ja nun nicht. Mein Kopf steckt voller Erinnerungen an die Erlebnisse der letzten beiden Tage, er brummt nahezu davon und das erscheint mir mehr als nur drei Tage. Nun kommt das Ungewisse dazu: schaffen wir den ganzen Weg bis zum Ziel, oder wird uns das Eis den Weg versperren, so wie hin und wieder gemunkelt wird? Mit diesen Gedanken kann man nur Heimweh bekommen, anstelle sich auf das Abenteuer zu freuen. Wie ist es damals wohl den überwiegend jun-

gen Seefahrern ergangen?- die hatten sicher auch Heimweh und noch dazu erlebten ein paar von ihnen auch, das einige Kameraden verstarben, dies muss oft die Hölle gewesen sein. Aber gut, ich bin dann doch müde geworden, durch die Seeluft, die Erlebnisse, das schöne Schaukeln des Schiffes, als ob man in einer Wiege leicht geschaukelt wird und dann kommt doch die Freude auf das Abendteuer auf und mit dieser Freude schlafe ich ein. Am nächsten Morgen bin ich hellwach und voller Abenteuerlust, das Heimweh kam nicht wieder.
In dieser Nacht überqueren wir nicht nur eine (unsichtbare) Landesgrenze im Meer sondern ebenso eine Kontinent-Grenze.
***** Am Vormittag sind wir in Kanada *****
Kanada: hat die längste Küstenlinie der Welt mit 202.080 km Länge und Grönland liegt an 3. Stelle dahinter, mit 44087 km, hinter Indonesien mit 54.716 km (Deutschland liegt an 50. Stelle, hat 2389 km Küste). Kanada, das weite Land der Bären und Wälder ist mit einer Fläche von 9.984.670 km^2, nach Russland das zweitgrößte Land der Erde und fast so groß wie Europa, mit nur rund 36.504.000 Ew. Kanada ist ursprünglich ein Wort der Cree-Indianer, für Dorf und gemeint war Stadacona, das heutige Québec. Kanada ist ein Land der absoluten Extreme: mit großen Entfernungen und reichen natürlichen Ressourcen, mit dem Eismeer zu einer Seite und dem Pazifik zur anderen, mit riesigen

Bergen, Wäldern und Seen, großen, langen Flüßen, tiefen Schluchten, mit Steppe, Prärie und Tundra sowie borealer Arktis und Hocharktis und mit extremen Wetter: von sommerlicher Trockenheit bis eisiger Winterkälte. Außerdem gibt es eine einzigartige und vielfältige Flora und Fauna vom kleinsten arktischen Pflänzchen bis zu riesigen Wäldern und von Kleinst-Insekten bis Bison, Braun- und Eisbären und mit einem extremen Fischreichtum in beiden Meeren, Seen und Flüßen. Weite Teile dieser Ur-Natur sind unbewohnt und wenig bekannt. Das Land hat eine lange, auch kriegreiche Geschichte, wurde 1867 zu einer selbstverwalteten Herrschaft, während die Verbindungen zur britischen Krone erhalten blieben. Wirtschaftlich und technologisch hat sich die Nation parallel zu den USA entwickelt, ihrem südlichen Nachbarn über eine nicht befestigte Grenze. Zu dem riesigen Land gibt es unendlich vieles zu schreiben, das führt hier aber zu weit.
Die **Baffin Bay** 73°N, 68°W, früher auch Bylot Bai (grönländisch Avannaata Imaa) ist ein nördliches Atlantik-Randmeer. Der breite Meeresarm liegt zwischen Grönland und dem Kanadisch-Arktischen Archipel, der mit dem Atlantik durch die Davis Strait, mit dem Eismeer nach Norden durch den Smith Sound und nach Westen durch den Lancaster Sound und den Jones Sound in Verbindung steht. Die Bucht wurde 1585 erstmals vom britischen Forscher John Davis entdeckt, ist aber nach William

Baffin benannt, der sie 1616 mit Robert Bylot durchquerte. Die Bay ist Lebensraum von vielen Walen, wie Finn-, Pott-, Grind-, Buckel- und Seiwal, Orcas, Robben, vielen Seevögeln, wie Eissturmvogel, Krabbentaucher, Seeadler und vielen Fischarten. Das Becken der Baffin Bay ist etwa 1,5 Mal so groß wie die Ostsee. Die größte Tiefe liegt auf halber Höhe zwischen der Diskoinsel und Kap Raper auf Baffin Island und beträgt 2905 m. In der Nordspitze der Bay, am Eingang des Smithsound, liegt eine ganzjährig offene, im Sommer bis zu 80.000 km^2 große Polynja, das sogenannte Nordwasser (engl. North Water Polynya). Die Wasserbeschaffenheit sowie der Salzgehalt und seine Farbe ändern sich oft infolge der zeitweise eintretenden Schneeschmelze. Innerhalb der Bay liegen nur wenige Inseln, meist nahe der Küste. Im 19. Jhd. war die Baffin Bay ein beliebtes Gebiet für den Walfang der Wikinger. Vom Walfang ist früher auch die Insel Borkum zu Reichtum und Wohlstand gekommen. Küstenstädte in Holland und die dänischen Inseln Fanø und Rømø hatten ebenso mit dem Walfang zu tun und viele andere Städte entlang der Nordseeküste. Außerdem diente die sogenannte Grönlandfahrt vom 17. -19. Jhd. dem europäischen Walfang vor Grönland. Die meisten Häfen und Reedereien lagen an der Nordsee. An der Ostsee betrieben Kaufleute in Lübeck und Flensburg Walfang, der riskant aber auch lohnend war (Macht und Gier).

Wohlstand brachte dies Unterfangen vor allem Emden und den Nordfriesischen Inseln. Aber oft sind die walfangenden Seeleute nicht zurückgekehrt aus Neptuns Welt.
Durch die Baffin Bay verläuft in der Mitte die Staatsgrenze zwischen Kanada und Grönland. Der Grenzverlauf wurde zuletzt 1973 fixiert und ist in der Bay unstrittig. In der Baffin Bay verläuft eine Strömung gegen den Uhrzeigersinn, ein Grund, warum früher der Weg stets von Labrador und Newfoundland zuerst nach Grönland führte.
Baffin Island 69°N, 72°W (Inuktitut Qikiqtaaluk) ist die größte Insel des kanadisch-arktischen Archipels. Mit einer 507.451 km², etwa 1600 km Länge und zwischen 200 und 700 km Breite die fünftgrößte Insel der Erde. Der höchste Punkt ist mit 2147 m der Mount Odin, der höchste Berg auf der Baffin Island und in den Baffin Mountains sowie der fünfthöchste Berg der Arktischen Kordillere. (Benannt ist er nach Odin, dem Hauptgott der nordischen und nordgermanischen Religion.) Die Nordseite ist vergletschert. Baffin Island, gehört zum Gebiet des kanadischen Territoriums Nunavut, liegt nördlich der Provinz Québec und westlich von Grönland. Der geringste Abstand zum kanadischen Festland besteht gegenüber der Melville-Halbinsel, von der Baffin Island nur durch die schmale, an ihrer engsten Stelle etwa 15 km breiten Fury and Hecla Strait getrennt ist. Die Nordost-

seite der Insel ist überwiegend gebirgig (Arktische Kordillere) und stark vergletschert. Die im Südosten gelegene Penny-Eiskappe, ein Relikt der letzten Eiszeit, erhebt sich bis auf fast 2100 m. Der Westen und der Nordwesten bestehen aus glazial geformtem Tiefland mit den typischen abgeschliffenen Felshöckern des kanadischen Schilds und sind von Gletscherschuttflächen und Tundren bedeckt. Baffin Island ist stark zerklüftet durch zahlreiche Buchten, Meeresarme, Fjorde und Halbinseln, im Süden liegt die Frobisher Bay. Gletscher aus der letzten Eiszeit brachten diese Buchten und Halbinseln hervor. Vor den Küsten liegen Fjorde, die eine besonders imposante Fjordküste bilden. Auf 370 km Länge, zwischen den Halbinseln Brodeur und Borden, an der Nordwestküste von Baffin Island, verläuft der lange Fjord, Admiralty Inlet, mit dem Ort Artic Bay, an seiner Nord-Ostküste; ein Paradies für Meeressäugetiere. Auf Baffin Island leben ca. 14.000 Menschen, überwiegend Inuit, in sechs an den Küsten gelegenen Inuit-Siedlungen, mit der Hauptstadt Iqaluit. Bei den Inuit von Baffin Island handelt es sich um Nachkommen der Thule-Menschen. Im Norden lebt der Stamm der Iglulik, an der Ostküste leben die südlichen Baffin Island-Inuit, die mit denen in Labrador verwandt sind. Anzunehmen ist, dass es sich um eine Handelsstation der Wikinger um 1300 handelte. Gegen 1820 kamen Walfänger und nachdem der Walfang im 20. Jhd. reduziert wurde, gingen die Inuit zur Fuchsjagd über, um ihre Bedürfnisse durch den Pelzhandel zu decken. Später wurden im Norden von Baffin Island Vorkommen von Blei und Zink entdeckt. **Fauna&Flora:** Auf Baffin Island ist eine Vielzahl arktischer Tierarten heimisch: vor allem der Eisbär, das Barrenland-Karibu, der Polarfuchs, der Polar- und Schneehase, Hermeline, Wiesel, Ziesel, Erdhörnchen und Lemminge. An den Insel-Küsten leben viele Meeressäuger: Grönland-, Weiß- Narwal und Beluga sowie verschiedene Robbenarten wie Ringel-, Bartrobben und Walrosse. In den Fjorden und Buchten kommen vor allem Seesaiblinge vor. Während der Frühlings- und Sommerwochen zwischen Juni und August herrscht großer Reichtum an hier brütenden See- und Landvogelarten, darunter Greifvögel wie Gerfalken und Wanderfalken, Wasservögel wie Eismöwen, Eiderenten und Kanadagänse, außerdem auch Scheehühner, Sporn- und Schneeammern. Ganzjährig leben hier Kolkrabe und Schnee-Eule. Auf ehemaligen Gletschergründen haben sich Bodenkrumen gebildet, auf denen sich außer Flechten und Moosen auch Kissen von Leimkraut, einigen Steinbrechgewächsen, arktischem Mohn und Silberwurz entwickelt haben. In Sandecken wachsen Grasbüschel und niedrige Sträucher wie Zwergbirken, Weiden- und Heidekrautgewächse. An den mit den üblichen Tundraböden versehenen Meeresbuchten und entlang den Küstenlinien gedeiht nahezu die ganze arktische Flora und auch manche seltene Pflanzenart wie eine weiß blühende Unterart des Zwerg-Weidenröschens. Im Auyuittuq-Nationalpark (liegt auf der Cumberland-Halbinsel im Südostteil von Baffin Island, ist mit rund 20.500 km² der fünftgrößte der mehr als 40 Nationalparks in Kanada) wurden bislang 112 höhere Blütenpflanzenarten, 129 Moosarten und 97 verschiedene Flechten katalogisiert.

William Baffin (ca. 1584-1622) war ein englischer Seefahrer und Entdecker. Nach ihm ist die Baffin Bay zwischen Westgrönland und dem kanadisch-arktischen Archipel benannt, die er als Erster detailliert beschrieb. Neben der Baffin Bay wurde auch die große Insel nach ihm benannt. Nachdem die Entdeckung der Nordwest-Passage in westliche Richtung gescheitert war, beschäftigte sich Baffin in den folgenden Jahren mit der Idee, diesen Weg in östlicher Richtung zu finden. >>> weitere Informationen über Baffin stehen im Kapitel Nordwest-Passage --- wo zum Teufel ist die Nordwest-Passage ???

Über 400 Jahre lang gesucht

Die **Nordwest-Passage** ist der ca. 5780 km lange, ganz verzweigt verlaufende Seeweg, der nördlich des amerikanischen Kontinents mitten durch das eisige Nordpolarmeer führt und den Atlantik mit dem Pazifik verbindet. Er ist beinahe so lang wie längster Fluß der Welt, der Nil (6650 km). Über 10 Monate liegt das Wasser unter meterdickem Eis.

Dieses Gebiet ist somit nur für wenige Wochen im Jahr als Seeweg nutzbar und seerechtlich größtenteils kanadisches Hoheitsgebiet. Die Landschaft ringsherum ist durch die Gletscher der Eiszeit geprägt und es gibt keine riesig-hohen Eisberge, wie vor Grönland. Diese Passage verläuft im Nordpolarmeer, den Randmeeren sowie den dazugehörigen Meeresstraßen durch den kanadisch-arktischen Archipel. Früher machten fehlende oder fehlerhafte Seekarten, die Härte des arktischen Klimas und die stets ein halbes Jahr dauernde dunkle, eisige Polarnacht die Suche nach der Passage zu einer wagemutigen Herausforderung mit vielen ungeahnten, unvorhersehbaren und unberechenbaren Schwierigkeiten. Die Segelschiffe waren zwar sehr groß und stabil, aber den Strömungen, Wind, Schnee und dem Eis extrem ausgesetzt.

Was im Jahre 1295 mit dem Schwärmen eines damals 17 jährigen Jungen begann und gegen 1882 mit dem brennenden Wunsch eines jungen Norwegers weiter ging, hört sich im Verlauf all der Jahre wie eine Geschichte an -- sie ist eine wahre Begebenheit! Die Suche, diese Nordwest-Passage zu finden, dauerte viele Jahrhunderte und letztendlich wurde in all den Jahren, nach und nach, eine wunderbare große Insel-Welt entdeckt, eine der schönsten der Welt!

Der Norweger Roald Amundsen (1872-1928) hatte schon als Kind den großen Wunsch, Polarforscher zu werden, inspiriert durch die Expeditionen von Franklin. Tatsächlich eroberte er 1903-06 die Passage als erster mit seinem Schiff Gjøa. Gemessen an den bei seinen gesamten Expeditionen erreichten Zielen war Amundsen der erfolgreichste „Entdeckungs-Reisende" in Arktis und Antarktis und der eigentliche „Held der Nordwest-Passage".

>>> *Informationen zu Amundsen und seinem Schiff Gjøa stehen im Kapitel: Besondere Persönlichkeiten Helden der Nordwest-Passage*.

Diese berühmte Nordwest-Passage hat eine weitgezogene Vergangenheit und alles fängt mit der Menschheit und den Menschen an. Macht und Gier haben vor Urzeiten die Siedler, indigene Völker und Bevölkerungsstämme dazu bewegt, immer weiter zu ziehen, bessere Jagdgründe zu finden, anfänglich diente das dem reinen Überleben und Erhaltung des Stammes. Über das „große Eis" zogen damals asiatische Stämme bis zu heutigen Eskimo-Völkern von Westen nach Osten (Bering Sea bis Grönland), stets auf der Suche nach gutem Jagdgebiet. Vielleicht haben die Ur-Indianer mit der Gier begonnen, weil sie früher anderen Stämmen Dinge stahlen, aber das vermutlich doch nicht aus Macht oder Gier, oder vielleicht doch? Diese Tugenden sind mit der Menschheit entstanden, früher waren es Seekrieger und Piraten, bis hin zur Sklaverei, und noch heute bestehen diese Gier-Tugenden ... leider mit der Ausbeutung unserer Mutter Erde. Was hat das alles mit der Nordwest-Passage gemeinsam?

Der Ursprung oder vielmehr der Urgedanke, diese Passage zu finden, hatte eine gewisse Gier, aber auch einen Forscher-, Entdecker- und Anerkennungsdrang, als Grundlage. Nicht nur die Engländer hatten erfahren, dass man über diesen Seeweg Ostasien erreichen könnte, um an Waren und Güter zu gelangen, einen Handel zu betreiben und eine Macht zu erreichen. Würde es England`s seefahrenden Entdeckern gelingen, den Weg der Nordwest-Passage zu finden, so würde das dem Ansehen der englischen Admiralität, als größte Seemacht der Welt, eine außerordentliche Ehre verschaffen. Wissenschaftler waren fasziniert, einen noch unerforschten Teil der Welt zu entdecken. Da eine Nordwest-Passage die Schiffsreisen zwischen Europa und Ostasien /Atlantik und Pazifik, entscheidend verkürzen würde, suchten die seefahrenden Nationen über 400 Jahre (1497 - 1906), aus allen möglichen und erdenklichen Richtungen nach einer Durchfahrt, egal, wo und wie sie verlaufen würde. Eine Durchfahrt, als Abkürzung, dies erschien wesentlich einfacher gegenüber dem langen und gefährlichen Seeweg um das Südkap Afrikas zu segeln, außerdem käme man schneller an die gehrten Waren. Und so ist man wieder bei dem Thema Macht, Gier, Besitz und Herrschaft nach Reichtum und Gold aber auch Ruhm und Besessenheit. Und ist es nicht heutzutage immer noch so?- viele Länder der Erde exportieren Waren und Güter aus China und Asien insgesamt (und auch dahinter steckt Macht und Gier).

Verden har nok til alle, men ikke til alles grådighed (dänisch) Verden har nok for alles behov, men ikke til aller grådighet (norwegisch)* Världen har tillräckligt för allas behov, men inte för allas girighet (schwedisch)**

Die Welt hat genug für jedermanns Bedürfnisse, aber nicht für jedermanns Gier.

Im Laufe der Jahre, weit nachdem die Wikinger im 11. Jhd. nach Amerika gelangten, viele Seefahrer immer mehr Gebiete und Teile der Erde entdeckten, wurde der Traum „Entdeckung" oft zum Trauma und Mythos. Über die Nordwest-Passage und den vielen Forschern und Seefahrern gibt es natürlich jede Menge Berichte und ebenso viele Bücher (aber keinen Reiseführer der heutigen Zeit).

Nunavut 69°57'N, 90°0'W (in der Silbenschrift der Inuit: ᓄᓇᕗᑦ, wörtlich – „Unser Land", eigentlich – „Unser Heimatland") ist ein Territorium im Norden Kanadas mit besonderen Rechten für die dort lebenden Inuit, umfasst einen Großteil des kanadischen Festlandes und den größten Teil des kanadisch arktischen Archipels, die meisten der arktischen Inseln Kanadas und alle Inseln der Hudson Bay, der James Bay und der Ungava Bay, die vormals zu den Nordwest-Territorien gehörten. Mit seinem riesigen Gebiet, auf einer Fläche von 2.093.190 km², über sechsmal so groß wie Deutschland, ist es die fünftgrößte Landunterteilung der Welt und die zweitgrößte in Nordamerika. Dadurch reicht Nunavut, mit kleineren territorialen Gebieten, sehr weit nach Süden. Die südlichste Insel Stag Island liegt auf 51°39′01″N geographischer Breite, damit sogar etwas südlicher als vergleichsweise die deutsche Stadt Paderborn in NRW (51°43′ N, 8°45′O). Das Gesamtgebiet hat ca. 37.500 Ew., über 7500 leben in der Hauptstadt Iqualuit, die anderen in vielen kleinen, zum Teil sehr abgelegenen Siedlungen. Der Husky (Canadian Inuit Dog, Inuithund) ist das „Tier des Territoriums Nunavut" und das Alpen-Schneehuhn der „Vogel des Territoriums Nunavut". Die Zeitzonen: MEZ – 5 bis – 8 Stunden/ UTC (Coordinated Universal Time/ Weltzeit) −4 bis −7. Da es kein Überland-Straßen Netz gibt und auch aufgrund der vielen Inseln niemals geben wird, ist das Flugzeug Hauptverkehrsmittel. **Iqualuit** 63°45′N, 68°33′W - ᐃᖃᓗᐃᑦ („Ort mit viel Fisch"), bis 1. Januar 1987 Frobisher Bay genannt, ist die Hauptstadt des am 1. April 1999 gegründeten Territoriums Nunavut sowie Verwaltungssitz der Region Qikiqtaaluk (Baffin), das den Inuit eine eigenständige, kulturelle Entwicklung ermöglicht. Die Siedlung wurde 2001 in den Rang einer City erhoben und inzwischen verwaltet sich die Bevölkerung selbst, überwiegend Inuit. Der Ort, jedoch nicht in der Größenordnung, wie man sich gewöhnlich Hauptstädte vorstellt, befindet sich auf Baffin Island im Osten, der größten kanadischen Insel. Iqualuit grenzt im Westen an die

Nordwest-Territorien, im Osten an die Baffin Bay, gegenüber liegt Grönland und im Süden die Provinzen Manitoba, Ontario und Québec, ist nur 50 km² groß, hat ca. 7800 Ew. und liegt am inneren, nordwestlichen Ende der Frobisher Bay, im Süden von Baffin Island im Nordpolarmeer. Der Flughafen Iqaluit (63°45'24"N, 68°33'22"W), nur ca. 34 m über dem Meeresspiegel, verbindet mittlerweile einige nationale Ziele, auch zur kanadischen Hauptstadt Ottawa, ist Stützpunkt für die kanadischen Streitkräfte und wird sich zukünftig für größere Flugzeuge, als Ostküsten Drehkreuz, entwickeln. Die Bezeichnung YFB besteht noch zum ehemaligen Stadt-Namen Frobisher Bay und früher betrieb hier die bekannte, seit 1991 eingestellte „Fluggesellschaft-Ikone", Pan Am (Pan American Airways) eine kleine Basis. **Geschichte**: In der Region waren seit rund 4000 Jahren Vorfahren der heutigen Inuit ansässig, zunächst Inuit der Dorset-Kultur, dann der Thule-Kultur. Als erster Europäer erreichte Martin Frobisher 1576, auf der Suche nach der Nordwest-Passage, die später nach ihm benannte Bucht, ohne allerdings bis an ihr Ende vorzudringen. Im 18. und im 19. Jhd. kamen immer wieder Forscher, Händler und Walfänger an die Küsten des südlichen Teils von Baffin Island und schließlich auch Missionare. Nunavut besteht aus drei Regionen: Region Qikiqtani (Baffin), Region Kivalliq und Region Kitikmeot. Die zeichnen sich durch starke geografische Unterschiede aus und die Umwelt sowie die Tierwelt in den Regionen haben im Laufe der Jahre zu Unterschieden bei Ernährung und Jagdtechniken sowie Dialekten von Inuktitut geführt. Es ist ein Territorium, das sowohl in geografischer als auch in kultureller Hinsicht enorm vielfältig ist. Von den unglaublichen Fjorden und hohen, teilweise vergletscherten Bergen der Qikiqtani-Region über weite Tundraflächen bis hin zu den großen Flüssen und Seen der Kivalʝiq- und Kitikmeot-Region gibt es in Nunavut eine Fülle purer Natur, jedoch überwiegend vegetationslos. Nunavut hat eine besondere und einzigartige Flagge, die am 01.04.1999, bei der Gründung, erstmals gehisst wurde. Sie ist vertikal in Gelb (Gold) und Weiß (Silber) geteilt. Gelb steht für den Reichtum an Bodenschätzen und Weiß für Eis und Schnee. In der Mitte zwischen beiden Farben ist ein roter "Inuksuk", eine Steinsäule die eine Person darstellt und von den Inuit als Wegweiser oder auch als Meilenstein verwendet wird. Diese Steinsäule ist mittlerweile auch ein Wahrzeichen für Nunavut geworden; in Cambridge Bay steht so eine kleine Steinskulptur am Strand. In der rechten Oberecke des weißen Feldes befindet sich ein blauer fünfzackiger Stern, der Nordstern. Die fünf Zacken stehen für die fünf indigenen, nordischen Völker der Eskimo: Inuit (Kanada), Inuvialuit (Kanada), Kalaallit (Grönland), Inupiaq (Alaska) und Jupikyt (Russland). Es waren die mutigen Urahnen der Inuit, die als erste das Eis, die Inseln, die Berge und die gewaltige Tundra Nunavuts erkundeten. Es folgten diverse Einwanderungen aus Alaska und die sogenannte Dorset-Kultur begann, aus der schließlich die heutigen Inuit hervorgingen. Die Amtssprachen sind Inukitut und Inuinnaqtun, sowie Englisch und Französisch.

Inuit sind Teil dieses Landes, als Volk und als Kultur gewachsen. Es ist so tief verwurzelt.

Jetzt wird fast jeden Tag die Uhrzeit um eine Stunde zurückgestellt. Das fällt uns gar nicht richtig auf, da es lange hell ist und wir an Bord immer die gleichen „Termine“ verfolgen, egal ob es dabei eine Stunde „anders“ ist. Im Grunde wird uns somit an den „Zeitumstellungs-Tagen“ jeweils eine Stunde geschenkt, das bedeutet, wir erleben 25 Stunden anstelle 24 Stunden! Am Ende der Reise, in Edmonton / Kanada ist es 8 Stunden minus gegenüber Deutschland, wir „hängen“ dann über ½ Tag zurück.

---> Ob es nachts schon gestürmt hat, wissen wir nicht, jedenfalls war es sehr stürmisch mit Schaumkronenwellen und dennoch bot sich, als wir auf Pond Inlet zufuhren, ein schöner Sonnenaufgang, obwohl sie ja nicht untergegangen war, das scheint nur so, wegen den hohen Bergen ringsherum. Ein traumhafter Anblick auf die mit Schneeflecken bedeckte Gebirgskulisse vom nördlichen Baffin Island-

Teil und gegenüberliegend Bylot Island. Pond Inlet sieht aus wie eine Bucht, ist es aber nicht ganz, weil es direkt an Wasser liegt. Von Ilulissat bis hierher sind es 1047 km/ 565,34 Seemeilen. Wir wußten zu Beginn unserer Ankunft, nachdem das Schiff vor Anker lag, noch nicht, ob wir überhaupt einen Landgang machen können. Einerseits wegen dem Sturm, doch bevor es überhaupt an Land gehen könnte, müssen ja zuerst unsere Pässe kontrolliert werden und das kann dauern, denn die Zollbeamten der Royal Canadian Mounted Police lassen sich stets viel Zeit für die Einklarierung, so hieß es. Der Sturm ließ nicht nach, aber es schien auch die Sonne und vom Deck aus versuchten wir, etwas von Pond Inlet zu erkennen, außer einigen Holzhäusern war, nicht viel zu sehen. Wie kommt Holz hierhin? Nirgendwo wachsen Bäume dafür, das muss alles mit Schiffen geliefert werden, auch so viel Treibholz kann nicht angeschwemmt kommen. Nach dem Frühstück müssen wir alle warten, bis es an Land gehen kann. Das Einklarieren, an Bord, dauerte fast 3 Stunden. Dann aber geht es mit den Zodiacs (in Bootgruppen) an Land. Es ist eine „trockene

Landung", d.h. die Schlauchboote können an einer Art Landungssteg, ein Wall aus Steinen, festmachen, so dass wir uns beim Aussteigen keine nassen Füße holen. Diese Anlegestelle oder Ankerplatz heißt Black Point. Inzwischen ist der Himmel blau, nur ab und zu kommen Wolken vorbei und wir freuen uns über dieses schöne Wetter, denn das ist echte Glückssache. Kaum vorstellbar, dass es hier noch im März zwischen -30 und -38° sein kann, Mitte April immer noch -14 bis -19°. Wir haben jetzt im August um die 10° plus, das ist hier schon sommerlich! Die Umgebung, die wir hier entdecken, ist für uns alle sehr ungewohnt. Es wirkt karg, nicht hübsch und die Holz-Häuser stehen sehr vereinzelt hier und da. Hier vermissen wir die schönen bunten Häuser, wie wir sie in Grönland gesehen haben und es ist uns klar, wir sind nicht mehr in Grönland, vieles ist hier anders, aber auch ähnlich. Unser Guide ist ein Inuit und antwortet freundlich auf all unsere Fragen. Er macht seinen Job gern und lernt davon, wie er sagt. Seine Frau und seine drei Kinder lernen wir später auch noch kennen, eine freundliche, kleine Familie. „Am Uferhang ziert unser Wappen, im Rasenboden, den Hafen", erzählt er mit Stolz. Wir haben das schon

Wir haben das schon gesehen, sagen wir ihm, wissen aber was es bedeutet.
Er wirkt enttäuscht und erklärt, das sei ein Karibu-Geweih. Ja, jetzt, wo er das sagt, sehen wir das mit anderen Augen, die müssen erstmal auf Arktik „scharf gestellt“ werden. Uns begegnen viele neue Dinge, die unsere Augen und unsere Sinne nicht gewöhnt sind. Der Ort strahlt Ruhe aus, kaum Menschen sind zu sehen, keine Betriebsamkeit, kein Straßenlärm. Es fühlt sich schon arktisch an, so sonderbar leer und anders. Wir gehen eine Schotterstraße entlang, andere gibt es hier nicht, man muss bedenken, es ist ein halbes Jahr Winter mit Schnee und Eis (im Januar zwischen -29°bis -39° und nicht immer schneit es ununterbrochen). Fast jedes Haus (Hütte) hat einen Schlittenhund, irgendwo im Zwinger oder angeleint, selten laufen sie frei umher. Ab und zu hören wir das Hunde-Jaulen. In einem Zwinger sitzen ein paar knuffige Hundewelpen, die lauthals jaulen -diese Hunde bellen nicht- und ein Hund hält Wache.

Ein **Schlittenhund** ist jeder Hund, der vor einen Hundeschlitten gespannt wird, um diesen mittels Zuggeschirr und Leinen zu ziehen. Schlittenhunde müssen ausdauernd und gegen Kälte resistent sein, haben darum ein raues, gerades und dicht anliegendes Deckhaar mit dichter, weicher Unterwolle. Wo und wann diese Hunderasse erstmals als Zugtiere für Schlitten eingesetzt wurden, ist nicht bekannt. Vermutet wird, dass dies, aus Wolfszucht, im nördlichen Sibirien begann, dessen indigene Völker auf eine lange Tradition mit winterlichen Reisen hatten. Die typischen Schlitten-Hunderassen erschienen in den nördlichen Regionen etwa 100 v. Chr. und entwickelten sich in den einzelnen Volksstämmen bis zu ihrer heutigen Rasse.
Zur Uferseite steht ein gelbes Gebäude, mit der kanadischen Flagge, hier sitzt die Royal Canadian Mounted Police und scheint über uns zu wachen, es ist jedoch keiner zu sehen. Wir kommen an der kleinen Kirche des Heiligen Herzens Jesu (nördlichste katholische Kirche der Welt) vorbei und werden dann zum einem Museum geführt. Am Ostende des Ortes befindet sich das 1996 eröffnete Nattinnak

Kulturzentrum mit Museum und Bibliothek. Das Gebäude hängt fast zur Hälfte über dem Felsen-Hang und es trägt wegen der äußeren Gestalt den Namen Nattinnak (Inuktitut für tafelförmiger Eisberg). Ein Schild am Eingang zeigt Narwale.
Sie leben im gesamten Arktischen Ozean und nur die männlichen Tiere haben diesen Stoßzahn, im Grunde ist es (meist) der linke Eckzahn.
Wir sind erstaunt von dem Museum. Sehr liebevoll ist hier das Leben mit den Tieren und den Trachten der Inuit ausgestellt, fast wie eine heile Welt (wir wissen aber, dass es das nicht ist).

Es zeigt die arktische Tierwelt und das frühere Leben, das kulturelle Erbe der Ur-Iniut und außerdem wird die typische, perlenreich verzierte Kleidung gezeigt und Souveniers können gekauft werden.
Von hier, etwas oberhalb vom Ufer, hat man einen schönen Blick auf die Bucht, wir haben Glück, dass die Sonne scheint und das satte Grün der Wiesen wird von den weißen Wollgrasköpfchen unterbrochen, außer Moos scheinbar fast die einzigen Pflanzen. Wir fühlen uns etwas, als ob wir so völlig weit entfernt von unserer Heimat sind, auf einem ande-

ren „Stern“, alles wirkt trist aber auch ruhig, keine Hektik, kein Lärm, kaum Autos, viel Natur und das Meer „vor der Tür“, im Grunde eine gesunde und hübsche Umgebung. Die Bewohner scheinen ihre Pickup`s und ATV`s (All Terrain Vehicles) oder besonders Quads zu lieben, denn kaum jemand ist zu Fuß unterwegs, sondern knattert mit seinem Quad herum. Kinder, Gegenstände, alles wird damit transportiert. Einen kleinen „üblen Beigeschmack“ hat das schöne Land jedoch: Müll. An vielen Stellen liegt, mehr oder weniger achtlos der Müll und überwiegend sind das rostige, schrottige Bootsteile und kaputte Schneemobile und darum scheint sich keiner weder zu kümmern, noch zu sorgen. Die urbane Natur scheint in Ordnung zu sein, doch auch hier liegt vieles im Argen, was die Bevölkerung nicht bemerkt??? Und wenn das Fahrzeug nicht mehr funktioniert, bleibt es verrostet irgendwo zwischen den Häuschen liegen. Hier müssten jede Menge Ideen her, damit daraus neue Dinge gebaut werden können und die Entsorgung ordentlich „versorgt“ ist. Die Inuit leben hauptsächlich von der Jagd auf Robben, kleinere Wale oder vom Fischfang, wie fast überall in den Siedlungen, etwas anderes gibt es kaum. Sogesehen leben die Inuit, hier und auch auf Grönland, recht gesund, essen viel Fisch und naturbelassenes Karibufleisch. Obst und Gemüse kann im Supermarkt gekauft werden. Ein Gewächshaus hat hier bei Wintertemperaturen um -30° wenig Chancen, oder moderne Ideen müssen her! Dennoch ist ein Vergleich zu unserer Deutschen Ess-Kultur interessant: mögen sich die Inuit einseitig/eintönig ernähren, so essen wir Deutschen ganz extrem ungesund. Ich denke dabei spontan an die Menschenschlangen an Würstchenständen, ob auf dem Markt, auf der Kirmes oder Fußballplatz, ohne Wurst (mit Beilage) läuft fast nichts. Mit diesem Vergleich sieht man unsere Essgewohnheiten plötzlich ganz erschreckend anders. Der Fisch, den wir bei uns kaufen ist meist schon einige Tage alt. Hier kommt er frisch aus dem noch (relativ) naturreinem Wasser des Eismeeres und Karibufleisch ist ebenfalls frei von „künstlichem" Kraftfutter usw. Das Robbenfleisch gehörte zu den Grundnahrungsmitteln der indigenen Völker in den Regionen des nördlichen Polarkreises. Mittlerweile hat die Europäische Union im August 2010 ein Handelsverbot für Robbenerzeugnisse erlassen, die nicht aus indigener Jagd stammen. **Pond Inlet** 72°42'N, 77°59'W - Inuktitut: Mittimatalik („Sprache des Menschen"). Inuktitut wird die ostkanadische Dialektgruppe der Eskimosprachen genannt, die hauptsächlich im Territorium Nunavut gesprochen wird. Mittimatalik (der Ort, wo der Landeplatz ist, auch Teicheinlauf) ist eine 173,36 km² kleine, überwiegend Inuit-Siedlung. Der Ort liegt auf dem Gebiet Nunavut, am östlichen Eingang der Nordwest-Passage, an der

Nordküste Baffin Island /Baffin Bay, gut 55 m über dem Meeresspiegel, am gleichnamigen Pond Inlet Meeresarm, verbindet den Eclipse Sound mit der Baffin Bay und ist sozusagen die Zollstelle für die Reise von Grönland nach Kanada. Gegenüber im Norden liegt Bylot Island, deren Gebirgszüge sind in alle Richtungen sichtbar. Pond Inlet ist von Gebirgen umgeben, mit mehreren Dutzend Gletschern, malerischen Fjorden und Buchten, Eishöhlen und oft auch treibenden Eisbergen. Es ist eine der malerischsten Gemeinden mit unterschiedlich hohen Bergketten und wird gern „Perle Nordkanadas" genannt. Sie befindet sich in der Nähe des Schollenrandes, der von Mai-Juni auftritt, insgesamt ist das Meer bis zu dreieinhalb Monate eisfrei. Die Gebirge sind schroff, fallen steil ab, mit flachen Plateau obendrauf. Der Ort hat rund 1600 Ew. (ca. 90% sind Inuit). Die Bewohner der gesamten Region um Pond Inlet werden in Inuktitut als „Tununirmiut" bezeichnet: Menschen aus Tununiq, das bedeutet: Land, das sich von der Sonne abwendet. Das ist eine genauso passende Bezeichnung, wie so viele andere Inuktitut-Wörter, die meist ganze Sätze bedeuten. Die Siedlung liegt nach Norden gewand, also nicht zur Sonne, daher ist es im Winter auch oft extrem kalt. Vermutlich war das zum Ufer hin leicht abfallende Gebiet früher einfach zu begehen, denn an anderen Stellen enden die Felswände direkt im Wasser und bieten keine Möglich-

keiten, an Land zu kommen. Pond Inlet hat ein polares, arktisches Klima, mit kurzen kühlen Sommern, oft bewölkt sowie mit langen kalten Wintern, eisig, trocken und bedeckt. Im Verlauf des Jahres bewegt sich die Temperatur meist zwischen -33° und 10-15°, liegt selten unter -39° oder über 15°, der durchschnittliche Jahres-Tiefstwert beträgt -18° - das Rekordhoch war am 11. Juli 1991 warme 22°. In den Wintermonaten von Mitte November bis Mitte Januar gibt es nur Sternenlicht, Mond- und Nordlicht. Am 12. Februar 1979 war das Rekordtief -53,9°! Vom 5. Mai bis 7. August scheint die Sonne 24 Stunden. Das Herbstwetter ist oft sehr windig und es kann regnen oder schneien. Die Siedlung ist von den Bergen geschützt. Die Einwohner sind für ihr Kunsthandwerk bekannt und ernähren sich hauptsächlich vom Fischfang des arktischen Saiblings. Einige Eisberge sind meistens von der Gemeinde aus zu Fuß erreichbar und im Umfeld sind mehrere Dutzend Gletscher, erkundbare Eishöhlen und viele große und malerische Buchten.
Im Touristzentrum können, sofern man nicht vom Kreuzfahrtschiff abhängig ist, geführte Touren und andere Aktivitäten, im Sommer wie im Winter, gebucht werden. Der nahegelegene 765 m hohe Herodier-Berg kann, bei gutem Wetter, bestiegen werden. Es ist jedoch ratsam, niemals allein zu wandern, sondern zusammen mit erfahrenen Leuten aus dem Ort, es gibt keine Schilder.

Umgeben von den auch im Sommer Eisberge führenden Gewässern des Eclipse Sound und des Inlet, wird die Landschaft von den 25 km entfernt aus dem Meer aufragenden Klippen und Gletschern von Bylot Island, Teil des Sirmilik-Nationalparks, beherrscht. Weißwale (Beluga-Wale), Narwale und sogar auch Grönlandwale, Ringel-Robben, Zugvögel und Eisbären sind nur einige der hier lebenden Wildtiere.

Mehrmals in der Woche werden frische Lebensmittel wie Obst, Gemüse und Milch von Montreal nach Pond Inlet geflogen, ca. 2.500 km entfernt. Aufgrund dieser großen Entfernungen können die Kosten für Lebensmittel und andere Materialien, wie z. B. Baumaterial, viel höher sein als in Südkanada. Milch kostet ca. 3,75 $ / l und verschiedene Getränke können bis zu 4,50 $ / Dose betragen.

---> Nachdem wir das Museum besichtigt haben, ging die Fußtour weiter zum Pond Inlet Flugplatz YIO, mit Schotterpiste, oberhalb des Ortes auf nur 60 m Höhe. Die hiesige Fluggesellschaft ist Canadian North Inc., eine Inuit-Fluggesellschaft, mit Hauptsitz in Kanata, Ontario / Kanada, betreibt regelmäßige Flüge nach Clyde River (am Fuße der Baffin-Mountains-Bergkette, Nord-Ost Ufer Baffin Island /Baffin Bay) und Iqaluit (mit Verbindung zur Hauptstadt Ottawa und 14 weiteren kanadischen Zielen). Seit 2003 besteht das Logo aus drei der charakteristischen Symbolen des Nordens: Eisbär,

Mitternachtssonne und Nordlicht. Die Fluggesellschaft erweitert und vergrößert sich kontinuierlich. Geschichte: 1946 Beginn als Bradley Air Services, 1973 als First Air, 1989 Tochtergesellschaft von Canadian Airlines, seit 1998 Canadian North, hervorgegangen aus diversen Transaktionen und Fusionen, derzeit mit einer Flotte von 45 Flugzeugen. Gegenüber vom Flugplatz ist der Northern Store-Supermarkt, der sozusagen soziale Treffpunkt. Es gibt ebenso einen Coop Supermarkt.
Die Wirtschaft ist weitgehend auf Dienstleistungen ausgerichtet, wobei die Regierung der größte Arbeitgeber ist. Da es hier überwiegend dreieinhalb Monate im Jahr eisfrei ist, kommen mittlerweile viele Kreuzfahrtschiffe und Segler (auf dem Weg durch die Nordwest-Passage) hierher und der Ort wird dann mit Gütern und Material versorgt, die per Schiff ankommen. **Geschichte**: Das weite Gebiet um die Siedlung Pond Inlet ist seit ca. 4000 Jahren von Menschen der Dorset-Kultur und danach der Thule-Kultur besiedelt, den Vorfahren der heutigen Inuit. Als die Siedlung in der ersten Hälfte des 20. Jhd. entstand, nannten die Inuit den Ort Mittimatalik, „Mittimas Platz". Wer Mittima war, ist unbekannt. 1818 entdeckte der Polarforscher und Entdecker John Ross diesen „Platz" und benannte ihn nach John Pond (1767-1836), englischer Astronom, zunächst Pond's Bay. Vermutlich hatte Ross gedacht, hier ist der Eingang zur Nordwest-

Passage. Das mag auch so sein, aber es geht sozusagen im rechten Winkel, über den Eclipse Sound und Navy Board Inlet in den Lancaster Sound zur Nordwest-Passage. Mag sein, dass er dann diesen indirekten Weg gefunden hat.
Nach John Ross kamen immer häufiger Walfangschiffe und um 1903 wurde hier eine Walfangstation eingerichtet, die sich bald darauf nicht mehr rentierte und wieder aufgegeben wurde. 1912 kamen drei Expeditionen auf der Suche nach Gold in die Pond-Inlet-Region und eröffneten Handelsposten, die 1921 von der Hudson's Bay Company übernommen wurden. *(Die **HBC** ist ein kanadisches Handelsunternehmen: im Mai 1670 Gründung der Honorable Company of Adventurers of England Trading in Hudson's Bay, besser bekannt als Hudson's Bay Company (HBC), mit Privileg zum Fellhandel.)*
In Pond Inlet wurde 1929 eine römisch-katholische und eine anglikanische Missionsstation errichtet. Nach und nach entwickelte sich der Ort zu einer Art Handelszentrum, die kanadische Regierung ließ stabile Häuser errichten und die Infrastruktur stieg seit 1960 stetig an. Um 1960 wurde die erste Schule gebaut.
Die Kirche Sacred Heart of Jesus Catholic Church Kirche des Heiligen Herzens Jesu ist die nördlichste katholische Kirche der Welt. Tragisch: Nach dem verheerenden Brand von 1994, bei dem der Pater ums Leben kam, wurde die katholische Kirche neu errichtet. Außerdem gibt es die St. Timothy's Angli-

can Church, in der Nähe vom Flughafen. Die gesamte Region um Pond Inlet ist mit archäologischen Stätten der alten Völker von Dorset und Thule aus über 1000 Jahren übersät.

---> Nachdem wir in unseren Gruppen mit dem Touristen-Führer den Pond Inlet Rundgang beendet haben, waren wir voll unterschiedlicher Eindrücke. Die kleine, weiße Kirche könnte man als niedlich bezeichnen. Die St. Timothy's Anglican Church, in der Kuukuluk Road konnten wir besichtigen, voller Stolz zeigten und erklärten uns die Inuit das Innere ihrer Kirche. Auf dem Rückweg ist mir ein Stopschild aufgefallen, obwohl dort weder eine große Kreuzung noch ein große Straße ist, mehr eine Sand-Schotterpiste, aber das Schild wird schon seine Berechtigung haben! Das letzte Stück gehen wir durch eine kleine Wollgras-Wiese. Diese weißen Puschel, ein paar gelbe Blümchen und Mini-Kamille wachsen auf der sonst so kargen Uferböschung. Inzwischen scheint es noch windiger geworden zu sein. Als wir mit den Zodiacs zum Schiff zurück gebracht wurden, hüpften sie über riesige Schaumkronenwellen, wir mussten uns gut festhalten. Wir haben uns insgeheim auf ein schaukeliges Abendessen eingestellt und in der Tat war der Seegang recht stark und das Schiff schaukelte ganz gut. Manche gewöhnen sich daran, andere nicht, jeder Körper ist unterschiedlich, was diese Wahrnehmung betrifft. Ich gebe zu, am Anfang der Reise,

kurz vor Sisimuit war es mir etwas mulmig im Magen. Dann muss man raus, an die Luft, in die Ferne schauen, den Gedanken nachhängen, dann vergißt man das Schaukeln. Am Abend fand ich das Geschaukel sogar ganz schön, denn wann wird man schon mal so, auf diese Weise, in den Schlaf geschaukelt. ... Wenn man das vertragen kann, sonst hilft nur: rechtzeitig entsprechend Anti- Reiseübelkeits-Pillen schlucken.
---> Wir verlassen Pond-Inlet mit Blick auf die schöne, arktische Bylot Island Berg-Kulisse, mit einigen Schneefeldern.

Die Tour geht den Eclipse Sound entlang, nach Nord-West durch den Navy Board Inlet / Meeresarm, zwischen der Brodeur Peninsula zur Linken und der Bylot Island zur Rechten, dem Lancaster Sound entgegen, in die Nordwest-Passage ...das Abendteuer kann beginnen und das wird uns noch sehr überraschen! Es ist nachmittags und durch die umliegenden hohen Berge sehen wir die Sonne, die hier rund um die Uhr von März bis August scheint, wie einen Sonnenuntergang, allerdings grau-diesig und bei leichtem Wind. Wir kommen ab jetzt, bis zum Zielhafen Cambridge Bay, in ein paar Tagen, an vielen Buchten / Inlet`s entlang und sind stets umgeben von relativ hohen Bergen, insbesondere Bergketten. **Navy Board Inlet** 73°00'N0, 80°50'W ist ein Arm vom Lancaster Sound, von dem er nach Süden verläuft, bevor er in den Eclipse Sound mündet. Das Gewässer ist nicht sehr breit und an den Ufern ragen die Berge empor, weit oben drüber sind Gletscher und Eisflächen, das erinnert etwas an die norwegische Fjordlandschaft, ein Lebensraum von Narwal, Beluga, Grönlandwal, Eisbären, Robben, Karibu, Polarfuchs und vielen Seevögeln. Zur linken Seite ist das Berggebiet von Bordeur Peninsula und rechts das weitläufige Massiv von Bylot Island, deren Ausmaß nicht zu erkennen ist, denn wir sind ja auf einem Schiff und können somit nicht über das Berggebiet schauen. Der Herbst ist hier oft windig, mit Regen oder Schnee, aber die schützenden Berge blockieren einen Teil des Windes und können die Kälte reduzieren. Im Winter, von Mitte November bis Mitte Januar, herrscht im Navy Board Inlet völlige Dunkelheit mit Blick auf das Nordlicht und einer Durchschnitts-Temperatur von -40 °. **Navy Board**, früher Council of the Marine genannt, war die Kommission, die zwischen 1546 und 1832 für die tägliche Zivilverwaltung der Royal Navy verantwortlich war. Das Board hatte seinen Hauptsitz innerhalb des Navy-Regierungsbüros. **Brodeur Peninsula** 72°42' N, 87°55'W ist eine 28.000 km² große, unbewohnte Halbinsel im

Nordwesten von Baffin Island und benannt nach dem kanadischen Politiker Louis-Philippe Brodeur (1862-1924 kanadischer Politiker und Richter). Die Halbinsel bildet den äußersten Nordwesten von Baffin Island, mit dem sie im Süden durch eine nur 5 km breite Landbrücke verbunden ist. Brodeur Peninsula ist etwa 310 km lang, bis zu 170 km breit, trennt den Admiralty Inlet im Osten vom Prince Regent Inlet im Westen, der Baffin Island von Somerset Island trennt. Im Norden stößt die Halbinsel an den Lancaster Sound, einem Teil der Nordwest-Passage. Der Halbinsel Westen ist bekannt als Paarungsgebiet für Eisbären Die Landschaft ist geprägt von weitgehend flacher Tundra, das Klima ist polar. Die nächstgelegene Siedlung ist Arctic Bay am gegenüberliegenden, östlichen Ufer der Admiralty Bay. Auf dem nördlichen Teil der Halbinsel wo Arctic Bay ist, erheben sich Berge bis zu einer Höhe von 1300 m. **Arctic Bay** ist eine auf Brodeur Peninsula im Norden von Baffin Island unmittelbar am Admiralty Inlet gelegene Siedlung mit etwa 760 Ew. (91 % Inuit). Der Inuktitut-Name lautet Ikpiarjuk „Tasche". Viele Narwale leben hier. Kapitän William Adams erreichte mit seinem Walfangschiff „Arctic" 1872 die Bucht. Der nächste war Joseph E. Bernier (1852-1934), kanadischer Polarforscher, der mit dem Regierungsdampfer „Arctic" 1910/11 hier überwinterte. Daher hat die Bucht ihren Namen.

Bylot Island, 73°15'N, 78°50'W ist ein Teil des Sirmilik-Nationalparks, liegt gegenüber dem Nordende von Baffin Island und wirkt, als ob sie davon abgebrochen ist, wird von dieser im Süden durch Pond Inlet, im Südwesten durch den Eclipse Sound und im Westen durch Navy Board Inlet getrennt. Von oben sieht sie fast aus wie eine Riesen Herzmuschel. An ihrer Nordostseite treffen die Ozeanströmungen der Baffin Bay und Lancaster Sound zusammen. Mit einer Fläche von 11.067 km² ist sie die siebzehntgrößte kanadische Insel und die einundsiebziggrößte Insel der Erde. Das gebirgige Zentralmassiv der Insel, das einen Teil der arktischen Kordillere bildet, ist fast 2000 m hoch, etwa zur Hälfte mit einer Eiskappe bedeckt. Auf einem Foto der Nasa sieht man die fast sternförmig weißen Gletscherzungen. Hier fließen über 500 meist noch unbenannte Gletscherzungen teils bis zum Meer, teils in die Insel-Tiefebenen, die Lowlands. Von Südosten nach Nordwesten wird die Insel von der Gebirgskette der Byam Martin Mountains überquert, deren höchster Gipfel der zentral gelegene, 1951 m hohe Angilaaq Mountain ist. Die Küsten der Insel haben überwiegend steile, palisadenartig aufsteigende Felsen und meerwärts wandernde Gletscher. Flachere und von vielen Gletscherbächen durchzogene Küstenstriche befinden sich an der Nordostküste. Bylot Island ist ein Vogelparadies, aufgrund des am Cape Hay im Nordwesten am

Lancaster Sound und rund um das Cape Graham Moore im Südosten am Übergang des Pond Inlet in die Baffin Bay steil aufragenden Felsen. Mehr als 50 Vogelarten wurden hier beobachtet, darunter Dickschnabellummen, Dreizehenmöwen und Schneegänse. Besiedelt wurde die Insel schon vor mehr als 4000 Jahren durch Angehörige der Dorset- und der Thule-Kultur, wie auch durch deren Nachfolger, die Inuit. Im 17. Jhd. drangen William Baffin und Robert Bylot, nach dem die Insel benannt ist, zum Lancaster Sound vor. Die erste Anlandung war 1818 unter John Ross, der in der Possession Bay die britische Fahne hissen ließ und das Land für Großbritannien in Besitz nahm. Erst 1872 wurde erkannt, dass Possession Bay nicht zu Baffin Island gehört. 1906 wurde Bylot Island durch Kapitän Joseph Elzéar Bernier (1852-1934) zu einem Teil des kanadischen Staatsgebiets erklärt. Nach 1910 befand sich am Button Point nahe Cape Graham Moore für ein paar Jahre ein Handelsposten, dessen Relikte noch zu sehen sind. Heute ist diese Insel nicht mehr dauerhaft bewohnt. **Robert Bylot** war ein englischer Seefahrer und Entdecker des 17. Jhd., leitete zwei Expeditionen zur Auffindung der Nordwest-Passage und nahm an drei weiteren teil. Bylot war Offizier auf Henry Hudsons Entdeckungsreise mit der *Discovery*. Durch die Hudson Strait wurde am 2. August 1610 erstmals die Hudson Bay erreicht, im südlichen Arm, die James Bay, fror

das Schiff im November im Eis ein. Es kam später zu einer Meuterei, die für Hudson tödlich endete.
>>> Informationen über Hudson, Bylot und Baffin stehen im Kapitel: Nordwest-Passage --- wo zum Teufel ist die Nordwest-Passage???

36.500 Inseln und Inselchen

Der kanadisch-arktische Archipel, Canadian Arctic Archipelago, 75°0'N, 90°0'W liegt im arktischen Ozean, in Kanadas Norden, grenzt an Grönland, ist die nördliche Inselwelt von Kanada und hat ca. 19.000 Ew., überwiegend Inuit. Von ihnen leben rund 11.000 auf der größten Insel, Baffin Island und dort wiederum zum größten Teil, ca. 6.800 Ew. in Iqaluit. Auf der Landkarte sieht das Gebiet wie ein unfertiges Puzzle-Spiel aus, mit den verstreuten Inseln. Geographie: Die Landfläche aller Inseln des Archipels ergibt zusammen rund 1.424.500 km². Die Inselgruppe umfasst 36.563 überwiegend kleine und kleinste Inseln. 94 der Inseln sind mehr als 130 km² groß. Die größten Inseln sind Baffin Island, Ellesmere Island, Victoria-, Banks- und Devon Island. Innerhalb Kanadas gehört die Inselwelt heute überwiegend zum Territorium Nunavut und zum kleineren Teil zu den Nordwest-Territorien. Die Queen Elizabeth Islands umfassen mehr als 2.100 einzelne Inseln und haben eine Gesamtfläche von 419.061 km². Sie ist damit die größte, jedoch nicht die einzige Inselgruppe innerhalb des Archipels; es gibt unterschiedliche Inselgruppen, zum Beispiel die Royal Geographical Society Islands, die Astronomical Society Islands oder die Hecla and Fury Islands. Viele wurden nach ihren Entdeckern benannt, oder anderen besonderen Personen, daher sind es alles zusammenhangslose Insel-Namen. Zum Archipel wird auch, von kanadischer Seite, Hans Island gerechnet. Ihre Zugehörigkeit ist allerdings zwischen Kanada und Dänemark, beziehungsweise Grönland, umstritten. **Geschichte**: Die erste nachweisliche Erkundung der Inselwelt durch Europäer erfolgte mit den Reisen des englischen Seefahrers Martin Frobisher, in den späten 1570er Jahren. Danach gehörte das Inselgebiet zu Britisch-Nordamerika und kam erst 1880 zum Franklin-Distrikt, der als Bestandteil der Nordwest-Territorien zu Kanada gehört.

Martin Frobisher (1535-1594) war ein englischer Seefahrer und Freibeuter, unternahm von 1576-78 drei Seereisen in arktische Gebiete, um die Nordwest-Passage ausfindig zu machen, ohne Erfolg.

Der **Parry Channel** 74°N, 93°W, ist ein rund 1000 km langer Meeresstraßen-Kanal in der kanadischen Arktis, der ziemlich gerade auf dem 74. Breitengrad entlang verläuft und hätte ursprünglich die Nordwest-Passage sein können, jedoch haben die Entdecker wegen Vereisungen an vielen Stellen im Verlauf, diesen Durchgang nie richtig gefunden, sondern immer nur Teilbereiche. Benannt ist die Meerenge nachdem britischen Admiral und Polar-

forscher William Edward Parry, der auf der Suche nach der Nordwest-Passage viele Gewässer und Inseln in der Arktis entdeckte und benannte. Dieser Parry Channel verbindet, als Teil der Nordwest-Passage, die Baffin Bay im Osten mit der Beaufort Sea im Westen und durchquert dabei das Territorium Nunavut sowie die Nordwest-Territorien. Von Osten nach Westen hat das Gewässer, in Teilbereichen, andere Namen: Lancaster Sound, Barrow Strait, Viscount Melville Sound und McClure Strait. Jeder wollte sich oder eine andere Person gern verewigen. Dies macht verständlich, dass die Nordwest-Passage im Grunde sehr viele Entdecker hatte. Der Parry Channel trennt die Queen Elizabeth Islands im Norden von zahlreichen Inseln des kanadisch-arktischen Archipels im Süden, ist an der schmalsten Stelle, zwischen Cornwallis Island und Somerset Island nur ca. 45 km breit.
William Edward Parry (1790-1855), britischer Admiral und Polarforscher. 1818 begleitete er den schottischen Kapitän und Polarforscher John Ross, auf die Suche nach der Nordwest-Passage, erfolglos. 1818-25 unternahm er drei Arktisexpeditionen. 1827 versuchte er von Spitsbergen aus den Nordpol zu erreichen, gelangte nur bis 82° 45' nördlicher Breite. Auch wenn Parry weder die Nordwest-Passage vollständig befuhr noch den Nordpol erreichte, brachten seine Entdeckungen viel Klarheit über die Struktur der arktischen Inselwelt Nord-

amerikas.
>>> weitere Informationen über Parry stehen im Kapitel: Nordwest-Passage --- wo zum Teufel ist die Nordwest-Passage???

Wasserstraße mit vier Namen

Der **Lancaster Sound** 74°15'N, 84°0'W- Inuktitut: Tallurutiup Imanga ist eine teilweise nur etwa 50 km breite Meerenge zwischen Devon Island und Baffin Island. Östlich liegt die Baffin Bay. Nach Westen geht der Sund, kurz vor Somerset Island, in die Barrow Strait über, diese in den Viscount Melville Sound und noch weiter westlich verläuft es in die M'Clure Strait, bevor die Wasserstraße in die Beaufort Sea/ Nordpolarmeer endet. Im Grunde ein Sund, quer durch von Ost nach West, wenn das ewige Eis des Westens hier nicht stets alles verssperren würde. Im Süden liegt Prince Regent Inlet, die mittlerweile meist befahrene Mittel-Route der Nordwest-Passage. Der Sund hat eine gewaltige Meeresströmung, die kaltes, nährstoffreiches Wasser aus dem Norden einfließt. Rund neun Monate im Jahr herrschen mehr oder weniger Vereisungen in diesem Gebiet. Die Tierwelt ist reich und vielfältig, mit riesigen Mengen Kabeljau (ca. 30.000 Tonnen wird geschätzt). Der Kabeljau ist Bestandteil der Ernährung vieler Vögel und Meeressäugern im Lancaster Sound. Das ganze Gebiet, rechts und links der Küste ist Lebensraum und Paradies für Eisbären, Narwale, Belugas, Grönlandwale (eine vom Aussterben bedrohte Art), Ringel-, Bart- und Harfenrobben, Walrosse und viele Seevögel: Dickschnabelmurren, Schwarzbeinige Dreizehenmöwen, Eissturmvögel, schwarze Guillemots, Küstenseeschwalben, Elfenbeinmöwen und Schneegänse. Am Eingang des Lancaster Sound ist der mächtige Cunningham Gletscher. Er fließt von seiner Eiskappe in den Sound. Das Lancaster Sound Gebiet wurde 2018 zum Meeresschutzgebiet erklärt, auch auf Anliegen der Inuitbevölkerung, mit ca. 109.000 km^2 das größte Kanadas. **Geschichte**: Der Sund ist das Tor und auch eine Art Historie zur Nordwest-Passage, die 1819–20 von William E. Parry und 1850–53 von Robert McClure aufgeklärt, jedoch erst 1903–06 von Roald Amundsen erstmals durchfahren wurde. Der Sund wurde von William Baffin benannt nach James Lancaster, einem der drei wichtigsten finanziellen Unterstützer seiner Erkundungsexpeditionen. Bekannt ist die fatale und fehlgeschlagene Expedition des britischen Entdeckers John Ross im Jahr 1818, als er sah, dass (angeblich) Berge, die er Croker Mountains nannte, den Eingang des Lancaster Sound blockierten. 1819 kam William Edward Parry hindurch, gelangte nur bis Melville Island, ganz im Westen, auf immerhin 75°30'N, 111°30'W. Die Inuit und ihre Vorfahren verlassen sich seit tausenden von Jahren auf den reichhaltigen natürlichen Reichtum des Sound-Gewässers, für Nahrung, Kleidung und Unterkunft. Heute setzen die Bewohner der drei Nunavut-Gemeinden Pond Inlet, Arctic Bay und Resolute diese Tradition fort, abhängig von ihren Gewässern für ihr wirtschaftliches und kulturelles Wohlergehen. **James Lancaster** (1554-1618) war ein englischer Seefahrer und Pionier. Unter seiner Leitung wurden wichtige Expeditionen sowohl nach Indien als auch bei der Suche nach der Nordwest-Passage durchgeführt. William Baffin benannte 1616 den Sund nach ihm.

>>> weitere Informationen über Lancaster stehen im Kapitel: Nordwest-Passage --- wo zum Teufel ist die Nordwest-Passage???

---> In der Nacht sind wir in den Lancaster Sound eingefahren, haben diesen 50 km breiten Sund überquert, in einem Gebiet, wo die kühnen Seefahrer damals schon segelten, auf der Suche nach einer Durchfahrt. Wir befinden uns jetzt schon etwas auf den Spuren der Entdecker, aber nachts merken wir nichts davon. Das Gebiet hier ist auch sozusagen das Herz, die Mitte, der Arktischen Kordillere. Am nächsten Morgen sehen wir das felsige Küstengebiet, die markante Felsen-Küste von Devon Island nicht so gut, da es leicht wolkenverhangen ist. Die **Arktische Kordillere** 82°N, 75°W ist ein stark gegliedertes Gebirge entlang der nordöstlichen Küste Nordamerikas und zugleich das nördlichste Gebirge der Erde. Es ist rund 1000 km lang und erstreckt sich in Kanada von Ellesmere Island (oberhalb von Devon Island) über Baffin Island bis zur Nordspitze der Labrador-Halbinsel und bedeckt einen großen Teil des kanadisch-arktischen Archipels. Der größte Teil des Gebirgszuges liegt auf Ellesmere Island, Baffin Island, Bylot Island, Devon Island, Bathurst Island und ein kleiner Teil an der Nordspitze der Labrador-Halbinsel. Sehr viele der Berge sind (noch) vergletschert und ragen aus Eisfeldern oder Eiskappen heraus. Im Osten wird die arktische Kordillere von der Baffin Bay, der Davis Strait und der Labrador Sea begrenzt, im Norden vom arktischen Ozean. Das Gebirge liegt überwiegend im Territorium Nunavut, ein kleiner Teil im Südosten in den Provinzen Newfoundland, Labrador und Québec. Es ist in mehrere kleinere Gebirgsketten unterteilt, die unterschiedliche Namen haben, mit 2000 m hohen Bergen. Manchmal wird für die arktische Kordillere auch der Begriff Arctic Rockies verwendet, aufgrund der Ähnlichkeit zu den bekannteren Rocky Mountains (Teil der Kordilleren) in West-Kanada. Die Arktische Kordillere ist auch eine der 15 Ökoregionen Kanadas. Über ein Fünftel von Ellesmere Island, der Quttinirpaaq-Nationalpark, steht unter Schutz, umfasst sieben Fjorde und eine Vielzahl von Gletschern. Dort liegt auch Lake Hazen, der weltweit größte See nördlich vom Polarkreis. Höchster Berg, auch von Nunavut, ist der 2616 m hohe Barbeau Peak im British Empire Range, im Norden von Ellesmere Island und zugleich die höchste Erhebung im Osten von Nordamerika. Ellesmere Island, Inuktitut: Umingmak Nuna, Land der Moschusochsen, ist die Insel der vielen Rekord-Größen, hat eine

Fläche von rund 196.230 km², 820 km lang, 440 km breit und die nördlichste und größte Insel der Queen Elizabeth Islands, im Kanadisch-Arktischen Archipel, die drittgrößte kanadische Insel sowie die zehntgrößte Insel der Erde. Sie ist überwiegend vergletschert und wurde benannt nach Francis Egerton, 1. Earl of Ellesmere (1800-57) dem damaligen Präsidenten der Royal Geographical Society. Aus einer bis zu 900 m dicken Eisschicht ragen die Challenger Mountains, die nördlichste Bergkette der Welt, in der Nordwestregion der Insel. Der nördliche Zipfel der Insel heißt Grant Land. Ein weiterer „Kordilleren-Park" ist der Auyuittuq-National park, auf der Cumberland-Halbinsel im Südostteil von Baffin Island. Auf Inuktitut bedeutet Auyuittuq „das Land, das nie schmilzt". Auyuittuq wurde 1976 als Naturreservat geschaffen und erst 2000 zum Nationalpark. Bekannte Berge sind Mount Asgard (2015m) und Mount Thor (1675m) mit der höchsten senkrechten Steilwand der Welt. **Geschichte**: Der nördliche Teil der Arktischen Kordillere hat Vulkan-Ursprung, entstand, als sich die nordamerikanische Platte in der Mitte nach Norden drückte und besteht aus magmatischen und größtenteils aus Sedimentgesteinen. Die Arktische Kordillere ist jünger als die Appalachen (bewaldetes Gebirgssystem im Osten Nordamerikas), ähnelt diesen in der Zusammensetzung und hat ähnliche Minerale. Die Berge sind kahl, da Bäume weder im extrem kalten Winterklima bestehen können, noch während des kurzen Sommers wachsen können. Weite Gebiete sind dauerhaft von Eis und Schnee bedeckt Die mineralischen Ressourcen sind kaum erforscht worden, da die Ausbeutung aufgrund der Abgeschiedenheit der Region zu kostspielig ist und weiter südlich billigere Alternativen bestehen. Flora&Fauna: Der Bewuchs ist sehr spärlich und Erdboden kommt selten vorkommt. Drei Viertel des Gebiets sind reines Gestein. In dieser gesamten Region wachsende Pflanzen sind, je nach Lage, meist kleine Arten wie: Schwarzfichte, Arktische Weide, Wollgräser, Binsen, Moose, Kräuter, Sauergras-, Heidekraut-, Steinbrechgewächse und Arktischer Mohn, Blaubeere. Von einigen dieser Flora-Arten haben sich schon die ersten Siedler ernährt oder für ihre Unterkünfte gebraucht, so z.B. Binsen und Moos. Hier ist der „Großlebensraum" von Moschusochse, Karibu, Eisbär und Polarwolf die einzigen großen Fleischfresser, sowie Polarhase, Polarfuchs, Lemming und Hermelin. Im Meer lebende Säugetiere sind unter anderem Nar- und Weißwal, Walross, Bart- und Ringelrobbe. Zu den „Kordillere-Vögeln" gehören Gerfalke, Schnee-eule, Eiderente, Dickschnabellumme, Steinwälzer, Dreizehenmöwe, Eissturmvogel, Sandregenpfeifer, Schneegans und das Alpen-Schneehuhn, der „Vogel des Territoriums Nunavut". Das Klima der Arktischen Kordillere ist arktisch, im Winter können

durchschnittlich –35° vorkommen.
Auf Axel Heiberg Island gefundene, rund 40 Mill. Jahre alte Baumstümpfe deuten darauf hin, dass dieser nördliche Teil der Kordillere einst wärmer und feuchter war als heute. Ungefähr 1500 Menschen, meist Inuit, leben in der Region, hauptsächlich auf Baffin Island, sie haben ihre Lebensgrundlage im Jagen, Fischen und Fallenstellen.

Die Arktis – eine riesige Dimension voller Magie

Das Gebiet rund um den Nordpol ist ein umfangreiches Thema, in vielen wissenschaftlichen, geologisch-geografischen und meteorologischen Bereichen, die immer wieder neu erforscht werden, weil sie sich immer wieder verändern, daher schreibe ich nur eine kleine Zusammenfassung der wichtigsten Informationen. Die Arktis hat eine Fläche aus Meer, Eis und Land, mit einer Größe von 26 Mio. km^2, das sind 8 Mio. km^2 Land und 18 Mio. km^2 Meer, sehr inselreich, eine spärliche Vegetation, aber eine großartige Tierwelt, eine eisige Welt voller Leben, mit den größten Säugetieren der Erde, den Walen und hat eine magischer Natur, besonders wenn die Sonne das Eis zum Leuchten bringt, der Schnee alles weiß bedeckt oder der Nebel die Landschaft und Berge magisch-mystisch verhüllt.
ARKTIS – das Wort Arktis ist aus dem altgriechischen Wort árktos für Bär abgeleitet und das Adjektiv arktikós (arktisch) bezeichnete das Land unter dem Sternbild Großer Bär, es stand früher, in

der Antike, dem Nordpol näher als heute. Der Polarstern, der heute fast senkrecht über dem Nordpol steht, gehört zum Sternbild Kleiner Bär. Die Arktis betrifft nicht nur Grönland und Kanada, sondern auch Teile von Norwegen, USA/Alaska und Russland, sie stellt keine geologische Einheit dar, ihr Mittelpunkt ist der Nordpol, der im vereisten Nordpolarmeer ist, rumringt von den Festlandküsten und vorgelagerten Inseln der Kontinente: Europa, Asien und Amerika. Vor bis ca. 50 Mill. Jahren war die Arktis nicht vereist, es gab subtropische Wasser- und Landtemperaturen und vor etwa 33 Mill. Jahren kühlte die Erde ab, Eiskappen bildeten sich an den Polen. Lange bevor die Europäer die Arktis entdeckten, lebte dort bereits in weitläufigen Gebieten indigene Bevölkerung, die sogenannten Paläoeskimo. Die gesamte Arktis ist dünn besiedelt und in der ganzen Region leben gegenwärtig insgesamt ca. vier Mill. Menschen, ein kleiner Teil der Bevölkerung wird als indigen anerkannt, (Eingeborene, indigenous peoples /einheimische Menschen, Ureinwohner). Die Indigenen sind mehr in Grönland und manchen Teilen Kanadas die Bevölkerungsmehrheit in der Region. Zu den Polarvölkern zählen u. a. Eskimo (ca. 150.000), Nenzen (früher Samojeden genannt, ca. 40.000), Jakuten (ca. 330.000), Samen (ca. 70.000) und Ewenken (ca. 35.000). Außerdem leben in der Arktis zahlreiche Skandinavier, Russen und Nordamerikaner, unter ihnen Angehörige der First Nations und der Alaska Natives, also der indianischen Völker Nordkanadas und Alaskas. Norwegen hat einen sehr kleinen Arktis-Anteil, der sich auf einen schmalen Küstenstreifen beschränkt, die kleine Insel Jan Mayen und Svalbard, also die Bäreninseln und Spitsbergen mit 400 Inseln, sowie ein kleiner Teil von Island.

Die Arktis – Geburtsstätte der Wolken und Nistplatz der Winde

Arktische Faktoren sind starke Temperaturunterschiede, Permafrost, extrem wechselnde Sonneneinstrahlung und heftige Blizzards /Schneestürme, die die Vegetation durch Abrieb beeinflussen. Von Nord- und Südpol fließt trockene und kalte Luft in die mittleren Breiten und prallt auf polwärtsgerichtete Warmluft. Kalte Luft ist schwerer als warme und kann weniger Wasser halten. Darum wird die leichtere Warmluft von der Kaltluft nach oben verdrängt, wird dabei selbst kälter und verliert ihre Feuchtigkeit. Sodann beginnt es zu regnen oder zu schneien. Durch wärmereflektierende Eisflächen entstehen trockene, eisige Winde, die mit teilweise hoher Geschwindigkeit von den Höhen zur Küste herunterwehen. Sie prallen dann mit vom Süden wehenden, wärmeren und feuchten Winden zusammen. Diese steigen auf und regnen ab. So entstehen riesige Tiefdruckgebiete, also niedriger Luftdruck. Diese Windsysteme sind so beständig, das sie das Wetter rund um den Erdball mitbe-

stimmen. Das Klima der Arktis ist polar geprägt. Einerseits gekennzeichnet durch lange, sehr kalte Polarwinter, in denen die Sonne wochenlang nicht über den Horizont steigt und der Boden tiefgründig gefroren ist, sowie nebelreiche, kühle Polarsommer in denen die Sonne zwar bis zu 24 Stunden am Tag scheinen kann, ihre Strahlen aber nur in einem flachen Einfallswinkel die Erdoberfläche erreichen, so dass der Boden nur oberflächlich aufgetaut wird.
Die Arktis – ist die Schönheit des hellen Polarsommers und die kalte Öde der langen, schön weißen Winter-Polarnacht, in der nur das Mondlicht über die vereiste Landschaft glitzert und die Eisberge geisterhaft erscheinen läßt.
Die Temperaturspanne ist durchschnittlich 0 ° im Sommer, bis -35 ° im Winter. In Nunavut und den Nordwest-Territorien liegen die durchschnittlichen Januartemperaturen unter -20°. Von April bis Mitte Juni nimmt die Sonneneinstrahlung zwar zu, doch werden 50-80% der Strahlen vom Schnee reflektiert und gehen, durch Umsetzung in Wärme, verloren. Erst nach der Schneeschmelze, der Kälteverdunstung des Schnees, erhöht sich die Wärmeaufnahmefähigkeit des Bodens. In der kurzen Sommerphase von Mitte Juni bis August erreichen die Bodentemperaturen den leichten "Plus-Bereich". Nur im Südteil Nunavuts und der Nordwest-Territorien werden stellenweise durchschnittliche Juli-Werte von +10° überschritten. Für die Natur ist

es besonders schwer erträglich, dass zu den hohen Kältegraden häufig starke Winde hinzukommen und -12° und eine Windgeschwindigkeit von 40 km/h wirken sich wie eine Temperatur von -34° aus, können zu schwersten Erfrierungen führen. Grundsätzlich nehmen die Mittelwerte von Süden nach Norden hin ab. Vor allem das Zentrum der Arktis ist/wird ganzjährig größtenteils von Schnee und Eis bedeckt, während in den südlicheren Gebieten im Sommer Schnee und Eis in größeren Bereichen abtauen. Hier ist es tagsüber im Juli rund 10 ° und es erfolgt ein langsamer Übergang vom Polar- zum Tundraklima mit wärmeren Sommern. Großen Einfluss auf das regionale Klima in der Arktis haben die unterschiedlichen warmen und kalten Meeresströmungen. Im langen Winter bilden sich in der arktischen Region extrem niedrige Temperaturen, oft um -50° und es herrscht Arktis-Kaltluft aus dem Nordmeer vor, auch in den übrigen Monaten ist überall mit plötzlichem Temperatursturz und zusätzlich auftretenden auskühlenden Winden zu rechnen. Die Hudson Bay/Kanada ist das halbe Jahr über zugefroren, während der Hafen von Hammerfest in Nord-Norwegen, der mehr als 1000 km weiter nördlich liegt, dank des warmen Golfstromes das gesamte Jahr eisfrei bleibt. Insgesamt mildert das Meer, das einen Großteil der Arktis einnimmt, die Temperaturen ab. Daher befindet sich der

„Kältepol“ der Nordhalbkugel auch nicht in der Arktis, sondern im östlichen Sibirien. Das hohe Inlandeis von Grönland sorgt dafür, dass in diesem Teil der Arktis noch weit südlich des Polarkreises sehr niedrige Temperaturen auftreten. Die Arktis wird, wegen den geringen Niederschlagsmengen auch „Polarwüste“ bezeichnet. Jährlich fällt nur rund 100-500 mm auf den Quadratmeter Regen, weil die Luft am Nordpol wegen der Kälte kaum Feuchtigkeit aufnehmen kann. In einigen Teilen Nunavuts und der Nordwest-Territorien werden 400 mm kaum überschritten, nur die Gegend um Iqaluit, auf Baffin Island, erreicht jährlich ca. 600 mm. In Teilen der Baffin Island liegt teilweise bis zu 200 cm hoher Schnee. Trotz der geringen Nierderschlagsmengen befinden sich auf dem Gebiet von Nunavut und der Nordwest-Territorien rund 9% der Süsswasservorräte der Erde. Typisch für die Arktis ist die tiefhängende Wolkendecke und besonders in Küstennähe der häufige Nebel. Innerhalb des Polarkreises geht die Sonne im Sommer am 21.6. nicht unter und am 21.12. nicht auf. Die optimale Zeit für eine Arktis-Reise sind die wärmsten Monate Juli und August. Erst dann hat sich das Packeis, das im Rest des Jahres den Zugang zu weiten Teil der Arktis verhindert, am weitesten nach Norden zurückgezogen oder ist stellenweise aufgelöst. Spätestens Mitte September ist die Arktis-Reisezeit wieder vorbei, das Wetter wird nun unbeständig und Packeis sowie eisige

Temperaturen kehren zurück. So muss beispielsweise bei Reisen nach Grönland zwischen dem Westen und dem Osten unterschieden werden: während die Westseite den gesamten Sommer meist eisfrei ist, somit von Kreuzfahrtschiffen weitgehend befahren werden kann, ist die Ostseite erst im Spätsommer passierbar. Jedoch mit teilweise großen Abweichungen, denn alles ist "naturgesteuert" und niemals vorhersehbar!
1700 km vom Nordpol entfernt

Magic of the arktic

---> Unser Ziel ist heute eine Bucht, die **Croker`s Bay**, 74.70°N 83.24°W. Sie wurde von William Edward Parry zu Ehren von John Wilson Croker (1780-1857), englischer Dichter und Journalist) benannt und liegt in der Region Qikiqtaaluk. Die lange Bucht ist an der Südküste von Devon Island in der östlichen Hocharktis. Wie die Maxwell Bay im Süd-Westen ist es ein Arm des Lancaster Sound und der Barrow Strait. (Die Croker-Passage, eine Meerenge im westantarktischen Palmer-Archipel, trägt auch seinen Namen).
Am Ende der Bucht befindet sich ein Gezeitengletscher, der auch Croker Glacier/ Croker`s Bay Gletscher / genannt wird. Er schiebt seine gewaltige Eismasse mit vielen großen und kleinen Zungen aus dem Devon-Eiskappen-Massiv, einer der größten

Eiskappen in der kanadischen Arktis, zum Wasser der Bucht hinab. Am Ende hat sich eine gewaltige, ca. 3 km breite und hohe Abbruchkante gebildet, die so zerklüftet ist, als ob es Felsen sind. Als ein Gezeitengletscher / tidewater glacier (auch Meersgletscher) werden Gletscher bezeichnet, die im Meer enden und die durch das Kalben Eisberge roduzieren. Der Begriff schließt im Süßwasser kalbende Gletscher nicht ein, dies nennt sich „kalbende Gletscher". Das Ausmaß der Gezeiten spielt für die begriffliche Klassifizierung keine Rolle. Gezeitengletscher gibt es in der heutigen Zeit nur in höheren Breiten jenseits des 45. Breitengrads. Sie sind in Alaska, der kanadischen Arktis, Grönland, Spitsbergen, Nowaja Semlja und Antarktis sowie einige wenige auch in Patagonien. Bei vielen Gezeitengletschern handelt es sich um Auslassgletscher einer Eiskappe oder eines Eisschildes.

---> Geplant ist, dass wir mit den Zodiacs bis ganz nah an die Abbruchstelle kommen können. Das wird wieder ein toller Eis-Ausflug und ein weiteres Reise-Highlight. Das Schiff fährt sehr, sehr langsam in die Bucht hinein. Überall dümpeln Eisbröckchen vor sich hin, wie Konfetti. Zu einer Seite sieht die Gebirgskette tafelberg-ähnlich aus, zur anderen Seite wie der Grand Canyon/ Arizona, USA, nur in stein-grauen Tönen. Viele Passagiere stehen diesmal an Deck und schauen sich die einzigartige Landschaft an. Das Ufer, an dem wir im weiten Abstand entlangfahren, besteht überwiegend aus hohen Klippen, der Abbruchkante des Devon Island Plateaus, mit breiten Furchen und erodierten Gletschertälern und kleinen Flüßchen, hinab bis zum steinigen Ufer. Die Flora scheint hier nicht zu existieren, alles ist nur felsig. Viele dieser Gletschertäler durchbrechen das Ufer. Sie wurden von den Gletscherzungen-Ausläufern geschliffen, die einst ins Meer strömten und auch das Felsengeröll ist zu erkennen, was diese Gletscherzungen mitgeschoben haben, wo früher mal ewiges Eis war. Jetzt sind das versteinerte und sozusagen ausgetrocknete Gletscherzungen. Man ist vom Anblick selber schon versteinert. Es stellt sich die Frage: ist das normal, weil es Sommerzeit ist und im Winter ist es wieder voll Eis und Schnee, oder ist der Gletscher, die Gletscherzunge auch hier ein für alle Mal schon nicht mehr vorhanden, also geschmolzen? (wie in so vielen anderen polaren Gebieten rund um den Globus).   Während das Schiff ganz langsam einen Ankerplatz sucht, könnten wir, mit etwas Glück, Robben im Wasser erblicken, wird uns erzählt. An der Uferkante könnte man Eisbären entdecken, berichtete die Reiseleiterin. Wir stehen mit Ferngläsern und Kameras parat, aber keiner sieht etwas, wo sind sie denn? Sie sind um diese Jahreszeit möglicherweise auch weiter weg, auf dem Packeis. Dafür kommen wieder die Eisberg-Fabelwesen an, doch nein, wir fahren ja an ihnen vorbei. Da ist

Fuchur der Glücksdrache aus der unendlichen Geschichte. Hier als Eis-Drache, ganz deutlich zu erkennen und eine unendliche Geschichte ist, bzw. hat die Nordwest-Passage ja auch! Glücksdrachen sind aber in der Lage, (blaues) Feuer zu speien, wie Fuchur im Film unter Beweis stellt (als er im Netz von Ygramul gefangen ist). Ob das hier auch gleich so sein wird?? Schon wieder geht die Phantasie mit mir durch. -- Wasser ist für Glücksdrachen tödlich, doch gelingt es Fuchur, das verloren gegangene Amulett AURYN vom Grunde des Meeres zu bergen. Demzufolge ist dieser Eis-Drache hier wohl ganz richtig. Dieser kurze Eis-Augenblick ist richtig mystisch. Und .... plötzlich taucht der Kopf einer Robbe auf, fast genau vor dem Fuchur-Kopf, nur ein kleiner Punkt und im nächsten Moment ist sie auch schon wieder abgetaucht. Welch ein Glück, dass ich gerade an dieser Relingseite stehe, denn die Robbe hat keiner gesehen, glaube ich. Nun lege ich das Fernglas an und schaue wartend ob sie Robbe nochmals auftaucht, aber sie ist verschwunden. Wie weit können die wohl tauchen? Taucht sie unter dem Fuchur-Eisberg hindurch?, dann würde man sie auch nicht sehen können, wenn sie dahinter wieder auftaucht. Ich glaube, ich bin die Einzige, die diesen Eis-Kreaturen Beachtung schenkt, alle anderen, die an der Reling stehen, wollen die „echten“ Tiere sehen. Man brauch gar nicht viel Phantasie, um zu erkennen.....eine kriechende Schnecke

kommt daher – sehr elegant !

Immer wieder schauen wir am Ufer entlang, nichts – kein Eisbär zu sehen. Ich meine, mit bloßem Auge zwei schwarze kleine Enten an Ufer gesehen zu haben, jedenfalls bewegt sich dort etwas. Plötzlich hören wir, dass der König der Arktis, ein Eisbär am Ufer gesichtet wurde. Selbst mit Fernglas muss man gut suchen, so weit weg ist er und scheint in einer Mulde zu liegen, vielleicht sonnt er sich dort?, denn die Sonne scheint inzwischen etwas. Aber das brauchen Eisbären sicher nicht, oder zum Fell trocknen? Und.. die schwimmenden Enten sind... keine Enten, das sind zwei schwimmende Eisbären, wurde gesagt, man sieht nur ihre Ohren oder Nasen. So weit weg und nur als kleine Punkte im Wasser, tja, die hatte ich also glatt mit Enten verwechselt. Man hat hier kein Verhältnis zu Größen und Entfernungen, weil man viel weiter sehen kann, als es unsere Augen, von zuhause, gewöhnt sind. Eisbären sind sehr gute Schwimmer, jagen jedoch üblicherweise nicht im Wasser nach Beute. Schwimmend können sie mehr als fünf Kilometer in der Stunde zurücklegen. Naja, jedenfalls haben wir Eisbären gesehen, so nah muss es ja nicht sein, sie sollen in Ruhe leben und nicht von Menschen gestört werden. Was wäre das für ein Chaos, wenn alle 180 Passagiere an einer Relingseite stehen und ununterbrochen fotografieren, die armen Tiere!

König der Arktis

Der **Eisbär**, Polarbär (polarbear, arktic king), norw. Isbjørn und „Nanuq" (Inuktitut-Wort) ist eine Raubtierart aus der Familie Familie der Bären, eng verwandt mit dem Braunbären. Er bewohnt die nördlichen Polargebiete rund um den Nordpol. Neben Kamtschatkabären und Kodiakbären gelten Eisbären als die größten und gefährlichsten an Land lebenden Raubtiere der Erde. Erwachsene Eisbären-Männchen erreichen eine Kopf-Rumpf-Länge von 2-2,5m, mit einem Gewicht zwischen 420 und 500 kg (je nach Nahrungsvorkommen). Die Weibchen sind nicht sehr viel kleiner oder leichter, beide haben eine 5-10 cm dicke Fettschicht, die sie wärmt und können 25-30 Jahre alt werden. Ihr Lebensraum ist in der Arktis, rund um den Nordpol. Im Sommer halten sich Eisbären überwiegend an den südlichen Rändern des Treibeises auf. Mit Wintereinbruch wandern sie südwärts, den offenen Stellen folgend. An der Südküste der Hudson Bay sind die Tiere während des Sommers allerdings gezwungen, an Land zurückzukehren. Nach kilometerweiten Wanderungen ins Landesinnere müssen sie sich dann mit dem Wenigen begnügen, was ihnen Tundra und Taiga an Fressbarem bieten. Der Hauptbestandteil der Nahrung sind Robben, junge oder geschwächte Walrosse oder Rentiere, auch Kleinsäuger wie Lemminge sowie Vögel, Vogeleier und Fische. Eisbären sind sehr gute Schwimmer, können weite Strecken zurücklegen und haben zwischen den Pranken Schwimmhäute. Sie können durch ihren guten Geruchssinn Robben in mehr als einem Kilometer Entfernung oder unter ein Meter dicken Eis- oder Schneeschichten aufspüren und erbeuten sie an deren Atemlöchern. Durch das helle Fell sind sie gut getarnt. Im Winter halten sich die Eisbären zur Robbenjagd hauptsächlich auf dem Packeis auf. Sie können mit ihrem dicken Pelz und einer beachtlichen Speckschicht lange in der Kälte ausharren, ohne zu frieren. Aufgrund der abschmelzenden Eisdecke sind viele Eisbären immer häufiger gezwungen, an Land neue Nahrungsquellen zu finden. Die Bärchen werden zwischen November und Januar geboren, also im Winter, in einer Geburtshöhle, in der die Mutter Winterruhe halten kann, bis meist zwei kaninchengroße Junge zur Welt kommen, die 1-2 Jahre gesäugt werden. Unter den harten Bedingungen der Arktis überlebt nur etwa die Hälfte der Jungtiere die ersten fünf Jahre. Schon indigene Völker jagten diese Tiere, jedoch nicht aus Macht und Gier, sondern als Nahrung/Nutzung. Heutzutage gelten zwei Faktoren für die Bedrohung der Eisbären: zum einen wird durch

die verstärkte Förderung von Erdöl/Erdgas in den arktischen Regionen ihr Lebensraum immer mehr eingeschränkt. Zum anderen wird befürchtet, dass die Lebensräume der Eisbären durch die globale Erwärmung generell drastisch zurückgehen werden. Sie finden im Sommer weniger zu fressen und müssen sich von Fischen, Wühlmäusen und Vögeln ernähren und von ihren Fettreserven zehren, die sie sich im Winter während der Robbenjagd angefressen haben, was aber klimatisch bedingt immer schwieriger wird und sie leiden immer mehr unter den Klimaveränderungen, können sich nicht genug Speck anfressen und haben daher schlechte Chancen, den langen Winter zu überleben. Wissenschaftler schätzen, dass bis 2050 die Population der Eisbären um etwa zwei Drittel zurückgehen wird. Ihre braunen Verwandten, von denen sie abstammen, leben auch im hohen Norden, überwiegend in Wäldern und in der Nähe von Flüssen, in denen sie auf Fisch-Jagd gehen können. Der Braunbär, bzw. Grizzly gilt, anders als der Eisbär, nicht lebensbedroht und er mag Schnee nicht so besonders gern.
---> Ich frage mich, wo genau sie hier, in dieser Bucht, leben. Alles ist felsig und kahl, keine Eisschollen, nur Eisberge, die ganz aus Grönland angeschippert kommen... mit unbekannten Ziel. Wie kommen die Tiere hinauf auf das vergletscherte Berggebiet? Vielleicht gibt es ein mooriges Hinterland, was wir vom Schiff nicht sehen können. Wo-

her holen sie sich ihre Nahrung, sicher waren sie dazu im Wasser, auf Fisch&Robbensuche. Langsam und lautlos geht die Schiffsfahrt weiter, dem Ankerplatz entgegen. Unser Blick richtet sich nun auf die gewaltige Gletscherzunge, in einiger Ferne, zu der wir ja gleich aufbrechen wollen und jetzt paßt auch das Wort ARKTIS! Wir sind hier auf dem Dach der Welt, top of the world, wobei es ja noch weiter in den Norden geht, bis zum Nordpol. Es fühlt sich, beim Anblick der Gletscher-Abbruchkante, nach Nordpol an und wiederum auch nicht, es zwar kalt, aber nicht alles ist vereist oder schneebedeckt. Von hier sind wir dem Nordpol, während dieser Reise, fast am nächsten, ca. 1700 km, das erscheint gar nicht so weit entfernt, beim Anblick der gewaltigen Gletscherkante. Von Ilulissat waren es noch 2311 km. Es ist ca. 600 km nördlich des Polarkreises, das kommt uns gar nicht so vor.. woran sollte man das auch merken? Das Wasser ist glatt, nicht überfroren und die Temperatur knapp über dem Gefrierpunkt. Vor uns erstreckt sich rechts die Gletscherzunge und links ist ein weiterer Gletscherarm zu erkennen. Der leichte Morgennebel, der noch eben die Berg-Gipfel etwas bedeckt hatte, ist plötzlich verschwunden, das konnte man so schön beobachten. Langsam kommen Sonnenstrahlen auf das bläulich schimmernde Eisgebiet und erzeugen eine ganz besondere Atmosphäre - arktisch, magisch, anders kann man es nicht ausdrücken. Ich erinnere mich kurz, dass ich vor sehr vielen Jahren mit meinen Eltern und Norwegen an und auf einer Gletscherzunge am Svartisen-Gletscher gewesen bin, der war für mich schon eindrucksvoll groß, aber dieses Gletschergebilde ist riesig und gigantisch, scheint sich zu bewegen, aber es ist ja immer noch das Schiff, was leicht fährt. Schon wieder fangen die Sinnestäuschungen an, auch das ist arktisch. Als die Ankerposition gefunden ist, wird zunächst das Expeditionsteam ausgeschickt, um die rechte Uferküste, bis zur Abbruchkante, abzufahren, damit wir vor Eisbären sicher sein können. Wir verstehen das nicht ganz, denn ans Ufer kommen wir ja nicht und würde ein Eisbär plötzlich, wie ein Hai, aus dem Wasser hoch springen und ein Zodiac angreifen? Wohl kaum. Vielleicht guckt das Team auch nur, wie und wo sie uns mit den Booten zur Bruchkante fahren können, denn hier besteht immerhin auch sehr große Gefahr, wenn ein Brocken gerade „kalben“ will. Jetzt kann man diesem Wort viel mehr Bedeutung schenken. Mein Onkel erzählt, das er so eine Situation schon einmal erlebt hat, nicht ganz ungefährlich, denn keiner kann sich vorstellen, welche Wellen so ein „Kalb“ schlagen kann, wenn es mit Krach und Getöse ins Wasser knallt. Vom Deck aus bietet sich eine tolle Sicht auf die lange Gletscherzunge, die zu fließen scheint, sie glitzert in der Morgensonne.

Der Croker-Gletscher, mit seiner ca. 3 km breiten Abbruchkante, „versorgt“ die Bucht mit seinem blaugrünen schillernden Schmelzwasser und unzähligen Eisstücken in allen Größen, jedoch keine Eisberge in der Größe wie vor Grönlands Küste.

Geduldig warten alle, bis unsere Bootgruppen aufgerufen werden, dann geht die Fahrt los, Spannung pur!

Holiday on ice – im wahrsten Sinne!

Das Geräusch ist unbeschreiblich, das vom Boot erzeugt wird, beim Fahren durch und über die Miniatur Eis-Berge, es rumpelt, klappert und plätschert unter dem Boot, wir fahren auf Wasser&Eis! Das Wasser um uns herum ist übersäht mit Milliarden Eisbrocken, -stücken, -brösel, -klümpchen und -krümeln, in allen möglichen Größen und Formen, von ganz riesig bis ganz, ganz winzig. Auch große Eisplatten und Eisberge treiben umher. Die großen sind nicht so hochhaus-hoch wie vor Grönland, aber wirken dennoch etwas bedrohlich. Es ist ziemlich windstill, darum bewegen sich die Eisstücke kaum oder fast gar nicht. Das Wasser ist kristallklar, die Farbe ist arktisch-grün-grau, die Luft ist arktisch frisch-kalt. Wir kommen der gewaltig-hohen Bruch-

kante immer näher und kommen aus dem Staunen nicht mehr raus: eine bizarr-hübsche Struktur in bläulich-grünlich-weißen Farben, teilweise mit fratzenähnlichen Gebilden. Die Felsen im Hintergrund, haben vom Eis abgeschliffene Struktur. Die ganze Gegend ist Felsen und Stein, das reibt sich mit der Eisfront ab und schiebt sich Stück für Stück voran. Jetzt können wir erkennen, welche Kraft das Eis hat und verstehen, das überall auf der Welt Fels-Strukturen der letzten Eiszeit zu sehen sind, ob nun als Felsen, Flußbett, Täler, Endmoränen, Hügel und Höhlen, fast alles hat das harte Eis der damaligen Gletscher geschaffen, bzw. hinterlassen. (Sogar das Gebiet der Lüneburger Heide haben Gletscher „gemacht“). Was hier so weich und filigran wirkt ist in Wirklichkeit enorm hartes Eis. Das Sonnenlicht ist etwas diesig, aber taucht trotzdem die Eiswelt in wunderbares Glitzer-Funkeln. Wir fangen ein Stück Eis mit der Hand, schließlich muss man mal probieren, ob es salzig ist. Aber das kann gar nicht sein, denn Eis ist Süßwasser! Schade, dass unsere Tour so schnell vorbei ist, ich könnte hier den ganzen Tag umherfahren und immer neue Eis-Formationen entdecken. Wie kalt es eigentlich ist, bemerke ich

nicht und nicht einmal vom Fotografieren sind meine Hände kalt geworden, so sehr zieht mich diese Eis-Gegend in ihren Bann. Wir befinden uns hier im ewigen Eis der Hocharktis.
Als wir mittags aus dieser Eis-Bucht herausfahren, schaue ich noch lange von der Reling, hoffe, das „meine“ Robbe wieder auftaucht, aber kein Tier, weit und breit. Dafür überall verstreut Eisberge, nur nicht solche Riesen, wie an Grönlands Küste. Ob diese hier, auf dem Weg in die Baffin Bay gelangen, irgendwann? Und sich dann dort mit den Grönland-Eisbergen paaren? Oh, meine Eis-Phantasie geht wieder los! Wäre doch möglich? Die Wissenschaftler könnten doch Fähnchen in einige Eisberge stecken und dann via GPS verfolgen, wohin des Seeweges diese Eisberge schwimmen und wie lange sie leben werden. Aber klar ist ja, wenn der Eisberg taut, meist durch Sonneneinwirkung, ist auch das noch so gut platzierte Fähnchen irgendwann weg, doch tendenziell könnte man den Eisberg-Reiseweg ermitteln, oder das, was der Eisberg vor hatte.
Ca. 14000 Jahre können Eisberge unterwegs sein, aus dem hohen Norden der Arktis und am Ende würde ein Stückchen in ein Wasserglas passen.
Die **Hocharktis** ist riesig, aber auch zerbrechlich und in ihrer Einfachheit atemberaubend, mit einer intensiven Schönheit. Berge mit Gletscher-Spitzen, zerklüftete Küsten und eine unglaubliche Menge an

Wildtieren, die in einem abwechslungsreichen, im Sommer sogar kurzzeitig blühenden Ökosystem und mit einer Geschichte, die so berauschend ist, das sie süchtig macht. Als Hochartis wird der nördlichste Teil der Arktis bezeichnet, rund um den Nordpol. (Allerdings verschiebt die globale Erwärmung diese nicht ganz festgelegte Eis-Grenze der Hocharktis langsam weiter nach Norden). Meteorologisch und klimatologisch mit den Gegebenheiten der Antarktis vergleichbar, Schnee und Eis bedecken ganzjährig einen großen Teil der Meeres- und Landoberfläche. Vor etwa 33 Mill. Jahren kühlte die Erde ab und es bildeten sich Eiskappen an den Polen. Die Vereisung erreichte die Antarktis vor 25 und Grönland vor 6 Mill. Jahren. Vor 6000–7000 Jahren war die Arktis für längere Zeit zwischendurch auch eisfrei.

Großer Tafelberg der Arktis und der Welt

Devon Island 75°8′ N, 87°52′ W, (Inuit :Tatlurutit) ist mit 55.247 km^2 ist die größte, unbewohnte Insel der Erde, Kanadas sechstgrößte Insel und zweitgrößte der Queen Elizabeth Islands (bilden den Norden des Kanadisch-Arktischen Archipels, nördlich vom Lancaster Sound), sowie die 27. größte Insel der Welt, mit 524 km Länge und 155–476 km Breite. Sie gehört zum Territorium Nunavut, Region Qikiqtaaluk, in der Baffin Bay und ist eines der größeren Gebiete des kanadisch arktischen Archipels sowie Teil der arktischen Kordillere und die östliche Region der Nordwest-Passage, nur 1583 km entfernt vom Nordpol und 800 km vom Polarkreis. Den Großteil der Insel bildet eine ca. 300–500 m hohe Ebene, die hauptsächlich aus Permafrostboden besteht. Wegen der überwiegend flachen Gebirgsformation wird Devon Island auch großer Tafelberg der Arktis genannt und sieht aus der Ferne auch so aus wie ein Tafelberg. Die Insel ist von Ellesmere Island im Norden durch den Jones Sound und von Baffin Island im Süden durch den Lancaster Sound getrennt. Im Osten grenzt sie an die Baffin Bay, im Westen an den Wellington Channel und Penny Strait. Sie sieht, mit meiner „Arktis-Phantasie“, wie ein liegender Eisbär aus, wenn man das Luftbild betrachtet, mit Gletschern auf der Nase und dem Hinterteil. Devon Island ist wie Victoria Island und Baffin Island saisonal vereist oder von Treibeis umgeben. **Geologie**: geologisch besteht die Insel überwiegend aus Schluffstein (eine Art Sediment-Gestein), paläozoischen (erdaltertümlich) Schlickstein und Schiefer, der im Osten bis aus der Zeit des Präkambriums stammt. (Erdfrühzeit-Zeitraum von vor ca. 4,56 Mill. Jahren bis etwa 540 Mill. Jahren). Auf Devon Island verlaufen drei Gebirgszüge, Gebiete der Arktischen Kordillere, wie die Treuter Mountains, die Haddington Range und die Cunningham Mountains. Das östliche Drittel der

Insel ist von einer ca. 14.000 km² großen Eiskappe überzogen, dem Devon Ice Cap, mit einer Dicke von ca. 880 m und dem höchsten Punkt mit 1920 m, im Gebiet Treuter Mountains. Bekannt ist Devon Island auch wegen dem Haughton Krater (75°22'N, 89°41'W), der vor 39 Mill. Jahren entstand, als ein Meteorit mit einem Durchmesser von etwa 20 km in die damaligen Wälder stürzte. Der Einschlag hinterließ einen Krater mit einem Durchmesser von 23 km, der mehrere Mill. Jahre lang ein See war. Es handelt sich um einen der am nördlichsten gelegenen Krater, die bisher entdeckt wurden und er ist der einzige bekannte Krater der Erde, der von polarer Eiswüste umgeben ist. Das Interesse der Wissenschaftler hat die bemerkenswerte Ähnlichkeit der Insel-Oberfläche mit der des Mars geweckt. Das Arctic Institute of North America der University of Calgary betreibt seit 1960 eine Forschungsstation an der Nordostküste der Insel. Die durchschnittliche Jahrestemperatur beträgt −16 ° und in den Sommermonaten 4–8 °. Die Temperaturen während der kurzen Vegetationsperiode (40-55 Tage) überschreiten selten 10°. Obwohl die Sonne zur Mittsommerzeit lange scheint und es keine Schatten durch Bäume gibt, ist es im Sommer meist relativ kühl. Im Spätsommer kann Schneewetter vorkommen mit 0° und dazu Wind und Nebel. Der lange Winter kann durchschnittlich bis zu -35° erreichen und auf bis zu -50° sinken. Devon Island hat eine polare Wüstenökologie und erhält sehr wenig Niederschlag. An der Nordostküste der Insel liegt ein schmaler Streifen mit wärmerem Klima, das 1,5 Monate schneefrei ist und eine hochpolare Tundra-Vegetation aus Moosen und Flechten hat. Überwiegend Lemminge und Moschusochsen sind auf dem Tundra-Gebiet beheimatet. **Geschichte**: Auf der Insel wurden Spuren von Paläo-Eskimo, eine der ersten Eskimogruppen, die um 3000 v. Chr. die Bering Strait – vermutlich auf dem Wintereis – überquerten) gefunden, die auf die Zeit um 2500 v. Chr. datiert wurden. Über Jahrhunderte wurde die Insel von jagenden Inuit benutzt. Die Thule-Kultur hatte sich bereits vor vielen Jahrhunderten hier niedergelassen und Qarmat-Häuser hinterlassen, die aus Felsen, Walknochen, Fels- und Rasenmauern und Häuten für Dächer bestanden. Bemerkenswerte Funde in dieser Gegend sind die vielen Fossilien von Korallen. In den verzweigten Meeresarmen und Fjorden und zwischen den unzähligen Inseln haben viele Expeditionen den Eingang zur Nordwestpassage, den Seeweg nach Asien vermutet und doch nicht gefunden. Robert Bylot und William Baffin waren die ersten Europäer, die die Insel 1616 erblickten. Die Westküste der Insel wurde von William Baffin entdeckt, der möglicherweise auch an Land ging. Zwei Jahre später wurde sie von John Ross gesichtet. William Edward Parry kartierte 1819–20 die Südküste und benannte die

Insel 1819 Nord-Devon, nach der englischen Grafschaft Devon, aus der stammte sein stellvertretender Kommandant, Matthew Liddon (1800-64). Von 1924-33 und von 1945-51 betrieb die Royal Canadian Mounted Police den Außenposten Dundas Harbour, der 1934-36 von der HBC genutzt wurde.
---> Die See Voyage verläuft entlang der langen Devon Island Küste und erstaunlich ist, das dieser Gebirgszug über die ganze Länge gleich aussieht und viele keine Buchten hat, die man kaum sieht. Wir sind an Bord ja auch mit anderen Dingen beschäftig, als immerzu stundenlang an Deck zu stehen, um auf eine ewig gleiche Felsenwand zu starren. Oben drauf sind noch Restausläufer der Devon Eiskappe, auch das kann man vom Schiff natürlich nicht sehen. Die ca. 14.000 km² große **Devon Ice Cap** (Devon-Eiskappe) gehört zu den größten Eiskappen in der kanadischen Arktis, sogar in der gesamten Arktis. Sie liegt im Osten von Devon Island, bedeckt rund ein Drittel der Insel, hat eine maximale Dicke von 880 m und schrumpft seit 1985 stetig. Kanadische Wissenschaftler haben kürzlich entdeckt, dass extrem salzhaltige Seen unter der Devon Eiskappe liegen. Der Salzgehalt übersteigt den des Meerwassers. Diese Seen sind auch die ersten salzigen subglazialen Seen der Welt. Im Unterschied zu einem einfach nur zugefrorenen See befindet sich ein subglazialer See unter einer mehrere

hundert oder tausend Meter dicken, permanenten Eisschicht. Als **Eiskappe**, auch Plateau-Gletscher werden ausgedehnte, feste Landfläche bedeckende Gletscher, mit einer Fläche von ca. 50.000 km² bezeichnet und Eisschilde haben über 50.000 km² Fläche. Die **Treuter Mountains** 75°42'N82°30'W sind Teil der Devon Ice Cap, früher als Truter Mountains und Trenter Mountains bekannt. Sie bilden ein kleines Gebirge auf der östlichen Seite von Devon Island, Teil des arktischen Kordilleren-Gebirges und deren Ausläufer bilden die Gletscherzungen in der Croker`s Bay. Hier ist auch der Belcher Glacier/Gletscher und der Sverdrup Glacier. **Cunningham Mountains** 74°40'05"N 81°09'55"W ist eine kleine Bergkette an der Südostküste von Devon Island, auch ein Teil der Devon Ice Cap, das Teil des arktischen Kordilleren-Gebirges ist. Benannt nach John Cunningham (1575-1651), schottischer Polarfahrer und Entdecker.

---> Die Eis-Reise geht weiter, aus der Croker`s Bay in Richtung Süden, auf dem Kurs zum nächsten Ziel, rund 50 km südöstlich entfernt, zu einer Bucht, die als Hafen bezeichnet wird und eine tragische Geschichte hat. Mit 11 Knoten bei 4,7°, sind wir unterwegs, bis zum Meeresgrund sind es 204 m, so zeigt es der Zimmer-Monitor an. Von Dundas Harbor haben schon vieles gehört, das bemerken wir auch, als wir tags zuvor im Vortragsraum sitzen und Informationen zu diesem Gebiet erklärt bekommen. Noch ein Blick zurück, auf die Gletscherkante, die nun immer kleiner wird und die vereinzelten Eisberge sehen jetzt aus wie weiße Pünktchen auf dem Wasser, oder riesige Perlen an einer Kette ...gut, meine Phantasie kommt wieder in Gange! Die eindrucksvollen Erlebnisse von der Fahrt durch die Eiswelt schwirren noch lange im Kopf. Rechts und links sind die hohen, gewaltigen Devon Island Bergketten zu sehen, das erinnert wieder an die norwegische Fjordwelt. Währung wir noch an Deck stehen und diese arktisch tristen Berge betrachten, bemerken wir gar nicht, dass wir allmählich aus einer Bucht heraus fahren, es wirkt mehr wie ein Fjord, mit Felsengebiet. Ich bin ganz in Gedanken, was wir wohl am nächsten Tag erleben werden, weil man davon so überhaupt keine Vorstellung hat. Mein Onkel und ich schauen längere Zeit in die Ferne, stehen an der Reling und halten eigentlich Ausschau nach Robben, stattdessen entdecke ich am sonnigen, West-Horizont plötzlich etwas - es könnte ein Schiff sein – aber hier in der Arktis so ein großes Schiff? So gedankenversunken schaue ich auf den Horizontstreifen, mit den langgezogenen Felsenrücken. ...Schiff. Gut, mag ja sein, dass hier andere Kreuzfahrtschiffe unterwegs sind, das kommt ja mittlerweile öfter vor. Ich schaue nochmal in Richtung Schiff - es kommt näher, doch nein, wir fahren ihm entgegen. Rasch ein Blick durch das Fernglas und dann wird es schnell klar .... Das Schiff ist ein Eisberg! Wir sind hier in der Welt der Sinnestäuschungen, die Augen sind nicht auf Eisberge „gepolt", sie sehen Schiffe. Uhh, der Eisberg muß riesig sein und so warten wir an Deck, zeitlich passt es gerade, bis er näher kommt. Aber wir kommen ja näher, der Eisberg dümpelt vor sich hin, meist lange Zeit nur auf der Stelle oder mit der Strömung hin und her. Als wir 3 Stunden später (!) ganz nahe an diesem Eisklotz vorbei fahren, können wir seine riesige Größe bewundern, aber auch schwer einschätzen. Er hat eine hübsche, pyramidische Form, eine schwimmende Pyramide, aber nur von einer Seite betrachtet. Als wir ihn hinter uns lassen, sieht er nicht mehr so schön aus, in matten Farben, leicht bläulich/arktic-blau, durch das Wechselspiel von Sonne und Wolken. Nun tauchten auch weitere, kleine Eisberge auf, die wir von allen Seiten des Schiffes sehen konnten. Ich vergesse ganz, wo wir gerade sind, denn irgendwann macht das Schiff einen Bogen nach links. Wir fahren aus der Bucht raus und wieder in das Fahrwasser des Lancaster Sound, in östlicher Richtung, zum nächsten Ziel. Ziemlich nah fahren wir an, im Vordergrund liegender, flacher, brauner Felsenlandschaft vorbei. Das ist schönes Gebiet für Moschusochsen, aber auch die sehen wir nicht. Auf die Entfernung wäre das sowieso schwierig, noch dazu ist ihre Fellfarbe fast so, wie die Landschaft, ein sattes braun-grau. Es ist ja hell, die Sonne scheint immer wieder durch die

Wolken, dadurch erscheinen stellenweise goldene Flecken auf dem Wasser. Ich bin so eingetaucht in dieses Farbenspiel und schaue ständig am Horizont entlang, vielleicht kommt ja noch ein neuer Eisberg?! Darum laufe ich an Deck immer von einer Seite zur anderen, denn wenn noch einer käme, wäre das wohl der letzte große Eisberg, dem wir begegnen werden, der hier vom Gletschergebiet kommt oder eigentlich ganz aus Grönland, wie viele andere. Später auf der Reise sehen wir zwar jede Menge Eis, aber keinen Eisberg mehr. Also schaue ich hin und her und mein Blick fällt auf die linke Horizont-Seite des Schiffes, die Backbordseite. Plötzlich entdecke ich etwas merkwürdig, eigenartiges am Horizont. Eben war noch ein recht flaches Gebirge, so kommt jetzt eine hohe Gebirgskette, die hier unterbrochen ist, einen Zwischenraum hat und ganz im Hintergrund ist ein Gebirge zu sehen. Alles voller Berge und Gebirge, da muss man sehr genau hinsehen. Es ist hier die felsige Südküste von Devon Island. Zur anderen Seite sieht man die Weite des Lancaster Sound, wie ein Meer. Es ist plötzlich sehr diesig geworden, alles in sämtlichen, milchig blauen Farben und die blau-grauen Wolken verdunkeln etwas die Sicht. Der Horizont ist kaum vom Himmel zu unterscheiden. Wo ist der Horizont und wo fangen die Gebirge an? Die Sonne scheint auf den Berg, der im Hintergrund dieser Lücke zu sehen ist. Und weil die Sonne das so anstrahlt, sieht man den Berg dort ganz deutlich, also ist das keine Bucht, denn der Berg oder das Gebirge im Hintergrund versperrt die Bucht, wenn es eine ist, oder täuscht das nur?

Ich traue meinen Augen kaum .... aber halt ...schnell ein Foto gemacht, denn schon sind wir fast vorbei und der Ausblick ist vorüber, wie gelöscht... Doch..nochmal ..halt... jetzt kommt mir etwas ganz besonderes, oder ungewöhnliches, wie man`s nimmt, in Gedanken. Hatten wir nicht gerade am Vorabend einige „Geschichten“ zu einigen Entdeckern gehört? Ja, das ist es ... Phantasie hin oder her... ich sehe hier **das Phänomen Crocker Berge**! Ja, ganz genauso musste es damals, auf der Suche nach der Nordwest-Passage, dem einen oder anderem Seefahrer ergangen sein! Ganz besonders John Ross. Jetzt verstehe ich absolut die „Vision“, die John Ross damals hatte, als er Berge sah die er „**Croker`s Mountains**“ nannte. Sie existieren nicht, er hatte sich getäuscht und wohl eine arktische Fata Morgana gesehen. Zwar sind „meine Croker`s Mountains“ ganz andere, aber der Name passt zu der Bucht, aus der wir gerade gekommen sind. Wo hat John Ross seine Berge gesehen? Dazu mache ich mir später Gedanken. Jedenfalls wird mir erst dann klar, als wir auf Dundas Harbor zufahren, dass wir an einer breiten Bucht vorbeigekommen sind, die Dundas Harbour heißt (wenn ich das richtig gelesen habe), also ganz genau wie der verlassene Hafen, den wir nun ansteuern. Ich bin lange verblüfft über diesen „optischen Zufall“, den außer meinem Onkel und mir wohl kaum einer bemerkt hat. Der Zimmer-Monitor zeigt die Position an. Anmerkung: erst sehr viel später, im Zuge meiner vielen Recherchen für mein Buch, lese ich über die Ross&Parry Expedition und dort wird ein Längengrad genannt, den Ross für seine Croker`s Mountains vermerkt hatte: 83° Länge. Das macht mich glatt stutzig und ich prüfe nochmal die genauen Koordinaten der Crocker`s Bay, und siehe da ...es ist identisch: 74.70°N 83.24°W --- der 83. Längengrad ...tatsächlich! - Dann hat John Ross vielleicht doch keine Geisterberge gesehen? Aber durch den Nebel und die Perspektive war das unklar. Dundas Harbour liegt noch auf dem 82. Längengrad, also dort war es nicht. Dennoch wäre die Crocker`s Bay sowieso nicht der richtige Weg zur weiteren Nordwestpassage gewesen. *>>> Informationen über die Ross-Expeditionen stehen im Kapitel: Nordwest-Passage --- wo zum Teufel ist die Nordwest-Passage???*

---> Während das Schiff seinen Ankerplatz sucht und das Expeditionsteam startet, um für uns das Gebiet abzusichern, stehen wir an der Reling, diesmal mit mehreren Passagieren und halten Ausschau nach Walen oder Robben, doch wieder sind

keine Tiere zu sehen. Zu gewissen Zeiten sollen sich hier hunderte „Meeres-Tiere" tummeln, aber jetzt haben sie wohl Ferien und sind außerhalb unterwegs. Vielleicht mag das enttäuschend sein; ich vertrete immer wieder die Meinung, die arktischen Tiere sollen hier in Ruhe, vor dem Menschen, leben. Es ist auch Lebensraum von Moschusochsen, Polarbären, Karibus, Schneefüchsen und verschiedenen Vogelarten. Wir haben nur die schwimmenden Bären in der Croker`s Bay gesehen, das reicht auch. Man möchte doch im Grunde gar keine Eisbären sehen, denn es sieht ja nicht gerade schön aus, wenn er eine Robbe aus dem Wasser zerrt und so weiter....
Nur rund 50 km südöstlich von Croker`s Bay entfernt liegt unser nächstes Ziel. Das Schiff fährt in eine Bucht, die Dundas Harbour genannt wird, obwohl es überhaupt kein Hafen ist, wie man sich einen kleinen Hafen vorstellt oder wie es in den Informationen steht.
Dundas Harbour 74°31'N 82°23'W liegt versteckt am Ende der kleinen Bucht Johnson Bay, an einer kleinen Landzunge, hinter einigen Felsen an der Croker`s Bay, 50 km östlich von den Croker`s Bay Gletschern. Benannt nach Robert Dundas, 2. Viscount Melville (1771-1851) der zu dieser Zeit First Sea Lord/Royal Navy war. Auf Inuktitut heißt es Talluruti, was „Frauenkinn mit Tätowierungen" bedeutet. Der Name leitet sich von den Spalten

und Streifen auf Devon Island ab, die den traditionellen Tätowierungen von weitem ähneln. Sehr oft schwimmen Eisberge in der kleinen Bucht. Sie ist wie ein kleiner Arm/Zipfel an der Devon Island Südküste, auch ein Eingang zum Lancaster Sound und somit zur Nordwest-Passage. Hier wollen wir die alte und neue Geschichte erkunden und die Reste einer 1951 aufgegebenen Station der Royal Canadian Mounted Police (RCMP) ansehen. Bekannt geworden ist Dundas Harbour hauptsächlich wegen einem der nördlichsten Friedhöfe der Welt ist, der Johnson Bay Cemetery /Friedhof und wird als verlassener Hafen bezeichnet, jedoch handelt es sich um eine verlassene Siedlung der HBC /Hudson Bay Company und nicht um einen gewöhnlichen Hafen. Was auch immer das sein mag – wir sind alle gespannt, eine Vorstellung hat keiner.

Unendliche Öde oder öde Unendlichkeit - die karge Landschaft der Arktis

---> Das Schiff liegt in einem Gebiet, umgeben von schneebedeckten Bergen, deren Gipfel wir nur teilweise sehen können, da sie etwas wolkenverhangen sind. Das gesamte Gebirge hängt zusammen und gehört zu Devon Island. Umgebenen von dieser arktischen Bergkulisse geht das Schiff in der kleinen Bucht vor Anker. Von oben, vom Deck, sieht das Wasser lagunen-türkis aus, eine Farbe die gar nicht zur Arktis passt, aber einige Eisberge schwimmen in der Ferne, das macht es doch wieder arktisch. Trotz Spätsommer kann Schneewetter vorkommen mit 0° und dazu Wind und Nebel. Die durchschnittliche Temperatur im August beträgt nur um 4°. Über den Bergen ist es etwas nebelig, es sind dünne Wolken, so dass man deren Gipfel nur erahnen kann und außerdem ist es plötzlich leicht regnerisch, windig und nur 4,7°. Das kann die meisten Reisenden nicht von einem Landgang abhalten. Nachdem die Ankerposition gefunden wurde, startet das Expeditionsteam zum Ufer der Insel, um die Gegend für unsere Sicherheit zu erkunden und um sich vereinzelt zu postieren, wegen der Gefahr durch Eisbären. Wir können es kaum abwarten an Land zu kommen, aber ob wir Eisbären sehen werden?? Besser ist es ja, wenn wir keine sehen, denn sonst würden wir selber alle zu Eis erstarren. Zwar greift ein Eisbär nicht sofort an, aber genau weiß man das ja nie! Die Gegend sieht aus der Ferne schroff und alpin aus, mit hohen schroffen Felsen und grünen, steinigen Moosfeldern, Permafrostboden, ein stimmungsvolles Naturambiente, das erinnert an Norwegens Fjell-Gebiete. Wir landen mit den Zodiacs am steinigen Ufer und bekommen beim Aussteigen fast nasse Füße vom leichten Wellenschlag. Mein Blick fällt auf den steinigen Strand, es gibt keine Muscheln, die werden wir auch in Zukunft nirgends an den arktischen Ufern finden.

Hier ist eine eigenartige, matschig grün-braune und karge Moos-Moor-Landschaft, eine unend-liche, leicht hügelige Weite und dazwischen ein sattes Grün, die arktische Flora, das ganze Gebiet gehört zur Hoch-Arktis.

Gresset er grønt der hvor man er,
hvis man bare husker å vanne det.
Das Gras ist dort grün, wo man ist, wenn man nur daran denkt, es zu genießen. *Norwegisches Sprichwort*

Vom steinigen Strand, wo wir angelandet sind, führt ein Trampelpfad über einen kleinen Hügel und wir gelangen in eine andere Bucht, so sieht es jedenfalls aus. Aus der Ferne kann man schon die Holzhütten erkennen, die hier eine Art Sehenswürdigkeit darstellen (sollen). Im arktischen Moos-Matsch sacken wir mit unseren sehr praktischen „Bord-Gummistiefeln“ teilweise tief ein (gut, dass man die an Bord „verpaßt“ bekommt). Am Ufer

steht eine Teibholzpyramide und wenn man in einem besonderen Winkel hindurch sieht, erblickt man am Horizont einen Eisberg, der ist ganz aus Grönland gekommen! An der Holzpyramide sind Erinnerungsstücke von Besuchern der Gegend (meist Rumflaschen), früher wurden ähnliche „Wegzeichen“ zum Teil aus Steinen gebaut, um Nachrichten zu hinterlegen, für eventuelle Suchaktionen. Das Meer in der Bucht hat leichte Schaumkronen und Wellen schlagen an das steinige Ufer, das rauscht so schön. Im Hintergrund schwimmt ein Eisberg, er sieht klein aus, aber nun wissen wir, dass er gar nicht klein ist, denn das täuscht mit der Entfernung. Die drei Holzhütten, die einsam dort stehen, sind ein Rest der verlassenen Siedlung der HBC (sie werden allerdings immer mal wieder von kanadischen Archäologen repariert). Heute erinnern sie daran, wie das Leben an diesem isolierten Posten damals war. Es gab hier einen „Trading Post“ der Pelzhändler und eine Station der „Royal Canadian Mountain Police“ (RCMP), das kann man sich jetzt schlecht vorstellen. Vor ein paar Jahren standen hier noch ca. 6 mehr oder weniger heile Holzhütten. Auf den ersten Blick wirkt die Gegend wie eine Geisterstadt. Die Ufer-Gegend, wo diese Siedlung mal war, sieht verwüstet aus, Holzhütten und Holzteile liegen, vom letzten Orkan verwirbelt, durcheinander. Eine Holzhütte liegt auf dem Kopf. Daneben steht eine fast zerfallene Holz-Hütte, das (frühere) Hauptgebäude, sogar mit einem Hundezwinger und Plumpsklo an der Seite. Diese Hütte können wir besichtigen. Das erscheint etwas gruselig, gibt jedoch einen Eindruck, wie das Leben an diesem abgelegenem Posten einst war. Dort steht noch der alte Ofen, ein rostiges Bettgestell und auf einem Bord eine Flasche *Harvey`s Hunting Fine Old Tawny Port* und eine Flasche *Hudson`s Bay Scotsh Whisky* ---- in dieser Öde läuft einem das Wasser im Munde zusammen, wie hat das wohl geschmeckt? Aber so alt können die nicht sein, denn hierher kommen immer mal wieder Wissenschaftler, reparieren die Hütten und schauen sich die Gegend an, auch weil immer mehr Kreuzfahrtschiffe hier ankern, wegen dem historischen Ort/ Ambiente. Hinter der Hütte liegen Tierknochen, auch das wirkt etwas schaurig. Noch dazu ist es regnerisch und windig-kühl, nicht gerade angenehm, aber gut, wir sind hier in der Arktis, auch wenn es zu dieser Jahreszeit, im August, schneefrei ist. Vielleicht ist es damals die erste markante Bucht gewesen, die die Nordwest-Passagen-Erkundler einst entdeckt haben. Die Baffin Bay liegt unmittelbar östlich. Der nächstgelegene Ort ist Resolute, ca. 200 Meilen entfernt. Es ist im Grunde zwar ein verlassener, aber auch wunderschöner „Natur-Ort", von dem Archäologen vermuten, dass er jahrhundertelang genutzt wurde, lange bevor die Qallunaat (weiße Männer) eintrafen. Hier sind die Ruinen-Reste der Häuser des Thule-Volks, den Vorfahren der Inuit, die man nur noch als kreisförmig liegende Steine erkennen kann.

Es gibt über 20 unterschiedliche Pflanzen, überwiegend Moose, Steinbrech und kleine Pflänzchen. Der

Walross-Lebensraum ist direkt vor der Küste. An manchen Tagen tummeln sich bis zu 500 Tiere gleichzeitig im Wasser. Hier ist die Heimat von Moschusochsen, die auf dem gesamten, weitläufigen Gebiet weiden und außerdem leben hier Polarbären, Karibus, Schneefüchse und verschiedene Vogelarten, wird uns erzählt.

Großer Teil der kanadischen Geschichte und besondere Tragik

Geschichte: Die Siedlung /der Posten wurde 1924 in Ufernähe erbaut und eingerichtet und von 1924-33 bewohnt. Ab 1925 lebten auch Inuit-Familien dort und unterstützten RCMP Leute. Der Grund für den Bau dieser Außenstellen war, die kanadische Souveränität im Norden zu etablieren. Aber auch um den Walfang einzudämmen. 1933 mietete die HBC den Außenposten. Von 1945-51 wurde er erneut bewohnt, um eine Patrouillenpräsenz aufrechtzuerhalten, wurde 1951 wegen Eisproblemen wieder geschlossen und die RCMP wurde nach Craig Harbour, im Süden von Ellesmere Island, verlegt. 6 Gebäude bildeten die Siedlung: ein RCMP-Haus, ein Hudson Bay-Handelsposten, ein „Trading Post“ der Pelzhändler, 2 Lagerhäuser und 2 Nebengebäude. Im folgenden Jahr wurden 52 Inuit von Cape Dorset (Hudson Bay) nach Dundas Harbour umgesiedelt, um den Posten zu unterstützen. 13 Jahre später kehrten sie auf das Festland zurück.

Die RCMP stationierte im August 1924 drei Polizisten in das öde Gebiet, nachdem zwei Jahre über den Plan nachgedacht wurde, um eine Außenstelle dort zu eröffnen. In den ersten drei Jahren ihres Bestehens auf dem Posten hatten die Männer Constable E. Anstead, unter der Leitung von Constables G.T. Makinson und Constable Victor Maisonneuve nicht einmal Funkkontakt mit dem Süden. Sie warteten auf den jährlichen Besuch eines Regierungs-Versorgungsschiffes *Arctic,* um u.a. die Nachrichten des Jahres zu erhalten und mit Treibstoff und Proviant versorgt zu werden.
Auf einer Anhöhe und nahe der Gebirgskette, am Fuße eines hohen Felsengebirges gelegen, umrundet mit teilweise großen Felsbrocken, ist ein kleiner Friedhof. Ein weißer Zaun umgrenzt die Gräber, der mittlerweile etwas verfallen, oder nicht mehr da ist, teilweise auch von vielen Stürmen „zerlegt" wurde. Daher sieht es hier jedesmal (wenn Menschen hierher kommen) anders aus. (Wer jetzt an Franklin`s Schicksal denkt, liegt falsch!) Die Landgänger sehen sich die Grabstelle an. Der weiße Zaun um die Gräber ist mittlerweile etwas verfallen. Ob die Leute sich mit der Geschichte dieses besonderen Ortes befassen und wissen, was hier los war? Oder sehen sie sich nur die Gräber an?
Hier befinden sich die Grabstätten von 2 RCMP-Offizieren: Constable Victor Maisonneuve (1899-15.6. 1926) und Constable William Robert Stephens

(1902-27). Ursprünglich waren es Holzkreuze auf einem Holz-Sockel der beschriftet war. Vor langer Zeit wurden von der RCMP Grabsteine aufgestellt. Genau gegenüber der Grabsteine ist die Grabstelle eines Babys, von der Tochter eines besonderen Polizisten sowie das Grab von einem schottischen Walfänger. TRAGISCH: beide „Mounties" sind bei der Walross- oder Robbenjagt in der Croker`s Bay versehentlich durch Schussverletzungen ums Leben gekommen. Über die Geschichte des Babys sowie die Geschichte eines schottischen Walfängers ist nichts weiter bekannt. Noch heute ist die RCMP für die Instandhaltung der Grabstätte verantwortlich und versuchen, sie einmal im Jahr mit Hilfe von Archäologen und Helfern so gut es geht, nach Sturmschäden, zu reparieren, besonders um diesen einzigartigen Erinnerungsort zu erhalten. Heutzutage ist die kanadische Küstenwache in der Nordwest-Passage, je nach Wetterlage, unterwegs und arbeitet viel mit Eisbrechern.

Die **Royal Canadian Mounted Police** (königliche kanadische berittene Polizei / Abkürzung **RCMP** bzw. Mounties), besteht seit 1920 und ist die kanadische Bundes-Polizei, die im Auftrag der Provinzen (außer Ontario und Québec), Territorien sowie vieler Gemeinden, ca. 600 Ureinwohnergemeinden und abgelegenen Reservaten der First Nations ihre Aufgaben wahrnimmt. Vorläufer der RCMP war die Royal Northwest Mounted Police (RNWMP), 1904 gegründet, daraufhin die im Mai 1873 gegründete North West Mounted Police (NWMP), sie wurde an britische Kavallerietruppen angelehnt (daher mounted – „beritten"). Trotz des Namens ist RCMP keine berittene Polizei mehr, Pferde werden nur noch bei Zeremonien eingesetzt. Die Vorgänger hatten noch Pferde, da es damals keine Autos gab. Sehr bekannt und berühmt ist die besondere, unverwechselbare, rote Uniform "Red Serge" und der braune Ranger-Hut, mit der charakteristischen "Montana-Falte", der mittlerweile eine Art Markenzeichen für das Land Kanada geworden ist. 1932 wurden der Zollpräventionsdienst National Revenue vom RCMP übernommen und dadurch wurde die Marineabteilung geschaffen und die Übernahme des RCMP- Schoners ermöglichte Patrouillen des kanadisch-arktischen Territoriums. Erstaunlich und nahezu unbekannt: der RCMP- Schoner *St. Roch* war das erste Schiff, das die Nordwest-Passage von West nach Ost befuhr (1940–42), das erste, das die Passage in einer Saison befuhr (von Halifax nach Vancouver im Jahr 1944), das erste, das in einer Saison in beide Richtungen durch die Passage segelte und das erste, das Nordamerika umrundete (1950). *>>> weitere Informationen über die St. Roch Expeditionen stehen im Kapitel 12: Die berühmten Entdecker- und Polarschiffe?*

Arktische Flora

Die Pflanzen der Arktis sind überwiegend mit den Arten verwandt, die in den Alpen vorkommen, ihr Lebenszyklus wird durch die deutlich extremeren Bedingungen von Tundren, Kälte- und Eiswüsten geprägt. Arktisches Klima, das ist drei Monate dauernder Sommer, mit verhältnismäßig niedrigen Temperaturen und lange, dunkle Winter, mit häufig extremer Kälte und eisigen Winden. Ziemliche Trockenheit und Permafrost wirkten sich insgesamt negativ auf die Entwicklung des Bodens aus. Auf den Ebenen hat sich überwiegend flachgrundiger

Tundraboden über gefrorenem Untergrund gebildet, auf dem sich im Sommer die Nässe staut und zur Ausbildung von Morast beiträgt. Wegen des Permafrostbodens können in den Polarregionen nur Pflanzen wachsen, die keine tiefen Wurzeln bilden und Staunässe vertragen. Wasser kann darin nicht absickern, der Boden saugt sich voll wie ein Schwamm. Niedrig wachsende Seggen (Sauergrasgewächse), Sträucher, Flechten, Gräser, Kräuter und Moose kommen mit solchen Bedingungen klar. Sie liefern den Moschusochsen und Rentieren, die sich in der Tundra für den Winter eine dicke Speckschicht anfressen müssen, die Hauptnahrungsgrundlage. Die einzige Holzart ist die Zwergweide,

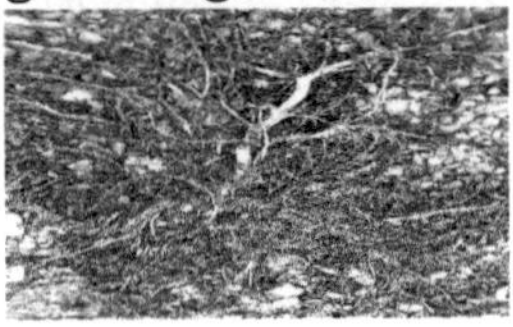

sie wächst oft über den Boden Boden kriechend. Das Wort **Tundra** stammt aus dem Russischen und bedeutet "baumloses Hochland", und aus dem finnisch-samischen Wort Tunturi. Die Tundra bedeckt Teile der Subpolarzone der Arktis. Diese Zone ist die Übergangszone zwischen den arktischen Eisgebieten und dem nördlichsten Nadelwald. Die Vegetation in der Tundra besteht aus einem baumlosen Pflanzenbestand über weite Landschaften bis hin zu winzigen Pflanzen und Flechten, die der Tundra ihre subtile Farbpalette verleihen. Die Böden sind zu einem Großteil des Jahres bis in eine Tiefe von 400 m gefroren (Permafrostböden) und tauen nur im Sommer oberflächlich auf, durch den halbjährlichen Wechsel von außertropischen Westwinden im Sommer und polaren Ostwinden im Winter. Aus diesem Grund kann Schmelzwasser nicht abfließen und es ist trotz des relativ geringen Niederschlages genug Feuchtigkeit vorhanden, sodass Gräser, Kräuter und kleinere Sträucher in den wärmeren Monaten des Jahres wachsen können, zum Teil bilden sich kleine Feucht-Tümpel. Die Wachstumsphase ist daher kurz, nur 2-3 Monate. Jedoch schützt die Schneedecke flache Pflanzen. In der Tundra betragen die Temperaturen durchschnittlich -15°. Der Winter kann oft bis zu -50° kalt werden, der Sommer bis auf +15°. Der Niederschlag ist meist nur ca. 300 mm. Das ist ungefähr die Hälfte des Niederschlages, der in Deutschland vorkommt. Neben Karibus und Moschusochsen leben in der Tundra Eisbären, arktische Wölfe, Vielfraße, Polarfüchse und -hasen, Lemminge, Schneehasen und -hühner. Auf weiten Flächen tritt felsiger Untergrund hervor oder es bleibt ewiges Eis bestehen. Unter solchen Bedingungen konnte und kann sich nur ziemlich artenarme Vegetation entwickeln. Die Region westlich der Hudson Bay wird deshalb als „Barrenlands“, unfruchtbares Ödland bezeichnet. Die extreme Kälte verlangsamt Wachstum und Verwesung; bestimmte arktische Flechten vergrößern ihren

Durchmesser pro Jahrhundert nur um etwa einen halben Zentimeter, und auch die zur Verwesung notwendigen Bakterien sind in der trockenen Kälte nur sehr eingeschränkt aktiv. Die Vegetationsdichte und -vielfalt nimmt von Süden nach Norden ab. Sind auf dem südlichen Festland noch bunt blühende Pflanzen, vor allem Gräser, Steinbrech-, Heidekraut- und zwergwüchsige Weidengewächse verbreitet, so wachsen auf Baffin Island, sowie den anderen nördlichen Inseln, überwiegend Flechten und Moose. An südwärts ausgerichteten Hanglagen mit Mineralböden und zeitiger Schneeschmelze wachsen u. a. Löwenzahn, verschiedene Steinbrechgewächse wie der Gegenblättrige Steinbrech (Blume des Territoriums Nunavut), Weiße Silberwurz (Blume der Nordwest-Territorien) und Arktischer Mohn.

---> Hohe Bergmassive, mit grauem Geröll, was teilweise bis zum Ufer ausläuft und deutlich sind die vielen „versteinerten“ Gletscherzungen,

die scheinbar fließen, an den Felsen zu erkennen. Tundren und Gletscherschuttflächen, das ist die typisch arktische Natur, im Sommer in den grünlich-braunen Farben, im Winter vom Schnee bedeckt. Wir untersuchen immer mal wieder den Boden und sehen viele Tier-

Köttel und Tierknochen inmitten von Flechten und kleinen Pflänzchen, der typischen arktischen Flora. Also Leben gibt es hier, aber wir sehen keine Tiere, weit und breit nicht. Ich frage den Geologen und er erklärt, dass es der Kot von Schneehasen ist, aber auch Polarfuchs und Rentiere laufen hier umher. Der **Polarfuchs**, oder auch Eisfuchs, ist ca. 50-60 cm groß und einer von weltweit 15 Fuchsarten. Er ist überwiegend in der Tundra aber auch auf dem Packeis, in der nördlichen Polarregion beheimatet, rund um die gesamte Arktis. Er kann bis zu -70° aushalten, weil sein Fell extrem dicht ist, aus wärmender Unterwolle. Gegen die Kälte hat der Polarfuchs auch an seinen Pfoten dickes Fell, außerdem abgerundete Ohren, eine kurze Schnauze und kurze Beine. Er ist der einzige Wildhund, der die Farbe seines Pelzes den Jahreszeiten entsprechend wechselt. Er ernährt sich von Lemmingen, Hasen, Mäusen, Vögeln, Beeren, Insekten und Aas und seine arktischen Feinde sind Schnee-Eulen und Eisbären. 1930 war er in Skandinavien fast ausgerottet. Durch die Gier auf sein weiches Fell, hat der Mensch in ständig gejagt. Seit einigen Jahren haben norwegische Biologen den Polarfuchs, mit einem Zuchtprogramm, wieder zu vielen neuen Leben erweckt. Polarfuchs-Paare bleiben ein Leben lang zusammen, verteidigen zusammen ihr Revier und kümmern sich gemeinsam um die Aufzucht der 5-8 Jungen. Der Nachwuchs kommt meist im Mai/Juni

zur Welt, in warmen, wohligen Höhlen, in unterirdischen Gängen sind sie vom bitterkalten Dauerfrost geschützt.
---> Der Geologe sagt uns allen, dass wir ihm gern zeigen können, wenn wir etwas Eigenartiges finden, aber wir sollen „Artefakte“ , das heißt für uns besondere Funde, an Ort und Stelle lassen, denn nur so können die Geologen diese Dinge bewerten und analysieren. Außer einigen rostigen Dosen und den Tierkötteln finden wir nichts Besonderes. Jedenfalls macht es Spaß zu suchen, obwohl wir nicht wissen, wonach wir suchen. Ich gucke einfach immer mal wieder den Boden ab, bestaune die teilweise filigrane Moos-Beschaffenheit und frage mich, hier mitten in der moosigen Arktis: was genau ist Moos, wie ist es entstanden? In unserer Heimat kennt man ja die (schönen) runden Mooskissen, oder ganze Moos-Flächen, die mehr oder weniger den Garten, Dächer und Gehwege zieren oder auch stören, je nach Ansichtssache. Bildet sich

hier auch Moos oder Flechte aus Tierkötteln ? (auf dem Foto sind es Köttel von Schneehasen). Als **Moos** werden grüne (Land-) Pflanzen bezeichnet, die in der Regel kein sogenanntes Stütz-und Leitgewebe ausbilden. Nach heutiger Erkenntnis haben sich Moospflanzen vor etwa 400 bis 450 Mill. Jahren aus Grünalgen der Gezeitenzone entwickelt. Es gibt ca. 16.000 bekannte Arten. Botanische Erklärungen hierzu und die Geobotanik sind sehr umfangreich. Die Wissenschaft von Moosen heißt Bryologie.

---> Bevor wir zum Zodiac zurückgehen, das uns wieder an Bord bringt, steige ich noch eine kleine Anhöhe hoch. Von hier oben bietet sich ein wunderschöner Panorama-Ausblick auf die wolkenverhangenen Berge der Bucht, die steinig-felsige Uferkante, auf „kleine" Eisberge im arktisblauen Wasser und unser „kleines" Schiff, das in einiger Entfernung auf Reede liegt. Einige von unserer Gruppe streifen noch umher. Ich stehe hier auf einem Hügel, der ist gar nicht hoch und doch erscheinen die Dimensionen so unendlich, vielleicht kann das Auge keinen direkten Punkt anpeilen, um die Entfernung abzuschätzen. Um mich herum ist überwiegend grüne Tundra und an den Seiten Geröllfelder, in denen die Felsen stecken. Mir ist gar nicht so bewußt, dass diese Felsen zu einem nahezu ununterbrochenen Felsmasiv der riesigen Devon Insel gehören und oben auf den Gipfeln ist ewiges Eis, in unendlicher Weite. Hier ist eine einzigartige, urbane, rauhe Natur, das satte Grün der Moosfelder, unterbrochen mit grauem Stein-Geröll. Ein Wachposten vom Expeditionsteam hält hier oben Ausschau, aber keine Eisbären sind zu sehen, dennoch ist es wichtig, denn man weiß nie, wo so ein Bär sich gerade aufhält. Mag er mit seinem weißen Pelz auffallen, aber gegenüber den Farben der Natur verläuft sich das. Obwohl es nicht so hoch ist, erscheint alles doch sehr klein und ich bemerke, trotz grauen Regenwolken, die sich gerade eine Pause gönnen, dass die Sicht wunderbar ist, nichts ist diesig, kein Dunst, schöne klare Luft und eine grandiose Stille. Ich stehe hier irgendwo in arktischen Gefilden und schaue mir die Ur-Natur an: eine öde Landschaft und doch nicht einödig. Ich bin beeindruckt von dem kargen, steinig-moosigen Gebiet, ganz ohne Bäume und Sträucher und ich denke an die gewaltigen Eismassen die hier einmal alles bedeckt haben und diese öde-einzigartige Natur geschaffen haben.

Ich sehe die Natur als etwas Leidenschaftliches,
Stürmisches, Unheimliches und Dramatisches an,
wie mein eigenes Ich *Pablo Picasso*

Was soll hier auch wachsen? –in ewiger Kälte und bei halbjährlicher Dunkelheit? In der Nähe, nur ca. 80 km nördlich entfernt, befindet sich der riesige Haughton-Krater, der durch den Einschlag von einem Meteoriten vor vielen Millionen Jahren entstanden ist und einen Durchmesser von etwa 20 km hat. Plötzlich kommt sogar für einen Moment die Sonne hervor, mein Herz geht auf, sie scheint extra für mich und diesen wunderschönen Ausblick.

Wenn du über die Sonne redest, wirst du ihr Strahlen sehen.
Kanadisches Sprichwort

Wenn man von der Sonne spricht, so scheint sie.
Norwegisches Sprichwort

Die anderen Passagiere sind schon alle an Bord, mein Onkel und ich nehmen das letzte „Zodiac-Wasser-Taxi" und genießen die kurze Überfahrt. Hier in dieser Gegend ist unser Zeitgefühl ganz verschwunden. Als wir an Bord kommen, sind wir ganz erstaunt, dass es schon recht spät am Nachmittag ist und immer noch hell. Auch hier in der Gegend ist noch der Rest der Mitternachtssonnenzeit allgegenwärtig und die Uhrzeit wird ab jetzt fast täglich 1 Stunde zurückgestellt. Auch das bemerken wir kaum, lassen uns treiben in der Zeit, im Hier und Jetzt, mit den täglichen arktischen Erlebnissen und Eindrücken, sowie der Spannung auf das, was noch kommt. Noch am Abend wird uns allen erklärt, dass nun doch die Sache mit der Planänderung eingetroffen ist, wegen Packeisfeldern. Das Schiff muss eine andere Route befahren. Die Eiskarte wird nun jeden Tag wichtiger in Augenschein genommen, als je zuvor.

Unterwegs In der Hocharktis

---> Wir verlassen das historische Dundas-Habour, die Nordwest-Passagen-Reise geht weiter, nahe der Küste von Süd-Devon Island entlang, im legendären Lancaster Sound. Die Devon Island Südküste sieht auf der ganzen Strecke gleich aus, das ist ganz erstaunlich und zu bestimmten Jahreszeiten liegt oben auf den Felsen Schnee, der auch an den

Steilwänden hängt und ein tolles Bild bietet, am Tage. Oben drauf sind Restausläufer der Devon Eiskappe, doch das kann man vom Schiff nicht sehen. Da es um diese Zeit der Fahrt nachts ist, können wir nichts von der eintönigen Küsten-Felsenstruktur sehen, auch nichts von den vielen kleinen Buchten, die sich durch die Gletscherströme längst vergangener Jahre in den Felsen gebildet und diese Struktur geschaffen haben: Cape Home, Cuming Inlet, Powell Inlet, Burnett Inlet, Stratton Inlet, Blanley Bay und **Maxwell Bay** 74.6833 °N 88.9000 °W, eine Wasserstraße, vor der Südküste von Devon Island und wie Croker`s Bay im Osten, ist es ein Arm von Lancaster Sound und Barrow Strait. Sie wurde von William Edward Parry zu Ehren von Sir Murray Maxwell (1775 -1831, britischer Offizier der Royal Navy) benannt.

---> Wieder werden nachts die Uhren um eine Stunde zurückgestellt, das kommt ab jetzt noch einige Male vor, denn zum Pol gerichtet werden die Längsachsen immer schmaler, am Ende der Reise „leben“ wir 8 Stunden zurück. Wir Passagiere bemerken das kaum, jeder ist auf seine Art im Hier und Jetzt und Zeit spielt keine große Rolle, nur dann, wenn Landgänge sind und wir alle recht pünktlich wieder an Bord sein müssen, damit das Schiff wieder starten kann.

---> Kurz bevor wir am nächsten Tag das Ziel Radstock Bay ansteuern, kommen wir an einer der

kleinsten arktischen Inseln vorbei, die Vogel-Insel Prince Leopold Island, die sich auf der Backbordseite (links) befindet. Diesen kleinen Tafelberg der Arktis können wir nicht sehen, schade, es ist sehr früh am Morgen auf diesem Teil der Reise und außerdem wäre sie ca. 50 km entfernt.
---> Der nächste Tag. Wir gehen jeden Morgen immer zuerst an Deck und schauen, was wir sehen werden oder auch nicht, das ist immer wieder eine große Spannung. Heute ist ein frostiger Nebel. Erst dann gehen wir zum Frühstück und erfahren dabei von unseren Mitreisenden, wie deren Pläne sind. Es ist schon ein eigenartiges Gefühl, wir sind nun die ganze Nacht gefahren und immer noch entlang der Südküste von Devon Island, welche Dimensionen! naja, sie ist schließlich 524 km lang und unser Schiff fährt sehr langsam. Außerdem mussten die Uhren wieder eine Stunde zurückgestellt werden. Das bemerken wir alle überhaupt nicht, man kann zwar länger schlafen, aber steht dennoch immer zur gleichen Zeit auf und hell ist es dann sowieso. Unser Zeitgefühl besteht hier, während der Reise, aus dem Essen-Zeiten und den Aktivitäten an Land und an Bord. Die Wolken „toben“ über dem Devon Island-Gebirge. Wir stehen an der Reling und schauen.... nur ab und zu taucht etwas von einem Gebirgsrücken hervor, mit kleinen Schneefeldern. Unser Schiff nimmt Kurs in die Radstock Bay.
Wir passieren zunächst den **Waldegrave Bluff**, eine

Art Landspitze, nur 1 m über dem Meeresspiegel, gehört noch zum riesigen Gebiet vom Devon Island Gebirge, was in diesem Teil zum Ufer hin sehr zerklüftet ist, mit vielen Buchten. In einiger Entfernung gegenüber ist Cape Liddon, eine ähnliche Landzunge. Vor lauter Nebel sehen wir nichts und doch taucht immer mal auf der einen und dann auf der anderen Bord-Seite in der Ferne ein Stück Devon Island-Gebirge aus den Nebel-Wolken hervor. Der erste Eindruck den wir bei der Anfahrt auf dieses imposante Küstengebiet bekommen, bleibt zweifellos unvergesslich. Die hoch aufragenden Felstürme sind die Schlote der einstigen Vulkanspalten in welche die Gletscher der Eiszeit in der Folgezeit tiefe Kanäle geschürft haben. **Radstock Bay**
74°65'N, 91°0'W ist eine Wasserstraße in der Region Qikiqtaaluk/Nunavut. Sie liegt vor der Devon Island Südküste, östliche Hocharktis und ist eine tiefe Bucht mit schönen Felsformationen. Wie Maxwell Bay im Osten ist es ein Arm von Lancaster Sound/ Barrow Strait. Cape Liddon, auf seiner westlichen Landzunge, hat große Eissturmvogel Kolonien. In den Sommermonaten ist hier Eisbär Terrain, während der nahe gelegene Lancaster Sound wandernde Meeressäugetiere wie Beluga, Narwal, Ringelrobbe und Harfenrobbe beheimatet. Das Gebiet ist ein beliebter Forschungsstandort für die Beobachtung von Eisbären. Im Januar sind hier oft um -35° und weder die Sonne noch der Mond tau-

chen auf, es ist Polarnacht. Eine prähistorische Wohnstätte der Thule-Inuit, rund 800 Jahre alt, gilt hier als eine der besten archäologischen Stätten in der Hocharktis und gibt Aufschluss darüber, wie die Ur-Inuit in der Arktis gelebt und überlebt haben. Die Thule haben Qarmaqs gebaut, Häuser aus Felsen, Walknochen und Grassoden mit einem Dach aus Fellen, sie nutzten alles, was sie auf dem Land fanden. Hier ist besonderer Lebensbereich für Polarfüchse, Schneehasen und Schneehühner, denn das Hinterland in Moos- und Moorgebiet.

Radstock Bay – Nordpol = 1696 km, wie ca. Hamburg – Madrid = 1780 km und 6 Stunden hinter der MEZ-Zone.

---> Hier sind wir dem Nordpol nun am nächsten, es sind nur noch 1696 km bis dort, fast ähnlich ist die Entfernung von Hamburg nach Madrid (1780 km) und ähnlich nahe waren wir in der Crokers` Bay (1700 km) wobei sich dort das Gletschermassiv nördlicher erstreckt. Die Nähe zum Nordpol bemerken wir hier überhaupt nicht, weder Kälte, es sind um die 4-5°, noch Eis, der Schnee liegt nur teilweise auf einigen Gebirgsflächen. Die anderen Ziele unserer Route, bis auf Beechey Island, liegen ab jetzt wieder etwas südlicher.

Nordpol, ein riesiges Gebiet aus ewigem Eis und Schnee

Der **Nordpol,** auf Inuktitut: **Tigishu** - großer Nagel, liegt auf 90°0′, 0″N und ist 10.010,68 km nördlich des Äquators, auf einer 2-3 km dicken, schwimmenden Eisdecke, auf der Nordamerikanischen Platte. Darunter ist das Nordpolarmeer und an dieser Stelle ca. 4087 m tief. Vom Nord- bis Südpol wird die Entfernung mit 20.020,36 km angegeben. Was zieht die Forscher in diese eintönige Gegend? Ist es der Stolz, das Begehren nach Ruhm und Anerkennung, die eigene Herausforderung, oder ein National-Stolz oder allein der Gedanke und das Verlangen, am Nordpol gewesen zu sein... bevor es ein anderer schafft? Nichts ist dort interessant, eine kalte Eiswüste soweit das Auge reicht und dennoch zog es oder zieht es die Menschen an. Und heutzutage wird dort mit dem Forschungsschiff das Klima erforscht. Am Nordpol herrschen stets -15 bis -20°, am Südpol dagegen ist es mit ca. -20° kälter. Das liegt an der unterschiedlichen Höhenlage und dem klimatischen Umfeld am jeweiligen Pol. Der Nordpol liegt auf Meereshöhe im eisbedeckten arktischen Ozean, der Südpol liegt ca. 3000 m hoch auf dem Eispanzer über dem antarktischen Kontinent. Durch diese Höhenlage bilden sich die extremsten Temperaturen auf der Erde. Der Kälterekord -89° war 1983. Die Jagd auf den Nordpol – *wer war der Erste Mensch, der den Nordpol erreichte* - ist äußerst umfangreich und viele scheiterten bei diversen Versuchen. Obwohl man dort ewiges Eis vorfindet, unter dem der ca. 4000 m tiefe Nordatlantik ist, lockte und lockt es immer wieder Menschen. Ähnlich wie bei der lan-

gen Suche nach der Nordwest-Passage sind auch bei den Versuchen den Nordpol zu erobern mutige Männer, vom Ehrgeiz getrieben, im Laufe vieler Jahre an den extremen Strapazen mit der Kälte gescheitert oder ums Leben gekommen. Es gibt viele Berichte und Bücher hierzu, die überaus spannend sind! Damit sollte man sich mal in Ruhe befassen. Auch der „Nordwestpassagen-Bezwinger" Roald Amundsen spielt hierbei eine große Rolle, mit sehr traurig-tragischem Ende.
>>> weitere Informationen über Amundsen stehen im Kapitel: Besondere Persönlichkeiten Helden der Nordwest-Passage.

Everything comes to those who can wait
Alles kommt zu denen, die warten können.
Kanadisches Sprichwort

---> Wir sind mitten in der Arktis unterwegs ... Der Nebel ist hier wie ganz feine, dünne Wolken, wirkt seidig, wie ein Seidentuch, das sich im Wind leicht bewegt ..oh ja, ich weiß, meine Phantasie ist wieder aktiv! Ich stehe an der Reling und staune immer wieder, wie schön Nebel sein kann, magisch-mystisch, arktisch, in schönen blauen Farben. Einen Moment lang sieht man etwas, im nächsten Augenblick ist es wieder verschwunden und ich peile

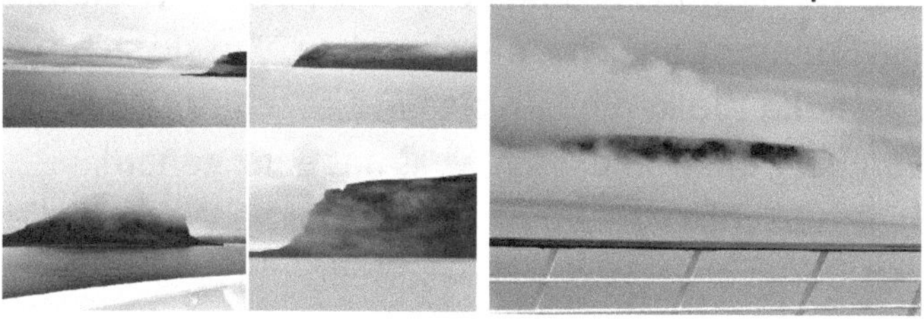

ein anderes Ziel an. Auch hier beobachte ich akribisch das Meer, ob eine Robbe mal rausguckt? Inzwischen ist man fast erschrocken, denn das Schiff ist einem großen Felsen ganz nah und scheint dann zu drehen, oder der Felsen ist im Nebel verschwunden, was geht hier vor? Es macht richtig Spaß zu schauen und abzuwarten. Dann ist die Ankerposition erreicht, der Anker rumpelt und schon sausen die Zodiacs mit dem Expeditions-Sicherheits-Team zum Ufer, direkt am Fuß von einem hohen, sehr markanten Felsen, der Caswell Tower genannt wird. Er scheint in einer Art Geröllschotter zu stecken, steht er frei – als Insel ? – Mystisch !
Es sieht eigenartig aus…. ach, wenn man doch die Spitze sehen könnte, wie hoch mag der sein und wie sieht er in ganzer Schönheit aus? Mit dieser Frage, die ich mir stelle, beschließe ich zu warten, abzuwarten und diesmal verzichte ich dafür auf den Landgang. Ich möchte auf den einen Moment warten, den ganzen Felsen zu sehen und wenn ich die Wolkenformationen so beobachte und deute, glaube ich daran, dass es glücken könnte. Bisher hatten wir viel Glück mit dem Wetter, einmal nur Regen (in Dundas), sonst oft Sonne und gute Sicht. Die Sonne ist da, ich kann sie sehen, wie sie sich durch die Wolken quält, sie wird es schaffen und den Berg anstrahlen, ich weiß das ganz genau!
So beobachte ich nun abwechselnd die Wolken, die den Berg verdecken und das Meer, ob Robben zu

sehen sind. Meine Kamera läuft auf Hochtouren, jedes Foto könnte besser als das vorige sein. An einer Seite sehe ich, wie Nebelwolken über ein langes, ziemlich weites Felsmassiv schweben, dabei entstehen tolle Gebilde. Mittlerweile sind auch andere Passagiere mit ihren Kameras tätig. Mein Onkel schaut sich das alles in Ruhe an und meint, der Nebel wird nicht verschwinden. Aber es ist erst vormittags, das kommt noch, ich bin mir ganz sicher. Inzwischen habe ich das Wasser so sehr im Blick, dass ich tatsächlich eine Robbe sehe.
Sie scheint mich auch zu erblicken, besser gesagt, das Schiff, denn im Nu ist sie wieder abgetaucht, kommt nirgends wieder hoch, oder unbemerkt?

Wie weit können Robben tauchen?
Jedenfalls habe ich ein Foto von ihrem Kopf.
Die **Sattelrobbe** ist eine verbreitete Robbenart. Die besondere charakteristische, sattelähnliche Färbung haben die Männchen. Sie sind silbergrau, haben einen schwarzen Kopf und eine schwarze, hufeisenförmige Markierung, die sich von den Schultern über beide Flanken zieht. Weibchen haben ähnliche, aber viel blassere Markierungen, oft mehr fleckenartig. Sattelrobben sind im Eismeer beheimatet, vor den Küsten von Labrador, Newfoundland, Kanada bis West- und auch Ostgrönland und Spitzbergen entlang zur Barent Sea und Kara Sea.

Sie sind 170-180 cm lang, wiegen 120-140 kg und ernähren sich vor allem von Fischen und Krebsen, dabei tauchen sie bis zu 200 m tief. Zur Paarungszeit im Januar/Februar wandern die Robben auf das Eis, um dort ihre Nachkommen zur Welt zu bringen. Hier sammeln sie sich in losen Kolonien von bis zu zehntausenden Tieren. Die Jungtiere sehen aus wie Eisbär-Babys. Das weiße Fell besteht, ähnlich wie bei Eisbären, aus transparenten, hohlen Haaren, die die Sonnenwärme direkt an die schwarze Haut leiten und diese erwärmen. Nach der Entwöhnung verbleiben die Jungen noch etwa weitere 10 Tage allein auf dem Eis, bis das weiße Jungtierhaar ausfällt und durch die charakteristische silbergraue Färbung mit schwarzer Zeichnung ersetzt wird. Die Nutzung von Robben-, Walross- und Eisbärbeständen bildete traditionell die Lebensgrundlage der meisten Völker der Arktis. Während sie schon immer von den Inuit und anderen Völkern der Nordpolarregion gejagt wurden, begann die kommerzielle Robbenjagd durch Europäer erst im 16. Jhd. und nahm im 19. Jhd. extreme Ausmaße an, die die Gesamtpopulation erheblich dezimierte. In einigen Fällen drohte zeitweise sogar die Ausrottung, z.B. beim Walross. Durch den Einsatz der Regierungen und auch internationale Proteste, brach der Markt für Robbenfelle ein und die kommerzielle Jagd auf die Robbenjungen wurde

durch internationalen Druck von der kanadischen Regierung weitgehend verboten.
---> Und während ich mir noch über die Robbe Gedanken mache, ob diese oder vielleicht noch andere auftauchen, taucht dafür der Berg aus dem Nebel auf und sieht wunderschön aus! Ich bin ganz hin und weg, das Warten hat sich gelohnt und meine Vermutung war richtig. Die Sonne läßt das Wasser in türkis-blauer Farbe strahlen und der Berg leuchtet in seiner braun-grauen Struktur mit sandbraunen Streifen.

Zwar kommt immer noch ab und zu ein Wolkenhauch über den Gipfel, aber nun kann ich die Struktur erkennen und suche diese mit dem Fernglas ab. Ein paar Eissturmvögel sitzen auf einer kleinen Spitze. Die Landgänger sehe ich in der Ferne, sie erkunden das Areal. Von meiner Position aus gesehen, sieht es bedrohlich aus, so als ob sie jeden Moment vom herabfallenden Geröll .... na, soweit will ich nicht denken.
Ich kann mich an der Struktur nicht satt sehen und nun ist auch der Hintergrund, also Berge der anderen Uferseite zu sehen. Sie sehen aus wie außerir-

dische Gestalten...wo sind wir denn hier gelandet? Nordpol oder Mond? Unten, an einer Art Ufer-Spitze (von mir aus gesehen) liegt ein Felsenkugel. Schnell erinnere ich mich an die Eisberg-Kugel in Grönland, die war so toll! Wieder schaue ich mit dem Fernglas alles ab, das ist wahnsinnig spannend.

Eine außergewöhnliche Besonderheit !

Auf einmal bekomme ich eine „Vision" oder wie bezeichnet man so ein Phänomen? Aus dem seitlich, östlichen, mittleren Teil im Felsen schaut mich ein Gesicht an, ein Inuit-Gesicht, ganz deutlich!!! Mein Onkel sieht es genauso wie ich, mit dem Fernglas deutlich zu erkennen!

Oben drüber sieht man einen Troll, mit dicker Knollen-Nase und darunter eine ähnliche Figur. Jetzt geht`s aber los - habe ich einen Arktis-Koller? Aber ich sehe solche Art Figuren oder Dinge auch in anderen Bergen, beispielsweise in Kapstadt, am Tafelberg-Massiv. Dort sieht von oben, seitlich eine Fels-Ecke aus, wie ein Indianer, mit markanter Na-

se. Auf der schwedischen Insel Gotland gibt es auch einen markanten „Gesicht-Felsen“, er blickt auf`s Meer und an der Bretagne-Küste gibt es viele unterschiedliche, interessante Fels-Gebilde.
Inzwischen sind alle Wolken verzogen und die Sonne wirft, wie ein Scheinwerfer, wunderbares Licht auf die Felsstruktur. Ich suche Stück für Stück den Felsen ab, ob es noch weitere Dinge zu erkennen gibt. Und richtig! In der Mitte, weit nach hinten gelegen, in einer Art Nische, sehe ich eine Gruppe – ich weiß nicht genau, wie man die bezeichnen soll, aber da wir hier im Reich der Inuit sind, können es nur Inuit sein, aber klein sind sie (auf die Entfernung). Ich kann es mit Worten nicht beschreiben, auch auf Fotos kommt es nicht gut hervor, mein Tele ist für diese Art Entfernung nicht gut genug.
Für mich ist das unbeschreiblich und bestätigt, dass ich anscheinend eine besondere Begabung für so etwas habe. Später berichte ich der Bord-Rezeption davon, aber hier hat noch nie einer von diesem Gesicht etwas gehört. Das verstehe ich auch, denn alle sind auf den Landgang konzentriert, oder bleiben an Bord, halten sich drinnen auf, das Wetter war ja nicht so toll (haben die die Sonne gar nicht bemerkt?) Somit hatte keiner auch nur einen Blick für diesen schönen Felsen, wobei ich mir da nicht sicher bin, ob diese Bezeichnung nicht für eine ganze Gebirgskette ist, an deren Ende dieser markante Felsen „Caswell Tower“ steht. Es ist eine Art hohe

Klippe oder Bergspitze. Jedoch kann man die Rückseite nicht sehen und so steht das Massiv vielleicht gar nicht so frei dort, wie es den Anschein hat, sondern ist hinten mit weiteren Bergen verbunden. Hier in der Hocharktis weiß man nie, wie die Dinge aus anderen Perspektiven aussehen.

Wahrzeichen der Hocharktis

Der **Caswell Tower** ist ein 196 m hoher Felsblock, der über der Radstock Bay an der Süd-Westküste von Devon Island thront, eine Art Wahrzeichen der Gegend. Frieren und Tauen sind die wichtigsten und beständigsten Witterungsprozesse in der kanadischen Arktis. Infolgedessen haben sich riesige Geröllhalden auf den unteren Ebenen der Klippen angesammelt. Es sieht aus, als ob er im Stein-Schutt-Geröll steht, das sich mit der Witterung abreibt und am Fuße mit der Zeit aufschichtet. Die Brauntöne der Felsfarben mit dem tiefblauen Wasser, das Wechselspiel der Wolken und ab und zu leicht sonnigem Himmel zeigten eine außergewöhnliche Landschaft. Aus unserer Perspektive sieht es aus, als ob der Felsen frei steht, also ohne angrenzendes Gebirge. Er liegt an vorderen, westlichen Teil von einem Devon Island Ausläufer, ist ein kleiner Teil, umgeben von weitläufigen Bergrücken, größtenteils ohne Vegetation, jedoch sind verschiedene Seen und Tümpel im Hinterland. Die

Bucht verläuft noch weiter in östlicher Richtung, wird dort gespeist von vielen Flüßen, aus der Gletscherzeit verblieben. Man kann den Felsen, das Fels-Gebirge, besteigen, sofern der Reisestopp hier die Zeit dafür zuläßt. Die Aussicht auf die Radstock Bay mag schön sein, wenn das Wetter schön ist, aber auch öde. Wie der Berg wohl im Winter aussehen mag, wie ein Guglhupf mit Puderzucker? mit zugefrorener Bay zu Füßen – Guglhupf on ice?
---> Die Landgänger bewundern auf ihrer Erkundung in der Tundra die Überreste einiger kreisförmiger, unterirdischer, prähistorischer Ruinen von den Thule Sommer- und Winterlagern, die vor rund 800 Jahren von indigenen Waljägern gebaut wurden, mit unglaublichen Wissen, das sie brauchten, um alles zu nutzen, was sie auf dem Land fanden, wie Walknochen, die als Rahmen für die Behausungen dienten. Die Häuser wurden mit einem Kreis aus Steinen an der Basis gebaut, in die Steine der Außenmauer wurden Walknochen als Gerüst eingelassen und dann wurde der gesamte Rahmen mit Robbenfell, Gras und Moos belegt und Schnee um die gesamte Wohnung herum gepackt. Der Hauseingang war immer zum Meer ausgerichtet. Die Bewohner waren stark von der Fülle an Nahrungsmitteln abhängig. In welcher Welt lebten sie? - mit den allgegenwärtigen Gefahren und Herausforderungen. Geologen vermuten, dass diese besonderen Ruinen 5000 Jahre alt sind. Die Thule waren die

Vorfahren aller Inuit, die sich um 1000 n.Chr. an der Küste von Alaska entwickelten und über Kanada nach Osten zogen. Sie erreichten Grönland im 13. Jhd. und wechselten von der „Breitspektrumjagd" zu einer, die sich hauptsächlich auf den Walfang konzentrierte. Das weitgetreckte Caswell Tower-Tundra-Gebiet, ist die Heimat von **Schneehasen**. Sie sind kleiner als der Feldhase, größer als Wildkaninchen, haben höhere Hinterbeine als typische Kaninchen und Hasen in unserer Gegend und wechseln nicht die Fellfarbe im Winter zu weiß, es ist immer weiß. Außerdem hat der Schneehase im weichen Schnee einen großen Vorteil gegenüber einem Feldhasen, da er Schneeschuhe hat und kann die Zehen seiner Hinterpfoten aufspreizen. Dadurch ist mehr Auflagefläche auf dem weichen Schnee und er sinkt nicht so tief ein. Arktische Hasen halten keinen Winterschlaf, sie fressen holzige Pflanzen, Moose, Flechten, Wurzeln und Rinde, die sie im Schnee suchen oder im Sommer in der „saftigen" Tundra.

---> Als wir aus der Radstock Bay fahren, erlebe ich nochmal einen wunderbaren, außergewöhnlich und einzigartigen Blick auf den „Inuit-Felsen", den ich nun vom Heck aus immer kleiner werden sehe. Das Besondere ist jetzt, dass die Wolken wieder da sind und der Felsen sieht aus, wie ein Guglhupf, mit

 Zuckerguß überzogen !
Auch mein Onkel staunt über diesen Anblick und wie gut, dass ich immer die Kamera bereit habe! Durch das Fernglas kann man nun auch erkennen, das er nicht frei steht, sondern zum unendlichen Devon Island Felsen-Gebirge gehört. Einige Zeit später schaue ich auf das seichte Heckwasser, denn das Schiff fährt ja nicht schnell. Ich beobachte nun, wie ein paar Möwen über die leichten Wellen schweben, sie begleiten uns. Es sind keine Möwen, wie wir sie von den deutschen Küsten kennen, obwohl sie genauso aussehen, es sind Eissturmvögel!

Auf der Weiterfahrt kommen wir an einer ihrer Kolonien entlang. Sehr viel sehen können wir nicht, da dieses Felsengebiet recht wolken-verhangen ist, somit kann man die Plätze der Vögel nur erahnen, aber gut hören! Das ist ein Teil von Cape Liddon.

Cape Liddon 74,633°N 91,176°O ist eine unbewohnte Landzunge, liegt an der Südwestküste von Devon Island, 9 km südwestlich, an der westlichen Landspitze von Radstock Bay. Unweit gegenüber ist eine ähnliche, steinige Landzunge, der Waldegrave Bluff, die ebenso zum Devon-Gebirge gehört, was in diesem Teil-Gebiet zum Ufer hin sehr zerklüftet ist, mit vielen Buchten. William Edward Parry benannte 1819 Devon Island nach der englischen Grafschaft Devon, aus der sein stellvertretender Kommandant, Matthew Liddon stammte, der Namensgeber von Cape Liddon. Kapitän Liddon (1800-64), fuhr 1819 auf der *Griper* während der berühmten Expedition von Parry.
Das schmale Küsten-Gebiet Cape Liddon ist geprägt von offenem Meer, felsigen Meeresufern und zerlöcherten, hohen Kalksteinfelsen, die sich über 300 m auf ein flaches Plateau erheben, ein wichtiges Gebiet für Seevögel, fester Lebensraum für Zugvögel, die hier im Sommer zu tausenden brüten. Die Vogelarten schwarzer Guillemot und **Eissturmvögel** sind am häufigsten. Sie leben in ca. 11 Kolonien verteilt auf das arktische Kanada, Baffin- und Devon Island. An der nordamerikanischen Atlantikküste gibt es viele Kolonien, aber auch auf Island, an der nördlichen Küste Irlands, in Schottland, allgemein in Skandinavien, in Dänemark, den Niederlanden, sogar in Nordfrankreich und auf Helgoland. Als einziger Möwensturmvogel nördlich des Äqua-

tors verbringt er die meiste Zeit über dem offenen Meer, ernährt sich von Fischen, Krill, Krebsen und weiteren Meereskleintieren. Der Eissturmvogel ist 45–53 cm groß, wiegt 650–1000 gr., hat eine Flügelspannweite von 100-117 cm und er kann kurzzeitig bis zu 4 m tief tauchen. Der Vogel ist im Norden des Atlantiks und auch Pazifiks, in verschiedenen Unterarten, verbreitet und nistet auf Felseninseln, Felsvorsprüngen, in kleinen Höhlen in den obersten Etagen der Felswand, bis in Höhen von einigen hundert Metern, entlang von Steilküsten. Am Brutplatz liegen die Vögel auf dem Bauch und schieben sich bei Gefahr unter die Felskante. Manche Paare brüten auch am Boden. Während der Brutzeit entfernt er sich nicht weit von seinen Kolonien. Am Ende des Winters beziehen sie ihre Nistplätze, brüten die Eier jedoch erst im Mai aus. Das Nest ist eine flache Mulde. Zwischen Mai und August wird ein einziges weißes Ei von beiden Eltern 48-57 Tage gebrütet, die sich alle paar Tage ablösen. Wird das Ei gestohlen oder zerbrochen, legt das Weibchen kein neues. Die Paare bleiben ein Leben lang zusammen. Den Rest des Jahres streifen sie über das Meer, überwintern in den europäischen Küstengewässern und einzelne bleiben auch in den Nistkolonien. Für die Wikinger stellte dieser Vogel eine wichtige Nahrungsquelle dar. Auf Grund verklebter und beschädigter Federn und vom gefressenen Plastikmüll (in der Nordsee) ster-

ben diese Vögel sehr häufig.
---> Wir fahren um das Cape Liddon herum, bemerken das aber nicht direkt, alles sieht so ähnlich aus, ein langgezogener grau-brauner Felsen-Rücken. Wir sehen ein teilweise aus den Wolken hervorragenden Felsenkomplex, die Kolonie dieser Vögel. Sie brüten jetzt oder müssen bereits ihren Nachwuchs versorgen und fliegen somit nicht, wie einige von uns vielleicht denken würden, als neugierige Vögel um unser Schiff, sondern sind auf Futtersuche. Die ersten zwei Wochen wärmt ein Elternteil das Junge, während der andere auf Nahrungssuche ist. Nach zwei Wochen wird er den ganzen Tag allein gelassen und nur einmal täglich gefüttert. Nach 6-8 Wochen Fütterungszeit, sobald sich der Jungvogel einige Schritte aus dem Nest bewegt, ziehen die Elternvögel wieder auf die Hochsee und überlassen ihn sich selbst. Dann beginnt das „harte" Leben: im Alter von 50-60 Tagen stürzt er sich von den Felsen und treibt flugunfähig auf dem Meer. Von der Oberfläche nimmt er Plankton auf und zehrt von seinen Fettvorräten so lange, bis das Gefieder völlig herangewachsen und er flugfähig geworden ist. Sie können erstaunlich alt werden: oft 20 Jahre und mehr, das Höchstalter liegt sogar bei ca. 90 Jahren. Durch Wiederfund beringter Tiere konnte eine durchschnittliche Lebenserwartung von rund 35 Jahre ermittelt werden, aber oft auch ein Alter von über 60 Jahren.

---> Diese für uns ungewöhnlichen Vögel begleiten uns nicht lange, doch unterwegs sehen wir hin und wieder einige. Sie erinnern mich an Albatrosse, denn der Schnabel hat eine gewisse Ähnlichkeit. Und tatsächlich, obwohl Albatrosse nicht im Norden vorkommen, gehören beide Vogelarten zu den sogenannten Röhrennasen-Hochsee-Vögel.
---> Hinter Cape Liddon kommen wir an einer spitzen Landspitze vorbei, Cape Ricketts. Da es zu diesem Zeitpunkt noch nachts ist, oder ganz früher morgen, können wir diese Gegend nicht sehen. Es sieht hier sowieso alles gleich aus, sofern die Sicht nicht durch Nebel verschleiert ist. Die Felsen sind in der gleichen Farbe, in einem tristen braun-grau. Bevor wir am Vormittag das nächste Ziel erreichen, passieren wir Cape Riley, bevor wir in die legendäre „Beechey-Bucht", die Erebus and Terror Bay fahren. Unser nächstes Ziel ist etwas historisch-abenteuerlich: es geht nach Beechey Island, diese Insel ist eng verknüpft mit der Erkundungsgeschichte der Nordwest-Passage. Die Insel der Abenteurer und der Abenteuer - wir sind gespannt, was uns hier erwartet. Ab jetzt fahren wir, bis zu unserem Ziel Cambridge Bay, ganz genau auf der Spur des Nordwest-Passagen Bezwingers Roald Amundsen, also auf seiner legendären Route 1903-06. Er segelte aus Grönland kommend den Lancaster Sound entlang und hatte Glück mit dem Wetter, sonst wäre er gar nicht so weit gekommen. Er hatte auch

eingeplant der Beechey Insel einen Besuch abzustatten.
Bis vor kurzem wußte ich nichts von dieser Historien-Insel und konnte nicht direkt verstehen, warum dieser Ort so magisch ist, jedenfalls halten hier ja mittlerweile sehr oft Kreuzfahrtschiffe, also muss es ja historisch gesehen sehr interessant sein. Es klingt in der heutigen Zeit fast etwas skuril, dass man hier in der entlegenen öden Arktis die Grabstelle von drei Seeleuten „besuchen“ kann, die zwar ihr Leben während der Seefahrt auf der Suche nach der Nordwest-Passage verloren haben, aber sonst nicht wesentlich berühmt oder bedeutend waren, wie viele andere Arktis-Entdecker und –Forscher. Ich finde viel wichtiger ist: WIR sind hier auf Nordwest-Passagen-Reise, die ohne all ihre Entdecker überhaupt nicht möglich wäre. So steht diese Grabstelle als Erinnerung an alle Nordwest-Passagen-Seefahrer, die, oft auf dramatische Weise, ums Leben gekommen sind und in all den Jahren sind unzählige Menschen aus diesen Gründen gestorben. Das wird einem jetzt erst bewußt.
---> Die Einfahrt in die sogenannte Erebus and Terror Bay bekommen wir irgendwie nicht mit, weil an Bord einiges los ist, denn wir sind ja auch oft mit essen beschäftigt, oder hören Vorträge. Als wir in diese Bucht einfahren, erscheint sie, kurz bevor die Ankerposition gefunden ist, etwas trist, Wolken hängen hoch über den Gipfeln und lassen keinen

guten Blick auf die Umgegend. Geplant ist ein längerer Landgang, sofern man das möchte – und das möchten wir auf jeden Fall. Zuerst düst das Expeditionsteam wieder los und stellt sich hier und da als Posten auf, außerdem stecken sie einen Rundkurs ab. Das ist für mich sehr vorteilhaft, stelle ich fest, denn ich kenne mich, ich würde schnell in ganz andere Richtungen gehen, weil ich „auf Entdeckung" bin. Wir sind gespannt, was wir sehen und erleben werden, denn dieser Teil oder diese Insel ist einer der Höhepunkte der Nordwest-Passagen-Fahrt, hauptsächlich aus historischer Sicht. Das wurde uns tags zuvor vom Expeditionsteam schon erklärt, aber so richtig vorstellen kann man es sich erst vor Ort.

Auf, in das Abenteuer Beechey Island!
-leere Öde oder öde Leere

Dick angezogen und wie immer mit Schwimmweste, ging die rasante Zodiac-Fahrt zum Ufer. Schon von weitem zeigt sich ein Gebiet oder Gelände, dass einer Steinwüste ähnlich sieht, mit einem recht hohem Gebirgszug im Hintergrund und das Ufer schneidet weit in die Landschaft hinein, zum Wasser hin leicht abfallend. Grüne Tundra ist nicht zu erkennen, es ist eine leere Öde oder öde Leere, die karge Sommer-Landschaft der Arktis.

Das Ufer und die ganze Gegend ist steinig, wie wir es schon in Dundas erlebt haben, jedoch ohne Moos-Wiesen, dafür grauer Sand und alles ist voller Steine und grauen Farben, wie ein Kieselsteinstrand. Die Steine sind alle relativ gleich groß, was alles noch öder und trist einscheinen läßt. Die Bucht ist fast halbkreisförmig, mit Blick auf Schneefelder auf den Felsen der Devon Island Küste. Uns umgibt eine totale Stille und es ist windig-kühl.

Achte auf die Stille und bewahre sie,
denn sie bringt alle Träume des Menschen
indianische Weisheit

Wie es hier wohl im Winter aussieht, wenn die Bucht vereist ist, die Küste und das Gebirge schneebedeckt? Wir gehen fortan die ganze Zeit auf Geröll-Steinen, das ist wunderbar, kann man sich gar nicht vorstellen, weil alles so ebenmäßig ist, wie platt planiert. Überall sind Furchen, die haben das Eis und das Meer geschaffen. Ebenso kann man sich nicht vorstellen, dass wir hier auf einer kleinen Insel sind, es sieht ehr aus, wie ein langgezogenes Ufer entlang einer Festland-Küstenlinie. Wie schön und eindrucksvoll würde ein Aquarell-Bild, vom diesem Anblick, aussehen, trotz oder gerade wegen der blassen Farben?! Schade, dass ich nicht gut zeichnen kann, das wäre ein tolles Arktis-Motiv. Dass diese kleine, unscheinbare Insel mal zu den fast meist besuchten Inseln, der kanadischen Arktis wird bzw. geworden ist, hätte sich nie jemand vorgestellt. Viele der Landgänger gehen zu den Steingräbern, um sich über die Geschichte zu informieren. Beechey Island ist einer der wichtigsten Orte bei der Erkundung der kanadischen Hocharktis und oft der Mittelpunkt auf den Kreuzfahrten: „Auf den Spuren der Franklin-Expedition" heißt es meistens. Während des Winters 1845/46 blieben Sir John Franklin und seine Männer auf dieser Insel, drei seiner Besatzungsmitglieder starben und wurden an einer Grabstelle beigesetzt. (wie auch immer die das geschafft haben, im Winter, mit tiefgefrorenem Boden, ohne Spezialwerkzeuge usw.) Die Insel wurde später zu einem Schwerpunkt für Untersuchungen zum Verschwinden der Franklin-Mannschaft und zur Erforschung des Nordens im Allgemeinen. Man kann die Grabsteine sogar vom Schiff aus sehen (sofern die Sicht gut ist, wie in unserem Fall). Das ist ein bedrückender Anblick.

>>> weitere Informationen über John Franklin und die Expeditionen stehen im Kapitel: Nordwest-Passage --- wo zum Teufel ist die Nordwest-Passage ??? und im Kapitel: Besondere Persönlichkeiten Helden der Nordwest-Passage

Ich wundere mich, warum einige der Expeditions-Reisenden nur die Gräber ansehen und dann gleich wieder zurückgehen, um zum Schiff zu kommen. Reist man so weit in die Arktis, um Gräber anzusehen – hier und auch schon in Dundas Habour? Sicher hat es mit einem gewissen Teil der Nordwest-Passage-Historie zu tun. Das soll nicht in Vergessenheit geraten, ist damit fest verbunden und der einzige Platz, sich das ganze Drama ungefähr vorstellen zu können und sich daran erinnern zu können. Die Entdeckung dieser Gräber war der erste Hinweis auf das Schicksal der Expedition und machte Beechey Island zu einer der berühmtesten Stätten der Arktis, wurde mittlerweile sogar zur Welterbestätte ernannt. Die Natur zu bewundern bringt so viel mehr, auch Ehrfurcht und sogar Entspannung! Ich bestaune die Einöde, die Ursprünglichkeit und suche fast wie eine Archäologin den Boden ab, nach irgendwelchen Besonderheiten. Vegetation gibt es hier gar nicht, bis auf Flechten und ganz vereinzelte Moosarten. Der Boden ist sehr interessant, weil die Steine so einzigartige Formen haben, richtig arktisch. Kleine Steine sind teilweise sogar rosettenförmig angeordnet. Zwischen all dem arktischen Gletscher-Geröll-Schotter wachsen vereinzelt keine Mooskissen und ich habe auch ein Stückchen Seetang gesehen, hat das ein Vogel hier verloren? Woher mag das kommen? Einige Steine sind mit Moos und Flechten filigran bewachsen, das entsteht durch viel Feuchtigkeit. Bei genauer Betrachtung erkenne ich, dass das Mooskissen Stecknadel-

dünne Stielchen hat, darauf stecken mini-kleine Blütchen, die sind nur noch mit der Lupe besser zu sehen. Wie fein und zierlich ist hier die Natur in der harten Umgebung. Ich frage mich, ob es hier im Winter alles verschneit ist, wenn um die -30° Kälte herrscht und ob die Farben dann schöner sind, bei Sonnenschein bestimmt, oder ist dann nur der Boden gefroren?
Gegenüber der Bucht, am Rande von Devon Island, auf dem Gebirgsrücken, ist kein Grün zu sehen, nur vereinzelt Schneefelder und in der Ferne Eisberge im Wasser. Ich hätte gerne ein Schneefeld untersucht, aber weit und breit ist hier nichts. In Österreich habe ich oft im Sommer beim Wandern, kleine Schneefelder gesehen, sogar bei den drei Zinnen / Südtirol. Mich hat die Schneebeschaffenheit beeindruckt, winzig-kleine Kristalle aneinandergesteckt, glitzernd in der Sonne, spitzkantig und eishart. Na, das wird hier sicher nicht anders sein! Wobei die Eskimo 100 Unterschiede kennen?! Einige könnte ich auch aufzählen, wenn man Eis dazu rechnet, hätte ich noch mehr Begriffe parat.

Hundert Namen für Schnee?

Die 100 Begriffe für Schnee - ob nun genau 100 oder weniger, gibt es das überhaupt? – Neuschnee, alter, weicher, gefrorener, getauter, harter Schnee, Pulverschnee, fallender Schnee, Schnee am Boden, Pappschnee, Schneematsch, Firn, Hagel und Graupel, sind nur einige Begriffe. Da Grönländisch eine Bildsprache ist, setzen sich die Begriffe in langen Worten zusammen. «Doch Schnee bleibt Schnee», sagen die Inuit «So einfach ist das.» Und diese 100 Worte, das ist ein verbreiteter Irrtum. Schnee ist aber sehr fazettenreich und gar nicht so einfach mit ein paar Worten zu erklären: Schneeflocken entstehen bei -4° bis -20° in den Wolken, aus Wasserdampf, viele Trillionen Wassermoleküle. Eine einzelne Flocke wiegt ca. 0,004 Gramm und ist mit anderen nicht identisch. Sie fällt nie allein, sondern in Massen. Die typische, unterschiedliche Eiskristall-Struktur, jedoch immer mit den filigranen, 6 symmetrischen Strahlen, bildet sich, wenn sie Richtung Boden fällt und dabei unterschiedliche Temperatur- und Feuchtigkeitszonen durchquert. Sie wächst beim Fallen, verklumpt mit anderen und kann sogar 10-20 cm groß werden. Ein Kubikmeter trockener Pulverschnee kann ungefähr 30-50 kg wiegen, wenn er sich verdichtet und nass wird, kann das Gewicht auf bis zu eine halbe Tonne pro Kubikmeter steigen. 2-3 m Neuschnee wiegt sogar

soviel wie eine ca. 12 cm dicke Eisschicht.
Es gibt mehrere Eskimosprachen, vielleicht liegt es daran, auch um die unterschiedlichen Zustände und Arten von Schnee zu beschreiben. Diese verschiedenen Begriffe sind und waren für die Inuit absolut lebens- und überlebenswichtig! denn schon eine ganz geringe Fehleinschätzung würde bedeuten, dass sie mit ihren Schlittengespannen im Eis einbrechen könnten und das ist immer noch die größte Lebensgefahr der Ur-Völker und wird mit den Jahren immer schlimmer, weil sich das Eis mit dem Klima und der Jahreszeit drastisch ändert.
100 ..... ich glaube mit Sicherheit verwende ich in diesem Buch 100 mal das Wort Nordwest-Passage- das ist aber auch absolut OK, denn darum geht es ja auch, vom Anfang bis Ende.
---> Ich werde aufmerksam auf eine Schar Eissturmvögel, die ganz tief über das Wasser hinweg fliegt. Dann fällt mir wieder ein, dass wir ja hier auf einer Insel sind, obwohl man das nicht so sehen kann. Unsere Gedanken verbinden das Wort Insel immer mit schönem Sandstrand, Muscheln, Palmen, Sonne, Hitze und grünblaues Meer, mit schönen Wellen und Meeresvögeln. Hier ist nichts davon, nur diese wunderbare Stille und gute Sicht, obwohl es ganz leicht diesig ist. Bis auf das leichte Rauschen von Wasser, was auf den Steinstrand ausläuft, ohne Wellen, weil es nicht windig ist, hören wir nichts, nicht mal Vogelstimmen. Die meisten unserer Reisegruppe laufen an dieser kunstvollen Insel-Natur vorbei, schauen in die Ferne, oder hinunter

zum Schiff, sind vielleicht auch enttäuscht von dieser unwirtlichen Stein-Land-schaft. Nur wenige bleiben stehen und sehen sich den Stein-Boden genauer an. Mich interessiert diese „Stein-Landschaft", die sehr eindrucksvoll und so ungewöhnlich ist, fast wie Schiefersteine, die man aus den Bergen kennt, aber dennoch ganz anders. Das Wetter und die Witterung haben mit der Zeit tiefe Furchen in den Boden geschaffen und so sieht die Insel jedesmal, wenn Menschen hierher kommen, anders aus. Dass diese Landschaft so in dieser Art von der Natur geschaffen wurde, kann man sich fast nicht vorstellen. Es ist Permafrostboden mit Stein-Geröllfeldern. Die Steinstruktur ist gleich, alle Steine sehen farblich gleich aus, hellgrau – eisgrau, mit völlig unterschiedlichen Größen, von sehr sehr winzig, bis hin zu großen Brocken und erstaunlich ist, wo kommen die ganzen Steine her? Es wirkt, wie der Meeresboden vor zig Millionen Jahren, das mag sicher so gewesen sein. Ich meine, eine Art Muschel-Fossilie, oder Seepocken-Fossilie gesehen zu haben, das würde meine Vermutung bestätigen, woher sollte das sonst kommen? Wir finden winzige Steine, teilweise stecken glitzernde Salzkristalle darin, das liegt sicher an Korallenablagerungen aus

der Ur-Vorzeit. Das ist hier

ein Paradies für Geologen u. Biologen! Ständiger Schnee und hartes Eis der Gletscher, was bei jeder Schmelze, in all den Jahren, über die Steine hinwegdrückte, hat diese Stein-Struktur geschaffen.
An einer Kante, oder Bodenwelle sickern kleine Quellen aus dem Boden. Es sprudelt nicht, fast unerkennbar ziehen kleine Wasserrinnsale, die nach kurzer Zeit matschig in Steinen versickern.
Kaum sichtbar, man muss schon sehr genau hinsehen. – Von diesen Quellen müsste die Franklin-Mannschaft damals Wasser geschöpft haben, oder hatten sie so viel Wasservorrat auf den beiden Schiffen? - Amundsen hatte in seinem Buch beschrieben, wie mühselig das war; und er war damals nur 2 Tage auf der Insel.
Der vom Expeditionsteam abgesteckte Rundweg führt auf eine kleine Anhöhe. Zu einer Seite blickt man ein Steilufer hinab und auf eine Art Nabelschnur-Landzunge (gut auf einem Luftfoto zu erkennen), die die Insel mit dem gegenüberliegendem Ufer, der Westseite von Devon Island, verbindet. Zum Westen erhebt sich eine fast 200 m hohe Felsenkette, die somit den Blick zum Insel-Westufer versperrt. Genau gegenüber, in östliche Richtung, heißt einer der Gebirgsgipfel Mount Coffey. Der Name passt gut zur Farbe, denn so kaffee-braun sieht nahezu das ganze Inselgebirge aus, als ob es ein riesiges Gebirge über die ganze Devon Insel ist, mit all den verzweigten Buchten ringsherum, auch

zum Norden. Gern hätte ich mir diese Insel-Struktur mal von oben angesehen, aber die Hälfte, zur Ostseite, ist mit ewigen Eis bedeckt, das würde die genaue Landschafts-Struktur verdecken.
Obwohl die Gegend, um uns herum, soweit das Auge reicht, voller Steine ist, sieht es sehr ordentlich aus und kein Müll weit und breit. Dieses Gebiet ist die Heimat von Polarfüchsen, Schneehasen und -hühnern, aber wir sehen, bis auf einige Vögel, die in der Ferne vorbei fliegen und einigen Tierköttelchen zwischen den Steinen, nicht ein Tier. Wo sind die Tiere von diesen Hinterlassenschaften und welche waren es, wo leben sie hier? Auch die Wale haben Ferien... sind wohl woanders unterwegs und das ist auch ganz gut so!
Meine Aufmerksamkeit war nicht den Gräbern und deren Geschichte gewidmet, denn davon hatte ich bereits viel gelesen und auch an Bord hörten wir Informationen darüber. Für mich ist die Landschaft und die Natur, das ganze arktische Gebiet viel spannender. In der Nähe, aber dennoch sehr weit entfernt, befindet sich der Haughton-Krater, der durch den Einschlag eines Meteoriten vor vielen Millionen Jahren entstanden ist und einen Durchmesser von etwa 20 km hat. Und dennoch hat er es damals nicht geschafft, diese große Insel zu zerteilen. Ob man dieses Loch oder Vertiefung noch sehen kann? Zu gern würde ich auch hier die Gegend aus einem Hubschrauber betrachten, doch es wür-

de wiederum die Tierwelt stören, also verwerfe ich den Gedanken schnell, es geht ja sowieso nicht. Krater habe ich in Costa Rica bewundert, sehr eindrucksvoll, das ganze Land besteht aus Vulkanen, über 100 sind es, viele mehr oder weniger aktiv. Ganz plötzlich kommt sogar für einen Moment die Sonne aus den dünnen Wolken hervor, die bisher die Gegend so magisch wirken ließen, mein Herz geht auf, sie scheint extra für mich und diesen wunderschönen Ausblick!
Bevor wir unseren Aufenthalt fast beendet haben, gehe ich zum Ufer hinab, Strand kann man das nicht nennen, alles ist steinig, schöne, interessante und vor allem kleine bis ganz winzigkleine Steine sind es. Ich tauche mit der Hand in das Wasser ein. Es ist kühl und glas-klar und es schillert in grau-grün-türkis Farben, ohne jeden Wellengang, ganz seicht plätschert das Wasser auf die Steine am Ufer. Ich probiere das Wasser, es schmeckt nicht sehr salzig. Dann bemerke ich wieder die Stille um mich herum, lasse meine Seele baumeln. Das ist die Arktis, diese Stille, die ungewöhnlichen Farben, die klare Luft, ich genieße jeden Augenblick, vergesse einen Moment, wo ich mich hier befinde ....
...irgendwo weit hoch im Norden, auf einer kleinen Insel, nicht mehr weit vom Nordpol entfernt. Wir haben viel Glück, das das Wetter recht gut ist, zwar etwas kühl, aber weder Regen noch Sturm oder dicker Nebel. Wir sind warm angezogen, so macht

uns die arktische Kühle (Kälte würde ich das nicht nennen) nichts aus. Mein Onkel schaut sich die Steine an und blickt auf das Meer hinaus. Woher sind wir denn gekommen? Das kann man vom Ufer gar nicht erkennen. Die Ufergegend ist steinig-sandig und nicht so, wie wir das von zuhause kennen, wenn man an steinigen Stränden ist. Das ist hier ein Ufer vom Atlantik - Artic Ocean. Spontan kommen mir lauter „geografische“ Gedanken durch den Kopf, während ich so auf das arktische Wasser, auf das Meer schaue. Ganz in weiter Ferne dümpelt ein Eisberg, sogar bis hierher verirren sich Eisberge, naja, das hängt mit der Strömung und dem Wind zusammen. Wo könnte der Eingang zu dieser Bucht sein? - das ist nicht deutlich zu sehen. Ich stehe hier – mitten in der Hocharktis, am Ufer des Nordatlantik, eben diesem Gewässer, was so viele Namen hat. Ich kenne den Atlantik von sehr vielen Reisen. Daran denke ich jetzt spontan: beginnend mit der deutschen, holländischen, dänischen und norwegischen Nordseeküste, die deutsche und dänische Ostsee, Kattegat – ist ja im Grunde auch Atlantik-Gewässer und das jüngste Meer der Erde, außerdem das Mittelmeer. Mir fällt ein, überall bin ich schon im Meer geschwommen: Nordsee, Ostsee, Mittelmeer. Auf Madeira habe ich im kühlen Atlantik gebadet. In Rio de Janeiro nur mit den Füßen, es war Badeverbot, wegen zu hoher Wellen und in Florida kann man im Atlantik meist nur Wellenspringen machen, anstelle von schwimmen, denn die Strömung und der Sog ist enorm. Schwimmen ging wiederum gut auf den Bahamas und Jamaika, im warmen, türkisfarbenen Wasser. Nahe Kapstadt/Südafrika vereint sich der Atlantik mit dem indischen Ozean (hier gibt es köstlichen Wein mit dem wunderbaren Namen: Two Oceans).

Atlantik, ein Meer mit vielen Namen

Der **Atlantik**, auch Atlantischer Ozean genannt, ist nach dem Pazifik der zweitgrößte Ozean der Erde, mit einer Fläche von 106,2 Millionen km², insgesamt fast ein Fünftel der Erdoberfläche. Er ist in Nord-, Zentral- und Südatlantik unterteilt, liegt fast ausschließlich auf der Westhalbkugel der Erde und zählt zum verkehrsreichsten Weltmeer. Zwischen Norwegen und Grönland ist mit 1500 km die engste Stelle. Der Golfstrom, der aus der Karibik kommt und quer über den Atlantik, fingerförmig zieht und somit zu einem Teil auch bis nach Grönland (beide Küstenseiten) verläuft, ist für das relativ milde Klima an den nordeuropäischen Küsten verantwortlich. Die Danmarksstrædet /Denmark Strait / Dänemarkstraße zwischen Grönland und Island sowie die Davis Strait mit der Baffin Bay zwischen Kanada und Grönland verbinden den Atlantik mit dem Arktischen Ozean. Östlich von Island geht das Europäische Nordmeer über in den Arktischen Ozean (auch

Eismeer, Nördlicher Ozean, Nordpolarmeer, Nördliches Eismeer genannt), der gegenüberliegend mit der Bering Sea und damit mit dem Nordpazifik verbunden ist. An den Nordatlantik-Küsten befinden sich 16 europäische und zwei nordamerikanische Staaten. Das Wort Ozean bezieht sich auf den antiken Gott Okeanos, aus der griechischen Mythologie. **Pazifik oder auch Stiller Ocean**: Ferdinand Magellan hat 1521 diesen Ocean „Mar Pacifico" (portugiesisch/spanisch: friedliches Meer) genannt, so hatte er es damals vorgefunden. Dieses riesige Meer kann aber auch ganz anders ... als still und friedlich! Die Meere bedecken rund 70% der Erd-Oberfläche, mit ständigen geologischen Prozessen. Mond und Sonne halten sie mit ihrer Anziehungskraft ständig in Bewegung – alles Leben kam aus dem Meer! *Seit 2009 ist am 8. Juni Welttag der Ozeane und am 22. April ist der Tag der Erde !*

---> Es ist schon komisch und es fühlt sich einsam an, wenn man so gedankenversunken am Ufer einer kleinen Insel in arktischen Gefilden steht und doch fühlt es sich wunderbar an. Der Kopf ist so frei für die Gedanken über die Natur, die mich umgibt. Die anderen Passagiere sind inzwischen schon alle an Bord, mein Onkel und ich nehmen wieder das letzte „Zodiac-Taxi", genießen die kurze Überfahrt. Auch hier ist noch der Rest der Mitternachtssonne zu spüren, das bemerken wir kaum, sind mit den täglichen Erlebnissen und Eindrücken beschäftigt und sind gespannt, wie es weitergehen wird! An Bord haben die Reisenden vielleicht mehr Interesse an gutem Essen, als an Natur-Eindrücken, die sie auch erleben, ohne Zweifel, aber vermutlich nicht in dieser Intensität. Mich fasziniert diese arktische Besonderheit bis „in die Socken". Ich reise, um zu sehen und zu erleben, das Essen ist dabei für mich zweitrangig, jedoch nicht außer Acht zu lassen, denn es gibt oft landestypische Köstlichkeiten. Auch die Kommunikation mit den Reisenden ist sehr interessant, denn jeder hat auf unseren Landgängen andere Dinge gesehen, hatte ganz andere Gedanken und es macht Spaß, sich am Abend darüber zu unterhalten. Wir machen eine internationale, wissenschaftliche Expedition, keine Vergnügungstour. Und dazu kommen die interessanten Fach-Vorträge. Noch am Abend wird uns allen erklärt, dass nun doch die Sache mit der Planänderung eintreffen wird, beziehungsweise eingetroffen ist und das Schiff eine andere Route fahren muss. Die Eiskarte wird nun jeden Tag wichtiger in Augenschein genommen, als je zuvor.

!!!* Im Zuge meiner Recherchen fand ich heraus, dass der bekannte Norweger Roald Amundsen, während seiner berühmten Nordwest-Passagen Durchreise, vom 22.-24. August 1903 auf Beechey einen Zwischenstop gemacht hatte, um Franklin sowie seinen Leuten seine Ehre zu erweisen. UND – 116 Jahre später, fast auf den gleichen Tag, am 26. August 2019, waren wir auf Beechey und somit auch zur fast gleichen Zeit auf der ganzen Nordwest-Passagen Reise unterwegs – 174 Jahre nach der tragischen Expedition *!!!

Beechey Island - kleine Insel - mit großer Geschichte, Tragik und einigen Zufällen

Beechey Island 74°42'37"N, 91°51'25"W, die unscheinbare Stein-Insel, liegt nur 75 km östlich von Resolute Bay / Cornwallis Island, im Bereich Wellington Channel und Barrow Strait, fast auf gleicher Höhe wie Radstock Bay, ist nur 4,6 km² groß, max. 3 km lang, 2,7 km breit, etwa 800 km nördlich vom Polarkreis. Die Insel ist ein unbewohntes, relativ kleines, dem Devon Island an der Südwestküste vorgelagertes und mit ihr, über einen schmalen Sandstreifen, verbundenes Felsgebiet, eine Öde aus Geröll-Steinen. Zum Süd-Westufer ist ein ca. 200 m hoher Felsrücken, der Ähnlichkeit mit dem Devon Island Gebirge der Uferseite hat. Die Insel scheint einst davon abgebrochen zu sein und ihr Umriss sieht aus wie ein Tropfen, der oben am Festland von Devon Island hängt. Je nach Wetter und Witterung sieht es hier jedes Mal etwas anders aus, als ob Sturm, Eis, Schnee und Wellen die Steine am Strand vor und zurück schieben.

Das Gewässer ist sehr nährstoffreich und das Zuhause von Beluga-, Buckel- und Narwalen und viele andere arktischen Meeresbewohner. Unweit von Beechey Island ist ein Gebiet, in der Nähe vom Haughton-Krater, auf dem die NASA im Trainingscamp eine Landung auf dem Mars simuliert, weil es wie eine polare Wüste ist.

Geschichte: Beechey wird auch „Insel der verlorenen Seelen“ genannt und wurde 1819 entdeckt, auf einer Polarexpedition unter Sir William Edward Parry. Er benannte sie nach seinem erstem Offizier Frederick William Beechey. Die kleine Insel ist mittlerweile eine bekannte Insel der Arktis und eine historisch, bedeutsame Stätte der tragischen Franklin-Expedition. Im Juli 1845 segelten zwei Schiffe von London los. Sie wurden am 26. August vor der Einfahrt in den Lancaster Sound, auf der Suche nach der Nordwest-Passage, das letzte Mal von Walfängern gesehen. Dann nahm ihr Schicksal seinen Lauf; weder die Schiffe noch die 129 Mann wurden je wiedergesehen – verschollen in der Arktis.

((Anmerkung I. : auch hier begegnet uns das Datum 26. August, wobei wir an diesem Tage schon auf Beechey waren, dennoch fast zur gleichen Zeit auf dieser Reise unterwegs – genau 174 Jahre später!))

Die Lage von Beechey Island, zwischen der Barrow Strait und Wellington Channel, hielt Franklin offenbar für geeignet, hier mit seinen Schiffen *Erebus* und *Terror* 1845–46 zu überwintern, denn das Packeis machte eine Weiterfahrt unmöglich. Auf der Insel wurde ein Winterlager errichtet, es bestand aus einem Lagerhaus und einer kleinen Schmiede. Dann kam die –erste– Tragödie: drei Männer verstarben, wurden begraben und eine Holztafel an die Gräber gestellt.

In der Bucht, etwas oberhalb gelegen, stehen die einsamen Arktis-Gräber von 2 Expeditions-

Mitfahrern der *Terror* und einer von der *Erebus*, die hier im arktischen Winter ums Leben kamen. An verwitterten Holzbrettern stehen die Namen auf Bronzetafeln: John Torrington, leitender Schiffheizer, erst 20 Jahre alt, verstorben am 1.1.1846, John Hartnell, Matrose, 25 Jahre alt, am 4.1.1846 und William Braine, Royal Marine, verstarb am 3.4.1846 mit 32 Jahren. Die jungen Seeleute verstarben nur wenige Monate nach dem Expedition- Start. Im Frühjahr 1846 machten sich die Schiffe wieder auf den Weg, eine eisfreie Durchfahrt von Beechey Island aus wurde vermutet. Die Schiffe steckten dann fest, 600 km südlich, im Packeis des Larson Sound. Vom Eis eingeschlossen, nahm das Schicksal seinen langen, tragischen Lauf. Das Verschwinden der Schiffe löste eine der längsten und größten Suchaktionen in der Geschichte aus, von 1848-59. Zu Beginn der großen Suche nach den Verschollenen hatte keiner von den Beechey-Gräbern gewußt. Das kam erst im Zuge der Such-Aktionen nach den Vermissten, um die sich eine Menge Rätsel rankten, was die Ursache gewesen sein könnte. Die ersten Such-Expeditionen fuhren im Frühjahr 1848 wieder ab und kehrten im folgenden Jahr zurück, ohne eine Spur der vermissten Seeleute gefunden zu haben. Weitere Arktis-Entdecker und Polarforscher beteiligten 1850-59 an der großen Suche. Einige erfuhren erst viel später, wie nah sie schon an einigen Unglücksstellen gewesen waren,

dennoch wäre es zu spät gewesen.
Als Kapitän Sir Horatio Thomas Austin (1800-65) britischer Vizeadmiral der Royal Navy (an mehreren Polarexpeditionen in der kanadischen Arktis beteiligt) während der Suchexpedition im Februar 1850 zum Kommandeur der *Resolute* ernannt wurde, wählte er seinen Freund Erasmus Ommanney zum zweiten Kommandeur für das Schiff *Assistance*. Die Expedition organisierte auch ein umfangreiches System von Schlittenfahrten, mit denen die Küste von Prince of Wales Island vermessen wurde.
Admiral Sir Erasmus Ommanney (1814-1904), Offizier der Royal Navy und Polarforscher, erreichte am 23. August 1850 das Cape Riley (eine größere Fels-Landzunge von Devon Island, unweit östlich von Beechey). Von hier aus fuhren sie hinüber nach Beechey Island. Hier entdeckte Ommanney, zusammen mit einigen anderen Seeleuten, am **25. August 1850,** zufällig am Insel-Ufer die Überreste eines Winterlagers, die sich als die ersten Spuren der seit 1845 vermissten Seeleute erwiesen.
((Anmerkung II. : schon wieder begegnet uns –fast– das Datum. Am 26. August 2019 waren wir auf Beechey – 169 Jahre später. Und mit unseren Gedanken an die verstorbenen jungen Seeleute und das weitere tragische Schicksal der ganzen Mannschaft!))
Bei der Suche auf Beechey wurden nirgends schriftliche Aufzeichnungen oder Hinweise darauf gefunden, wohin Franklin weiter segeln wollte. Die Suchtrupp-Flotte fand auch die drei Steinhaufen-Grab-

male am Ufer von Beechey Island, in der (später benannten) Erebus and Terror Bay, etwas oberhalb des Ufers gelegen. Franklins Expedition hatte also den Winter 1845 auf dieser Insel verbracht, somit war gewiss, dass sie hier überwintert hatten, beziehungsweise mussten. Obwohl der Steinhaufen abgebaut wurde, fanden sie keine weiteren Spuren und kehrten im Oktober 1851 nach England zurück. Zusätzliches Schicksal: An Bord des Depot-Segel-Schiffes *North Star,* verstarb der Seemann Thomas Morgan am 22.5.1854 (vermutlich an Skorbut). Er gehörte zur Mannschaft der *Investigator*. Unter dem Kommando von Robert McClure (1807-73), britischer Seefahrer wurde von 1850-54 nach Franklin gesucht, aus Richtung Westen, Bering Strait/ Beaufort Sea. Wegen Vereisung an der Nordküste von Banks Island musste die *Investigator* verlassen werden, alle wurden gerettet, gelangten nach Beechey, wo Morgan verstorben ist. Sein Grab wurde daher später, neben den anderen drei Gräbern, hinzugefügt, hat somit keinen Zusammenhang mit den vorhandenen Gräbern. Nachdem die ersten Spuren und die Gräber auf Beechey entdeckt worden waren, wurde die Insel zu einer Art Ausgangs- und Sammelpunkt der an den verschiedenen Suchaktionen beteiligten Schiffe. So warteten in der Bucht Versorgungsschiffe auf Anweisungen und Schlittentrupps übermittelten von hier Nachrichten zwischen den tiefer ins Eis vorgedrungenen Schif-

fen. Über mehrere Jahre kamen Erkundungsschiffe hierher, da man sich irgendwelche aufschlussreiche Botschaften Franklins auf Beechey zu finden erhoffte. Viele Jahre in Folge fuhren weitere Expeditionen zur Suche in die entlegensten Gebiete des arktischen Insel-Labyrinths. Jeder von ihnen entdeckte dabei weitere und andere Gebiete, Landteile, Inseln und hauptsächlich die vielen Meeresarme. Das alles zusammen hat sich wie ein Riesen-Puzzle, in vielen Jahren, zusammengefügt, denn auch aus der Vogelperspektive sieht der kanadische Insel Archipel wie ein Puzzle aus, das nur noch zusammengelegt werden muss. All diesen wagemutigen Entdeckern, Seefahrern und Forschern, die im Grunde überwiegend wegen der Suche nach Franklin unterwegs waren, verdanken wir das heutige Wissen über diesen Teil der Arktis.
In den 1990er Jahren wurden, aufgrund des sich verschlechternden Zustands der Grabmarkierungen, alle durch Holzplatten mit Markierungen und Schriften durch Bronzetafeln ersetzt.
Die ursprünglichen Gedenktafeln von den Gräbern befinden sich seit 1993 im Prince of Wales Northern Heritage Centre (Museum) in Yellowknife/ Nord-West Kanada.
>>> weitere Informationen über die gesamten Franklin-Expeditionen stehen im Kapitel: Nordwest-Passage --- wo zum Teufel ist die Nordwest-Passage??? und über einige Seefahrer im Kapitel: Besondere Persönlichkeiten Helden der Nordwest-Passage
---> Auf Beechey gibt es noch eine andere Gedenkstätte, die inzwischen auch zur Sehenswürdigkeit

geworden ist. Auf der südlichen Seite, etwas oberhalb des Strandes und am Fuß eines hohen Felsengebirges, sind Überreste vom „Northumberland House“ zu sehen. (Northumberland /Grafschaft in Nordost England), falls sie nicht irgendwann verwittert und verfallen ist oder sein wird. Das 1854 ursprünglich von den Männern der Suchmannschaft aus Treibholz gebaute Schutzhütte auf einem Steinfundament, diente als Versorgungsdepot, für eventuell zurückkehrende Seefahrer der Franklin-Expedition. Außerdem steht (stand) in der Nähe eine große Holz-Pyramide, hier kann man Nachrichten (oder Rumflaschen) hinterlassen.

Weitere Besonderheit:

Etwas weiter dahinter steht die Belcher-Säule und Bellot-Erinnerungsstätte (Scheingrab), ein Denkmal für Franklin, Bellot und Belcher. Früher war es nur eine Holzsäule und eine Marmorplatte. Diese „Belcher-Säule“ ist ein Denkmal, für Edward Belcher (1799-1877), zur Erinnerung an die Verunglückten der Belcher Expedition. An der Säule, die wie eine riesengroße Kegelfigur aussieht, sind im oberen Teil ringsherum Metall-Tafeln angebracht. Die Marmorplatte, das Scheingrab, ist zur Erinnerung an **Joseph-René Bellot** (1826-53), französischer Lieutenant und Polarforscher. Man nimmt an, er ist in eine Spalte zwischen Eisschollen geraten und im Eiswasser ertrunken.

Eine dunkle Bronzetafel in Form eines Hutes oder einer Glocke, an der Belcher-Säule angebracht, trägt die Inschrift: „In Erinnerung an Lt. Bellot von der französischen Marine, der sein Leben verlor, als er bei der Suche nach Sir John Franklin im Wellington Channel, wo er am 18. August 1853 ertrank, edel half.“ 1854 wurde diese Tafel des traurigen Ereignisses von seinem Freund John Barrow angebracht. Die Marmorplatte wurde 1858 im Auftrag von Witwe Lady Franklin zum Andenken an ihren Mann, seine Gefährten, seine Leute und zur Erinnerung an die Expedition durch Kapitän McClintock hier errichtet.

Eine Reproduktion der verfallenen Teile erfolgte 1977. Das bewegendste aller Denkmäler ist eine Gedenktafel, die von Seiner Königlichen Hoheit, Prinz von Wales im April 1975, angebracht wurde und an alle tapferen Entdecker erinnert, die mutig nach der Nordwest-Passage suchten.

Die Grabstätten und das hier errichtete Franklin-Denkmal wurden zu einem Canadian National Historic Site ernannt.

Die einsamen Grabstätten und die Ruinen von Northumberland House vermitteln eine gespenstische Vorstellung von den unfassbaren Herausforderungen, denen die Seefahrer in dieser endlos-arktischen Wildnis gegenüberstanden, mit dem tragischen Ende.

Frederick William Beechey (1796 -1856) war ein britischer Seeoffizier, Polarforscher und Geograph, begleitete 1819 den britischen Polar-Forscher

William Edward Parry als Leutnant auf dem Schiff *Hecla* bei einer Nordmeerfahrt. Parry entdeckte auf dieser Fahrt eine Mini-Insel, die er nach Beechey benannte, natürlich ohne zu ahnen, dass sie, 26 Jahre später, die bis heute, bekannteste der arktischen Inseln werden würde! William Beechey hat „seine" Beechey-Insel selbst jedoch nie gesehen.
Sir Edward Belcher (1799-1877) britischer Seefahrer und Polarforscher, unternahm 1825 mit Kapitän William Beechey eine Expedition zur Bering Strait und war 1852 an der großen Suchexpedition beteiligt. Belchers Expedition ist sowohl die größte als auch die letzte, die von der Royal Navy geschickt wurde und sie blieb erfolglos. 1854 kehrte er nach dem Verlust mehrerer Schiffe in die Heimat zurück. Eines der verlorenen Schiffe war die „besondere" *Resolute*. >>> weitere Informationen über Beechey, Belcher und die gesamte Franklin-Expedition stehen im Kapitel: Nordwest-Passage ---wo zum Teufel ist die Nordwest-Passage??? u. Teil 9: Besondere Persönlichkeiten - Helden der Nordwest-Passage

----> Auf der kommenden Route befinden sich viele Meeresengen, Straits, Sounds, Channels und Inseln, mit sehr ungewöhnlichen Namen. Sie wurden fast alle nach ihren jeweiligen Entdeckern oder besonderen Personen, Persönlichkeiten benannt. Kein Wunder, dass sich die früheren "Arktis-Entdecker" hier leicht verirrt haben, im Insel-Meeresengen-Labyrinth, oder sind sie im Kreuzungsbereich falsch abgebogen? – das scheint der Franklin Expedition passiert zu sein. Sie waren bei Beechey Island anstelle nach Süden, in den Wellington Channel nach Norden gesegelt, in der Annahme, dort eine eisfreie Durchfahrt zu finden, bevor sie dann in der Beechey Island Bay überwintern mussten. Schwierigkeiten bereitete früher auch die Nähe des magnetischen Nordpols, der die Kompaßnadeln beeinflusste. Diesen magnetischen Nordpol hatte James Clark Ross entdeckt.

Wasserstraßen tragen die Namen ihrer Entdecker

Die Meerengen/Meerstraßen in Nunavut sind alle relativ lang und einige haben wir auf der Reise passiert. Sie haben die Namen nach deren Entdeckern oder anderen Persönlichkeiten. Im Kapitel „Zeittafel" und im Kapitel „Nordwest-Passage --- wo zum Teufel ist die Nordwest-Passage???" werden einige berühmte Seefahrten und Seefahrer beschrieben und erklärt, wie diese „komischen Namen" zustande gekommen sind. Mit der Zeit begreift man den Zusammenhang von den Namen und den Personen. Eine Meerenge, auch Meeresstraße, Kanal oder Belt (Sound, Strait, Channel) genannt, ist eine Stelle eines Meeres, an der sich zwei Landmassen gegenüberliegen oder nahe sind und einen Engpass des Meeres bilden. Meerengen sind (und waren vor allem früher) von großer Bedeutung für die Schifffahrt. Das Gegenstück ist die Landenge (Isthmus). Im Gebiet der Ostsee und in Norwegen wird eine enge Meeresstraße oder deren engster Teil als Sund bezeichnet. Viele dieser Sunde sind nach der Insel benannt, die sie vom Festland oder einer größeren Nachbarinsel trennen. Meerengen mit der Bezeichnung Belt gibt es nur in Dänemark. Ein Fjord ist keine Meersenge sondern ein Meeresarm, der unterschiedlich tief ist und weit in das Festland/ Gebirgsland hineingeht, aus geschmolzenem Gletschereis entstanden. Obwohl die kanadischen Archipel Meeresengen sehr eng erscheinen, ist die schmalste Meerenge der Welt an ihrer engsten Stelle nur 40 m breit und das ist der Euripos, ein natürlicher Meereskanal zwischen der zweitgrößten griechischen Insel Euböa und dem Festland.

---> Als wir vom „Beechey-Island-Ausflug" wieder an Bord sind und von der Reling die Abfahrt ansehen, zeigt sich eine ganz außergewöhnliche Sonne! Ich nenne das Phänomen Sol borealis – die Sonne des Nordens, denn das ist, wie die Aurora (Morgenröte) borealis (nördlich)-> Nordlicht, eine merkwürdige Erscheinung: die Sonne ist von einer Schicht hauchdünnen Wolken verschleiert und das leuchtet in Regenbogen Farben, wie ein Regenbogen, aber als Sonnen-Ball. Ich bin ganz hin und weg und auch mein Onkel staunt, er hat schon oft Nordlichter erlebt, auf seinen Reisen, aber so eine Erscheinung hat er auch noch nicht gesehen. Leider ist es Zeit für das Abendessen, darum können wir nicht länger beobachten, wie das Sonnen-Farben-

Spiel weiter geht. Die Sonne geht ja nicht vollständig unter, vielleicht nur so eben unter den Wolkenschichten an der Horizontlinie. Später sehen wir nochmal die Sonne knapp über dem Horizont. Sie hat schöne Farben und wirkt viel klarer als woanders. Ich habe schon viele Sonnenuntergänge erlebt, aber hier sind diese Farbtöne so besonders klar – arktisch.
---> Wir fahren aus der Beechey Bay / Erebus and Terror Bay heraus, zur linken Seite ist das Cape Riley, die Gipfelhöhe ist vereinzelt mit flachen Schneefeldern bedeckt, das sieht etwas fjordnorwegisch aus. Nun befinden wir uns im Gewässer-Übergang vom Wellington Channel in die Barrow Strait, zur linken Seite liegt Devon Island, mit Beechey Bay und gegenüber, zur rechten Seite, ist Cornwallis Island mit Resolute Bay, was wir weit in der Ferne nur erahnen können.
Das Expeditionsteam teilt uns mit: **wir haben ein Eisproblem** – doch dazu kommen später weitere Informationen und wir können das auch nicht so recht verstehen, was genau damit gemeint ist und warum sich die Eissituation ändern sollte. Jedenfalls wird es spannend, wir sind auf Expeditions-Reise, da gehört jedes aufregende Abenteuer dazu!
---> Dann passieren wir die Mini-Insel Griffith Island, die wir aber nicht sehen können. Mini, im Vergleich mit all den anderen Inseln drum herum. Der **Wellington Channel** 75°10'N, 93°0'W ist eine

Meerenge, verläuft zwischen den Inseln Cornwallis Island und Devon Island und wurde am 22. August 1819 von William Edward Parry entdeckt und nach dem General und Politiker Arthur Wellesley, 1. Duke of Wellington (1769-1852) benannt. Franklin drang 1845 in diesen Kanal bis auf 77° N vor, bis ihn Eis zur Umkehr zwang. Die erste systematische Erkundung des Kanals fand 1851 durch William Penny im Rahmen der Suchexpedition nach Franklin statt. **Griffith Island** 74°35'N, 95°30'W ist eine unbewohnte Insel, 20 km lang, 12 km breit, 189 km^2, groß, im Territorium Nunavut, gehört zur Gruppe der Parry Islands in den Queen Elizabeth Islands im Nordpolarmeer, entdeckt von William Parry am 23. August 1819, auf seiner ersten Reise zur Nordwest-Passagen Suche, benannt nach Rear Admiral Edward Griffith (1767–1832) ein hoher Offizier der britischen Royal Navy. Auf der Suche nach der verschollenen Expedition überwinterte Horatio T. Austin (1801-1865), britischer Vizeadmiral der Royal Navy und an mehreren Polar-Expeditionen in der kanadischen Arktis beteiligt, als Kapitän der *Resolute*, 1851 auf der Insel. In dieser Zeit erkundete er zusammen mit seinem Co-Kapitän George F. McDougall (1825–1871) die Meerenge zwischen Bathurst Island und Cornwallis Island, den McDougall Sound. Griffith Island liegt in der Barrow Strait südlich von Cornwallis Island, von der sie durch die nur 11 km breite Resolute Passage

getrennt ist. Das Südostkap Cheyne Point ist 200 m hoch.
---> Vielleicht haben wir das aus der Ferne gesehen?, die niedrigen Berglinien am Horizont sehen so gleich aus, außerdem wird die Sicht immer schlechter, Nebel kommt stellenweise auf und es ist abends, so dass wir uns an Bord aufhalten und die triste Landschaft nicht beobachten.
Barrow Strait 74°25'N, 96°20'W ist eine 270 km lange Meerenge im kanadischen Territorium Nunavut, der schmalste Abschnitt innerhalb des Parry Channels. Er bildet eine Art Kreuzungsbereich: verbindet den Lancaster Sound im Osten mit dem Viscount Melville Sound im Westen, Wellington Channel im Norden und Peel Sound im Süden, trennt dabei die zu den Queen Elizabeth Islands gehörenden Inseln Bathurst, Cornwallis und Devon im Norden von Prince of Wales Island, der kleinen Russell Island sowie der Somerset Island im Süden. An der schmalsten Stelle, zwischen Cornwallis Island und Somerset Island, ist die Barrow Strait nur ca. 45 km breit. Die Siedlung Resolute Bay an der Barrow Strait ist die einzige in diesem Bereich in der Nordwest-Passage. Benannt ist dieses Gewässer nach Sir John Barrow, 1. Baronet (1764-1848), zweiter Sekretär der Admiralität des 19. Jhd.
>>> weitere Informationen über John Barrow stehen im Kapitel: Nordwest-Passage --- wo zum Teufel ist die Nordwest-Passage ???
Cornwallis-Island ist eine der vielen Queen Elizabeth Islands /Nunavut, nördlich von Somerset-

Island, zwischen Devon Island im Osten und Bathurst Island im Westen, 6995 km² groß, ca. 115 km lang, 50 bis ca. 100 km breit. Das Gelände ist relativ flach und steigt von Nordwest nach Südost langsam an, mit einer maximalen Höhe von 359 m. Die Insel wurde 1819 von William Edward Parry entdeckt, der sie nach William Cornwallis, einem britischen Admiral benannte. 1850/51 überwinterten William Penny und John Ross, auf der Suche nach der verschollenen Expedition, in der Assistance Bay, an der Südspitze der Insel. Im folgenden Frühling wurde der größte Teil der Küstenlinie kartiert. Trotzdem galt Cornwallis Island noch bis 1859 als Halbinsel von Bathurst Island. Diese Insel ist stark gegliedert, mit vielen Neben-Inseln, gehört zur Bathurst-Gruppe der Parry Islands, eine Untergruppe der Queen Elizabeth Islands, ist mit 16.042 km² Platz 13 unter den größten Inseln Kanadas. Die Siedlung Resolute liegt an der Südküste. **Resolute Bay** 74°42'N, 94°50'W (kurz Resolute) Inuktitut: Qausuittuq „Ort ohne Dämmerung" ist, nach Grise Fiord, die zweitnördlichste Gemeinde des Territoriums Nunavut, (oberhalb von Devon Island), hat ca. 280 Ew., überwiegend Inuit. Die Bucht mit gleichnamiger Siedlung liegt an der Südküste von Cornwallis Island und der Nordpol ist ca. 1700 km entfernt. Die Landschaft ist ein langgezogener Hügel ohne jede Art von Vegetation, arktische Kargheit. Benannt ist der Ort nach dem

Schiff *Resolute*, eines der Schiffe, das an der Suche nach der missglückten Franklin-Expedition beteiligt war und hier von ihrer Besatzung aufgegeben wurde. In der Folgezeit kamen eine ganze Reihe von Expeditionsschiffen hier vorbei. Weit davor, 1819, war vermutlich William Edward Parry der erste Europäer, der hierher kam. Ab den 50- ziger Jahren wurden hier viele Forschungen betrieben. Die kleine Bucht wird mittlerweile oft von Kreuzfahrtschiffen angefahren, obwohl hier nichts sehens- und wissenswertes zu entdecken ist, oder vielleicht weil diese Insel „ein Tor zum Nordpol“ ist? Viele Mutige versuchen von hier zu starten, das ist jedoch ein schwieriges Unterfangen, nicht mal eben so zu schaffen, wie eine Gipfelbesteigung. Die Siedlung verfügt über einen Flugplatz, fungiert als Drehkreuz für die zentralarktischen Inseln von Nunavut und ist ein Ausgangspunkt für viele Reisen in die Hohe Arktis. Außerdem gibt es nur drei Strassen/Wege, einen Coop-Supermarkt, ein Guesthouse und ein Mini-Hotel und die wohl nördlichste Eissporthalle der Arktis. Die Türen können sicher ein halbes Jahr offen bleiben, bei winterlich durchschittlich -30°. Resolute hat ein Krankenhaus, ein recht neues Stadtverwaltungsgebäude und eine Schule. Die niedliche kleine Holzkirche in grüner Farbe mit rotem Dach, hat ein mit Seehundfell bespannten Altar. Ab und zu lagern große Eisberge vor der Bucht, die ihren weiten Weg ganz aus Grönland hierher

geschippert sind. Doch hier ist Endstation, denn wegen der ganzjähigen Packeisgrenze kommt kein Eisberg weiter des Seeweges. Wenn der Wind auf West dreht, treibt es ihn zurück, in andere Gefilde, oder er kommt, in ganz anderer, geringfügig kleinerer Form, wieder zurück. Im Gemeindezentrum ist eine Poststation, in der man Ansichtskarten mit Eisbärstempel bekommen kann, aber deswegen kommen wohl kaum die Kreuzfahrttouristen her.
Geschichte: Gegründet wurde sie 1947 als kanadisch-amerikanische Wetterstation. 1954 wurden Inuit von der Regierung aus an-
deren Gebieten nach Resolute umgesiedelt, vermutlich, um hier, wie auch ähnlich viele, viele Jahre zuvor in Dundas Harbour, den territorialen Anspruch zu schützen. Die Inuit hatten außer sich selbst nichts und mussten sich der Gegend anpassen und sicher lebten oder leben sie besser, als wir in unserer überzivilisierten Gesellschaft, mit all den Kulturen, der Politik und übervölkerten Städte und Länder? Um 1996 befand sich hier in der Nähe der magnetische Nordpol, der seitdem stets weiter nach Norden gezogen ist, mittlerweile auf dem Weg nach Sibirien „unterwegs“ ist.
---> Bei dem eisig-windigem Wetter kam es mir vor, als ob wir direkt in der Nähe vom Nordpol waren, oder sogar mitten drin? Da die Sicht so schlecht ist und es nur uns Passagiere auf dem Schiff hier (weit und breit) gibt, also ganz verständlich, dass man an

den Nordpol denkt (oder die Orientierung verloren hat?), um sich vorzustellen, ob es dort nicht auch genauso aussehen mag?- nur noch viel, viel mehr Eis, ewiges Eis. So ganz abwegig ist das Nordpol-Gefühl gar nicht ..... obwohl wir ab jetzt Kurs Richtung Süden nehmen und den hohen Norden verlassen. – Der magnetische Nordpol war 1948 in der Nähe der Südküste von Cornwallis Island / Resolute Bay, also nicht weit von diesem Seegebiet, in dem wir uns jetzt gerade befinden. Fühle ich mich daher gerade so „nordpolisch magnetisiert"?

Der magnetische Nordpol / north magnetic pole, ist ein physikalisches Phänomen, ein Wanderpunkt auf der Oberfläche der nördlichen Erdhalbkugel, auf den das Magnetfeld des Planeten vertikal nach unten zeigt. Es gibt nur einen Ort, an dem dies auftritt, in der Nähe des geografischen Nordpols und des geomagnetischen Nordpols (genau genommen gibt es 3 Pole: einen geografischen, einen magnetischen und einen geomagnetischen). Im Prinzip ist die Erde ein riesiger Magnet, mit einem Nord- und einem Südpol und dazu gehört das Magnetfeld, es umgibt die komplette Erde. Aber: Diese magnetischen Pole sind nicht zu verwechseln mit dem Nord- und Südpol auf der Weltkarte, die geografische Pole genannt werden. Wo diese geografischen Pole liegen, ist durch die Erdachse festgelegt, um die sich die Erde dreht. Darum sind die magnetischen Pole nicht gleichzeitig auch geografische Pole. Wo sie liegen bestimmt das Magnetfeld, das spannt sich in ovalen Linien um die Erdkugel. Das Magnetfeld ändert sich dauernd und dadurch ändert sich auch ständig die Position der magnetischen Pole. Mit Verschiebung des Erdmagnetfeldes ändert sich die Lage des arktischen Magnetpols sowie des arktischen geomagnetischen Pols. Der magnetische Nordpol, also der Ort, wo die Feldlinien des Erdmagnetfeldes senkrecht in die Erde gehen, liegt meist viele 100 km vom geografischen Nordpol entfernt. Der magnetische Nordpol ist auch dafür verantwortlich, in welche Richtung ein Kompass zeigt. Entdeckt wurde der arktische Magnetpol am 1. Juni 1831 von James Clark Ross, nahe Kap Adelaide, Boothia Halbinsel/Kanada, damals auf 70°17'17"nördlich, 96°46'45" westlich. Mittlerweile konnte erforscht werden, dass sich der magnetische Nordpol im Jahre 1590 nördlich von Victoria Island, in Höhe des Viscount Melville Sound befand. 1600 zog er von hier nach Norden bis über Melville Island hinaus und ab 1632 wieder fast die gleiche Strecke, nur etwas westlicher, nach Süden zurück, bis er 1730 die Nordspitze von Victoria Island erreichte. Ab hier kreuzte die Strecke den „Startpunkt von 1590" und verlief weiter quer über den M'Clintock Channel, bis er 1831 entdeckt wurde. 1859 hatte er den südlichsten Punkt erreicht, ungefähr nördlich von Gjoa Haven, bevor er dann mit leichtem Linksdrall stets nach Norden durch die

kanadische Inselwelt wanderte. Um 1920 war er ungefähr im Gebiet der Pasley Bay, hat dann den Peel Sound gekreuzt und seitdem näherte er sich dem geografischen Nordpol. Seit den 1990 Jahren hat sich die Geschwindigkeit sehr verstärkt: von 15 auf 50 km pro Jahr (derzeit wieder nur 40 km) weicht er von seiner ursprünglichen Position ab und wandert, rennt sogar, seit den letzten Jahren kontinuierlich ziemlich geradeaus weiter nach Norden, Richtung Nordpolarmeer. Er war 2010 über den 85° Breitengrad gelangt, 2018 auf Höhe der Nordpols und ist derzeit (2020) links am Nordpol vorbei (von Kanada aus gesehen), fast auf der Höhe im Fadenkreuz der Svalbard Insel sowie Severnaya Zemlya/Sewernaja Semlja / Ostsibirien. Er driftet ab 2020 weiter ostwärts auf New Siberian Islands, vor Sibirien, zu. Die Ursache ist das Magnetfeld, durch Bewegungen im Erdinneren, angetrieben vom flüssigen äußeren Erdkern, der in ca. 2900 km Tiefe beginnt, wo die Temperaturen zwischen 4500°C und 6000°C erreichen.
Mittlerweile wurde erforscht und erkannt: ohne Magnetosphäre wäre unsere Atmosphäre ungeschützt und ein Teil davon würde verschwinden. Betroffen von den Änderungen sind vor allem Kompasse, die sich in vielen verschieden Geräten befinden. „Sichtbare" Auswirkungen hat der wandernde Nordpol in der Luftfahrt, denn alle Landebahnen werden nach ihrer Ausrichtung zum mag-

netischen Norden nummeriert. Die Bezeichnungen sind an beiden Enden der Piste. Dadurch, dass sich der magnetische Pol über Jahrzehnte Richtung Sibirien bewegte, mussten, oder müssen noch, viele Flughäfen aktuelle Landestreifen-Nummerierung erhalten und neben der Markierung müssen alle Beschilderungen und Dokumentation aktualisiert werden. Das ist mit enormen Kosten verbunden. Geowissenschaftler sagen, dass es noch immer keine Möglichkeiten gibt, die verlässlich vorhersagen könnten, wie sich das Magnetfeld der Erde weiterhin verändert. Das es sich ändert hängt mit dem flüssigem Eisen im Erdinneren zusammen, dies steigt, kühlt ab und sinkt dann wieder und durch diese Bewegung verändert sich auch das Magnetfeld der Erde.

Im Gegensatz zum magnetischen Nordpol bewegt sich der Süd-Magnetpol extrem langsamer, ist derzeit im Gebiet vor der Küste von Adélieland / Ostantarktis, gegenüber von Neuseeland, Südwestpazifik.

Zusammenhang mit dem Nordlicht!

Die wenigen geladenen Teilchen, die es schaffen die Erde zu erreichen, lenken sich ab und bewegen sich parallel zu den Magnetfeldlinien. Wenn die Feldlinien an den Polen zusammenlaufen, kollidieren diese Partikel mit der Atmosphäre in diesen Bereichen, dann tritt das spektakuläre Atmosphären-Phänomen auf. Wenn der Magnetpol fortschreitend abweicht, werden sich auch die Zonen der Auroren sehr geringfügig bilden. Obwohl sie weiterhin in hohen Breiten und sehr nahe am geografischen Pol auftreten werden, ist die Wahrscheinlichkeit, dass sie in niedrigeren Breiten in Asien und Europa erleuchten, größer, wenn sich der Magnetpol in Richtung dieser Regionen bewegt. Ob das verschobene, sich weiterhin verändernde Magnetfeld Konsequenzen auf magnetische Navigationsinstrumente oder Satelliten hat, muss weiterhin erforscht werden.

40 Jahre zeigten die Kompasse den gleichen Punkt an, bis schätzungsweise 2040 werden sie nach Osten (von Norden) zeigen. Die Häufigkeit hängt von der Sonnenaktivität ab.

Und wie ist das mit dem Polarlicht?

Polarlys ——— wunderschöne Himmels-Magie jenseits der beiden Polarkreise

Frühere Völker sahen diese Lichterscheinungen als „a kind of spirit" / eine Art Geist, Feuergeister, malende Trolle oder tanzende Vorfahren im Himmel. Es ist ein Zusammenspiel aus Sonne und Erde, was Menschen seit tausenden Jahren fasziniert. Das Nordlicht / nothern light leuchtet am besten zwischen September und März, bei klarer Kälte, am dunklen Nachthimmel in den Polargebieten, am häufigsten zwischen den 60. und 70. Breitengrad. Die Beobachtung ist ein besonderes Erlebnis. Das Nordlicht der Arktis wird „Aurora borealis" genannt, das Südlicht der Antarktis „Aurora australis". Diese Farb-Bänder werden durch Aktivitäten der Sonne ausgelöst, ein filigranes, physikalisches Phänomen. Gelegentlich stößt die Sonne große Mengen elektrischer Elektronen (Teilchen) aus, die mit rasender Geschwindigkeit durch das All sausen. Dieser Sonnenwind prallt auf das Magnetfeld der Erde und wird von ihm polwärts geleitet. Wenn diese winzig-kleinen Teilchen mit den Atomen der Lufthülle der Erde zusammenstoßen, wird Energie in Licht umgewandelt und es entstehen diese Farb-Gebilde am nächtlichen Himmel. Aus Stickstoffmolekülen und Sauerstoffatomen ergeben sich die unterschiedlichen Farben und die Sauerstoffmenge in der Atmosphäre beeinflußt, ob es grün, blau oder violet leuchtet. Im Grunde ist diese Himmels-Magie auch an vielen anderen Stellen der Erde zu sehen, in einem Gürtel, der ungefähr in 2500 km Entfernung um den magnetischen Nordpol liegt. Dieser Nordlicht-Kreis erstreckt sich von Nordskandinavien über Island, Südgrönland, Nordkanada und Alaska bis Nordsibirien entlang. Innerhalb dieser Zone ist es sehr häufig, in den umliegenden Polargebieten oft. Als extrem seltenes Ereignis kann man es sogar in Mitteleuropa sehen. Bei guten kalt-klaren Bedingungen taucht es sogar in Schleswig Holstein auf. Dieser Ablauf hängt mit der Sonnenaktivität und ihrem durchlaufenden Aktivitätszyklus zusammen. Mit dem Südlicht ist es ähnlich. Es ist ein alltäglicher Ablauf, jede Nacht, nicht nur im Winter, doch nur bei klaren Nächten kann das menschliche Auge das Leuchten am besten erkennen. Bei hellen Nächten ist es nicht sichtbar, denn die Sonne muss sich in einer bestimmten Entfernung unter dem Horizont befinden. Somit ist der beste Zeitraum für das Nordlicht-Spektakel von Anfang September bis Mitte April, die arktische Winterzeit und nicht bei Vollmond, weil er zu viel Licht abgibt. Die Lichter flackern hoch über der Wolkendecke und darum ist es nur bei klarem Wetter zu sehen, am besten über den Fjordgebieten und im Binnenland, kaum an der Küste. Das ist ein sehr komplexes Thema und wird noch immer von der ESA und NASA erforscht. Heutzutage liefern Sateliten klare Bilder und geben mittlerweile umfangreiche Informationen von den Polarlichtern. Die sehen, von oben, genauso aus, wie man sie von der Erde aus erkennt, die gleichen grünen Farbtöne und auch rote Farben sind dabei, in einer anderen Höhe. Die Lichter ziehen wir ein leuchtender Gürtel rund um die Nord- bzw. Südhalbkugel, um das gesamte Gebiet über dem Polarkreis. Forschungen haben ergeben, dass die Nordlichter ungefähr zwischen 90 und 130 km über dem Erdboden toben, weit über der Ozonschicht (20-30 km) und teilweise auch Höhen von mehreren Hundert Kilometern erreichen können. Aus diesem Grund ist es über so weite Entfernungen sichtbar, obwohl es so nah wirkt. Die magnetischen Pole verschieben sich langsam und dadurch auch die Nordlicht-Zone – hoffentlich hören die magischen Lichter nie auf uns Menschen zu verzaubern!! So eindrucksvoll diese Lichtspiele sind, sie können sogar Stromausfälle in den Polregionen verursachen.

>>>>>>> Wir haben ein echtes Eisproblem - jetzt wird es ernst ... das Abenteuer beginnt!

Die Eismassen sowie undurchdringliche Eisflächen in diesen Breiten können selbst in heutiger Zeit noch eine fahrplanmässige Durchfahrt verhindern. Oft ändert sich die „Eis-Situation“ innerhalb kürzester Zeit weil sich das Eis aufgrund der Strömung aneinander drückt und mit lautem Knarren und Getöse übereinander schiebt, als ob es aus den Meeresengen heran kriecht und dann wie in einer Sackgasse stecken bleibt. Diese Eispressungen haben unglaubliche Kräfte! Aber so arg wird unser **„Eis-Problem“** nicht sein.

---> Für den Verlauf unserer Arktis-Reise hat uns das Expeditionsteam schon vor 2 Tagen erklärt, dass wahrscheinlich eine Routen-Änderung geplant werden muss und nur noch eine Möglichkeit der Passage bietet sich. „Auf den Spuren der ersten Entdecker“ – jetzt ist es soweit und nun kommt das richtige **„Franklin-Gefühl“** auf. Den Seeleuten muss es früher zu Beginn ähnlich ergangen sein, bis später das Unglück seinen Lauf nahm. Wir sind gespannt, was auf uns zukommen wird. So genau weiß das wohl nicht einmal der Kapitän. Denn die Eiskarten sehen bedrohlich aus, das heißt, weite Teile im Peel Sound, auf den wir hinzufahren, sind stark vereist. (Man muss sie nicht verstehen, das ist

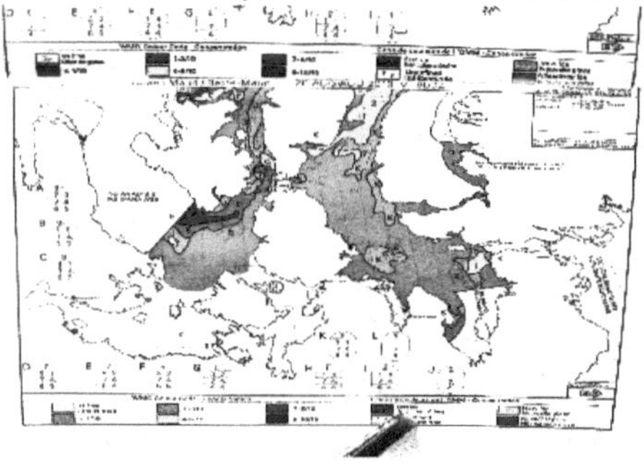

Käpt`n-Sache).

(in schwarz-weiß ist es schwer zu deuten, sie ist ja farbig).

Die **tägliche „Eis-Karte“** ist wie ein Stundenplan, sehr wichtig. Öfter am Tage setzte uns das Expeditionsteam auf den aktuellen Stand und informierte, dass unsere Route ab sofort anders verlaufen muss, als ursprünglich geplant war, denn die eigentliche Route ... Durchfahrt .... ist wegen ganz erheblicher Vereisung nicht mehr möglich. Zum Glück befanden wir uns noch auf der Fahrt von Beechey Island Richtung Süden, somit konnte die neue Route genommen werden. Die tägliche Eis-Karte, bisher hat wohl kaum einer davon gehört, ist farblich abgestuft: von hellgrün, gelb, orange bis dunkelrot, zeigt sie die prozentuale Eisdichte und somit unsere prozentuale Chance eine Durchfahrt zu finden. Diese Ge-

bilde auf der Eiskarte sehen aus wie kleine, bunte Monster, die hier und da an den Küstenlinien, oder an sich selbst fressen. Das würde ich gern einmal in Zeitraffer sehen, wie sich die Zu- und Abnahme der Eisdichte entwickelt. Zu unserer Eissituation sah es ernst aus, denn eine dicke rote Nase stellte sich dar, an der Mündung vom M'Clintock Channel den in Larsen Sound und einer Ecke, die an der Südwestspitze der Prince of Wales Island hängt. Den Konturen nach, wie Aladins Wunderlampe, umgeben von Bereichen, orangefarbig, die, mit viel Phantasie (und die habe ich ja oft) wie eine dahinziehende Flamme aussehen. Selbst Leien wie wir konnten deutlich erkennen, dass die Durchfahrt im Bereich südlich der Bellot Strait, einer der engsten Peel Sound Stellen, nahezu dicht war.
Es gibt insgesamt 3 Routen-Varianten, doch im Grunde gab es nur noch eine einzige Möglichkeit für uns: der Peel Sound, die Meeresenge zwischen Somerset Island und Prince of Wales Island. Nun wissen wir auch, warum diese Expeditionsreise nur einmal im Jahr und nur um diesen Zeitraum (Mitte/ Ende August) stattfinden kann, weil es sonst nicht eisfrei ist, in den schmalen Kanälen der Meeresengen. Das macht auch klar, warum die Seefahrer früher hier (und in vielen anderen polaren Gebieten) an den Eispressungen gescheitert sind. Welche Kräfte dahinter stecken kann sich keiner vorstellen. Durch Strömung und Wind schieben sich hochge-

presste, meterdicke Eisschollen aufeinander, oder aneinander und ineinander, türmen sich, übereinander geschoben, mehrere Meter hoch auf.
Ab jetzt wußte keiner, nicht einmal der Kapitän, was eis-mäßig auf uns zukommt, d.h. auf was wir zukommen würden. Es könnte sich noch ändern, hieß es, doch wir waren ja schon auf der Fahrt Richtung Peel Sound, so dass die andere (ursprüngliche) Route, ab hier, ein Umweg wäre und außerdem ab sofort wegen der zunehmenden Vereisung in der Bellot Strait sowie östlich und westlich davon, nicht mehr passierbar ist. Also hatten wir NUR diese eine Möglichkeit der Weiterfahrt. Aber auch dieser Peel Sound hat, gemäß der Eiskarte, vereiste Stellen, jedoch im grünen Bereich, daher gibt es eine Chance, hier hindurch zu gelangen. Alle hofften, dass sich, sozusagen über Nacht, das Eis an der Engpaß-Stelle auf Höhe des M'Clintock Channel, verändert und passierbar wird. Uns wurde zwischendurch mitgeteilt, dass die kanadischen Behörden den Einsatz eines Eisbrechers entweder zusagen, oder auch ablehnen. Jetzt wird es extrem ernst und extrem spannend. Langsam nähert sich das Schiff der nächsten großen Insel-Welt, Somerset Island liegt vor uns.
Somerset Island 73°15'N, 93°30'W (Inuktitut Kuganajuup Qikiqtanga) ist eine relativ große Insel, mit 24.786 km², belegt sie Platz 12 unter den größten kanadischen Inseln und Platz 46 unter den

größten Inseln der Erde, rund 800 km nördlich vom Polarkreis. Sie ist 225 km lang, an der breitesten Stelle 140 km. Die Insel sieht gar nicht wie eine direkte Insel aus, sondern wie ein weit langgezogenes Insel-Gebiet. Aus der Luft sieht die Insel, mit viel Phantasie, wie ein riesiger Kopf einer Dogge aus. Der westliche Teil erreicht eine Höhe von 503 m, befindet sich auf präkambrischem Grundgestein (die Erdfrühzeit, ein Zeitabschnitt in der Erdgeschichte, umfasst den Zeitraum von der Entstehung der Erde vor etwa 4,56 Mill. Jahren bis zur Entwicklung der Tierwelt zu Beginn des Kambriums vor etwa 540 Mill. Jahren umfassend. (Kambrium bezeichnet die Periode der Erdgeschichte, im Zeitraum vor 541 bis 485,4 Mill. Jahren). Der größere Teil ist ein erhöhtes Plateau aus Sedimentgesteinen. Die Vegetation ist spärlich, wird teilweise von Karibus und Moschusochsen bewohnt und tausende von Seevögeln nisten in den steilen Klippen von Prince Leopold Island, nordöstlich von Somerset Island. Beluga Wale tümmeln sich hier oft. Die Küste ringsherum ist durch viele Buchten und Inlets zerklüftet, die durch Flüsse und Bäche gespeist werden. Im mittleren Teil, westlich zum Peel Sound, liegt ein großer See, der sich aus der Gletscherzeit gebildet hat. Sehr vieles ist noch unbekannt, unerkundet. **Geschichte**: um 1000 n. Chr. wurde die Nordküste von Somerset Island von den Thule bewohnt, was durch Walknochenfunde, Tunnel und Steinruinen belegt wird.

Die Insel wurde 1819 von William Edward Parry als erster Europäer entdeckt. Er benannte sie nach seiner Heimat, der Grafschaft in England. Vom Festland und der benachbarten Boothia Halbinsel ist sie durch die von den beiden Arktisforschern William Kennedy
(1840-1890) und Joseph-René Bellot entdeckte und nur 2 km breite Bellot Strait getrennt, sowie von Prince of Wales Island durch den Peel Sound im Westen und der Baffin Island, durch Prince Regent Inlet im Osten. Ende 1848 landete James Clark Ross (1800-1862), auf der Suche nach der verschollenen Franklin-Expedition, zum Überwintern an der Nordküste der Insel. Am östlichen Ende der Bellot Strait, 14 km östlich des Boothia Island Zenith Point, ist der letzte von der Hudson's Bay Company gegründete, ehemalige Handelsposten Fort Ross (benannt nach James Clark Ross), auf einer vorgelagerten Insel, die mit einer Nabelschnurdünnen Landzunge mit einer weiteren, vorgelagerten, weit zerklüfteten Insel verbunden ist. Der Posten wurde von 1937-48 betrieben und war die einzige Siedlung auf Somerset Island. Zwei ehemalige, hölzerne Warenhäuser /Hütten wurden mittlerweile wieder instand gesetzt und werden von Reisenden, Wissenschaftlern und Inuit benutzt. Heute ist die ganz Insel unbewohnt. ((Es gibt auch Somerset Island auf den Bermudas)).
An der Nordostspitze von Somerset Island „hängt"

die Cape Clarence Halbinsel, die aussieht als würde sie allmählich vom Festland abreißen, mit Cape Clarence an der äußersten Nordspitze, das Somerset Nord-Ost Kap. Nordwestlich davon liegt die Rodd Bay. Der Halbinsel-Südzipfel, in einer kleinen, runden Bucht gelegen, ist Port Leopold 73°50′59″N, 90°19′59″W, genannt „der schönste und kleinste Hafen der Welt“. Es ist kein Hafen, sondern ein längst verlassener Handelsposten. 1848 überwinterte hier der englische Entdecker James Clark Ross, auf seiner Franklin-Expedition-Suche. Später wurde es der Standort eines Handelspostens der HBC. Etwas weiter südwestlich von Port Leopold ist **Elwin Bay** 73°31′59″N,90°55′0″W, eine Wasserstraße, im Prince Regent Inlet, am nordöstlichen Ufer von Somerset Island. In der Elwin Bay verbrachte der französische Polarforscher Joseph René Bellot 1852 einige Zeit in der Bucht und ihrer Umgebung, während der Franklin-Suche. Auf der östlichen Nordseite von Somerset befindet sich am Nordufer das Cape Admiral M`Clintock, das Somerset-Nordkap, denn das Felsenmassiv auf diesem Stück sieht dem norwegischen Nordkap sehr ähnlich, wenn man der Karten Glauben schenken kann, vielleicht ein Ausläufer des in einiger, südlicher Entfernung, im Tundragebiet, liegenden Mount Adamson, der 240 m hoch ist, sowie Mount Croker, 303 m. Übrigens gibt es 153 benannte Berge in den südkanadisch-arktischen Inseln, 200-500 m hoch und das höchste und bekannteste Gebirge sind die Porsild Mountains, mit 529 m Höhe, in Southampton Island /Nord Hudson Bay.

Kleiner Tafelberg in der großen Arktis

Prince Leopold Island 74°N 090°W, der 265 m hohe „kleine Tafelberg der Arktis", ist eine kleine, aber besondere, unbewohnte, nur 63,7 km² große Vogel-Insel in der Region Qikiqtaaluk/Nunavut. Die Form ist oval und nur 14 km breit von Ost nach West und 8 km von Nord nach Süd. Sie befindet sich in Lancaster Sound, Ecke Prince Regent Inlet, 13 km zur Nordküste von Somerset Island, mit Port Leopold im Osten. Sie ist die „Stubsnase" von Somerset Island, so sieht es jedenfalls aus der Luft aus. Der Lancaster Sound ist auf dieser Höhe, in der Mitte ca. 600 Meter tief. Die felsige Oberfläche hat flache, vertikal liegende Sedimentfelsen, fast um die ganze Insel, meist vereinzelt Schneefelder oben drauf und ist im Winter völlig verschneit. Die Seitenwände sind zerfurcht, voller Felsvorsprünge. Mit ihren blanken, hoch über dem Meer aufragenden Klippen, beheimatet sie ca. 200.000 Seevögel-Paare. Sie ist zwar eine kleine Insel, aber eine große Vogelinsel, wichtiger Standort für Zugvögel der Erde, sowie wichtigste Station für die Brut von Meeresvögeln in der kanadischen Arktis und hat eine größere Anzahl und Artenvielfalt als jeder andere Ort. Die Insel ist Zugvogelschutzgebiet, Canadian Important Bird Area, ein gelistetes Vogelschutzgebiet und ein wichtiger Lebensraum für Zugvögel. Intensive Untersuchungen der Brutvögel wurden 1975-77 und in den darauf folgenden zwölf Jahren durchgeführt, um nachzuweisen, wie sich die Eisbedingungen auf die Brutvögel auswirken. In den warmen Monaten, wenn die Tundra mit Blumen bedeckt ist und die See eisfrei, nisten auf den Felsvorsprüngen viele arktische Vögel, darunter: Seetaucher, Gänse, Enten, Seeschwalben, Raubmöwen, Regenpfeifer, Schneeammer und Schnee-Eulen und eine große Anzahl von Dickschnabelmurren, Eissturmvögeln und Dreizehenmöwen, die im Mai oder Anfang Juni in der Nähe ankommen und bis Mitte September wieder „abreisen". Außerdem bevölkern viele Moschusochsen und einige Karibus die Insel.

Geschichte: Entdeckt wurde die Insel von William Parry, während seiner 1819-Expedition. Er nannte sie zunächst Prinz Leopold`s Island (Prince Leopold's Isles), nach Prinz Leopold von Sachsen-Coburg-Saalfeld (1790-1865), (der zukünftige König Leopold I. von Belgien), der Onkel mütterlicherseits und Berater von Königin Victoria von England und Irland.

Arktisches Wasser-Straßen Kreuz

---> Wir queren in der Nacht auf dem 74. Breitengrad das Wasserkreuz, den Kreuzungsbereich der

Wasserstraßen: Wellington Channel nördlich, in Ost-West-Richtung Barrow Strait (Übergang vom Lancaster Sound), mit Griffith Island in der Barrow Strait und südlich geht es zum Peel Sound. Die Kreuzung ist genau mitten in der Barrow Strait, zwischen Cape Dungeness auf Cornwallis Island und gegenüber, kurz vor Cunningham Inlet/ Somerset Island, die südlich gelegene große, lange Insel. Man könnte denken, der Seegang nimmt zu, wegen der Strömung in die verschiedenen Wasser-Arme im Wasserkreuz, aber das ist nicht der Fall, es ist recht flache See, wenig Wind. Das nördliche Ende, das Nordkap von Somerset Island, Cape Admiral M`Clintock, können wir nicht sehen, es ist ja nachts und am Tage wäre es wohl zu weit weg, oder man hätte einen Gebirgszug erkennen können. Wasser-Strassen-Kreuz: als Kreuz des Nordens, kann man das nicht nennen. Fast jeder hat wohl schon mal etwas vom Kreuz des Südens gehört, ein Stern, sehr auffällig, aber auch sehr klein. Dagegen ist das Kreuz des Nordens, am Nordhimmel, viel größer, aber recht unbekannt. Dieses Sternbild heißt offiziell *Schwan*. An Spätsommerabenden zeigt sich der Schwan hoch im Südosten. Das markante Kreuz ist kaum zu übersehen. Das ganze Sternbild sieht aus wie ein fliegender Schwan, mit ausgebreiteten Flügeln. Am kurzen Ende strahlt Deneb, der hellste Stern und Schwanz des Schwans. Er ist gigantisch groß und einer der leuchtkräftigsten Sterne überhaupt, die man am Himmel beobachten kann. Leider können wir ihn nicht sehen, oder haben ihn nicht bemerkt? Nicht zu verwechseln mit dem Polarstern - der hellste Stern im Sternbild Kleiner Bär (Kleiner Wagen). Dieser ist sehr hell, steht nahe dem Nordpol des Himmels, daher auf der Erd-Nordhalbkugel ganzjährig sichtbar und diente und dient oft zur Orientierungs- und Navigationshilfe und Feststellung der geografischen Nordrichtung. Auch nicht zu vergleichen mit der Venus, der drittkleinste Planet des Sonnensystems und nach dem Mond, das hellste Gestirn am nächtlichen Himmel. Weil sie nur am Morgen- oder Abendhimmel sichtbar ist und nie gegen Mitternacht, heißt sie auch Morgenstern und Abendstern.

Var det ikke for mørket, så visste vi ikke om sternene
Gäbe es das Dunkel nicht, wüssten wir nicht von den Sternen.
Norwegisches Sprichwort

---> Wir reisen ja zum Ende der Mittsommerzeit, daher ist es noch lange hell, es wird erst nachts etwas dunkler. Somit können wir fast keine Sterne sehen und auch das Nordlicht nicht. An Bord stehen abends, abgesehen vom Abendessen, Vorträge auf dem Programm, so dass wir oft vergessen haben, vor der Nachtruhe noch in den Himmel zu blicken, den "Fast-Sonnenuntergang" haben wir meistens gesehen.
Außerdem war es abends immer sehr kühl und auch windig, da denkt man nicht daran, in die Ster-

ne zu schauen, sie sind ja allgegenwärtig. Sicher kommen auch Sternschnuppen vorbei, auch die würden wir nicht sehen, es ist zu hell. Ob wohl auch die ISS (International Space Station) schon mal über die Arktis geflogen ist? – wenn das so wäre, dann ist sie von ihrem festen Umlaufkurs abgekommen, was gelegentlich vorkommt. Zuhause habe ich sie schon ab und zu gesehen, bei sternenklarem Himmel. Schnell fliegt sie vorbei und leuchtet wie ein großer Stern. Mit dem Astroviewer läßt sich die aktuelle Laufbahn online verfolgen, das ist sehr interessant und ergibt einen besonderen Eindruck von der Erde, so, wie es die Astronauten sehen, falls sie nicht gerade arbeiten.

Du vet ikke hva dagen vil bringe før solen går ned.
Du weißt nicht, was der Tag bringt, bevor die Sonne untergegangen ist. Norwegisches Sprichwort

Im Grunde gibt es 5 Möglichkeiten die Nordwest-Passage zu durchfahren, um am Ende in die Beaufort Sea (Teil des Nordpolarmeeres vor der Küste von Alaska) zu gelangen. Jetzt können wir nachvollziehen, dass die Entdecker früher hier umher irrten, im Labyrinth der vielen Inseln und teilweise vereisten Wasserwege.

---> Unsere eigentliche Route war folgendermaßen geplant: von Beechey Island die Barrow Strait queren, in den Prince Regent Inlet bis zur Bellot Strait, diese hindurchfahren bis in die Franklin Strait, dann

nach links abbiegen und weiter nach Süden, mit Ziel Gjøa Haven.
Prince Regent Inlet 73°0'N, 90°30'W ist eine 250km lange Meerenge im Territorium Nunavut, trennt Somerset Island im Westen von der zu Baffin Island gehörenden Brodeur Halbinsel im Osten und verbindet den Lancaster Sound im Norden mit dem Golf von Boothia im Süden. An der schmalsten Stelle ist es nur 64 km breit. Es gibt keine Siedlungen an der Küste und auch keine kleineren Inseln in diesem Gebiet.
Die **Bellot Strait** 72°0'N, 94°48'W (Ikirahaq) ist 35 kam lang, mit einer geringsten Breite von nur zwei km, oft sehr flach, dadurch sehr schnell vereist. Sie ist auf der Seekarte fast immer mit einem „!" versehen. Diese Meerenge trennt Boothia-Halbinsel von der im Norden angrenzenden Somerset Island. Im Süden der Halbinsel liegt ihre schmalste Stelle – der Boothia Isthmus (Landzunge). Entdeckt wurde die Bellot Strait 1851/52 von William Kennedy und dem, bei seiner Suchexpedition nach John Franklin begleitenden, französischen Marineoffizier, Joseph-René Bellot, nach dem sie benannt wurde. Die Bellot Strait ist ein Kernstück / Knotenpunkt der Nordwest-Passage. Sie verläuft vom Golf of Boothia im Osten bis zum Peel Sound, im Westen. Diese kleine berühmte Wasserstraße trennt die Halbinsel Boothia im Süden von Somerset Island im Norden, verbindet insgesamt die Gewässer

M'Clintock Channel, James Ross Strait, St. Roch Basin, Rae Strait und Rasmussen Basin. Am Westausgang befinden sich nördlich Cape Bird und gegenüber, südlich, Hepburn Point. Am Osteingang der Bellot Strait, zwischen Prince Regent Inlet und dem Golf von Boothia, gibt es viele Inseln, die fast die Einfahrt zu versperren scheinen. Am Südostende von Somerset Island ist Mount Walker (152 m) und etwas nordwestlicher ist Mount Oliver (125m), bei Ditchburn Point, westlich von von Ditchburn Island, in der Nähe von Oliver Lake. **Geschichte**: Durchfahren wurde sie zuerst 1937 von dem Schotten E. J. „Scotty" Gall mit dem Schiff *Aklavik*, im Auftrag der HBC von Westen nach Osten. Dabei wurde auch zum ersten Mal **Zenith Point**, das nordamerikanische Nordkap, umschifft. Die legendären hölzernen Häuser/Hütten von Fort Ross, an der Somerset Island Südostküste, übrig gebliebenen vom HBC Außenposten aus den Jahren 1937-48, sind mittlerweile restauriert und ein Touristen-Punkt geworden. Hier war der Winterhafen von der John Ross Expedition, die hier wegen Packeis ständig blockiert war und insgesamt 4 Mal (!) überwintern musste. **William Kennedy** (1814-1890) kanadisch-britischer Marineoffizier, Polarforscher und Pelzhändler, leitete 1851/52 eine Expedition zur Aufsuchung der Franklin-Expedition. Gemeinsam mit dem französischen Marienoffizier Joseph-René Bellot fuhr er entlang Leopold Island, an der Nord-

ostspitze von Somerset Island. Die beiden Forscher entdeckten die Wasserstraße / Meerenge zwischen Boothia und Nord-Somerset, die Kennedy nach dem Franzosen Bellot Strait nannte. Diese durchfuhren sie Richtung Westen, bis Prince of Wales Island und dem Kap Walker, das Süd-West Kap. Großer, fataler Irrtum: da Kennedy fälschlicherweise den Peel Sound, südlich der Bellot Strait, nur für eine Bucht anstelle einer schiffbaren Meerenge hielt, unterließ er es, weiter südlich nach Franklin zu suchen, wo die Expedition vermutlich auf die Franklin-Schiffe getroffen wäre. Kennedy kehrte entlang der Somerset Nordküste und über Beechey Island zurück. Später wurde der Kennedy Channel, die Meerenge zwischen der Ellesmere Island und Grönland, nach ihm benannt.
---> Wir fahren ab sofort einen südlichen Kurs und folgen nun, bis zu unserem Reise-Ziel, genau der „Amundens Route“, durch den Peel Sound, denn diese Route muss nun genommen werden, wie die Eiskarten schon vor 2,3 Tagen vorhergesagt hatten, weil die anderen Möglichkeiten wegen Vereisungen an verschiedenen Stellen nicht befahrbar sind. Unsere ursprünglich geplante Route, der Prince Regent Inlet, bleibt nach wie vor an vielen Stellen eis-verstopft. Hier erleben wir also ganz ähnliche Eis-Probleme, wie es die früheren Seefahrer schon erlebt hatten. Das wird sich über Nacht, bis zum frühen Morgen auch nicht viel ändern, nur hoffent-

lich nicht noch verschlimmern.
Nachts kommen wir nahe der Nordwest-Küste von Somerset Island entlang und passieren **Cape Anne**, eine kleine, runde Landzunge oder versteinerter Rest einer Gletscherzunge aus langer Vorzeit, nahe dem Cunningham Inlet, in den der Cunningham River mündet. Er hat ein weiterläufiges Gebiet, wird von vielen Flüßen und Bächen gespeist und bildet am Ende ein weit zerpflügten Flußdelta, das in den Cunningham Inlet mündet. In diesem Bucht-Gebiet ist die Wiege für Belugawal-Kinder: ca. zweitausend Tiere kommen jährlich in die Bucht, um ihre Jungen im warmen Wasser des Cunningham River großzuziehen. In Ufernähe, auf steinigen Permafrostboden, wurden Überreste von fünfzehn Stein- und Knochenhäusern der Thule-Kultur gefunden und es befinden sich hier noch immer alte Inuit-Lager, aus ringförmig liegenden Steinen, Knochenstücken und gigantischen Walknochen, übersät mit Flechten. Das Thule-Camp auf Cape Anne ist das größte der Region.
---> Morgens wurde uns mitgeteilt, dass die kanadischen Behörden die Hilfe durch einen Eisbrecher zugesagt haben und dieser schon auf dem Weg zu uns ist. Wo auch immer der grad her kommt und er muss uns ja punktgenau dort antreffen, wo er uns durch das Eis führen muss. Es hätte auch Kommando-kehrt lauten können, jedoch hatten wir Glück und die Kanadier erlaubten die Weiterfahrt.

Schließlich ist es kanadisches Hoheitsgebiet und wir müssen uns nach deren Vorgaben richten. Jetzt bekommen wir das „Polar-Fieber“, von dem die früheren Entdecker und Helden der Arktis auch schon angesteckt waren.
---> Ich stand (warm angezogen) immer wieder an Deck und schaute ....auf was eigentlich?? – immer auf Wale bedacht, aber bei diesiger Sicht hätten wir die nie sehen können! An einer Horizontseite konnte man eine recht hohe, dunkel Gebirgslinie erkennen. Das Küsten-Gebirge von Somerset Island. Ich habe das Fahrwasser beobachtet, was vereinzelt teilweise mit Eisschollen und Eisstückchen bedeckt war und auch jetzt tauchten wieder die Fantasiegestalten auf: fliegender Kranich, eine lange Schnecke, ein Pinguinkopf und einige Schollen tragen kleinere Eisstückchen.

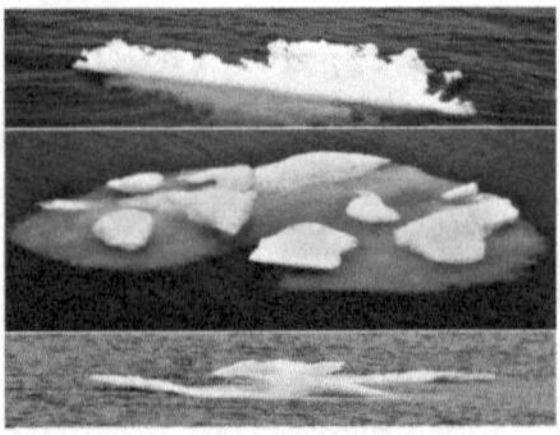

(Pinguine leben nicht in der Arktis – in Reich des Eisbären, sie bewohnen die Südhalbkugel). Kurz bevor der Peel Sound beginnt sind es nur noch 0,6°C und die Tiefe wird mit 185 m angezeigt. Auf der kommenden Route befinden sich viele Meeresengen und Inseln, mit sehr ungewöhnlichen Namen, fast alle nach ihren jeweiligen Entdeckern benannt. Der **Peel Sound** 73°0'N, 96°20'W ist eine 230 km lange Meeresstraße in der Qikiqtaaluk-Region/Territorium Nunavut. Er verläuft zwischen Somerset Island, die östlich liegt und Prince of Wales Island im Westen und verbindet die Barrow Strait, Teil des Parry Channels, im Norden mit der Franklin Strait im Süden. Die Breite variiert zwischen 25 und 50 km. Diese Wasserstraße wurde 1851 vom Entdecker Horatio Austin zu Ehren von Sir Robert Peel (1788-1850), ehemaliger Premierminister von Großbritannien (1834-35), benannt. Austin war jedoch nicht die erste Person, die durch den Sound segelte. Fünf Jahre zuvor, 1846, war John Franklin durch diesen Sund gefahren, hatte eine eisfreie Durchfahrt vermutet, kurz bevor seine Schiffe erstmalig im Packeis stecken blieben. Mehrere Entdecker, darunter Francis Leopold McClintock (1858) und Allen Young (1875), konnten ebenfalls nicht passieren, da alles durch Eis blockiert war. Der Peel Sound ist nicht immer geöffnet und wird seit der Franklin Katastrophe gefürchtet, denn urplötzlich kann er komplett oder stellenweise vereist sein und jede Weiterfahrt verhindern. Oft treiben Ostwinde das Eis vom Norden in den Sound oder ganze Eisfelder schieben sich vom westlichen M'Clintock Channel in die Meeresenge und verstopfen sie mit Eis. Im Westen der Meeresstraße liegt zwischen den Inseln Prescott Island und Prince of Wales Island die Nebenbucht Browne Bay. Im

Verlauf des Sundes befinden sich einige Buchten und Inseln: Prescott Island, Lock Island, Vivian Island, Pandora Island, Otrick Island, Barth Island, De la Roquette Islands und Gibson Island.
Prince-of-Wales-Island 72°36'N, 98°32'W, Inuktitut Kinngailaq, ist eine Insel im kanadisch-arktischen Archipel, liegt zwischen Victoria Island im Westen und der Somerset Island im Osten, belegt mit 33.339 km² Platz 10 unter den größten Inseln Kanadas, sowie Platz 40 unter den größten Inseln der Erde und gehört verwaltungsgemäß zum Territorium Nunavut. Obwohl sie so groß ist, gibt es keine Besiedlung, nur Tundra-Gebiet. **Geschichte**: Erstmals wurde sie 1851 von William Kennedy und Joseph-René Bellot bei der Suche nach der verschollenen Franklin-Expedition erkundet. Benannt nach Albert Edward, dem ältesten Sohn von Königin Victoria, dem (zu der Zeit) zehnjährigen Prinzen von Wales, der spätere König Eduard VII.
Russell Island 74°0'N, 98°25'W, ca. 940 km² groß, liegt wunderschön, in der Barrow Strait und dem Peel Sound-Trichter, sozusagen angeschmiegt an den Nordteil Prince of Wales Island, der sie durch den schmalen Baring Channel von der Insel trennt. Es ist eine unbewohnte Insel im kanadisch-arktischen Archipel, Region Qikiqtaaluk/ Territorium Nunavut, wurde 1819 von William Edward Parry entdeckt. Ca. 248 m ist die höchste Erhebung. Das westliche Drittel der Insel wird von den

restlichen zwei Dritteln durch einen schmalen See und dessen Abfluss getrennt. Am Nordende des Sees befindet sich eine nur 1 km breite Landzunge.

Das Abenteuer Arktis erreicht den Höhepunkt – der Expeditions-Kick

---> Wir fahren in den Peel Sound Trichter (73° Breitengrad). Es erscheint trichterförmig, denn oben ist er relativ breit und wird im Verlauf immer schmaler, daher ist er an vielen Stellen mehr oder weniger oft vereist, manchmal das ganze Jahr hindurch. Das Schiff schiebt sich nun langsam voran. Rechts und links verläuft zerklüftete Felsenküste, von Somerset Island auf der linken Seite und von Prince of Wales Island auf der anderen Seite. Es ist alles arg nebelig und im Nebel versteckt sind ein paar vorgelagerte Inseln, die von der Hauptinseln abgebrochen zu scheinen. Eine heißt Vivian Island, darunter ist Prescott Island und Pandora Island. Aber wegen der schlechten Wetterverhältnisse sehen wir nichts von dieser Umgegend, ahnen nicht einmal, dass es sie überhaupt gibt. Es sind nur 2°, das bedeutet kalte Luft, das Wasser ist dann nahe dem Gefrierpunkt und nun können wir auch verstehen, dass wir hier einer vereisten Zone entgegen fahren, wenn Wasser und Lufttemperatur gleich sind! Der Gefrierpunkt des Meerwassers liegt bei −1,9 ° bei einem durchschnittlichen Salzgehalt von 3,5 %.

Übrigens ist der größte Teil der Erdoberfläche mit Meerwasser bedeckt und das wird einem hier auch plötzlich klar, in diesen unbekannten, gefährlichem Fahrwasser des Artischen Ozeans, der wie eine Krake überall seine Arme hat. Das Küstengebiet können wir nicht erkennen, es wird immer nebliger und auch den ersten Eisschollen begegnen wir.
Das Expeditionsteam hatte uns schon am Abend zuvor auf die aktuellen Änderungen, Möglichkeiten und Gefahren hingewiesen und erklärte, dass die Eiskarte immer wieder neue Veränderungen zeigt: minimal mehr Eis an der einen Stelle und minimal mehr Eis an einer anderen Stelle, wo vorher wenig oder gar nichts war.
Dennoch senden die kanadischen Behörden -zum Glück- ihren Eisbrecher, Zusage bleibt Zusage! Hier geht es nun nicht, was unser Kapitän möchte und für Gut befindet, es sind die kanadischen Behörden, die das Fahren in ihrem Hoheitsgewässer bestimmen.
Alles liegt im Nebel versteckt, die Sicht immer schlechter, typisch arktisch, zwar in einer gewissen Höhe, so dass man das Wasser noch sehen konnte, aber auch nur wenige Meter um das Schiff herum. Es ist kalt geworden, so um die 0 Grad. Optimales, sommerliches Arktiswetter? Bleibt abzuwarten. Im mittleren Bereich des Peel Sound fährt das Schiff 10 Knoten, die Tiefe wird mit >250 m angezeigt, auf dem Zimmer-Monitor, also weit tiefer als 250 m !

AUF DEN SPUREN DER GROSSEN ENTDECKER

Nun ist das Thema dieser Reise auch absolut verständlich!

Dazu gibt es einen schönen norwegischen Spruch:

Vi vet aldri når eventyret kommer til livet vårt, men den dagen det er der, må vi gripe det.

Wir wissen nie, wann das Abenteuer in unser Leben tritt, doch an dem Tag, an dem es so weit ist, müssen wir es greifen.

---> Wir befahren jetzt die gleiche Route, wie einst Franklin mit seinen beiden Schiffen, bis kurz vor deren Desaster, das ungefähr auf dieser Höhe schon ihr Eis-Schicksals-Lauf nahm. Es wird viel mit der Nordwest-Passage in Verbindung gebracht, wegen dem tragischen Verlauf seiner Mannschaft. Dies hier ist auch die berühmte Roald Amundsen-Route. Der charismatische Nordwest-Passagen-Bezwinger, ein großer Held, mit ganz tragischem Schicksal, dazu mache ich mir später Gedanken.

>>> weitere Informationen über die Franklin Expedition im Kapitel: Nordwest-Passage --- wo zum Teufel ist die Nordwest-Passage ??? und über Franklin und Amundsen im Kapitel: Besondere Persönlichkeiten Helden, der Nordwest-Passage

Prescott Island 73°3'N, 96°50'W ist eine unbewohnte Insel im Peel Sound, fast eingequetscht zwischen Prince of Wales Island und Somerset Island, gehört zur Qikiqtaaluk-Region /Nunavut, ist 412 km² groß und hat eine besondere, ovale Form, die auf einer Luftaufnahme wie eine riesige Kaffeebohne aussieht, auch weil sich in der Mitte von Nord nach Süd eine Art heller Strich entlang zieht.

Gemeinsam mit 4 weiteren Mini-Inseln: Binstead Island, Lock Island, Pandora Island und Vivian Island, bildet Prescott Island eine Barriere am Eingang zur Browne Bay, einer Bucht im Osten von Prince of Wales Island. Vermutlich ist es dadurch gerade auf diesem Nordwest-Passagen Abschnitt sehr oft mehr oder weniger dicht vereist.

Eis, Eis, Eis ...

---> Immer wieder standen wir mit einigen Passagieren am Bug und schauten in die Ferne. Von Eis, Vereisung, Eisschollen und Flächeneis war oft nichts zu sehen. Die Wasseroberfläche wechselt viel: mal ganz glatt, mal leicht mit Eis überzogen oder stellenweise gar nichts, alles normal und auch kaum Wellen. Kalt ist es, so um die 0° Luft und ebenso 0° hat das Wasser, daher friert die Oberfläche schnell, zudem ist kein oder kaum Wind. Doch wenn die **Eiskarte** das zeigt, dann wird es schon kommen, also dann werden wir in eine Flächeneiszone hineinfahren, abenteuerlich! Das Expeditionsteam meldete, dass Belugawale und auch Robben im Wasser gesichtet wurden, weit entfernt, aber sie sind da – draußen. Das war wie eine Ablenkung des Expeditionsteams, damit wir uns nun darauf und nicht auf Nebel und Eis konzentrieren. Das ging auch eine Weile gut, bis die Aufmerksamkeit wieder auf den Bug des Schiffes gerichtet war. Kaum einer dachte jetzt an Robben ... und tatsächlich ...

plötzlich taucht der Kopf einer Sattelrobbe auf ... und schwupp, war sie auch gleich wieder abgetaucht. Ich hatte Glück, stand an der richtigen Bordseite und die Kamera war immer startklar. Zunächst waren alle Passagiere sehr skeptisch, ob diese Eisbrecher-Aktion wirklich nötig ist, denn zunächst war alles relativ, flächenmäßig glatt, eisfrei und unauffällig. Jedenfalls sah es so aus, nur wie weit konnten wir sehen, um das beurteilen zu können? Wir konnten ja kaum den Horizont erkennen, wegen der schlechten Sicht. Wie sieht es dort aus? – alles vereist? Hier gibt es keinen Möglichkeiten, auszuweichen, der Sund ist nicht besonders breit! Zwischen 25 und 50 km, das erscheint zwar viel. Ich hatte keinen Zweifel, dass ein Eisbrecher genötigt wird, das wird schon seine Richtigkeit haben. Mit Sicherheit wurde das schon paar Tage zuvor mit den kanadischen Behörden abgesprochen, denn der muss sich ja auch erstmal von irgendwo auf den Weg machen. Lange habe ich am Bug gestanden und geduldig die Ankunft des Eisbrechers erwartet. Weiterhin umgibt uns ein ziemlich dichter, undurchdinglicher Nebel, der Eisnebel des Polarmeeres. Wir haben das Gefühl, kopfüber nach unten, hinein in das Eisvergnügen – komisch, aber hier fühlt sich vieles so ganz anders an. Nun tauchen ab und zu Eisschollen auf. Etwas Sicht besteht noch wenige Meter um das Schiff herum, so dass man die Eisschollen auf der Wasseroberfläche erkennen kann, aber nicht, ob es Flächen-Eis in der Ferne ist. Der Nebel wurde immer dichter, jedenfalls war nichts zu sehen, nur der Kapitän verkündete, dass es nicht mehr lange dauern wird, bis der Eisbrecher ankommt. Das Schiff fuhr nicht mehr, es schlich nur noch dahin. Was wird passieren, kommen wir nun durch oder nicht, kommt noch mehr Eis-Engpass oder nicht? Allmählich kam der Expeditions-Abenteuer-Kick auf, denn wie das nun weitergehen würde, wußte keiner. Und nun konnten wir sehr gut nachvollziehen, wie es den wagemutigen Seefahrern früher ergangen ist, dass sie sich schlecht orientieren konnten, sich dadurch auch oft getäuscht haben und noch dazu ohne Eiskarte und all den modernen Instrumenten. Ich denke dabei an den „Eingang" in den Lancaster Sound, der damals von John Ross wegen dem Nebel schlecht gefunden wurde, obwohl er sehr breit ist. Es kommt uns etwas so vor, als sollten wir auf dieser Route und auch exakt an dieser Stelle, genau so empfinden, wie die Seeleute es damals empfunden haben. Sie waren sogar ungefähr zur gleichen Jahreszeit hier unterwegs. Das macht unsere Fahrt nochmals abenteuerlicher. Nach dem spurlosen Verschwinden der Franklin-Expedition waren viele davon ausgegangen, dass die Seeleute damals in diesem Bereich aufgrund der Eispressung mit ihren beiden Schiffen im Eis hoffnungslos eingefroren waren nicht weitergekommen sind oder alle Mann sind samt den Schiffen gesunken und ertrunken. Erst viele Jahre später setzt sich dieses Schicksal, aus immer wieder neuen Erkenntnissen von zunächst Suchtrupps, später von Wissenschaftlern, wie ein Puzzle zusammen und vielleicht hat man bis heute noch nicht exakt alle Teile zusammen, aber nahezu ein sozusagen fertiges Bild. Demzufolge sind die beiden Schiffe zwar damals ungefähr am Ende des Peel Sound /Anfang Franklin Strait im Eis stecken geblieben, aber deren Odyssee ging noch lange, lange, lange weiter.

---> Ich weiß nicht, wie lange ich am Bug gestanden habe. Waren es vielleicht sogar 3 Stunden? – kein Zeitgefühl - Ich stand dort wie gebannt, wie angewurzelt, mit dem Blick in den Nebel gerichtet. Meteorologen hätten jetzt wohl eine wahre Freude, bei dieser außergewöhnlichen, arktischen Wetterlage, mit stündlich wechselnder Eiskarte und der Eis-Lage unter uns. Sehr lange vor der Reise hatte ich die Idee, den bekannten TV Meteorologen Sven Plöger zu fragen, ob so eine Arktis-Expedition etwas Interessantes für ihn wäre, zumal man diese Fahrt nur einmal im Jahr machen kann, wenn überhaupt, auch der Gletscher-Rundflug über Grönland wäre sicher ganz besonders spannend für ihn. Er wäre tatsächlich sehr gern mitgekommen, aber wegen einem zeitgleichen TV-Dreh hat es nicht geklappt. Schon am Morgen des „Eisbrecher-Tages“ hatte ich eine SMS-Nachricht nach hause gesendet. Die war sogar angekommen, obwohl oft sämtliche Kontaktmöglichkeiten nicht funktionieren, wir sind schließlich in der Arktis, weit ab von der Welt mit Internet usw.! Doch meine SMS ließ sich versenden: ob die Lieben daheim mich hier am Bug vielleicht via Webcam sehen könnten? - aber ich habe die Zeitverschiebung nicht bedacht, es war zuhause 6 Stunden vor, somit schon sehr spät am Abend, da schaut keiner mehr in die Webcam. Schade, denn die hätten somit die Ankunft des Eisbrechers „live“ verfolgen können, eine ganz außergewöhnliche Situation! Nach und nach begegneten wir immer mal einigen der „gefährlichen“ Eisschollen, auch Growler gezeichnet (Begriff für eine Eisscholle, die kaum über den Meeresspiegel hinausragt) und wieder waren höchst interessante Eis-Gestalten unterwegs. An Schönheit absolut nicht zu vergleichen mit Grönlands tollen Eisbergen, zumal im Nebel alles häßlich grau-blau aussieht, was die ganze Eis-Situation noch schauriger wirken ließ. Jetzt verstehen wir auch, was arktic-blau bedeutet: eine eisblau-graue Farbe, im Grunde gar nicht hübsch, aber das liegt ja am Nebel! Wenn der nicht wäre, würden die Farben viel schöner und viel blauer sein – arctic. Nun hatten wir Passagiere noch viel mehr

Vertrauen zum Kapitän, als wir es die ganze Fahrt sowieso schon hatten. Er hatte jetzt die äußerst extreme Aufgabe, uns durch das Arktic-Ice hindurch zu manovrieren. Jetzt kamen uns all die „Eis-Expeditionen“, die früher wegen Vereisung und Eis-Pressung scheiterten, „ins Blut“, nun konnte wirklich jeder nachvollziehen, wie es all den Seefahrern früher ergangen sein musste und das ohne Eiskarte und Eisbrecher. Deren Erfahrung war die, es zu schaffen, oder auch nicht, oder im ewigen Eis zu überwintern und abzuwarten, weil es anders keine Möglichkeiten gab ...weder vor noch zurück. Vielleicht war dem einen oder anderem Passagier etwas mulmig zumute, wenn man an die früheren Überwinterungen im Eis denkt, oder an die vielen anderen Katastrophen. Ich kann mir vorstellen, dass einige Reisende hier an Bord, Befürchtungen hatten, dass wir stecken bleiben, denn ganz abwegig ist das nicht. Kommen wir am Ende rechtzeitig an und wo kommen wir an und was passiert, wenn ....gut, darüber habe ich nicht weiter nachgedacht, denn mein Gefühl war positiv: das wird schon klappen. Wir befanden uns ja auf einem technisch-modernen Schiff, mit Eisklasse 1A/1B - was sollte da schon passieren? Das bezieht sich auf eine Eisdicke bis zu 0,8 m; das erscheint viel, ist es aber vielleicht doch nicht? Wie könnten hier ein Meter dicke Eisschollen herumtreiben? Gut, es sind um die 0 Grad, das mag schon dazu führen, dass die Eisschollen auch in der kurzen Sommerzeit nicht auftauen, oder nur etwas und dann mit der Strömung zusammen wachsen und dadurch immer größer werden? Ich möchte hierzu gern mal einen Zeitraffer-Film sehen, dann wäre vieles verständlicher. Dieses Eisschollen-Phänomen findet ja auch am Südpol statt und jetzt, wo wir hier in der eisigen Arktis mittendrin sind, wird vieles klarer, aber auch fragwürdiger und wir können die früheren Seefahrer immer, immer besser verstehen, wie schwierig es für sie war, mit diesen unterschiedlichen und stets wechselnden Eisverhältnissen klar zu kommen. Sie wurden ja oft als untauglich „abgestempelt", was lange Zeit der Fall war. Genaues konnte erst mit immer neuen Arktis-Expeditionen und damit neuen Erkenntnissen nach und nach erforscht, geklärt und begriffen werden.

---> Obwohl viele Passagiere oft am Bug standen und den Eis-Dingen entgegensehen konnten, hatten einige Bedenken: ging es vor oder doch zurück?? Wegen dem dichten Nebel konnten wir nicht sehen, dass es sich um eine Insel handelt, an der wir vorbeifahren und im Grunde sind Insel-Gebiete zu beiden Seiten, das weiß ich nur durch die Seekarte. Eisberge, wie wir sie in Grönland gesehen haben, die gibt es hier gar nicht.
Ganz allmählich wurde das Fahrwasser zu einem Treibeisfeld, mit unüberschaubaren, verreisten

Flächen oder großen und kleinen, flachen Eisschollen zwischen eisfreien Wasserflächen.

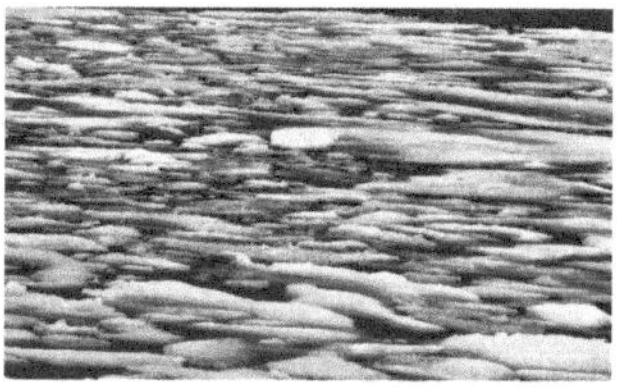

Dieser eisige Nebel umgab das Schiff und die Sicht war nur noch knapp um uns herum, also um das Schiff herum, fast geisterhaft. Wir hatten die Uhrzeit vergessen, es war kalt, grau-dunkel und nebligfeucht.
Das war nicht der legendäre „Nebel des Grauens", hier war es der Nebel der Arktis, also völlig normal. Nun begann das richtige, das ganz große Abenteuer „ im Eis" und keiner rechnete damit, was noch kommen würde.

Hinter den Wolken ist der Himmel immer blau.
Norwegisches Sprichwort

Magie und Phobie

Da man sich nicht die ganze Zeit draußen aufhalten konnte, außerdem war es auch Zeit für das Essen und Vorträge, haben wir auch drinnen an Bord den zeitlichen Überblick verloren, aber der spielte auch gar keine Rolle. Während wir im Vortragsraum saßen, krachte es urplötzlich ganz gewaltig und davon schaukelte das Schiff, etwas. Schock und Schreck durchzogen unsere Adern - Angst?? Das war schon ein mulmiges Gefühl! Da ich fast direkt an einem Fenster saß, konnte ich sofort sehen, wie ein nicht zu beschreibend-riesiger Eisklotz an der Außenbordwand entlang schrammte oder „zog", der eben vom Bug gerammt oder zerstoßen wurde. Dieses Geräusch war der laute Krach. Sofort wurden die Leute panisch.... wohl jeder hatte die gleiche Angst verspürt: Titanic-Feeling kam in den Passagieren hoch – doch es war damals woanders, ganz anders und keiner hatte etwas gehört. Wir haben es nun live gehört und erlebt. Das Schiff machte eine Art Tanz auf dem Eis, mit lautem Krachen und Knarren ging es weiter und mit gelegentlichen Schlingern des Schiffes. Magie und Phobie - viele gingen raus und wir guckten vom Bug, dann steuerbord und backbord, immer im Wechsel, um jetzt die großen Eisschollen zu sehen, die unser Schiff zum Tanzen brachten. Das reinste Abendteuer! -ein Rumpeln im

Treibeisfeld, die Eisschollen-Brocken wurden immer größer, immer dichter!!! Einige überfuhr das Schiff, das es nur so knackte und knarrte, dann schoben sich viele kleine Stückchen an beiden Schiffs-Seiten entlang. Noch zerpflügte das Schiff tapfer ...würde man sagen wollen... die Eisfront, auf die wir zu fuhren. Aber will man es wirklich sehen, wie so ein Koloss an der Bordwand entlang schrammt? Eigentlich nicht... das macht richtig Angst ... und doch schauen viele und jeder denkt dabei an ganz unterschiedliche Dinge, ist fasziniert von einer Magie, jeder auf seine Weise, aber auch ängstlich ... Titanic spukt da sicher in vielen Köpfen herum. ABER HIER GIBT ES KEINE EISBERGE! Wir versuchen, an der Bordwand herunterzuschauen, ob man Schäden sehen kann, würde?? Da kracht es schon wieder, aber nicht so stark und vom Heck kann man sehen, wie die zerpflügten Eisbrocken, vom Schiffsrumpf unter Wasser gedrückt, wieder hervorkommen...und ihren Weg fortsetzen, sich drehen, sich auftürmen, zerbrechen, untertauchen. Daran kann man auch erkennen, das mit diesem Schiff zwar nicht viele Brocken zerstoßen werden konnten, dennoch sind viele klein und kleiner geworden und schmelzen nun schneller, als ein größerer Eis-Koloss. Haben wir uns so in dieser Art das Eis-Abenteuer vorgestellt, konnte man sich überhaupt etwas vorstellen, von einer Sache, die man noch nie zuvor erlebt hat? Ein grandioses Erlebnis war es auf jeden Fall, diese Fahrt über Eisschollen und nicht zu wissen, was kommt. Viele haben versucht, Fotos zu machen, leider war die Sicht so schlecht, das man zwar die nahen Eisschollen fotografieren konnte, aber alles

war grau in grau, dennoch eine besondere, außergewöhnliche Atmosphäre. Nun verstanden auch die Skeptiker unter uns Passagieren: der Eisbrecher muss helfen!!!! Wir sind hier mitten drin und jetzt war die bange Frage: geht es vor oder doch zurück?? Völlig urplötzlich kommen mir ganz andere Gedanken: diese natürliche Eis-Welt wird zerbrochen, unterbrochen, mit jedem Schiff, was hier hindurch fährt. Das wiederum ist vielleicht wie eine Kettenreaktion, deren Ausmaß wir nicht wissen. Am Ende sind womöglich dadurch die Eisbären (noch mehr) gefährdet, deren Lebensraum das Eis ist, sie brauchen die Eis-Schollen. Sicher wird das Meereis nach einer Schiffsdurchfahrt wieder zufrieren, aber es hat einen Riß bekommen, einen Riß in der fragilen Eis-Konstruktion. Ich gebe mir selbst etwas Schuld, denn ich bin ja auch hier mit auf einem Schiff unterwegs, was nicht unbedingt nötig wäre, nur um meinen Reise-Geist oder Abenteuer-Geist zu wecken? Plötzlich sehe ich die Natur-Dinge ganz anders. Wir sind umgeben von Flächeneis, vom harten Meereis, aber in einer sehr empfindlichen und zerbrechlichen Natur.
---> Bald darauf hieß es, dass die kanadischen Behörden ihren Eisbrecher *Terry Fox* gesendet haben, der nun bald da ist. *Terry Fox* ist ein Eisbrecher der Atlantikflotte, der kanadischen Küstenwache (Canadian Coast Guard) zugeordnet, hat die Polarklasse 4 und ist neben *Louis S. St-Laurent* einer der bei-

den aktiven, schweren Eisbrecher der kanadischen Küstenwache. Das Schiff, mit Heimathafen Ottawa, ist 88 m lang, 17,8 m breit und hat 17300 kW Leistung.

Bewegende Geschichte: **Terry Fox** (1958-81), war ein kanadischer Leichtathlet, der jung an Krebs erkrankte. Sein Leiden nahm er zum Anlaß, durch Kanada zu laufen - *Marathon of Hope* - um damit Geld für die Krebsforschung sammeln zu können. Am Ende schaffte er in 143 Tagen 5373 gelaufene Kilometer!!
1983: Der Gulf Canada Ölkonzern taufte einen Neubau eines Schleppers und Bohrinselversorgers auf den Namen *MV Terry Fox*. Das Schiff wird 1992 von der kanadischen Küstenwache (CCG) erworben, arbeitet seitdem als Eisbrecher mit dem Namen *CCGS Terry Fox*. Somit ist der außergewöhnliche Sportler, der größte Held Kanadas, Namenspatron des kanadischen Eisbrechers. 2012 wurde Fox in die Canadian Medical Hall of Fame aufgenommen.

---> Noch bevor wir etwas sehen konnten, was nach Eisbrecher aussieht, war das brummende Geräusch Vom Eisbrecher zu hören .... und dann tauchte er urplötzlich direkt vor uns aus dem Arktis-Nebel auf, fuhr auf uns zu, drehte bei und fuhr dann vorraus. Jetzt folgte das größere Schiff dem kleinerem, aber viel stärkerem Eisbrecher *Terry Fox*. Unser Kapitän

Unser Kapitän freute sich bestimmt am meisten, dass er nun diese Hilfe bekommen hat und ihm

folgen kann, so oft wird er solche Situation auch nicht erleben. Es dauerte nicht so lange, da tauchte eine eisige Wasserdecke, anders kann man es kaum beschreiben, vor uns auf, die der Eisbrecher freigeschoben hat, so dass wir in seinem Fahrwasser hindurch fahren konnten. Es ist kaum windig, das Meer ist daher recht glatt, kein Seegang. Zunächst war es noch stellenweise eisfrei, aber das änderte sich schnell. Jetzt wurde die Eisfahrt spannend, denn es rumpelte, knackte, krachte und schaukelte in einer Tour. Das Wasser war plötzlich dicht bedeckt von Eis, flache kleine bis riesige Schollen, die umhertreiben, oder liegen, denn wir sind ja in Bewegung, dadurch schaukeln die Schollen. Viele zerbrechen, andere schieben sich aufeinander oder driften zur Seite weg. Von oben können wir durch das klare, stahlblaue Wasser erkennen, wie umfangreich es teilweise unter der Eisschollen-Fläche aussieht, das sind teilweise extrem große Umrisse zu dem Teil, was oben aus dem Wasser ragt und keine Höhe hat, alles ist flach, mit interessanten Formen. Auf einer kleinen Eisscholle steht ein Eisturmvogel und es sieht so aus, als ob er Stand-Up Paddeln macht, denn er schwankt etwas, als unser Schiff durch die

leichte Bugwelle die Eisscholle in heftige Bewegung bringt - es scheint nicht zu stören. Nur ab und zu fliegt ein Eissturmvogel vorbei, ansonsten ist das Meer tierfrei. Das Wasser schwappt träge, dicht und eisbröckchen-suppig, eine trügerische Ruhe, so scheint es. Dennoch kann man die Bewegung spüren, hier sind unermessliche Kräfte am Werk, unsichtbar. Viele Passagiere versuchten Fotos von Eisbrecher zu machen, so ein Erlebnis ist nahezu einzigartig und kommt so schnell nicht wieder. Doch das Heck vom Eisbrecher ist nicht hübsch, außerdem war alles nebelig-grau. Absolut Arktic! Außer dem Eisbrecher-Geräusch hören wir ein feines, dauerhaftes Rascheln, wenn sich das zerbrochene Eis an der Bordwand reibt. Manchmal nur ein Knirschen und Brodeln, wenn zwei größere Schollen aneinander oder auseinanderstoßen. Mal war der Eisbrecher vor uns gut zu sehen, dann tauchte er wieder im Nebel ein und wir konnten nur seine Positionslampen und die Geräusche hören. Mit ungefähr 10 Knoten schob er uns den Eis-Weg frei. Teilweise schien unser Schiff auf Eis zu gleiten, dann wieder schien es selbst wie ein Eisbrecher zu fahren, ein unbeschreibliches Gefühl.

Wir konnten uns an all dem Eis, den großflächigen Eisstücken und –schollen nicht satt sehen, ich jedenfalls nicht. Jetzt hatten wir noch mehr das Gefühl, dem Nordpol sehr nahe zu sein, oder mitten drin, das machte gar keinen Unterschied. Die meisten Passagiere verharrten drinnen auf die Dinge, die da kommen und schauten durch die Fenster. Schade, denn so hörten sie dieses besondere Geräusch von knackenden Eis nicht, das war schon sehr cool. Furcht hatte nun keiner mehr, denn der Eisbrecher bot uns eine Art Sicherheit: solange der fährt, kommen wir ja auch weiter voran. Es stellte sich nur die Frage, wie lange diese Aktion dauern würde, aber daran dachte wohl keiner, denn das Eis-Erlebnis war stärker als die Spannung, wieweit wir es schaffen würden. Da hatte jeder wohl so seine eigenen Vorstellungen. Nachdem uns der Eisbrecher einige Zeit die „Eis-Bahn" freigeschoben hatte, (wie lange war das nur?, ich weiß es nicht mehr), tauchte eine Art breite Linie auf der Eisfläche vor uns auf. Als wir diese durchfahren hatten, drehte der Eisbrecher backbords bei und verschwand ganz schnell im Nebel, nur sein Tuckern konnten wir noch eine Weile hören. Die Passagiere, die mit uns am Bug gestanden hatten, verschwanden jetzt eiligst nach drinnen, sicher erleichtert und hungrig. Jetzt war allgemeine Erleichterung zu spüren, mit dem Verständnis, dass der Eisbrecher absolut erforderlich war, was ja ganz zu Beginn von vielen Reisenden bezweifelt wurde. Ich blieb noch an Deck, warm angezogen, konnte mir die arktische Kälte nichts ausmachen. Nun war ich ganz allein, alle waren gegangen, dem nächsten „Termin" entgegen. Ich wollte und musste erstmal dieses Abenteuer sacken lassen, nochmal erleben. Von diesen-Eindrücken war ich ganz vernebelt, hatte ganz kurz das Gefühl, auf einem Eisbrecher zu sein – aha, meine arktische Phantasie war wieder mal aktiv. Weiterhin hielt ich Ausschau auf das Meer, das nun wieder ganz normal aussah, als ob nichts, aber auch gar nichts gewesen wäre. Und genau das ist die Tücke im Eis, so wie die Seeleute es früher erlebt haben. Jetzt wird mir auch dieser Teil der Arktis-Historie bzw. Arktis-Tragödie immer deutlicher, zumal ich es mit eigenen Augen gesehen, mit allen Sinnen erlebt habe. Bin ich jetzt eine Amundsen-Nachfahrin? – ich fühle mich fast so. Es muss für die Forscher früher einerseits wunderschön und voller Eindrücke gewesen sein und doch so unvorhergesehen schicksalhaft – im Eis des Grauens. Der Eisstrom drückt vom Norden über den M'Clintock Channel bis in den Peel Sound, meist mit einer starken Strömung und im Sommer taut es nur stellenweise. Das ist das Verhängnisvolle an diesem Teilstück der Nordwest-Passage. Noch eine Sache ist kurios: während ich mein Buch geschrieben habe, hatte ich viele Bücher gelesen und in dem Buch von der Arved Fuchs Nordwest-Passagen Reise mit seinem berühmten Schiff *Dagmar Aaen* stand auch etwas über eine Eisbrecher-Aktion der *Terry Fox*! 2003 hatte Arved Fuchs bei einer zufälligen Begegnung mit dem Kreuzfahrtschiff *Bremen* und einem Besuch auf dem Schiff von dem Kapitän erfahren, dass *Terry Fox* gerade ein paar Tage zuvor dem Schiff eine Fahrrinne durch das dicke Eis im Peel Sound und Larsen Sound brechen musste. Jetzt erst wird mir bewußt, wieviel Glück wir auf dieser Reise, genau 16 Jahre später, an fast gleicher Stelle, hatten – welch ein „Nochmal-Erlebnis“ für mich, da ich das alles genau nachvollziehen kann.

Meereisbildung beginnt, durch Wind und Seegang bedingt, wenn die Wasseroberfläche den vom Salzgehalt abhängigen Gefrierpunkt erreicht und das Meerwasser weiterhin im Gefrierbereich bleibt. Zu Beginn dieses Gefrierprozesses bilden sich feine Eiskristalle und Eisplättchen, wobei Geschwindigkeit und Art des Eiskristallwachstums stark von der Lufttemperatur und der Windgeschwindigkeit abhängen. Die Bildung vom Meereis im Nordpolarmeer unterscheidet sich von dem im Südpolarmeer und damit auch das Auftreten von ein- und mehrjährigem Eis. Mehrjähriges Eis kommt hauptsächlich im arktischen Ozean vor, der von den Landmassen Sibiriens, Kanadas und Grönlands umgeben ist, wodurch das Meerwasser relativ ruhig ist. Bei ruhiger See- und Wetterlage bildet sich eine geschlossene glatte Eisfläche, Neueisdecke, die **Nilas** genannt wird. Mit sinkenden Temperaturen während des Winters, wird sie immer dicker. Bei unruhigen Bedingungen kommt es, aus dem zuvor entstandenem Eisbrei, zur Bildung kleiner Schollen, die wegen der Form, Pfannkucheneis (englisch „pancake-ice“)genannt werden. Beide Eis-Formen können jeweils zu einer geschlossenen Eisschicht jungen Eises („young ice“) zusammenwachsen. Es schneit über dem Arktischen Ozean weniger als über dem Südpolarmeer und weil die isolierende Schneeschicht fehlt, wird das Meereis sehr kalt und dadurch immer mächtiger. Hinsichtlich der Dicke und des Alters des Eises gibt es unterschiedliche Eis-Typen: einjähriges Eis, mit einer Dicke von 30-150 cm („first year ice“) und mehrjähriges Eis („multiyear ice“) mit einer Dicke von bis zu mehreren Metern. Durch die Strömungen und Sturm drücken sich Eisschichten übereinander oder aneinander und schieben sich als Treibeisfelder mit Krachen und Knacken gegen die Küsten und Klippen. Davor hatten schon die indigenen Völker Angst und glaubten an Geister.

In der Arktis, sowie Antarktis, gibt es große, offene Wasserflächen oder dünne Meereisschichten, die fortwährend von mehrjährigem Meer-Eis bedeckt sind. Zusätzlich existieren auch offene Wasserstellen mitten im Eis, die eine Fläche von mehreren Tausend Quadratkilometern erreichen können, Polynjas genannt. Sie entstehen meist durch Wind-

einwirkung, Gezeiten oder aufsteigendes, warmes Meerwasser und oft können sie über lange Zeiträume, bis zu Jahren hinweg bestehen bleiben, sind wegen ihrer Einflüsse auf Meeresströmungen, Meeresbiologie und Klima von besonderer Bedeutung. Es gibt zwei Polynjas-Arten: Küstenpolynjas und küstenferne Polynjas. Bei -2° gefrieren Teile der Wasseroberfläche zu Eis, es reflektiert bis zu 90% der Sonneneinstrahlung in die Atmosphäre zurück und hält dadurch die Polargebiete kühl. Meereis wird umso dicker, je kälter die Luft ist. Da das auf der Oberfläche gebildete Eis relativ dünn ist, nur bis zu ein paar Metern, ist das im Wasser schwimmende Eis den Wind- und Meeresströmungen ausgesetzt, die es beständig zueinander bewegen, Meereisdrift genannt). ((Dies nutzte einst Fridjof Nansen und auch die Polarstern-Expedition)).
Hierdurch wird das Meereis in eine Hauptrichtung übereinander geschoben und durch Bewegungen aufeinander gepresst und die Eisdicke erhöht sich. Die Bildung von Meereis setzt sich also aus unterschiedlichen, teilweise parallel verlaufenden, dynamischen und thermodynamischen Prozessen zusammen. (Die Eisbildung durch Gefrieren wird thermodynamisches Wachstum genannt).
Das bewegte Eis wird Treibeis bezeichnet und Festeis ist an Küsten oder auf dem Meeresgrund verankert. Die Bewegungsgeschwindigkeit ist abhängig vom Wind, der vorherrschenden Meeres-

strömungen, der Kompaktheit des Eises und der Jahreszeit-Temperatur in der jeweiligen Eisregion. Darüber gibt es viele Berichte und Forschungsergebnisse und weiterhin kommen neue Erkenntnisse hinzu, die sich inzwischen auch auf den Klimawandel beziehen.

Der Eis-Spuk ist vorbei !!!

---> Kaum ist das Eisbrecher-Abenteuer vorbei, hat man das Gefühl, das war nur ganz kurz, für eine Stunde oder so ähnlich, woran liegt das? Jedenfalls sind jetzt alle erleichtert, freuen sich, dass wir diese Eis-Passage geschafft haben.

Erst später erfahre ich vom Expeditionsteam, wie sehr knapp es war, also an einer Umkehr. Die kanadischen Behörden hatten Mitleid mit uns... aber nein, so geht das nicht. Die wissen schon sehr genau, wann und warum sie eine Durchfahrt erlauben und wann sie ihren Eisbrecher zur Verfügung stellen. Da hätte man noch so bitten können, wenn die es abgelehnt hätten, dann wäre unsere Fahrt zwar nicht zuende, aber wir hätten umkehren müssen. Das hatte die Expeditionsfahrt im Jahr zuvor erlebt. Zur fast gleichen Zeit sind die nicht einmal bis in den Lancaster Sound gekommen, mussten schon von dort zurück fahren. Nun weiß ich auch, warum uns das, so am Rande und auch schon vor Antritt der Reise, immer mal wieder –sicherheitshalber- mitgeteilt wurde.

Wir hatten einfach nur GLÜCK gehabt

Lykken kjennes ikke med hodet, men med hjertet
Das Glück erkennt man nicht mit dem Kopf, sondern mit dem Herzen.
Norwegisches Sprichwort

Die arktische Seereise geht auf leicht stürmischer See weiter. Das Expeditionsteam verkündete, es wurde eine neue Möglichkeit für einen Landgang in Erwägung gezogen. Genauere Informationen würden uns erst am nächsten Morgen gegeben werden können, denn noch immer spielt und spielte die Eiskarte eine große Rolle für unsere zukünftige Route. Und plötzlich scheint ganz kurz die Sonne aus den Wolkenfeldern hervor und zieht einen goldenen Streifen über das Meer, das jetzt eisfrei ist, mit seichten Wellen und ganz leichtem Wind.

In der Nacht befahren wir den Peel Sound weiter in südliche Richtung. Die Einmündung der Bellot Strait hätten wir am Tage vielleicht gesehen. Ob das ähnlich wie diese „Crocker`s Berge“-Ansicht gewirkt hätte? Eine Einfahrt zu einer Wasserstraße, die nicht wie eine Einfahrt, sondern wie eine Bucht aussieht? Die Fahrt ging entlang der Küste von Boothia Island. Etwas weiter unterhalb der Bellot

Strait-Einmündung, auf der Steuerbordseite (rechts) an der Küste von Prince of Wales Island, ist die Coningham Bay, mit den Inseln Hobday Island und Dixon Island. Eigentlich war hier ein Stopp vorgesehen, aber durch die Routen-Änderung geht das nicht. Wer weiß, was wir tagsüber gesehen hätten? Wale ??? Etwas weiter südlich, auf der linken Seite ist die breite Bucht Wrottesley Inlet 71°25'00.0"N 95°45'00.0"W. Ab hier heißt das Gewässer Franklin Strait. Gegenüber ist Guillemard Bay, ein langer Fjord und etwas weiter südlich davon Cape Swinburne, das Prince of Wales Island Südkap, nur 1 m über dem Meeresspiegel. In diesem Gebiet ist das **Wasser-Dreieck**: das Gewässer ist gleich, hat nur unterschiedliche Namen. Vom Norden geht die Franklin Strait über in den Larsen Sound und vermengt sich mit der Mündung vom M'Clintock Channel, zur rechten Seite. Das erklärt auch, warum sich hier im Winter das Eis mit Wind und Strömung in unterschiedliche Richtungen drückt, teilweise sogar als Eiswellen an die Ufer schiebt und lange stecken bleibt, bis es wieder taut und dann auch gleich schon wieder friert. Hier scheint es fast keinen Sommer zu geben, jedenfalls was das Meer betrifft. Die Eiskarte zeigt eine rote Fläche = voll vereist- genau diesem Gebiet. Unsere Fahrt geht aber soweit östlich entlang der Küste, somit sind wir diesem Eis-Bereich nicht sehr nahe. Ob nachts noch viele Eisschollen dem Schiff begegnen

bekommen wir ja nicht mit.
Die **Franklin Strait** 71°30′0″N, 96°30′0″W, 85 km, befindet sich zwischen der Südostküste von Prince of Wales Island und Boothia Peninsula und verbindet Peel Sound im Norden mit Larsen Sound im Süd-Westen. Die Bellot Strait führt von der Franklin Strait nach Osten zum Gulf of Boothia. Benannt wurde die Meeresstraße nach Sir John Franklin. Er verstarb während seiner Expedition südlich von der Franklin Strait, vermutlich auf seinem Schiff. Viele Jahre war das, sowie das Verschwinden seiner Crew völlig unklar. Mittlerweile konnte es weitgehend erforscht werden, durch viele Funde, neue Erkenntnisse, auch weil inzwischen beide Wracks gefunden wurden. Vieles wurde damals schon während und nach der Suche zum Teil von den Such-Expeditionen bestätigt.
---> Ob es in der Nacht noch Eisflächen gab? Gut, dass der Kapitän alles mit modernen Instrumenten überwachen kann und das Schiff durch den relativ engen Peel Sound hindurch navigiert, die geringste Breite beträgt gerade mal 25 km! Ich wollte am nächsten Morgen fragen, wie die Fahrt war, aber davon bin ich ganz abgekommen, denn nach dem Frühstück machten wir uns für den kommenden Landgang fertig. Über Nacht haben sich die Ängste und Sorgen vieler Passagiere gelegt, nun ist es ganz sicher, dass wir pünktlich am Ziel ankommen werden. Durch die Verzögerung hat sich eine neue

Landgang-Möglichkeit ergeben. Bevor wir auf eine geheimnisvolle Bucht, wie das Expeditionsteam es nennt, zusteuern, sind wir im östlichen Teil vom Larson-Sound-Wasserkreuz. Es ist ja überall das gleiche Gewässer, nur mit unterschiedlichen Namen, da es in unterschiedlichen Gebieten ist. Hier laufen Franklin Strait, M'Clintock Channel, John Ross Strait und Larsen Sound von vier Seiten ineinander. Das erinnert mich etwas an die dänische Nordspitze Grenen, nördlich von Skagen. Hier kann man oft ein Wellen-Schauspiel beobachten. Die Wellen von Nord- und Ostsee schlagen teilweise heftig zusammen, spritzen davon hoch, kreuzen sich und verlaufen ineinander, bilden dadurch eine sich ständig ändernde Sand-Strand Spitze.
Man kann mit einem Fuß in der Nordsee stehen, mit dem anderen Fuß in der Ostsee, während das „Mischwasser" beider Meere zwischen den Füßen in einer senkrechten Linie verläuft.
---> Als wir am Morgen an Deck Ausschau halten, wo wir sind, ist es uns nicht so ganz klar. Man kann einen flachen, langgezogenen Küstenstreifen gut erkennen. Das Schiff bewegt sich kaum, es segelt, haben wir Segel gehisst? Das Wetter ist ganz gut, windig, aber auch sonnig, mit ein paar Wolken, von allem etwas. Wir sind wir nur gelandet? Der Zimmer-Monitor zeigt nur 0,1 Knoten, 34,6 m Tiefe und 8,3° - das ist richtig arktisch! – und ein merkwürdiges Bild einer Bucht, aber wir sehen keine Art

Bucht. Auch kein Eis ist zu erblicken, schade. Zunächst muss der Kapitän prüfen, ob und wie weit er in diese Bucht einfahren kann und wo die Ankermöglichkeit besteht. Es bleibt weiterhin spannend. In der Zeit gibt es Frühstück und dabei können wir beobachten, was vor sich geht. Wo kommen wir an Land? Ob wir noch Eis und Schnee sehen werden? Wie sieht die Gegend aus, die wir nun erkunden können? Schon wieder kommt der Abenteuer-Geist! Wir fühlen uns, wie früher auf einer Klassenreise bei einer Schnitzeljagt, es ist so spannend. Ab und zu kommen wohl mal Inuit hierher oder auch Wissenschaftler, aber im Grunde hat kaum ein Mensch dieses Stück Arktis erkundet. Wir Arktis-Reisenden die richtigen Leute dafür!

Eine unendliche Stille in der stillen Unendlichkeit
----- Das Herz der kanadischen Arktis -----

Pasley Bay 70°35'N, 96°12' W, ist eine verzweigte Bucht im Wasser des M'Clintock Channel und der Franklin Strait, die hier ineinander verlaufen. Die kleine Bucht, liegt in einer Art Einkerbung an der Küste der Boothia Halbinsel. Mit den beiden Landspitzen Point Davison nördlich der Bucht und Point Edwards südlich. Die Gegend ist kaum erkundet, recht flach und unwegsam aufgrund der Frostschutt-, Tundra- und Felsflächen. An der Küste leben Belugawale, Eisbären und weitere arktische

Tierarten. Geografisch scheint es hier fast das Herz der kanadischen Arktis zu sein, ein kleiner Mittelpunkt inmitten einer gigantischen Insel-Welt. Interessanterweise war um 1920 hier im Gebiet zwischen dieser Bucht und Gjoa Haven, der magnetische Nordpol, der weiter südlich von hier am 1. Juni 1831 von James Clark Ross entdeckt wurde. Seitdem wandert er immer weiter nach Norden, Richtung Nordpolarmeer und driftet mittlerweile auf Nord-Sibirien zu. Im Winter 1941/42 hat hier *St. Roch*, ein Schoner der Royal Canadian Mounted Police, unter dem norwegischen Kapitän Henry Asbjörn Larsen über- wintert – überwintern müssen.

---> Es ist der 28.8.2019, leicht stürmisch als wir in diese schmale Bucht einfahren und vor Anker gehen, das Meer ist nur 34 m tief. Zuhause ist es über 28° Hitze -- Ende August! Das Gebiet sieht aus, als ob hier nur Flachland ist und weit am Horizont sind Gebirgshügel zu sehen. Bevor wir mit unseren jeweiligen Bootgruppen den Landgang starten können, muss erst wieder das Expeditionsteam nach dem Rechten, d.h. Eisbären, sehen und einen kleinen Rundparcours abstecken, zur Orientierung unser „Spazier-und Erkundungs-Rundtour“. Die Anlandung geht auf steiniges Ufer, kein Sandstrand. Es sind verschieden große Steine, keine Kieselsteinchen wie an Nord- oder Ostsee. Viele haben schöne Maserungen. Trotz der vielen Steine kann man sehr gut gehen. Ich bin nahezu begeistert, wie gut das mit den „Bord-Gummistiefeln" geht, laufe und springe, ich muss mich etwas austoben, vom vielen Stehen an Deck. Wir gehen in kleinen Gruppen, oder jeder für sich, wir kennen ja nun den Ablauf. Jeder fühlt sich wie ein Entdecker, hier sind fast nie Menschen, es ist Tundra-Gebiet - wirkt etwas trist.

Mein Blick schweift in die Ferne und mir bietet sich ein Anblick, ich nenne es arktic summer (nicht indian summer). Ringsherum hat die Natur viele Farben erzeugt, von Moosen und Flechten, den vielen Steinen und dem blau leuchtendem Wasser. Ineinander verlaufende Farben: blauer Himmel, vermischt mit Wolken, blau in blau, dunkelblaue Berglinie am Horizont, das türkisblau einer Art Lagune und die rost-braun bis steingrauen Farben des teils feuchten Bodens. Die arktischen Farbtöne sind überwiegend bräunlich, grünlich, beige bis hellgrau. Die Lichtverhältnisse sind so klar und die Sicht ist extrem weit. Wir schauen uns um, die Gegend hat so viele Farben, die sich fast vermischen und ich könnte es malen, aber kein Bild könnte diese einzigartigen Farben wiedergeben, die ehr blass als leuchtend sind. Würde ein Maler diesen Anblick malen, würde es, ohne Bäume und ohne sattes Grün, trist aussehen, doch diese Farben sind besonders und anders ... arktisch.

Dazu die unendliche und absolute Stille.

Steine tragen Wasser, ihr Geist ist der Geist des Wassers, sie haben viele Leben gelebt und werden uns alle überleben. *Inuit-Weisheit*

Wir sind hier fast genau auf der 70. Breitengradlinie und kurz vor dem 100. Längengrad! Immer wieder betrachte ich interessante Steine, in allen Größen und Formen. Einige haben Risse, sind förmlich in der Mitte zerplatzt und viele sind bedeckt mit Flechten oder Pilzen. Einer sieht aus wie eine Kaffeebohne und einer wie ein Toaster.

Oh, geht da wieder die arktische Phantasie mit mir durch? Aber nein, mein Onkel sieht es auch so wie ich. Zwischen kleinen Steinen liegen vereinzelt ganz große, aber nie viel größer als Wasserbälle. Der Frost, Schnee und Eis haben gewaltige Kräfte, die auf den feuchten Stein einwirken und ihn sprengen. Ich möchte das gern in Natura sehen, aber dafür ist es nicht die richtige Jahreszeit. Jetzt ist der arktische Sommer, mit all seiner Schönheit und das genieße ich auf meine Weise.

So sieht also die Hoch-Arktis im Sommer aus: kahl, steinig, kein Baum, kein Strauch, kein Busch, nur urbane ursprüngliche, vegetationslose Natur, die kaum ein Mensch zuvor gesehen hat, kann man so sagen. Es wirkt öde, ist es aber gar nicht, denn jedes Stück sieht in sich anders aus, durch die vielen Steine und deren Unebenheiten im Boden. Die Flora ist klein und teilweise sehr winzig. Sogar kleine braune Pilzchen habe ich entdeckt. Nichts ist vertrocknet, deshalb kann man es eigentlich nicht als öde bezeichnen! Der Expeditionsteam-Geologe erzählt uns, dass hier vor sehr vielen Jahren die Ureinwohner/ Inuit, der Thule-Zeit, gelebt haben, das heißt, sie waren auf der Jagd und haben sich aus Steinen und Fellen eine Art Unterkunft gebaut. Teile davon sind hier und da noch zu erkennen, wenn man ganz genau hinsieht. Wissenschaftler haben ja ein Auge dafür. Das sind kreisförmig

liegende Steine. Wir schauen uns um, ob nicht irgendwo Tiere zu erblicken sind, aber ohne Erfolg. Die Landschaft allgemein hat hier eine ähnliche Struktur, wie die Landschaften, die wir schon zuvor gesehen haben und doch ist sie wieder ganz anders. Es fühlt sich an, als ob wir auf einer Insel sind, denn in der Ferne ist Wasser zu sehen, an verschiedenen Stellen. Das ist wie eine Tundra Wasserstelle und gleicht etwas den Wasserstellen in Südafrika. Interessanterweise stelle ich fest, das bei all den Vergleichen mit anderen Ländern, wie Norwegen oder den südafrikanischen Wasserstellen und Tümpeln alles wie eine einzige Landschaft ist, hervorgegangen aus der Ur-Zeit von zig Milliarden Jahren, bis dann im Laufe der Zeit die Erde in ihre (heutigen) Erdteile zerbrochen ist, durch viel Vulkanaktivitäten immer wieder verändert wurde und im tiefen Grunde doch immer noch „eins“ ist ... unsere Mutter Erde. Ringsherum hat die Natur viele Steine aufgeschichtet, ähnlich wie Schiefer und teilweise stehen die Steine auch hochkant, wie in den Boden gesteckt, wie in Formationen und Mustern oder wie eine Art Mosaik, die für einen Garten- und Landschaftsbauer sicher inspirierend wären: Garten in arktic Style. Wir hatten vermutet, dass es hier, an einigen Stellen vielleicht, überfrostet ist, so wie wir es zuhause als Raureif kennen, aber dazu ist es mit ein paar Grad über Null „etwas“ zu warm. Überall wächst vereinzelt filigranes Moos, winzige Polster von Steinbrech-Pflanzen und die ganz zierlichen „Spiegelei-Blütchen“ vom

Silberwurz. Tierköttel von Karibus und Schneegänsen und deren Fußabdrücke habe ich entdeckt, aber wo sind denn die Tiere ??? Schon bald kommen wieder Schnee, Frost und Eis über diese Landschaft, die wunderbar-einmalig ist. Wie mag es im Winter aussehen? Alles ist dann mit einer weißen Decke überzogen! Nun waren wir schon an verschiedenen Stellen, in verschiedenen Landschaften unterwegs und jedes Gebiet ist ähnlich und doch auch ganz anders. Es gibt so ein besonderes Gefühl: hier ist zwar Einöde, aber nichts von Menschenhand verändert, nichts ist bepflanzt, bebaut oder verändert, verdreckt – pure Natur, pure arktische Schönheit. Schon komisch, dass man sich hier, in der öden Arktis über diese Dinge Gedanken macht. Wir erforschen hier, unbewußt, unsere Lebens-Wurzeln und die der Entstehung der Erde.
Das ist eine sehr außergewöhnliche, wunderbare und eindrucksvolle Expedition! Die Tundra gibt uns einen weiten Überblick und man muss nur die Details betrachten, so sieht man die winzigen Pflanzen und Flechten, die der Tundra ihre subtile Farbpalette verleihen. Weiterhin halten wir ständig Ausschau

ob nicht irgendwo Tiere zu erblicken sind, aber ohne Erfolg, oder die Ferngläser, bzw. die Zeit, die wir hier zur Verfügung haben, reichen dazu nicht aus. Auf einer kleinen Anhöhe steht eine Frau vom Expeditionsteam und erklärt uns, das in einiger Ferne zwei Schneeeulen zu sehen sind, am Ufer einer Art Lagune. Die Ferne ist auch hier nicht zu definieren und sogar durch das Fernglas sieht man nur kleine weiße Punkte. Die Freude ist groß, denn wir freuen uns immer ein Tier zu sehen, egal wie weit weg das ist. Die **Schneeeule** ist einer der typisch-arktischen Tundra-Vögel. Sie haben eine erstaunliche Spannweite von 140-155 cm, können 55-65 cm groß, 1,5-2,5 kg schwer und ca. 10 Jahre alt werden. Rund um die gesamte Polarregion ist ihre Heimat, in den Tundra-Gebieten, in Moor, Heide und Fjell. Es sind Bodenbrüter, die Paarungszeit ist von April-Mai. In kleinen Hügeln oder Felsvorsprüngen werden 3-10 Eier gelegt, abhängig vom Nahrungsvorkommen, überwiegend Mäuse, Lemminge, Kaninchen sowie Schneehühner und auch Fische. Wie alle Eulen kann auch die Schneeeule ihren Kopf ca. 270° drehen. Sie zählt schon jetzt zu den stark gefährdeten Tierarten -------- wegen der Nahrungsknappheit. Wir beobachten diese beiden Schneeeulen noch eine Weile und wünschen ihnen, dass sie noch lange leben werden. Auf dem Weg zurück zum Zodiac sind wieder diese schönen Steine und viele sind dicht mit Flechten und Moos bewachsen, kleine

Natur-Kunstwerke, so sehr unterschiedlich, fast so als ob die Natur hier Freude daran hat, diese zu gestalten. Als Flechte bezeichnet man eine Lebensgemeinschaft zwischen einem oder mehreren Pilzen, (den so genannten Mykobionten), und einem oder mehreren Photosynthese betreibenden Partner, eine Gemeinschaft von Alge und Pilz. Flechten kommen in sehr verschiedenen Farben vor und weltweit gibt es ca. 25.000 Flechtenarten, also nicht nur hier. Sie sind wunderschön ! Die Arktis ist recht artenarm, das hängt mit der letzten Eiszeit zusammen, außerdem kühle Sommer mit kurzer Wachstumszeit, geringe Sonnenstrahlung, die extrem starken Unterschiede zwischen Sommer- und Wintertemperaturen mit bis zu 80 ° Differenz und die Abnahme der Lebensgrundlagen insgesamt. Die Hocharktis, mit einer durch Frostschutt geprägten, fast wüstenhaften Landschaft ist meist vegetationslos. Die Niederarktis ist Tundragebiet, mit Sträuchern, Gräsern und Moosen. Zum Süden ist die Sub-Arktis, die boreale Zone, mit Übergang zu bewaldeten Gebieten. Der größte Teil der Pflanzen in der heutigen Arktis hat sich in den letzten 8000-10000 Jahren entwickelt, vor ca. 21.000 Jahren lagen große Eisschilde über weite Bereiche der Arktis, auch über heutigen Schelfgebieten, da der Meeresspiegel etwa 120 m tiefer lag. Damals existierte eine Landbrücke zwischen Sibirien und Alaska

---> Irgendwie fühlt man sich polarisiert von der Gegend, die nur so öde erscheint, weil wir an das Grün von Bäumen, Büschen und die blühenden Pflanzen gewöhnt sind. In dieser Landschaft liegt eine bemerkenswerte Schönheit, die sich stets im Wechsel von Sommer und Winter befindet, wobei nie richtige, sommerliche Temperaturen erreicht werden, denn dazu ist es zu weit im Norden.

---> Weiter geht die Erkundungswanderung und immer andere Steinformationen kommen vor, viele sind mit Flechten und Moos bewachsen, interessante Strukturen. Bevor wir mit den Zodiac wieder zum Schiff fahren, bleibe ich noch eine ganze Weile am Ufer stehen. Mein Onkel bewundert immer die vielen, besonders unterschiedlichen Steine. Einige sind aus einer Art grauen Lehm übereinander geschichtet und lassen erkennen, wie sich Steine im Laufe der Jahre aus Lehm entwickeln und durch das stete Wasser ihrem Schliff bekommen. Ein besonderer Stein fällt mir auf, er sieht aus wie eine Brotscheibe. Am Wasserrand erkennen wir eine Art grauen Lehm, der je nach Wellenschlag mal nass und mal trocken ist. Die umliegenden Steine scheinen aus diesem Material entstanden zu sein – versteinert, über viele, sehr viele Jahre. Die Fahrt mit den Zodiacs zum Schiff ist sehr abenteuerlich und bei dem Wellengang kommt ab und zu etwas Wasser über uns hinweg, aber das gehört einfach dazu, alles andere wäre „öde“. Den einen macht es Spaß, den anderen macht es Angst. Für mich war diese Gegend mein Lieblings-Platz, obwohl es so öde war und doch so wunderschön, auch der Bucht-Name klingt schön. Ich kann mir vorstellen, hier mit einem Bio-Geologen-Team ein Camp zu bewohnen, um die Tiere und ihr Leben hier in der Einsamkeit zu ergründen. Aber dennoch möchte ich nicht unbedingt einem Eisbären gegenüberstehen. Gut, das sind grade wieder meine arktischen Phantasien.

Das nordamerikanische Nordkap

Boothia Peninsula 70°26′0″N, 94°24′0″W, ursprünglich Boothia Felix genannt, (Inuktitut Kingngailap Nunanga) ist eine große Halbinsel und die nördlichste des kanadischen Festlandes, südlich von Somerset Island. Hier ist das nordamerikanische Nordkap, der Zenith Point, das Nordkap der Boothia-Halbinsel und nördlichster Punkt vom nordamerikanischen Festland, auf 72°00′00″N, 94°38′59″W. **Zenith Point** befindet sich 13 km vom östlichen und 19 km vom westlichen Ende der Bellot Strait, auf felsigem Gebiet, in der nordwestlichen Ecke einer kleinen, ca. 200 m langen, fast rechteckigen Halbinsel, 2000 km südlich vom Nordpol. Die Boothia-Halbinsel hat eine Fläche von ca. 50.000 km^2 und 809 Ew. (meist Inuit). Boothia Island besteht überwiegend aus präkambrischem (Erdfrühzeit) Gestein /Kalkstein. Das ganze Gebiet ist teilweise felsig, karg, baumlos, mit vielen Seen. Im Osten und Westen sind ebene Trundra, Frostschutt- und Felsflächen verbreitet. Die höchste Stelle, in der Inselmitte, ist ca. 580 m, im Hinterland ist es nur um die 336 m hoch. Hauptort ist Taloyoak (vormals Spence Bay) oder Talurjuaq (Syllabics : ᑕᓗᕐᔪᐊᖅ), liegt ca. 250 km im äußersten Süden, auf einer Landenge, 1.224 km nordöstlich von Yellowknife/Kanada und ist das einzige bedeutende Bevölkerungszentrum. Diese Gemeinde wird nur auf dem Luftweg versorgt. Taloyoak in der Spence Bay und der östlich gelegene Ort Mission in der Thom Bay, am Gulf of Boothia, sind die einzigen beiden Siedlungen auf der Boothia Halbinsel und haben zusammen ca. 800 Einwohner. Am nordöstlichen Ende ist Murchison Promontory, der nördlichste Festlandpunkt in der nordkanadischen Arktis, Amerikas und Kanadas (71°58′0″N, 94°57′0″W), 1087 Seemeilen (2013 km) vom Nordpol entfernt und 64 km weiter nördlich als Point Barrow/Alaska, somit der nördlichste Punkt des gesamten US-Territoriums. Promontory bezeichnet ein Vorgebirge, eine erhöhte Landmasse, die in ein Tiefland oder ein Gewässer hineinragt (hier handelt es sich um eine Halbinsel). Das Murchison Vorgebirge erstreckt sich entlang des nördlichen Randes der Boothia Halbinsel, parallel zur und entlang der Küste der nur 2 km breiten Bellot Strait die sie im Norden von Somerset Island trennt. Im Süden der Halbinsel liegt ihre schmalste Stelle, der Boothia Isthmus (Landzunge). Östlich ist der Gulf of Boothia

westlich hat das Gewässer, ja nach Abschnitten, unterschiedliche Namen: Franklin Strait, M'Clintock Channel, James Ross Strait, sowie St. Roch Basin, Rae Strait und Rasmussen Basin. Die gesamte Küste ist mit unzähligen Buchten / Bays und Inlets regelrecht eingerissen, zerklüftet, mit vielen Inselchen hier und da. Die unbewohnte Pasley Bay liegt an der Westküste, ebenso wie Wrottesley Inlet (zwischen Pasley Bay und Bellot Strait).
Geschichte: Die Halbinsel wurde 1829 von John Ross und seinem Neffen James Clark Ross entdeckt. Er wurde mit seinem Schiff *Victory* vom Eis gezwungen, ab 1829 hier 4 Jahre /3 Winter, an diesem östlichsten Punkt zu bleiben. Zuerst benannte er die Halbinsel Boothia Felix nach seinem Freund Felix Booth (1775–1850), einem berühmten, englischen Gin-Destillateur, der die Ross-Expedition finanziert hatte. Ross begegnete einer großen Inuit-Gemeinde, die er als in "Schneehäusern" (Iglus) lebend beschrieb. UND: 1831 ging sein Neffe James Clark Ross über Land und bestätigte, dass Boothia eine Halbinsel ist. Er entdeckte dabei am 1. Juni 1831 den magnetischen Nordpol, der sich damals auf kanadischen Festland auf einem kleinen Landzipfel, Kap Adelaide Regina genannt, an der Westküste der Insel auf 70°05'N, 96°28'W befand, etwa 2300 km vom geografischen Nordpol entfernt.
Der kanadisch-britische Kapitän William Kennedy und der französische Entdecker Joseph René Bellot,

erkundeten erstmals im April 1852 das größere Insel-Gebiet, auf der Suche nach Spuren der Franklin Expedition. Der Ire Francis Leopold McClintock überwinterte in der Gegend um Nord-Boothia mit seinem Schiff *Fox* im Winter 1858/59, ebenfalls auf der Suche nach der Expedition. 1948 wurde nördlich von Taloyoak die Siedlung Ikpik (Thom Bay) gegründet, jedoch bald darauf verlassen.

>>> weitere Informationen über John und James Clark Ross stehen im Kapitel: Besondere Persönlichkeiten, Helden der Nordwest-Passage.

---> Wir fahren aus der Pasley Bay, wieder in das Fahr-Wasser M'Clintock Channel/Larsen Sound, unweit jener tragischen Stelle, wo Franklins Männer die Schiffe verlassen mussten und versuchten, sich zu Fuß zum Festland südwärts durchzukämpfen.

---> Wenn man an Bord steht und in die Ferne „schweift“, denkt man sofort daran, was die Seefahrer damals erlitten haben müssen, aber man denkt auch daran, dass es Menschen gab, die mit allen Mitteln nach der Gruppe gesucht haben, mit vielen folgenschweren Unglücken. Und einige waren sogar schon in der Nähe, ohne das gewußt zu haben, so konnte dann am Ende eine Hilfe mehr rechtzeitig kommen. Noch bis vor wenigen Jahren waren Forscher und Geologen damit beschäftigt, die Schiffe zu finden. Das ist ja inzwischen gelungen, in den Jahren 2014 und 2016. Wir freuen uns auf den Vortrag am Abend, denn jetzt geht es um die tragischen Entdecker und Entdeckung der legendären Nordwest-Passage und wir staunen nicht

schlecht, welch interessante und teils auch amüsanten Geschichten es darüber gibt. Es geht nicht nur um die Franklin-Tragödie, denn auch viele andere Seefahrer haben ihr Leben riskiert, oder sind im Eis verschollen, wie auch Amundsen, bei seiner Rettungs-Aktion bei Spitsbergen, was kaum einer weiß. Und ... ebenso viele kühne Seefahrer oder Polarforscher haben, durch die Franklin-Suche, aber auch schon viele Jahre davor, auf ihren Segelschiffen, mit den Härten des polaren Klimas, nach und nach die Arktis entdeckt, mit all den vielen Inseln und Meeresarmen --- irgendwie erstaunlich, ohne Seekarten und all den modernen technischen Geräten und überwiegend wenig Erfahrungen.
Der **M'Clintock Channel** /McClintock-Kanal 71°41′N 102°13′ W, ist ein Ausläufer des Arktischen Ozeans im kanadischen Territorium Nunavut, im kanadisch-arktischen Archipel, zwischen Victoria Island und Prince of Wales Island. Die Meerenge wurde benannt nach Francis McClintock (1819-1907), ist 274 km lang, 105-209 km breit und verbindet Viscount Melville Sound im Norden mit dem Larsen Sound im Süden.
Sir Francis Leopold McClintock (1819-1907) war ein britischer Marineoffizier und Arktis-Forscher, begann seine Karriere bei der Royal Navy und nahm 1848 an einer ersten Expedition unter James Clark Ross teil, auf der Suche der seit 1845 verschollenen Franklin-Expedition. Sie fanden zwar

keine Spur von Franklins Männern und Schiffen, erkundeten jedoch auf Schlittentouren mehrere hundert Kilometer der bis dahin nicht kartografierte Küstenlinie. So wurde er bekannt und anerkannt, weil er das Schicksal der vermissten Franklin-Leute teilweise klären konnte.

>>> weitere Informationen über McClintock stehen im Kapitel: Nordwest-Passage --- wo zum Teufel ist die Nordwest-Passage ???

Der **Larsen Sound** 70°30'N, 98°45'W ist eine 140 km lange Meeresstraße in der Region Kitikmeot, liegt südlich von Prince of Wales Island, westlich der Boothia Peninsula, nördlich von King William Island und östlich von Gateshead Island. Der Sound bildet ein Wasserkreuz: im Nordwesten mündet der M'Clintock Channel, nach Nordosten geht die Franklin Strait nördlich über in den Peel Sound, im Südosten befindet sich die James Ross Strait und nach Südwesten grenzt die Meeresstraße an die Victoria Strait. Der Sound wurde nach dem Norweger Henry Larsen benannt. --Und in diesem Bereich steckten die beiden Schiffe der Franklin-Expedition im Eis fest, bevor das tragische Schicksal begann

Henry Asbjörn Larsen (1899-1964) war ein norwegischer Arktis-Seefahrer. Zu seinen bedeutendsten Leistungen zählen mehrere frühe Durchquerungen der Nordwest-Passage, die er erstmalig 1940-42 in entgegengesetzter Richtung, als West-Ost-Richtung, mit der *St. Roch* geschafft hat. *>>> weitere Informationen zu Larsen und St. Roch stehen im Kapitel: Die berühmten Entdecker- und Polarschiffe*

Kitikmeot (Inuktitut: Qitirmiut / ᕿᑎᕐᒥᐅᑦ) ist eine kleine Region in Nunavut, besteht aus dem südlichen und östlichen Teil von Victoria Island und dem gegenüberliegenden Festland.

Ein großes, inselreiches Gebiet -----
auf der Amundsen-Route bis Gjoa Haven

---> Die Schiffsreise verläuft entlang der Boothia-Island Küste, mit vielen Cape`s und kleinen Inselgruppen. Jetzt heißt das Gewässer James Ross Strait und beginnt auf der Höhe Clarence Island. Gegenüber dieser Insel ist die Nordspitze von King William Island, das Cape Felix (nach Felix Booth benannt). Nach Osten, Richtung Boothia Halbinsel-Festland ist die kleine Bucht, Kent Bay. Mag sein, dass hier, vor oder an der Bucht, Amundsen damals im Eis stecken geblieben war und nur durch Zufall und wohlüberlegte Handlungen wieder freigekommen ist und kurz darauf entdeckten sie die kleine Bucht, die er dann Gjøa Haven nannte.
Es ist abends, so bemerken wir nicht, dass wir weiterhin auf den Spuren der vielen Entdecker, oder besser gesagt, der vielen Such-Mannschaften fahren. An der King William Island Westseite befinden sich die „Küsten-Punkte“ Victory Point, darunter Cape Jane Franklin und Franklin Point, rechts und links auf einer Landzunge. Das ganze Gebiet wurde über viele Jahre nach Franklin und seinen Leuten abgesucht. Und tatsächlich steckten sie damals hier in Küsten-Nähe im Eis fest und begannen vom King

William Island Westufer ihren langen Marsch in eisiger Kälte, mit tragischem Ende. In dieser Gegend hatten die Suchtruppen sie nicht vermutet. ------Von diesem ganzen Gebiet um uns herum bekommen wir nicht viel mit, da es abends ist und wir uns an Bord aufhalten. Abends lauschen wir alle gespannt den Vorträgen über Franklin&Co. Aber noch interessanter ist „die Amundsen-Geschichte". *(Zu beiden Themen stehen weitere, spannende Informationen im Buch).* Weitere Inseln werden nachts passiert: Tennent- und Matty Island, bis das Schiff in das St. Roch Basin gelangt, weiter in die Rae Strait bis zum Ziel am nächsten Morgen: Gjoa Haven, am Rasmussen Basin. Wo das Schiff entlang gefahren ist, zwischen welchen dieser Inseln, habe ich verpaßt zu fragen oder nachzuschauen. Wichtig ist, wir haben es geschafft und eisfrei war es wohl auch. Ein weiterer Glückspunkt auf unserer Reise.
James Ross Strait 69°50'N,96°30'W ist eine Meerenge zwischen King William Island und Boothia Peninsula, 180 km lang, zwischen nur 48-64 km breit, verbindet den Larsen Sound im Norden mit dem St. Roch Basin im Süden und wurde nach dem James Clark Ross benannt. In diesem Gewässer sind einige Inseln, darunter Clarence Islands, Tennent Island und Matty Island. Mehrere Polarforscher, u.a. auch Roald Amundsen, segelten hier auf de Suche nach der Nordwest-Passage.

James Clark Ross (1800-1862), englischer Seefahrer und Entdecker, nahm 1818 und 1829-31 an den Expeditionen seines Onkels John Ross, zur Suche der Nordwest-Passage, teil. Am 1. Juni 1831 entdeckte er den magnetischen Nordpol, der sich damals an der Boothia Peninsula Westküste befand.
>>> weitere Informationen über John und James Clark Ross stehen im Kapitel: Besondere Persönlichkeiten, Helden der Nordwest-Passage.
---> Die Fahrt verläuft weiter im gleichen Gewässer, es heißt jetzt St. Roch Basin, zwischen der Südspitze des östlichen Armes von Matty Island und Peel Inlet auf King William Island.
Das **St. Roch Basin,** benannt nach dem berühmten Segelschiff und heutigem Museumsschiff *St. Roch*, mit dem der norwegische Kapitän Henry Asbjörn Larsen erstmalig die Nordwest-Passage befuhr, von West nach Ost und auch ganz Nordamerika umrundet hat. Es geht in das Rasmussen Basin über, verbunden mit Rae Strait im Norden, Simpson Strait im Westen, angrenzend der Queen Maud Gulf.
King William Island 68°58'N,97°14'W (vormals King William`s Land) ist eine ca. 13.111 km² große und dünn besiedelte Insel, im westlichen Nunavut-Territorium, 250 km nördlich des Polarkreises, mit dem Hauptort Gjoa Haven, an der südöstlichen Küste gelegen, wo der norwegische Entdecker Roald Amundsen 1903-05 überwinterte. Das Tundra-Gebiet ist recht flach, mit vielen Seen und Tümpeln übersät, das sieht aus der Luft aus wie ein Riesenschwamm, alles durchlöchert, mit einer

durchschnittlichen Höhe von nur ca. 90 Metern, der höchsten Punkt ist im Westen, mit 137m der **Mount Matheson**. Die Insel war bereits lange Zeit vor der Entdeckung von europäischen Seefahrern durch Inuit besiedelt gewesen. Trotz ihrer Größe, ca.175 km lang und 160 km breit, hat die Insel nur knapp 1000 Ew. im Hauptort Gjoa, sind davon 90 % Inuit. Sie sprechen Inuktitut und Englisch. 1830/31 erreichte erstmals eine britische Expedition unter Leitung von Sir John Ross die Nordküste der Insel. Ross benannte sie nach seinem König Wilhelm IV. der, zuvor Herzog von Clarence, in jenem Jahr gerade den englischen Thron bestiegen hatte - (1765-1837), der Onkel von Königin Victoria, die später seine Nachfolgerin wurde, die Ururgroßmutter der heutigen englischen Königin Elisabeth II.). Zuerst lautete der Name King William's Land, da Ross noch nicht wußte, dass es sich um eine Insel handelte. Die Nordküste grenzt an einen größeren Bereich offener See, der McClintock-Kanal. Die Insel ist von der Boothia-Halbinsel durch die James Ross Strait im Nordosten und Rae Strait im Osten getrennt. Im Westen befindet sich die Victoria Strait und dahinter Victoria Island. Innerhalb der Simpson Strait im Süden der Insel liegen Todd Island und dahinter, weiter südlich, Adelaide Peninsula. Die Insel ist durch die Storis Passage und die Simpson Strait vom Festland mit Adelaide Peninsula getrennt. Der Queen Maud Gulf ist im Südwesten. Die Küste ist unregelmäßig, sehr zerklüftet und eingeschnitten, hat viele Buchten / Points: Cape Felix, Victory Point (69°40'N, 98°18'W) und Gore Point, Point Le Vesconte, Erebus Bay, Cape Crozier. **Geschichte**: Im Verlauf des 19. Jhd. passierten eine Reihe verschiedener Expeditionen die Insel, auf der Suche nach der Franklin-Expedition. Diese fand hier an der West- und Südostküste ihr tragisches Ende, als 1846 die Schiffe *Erebus* und *Terror* vor der Nordküste der Insel, nahe Cape Felix (das King William Island Nordkap) vom Eis eingeschlossen wurden. Franklin hatte versucht, westlich an der Insel vorbei zu segeln, war aber, unvorhergesehen, am Packeis gescheitert, das sich aus dem McClintock-Kanal in diese Richtung geschoben hatte (und es heute immer noch macht) Sie waren damals an der Insel Ostküste in ihr tragisches Schicksal geraten. Später erreichten mehrere Such-Expeditionen Gebiete nahe der Insel, ohne Erfolg, jedoch konnten immer mehr genauere Kenntnisse über die Geographie der Gegend gewonnen werden. Erst 11 Jahre später, 1859, erreichte Francis Leopold McClintock, als nächster Europäer, auf der Suche nach den Vermissten, die Insel. Bis 1903 schaffte kein Schiff eine durchgehende Passage auf diesem arktischen Seegebiet. Die Amundsen-Expedition 1903/04 umsegelte mit der *Gjøa* die Insel auf der Ostseite und wurde hier auch zunächst durch starken Eisgang gestoppt. Sie waren dadurch gezwungen, zu überwintern. Daraufhin entdeckte er ein Bucht im Rasmussen Basin, an der King William Island Südostküste, die er Gjoa Haven nannte. Die **Rae Strait** 68°49'59"N,94°50'59" W ist eine kleine Meerstraße in der Kitikmeot Region, zwischen King William Island und der Boothia Peninsula im Osten.

Zufälliger Kontakt mit einheimischen Inuit

Dr. John Rae (1813-93), schottischer Arktisforscher, leitete 1846-48 im Auftrag der HBC eine Expedition zur Erkundung der Nordwest-Passage im Gebiet des Mackenzie River, außerdem erkundete er die Gegend von Victoria Island und die nach ihm benannte Rae Strait.

>>> weitere Informationen über John Rae stehen im Kapitel: Besondere Persönlichkeiten Helden der Nordwest-Passage

Rasmussen Bassin 68°30'N,94°52'W, (Inuktitut: Kangilliniq) ist eine 75 km tiefe, 100 km breite, Bucht/ Meeresenge, Region Kitikmeot, südöstlich von King William Island, entlang der Küste des nordamerikanischen Festlandes, über die Rae Strait im Norden mit dem St. Roch Basin (eine Art Wasserkanal) und über die Simpson Strait im Westen mit dem Queen Maud Gulf verbunden. Im Süden schließt sich das Chantrey Inlet an. Die Hovgaard Islands, vor der Küste von King William Island, sind die einzigen Inseln. Am nordwestlichen Ufer des Beckens liegt in einer Bucht von King William Island der Ort Gjoa Haven. Von Anfang Oktober bis in die zweite Julihälfte ist das Gewässer mit Festeis bedeckt, das gewöhnlich eine Stärke zwischen 1,80 und 2,20 m erreicht. **Geschichte**: Bei der erstmaligen Durchquerung der Nordwest-Passage überwinterte die Amundsen-Expedition 1903-05 mit der Gjøa an einer Art Bucht - Gjoa Haven, die zum Rasmussen Basin gehört, benannt nach **Knut Rasmussen** (1879-1933) grönländisch-dänischer Polarforscher.

>>> weitere Informationen über Knut Rasmussen und seine Thule-Expeditionen, sowie über Amundsen und Gjøa stehen im Kapitel: Besondere Persönlichkeiten Helden der Nordwest-Passage

---> Kurz vor Gjoa Haven passieren wir an der Küste von King William Island die Bucht Matheson Point und dem 137 m hohen Berg Mount Matheson. Das bemerken oder beachten wir jedoch nicht. Danach kommen wir an einer weiteren Bucht, oder Landzunge vorbei, mit dem Namen Schwatka Bay 68°42'N,95°40'W. Eine Bucht im Rasmussen Basin, benannt nach Frederick Gustavus Schwatka (1849-92), Leutnant der US-Army, sowie ein Forschungsreisender in Alaska und im nördlichen Kanada.

Der beste, kleinste Hafen der Welt
und ...... ein wahrer Schatz der Arktis

---> Wir fahren nach **Gjoa Haven**, eigentlich ist es keine Bucht, es sieht aber so aus. Mit Vollgas schießen wir in den Zodias über die extrem hohen Wellen. Das ist ein wahrer Wellenritt durch den Sturm, das Wasser peitscht hoch und wir müssen uns sehr gut festhalten. Es ist sehr stürmisch, die Sicht ist relativ gut und kein Regen. Etwas kühl, ca. 10° aber irgendwie angenehm, die Sonne scheint ab und zu und stellenweise ist sogar blauer Himmel. Noch im März kann es hier -30°/-38° kalt sein, zu dieser Jahreszeit sitzen zuhause schon viele Leute bei den ersten warmen Sonnenstrahlen in einer Eisdiele .... auch arktisch. Im April gibt es Durchschnittswerte von -20°/-25°, im Mai -15°/-18° und im Juni immer noch -1°/-5°. Das macht verständlich, dass früher die Seefahrer auch zur Sommerzeit noch teilweise im Eis fest saßen. Im September sind es schon wieder nur noch um die 6° und nachts kommt der erste Frost.

Gjoa Haven ist kein Hafen, wie wir ihn von zuhause kennen. Er besteht, ähnlich wie in Pond Inlet, aus einem unauffälligen Ufer, ist steinig und sandig, ohne bestimmten Anlandeplatz. Anscheinend kann jeder gerade dort anlegen, wie es geht, es gibt ja nur kleine Fischerboote. Kreuzfahrtschiffe müssen weiter draußen vor Anker liegen. Das Anladen hat auch Ähnlichkeit mit Pond Inlet, hier ist jedoch eine Mole, mit angehäuften großen Steinen, an der wir aussteigen können. Sie dienen auch als Wellenbrecher und wir sehen, wie das Wasser hoch über die Steine klatscht...ob wir wieder heile zum Schiff zurück kommen, bei dem Sturm ?? Jede der Bootgruppen bekommt einen Führer, der uns nett in Empfang nimmt und vieles erklärt, er begleitet uns und beantwortet unsere Fragen. Vom steinigen Strand geht eine sandige Straße etwas steil hinauf und sofort bietet sich ein toller Panorama-Blick auf die Bucht, die Berge in der Ferne und unser Schiff, das dort ganz schön dümpelt. Da es nur Sandstraßen gibt, erleben wir einen kühlen, unangenehmen Sandsturm und die Straße mit dem langen Namen Tulaktarvikwa ist eine staubige Sandpiste, aber das wäre hier normal, wird uns erklärt. „Es ist ein halbes Jahr Winter, dann ist vieles verschneit und staubt nicht mehr“, erklärt der Führer. Das scheint hier niemanden zu stören, es ist, wie es ist. Wir kommen am Kativik Health&Social Service Centre vorbei, davor stehen verstaubte Autos, das wirkt, als ob wir auf dem Mond sind. Den Eindruck hatten wir in Pond Inlet auch schon! Ein Lkw-Fahrer winkt unserer Gruppe freundlich zu. Für ihn ist das eine Abwechslung, mal andere Leute zu sehen, als Einheimische, die er ja alle kennt. Auch hier sieht es, in unseren Augen, unaufgeräumt aus. Nicht direkt Müll liegt hier und da und doch ist es Müll, viel Schrott, Holz, rostige Teile, Ölfässer, Holz, alte Scooter. An einem größeren Gebäude stehen SUV`s /Geländewagen, zwar völlig verstaubt, aber hier passen diese Fahrzeuge hin, besonders geeignet für den Winter. Dennoch verpesten sie auch hier die Luft, wie überall auf der Welt auch. Von Elektrofahrzeugen hat hier wohl noch keiner gehört. Das sollte mal entwickelt werden, zumal es ein halbes Jahr recht lange hell ist, so könnte die Sonnenenergie „getankt“ werden. Vielleicht kommt das noch in ein paar Jahren?! Unser Guide zeigt uns ein Hotel

und leitet uns zu einem Museum Nattilik Heritage Centre. Leider ist unsere Zeit recht knapp, denn für uns alle ist eine kleine Veranstaltung geplant, die in der Goja Haven Arena stattfindet. Daher werfen wir nur einen Blick in das Museum und gehen gleich weiter. Schade, die Leute dort denken womöglich, wie haben kein Interesse? Irgendetwas ist in Planung, das habe ich am Rande mitbekommen. Erst zuhause, durch viele Recherchen für dieses Buch, erfahre ich, was es war, bzw. zu dem Zeitpunkt noch bevor stand - ein **Riesen-Highlight** und es wird viele Menschen nach uns erfreuen !!!!
Der Guide führt an einem recht neuen Gebäude vorbei, das etwas futuristisch aussieht. Es ist das Goverment of Nunavut/ Nunavut Kavamat/ Qariariit Building / Qariariit Iglu.. sehr interessante Bezeichnungen für das Regierungsgebäude. Fast gegenüber steht die Feuerwehrwache und dort gegenüber befindet sich die Mehrzweckhalle, das Gemeinschafts-Center /Goja Haven Arena. Hier findet eine Vorführung statt. Wir haben noch etwas Zeit, bis alle unsere Mitreisenden in ihren Gruppen angekommen sind und daher sehen wir uns etwas um...wobei, viel sieht man nicht und der Sandsturm hört nicht auf. Auf dem Vorplatz der Halle befindet sich ein Kinderspielplatz und ich glaube, das könnte der nördlichste der Welt sein. Jedenfalls genieße ich das Schaukeln, mit Sicht auf die kanadische Öde, die nur von gelegentlichen Hunde-Jaulen un-

terbrochen wird. Trotz des Sturmes, den ich in diesem Moment gar nicht so bemerkt hatte, konnte ich entspannen. Beim Schauklen habe ich die recht einfach gebauten Holzhäuschen betrachtet, mir vorgestellt, wie die Inuit hier wohl wohnen? Für einen kurzen Moment hatte ich das Gefühl, auch hier zu wohnen... so entspannt. In welchem Luxus leben wir alle in unserer Heimat, aber glücklich macht es die meisten nicht. Es verbindet viel mehr mit vielen Verpflichtungen und vielen anderen Dingen oder Problemen. Die Kinder hier strahlen eine Fröhlichkeit aus, eine Zufriedenheit, hier mitten in der Arktis. Ob denen bewußt ist, wo sie hier wohnen, weit entfernt von der großen Zivilisation? Sie leben hier in ihren Familientraditionen, so wie wir in unserer Heimat ähnliche Traditionen besitzen und celebrieren. Ich kann nur hoffen, dass die Inuit hier oben in der unendlichen Natur noch lange so, wie ihre Ahnen, weiterleben und vor allem existieren können. Sie sind ein kostbares, kleines Puzzleteil von unserer Mutter Erde, die wir gemeinsam erhalten und beschützen müssen. Wie mag es wohl hier im Winter aussehen? Dann können die Kids draußen Eislaufen, ob das bei um die -30° so toll ist? Ich kann mir nichtmal -10° vorstellen, das ist schon klirre kalt. Die Luft ist rein, abgesehen von Ofen-Abgasen, die ja auch einen erheblichen Schaden anrichten. Davon weiß hier keiner etwas. ---
Mein Onkel streift auf seine Weise umher und

schaut sich die Gegend und die Häuser an, immer wieder jaulen Hunde, aber das ist völlig normal. Vor Beginn der Vorführung können wir landes-typische Spezialitäten mit Lachs und Rentierfleisch kosten, sehr liebevoll extra für uns vorbereitet

(Fotos wurden mit deren Zustimmung gemacht) /// rechts: Kinder haben zwei Plakate gemalt, die an der Wand hängen, eine Community Map und alle ihre Handabdrücke mit Namen.

Die Community Map ist sehr schön gezeichnet. Auf dem anderen Bild stehen, mit Handabdrücken versehen, ihre Namen. Die sind für uns recht ungewöhnlich: Byfon, Teday, Taryn, Maiya, Jarred, Rayan, Wyaxx, Louie, Sadie, Bryce, Avia, Kirby, Bryson, aber auch Ann Marie, Sophie, Desiree und Martina kommen vor. In der großen Sporthalle übten die Kinder fleißig für ihren Auftritt. Jedes Mal ist es aufregend, so scheint es. Sie sind neugierig und sprechen uns an, fragen, wie wir heißen. Sie sind Europäer gewöhnt, denn gelegentlich ankern hier Expeditionsschiffe und Besucher kommen. Zuerst wird der für die Region sehr bekannte Trommel-

Tanz / Drumdance vorgeführt, danach singen 2 Frauen / Throatsingers den traditionellen Kehlgesang. Das hat alte Traditionen und ist noch heute ein spielerischer Wettbewerb, bei dem sich zwei Partner mit einer Art rhythmischem Gesang aus monotonen Kehllauten gegenseitig zum Lachen bringen wollen. Wer zuerst lacht, ist der Unterlegene. Tanzen und Singen tragen wie das Erzählen von Geschichte zur Unterhaltung bei, insbesondere dem Überliefern von Kenntnissen aus der eigenen Geschichte und dem Erhalten von Tradition. Der Mann trommelte, sang und tanzte dabei gleichzeitig mit einer Rahmen-Trommel und einem Schlägel in der Hand. Diese Trommel wird „**qila**" auf Inuktitut genannt, oder auch „qilaat". Sie ist mit den indianischen Ur-Völkern, bei denen die Schamanen sie gebrauchten, aus Asien „mitgekommen". Das Besondere an dem Instrument ist: der Schlägel, oft mit Fellresten überzogen, wurde gegen den Rahmen der Trommel geschlagen, nicht gegen die Trommelhaut, die aus Robbenhaut besteht. Die Lieder handeln von der Jagd, von gefährlichem Wetter, von Hungerzeiten, von Familien und von Kämpfen. Im Anschluß sangen zwei Mädchen ein Lied. Durch den Kontakt mit Europäern, meist Walfänger, lernten die Polarvölker zum ersten Mal die ersten Musikinstrumente wie Geige und Ziehharmonika kennen. Danach zeigte eine Gruppe Mädchen und Jungen einen eindrucksvollen

Dance, der ist hier sehr beliebt. Viele Teams nehmen an jährlichen Square Dance-Turnieren teil. Die Inuit lernten Square Dance von den schottischen und amerikanischen Walfängern, die in der Gegend Mitte des 19. Jhd. lebten. Er wird meist von Akkordeon und Geigen begleitet und hat seine Wurzeln eher in Rundtänzen aus Großbritannien als im westamerikanischen Square Dance. Ein einzelner Tanz kann zwischen 40 Minuten und über eine Stunde dauern. Hier ist Hobby und Arbeit zugleich das Dorsch-Angeln und es gibt Angelwettbewerbe. Außerdem sind so ziemlich alle Männer und auch viele Frauen Jäger, Karibu-Jäger, das ist nach wie vor deren Lebenserhalt. Es gibt inzwischen Quoten für die Moschusochsen- und Eisbärenjagd, aber diese Tiere kommen nur noch selten vor. Dafür kommen wärmere Winter vor, früher mit Temperaturen bis über -40° und heute durchschnittlich -20 bis -30° und außerdem viel Regen. Dieser Klima-Wechsel bereitet den Inuit große Sorgen, ihr Leben und Überleben hängt davon ab. –
Wie soll das zukünftig weiter gehen ????
--> Auf dem Rückweg zu den Zodiacs ist es immer noch sehr sandstürmisch, irgendwie stört es nicht mehr, nur beim fotografieren. Einige gehen vielleicht zum Amundsen Denkmal, aber die Zeit bis zum Ablegen ist knapp und der Sturm zu kühl, um noch einen Abstecher, auf die Schnelle, zu machen. Es ist zwar etwas sonnig, aber der Wind hört ein-

fach nicht auf. Die Zodiacs tanzen wieder auf den hohen Wellen dem Schiff entgegen, wir müssen uns alle vor der hohen Gischt bücken und jeder bekommt eine heftige Ladung Meerwasser in den Nacken, sodaß wir tropfnaß wieder an Bord gelangen. Das könnte man auch als Arktis-Taufe sehen, denn alle lachen darüber, obwohl sie tropfnass sind. Das hat Spaß gemacht und es ist abenteuerlich-arktisch. Umziehen müssen sich alle sowieso, denn bald schon gibt es Abendessen und eine spannende Vorführung: eine Inuit-Familie singt und tanzt und zeigt uns den Trommel-Tanz und Kehlkopfgesang. Sie sind stolz auf ihre Familie und auf ihre Tradition und ihre besondere Lebensfreude kann man deutlich spüren.

Der „Stadtvater" Roald Amundsen

Gjøahavn 68°38'N,95°53'W (*Gjøa* Havn / Gjoa Haven) auf Inuktitut: Usqsuqtuuq / Syllabics: ᐅᖅᓱᖅᑑᖅ, liegt im einer Art Bucht, die, auf der Landkarte betrachtet, birnenförmig aussieht. Die Inuit nennen ihn Ort mit Mengen von Fett, (wegen der vielen Robben, die sie hier fangen konnten und können. Die Inuit der Umgegend nennen sich daher auch Natsilik-Inuit oder Natsilingmiut (von Inuktitut „natsiq", Robbe). Es ist ein Verbindung-Stück der Nordwest-Passage, Region Kitikmeot, im zentralen Teil Territorium Nunavut, mit etwa 1.300 Ew.

(Tendenz steigend), davon 94 % Inuit. Eine typische Nunavut-Gemeinde in Bezug auf Ethnizität, Bevölkerung, Lebensstil und Wirtschaft. Es ist die einzige Siedlung auf King William Island. Der Ort liegt auf der kleinen Neumayer-Halbinsel, einer Art Landzunge/ Landzipfel an der King William Island Südostküste, am Rasmussen Basin, in der Petersen Bay, auf nur 47 m Höhe, mit einer Fläche von 28,47 km^2, etwa 250 km oberhalb vom Polarkreis. Die Zeit (UTC) ist hier – 7 Stunden. Die Gegend ist geprägt vom polaren Tundraklima, kühle Sommer und extrem kalte Winter, zwischen -30 bis -35° im Durchschnitt. Das Wetter kann aber auch gut bis zu -40° mit einer Windkälte von -50°C erreichen und ist insgesamt sehr trocken, Rekorde: 1990 -50,2 ° und +24,3 ° am 6. Juli 1996. Die Sommermonate können bis zu 24° schaffen. Im Frühling ist das Wetter am besten, die Temperatur ist dann genau richtig, nicht zu heiß oder nicht zu kalt. Die Gemeinde ist eine der am schnellsten wachsenden Siedlungen von Nunavut und entwickelt sich zu einer kleinen Großstadt. 1961 lebten hier nur etwa 100 Menschen. Gjoa ist einer der abgelegensten Orte Kanadas und hat einen kleinen Flugplatz, Gjoa Haven Airport (IATA: YHK), 3km südwestlich gelegen, ein Radio Sender ist dort integriert. Das Flugzeug stellt für die Insel-Bewohner die wichtigste Verbindung zur Außenwelt dar, verbindet Gjoa Haven mit der Nunavuts Hauptstadt Iqaluit sowie Yellowknife und

Cambridge Bay. Teilweise werden Wasserflugzeuge genutzt. Hier befindet sich, mit Ausnahme einiger unbefestigter Pisten, kein direktes Straßennetz. Im Winter sind außer Hundeschlitten, mittlerweile Quads und Motorschlitten ein viel genutztes Transportmittel.
Heute ist der Ort bekannt für Kunsthandwerk sowie Herstellung von Schnitzereien, die hauptsächlich mit Inuit-Geschichten, Legenden und Mythen zu tun haben. Einige Bildhauer sind berühmt für ihre Darstellungen von schamanischen Gesichtern und viele Näherinnen fertigen wunderschöne Inuit-Kleidung. Die wichtigsten wirtschaftlichen Aktivitäten sind Jagd und Saiblings-Fischerei, für den Eigenbedarf. Ein Teil der Einwohner hat Arbeit in staatlichen bzw. gemeinschaftlichen Einrichtungen wie Post, Schule, Gemeindeverwaltung und Gesundheitszentrum, der größte Teil der Beschäftigung ist im öffentlichen Dienst, mit der größte Arbeitgeber ist CAP Enterprises Limited -Bau- und Baumaschinen.
Es gibt kulturelle Veranstaltungsorte wie das Heritage Center, das Hamlet Center und das Quqshuun Ilihakvik Center. Im „Hamlet“, dem „Rathaus“, kann man in den Sitzungssaal schauen.
Im oberen Stockwerk steht eine Bronze-Büste von „Roald Amundsen“, in Vitrinen sind Fotos und Berichte über seine erfolgreiche Nordwest-Passage-Expedition ausgestellt.

UND: ein Denkmal erinnert an den 100.sten Jahrestag dieser legendären Expedition.
Das **Nattilik Heritage Centre** (Multi Use Centre Gjoa Haven)/Museum, wurde, nach dreijähriger Bauzeit, im Oktober 2013 eröffent, ist ein Museum sowie Kulturcenter, präsentiert vieles vom Leben und der Entwicklung der Inuit, die Geschichte und Kultur, mit vielen geschnitzten Skulpturen, sowie Informationen rund um „den Stadtvater" Roald Amundsen. Lange bevor die Europäer in Gjoa Haven ankamen, bereisten Inuit die Küsten und Wasserstraßen der Arktis. Sie erkundeten die Region, streifen durch das Gebiet, fuhren mit ihren Kajaks durchs Meer, jagten ihre Nahrung und bauten Unterkünfte. Das Wissen der Inuit über die Arktis wurde durch Erfahrung gelehrt und erlernt, durch mündliche Überlieferung weitergegeben. Es würde Jahrhunderte europäischer Erforschung benötigen, um ähnliche Kenntnisse zu erlangen.

Der große Schatz der Arktis !

NEU: Seit September 2019 steht hier die geborgene Schiffsglocke aus dem Wrack der Erebus und versetzt die Besucher ins Staunen, denn niemand hatte jemals damit gerechntet, die Wracks zu finden und noch dazu die gut erhaltene Schiffsglocke –ein wahrer Schatz der Arktis! Inzwischen wurden einige Werkzeuge und Objekte aus Amundsens Sammlung (aus Oslo, Museum für Kulturgeschichte) in dieses Museum gebracht, zum Teil Dinge, die er damals von den Einheimischen für seine Expedition anfertigen ließ und abgekauft hat und Gegenstände wie traditionelle Öllampen, Harpunen und Schneemesser, die er gesammelt hatte. Die Wände des Museums zeigen die Trundra und das Meer. Die Besucher können in ein altes Hautzelt kriechen, traditionelle Parkas anprobieren oder sich eine Nachbildung eines Iglus ansehen. Das Kulturerbe-Zentrum hat einen zusätzlich großen Raum für die lokalen Ullulaq Inuit Arts, um Werke lokaler Künstler zu verkaufen. Hier wird noch an vielen ergänzenden Möglichkeiten gearbeitet, um die Kunst der Inuit zu präsentieren, aber auch um den Künstlern mehr Chancen zu geben und es soll als Ausbildungsstätte für junge Nattilik Künstler werden. In der Gemeinde gibt es eine Menge an künstlerischen und kreativen Talenten, die gefördert werden müssen, um neue künstlerische Ideen, mit alten Traditionen zu erhalten oder zum Leben zu erwecken. Goja ist sehr stolz auf dieses besondere Museum. Viele Mitglieder der Gemeinde halfen beim Entwurf und beim Bau des Zentrums. Künstler und Handwerker schufen Skulpturen, Wandbehänge und Lagerszenen, einheimische Älteste halfen bei der Vervollständigung des Ausstellungsraums. Das Museum ist fester Bestandteil für die Schulen, die traditionelle Camp-Szene, mit Tipi-ähnlichem Zelt, aus Robbenfellen, soll interaktives kulturelles Lernen fördern. Interessant und relativ neu ist der Nordwest Passage Territorial Trail. Das ist kein Park, sondern ein informativer Rundgang, der historische Details über die berühmte Suche zahlreicher europäischer Entdecker nach der Nordwest-Passage und ihre Suche nach Antworten auf das Verschwinden der Unglücklichen Franklin Expedition von 1845 enthält. Unterwegs kommt man einem kleinen Unterstand vorbei, in dem Amundsen seine Beobachtungen zum magnetischen Nordpol gemacht hatte, der zu dieser Zeit nur 90 km entfernt war. Hier ist auch der Aufbewahrungsort, wo er seine diversen Gerätschaften und Instrumente verstaut hatte. Man kommt auch an eine Gedenkstätte der Männer der Franklin-Expedition. Im letzen Teil des Rundweges, in der Nähe vom Northern Store-Supermarkt, in Ufernähe, befindet sich, noch immer, das erste Gebäude der Gemeinde: ein ehemaliger Posten der HBC, mit der Geschichte vom Handel und Gewerbe. Von hier aus gelangt man zu einem von Felsen gesäumten Pfad. Er führt zu einem Steinhaufen, der Roald Amundsen gewidmet ist und an das hundertjährige Jubiläum seiner erfolgreichen Entdeckung und Durchquerung der Nordwest-Passage erinnert. Auf dem Steinhaufen befindet sich eine Gedenktafel aus Bronze, die das Leben des „Stadtvaters“, seines Schiffes *Gjøa* sowie seine Reise von Norwegen bis Gjoa Haven beschreibt. Die einzigen heute noch vorhandenen Beweise für Amundsens Gebäude sind Erdhügel aus seiner unterirdischen

Bauweise. Weitere Informationen hierzu, sowie zu Touren und Wanderungen erhält man im Amundsen Hotel/ Tourisinformation. Gjoa hat einen Northern Store und ein Qikiqtaq Co-op Limited /Einzelhandelsgeschäft, beide ganz nah am Ufer und mit toller Aussicht, sofern die Sicht toll ist. Stolz sind die Einwohner auf das Amundsen Inns North Hotel, ein zweistöckiges Gebäude, mit 16 Zimmern. Eine weitere Übernachtungsmöglichkeit bietet das Goja Haven Bed&Breakfast.
Kirchen: Church of the Sacred Heart of Mary (Unbeflecktes Herz von Mary, Roman Catholic Church) erbaut 1951 und die alte Gjoa-Hafenkirche. Außerdem gibt es 3 Schulen: Quqshuun Ilihakvik Grundschule, Qiqirtaq Ilihakvik High School und Nunavut Arctic College. Kulturelle Veranstaltungsorte: das Hamlet Center, das relativ neue Goja Haven Community Center, eine Allzweckhalle, in der u.a. Eishockey, Skaten und Curling gespielt wird. Natürlich ist Eishockey der Nationalsport und die Snowy Owls (Ookpik) /Schnee-Eulen sind ein starkes Team, sie haben schon oft gegen Cambridge Bay gewonnen. Es gibt verschiedene Cup`s und auch Damen-Hockey. Im Winter können alle draußen üben, aber bei -30° geht's nicht mehr – zu kalt. Die Gemeinde und die Menschen kümmern sich gemeinschaftlich um alle Bedürftigen und sie haben lange gekämpft, dass die Community „trocken“ bleibt, und das ist auch so geblieben. Dies bedeutet auch, sich Ge-

danken über die Zukunft und die der Kinder zu machen, es wird sich darum gekümmert, dass sie an einem sicheren Ort aufwachsen können.

Geschichte: Gjoa Haven hat eine wunderbare, fast märchenhafte, interessante Geschichte. Viele Nunavut-Gemeinden entstanden durch die Errichtung von Walfanglagern, eines Hudson's Bay Trading Post oder einer Kirche, aber Gjoa Haven wurde von einem Polarforscher und seiner Mannschaft gegründet, entdeckt hatten die Inuit diese Gegend schon vor vielen Jahren. Im Sommer 1903 begab sich der Norweger Roald Amundsen mit 6 Mann Besatzung auf seinem kleinen Schiff *Gjøa*, in die kanadische Arktis, um die Nordwest-Passage zu suchen, denn bisher hatte noch keiner einen direkten Weg gefunden und kein Schiff hatte zuvor diesen Seeweg befahren. Die „Franklin-Tragödie" ist jedem Arktis-Seefahrer bekannt. Er fuhr von Oslo kommend an Südgrönland vorbei, durch die Davis Strait und Baffin Bay in den Lancaster Sound. Dann segelten sie, vom Norden kommend, nachdem sie die Gräber auf Beechey Island besucht hatten, den Peel Sound hinunter. Wegen starkem Packeis an vielen Stellen, suchte er eine kleine, geschütze Bucht. Zufällig entdeckte sein Mitfahrer Helmar Hansen ein seichtes Ufer an einer Landzunge.
" Verdens beste, minste havn", den besten kleinen Hafen der Welt", bezeichnete er spontan die, zu dieser Zeit nur mit ein paar Inuit-Zelten bewohnte,

kleine Küstenlinie, an der King William Island Südostküste. Das Meer rund um King William Island ist, mit Ausnahme weniger Wochen im Spätsommer, das ganze Jahr über zugefroren. Die Seefahrer waren 1903/04 und 1904/05 nicht (direkt) aus Freude geblieben, sondern gezwungen, in dieser Bucht, zwei Mal zu überwintern, im Schutz der gegenüberliegenden Hovgaard Inseln. Die Siedlung am Ufer wurde ein Zufluchtsort für die *Gjøa,* es war der Hafen der *Gjøa*. Daher hat Amundsen „seinen schönsten kleinen Hafen der Welt" Gjøahavn (norwegisch), Gjoa Haven (engl. Schreibweise) genannt. Während dieses unfreiwilligen Aufenthaltes bekamen Amundsen und seine Mannschaft von den indigenen Einwohnern der Inseln althergebrachte Techniken beigebracht, die das Überleben in der Arktis ermöglichen und sie machten sich mit der traditionellen Lebensweise der Natsilik-Inuit vertraut. Die Inuit brachten ihm den Gebrauch von Hundeschlitten bei und er übernahm ihre Fellkleidung zum Schutz vor der Kälte. Dieses Wissen erwies sich als entscheidend für Amundsens spätere erfolgreiche Erkundung des Südpols. Er kaufte von den Einheimischen ihre handgefertigten Harpunen, Schneebrillen und Schneemesser, alles Gegenstände, die für seine zukünftigen Expeditionen von unschätzbarem Wert waren. Außerdem erkundete er die Boothia Halbinsel und suchte und forschte nach der genauen Position des magneti-

schen Nordpols, der damals nicht weit von hier war. Während die Crew auf dem Schiff verblieb, quartierte er sich bei den Inuit ein. In den 18 Monaten kam es auch zu engeren Kontakten zwischen den Seeleuten und weiblichen Ureinwohnern, weshalb noch heute bei einigen Siedlungsbewohnern verwandtschaftliche Verbindungen zu den Norwegern bestehen. Während der 18 Monate Aufenthalt kamen Inuit aus umliegenden Lagern, um mit Amundsen zu handeln, der sein Schiff mit Metallprodukten und anderen Handelsgütern beladen hatte, um sich auf eine solche Gelegenheit vorzubereiten. Amundsen befuhr als erster die Nordwestpassage (und 5 Jahre später als erster den Südpol). Nachdem die Amundsen-Expedition weitergesegelt war, mit dem (erreichten) Ziel in Nome/Alaska, blieben die Inuit und die Gemeinschaft wurde geboren. Durch die erfolgreiche Beendigung von Amundsens Expedition stellte sich heraus, dass eine mögliche Route der Nordwest-Passage tatsächlich an King William Island vorbeiführt.
Römisch-katholische und anglikanische Missionare kamen später in das Gebiet, 1927 eröffnete die HBC eine Niederlassung in Gjoa Haven und die Gemeinde wuchs seitdem stetig. Zu Beginn wurden hauptsächlich Felle von Polarfüchsen gehandelt.
Die **Netsilik** auch Natsilik-Inuit, Nechilli oder Natsilingmiut (Inuktitut: „Bewohner des Robbenorts“, von „Natsiq“ (Robbe), nennt sich die kleine Rob-

ben-Inuit Gruppe, die an der arktischen Nordküste Kanadas auf der Boothia Halbinsel und auf King William Island beheimatet ist, heute in den Siedlungen Goja Haven, Kugaaruk und Taloyoak lebt. 1923 waren es nur 259 und mittlerweile leben in den drei Siedlungen rund 2400 Inuit. Ihre traditionellen Lebensgewohnheiten gelten als besonders gut bekannt. Sie wurden von Heinrich Klutschak (österreichischer Abenteurer, Autor (1848-90) schon 1879, von Roald Amundsen (1903-05) sowie von Knud Rasmussen (1920er Jahre) erforscht. Bei seiner Forschungsreise erkannte Rasmussen, dass die meisten Natsilik auf Grund ihrer abgeschotteten Lage zuvor noch nie einen Stammesfremden gesehen hatten. Der Stamm der Natsilik war der letzte, der das traditionelle Nomadenleben aufgab.

>>>Ausführliche Informationen über die Amundsen- und Rasmussen Expeditionen stehen im Kapitel: Besondere Persönlichkeiten, Helden der Nordwest-Passage und über die *Gjøa* im Kapitel: Die berühmten Entdecker- und Polarschiffe

---> Wir verlassen Gjøa Havn am Nachmittag und passieren Fram Point die Südspitze. Noch ungefähr 250 Seemeilen sind es bis zum Ziel/ Cambridge Bay und wir sind gespannt, was noch auf uns zukommt. Es ist windig und wir sind nur kurz an Deck, die Landschaft, die man noch sehen kann ist trist. Heute steht ein besonderes Abend-Dinner auf dem Programm und darum können wir die Weiterfahrt nicht beobachten. Es geht, in einiger Entfernung zur Steuerbordseite, entlang und dort liegen die

Hovgaard Islands 68°29'N,95°42'W, ist eine nur 10 km² große, unbewohnte Inselgruppe. Benannt zu Ehren des dänischen Marine-offiziers und Polarforschers **Andreas Peter Hovgaard** (1853-1919). Er hatte als Leutnant in den 1878-80 Adolf Erik Nordenskiöld auf dessen Fahrt durch die Nordost-Passage mit der *Vega* begleitet. Adolf Erik Freiherr von Nordenskiöld (1832-1901) war ein in Schweden tätiger Baron, Professor in Stockholm, Polarforscher, Kartograph und Reiseschriftsteller.
---> Wir nähern uns einem unwegsamen Inselgebiet. Ein Blick auf die Karte des Monitors versetzt uns in Erstaunen, hier muss der Kapitän durch viele Engen navigieren. Da dies ja alles „die Technik" macht, wird das sicher kein Problem darstellen. Das Schiff gleitet sehr langsam, mit nur 09,9 Knoten, durch eine sehr erstaunlich schmale Passage. Auf dem Monitor sieht es aus wie eine Schärenlandschaft, mit einer ganz besonders engen Stelle, außerdem sind nur 2°, aber das stört nachts ja keinen. Die Meerestiefe wechselt sehr schnell von 26 auf 16 Meter innerhalb einer Minute. Die Übersicht auf dem Monitor scheint gestört zu sein... ständig unterschiedliche Angaben!? –welch ein „schwieriges Seegebiet". Die Schären- oder Sandbank-Landschaft setzt an der Westküste von der Adelaide Peninsula fort, es wirkt regelrecht zerbrökelt.
Das Expeditionsteam nennt uns das neue Ziel, das ursprünglich nicht in der Planung war, aber zeitlich

sehr gut passt. Wir sind wie immer gespannt, was der nächste Ausflug bringt ... Schneefelder und Schneesturm?? ... gar nicht so abwegig, diese Gedanken.
Wir genießen noch einige Zeit an Deck, in Decken eingemuckelt, und erleben einen sehr schönen Abschluß, am vorletzten Reise-Abend - die Sonne zeigt sich von ihrer schönen Seite! Es ist schon über zwei Monate nach Mittsommer und daher geht auch die Sonne schon etwas unter, jedenfalls ist es nachts wieder dunkler. Dennoch ist es noch lange hell und wir erleben einen hübschen Sonnenuntergang, ein wunderschöner Anblick. Ich liebe Sonnenuntergänge und sie sind überall anders, vom tief-rot in Südafrika, bis orange-rot in Florida und in unterschiedlichen Farben bei uns zuhause – je nach Jahreszeit. Die Sonne, mit einem dünnen Wolkenfeld behangen, geht zwar hinter der flachen Uferküste des kanadischen Festlandes kurz mal in Deckung und erstrahlt dennoch in weichen orange-rosa-rot Tönen am Himmel und hinterläßt ein gold-gleißendes Farbenspiel auf den seichten Wellen, der Sturm ist längst vorbei. Wir schauen lange zu und beim Anblick verliert man sich im Träumen, Erinnerungen an die Reise, welch ein Glück hatten wir und nun scheint auch noch einmal die Sonne für uns. Wenn alle Passagiere schlafen, ist sie längst wieder vom Horizont aufgestanden und begrüßt uns am morgen mit ihrem Lächeln! Nach dem festlichen

Abend-Essen gibt es einen Vortrag über die Franklin Expedition und wir können ein Video ansehen, das unterwasserrarchäologische Taucher von ihren Wrack-Untersuchungen gemacht haben. Erstaunlich, dass vieles noch so gut erhalten ist, **nach 168 Jahren !**, fast so, als ob sich das alles erst vor wenigen Jahren zugetragen hat. Die Forscher sind selbst darüber erstaunt und die größte Freude ist die Schiffs-Glocke, **der arktische Schatz**! Ich bin so fasziniert davon, ich sehe mir die Kurz-Videos mehrmals an.
Unterdessen fährt das Schiff an der Südspitze von King William Island, mit Booth Point vorbei. Fast gegenüber heißt der ungefähr nordöstlichste Punkt der Adelaide Peninsula, **Ogle Point** 68°17'59"N, 95°52'37"W, ein Kap, oder eine kleine Landspitze im Nordosten des Festlandes, Provinz Nunavut. Das Gebiet im Landesinneren ist sehr flach, der höchste Punkt ist nur 15 m. Ungefähr auf diesem Stück beginnt die Meeresenge **Simpson Strait**.
---> Es ist spät abends als unser Schiff in die Simpson Strait gelangt. Hier in dem Gebiet, entlang der King William Island Südküste haben sich vor über 170 Jahren die schicksalhaften letzten Tage der bis dahin noch ca. 30 Überlebenden der Franklin Expedition abgespielt. Wir haben an Bord verschiedene Vorträge darüber gehört und viele können wohl nicht gut schlafen, in den Gedanken, wo wir uns nun grad „befinden" – Hauptsache der Käpt`n passt

gut auf. Ob ihm dieses Gebiet nicht auch „mulmig“ vorkommt? Die **Simpson Strait** 68°29’N,97°10’W ist eine 80 km lange, 3,5 bis 20 km breite, seichte Meerenge, zwischen King William Island und der Adelaide Peninsula, die zum Festland des kanadischen Territorium Nunavut gehört. Über 15 kleine Inseln liegen innerhalb der Meeresstraße, verbirgt viele Untiefen und Riffe und Amundsen hat diesen Teil seiner Gjøa-Reise als aufregendste Durchfahrt bezeichnet. Das Gewässer geht über in die Storis Passage im Westen, verbindet Queen Maud Gulf mit dem Rasmussen Basin im Osten. George Back (1796-1878, englischer Marineoffizier und Polarforscher) erreichte 1834 die Simpson Strait. Er gab ihr jedoch keinen Namen. Die HBC beauftragte 1836 Thomas Simpson (1808-40) und Peter Warren Dease (1788-1863) damit, die Erkundung und Kartierung der Nordküste von Nordamerika abzuschließen. Die beiden erreichten 1839 die Simpson Strait und gaben ihr ihren Namen. Von hier bis zum Victory Point an der King William Island Westküste, wo die Franklin Expedition nach Verlassen der vereisten Schiffe das Festland erreichte, sind es nur rund 145 km. Das war damals noch ein unentdecktes Teilstück der Nordwest-Passage. Amundsen bebefuhr diese Meerenge 1903 während seiner ersten erfolgreichen Durchfahrt.

---> Nachts kommen wir an der Bucht Starvation Cove an der Nord-Ostseite der Adelaide-Halbinsel vorbei. Die **Starvation Cove** (Hunger Bucht) ist ca. 6 km breit, umgeben von einer Art Felsensandbänken und der südlichste Punkt, der 1848 von den zuletzt überlebenden Männern der Franklin-Expedition auf ihrem Marsch nach Süden nachweislich, durch viele Funde, erreicht wurde. Der Amerikaner **Frederick Gustavus Schwatka** (1849-92) hatte 1878 mit seiner Expedition diverse Erkundungen in diesem Gebiet südlich King William Island und Adelaide Nordküste unternommen und dabei der Bucht den Namen Starvation Cove gegeben, weil in dieser Gegend die allerletzten Überlebenden gestorben sind. Mit dem Überwinden von über 5200 km wurde bei dieser Expedition ein neuer Streckenrekord für Schlittenreisen aufgestellt. Außerdem wurden Gegenstände, sowie Gräber von einigen der Mannschaft gefunden. Mittlerweile ist ein Friedhof errichtet worden, mit Grabsteinen und Stelen.

---> Etwas weiter westlich gegenüber Starvation Cove, an der King William Island Südseite, kommt Douglas Bay und danach die engste Stelle der Simpson Strait mit Thunder Cove, nahe Starvation Cove und danach die McClintock Bay auf der gegenüberliegenden Seite.

Ab hier heißt das Gewässer Stories Passage. Weiter nordwestlich, entlang der King William Island Küste, liegt Cape John Herschel. Das Gebiet um die Buchten ist recht flach, besteht hauptsächlich aus

Grasland, nicht höher als 100 m. Die nächste Bucht ist Washington Bay, an der südwestlichen Küste von King William Island, danach kommt die kleine Insel Irving Island und am unteren King William Island Südwestzipfel ist die Terror Bay.

Terror Bay 68°54'N,98°57'W (Inuktitut Amitruq ᐊᒥᑦᑐᖅ) ist eine recht große, rundliche Bucht, der Südwestteil der Graham Gore Halbinsel, an der Südwestküste von King William Island, im Queen Maud Gulf. Sie liegt zwischen Fitzjames Island im Westen und Irving Islands im Osten, gesäumt von Kiesstränden, umgeben von zahlreichen Inselchen und Sandbänken. **Graham Gore** (1808-47) war Leutnant auf der *Erebus* und leitete die Aufgabe, am Victory Point Note, auf King William Island, eine Nachricht in einem Steinhaufen zu hinterlassen. Kurios: Die Terror Bay ist nach der *Terror*, einem der beiden Schiffe der tragischen Expedition benannt worden, über 100 Jahre bevor dort das Wrack der *Terror* gefunden wurde. Einige Netsilik-Inuit hatten hier 1849 ein Zelt mit toten Expeditionsteilnehmern sowie einige Gräber gefunden. Nach vielen Jahren aufwendiger Suche durch Wissenschaftler wurde das Wrack der *Terror* hier am 3. September 2016 gefunden.

Seegebiet mit zwei historischen Schiffswracks

---> Noch während der Nacht durchqueren wir ein Seegebiet, in dem zu beiden Seiten, jeweils in einiger Seemeilen-Entfernung, die beiden Wracks lie-

gen, sozusagen rechts und links zu unserer Route. Wären wir am Tage hier entlang gekommen, hätten wir vielleicht einen Stopp in der Terror Bay eingelegt, denn dort befindet sich das Wrack der *Terror*. Ob unser Käpt`n das mit seinen Navigationsgeräten gesehen hätte? Ich glaube nicht. Wir hätten wohl am Tage an Deck gestanden und mit stillen Gedenken an all derer, die in 360 Jahren der Suche, ihr Leben verloren haben, um diese Nordwest-Passagen-Route zu finden, auf der wir nun die Ehre haben, fahren zu dürfen. Das waren nicht nur Männer der Franklin Expedition, es waren schon lange davor sehr viele und danach noch mehr Menschen, die andere gesucht haben, sie retten wollten und dabei selbst ihr Leben verloren.
Insgesamt fanden bei den Suchaktionen mehr Menschen den Tod als durch die Franklin-Expedition.
Auf der gegenüberliegenden Seite der Terror Bay, ca. 100 km weiter südlich, wurde 2014 das Wrack der *Erebus* direkt vor O'Reilly Island in der Wilmot and Crampton Bay, vor der Adelaide-Halbinsel, gefunden, gut 100 km westlich von Starvation Cove, wo die letzten Überlebenden starben. Viele Jahre später konnte durch verschiedene Funde recht gut rekonstruiert werden, dass einige Männer erstaunlich weit gekommen sind, nachdem sie das Schiff in der Terror Bay verlassen mussten. Nach und nach sind sie bei ihrem Eis-Marsch ums Leben gekommen.

>>> weitere Informationen zu den Wracks stehen im Kapitel: die neuesten Entdeckungen

---> Jedenfalls sind wir genau zwischen diesen beiden Wracks hindurch gefahren, während wir schliefen, haben also diese spannende Stelle sozusagen verschlafen.

Inseln und Gewässer tragen Namen von früheren ganz bekannten Königinnen

Adelaide Peninsula 68°6′N,97°48′W (Inuktitut Illuiliq) ist eine ca. 125 km lange und 85 km breite, kaum bewohnte Halbinsel ziemlich im Zentrum des kanadischen Territoriums Nunavut, benannt nach Königin Adelheid von Sachsen-Meiningen (1792-1849). Sie ist über die McCrary Landenge mit dem Festland verbunden, im Osten begrenzt durch das Chantrey Inlet und Rasmussen Basin, im Nordosten durch die Simpson Strait, im Nordwesten durch Queen Maud Gulf und im Südwesten durch das Sherman Inlet und Sherman Basin, eine Inlandsbucht von der Größe des Bodensees. Die Adelaide-Halbinsel ist durch das schmale Sherman Inlet von der Klutschak-Halbinsel getrennt und durch die Simpson Strait von King William Island.

>>> weitere Informationen zu diesen Königinnen stehen im Kapitel: besondere Persönlichkeiten

---> Unsere Route verläuft weiter gen Westen die Stories Passage hindurch und durch ein Wasser-Dreieck: die Stories Passage geht nach Westen über

in den Queen Maud Gulf und nach Norden zweigt die Alexandra Strait ab.
Die **Alexandra Strait** 69°0'N,99°45'W ist eine ca. 30 km lange und nur 10 km breite Meerenge in der Region Kitikmeot, Nunavut. Sie geht im Norden in die Victoria Strait über, verläuft zwischen King William Island und den Royal Geographical Society Islands und verbindet die Victoria Strait mit dem Queen Maud Gulf.
Auf dem 100. Längengrad !
---> Unsere Fahrt geht durch ein weitläufiges Insel Gebiet hindurch und da es früher morgen ist, bekommen wir das nicht mit. Vermutlich hätte man die auch nicht gesehen, dafür sind die Inseln etwas zu flach. Schade, denn wir überqueren jetzt den 100. Längengrad – die Wache auf der Brücke wird es bemerkt haben. Der Käpt`n wollte uns alle nur nicht wecken, sonst hätte er vielleicht die Glocke geläutet? Es geht durch die Meeresenge Markham Strait, zwischen den Inseln **Bryde Island** 68°37'03"N 100°50'04"W im Süden und Royal Geographical Society Islands im Norden mit Kurs auf Jenny Lind Island. Südlich von Bryde Island ist Amunden Island, eine Inselgruppe aus vielen kleinen Inselchen.
Die **Royal Geographical Society Islands** 68°55'N, 100°27'W (Nugluktarvik) ist eine kleine Inselgruppe im Territorium Nunavut. Sie bestehen aus 2 größeren und zahlreichen kleineren Inseln, am Übergang vom Queen Maud Gulf zur Victoria Strait, zwischen

der Victoria Island im Nordwesten und King William Island im Osten, hier von der Alexandra Strait getrennt. Die Hauptinsel (RGS Island) ist rund 458 km^2 groß, maximal 53 m hoch und nordöstlich liegt MacClintock Island (155,1 km^2). Zwischen den beiden Hauptinseln liegt Scott Keltie Island. Benannt nach der Royal Geographical Society /Gesellschaft (1830 gegründet und 1855 wurde William Beecheys Präsident der mittlerweile größten geographischen Gesellschaft in Europa und eine der größten sowie die drittälteste der Welt).
Insel und die Inselgruppe verdanken Roald Amundsen ihren Namen, der sie im Frühjahr 1905 entdeckte, als er mit der *Gjøa* auf der Weiterfahrt von Gjoa Haven zur Beaufort Sea unterwegs war, kurz vor der „Bezwingung" der Nordwest-Passage.
MacClintock Island ist mit 155 km^2 Größe nur etwas kleiner als **Admiralty Island** (Admiralitäts-Insel) (Qikiqtagafaaluk), die ca. 170 km^2 große, unbewohnte Insel in der Kitikmeot-Region, liegt südlich der Collinson Peninsula von Victoria Island, östlich von Albert Edward Bay.
Die **Victoria Strait** 69°31′N,100°30′W ist eine Meerenge im nördlichen kanadisch-arktischen Archipel, benannt nach Queen Victoria, der Ururgroßmutter von Königin Elizabeth /England. Das Seegebiet liegt vor dem Festland im Arktischen Ozean und verläuft zwischen Victoria Island im Westen und King William Island im Osten, verbin-

det den im Norden gelegenen Larsen Sound mit Queen Maud Gulf im Süden und ist ca. 140 km lang, mit einer Breite von 70-100 km. Das Insel-Gebiet der Royal Geographical Society Islands liegt innerhalb der südlichen Victoria Strait. Im Westen öffnet sich die Albert Edward Bay, eine Bucht von Victoria Island, davor ist Admiralty Island. Die Victoria Strait hat mehrere seichte Stellen mit teileweise nur 10 m Wassertiefen. Sie ist die meiste Zeit des Jahres stark vereist, besonders im Norden. Die Eisschollen ziehen in die Victoria Strait von Norden her vom McClintock Channel und den weiter nördlichen Viscount Melville Sound. Ende Juli bricht hier der Eispanzer und Ende September beginnt die Victoria Strait wieder zu vereisen. **Geschichte**: Im nördlichen Teil der Victoria Strait ist die Stelle, an der 1848 die *Terror* und die *Erebus* während der Franklin-Expedition von Eis eingeschlossen und schließlich irgendwann aufgegeben wurden/ werden mussten. Dieses Gebiet und auch das angrenzende Festland wurde später von Franklin-Such-Trupps erkundet und dabei ergaben sich nach und nach neue Erkenntnisse, aber zunächst alles ohne Erfolge. Seit ungefähr 1850 steht fest, dass Franklin im Juni 1847 gestorben ist. Ab hier beginnen sich die Spuren zu verlaufen. Im Folge-Jahr gaben die Mannschaften die Schiffe auf, wobei es auch immer wieder heißt, ein Teil der Besatzung könnte versucht haben weiterzusegeln.

1967 durchfuhr zum ersten Mal ein Eisbrecher, *John A. Macdonald* die Victoria Strait. Er verfügte noch nicht über die technischen Geräte, um Wracks suchen zu können. Außerdem hatte niemand je daran gedacht oder geglaubt, diese Wracks jemals zu entdecken.
2014 hat eine Victoria-Strait-Expedition bei umfangreichen Unterwasserforschungen eine Lokalisierung des Wracks der *Erebus* geschafft und 2016 wurde auf ähnliche Weise das Wrack der *Terror* gefunden. Man fand die Wracks weit weg von dort, wo man sie lange vermutet hatte. Die Unterwasser-Archäologen beschrieben das als einen total spannenden Erfolg und eine Art Happy End in der kanadischen Geschichte, auch wenn es nur die Wracks sind.
Happy End nicht im Sinne von glücklich, sondern von erfreut. Alle Forscher, die über lange Zeit nach den Wracks suchten, freuen sich, dass sogar beide gefunden wurden und noch dazu die *Erebus-Schiffsglocke*! An den Wracks kann nun weiterhin geforscht und rekonstruiert werden.

Karge Arktis, arktische Kargheit – einzigartig, tierreich und wunderschön

---> Zum bevorstehenden Ziel erklärt das Expeditionsteam, dass auf der Insel Jenny Lind Island, außer selten einiger Inuit-Jäger, bisher nur wenige Menschen waren. Es ist für das Team auch neues Terrain und sie wissen nicht, was uns erwartet. Das

Gebiet ist extrem flach und Eisbär-Heimat. Es könnte ähnlich sein, wie das Gebiet der Pasley Bay. Wir sind gespannt, was wir entdecken und erleben werden, hoffen ja immer auf einen Eisbären, aber dem möchte wirklich keiner gegenüber stehen. Woher kommt nur der Inselname? Dazu habe ich erst zuhause Recherchen gemacht – interessant. Wir steuern nun die unbekannte, unbewohnte und relativ große Insel an, wie abenteuerlich! - was sich in unserer geänderten Reiseroute ergeben hat und ansonsten gar nicht direkt eingeplant war. Das Schiff ankert sehr weit draußen vom langgezogenen Ufer entfernt. Bevor wir mit unseren Bootgruppen den Landgang starten können, fährt das Team, wie immer, zum Ufer, inspiziert die Gegend um zunächst nach Eisbären Ausschau zu halten, das kennen wir ja nun schon. Ob die einen Eisbären oder vielleicht Karibus erblicken würden ... aber was dann?? Nach ihrer ersten Erkundung stecken sie für uns einen Rundweg mit Fähnchen ab, zur Orientierung, denn das Terrain ist so naturbelassen, dass wir Menschen hier nichts zertrampeln sollen. Das ist natürlich absolut verständlich! Vom Deck aus beobachten wir nicht viel, es ist stürmisch und außer einem langen Ufer-Strich ist nicht sehr viel zu sehen. **Jenny Lind Island** 68°43'N,101°58'W (Inuktitut: Qikiqtarjuaq) ist eine 420 km² große Insel (fast so groß wie Ibiza und etwas größer als Naxos/Griechenland), Region Kitikmeot, Territorium

Nunavut, im Queen Maud Gulf. Es ist überwiegend ganz flaches Gebiet, eine sensible Natur mit spärlicher Vegetation, Stein-Geröllfeldern und unzähligen Seen, die man eher als Tümpel bezeichnen könnte - eine karge Landschaft der Arktis. Die Insel-Umrisse sehen von oben wie Mini-Australien aus. Die Insel liegt 20 km vor der Victoria Island Südostküste von, etwa 120 km südöstlich der Siedlung Cambridge Bay und wurde nach der schwedischen Opernsängerin Johanna Maria Lind (1820-87) benannt, die als „die schwedische Nachtigall" in die Musikgeschichte einging.
---> Die Zodiac-Fahrt dauerte länger als all die anderen Fahrten bisher und ist auch wieder ein schöner, heftiger Wellenritt, weil es sehr windig ist. In unseren Bootgruppen kommen wir nach und nach an Land. Wir steigen vom Zodiac direkt auf Steine, Steinstrand, rauhe, steinige Natur, ein steiniges Ufer, ein steiniger Wall, der leicht steil das Ufer hinauf verläuft. Eine flach liegende Steinschicht, mit Steinen in allen Größen, einzigartig und alles in grauen Farben, mit Steinen in allen Größen, einzig-

artig und alles ist grauen Farben, dazwischen Furchen, die mit Moos und Flechten bewachsen sind. Trotz der vielen Steine kann man sehr gut gehen, sie liegen ebenmäßig, als hätte ein Bulldozer dieses Stück flächenmäßig planiert und eine breite, flache Furche gezogen. Kaum zu glauben, das dies die Natur gestaltet hat, im ewigen Wandel aus Frost, Schnee, Regen und Sturm. Es geht eine steinige Böschung hinauf und dann sieht das ganze Areal öde und steinig aus. Hier treffen wir auf eine merkwürdige Steinlandschaft. Zum Ufer hin ist alles steinig, weiter oberhalb liegen teilweise große Steine vereinzelt, stellenweise im Sandboden, der mit kleinen Mooskissen übersäht ist. Es kommt uns vor, als wären wir auf dem Mond (schon wieder dies Gefühl, das hatten wir doch schon mal)...woher kommen all die unterschiedlich großen Steine, meist schön und rund, die so kreuz und quer verteilt sind??? Obwohl keiner je auf dem Mond war, hat man ja eine gewisse Vorstellung davon, durch Filme, Berichte und Fotos, wie es dort oben aussieht. Diesen Eindruck haben wir hier nun, denn diese Art Landschafts-Boden haben wir woanders nicht gesehen. Zuerst die vielen Steine, dann Moos und Flechten zwischen den Steinen und dann wieder Steine, die so liegen, als hätte ein Bagger sie verschoben und irgendwo abgeladen. Das Gebiet ist unendlich, man fühlt sich so winzig in dieser arktischen Welt, obwohl nichts Riesiges um uns herum ist, nur Steine und Sand.

Die Insel ist eine öde Kargheit und trotzdem, oder deshalb, so besonders und einzigartig. Der Boden ist unterschiedlich bedeckt mit Steinen in vielen verschiedenen Größen und Formen, meistens rundlich. Das schmelzende Eis hat das alles fabriziert, jedes Jahr erneut und das schon seit Mill. Jahren; es war mal Meeresboden. Schon zur Eiszeit haben die weichenden Gletscher ständig Geröll und Steine vor sich hergeschoben und in den weichen Boden gedrückt, bis der Sommer sie, jedes Jahr auf`s Neue, wieder freilegte. Es sind so besondere Steine, mit unbeschreiblichen Mustern, das sogenannte Permafrostmuster. Viele sind rötlich gemasert, das ist gletscherpolierter Marmor, wunderschön zu betrachten.

Behandele einen Stein wie eine Pflanze,
eine Pflanze wie ein Tier
und ein Tier wie einen Menschen.
Indianische Weisheit

Die Gegend hat eine braun-grüne niedrige Vegetation, ist unerforschtes Terrain und tatsächlich lassen sich hier viele Geheimnisse entdecken, wenn man genauer hinschaut. Eine Geologin steht an einem Posten und zeigt uns „ihre Entdeckung“:

ringförmig liegende Steine, die wir ohne ihren Hinweis gar nicht bemerkt oder erkannt hätten. Es sind die Steinkreis-Reste einer Behausung der früheren Inuit. Sie haben Zelte aus Tierfellen und –häuten gefertigt, die sie mit Stangen aus Tierknochen wie ein Indianer Tipi aufgebaut haben und die Steine dienten am Boden als Befestigung. Mir fällt dazu spontan an, dass viele Menschen ja noch heutzutage das Zelten lieben, in den Ferien. Das ist wohl unser aller Ur-Gen, beziehungsweise wohnen mittlerweile global alle Menschen in unterschiedlichen Behausungen, die aus diesem indianischen Ursprung mit der Evolution entstanden sind. Hier stehen wir also vor unserem Ur-Gen in einer Tundra-Landschaft, mitten in der Arktis. Ein eisiger Wind weht, mit dicken Wolken und dennoch ist sehr klare Sicht und eine besondere Helligkeit, denn überwiegend scheint die Sonne. Ansonsten herrscht absolute, arktische Stille. Ich behalte immer den Himmel im Auge: auf der einen Seite sieht er so schön blau aus, aber in nördlicher Richtung wird es immer grauer. Mir kommt es so vor, als ob ein Schneeschauer anrollt, es sieht gewaltig danach aus, oder ein Polarsturm? Das Wetter ändert sich hier schlagartig, wie überall in der Arktis. Und richtig, es kam zwar kein Schneeschauer, dafür ein Hagelschauer oder arktischer Mini-Blizzard, mit ganz feinen Hagelkörnchen, die zwickten mir im Gesicht. Kurzfristig war alles grau und ohne Sicht um uns herum, für einen kurzem Moment .. und.. da war es wieder, das arktische Gefühl: kühl und windig, so richtig und echt arktisch. Das Gehen wird schwierig, der Hagelschauer versperrt die Sicht und ich habe ein extrem kaltes Gesicht bekommen.

Hvis du er gået så langt, som du tror, at du ikke kan gå et skridt videre, er du gået halvt så langt, som du kan.
Wenn du so weit gegangen bist, dass du glaubst, keinen Schritt weitergehen zu können, dann bist du halb so weit gegangen, wie du kannst. *Grönländischer Spruch*

---> Der Schauer zog so schnell weiter wie er gekommen war und die Sonne kam wieder hervor. Weiterhin herrscht arktische Stille. Ich sehe mich um, ob der Schauer weitergezogen ist, aber er scheint sich aufgelöst zu haben, hat nur uns Touristen zeigen wollen, was Arktis bedeutet – Kälte! Ich sehe plötzlich sogar einen Regenbogen, oder sehe ich schon wieder eine arkitsche Fata Morgana? Die anderen Leute sind weitergegangen, ich bin auf weiter Flur allein, mein Onkel betrachtet auch immerzu die Steine. Der Boden ist so unterschiedlich, einerseits sandig mit Moosen, andererseits sandig aus dem Abrieb der vielen Steine. Dieser Sand ist gräulich. Hier entdeckten wir die Fußabdrücke von einem Karibu, aber wo ist es, wo sind die schönen Tiere??? Jedenfalls waren sie hier und wir möchten sie ja auch nicht stören.
Das **Rentier** gehört zur Familie der Hirsche und lebt überall in der nordischen Tundra sowie auf Grön-

land und anderen arktischen Inseln. Es ist die einzige Hirschart, die gezähmt wurde. Der Begriff „Ren“ (schwedisch: ren, norwegisch: rein) stammt aus dem nordischen Raum, hat nichts mit „rennen“ (løp) zu tun.

Caribou (Karibu) werden die Rentiere in Nordamerika und Kanada bezeichnet, das Wort kommt aus der Sprache der Mi'kmaq-Indianer (das Volk lebt im nordöstlichen kanadischen Küstengebiet, um Nova Scotia,New Brunswick, Québec)

Das Karibu wurde, im Gegensatz zum europäischen Rentier, nie gezähmt und lebt in freier Wildbahn, wo es von Inuitstämmen gejagt wird, zu deren Lebensunterhalt. In verschiedenen Teilen der Welt ist das Ren durch das Bejagen mittlerweile selten geworden. Heute gibt es weltweit ca. 4 Mill. wilde und 3 Mill. „zahme“ Rentiere. Die Art gilt damit nicht als gefährdet. Die Tiere unternehmen zwei Wanderungen pro Jahr. Im Frühjahr ziehen sie auf der Suche nach Tundragebieten, mit der köstlichen Flechte und kühlerem Klima nach Norden. Der Sommer dauert in der Arktis nur 2-3 Monate. Wenn das Eis geschmolzen ist, machen sich große Herden auf die Suche nach Futter in die saftigen Tundragebiete. Im Herbst kehren sie in die Wälder und Taiga zurück, zum Schutz vor eisiger Witterung des Nordens. So sehr mögen sie den eisigen arktischen Winter nicht, denn sie ziehen oft in großen Wanderungen, so gut wie möglich dem Winter davon, das kann bis zu 5000 km weit sein. Das Karibu verliert 1 Mal im Jahr sein Geweih und das

neue ist von einer samtigen Haut überzogen, die dem Tier hilft, im Sommer die überschüssige Wärme an die Umgebung abzugeben. Im Herbst löst es sich und das Geweih erhält eine andere Funktion - die Zeit der Brunft kommt dann. Die Männchen versuchen sich in heftigen Kämpfen mit den scharfen Enden des Geweihes gegenseitig zu verletzten. Zum Winterbeginn fällt dieses dann ganz ab, um im folgenden Frühling wieder nachzuwachsen. Im Mai -Juni gebären die Weibchen ein Junges, das bereits eine Stunde nach der Geburt schon laufen kann. Durchschnittlich werden Rentiere 12-15 Jahre alt. Sie sind Grasfresser und nehmen im Sommer fast jede pflanzliche Kost zu sich, die sie finden können, benötigen ca. 2 kg Flechten pro Tag. Im Winter sind sie durch Schnee und Eis auf Rentierflechten, Moose und Pilze beschränkt. Flechten sind während der Wintermonate für Rentiere mit etwa 90 % Hauptbestandteil der Nahrung, die sie mit ihren Hufen auch unter einer Schneedecke freikratzen. Auch Elche nutzen Flechten als Nahrungsquelle. Rentiere spreizen ihre Zehen, so wirken sie wie Schneeschuhe. Ob die indigenen Völker früher hiervon ihre Idee für ihre Schneeschuhe abgeguckt haben? – die einfachsten, wohl auch die ersten wurden im hohen Norden Kanadas erfunden.
---> Unser abgesteckter Rundgang führt über unterschiedlichen Boden und verschiedene Bodenformen. Die großen Steine sind fast alle mit Flech-

ten bewachsen, in grünen, rötlichen und gelben Farbtönen, schöne, filigrane Motive für die Makro-Fotografie! Ich konnte mich an der unterschiedlichen Struktur der Landschaft nicht satt sehen. Wir sind nur in dem abgesteckten Gebiet in einer kleinen Runde gegangen und doch war jede „Ecke“ anders. Das hat die Eis-Natur selber geschaffen. Mit jeder Schneeschmelze schieben sich die Steine weiter voran, auf dem Weg zum Wasser, weil das Ufer leicht abfällt vom Gebiet der Insel. Immer wieder habe ich interessante, geplatzte Steine bewundert und fotografiert. Ein sehr großer Stein schien direkt vom Mond gefallen zu sein – ein Meteroit? so wunderschön und voller „Krater“, wie eingebrannt und kreisrund bemoost. Aber Meteroiten sind nie rund, sondern eckig und kantig. Wir haben das Gefühl einmal um die ganze Insel gegangen zu sein, die genauen Ausmaße konnte man nicht genau feststellen, außerdem ist sie sehr groß! Wieder bemerkt man: in der Arktis schwinden die Gefühle für Horizont und Weite und ist auch völlig bedeutungslos. Das war wieder die arktische Täuschung, man verliert den Überblick und den Zusammenhang von Entfernungen. Im Moos entdeckte ich eine schöne Schneegansfeder, überzogen mit feinen Hagelkörnchen, was der Feder ein besonderes Aussehen gibt. An vielen Stellen ist heller Sand und darin, nah an oder unter Steinen sind Löcher, von den Bauten der Lemminge. Gesehen haben wir

keine - diese kleinen Tierchen machten wohl grad ein Schläfchen. Außerdem wollten wir die Tiere sowieso nicht stören. Es ist ein tolles Gefühl, sich in einer Tierwelt zu befinden, die hier noch so schön, wunderbar frei und absolut ungestört ist.
Lemminge sind kleine Nagetiere, 10-15 cm groß, sehen Wühlmäusen (die Unterfamilie) ähnlich und futtern gern Moos, Gräser, Beeren und Kräuter. Die flinken Nagetierchen können bis zu 5 km/h rennen, werden nur 1-3 Jahre alt (wenn überhaupt). Sie leben in arktischen Tundren über die ganze Nordhalbkugel, sind daher in fünf verschiedene Gruppen unterteilt. Weil diese kleinen Nager für so viele Tiere das Grundnahrungsmittel sind, hängen die Tiergemeinschaften der Arktis von ihrer Existenz ab. Wenn die Nahrung für Lemminge knapp wird und dadurch ihre Bestände in Gefahr sind und abnehmen, leiden viele andere Tiere ebenfalls. Die arktische Tierwelt scheint eins der härtesten Tierkreisläufe zu sein. Der Lemming besitzt den wichtigsten Platz dieser Nahrungskette, ganz unten. Jedes fleischfressende Säugetier und auch Vögel bevorzugen ihn als Nahrung, für Füchse und

Schnee-Eulen ist er sogar die Hauptnahrung.
---> Der Boden ist jetzt sandiger und nicht mehr ganz so voller Steine, nur sehr vereinzelt liegen die Brocken, übersäht von vielen winzigen Moosen und Flechten, die wir woanders auch schon gesehen haben, jedoch ganz anderer Art. Alles ist so fein und filigran, eine urbane Landschaft aus Steinen, Sandflächen, Moosen, Flechten und weiße Federn. Das Moos ist schmackhaft und gesund für viele Tiere. Kaum vorstellbar, dass es hier über ein halbes Jahr hindurch gefroren ist, mit Temperaturen um -30°. Überall liegen jede Menge Tier-Köttel, von Schneehasen. Wo sind sie nur? hier wachsen keine Bäume oder Büsche, wo sie sich (vor uns Menschen) verstecken können.
Ab und zu entdecken wir die stiftähnlichen Tierköttel, von Gänsen und auch deren Fußabdrücke. Ich bleibe immer wieder stehen, genieße diese Stille, aber so ganz still ist es nicht. Ich werde aufmerksam auf ein Murmlen oder Schnattern, noch etwas entfernt, das sind Gänse! Noch sehen wir sie nicht, sie befinden sich bestimmt an einem Tümpel in einer Art Senke. Es können nur Schneegänse sein. Aber wo sind sie? Da erst bemerke ich, dass das Gebiet um mich herum uneben ist, mit Tümpeln und Moosflächen. Darin stehen die Gänse und sind mit futtern beschäftigt. Als wir am Ende unserer Erkundungs-Runde näher kommen, sehen wir einige Gänse in weiter Ferne. Ob die sich nicht wun-

dern, welch komische Wesen wir sind? Sie gucken ab und zu hoch und futtern immer wieder weiter ... nicht am frischen Gras, - hier gibt es nur Moose, Flechten und das matschig-algige Grün der Tümpel. **Schneegänse** sind neben der Kanadagans die am häufigsten vorkommende Gänseart in Nordamerika. Sie bleiben auf Lebenszeit zusammen, wie Enten und Schwäne. Männchen und Weibchen sehen sehr ähnlich aus, die Jungtiere sind meist gräulich gefärbt. Ausgewachsen werden sie 60-75 cm lang, haben eine Flügelspannweite von 150 cm, wiegen 2,5-4 kg und können bis zu 20 Jahre alt werden. Sie brüten im nordwestlichen Grönland, im nördlichen Kanada und nordöstlichen Sibirien. Da es Zugvögel sind, verbringen sie den Winter im wärmeren Süden der USA. Sie versammeln sich oft in großen, manchmal viele Tausende Vögel umfassenden Scharen. Der Zug nach Süden beginnt normalerweise Ende August bis Anfang September und ihre Überwinterungsplätze erreichen sie ab Oktober. In Richtung Norden geht's ab Februar los und hat ihren Höhepunkt Anfang April. Die Brutgebiete erreichen sie Mitte Mai und sofort beginnt die Brutsaison, wegen des arktischen Sommerklimas. Im sommerlichen Brutgebiet sind arktische Gräser, von denen es viele Arten gibt, die Haupt-Nahrung, sowie Blätter und Triebe von Mini-Weiden, Moose und Flechten. Im Überwinterungsgebiet fressen sie Sämereien und Wurzelstücke. Die Nester werden in

Bodenmulden angelegt, mit Flechten, kleinen Pflanzenteilchen und mit vielen Daunenfedern gepolstert. Das Weibchen legt Anfang Juni 4-6 Eier, die nur ca. 21 Tage gebrütet werden. Nach dem Schlüpfen sind die jungen Vögel nach 5-6 Wochen flügge. Ende August sind die Eltern- und Jungtiere flug-bereit und ziehen in ihr Überwinterungsgebiet. Ein- und zweijährige Vögel, die noch nicht selbst brüten, bleiben meist mit ihren Eltern zusammen, erst mit 3 Jahren erlangen die Jungvögel selbst die Geschlechtsreife. Die Schneegans ist derzeit nicht gefährdet, aber global seltener geworden, weil immer mehr Gebiete wegen Ölförderungen, ihnen die Heimat wegnehmen, wie auch all den anderen arktischen Tieren.

Arktische FAUNA: Die Arktis ist Lebensraum für eine große Tierwelt und Artenvielfalt: allen voran Wal, Eisbär, Moschusochse, Walross und Ren. Neben dem Blauwal und Finnwal, die „Meeres-Könige der Tierwelt“, den zwei größten Arten, kommen in arktischen Gewässern Wale fast aller Arten vor: Grönland-, Buckel- und Zwergwale sowie viele Zahnwalarten. Der mit dem Beluga verwandte Narwal ist dabei die am weitesten nördlich vorkommende Art. Die wohl allerersten Wale haben sich im Tertiär-Erdzeitalter, vor rund 66 Mill. Jahren entwickelt. Das Klima auf der Erde war im Tertiär wesentlich wärmer als heute. Der Blauwal ist mit einer Länge von bis zu 33 m und bis zu 200 Tonnen

Gewicht das schwerste Tier der Erde. Sein Gesang, unter Wasser, hört sich fast an wie ein kaputtes Radio, das knistert, pfeift und knackt. Er ist in allen Ozeanen der Erde verbreitet und könnte bis ca. 100 Jahre alt werden – könnte (!) Außerdem haben die Atlantik-Walrosse in polaren Gebieten ihre Heimat und es gibt viele Robbenarten: Bart-, Ringel- und Sattelrobbe. Innerhalb der Arktis leben ungefähr, noch ...muss man -leider- mittlerweile sagen... 75 Säugetier-Arten, um die 240 Vogelarten und ca. 3300 Insektenarten, in einem großen Verbreitungsgebiet, einige sind in der gesamten Arktis verbreitet. Etwa 67 Arten leben über Wasser und etwa 35 Arten sind Meeres-Säuger, davon 22 Walarten. Überall in der Arktis sind riesige Vogelscharen beheimatet, darunter nisten ca. 80 Vogelarten in den Sommermonaten im Gebiet, hauptsächlich auf Bylot Island (Sirmilik-Nationalpark). Die überall im arktischen Gebiet brütenden Vogelarten sind, mit sehr wenigen Ausnahmen, Zugvögel, die den arktischen Winter in südlicheren Breiten verbringen, einige davon auch in Mitteleuropa. Von ca. 160 Vogelarten lebt mehr als die Hälfte ihres weltweiten Brutbestands in der Arktis.
Die Greifvögel sind in der Arktis nicht sehr zahlreich vertreten, das Beuteangebot ist aber reicher als weiter südlich. Schneeeulen, Stein- und Seeadler und seltener Merlin, der kleinste Falke Europas, sind arktische Bewohner.

Die allgemeine arktische Fisch-Fauna unterliegt für Arten des Süß- und Meerwassers verschiedenen Rahmenbedingungen. Insgesamt gibt es weit über 120 Arten, hauptsächlich Seeforellen und Saiblinge, sowohl in Seen und Flüssen als auch in den Küstenregionen. Der Fischreichtum im stehenden Gewässer ist weniger als der im Fließgewässer und besteht besteht im Wesentlichen aus einer einzigen Art, dem Saibling, eine Gattung der Lachsfische (Salmonidae), die artenreichste Familie insgesamt. Sie sind rund um die Nordhalbkugel beheimatet und bevorzugen kaltes, klares Süßwasser. Von den 18 arktischen Süßwasser-Fischen sind 17 Salmoniden, nur die Ausnahme ist eine in Alaska lebende Hechtart.

Ein Fisch mit vielen Namen - und woher hat der Lachs seinen Namen ?

Arktic Char (Salvelinus alpinus), (Inuktitut: iqaluk oder tariungmiutaq) oder auch Eismeer Lachs ist wie der Saibling (Salvelinus) eine Gattung der Lachs Fische, mit einer außerordentlichen Vielfalt unter den jeweils einzelnen Arten. Ein Lachs hat mit 11 Gattungen und ca. 225 Arten eine weitverzweigte Familie sowie Unter-Familien, z.B. Rotlachs, Forelle, Äsche und weitere ca. 45 Untergattungen. Alle wurden erst nach und nach entdeckt und erforscht. Diese ganz unterschiedliche Fisch-Familie hat ein sehr großes Verbreitungs-Gebiet und dementsprechend auch unterschiedliche, der Region entsprechende, Namen. Der Atlantik Lachs (Salmo salar), (englisch: salmon oder salmonid fish / dänisch und norwegisch: laks / isländisch, schwedisch: lax / lat.: salmo), (veraltert: Salm) lebt größtenteils im Nordatlantik. Um zu laichen, ziehen Lachse im Späth-erbst weit hinauf in die Flüsse ihrer Lebensumgebung und finden, auch noch Jahre später, den Weg zurück zu ihrem Geburts-Fluß, durch ihren außerordentlichen Geruchssinn. Danach stirbt ein Großteil an Erschöpfung. Der Nord-Pazifik Lachs ist als Alaska-, Wild-, Rotlachs oder Sockeye bekannt, gehört zur Gattung von fünf pazifischen Lachsen. Er ist für Menschen der gesündeste Lachs der Welt. Ursprünglich hatte der bekannte schwedische Naturforscher Carl Nilsson Linnæus (1707-78), in der 1758er Ausgabe von *Systema Naturæ*, in der Lachsgattung 'Salmo' die Bezeichnung 'Salmo alpinus' wissenschaftlich beschrieben. In diesem Werk klassifizierte er die „Naturreiche“: Tiere, Pflanzen und Mineralien. Kurios: den lat. Lachsfisch (Untergattungs-) Namen 'Salvelinus' hat 1836 John Richardson (1787-1865) schottischer Botaniker, Geologe und Polarforscher, dieser Fisch-Art gegeben/hinzugefügt, während der Such-Expeditionen nach Franklin und seinen Leuten. Das Wort leitet sich ab vom lat. Wort salvete, bedeutet wörtlich 'sei gesund' und dem lat. Gruß 'Salve'. Der Gattungsname Salvelinus steht auch für den deutschen Namen Saibling / Seesaibling - kleiner Lachs. Wis-

senschaftler haben herausgefunden, dass Lachse intelligente, soziale Wesen, mit einem Langzeitgedächtnis sind. Der Atlantische Lachs (*Salmo salar*) kann -in Freiheit- 10 Jahre alt werden !!!
Die Fische und Fischfang sind für die Inuit der gesamten Arktis nach wie vor eine wichtige Lebensgrundlage. Die Züchtung, für den Export, ist schwierig, daher bekommt die Aquakultur –LEIDER– immer größere Bedeutung. ABER: Lachsfarmen zerstören das Ökosystem! (das ist wissenschaftlich bewiesen). Die Massen-Haltung in Netzkäfigen ist eine Qual für die eingesperrten Tiere, außerdem gelangen Parasiten und diverse Rückstände (möchte man gar nicht aufzählen) aus diesen Farmen ins Meerwasser. UND noch schlimmer: Aquakultur-Lachse werden mit Mehl und Öl gefüttert / gemestet, aus dem Fleisch von Wildfischen - dadurch verstärkt die Aquakultur das Problem der Überfischung – ein böser Teufelskreis. Wegen Überfischung und auch globaler Erwärmung sind viele Lachs Arten zunehmend in Gefahr. Das Lachs-Fleisch weist (heutzutage) teils sehr hohe Belastungen mit diversen (!) Chemikalien auf, darunter Quecksilber und Mikroplastikpartikel reichern sich über die Nahrungskette in, weltweit fast jeder Sorte, Fischfleisch an. Antioxidantien (zum Schutz unserer Zellen wichtig) sind in Fischfleisch deutlich weniger als in Obst und Gemüse!
(Der Köhler (Pollachius virens) und der Pazifische Pollack wird im

Handel meist als "Seelachs" verkauft, obwohl er nicht zur Lachs-Familie gehört, sondern zum Dorsch!)

Die Tierwelt in den Tundragebieten

Für die in den Tundragebieten beheimateten Menschen spielte die Tierwelt eine entscheidende Rolle für das Überleben. Land- und Meerestiere lieferten Nahrung, Kleidung und Ausrüstungsmaterialien. Von Ausrottung durch die Ureinwohner der Arktis war dennoch keine Tierart bedroht. Diese Bedrohung entstand erst als Folge des Vordringens von „Qallunaat“, der „Weißen aus dem Süden“. Moschusochsen und Karibus sind die einzigen Huftiere der Arktis, die die Eiszeit überlebt haben, die vor etwa 10.000 Jahren endete. Von besonderer Bedeutung waren für die Inuit seit Urzeiten die Karibus und auch Moschusochsen, teilweise ist das heute noch so. Die Gesamtzahl der Karibus ist im Laufe des 20. Jhd. infolge starken Bejagens, vermehrten Auftretens von Wölfen und zunehmender Waldbrände, nicht zuletzt aber auch infolge vermehrter wirtschaftlicher und technischer Aktivitäten enorm zurückgegangen. Ähnliches gilt für die Moschusochsen: Wegen übertriebenen Bejagens – auch durch Inuit – waren die Tiere fast ausgestorben, weshalb 1917 ein Jagdverbot unumgänglich wurde, das erst 1969 wieder vorsichtig gelockert werden konnte; man schätzt den heutigen Bestand auf ungefähr 15.000 Tiere.

---> Wenn man den Boden ganz genau betrachtet, untersucht, so entdeckt man kleine Knochen und

Knochenstücke. Auch das „erledigt“ die Natur mit der Zeit: schafft neues Leben und beseitigt die Überreste. Gut, dass wir nicht ein Skelett von einem Moschus-Ochsen gefunden haben, das wäre sicher etwas schaurig. Warum haben diese Tiere die Bezeichnung Ochse? Sogar in den skandinavischen Sprachen ist das so: Moskus, Polarokse (dänisch/norwegisch) und Mysk ox (schwedisch) sowie Muskox in englisch. **Moschus-Ochsen** sind gar keine Ochsen! In Inuktitut-Sprache wird der Moschusochse Umimmaq (Tier mit Fell wie ein Bart / umik „Bart“) genannt. Der lat. Gattungs-Name Ovibos bedeutet „Schafsochse“. Wegen ihres Aussehens werden sie oft für eine Kreuzung aus Rind und Schaf gehalten, sind aber eng verwandt mit den Ziegen. Die rund 1,40 m großen und 200-400 kg (Männchen) schweren Paarhufer leben überwiegend in Kanada und Alaska sowie auf Grönland. Sie haben von allen Säugetieren das längste Fell, der Körper ist rundherum komplett mit Fell bedeckt. Es ist eine Art Doppelfell. Das Oberfell ist grob und starr, wird bis zu 62 cm lang. Die Tiere können bis zu 60 km schnell laufen und Kälte bis -50° aushalten, dafür sorgt das 8-10 cm dicke Unterfell. Das ist noch weicher als Kaschmir-Wolle und extrem wärmer als Schafwolle. Der Na-me entstand nach dem "Duft" der Männchen zur Paarungszeit, die dann ein Sekret im Urin absondern. Sie liefern sich oft schmerzhafte Rangkämpfe und die Verlierer ord-

nen sich dem Sieger unter oder müssen die Gruppe verlassen. Nur der Leitbulle deckt die Weibchen (Kühe) seiner Herde. Sie sind 7-9 Monate trächtig, dann kommt im April/Mai ein Kalb zur Welt, Zwillingsgeburten sind ehr selten. Das Kalb wiegt bei der Geburt schon ca. 12 kg. Wenn die "Dickfeller" im Sommer das Unterfell komplett ablegen, freuen sich darüber kleine Vögel, die die Wolle sammeln und zum Polstern ihrer Nester benutzen. Die Urzeitmenschen haben schon früher diese Urzeit-Tiere gejagt, um zu überleben. Dabei sind sie den Tieren immer weiter gefolgt, bis sie schließlich von Asien in die Arktis kamen, die früher ja nicht immer vereist war.
---> Wir gehen im großen Bogen um die grasenden Gänse herum und freuen uns, das wir überhaupt Tiere gesehen haben. Dann geht's zum Zodiac zurück und wir kommen wieder über diesen interessanten Stein-Wall, ich möchte hier noch länger verweilen, es ist so schön. Unser Wassertaxi ist voll Wasser, denn bei jeder Fahrt schwappen weitere Wellen über uns hinweg. Es ist recht stürmisch und die Zodiac-Fahrt dementsprechend rasant, aber das gehört zu diesem Erlebnis einfach dazu.
Am Nachmittag verlassen wir die interessante Abenteuer-Insel und nehmen Kurs auf Cambridge Bay, das Ziel der Reise. Darauf freut sich sicher keiner, gerne würden wir die ganze Route einfach wieder zurück fahren. Wir verlassen eine Insel, von

der wir nur ein winziges Gebiet entdeckt haben, dafür große Dinge erkunden konnten und viele Erlebnisse in Erinnerung behalten. Jetzt fühlt es sich an, als ob wir eine Insel verlassen, auf der wir lange gewohnt haben, das kommt auch daher, weil es die letzte Land-Expedition war und das nächste Ziel schon das Ende unserer Schiffsreise ist. Das Schiff fährt sehr langsam, das Wetter ist sonnig und windig. Wieder durchqueren wir ein Wasser Dreieck: die Victoria Strait geht vom Norden kommend in den Queen Maud Gulf über, der wiederum gen Westen in die Meeresenge Dease Strait verläuft und alles ist atlantisches Gewässer. Viele Entdecker haben mit ihren Namensgebungen ihre ganz besonderen „Spuren der Erinnerung“ hinterlassen. Erst durch meine unfangreichen Recherchen, kann ich das jetzt besser verstehen und zuordnen.
---> Der letzte Abend an Bord verläuft mit vielen organisatorischen Dingen und das Wetter ist nicht so toll wie tags zuvor, es ist sehr bewölkt und windig geworden und lockt nicht zum draußen sitzen. Die gesamte Crew hat immer viel Spaß und sie überraschen uns Gäste am letzten Abend mit einer fantastischen Show, besonders der Auftritt der Crew-Band ist der Hammer ..ich möchte direkt eine CD kaufen, aber daran wollen sie noch arbeiten, wurde gesagt.
Spät Abends fahren wir in der Dease Strait zwischen der rund 381 km² großen Melboure Island

(Inuktitut Qitiqtaryuaq), die vor der Festlandküste ist und der Südküste von Victoria Island hindurch und passieren nachts ein zu beiden Seiten langes Küstengebiet, den südlichen Teil von Victoria Island mit der Anderson Bay. Die Gegend hier ist überwiegend von Seen und Sumpfgebieten durchzogen. Früher fuhren die vielen Entdecker und später die Such-Expeditionen hier regelrecht hin und her, entdeckten neues Land, Inseln, Flüsse und einige der „Ur-Bewohner". Alle waren früher im festen Glauben, dass hier die Nordwest-Passage entlang verläuft und jeder von ihnen hatte einen kleinen Teil erkundet und für die jeweiligen Nachfolger kartiert. Wie Recht sie damals alle hatten, ist dann erst Roald Amundsen klar geworden, als ihm die Durchfahrt, nach seiner Überwinterung, gelungen ist. Das war wiederum Glücksache, denn es war relativ eisfrei, was die vielen Vorgänger nicht erlebten. Auch wir hatten dieses „Amundsen-Glück" und eine eisfreie Durchfahrt. Noch immer bestimmt die Natur, die Arktis, über dieses weite Gebiet, wie eine Schneekönigin – sie herrscht über das gesamte Eisreich und läßt nicht jeden den Zutritt. Leider hat sich mit dem Klimawandel vieles verändert ... und die „Eis-Herrscherin" kämpft mit aller Mühe und gibt so schnell nicht auf .... Hoffen wir jedenfalls !
Dease Strait 68°50'N,107°30'W ist eine 170 km lange Meerenge zwischen der zum Festland gehörenden Kent Peninsula und Victoria Island, nördlich

gelegenen. Sie verbindet den Queen Maud Gulf im Osten mit dem Coronation Gulf im Westen. An ihrem östlichen Ende beträgt ihre Breite nur 18 km. Dort befindet sich auf Victoria Island die Kleinstadt Cambridge Bay. Die Meerstraße ist benannt von Peter Warren Dease (1788-1863) kanadischer Pelzhändler und Polarforscher. Er wurde 1836 zusammen mit Thomas Simpson (1808-40) von der HBC beauftragt die Nordküste von Nordamerika zu erforschen und nach einer Nordwest-Passagen Möglichkeit zu suchen. **Victoria Island** 71°N, 110°W Inuktitut Kitlineq, ist mit 217.290 km² die zweitgrößte Insel Kanadas und die achtgrößte Insel im Kanadisch-Arktischen Archipel. Im Westen und Nordwesten schneiden fjord-ähnliche Buchten sehr tief in das Gebiet. Der westliche Teil der Insel gehört zur Inuvik Region der Nordwest-Territorien, der östliche Teil, etwa zwei Drittel der Fläche, zur Region Kitikmeot / Territorium Nunavut. Sie ähnelt einer Ingwer-Knolle, mit den vielen Halbinselarmen und Buchten. Die Insel, ist in Ost-West-Richtung rund 750 km lang, in Nord-Süd-Richtung bis zu 625 km breit und erreicht in den Shaler Mountains bis zu 665 m. Westlich von ihr, nur durch die schmale Prince of Wales Strait getrennt, liegt Bank Island, nördlich Melville Island und östlich, durch McClintock Channel getrennt, gefindet sich Prince of Wales Island. Die Nachbarinsel im Südosten ist King William Island. Vom südlich gelegenen nordamerikanischen Festland wird Victoria Island durch die Meeresstraßen-Abschnitte: Amundsen Golf, Dolphin and Union Strait, Dease Strait, Queen Maud Gulf und der Victoria Strait getrennt. Die beiden Siedlungen auf der Insel sind Cambridge Bay im Süden, Standort einer kanadischen Wetterstation, und Ulukhaktok (ehem. Holman, 398 Ew.) an der Westküste am Eingang von Prinz Albert Sound gelegen. **Geschichte:** Die Insel war schon lange von Inuit bewohnt, als sie 1826 während der zweiten John Franklin Expedition gesichtet wurde. Sie wurde 1839 nach der britischen Königin Victoria (die Ururgroßmutter von der (derzeitigen) englischen Königin Elisabeth II.) benannt und in den späten 1830er Jahren von den britischen Forschern Thomas Simpson (1808-40) und Peter Warren Dease (1788–1863) sowie 1851 von John Rae erkundet. Richard Collinson überwinterte 1851-53 zweimal im Schutze der Insel. Große Teile des Küstenverlaufs wurden erst durch die Expeditionen von Roald Amundsen 1903-06 und Vilhjálmur Stefánsson 1915-17 aufgeklärt. 1923 errichtete die HBC ihre Handelsposten in Cambridge Bay und Port Brabant (1939 nach Holman verlegt). 1926 folgte die Royal Canadian Mounted Police mit einer Station in Cambridge Bay. Auf der ersten Durchquerung der Nordwest-Passage von West nach Ost überwinterte Henry Larsen mit der *St. Roch* 1940-41 in der Walker Bay im Westen der Insel.

---> Im weiteren Verlauf, was wir nachts ja nicht mitbekommen, passieren wir eine Engstelle zwischen der zum Festland gehörenden Kent Peninsula und dem Südostzipfel von Victoria Island, dann geht es bei der Landspitze Cape Colborne, sozusagen am Eingang zur Cambridge Bay, nach rechts „um die Ecke“, und zur rechten Seite an vielen Buchten und Inselchen vorbei. Das Gebiet im Landesinneren ist flach, besteht hauptsächlich aus Grasland und der höchste Punkt, 3 km südöstlich von Cape Colborne, ist nur 35 m. Cambridge Bay liegt 18,3 km nördlich von Cape Colborne. Bevor die Route einen „Linksabbieger“ macht, muss das Schiff eine enge Stelle durchfahren, zwischen der kleinen Insel Jago Islet zur Linken und dem zerklüftetem Küstenufer zur Rechten.
Am nächsten Morgen, am letzten Tag unserer Expeditions-Reise, schleicht das Schiff extrem langsam an Sandbänken vorbei, so scheint es. Nochmal mussten wir „nach rechts abbiegen“. Überwiegend auf einer Seite ziehen sich langgestreckte Insel-Sandbänke hin. Erstaunlich, welche Insel-Schären- und Sandbank Welt hier ist. Auf der Karte erkennt man ein Gebiet mit vielen Seen und Tümpeln. Langsam navigiert der Käpt`n das Schiff hindurch, auf Cambridge Bay zu. In meiner letzten arktischen Phantasie sehe ich noch zwei, drei Eisberge – ich sehe sie nur, tatsächlich sind ja keine da – was bleibt ist schöne Eisberg-Erinnerung. Es ist bewölkt

und windig geworden, die Wellen tragen kleine Schaumkronen, dennoch scheint die Sonne, kein Regen oder Schneesturm in Sicht. Unsere Endstation liegt weit in der Bucht und es sieht aus, wie eine Sackgasse, oder das Kopf-Ende von einem Fjord. Das Gebiet geht aber nach rechts weiter in ein See- Sumpf- und Flußgebiet und etwas südlich, wo wir zuletzt abgebogen sind, geht das Gewässer oder der Wasser-Arm der Cambridge Bay noch in westliche Richtung und endet hier im Sumpfgebiet. Das sehen wir erst beim Abflug viel genauer.

Der Küstenstreifen vor der Ortschaft ist flach, vereinzelt sieht man einige Gebäude und Industrie. Kleine Flugzeuge steuern den Flughafen an, von dem wir später abfliegen werden. Das kann ja spannend werden denn wir wissen nicht, welches Abenteuer dort noch auf uns zu kommt! ... Auch das ist arktisch – und ein sehr abenteuerlicher Reise-Abschluß !

Cambridge Bay, fast am westlichsten Punkt der Reise - 69°7 N, 105°3'W
und mit 53°32'N, 113°30'W ist Edmonton, unser Stop-Over, noch etwas weiter westlich.

Nachdem wir eine letzte Zodiacfahrt gemacht haben, die zum krönenden Abschluß nochmal sehr wellenreich-nass war und das Zodiac springen ließ, kamen wir uns vor, als ob wir nach wochenlanger Schiffsreise endlich irgendwo an Land „geraten“ sind. Es sah fast so aus wie Pond Inlet und an der Uferstraßen fielen uns sofort die interessanten Holzhäuser auf, die fast amerikanisch aussehen und geschmückt mit Rentiergeweihen oder Fellen, die über dem Geländer hängen. Gut, Pflanzen, wie es bei uns üblich wäre, gedeihen hier nicht, oder sollten mal gezüchtet werden, heutzutage ist doch alles möglich. Direkt am Stein-Strand steht ein "**Inukshuk**", eine Skulptur aus großen Steinen gebaut, die übersetzt: „einer, der aussieht wie eine Person" heißt. Diese Stein-Person hat, bzw. hatte früher eine ganz besondere Bedeutung: mit Pfeil und Bogen bewaffnete Jäger versteckten sich hinter dem Inukshuk um auf Rentier-Beute zu warten. Ebenfalls dienten diese Figuren aus Stein als Grenzpunkt, Landmarke, Cairn, Wegweiser, Meilenstein, der die Stelle eines Lebensmittelverstecks, Tiervorkommen oder gejagte Beute kennzeichnete. Heute sind die Inukshuiit hauptsächlich Markierungspunkte und man findet sie hier und da auf Hügeln, am Ufer oder auf der gefrorenen Erde. Ein Inukshuk kann kilometerweit erkannt werden, somit sind sie gute Richtungsweiser für die Jäger oder Reisende. Im norwegischen Hochfjell gibt es auch solche

Steinmännchen. Heute noch sind in der Arktis mehrere Inukshuiit zu sehen, von denen einige aus der Zeit um 1000 Jahre v.Chr. stammen. Diese Steinsäule ist mittlerweile ein Wahrzeichen für die Inuit und Nunavut geworden und findet sich in der Flagge. Es wird gar nicht beachtet, dabei ist es so typisch für die Region und erinnert etwas an die Cairns die die Seefahrer gebaut hatten, um unter den Steinen Nachrichten hinterlassen zu können. Etwas oberhalb von Hafen, also nicht direkt ein gewöhnlicher Hafen, sondern ein Ufer und dort wo wir und unser Gepäck abgesetzt wurde, steht eine große, interessante Stahlskulptur. Man muss schon genau hinsehen, um zu erkennen, das es Moschusochsen darstellt und ein Wolf, der sie angreifen will. Ist dies das moderne Wahrzeichen von Cam Bay? Wir schauen kurz in das kleine Museum,

Arctic Coast Visitor Center

Eine neues Gebäude, aus Holz gebaut (muss alles eingeflogen werden, hier wachsen keine Bäume). Sehr liebevoll ist die (Inuit) Geschichte, die Kultur der Cambridge Bay und der arktischen Küste dargestellt, mit Informationen zur lokalen Flora und Fauna. Informationen zu touristischen Aktivitäten, Touren usw. kann man hier erhalten. Wir haben leider zu wenig Zeit für einen längeren Aufenthalt. Gegenüber, ganz nah am Ufer, ist die weiße, anglikanische Kirche, sehr unscheinbar und sie ist geöffnet! so dass wir hineingehen können. Die vielen schönen Iglu-Fenster beeindrucken uns. Liebevoll wird mir etwas erklärt, aber ich muss gestehen, ich habe es nicht alles verstanden. Wir gehen dann die Hauptstraße in die andere Richtung, vorbei am Supermarkt und Schule und es gibt sogar eine Kreuzung mit richtigen Straßenschildern... und es klappt: die Fußgänger haben Vorang! Im Supermarkt können wir noch einige Souveniers kaufen und ich habe mich entschieden für ganz niedliche,

kleine Kamiks (ᑲᒥᒃ), die sind handgefertigt, mit orange und blauen Perlen auf blauem Filz, eine schöne Erinnerung an die Reise ins schöne Land der Inuit. Einige unserer Reisegruppe kaufen in einem Lädchen Kunsthandwerk und staunen über die vielen tollen Möglichkeiten. Auch im Kulturzentrum können wir Kunsthandwerk kaufen, schöne Dinge sind dabei und die Inuit freuen sich, damit ihre Kultur zeigen zu können, sind stolz, dass sie mit den Touristen in die Welt hinaus getragen werden. Das Kulturzentrum ist voller Menschen geworden, alle warten wir auf den Shuttle zum Airport. Hier ist eine Art Ziel/End-Station von unterschiedlichen Arktisreisen, was die ganze Logistik mittlerweile total überfordert. Auch der kleine Flughafen platzt aus allen Nähten, eine Vergrößerung ist in Planung, wie ich erfahren habe. Gut, wenn damit mehr Wirtschaft und Arbeitsplätze geschaffen werden. Dadurch ist Cam Bay nicht mehr so arg abgeschnitten von der restlichen Welt und das gigantische Forschungszentrum schafft Arbeitsplätze und völlig neue Perspektiven, lockt junge Menschen zum Studieren und sich dabei mit der Umwelt auseinander zusetzten, außerdem werden die Traditionen weiter gepflegt, man hat erkannt, wie kostbar das ist. Aber wenn immer mehr Menschen „einfliegen“ wird das Klima mit der Zeit darunter leiden....wie überall in der Arktis gibt es Vor- und Nachteile, in alle Richtungen.

Über 4000 Jahre alte Siedlungs-Geschichte und eine hochmoderne Forschungsstation

Cambridge Bay 69°7 N,105°3'W (Inuinnaqtun) (bezeichnet einen oder mehrere Inuit-Dialekte in Kanada): Iqaluktuuttiaq / Syllabics: ᐃᖃᓗᒃᑑᑦᑎᐊᖅ, >dieser Inuinnaqtun-Name Iqaluktuuttiaq bedeutet „guter Platz für das Fischen“. Es ist eine Bucht und gleichnamige Siedlung an der Victoria Island Südküste, im Gewässer der Dease Strait. Die traditionelle Sprache des Gebiets ist Inuinnaqtun, sie wird mit dem lat. Alphabet und nicht mit den Silben des

Inuktitut-Schriftsystems geschrieben. Cam Bay, wie es heute genannt wird, hat ca. 1.900 Ew., davon ca. 80 % Inuit, Tendenz steigend, ist regionales Zentrum der Region Kitikmeot, umgeben von verschlungenen Tundren, Wasserwegen, Flüssen, Seen und brechendem Eis. Die Landschaft im großen Gebiet um die Siedlung verwandelt sich in der warmen Jahreszeit in eine Feuchtbiotop-Wasserlandschaft voller Seen und Sümpfe, ideal für die vielen Vögel. Cam Bay ist mit 202,35 km² 1,5 Mal so groß wie Deutschland, das Zentrum umfaßt nur 0,72 km². Hoch über dem Polarkreis ist es ein Ort, der nur mit dem Flugzeug oder dem Boot erreichbar ist, ein abgelegenes Dorf mit wenigen Straßen mit Namen wie Omingmak Street („Moschusochse“) und Tigiganiak Street („Fuchs“) und hat eine über 4000 Jahre alte Geschichte. Die Lebensgrundlage der Einwohner ist nach wie vor das Jagen und Fischen, besonders die Saibling Fischerei ist ein wichtiger Zweig. Das Gebiet liegt nur auf ca. 30 m Höhe, mit höchste Erhebung 183 m. Von Mai-Juli ist Mittsommerzeit, 24-Stunden-Sonnenschein. Niederschläge kommen selten vor, meist im Juli/August, wenn die Temperaturen zwischen 5°und 25° (kann vorkommen!) liegen. Der Schneefall ist im Oktober/November am größten. Von Dezember- Februar ist Polar-Zeit, kein Tageslicht, nur Mond, Sterne und *Northern Lights* / Nordlicht. Die Wintertemperaturen liegen im Durchschnitt zwischen -25°/-35° kön-

nen sich bei Eiswind wie -60 ° anfühlen und noch im Juni ist es „um den Gefrierpunkt“ kühl und teilweise Schneefall. UTC : -7 Stunden.
Geschichte: Pre-Dorset-Kultur: 2500 v.Chr. - 500 v.Chr. // Dorset Kultur: 500 v.Chr. - 1500 n.Chr. // Thule Kultur: 1000-1600 n.Chr. // Inuit Kultur (Eskimo): 1600 n.Chr. bis heute.
Die Geschichte dieses Gebietes begann mit dem Volk der Pre-Dorset-Kultur, die Spuren einer frühen Besiedlung hinterlassen hat. Die Ruinen eines Dorset- oder Tuniit-Volk Langhauses sind ganz in der Nähe von der Siedlung. Steinzeltringe sind in der Gegend ziemlich verbreitet. Diese gehörten einst dem Thule Volk, die Meeressäuger jagten und als die Vorfahren der heutigen Inuit gelten. Inuit sind in dieses Gebiet seit Hunderten von Jahren gekommen, haben gejagt und gefischt. Über Jahrhunderte war die Gegend um das heutige Cam Bay Sommertreff von Familien der „Copper Inuit“, so genannt nach Kupferwerkzeugen, die sie aus natürlichen Vorkommen dieses Metalls auf Victoria Island fertigten. An einigen Stellen kann man Reste eines Qarmaq (Erdsodenhaus), entdecken, eines der vielen Relikte von jahrhundertelang in der Umgebung lebenden Copper-Inuit. Das Innere des Qarmaqs wurde von der Flamme des Qulliq, einer mit Moosdocht und Robbenöl betriebenen, steinernen Lampenschale, beleuchtet und gewärmt. Im hinteren Teil befand sich der Schlafplatz, der leicht erhöht

gelegen und mit Karibufellen ausgepolstert war. Als Gestänge wurden Wal- und andere Tierknochen verwendet, als Zelt diente Robbenhaut und -fell. Warren Dease und Thomas Simpson, die 1839 während einer Expeditions-Fahrt der HBC die Nordküste des kanadischen Festlands kartografierten, benannten diese versteckte Bucht nach einem früheren Herzog von Cambridge: Adolphus Frederick, 1. Duke of Cambridge (1774-1850), war bis 1837 Stellvertreter des brit. Königs im Königreich Hannover. Cam Bay wurde 1921 besiedelt und erst am 1. April 1984 erhielt die Siedlung den Status „Hamlet" / Weiler (kleine Wohnsiedlung/Gemeinde).
Die anglikanische Kirche gründete in den 1920er Jahren eine Mission und die römisch-katholische Kirche kam in den 1940er Jahren hinzu. Ein weiträumiges Navigationssignal namens Loran wurde 1947 gegründet und eine kleine Gemeinde von Inuit gründete um diese Zeit ein Geschäft an der Ostseite der Bucht. 1927 etablierte die HBC hier einen Handelsposten, nachdem im Jahr zuvor die kanadische Polizei einen Posten eingerichtet hatte. Bis in die 1950er Jahre lebten nur wenige Inuit rund um die Bucht. Das änderte sich, als 1947 ein Leucht turm errichtet wurde und 1955 eine DEW-Line-Station („Distant Early Warning Line", Frühwarnsystem) ihren Dienst aufnahm. Der DEW-Standort wurde 1989 überarbeitet und ist bis heute als Teil des gemeinsamen Nordwarnsystems /North Warn-

ing System (NWS) der USA und Kanada in Betrieb. Eine Station ist mittlerweile auch in Gjoa Haven. Der Bau von CAM MAIN im Jahr 1955, einer der größten bemannten Stationen des Nordwarnsystems, bot Hunderten von Inuit, die sich in der Nähe niederließen, Arbeitsmöglichkeiten.
Schulen und kommunale Dienste folgten bald. Inzwischen ist die Gemeinde eine „kleine Großstadt", unter der Leitung eines Bürgermeisters und eines Rates. Viele Arktisforscher nutzten die geschützten Gewässer der Bay als Winterhafen und Anlaufstelle, um die Nordwest-Passage zu finden. Dr. John Rae ankerte hier 1851 auf der Suche nach der Franklin-Expedition, Kapitän Richard Collinson 1852-53, auf derselben Suche. Roald Amundsen besuchte Cam Bay 1905, auf seiner berühmten Durchsegelungs-Tour und und Vilhjálmur Stefánsson, der kanadische Entdecker, kam 1910 in diese Siedlung. Ein Schiff der kanadischen Küstenwache, *Martin Bergmann*, überwinterte hier 2012-13, um die Suche nach Beweisen der vermissten Franklin Expedition fortzusetzen. Die kanadische Regierung finanzierte ein zweites Forschungsjahr in der Hoffnung, das Wrack von mindestens einem von Franklins beiden Schiffen zu entdecken, das nach dem Bericht eines Inuit in der Nähe gesunken sein soll. (Später werden beide Wracks an ganz anderer Stelle entdeckt).

Sehenswürdigkeiten: Am Cambridge Bay gegenüber liegenden Buchtufer befinden sich Mauerreste einer Steinkirche, 1954 errichtet. Die bislang als Wahrzeichen und Touristenattraktion bekannte verlassene Kirche fiel am 27. April 2006 einer Brandstiftung zum Opfer. Heute gilt auch die Ruine als Sehenswürdigkeit, zumal direkt unterhalb der ehemaligen Kirche das ehemalige Fischerboote *Eagle* des Miterbauers der Kirche, Pater Steinman, aufgestellt ist. Die weiße, St. George anglikanische Kirche, das größte Gotteshaus, hat eine hübsche Besonderheit: 11 wunderschöne, igluförmige Glasfenster: the windows at St. George's Anglican Church. Sie zeigen Szenen aus der Bibel, im Leben der Inuit und verleihen dem Raum eine einzigartige Inuit-Atmosphäre. Eins zeigt Inuit Nativity, eine Art Inuit-Krippe: Mary und Joseph sind in Inuit- Kleidung, das Jesuskind ist in Karibufell gewickelt. Am blauen Himmel leuchtet der Polarstern.

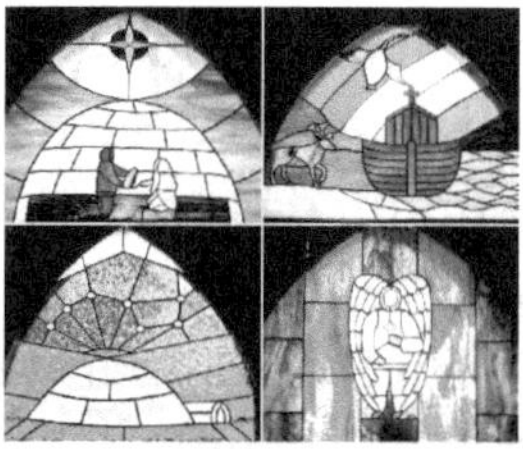

Hübsch ist Noahs Arche mit Karibu und Schneegans, die kanadischen Nationaltiere. Ein Fenster zeigt „Igloo and arctic sky with big dipper - ein Iglu, über dem das Sternbild Großer Wagen (großer Bär) und der Polarstern am Firmament strahlen, sowie

„Inuit angel with arctic colours“. Am Altar hängen kunstvoll genähte Wandbehänge. Jede Kultur zeigt mit „ihrem“ Jesus, ihre eigene Geschichte, so muss es sich der anglikanische Priester Paul Bachmann, der Anfang der 1980er Jahre diese einzigartige Buntglas-Szene schuf, vorgestellt haben. Die Fenster wurden vom Ehepaar Bachmann handgefertigt. Cam Bay hat zwei katholische Kirchen: our Lady of the arktic und Sacred Heart of Jesus Catholic Church.

Die hiesige Tierwelt ist eine besondere Cam Bay-Attraktion, wozu in erster Linie Moschusochsen und viele bodenbrütende Vögel gehören, sowie der 290 m hohe Mount Pelly (Ovayok). Seit Generationen ist Ovayok ein wichtiges Wahrzeichen und eine Legenden-Quelle für die Inuit und ihre Vorgänger. Interessant ist der Ovayok-Territorialpark und die Überreste eines alten Dorset-Stein-Langhauses. Außerdem gibt es das Kitikmeot Gesundheitszentrum, ein Kinderbetreuungszentrum, ein 9-Loch-Golfplatz, ein KFC Restaurant und Kitikmeot Foods Restaurant, das Arctic Island Lodge Restaurant, das Kuugaq Cafe, einen Curling Club, den großen Northern Store Supermarkt und viele Übernachtungsmöglichkeiten.

Neu seit 2017/18: hoch modern und mit dem allerneuesten High-Tech: High Arctic Research Station, die kanadische Forschungsstation für die Hocharktis und Campus. Spektakulär, ein Hingucker und vielleicht schon jetzt das neue Wahrzeichen: die „Polar Iconic Structure“ vor dem Gebäude: wenn

die Sonne untergeht, gehen die Lichter der Skulptur an. Von vorne die Ahornblatt-Form und von der Seite sehen die Kupferrohre aus wie das Nordlicht, entworfen von einem Grafikdesigner aus Edmonton.
www.canada.ca/en/polarknowledge/CHARScampus

Cam Bay ist inzwischen eine Art Hauptstadt der kanadischen Arktis geworden, hat mittlerweile drei Schulen: Elementary School, High School und Arctic College und ein großes „Hamlet“ (Gemeindehaus), mit Bibliothek und kostenlosen Internet für die Einwohner. Eine Ausstellung zeigt anschaulich sehr viel aus dem Leben der Inuit.

Es gibt einige Expeditions-Fahrten in die arktischen Gefilde, jede bietet andere Möglichkeiten. Viele dieser Fahrten/Reisen enden bzw. starten hier, in Verbindung mit dem Flughafen und Flügen nach und von Edmonton sowie Gjoa Haven, Kugaaruk, Kugluktuk, Taloyoak, Yellowknife und saisonal: Resolute Bay. Fluggesellschaften sind Canadian North (eine kanadische Fracht- und Passagierflug-Gesellschaft). Sie befindet sich vollständig in Besitz der Ureinwohner Inuvialuit und Inuit aus Westkanada und Nordwest-Territorien, und First Air (kanadische Fluggesellschaft). Der Cambridge Bay Airport (IATA:YCB; ICAO: CYCB) befindet 3 km westlich der Stadt.

Nicht mehr vorhanden: eine historische Sehenswürdigkeit - seit 2016/17: in unmittelbarer Nähe der Siedlung lag das Wrack der *Maud*. Es wurde mittlerweile nach Norwegen, in ein Museum, transportiert. *>>> weitere Informationen über die Maud stehen im Kapitel: Die berühmten Entdecker- und Polarschiffe.*

---> Die zur Wartehalle umfunktionierte Community Hall ist brechend voll, da wir nicht die einzigen Expeditions-Touristen sind und wir warten auf unseren Shuttle-Bully zum Flughafen. Als war dort angelangen ist es ebenso voll und chaotisch, zudem sehr sandstürmisch. Dann erfahren wir, dass nach dem Auftanken von unserem Flugzeug, Kerosin ausgelaufen war und irgendwie musste ein „Ersatz-Flugzeug" aus Edmonton geordert werden. Welch ein „Abschluß-Abenteuer"! Der Flug bis dort beträgt ungefähr 4 Stunden, somit mussten wir ca. 4 Stunden auf eine Maschine warten. Andere Flugzeuge konnten schon abfliegen. Obwohl die Inuit keinen Stress und keine Eile kennen, konnten sie recht schnell ein Flugzeug flott machen.

Imposant und täuschend echt ist der Moschusochse, als Flughafen-Wahrzeichen. Er steht in der Mitte vom Reisegepäck-Band-Rondell und ist ein beliebtes Fotomodell. Unterdessen haben wir beobachtet, wie ein Gabelstapler unser Gepäck hin und her fuhr, aber die hatten „alles im Griff." Die abfliegenden Flugzeuge wirbelten Sand von der Startpiste auf, ob das für die Triebwerke schädlich ist?

Wir sind in der Arktis, da ist das wohl normal?! Der Abflug war mit toller Aussicht auf die Cambridge Bay, das „kleine“ Schiff und die einzigartige arktische Natur. Ein riesiges Gebiet mit unendlich vielen Flecken der Sumpf-Tümpel und Seen, wie eine sehr kreative Aquarell-Malerei, in braun-grün-bläulichen Farben. Ein schöner ....

... „Abschieds-Ausblick“ –

Eine Reise ist beendet, eine neue öffnet bereits ihren Horizont
(Zitat: Knud Rasmussen aus: die große Schlittenreise)
- aus der Reisetagebuch-Schilderung von der 1. Thule-Expedition des berühmten grönländischen „Mensch-und-Natur-Forscher“ Knud Rasmussen

****

„Nordwest-Passagen Abenteuer“ ist gelungen!!!
Wir sind uns sehr bewusst, dass dieses Glück bisher nicht vielen Menschen zuteil geworden ist –
sehr viele haben dafür ihr Leben riskiert oder verloren!!
Vom Start in Kangerlussuaq bis Cambridge Bay haben wir über 1352 Seemeilen (über 2500 km) zurückgelegt, mit vielen „Zeit-Sprüngen“ !

Eine wunderbare Reise mit wunderbaren Erlebnissen in einer wunderbaren Ur-Natur – unvergeßlich! Wer immer diese Reise machen wird –
sie ist einzigartig und wird jedesmal anders verlaufen, denn die Arktis „beherrscht“ uns, nicht wir sie... und das ist gut so!!!
Von Cambridge Bay ging unsere Reise weiter mit dem Flugzeug bis Edmonton und nach einem Stop over dort traten wir den langen Rückflug in die Heimat an, die so weit weg ist, entfernungsmäßig, gedanklich und zeitlich.
Es ist so faszienant!!!
Ich habe dieses Buch nach meiner Reise-Erinnerung geschrieben, ergänzt mit unendlich vielen Informationen, dir mir alle sehr wichtig erscheinen, um diese wunderbare Arktis-Welt zu beschreiben, geschmückt mit einigen Weisheiten und Sprüchen und mit, wie ich hoffe, korrekten Recherchen aus Büchern, Filmen, Berichten und Webseiten. Im Laufe des Schreibens sind viele, schöne Kuriositäten, Zufälle „aufgetaucht“, was mich tief beeindruckt hat und mir immer wieder ein Schmunzeln bringt. Was ich nicht beschreibe ist das Leben an Bord, das Essen und was es dort alles zu erkunden gab. Diese Reise soll für jeden Passagier, beziehungsweise Leser, seine ganz eigene Erlebnisgeschichte werden und wenn man schon vorher weiß, was einen an Bord erwartet, besonders die vielen Menüs, dann verliert eine Reise vielleicht ihren Reiz auf die Neu-

gierde, die mit der Schiffs-Fahrt schon beginnt, bevor das eigentliche Abenteuer startet.
Es gäbe so vieles mehr zu schreiben, zu fast jedem Thema, aber das sprengt den Rahmen. Ich habe es selbst nie für möglich gehalten, dass ich einmal ein Buch schreibe und dann gleich über die halbe Welt – über ein wunderschönes Gebiet, was noch immer recht unbekannt ist.
Am Ende des Buches wird jeder eine neue, schöne Perspektive und viele Eindrücke von der arktischen Geografie, Geologie, Natur und Menschen bekommen und vieles verstehen, was man vorher weder vermutet noch gewußt hat.
Vielleicht gibt es ja bald ein zweites Buch – keine Fortsetzung, zwar ähnlich, nur anders.
Ich bin bereit für neue Abenteuer.

Der Nordwest-Passagen-Urgedanke ---
wo zum Teufel ist die Nordwest-Passage ???
Vorwort und Nordwest-Passagen Lebenslauf
- die wunder-schöne Nordwest-Passage -
ein Vermächtnis der vielen Seefahrer -

Es ist unbeschreiblich interessant wieviele Dinge, Erkundungen und Entdeckungen im Grunde mit der Nordwest-Passage verbunden und im Zusammenhang sind. Das zieht sich von der Entdeckung Grönlands bis Amerika und Kanada und allem was damit zusammenhängt, wie ein Puzzle von der ganzen Erdkugel – Teil für Teil, über Jahrhunderte. Außerdem ist es unglaublich spannend, wie sich im Laufe so vieler Jahre immer mehr Seefahrer mit dem Ziel, die Nordwest-Passage zu finden, auseinandergesetzt haben. Und nebenbei, oder aus Versehen? sehr viele Gebiete entdeckt haben, auf denen heutzutage das Leben „sprudelt". Aus einer Schwärmerei ist ein 720 Jahre-Projekt geworden. Erst noch vor wenigen Jahren kamen neue Erkenntnisse hinzu, viele Gebiete werden nach wie vor erforscht und inzwischen ist der erste, östliche Teil der Nordwest-Passage ein Wasserschutzgebiet.
Es lohnt sich sehr, den Nordwest-Passagen Lebenslauf zu lesen, zu erfahren, zu bestaunen, das macht neugierig! - und es geht nicht nur um die Seefahrt und um die Seefahrer, sondern um die Menschen, früher, um die Geografie und die wunderschöne Natur. Bereits um 5 v.Chr. erreichte eine römische Flotte Südskandinavien, um 670 entdeckten irische Mönche die vulkanische Føroyar – die Inselruppe Färöer / Schafinsel), ca. 100 Jahre später besuchten Mönche Island, noch vor den Wikingern. Die Seefahrt liegt somit sehr lange zurück, vieles wurde

nur überliefert und vieles weiß man oder vermutet man nicht. Im Laufe vieler Jahre, weit nachdem Eskimo und Wikinger im 11. Jhd. nach Grönland und Amerika gelangten, wurde der Traum oft zum Trauma und Mythos. Schon immer war der Mensch ein Entdecker! Ich habe eine Zusammenfassung geschrieben, damit man die Zusammenhänge verstehen und nachvollziehen kann, denn vieles hängt extrem zusammen oder hat zufällig seinen Lauf genommen .....

.... obwohl es keine Zufälle gibt ... oder doch?

Im Grunde haben die früheren vielen Seefahrer den zahlreichen Gebieten, Ländern, Inseln, Flüssen und Meeresabschnitten, nach ihren Ideen, teilweise aus Dankbarkeit und anderen Beweggründen, Namen gegeben, die, bis auf wenige Ausnahmen, noch heute bestehen – ein riesiges Vermächtnis! .... das wir Menschen für immer schützen sollten.

Kaum jemand weiß, das früher im heutigen Ottawa/Kanada nach der Nordwest-Passage gesucht wurde... und nicht nur dort. Nahezu das ganze nordamerikanische Gebiet wurde über viele Jahre durchpflügt mit der Besessenheit, diese Durchfahrt finden zu müssen.

Es ist schwierig, alles zu beschreiben und zu erklären und ich versuche, eine Art Faden der Entdeckungsgeschichte zu „flechten“ ...im Verlauf kommen viele, höchst interessante, Nebensächlichkei-

ten hinzu, die alle einen Ursprung haben/hatten: wo zum Teufel ist die Nordwest-Passage???
Ob mit Schiffen, Expeditionen zu Fuß, mit Booten, zu Pferd oder per Hundeschlitten, alles wurde eingesetzt. Die riesige Anzahl der Menschen, die an dieser Mammut-Suche beteiligt waren, ging ins Unermessliche und läßt sich nicht mehr nachvollziehen.
Zu Beginn aus Neugier und Entdecker-Geist, dann aus Macht und Gier der Könige und später von Händlern und Handelsunternehmen bis hin zur Royal Navy waren Menschen regelrecht verrückt, von der Nordwest-Passagen-Besessenheit.
Die Reihe der Seefahrer in der Chronik der Nordwest-Passage ist sehr lang. Jeder erbrachte nur ein mehr oder weniger großes Puzzleteil von seinen Expeditionen und es dauerte 430 Jahre (von 1473 bis 1903) bis daraus ein Bild entstanden ist.
Ein Bild mit vielen Erfolgen, vielen Misserfolgen und vielen teilweise sehr schlimmen Tragödien.
Dennoch hat sich eine „Einheit" entwickelt, beziehungsweise eine komplette Land- und Seekarte, wie sie heute jeder kennt. -------
Es geht auch viel um die Geografie der vielen „unbekannten" Länder, Inseln und Meeres-Gebiete!

Leifur Eiríksson und die Entdeckung der neuen Länder

Das Gebiet nordöstliches Amerika wurde lange vor Columbus, um das Jahr 1000, vom isländischem

Wikinger Leifur Eiríksson /Leif Eriksson (um 970 geboren, Sohn Eriks des Roten) und anderen Isländern, von Grönland kommend, besucht/entdeckt/benannt, darunter zuerst Helluland (felsiges Land) und Markland (Waldland), beides an der Küste der heutigen Provinz Labrador sowie die Insel Vinland (Neufoundland). Im Lauf vieler Jahre enstanden Vinland-Siedlungen und Handelsbeziehungen, sie dauerten bis ins 14. Jhd. ------- dann verläuft es sich.

>>> weitere Informationen über Eriksson und die Wikinger im Kapitel Teil 11 : die Wikingerzeit

*****

Sebastian und John Cabot, Columbus, Cartier, Hudson und Baffin gehören zu den ersten Suchern der Nordwest-Passage

Im langen Verlauf der Such-Expeditionen überschneiden sich einige Fahrten zeitlich, weil sie an und in unterschiedlichen Gebieten operierten. Das stört aber nicht beim Lesen des Nordwest-Passagen Lebenslaufes. Einige, teilweise nur kurze, Exkursionen sind gar nicht genauer beschrieben, haben somit auch keine „großen Dinge" entdeckt. Dafür sind viele andere Fahrten weltberühmt geworden und doch weiß man viel zu wenig über diese ganze Historie, die wie ein Märchen ist ....

\- - - ein über 610 Jahre-Märchen - - -

Teil 1

Es war einmal .... im Jahre 1295

- eine Schwärmerei ....

Der Nordwest-Passagen-Urgedanke entstand aus einer Schwärmerei und die kam von Marco Polo (1254-1324), geboren in Venedig, seine Familie waren damals Händler und schon der Großonkel war 1168 in Konstantinopel (seit 1930 heißt die Stadt Istanbul) als Händler aktiv, kommandierte dort auch ein Schiff. Marco Polos Vater Niccolò und sein Onkel Maffeo Polo waren auf Handelsreise im damaligen Mongolenreich des Großkhan/ vorderer Orient. 1271 machten die beiden Kaufleute sich erneut von Venedig auf den fernen Ost-Weg, diesmal in päpstlichen Diensten und nahmen den siebzehnjährigen Marco mit. Er sah in einem Fluß-Hafen in Cathay (China), dass Schiffe aus ganz Asien Perlen, Edelsteine und Gewürze ausluden und all die unbekannten Dinge wie auch Seidenstoffe und Elfenbein machten einen starken Eindruck auf den jungen Marco Polo. Viele Gewürze, die wir heute kennen, haben ihre Herkunft in Asien, so stammen Ingwer und Zimt aus China, Kardamon kommt aus Indien, Muskatnuss und Gewürznelken aus Indonesien. Zimt ist übrigens eines der ältesten Gewürze, schon vor 3000 Jahren wurde es in China verwendet. Gewürze wie Safran, Ingwer und auch Pfeffer waren früher extrem teuer, somit kostbar und sehr begehrenswert. Daher schwärmte Marco

Polo im 13. Jhd., nach seiner 24-jährigen Fern-Ost-Reise aus China kommend, von den einzigartigen Schätzen und Reichtum des fernen Cathay (Nord-China/ China zählte früher zu Indien).
Damals gab es auch schon schlimme Schiffskatastrophen: 1291 begann die Rückreise im Hafen von Quanzhou (Südchina und damals einer der bedeutendsten Häfen der Welt) nach Venedig auf dem Seeweg, auf 14 Dschunken mit insgesamt 600 Passagieren, von denen am Ende nur 17 überlebten. 1295 erreichten die Reisenden Venedig.
Seine von ihm im Reisebericht genannte Reise nach China über Land und zurück auf See und die dabei von ihm beschriebenen Entdeckungen und auch die Angaben zur Errechnung der Länge einer Seefahrt, trugen entscheidend zu den späteren Entdeckungen im 15. und 16. Jhd. bei und damit auch zu der Welt, wie wir sie heutzutage kennen. Durch das Schwärmen ist Marco Polo bekannt geworden, sowie durch seine recht exakten Reiseberichte, nicht durch eine Idee über einen nördlich gelegenen Seeweg nach Asien zu gelangen. Seine Schriften über China und dessen Reichtum beflügelten fortan jahrhundertelang ganze Entdecker-Generationen und Nationen. So begann allmählich, mit der Zeit, die Suche nach dem Seeweg bis China, zum Pazifik - getrieben von der Gier nach Reichtum, Gold und Ruhm.

Marco Polo ist auf Vorderseite vom 1000-Lire Geldschein abgebildet (Ausgabe 1982-1991).

Die Händler wußten schon damals, dass der Landweg aus vielen Gründen beschwerlich und extrem gefährlich war, da konnte ein Seeweg nur wesentlich besser sein.

Jahrelang hat der westliche Ozean /Atlantik, Botschaften geschickt; es wurden fremdartige Früchte, Baumstämme, Bootsteile und Balken aus unbekanntem Holz an Frankreichs und Irlands Küsten, sowie an den Azoren, an baskischen und galicischen Ufern gefunden. Es könnte aus Indien oder Cathay gekommen sein, so wurde damals vermutet und so dachte auch Kolumbus.

Und ist es nicht heutzutage immer noch so?- viele Länder der Erde importieren Waren und Güter aus China, und insgesamt aus Asien (und auch dahinter steckt Macht und Gier).

Wo ist der Seeweg nach Indien?

Erste Erkundungs-Irr-Fahrten und die – zufällige - Entdeckung von Amerika, Jamaika, Puerto Rico

Der italienische Seefahrer **Cristoforo Colombo** „Kolumbus“ (1451-1506) fuhr um 1470 in das östliche Mittelmeer bis nach Chios (griechische Insel), damals eine genuesische Kolonie. 1476 erreichte er den Atlantischen Ozean. Die Schiffe wurden im August vor dem Kap St. Vincent/Portugal in eine Seeschlacht verwickelt und Kolumbus konnte sich schwimmend zur portugiesischen Küste retten. Er lebte ab 1477 in Lissabon, denn Portugal war damals ein Zentrum der europäischen Seefahrt. Mit seinem Bruder Bartolomeo arbeitete er als Zeichner und Kartograf. Bartolomé Colón /Bartolomeo Columbus (ca. 1461-†1515) war Seefahrer und Seekartenzeichner und der jüngere Bruder von Christoph Kolumbus. Im Februar 1477 nahm Kolumbus an einer Fahrt in den Nordatlantik teil, die ihn angeblich, bis zu 100 Seemeilen weit über Thule/Grönland hinausführte. 1482-83 begleitete er eine Expedition, an der westafrikanischen Küste entlang, die sich bis zum portugiesischen Handelsposten São Jorge da Mina (heute Elmina in Ghana) erstreckte. Die Portugiesen suchten im Rahmen des Indienhandels bereits seit Anfang des 15. Jhd. nach einem Seeweg nach Indien, um Afrika herum. 1488 hatte der portugiesische Entdecker Bartolomeu Diaz (1450-1500) das Cabo da boa esperanza /Kap der Guten Hoffnung umfahren. Die spanische Krone hoffte, den Vorsprung der Portugiesen im Gewürzhandel mit Indien durch eine kürzere Route nach Westen wettmachen zu können. In Portugal heiratete Kolumbus Dona Filipa de Perestrelo e Moniz. Sie stammte aus einer adligen portugiesischen Familie mit französischen und italienischen Vorfahren, ihr Vater Bartolomeu Perestrelo, Gouverneur von Porto Santo war an der Besiedlung Madeiras beteiligt. Kolumbus Sohn Diego wurde ca. 1480 auf der Insel Porto Santo, bei Madeira geboren. Kolumbus lebte daraufhin einige Zeit auf Porto Santo, wo er die Seekarten, Logbücher und Papiere aus dem Nachlass seines verstorbenen Schwiegervaters studierte. Vermutlich hat er zu dieser Zeit begonnen, sich intensiv mit einer Seeroute nach Süd- und Ostasien zu beschäftigen. Indien und das Kaiserreich China waren für Europa wichtig, besonders wertvolle Güter wie Gewürze und Seide. Aber Mitte des 14. Jhd. drängte sich das damalige Osmanische Reich zwischen Europa und den Osten. Die bisherigen Landwege standen nicht mehr offen, für besondere Güter mussten hohe Zölle gezahlt werden. Die Portugiesen versuchten das Problem zu umgehen und suchten eine Seeroute nach Indien, südostwärts, um Afrika herum. Dabei erkundeten sie große Teile der afrikanischen Küste. Vasco da Gama (ca. 1469-†1524) kam 1498 auf diese Weise tatsächlich nach Indien. Kolumbus entdeckte um 1480 die Idee einer Westroute nach Ostasien wieder, die auf Aristoteles (385 v.Chr.-323 v.Chr.) zurückging. Dieser hatte behauptet, man könne den Ozean zwischen den Säulen des Herakles (Gibraltar) und Asien innerhalb weniger Tage überqueren. Oft wurde angenommen, dass Indien von Spanien auf dem westlichen Seeweg erreichbar wäre. Im Verlauf seiner Planungen ist er auf falsche Entfernungs-Zahlen gekommen, daher hielt er die von ihm später entdeckten Inseln in der Karibik für dem chinesischen Festland vorgelagerte Inseln,

südöstlich von Cipango (Japan). Kolumbus war einige Jahre mit der Suche auf finanzielle Unterstützung seiner Pläne beschäftigt, auch an Königshäusern. Bevor er nach Spanien zurückkehrte, erlebte er noch die Rückkehr von Bartolomeu Diaz nach Lissabon, der Ende 1488 von seiner Umsegelung der Südspitze Afrikas zurückkehrte. Das wirkte wie ein weiterer Schritt auf dem Weg zu einer Seeroute nach Indien. Sein Bruder verließ zur gleichen Zeit Lissabon, um in England und Frankreich Unterstützung zu suchen. Inzwischen waren einige politische Kriege begonnen und das Suchen nach Geldgebern war schwierig. Im April 1492 entstand ein Vertrag zwischen den Monarchen und Kolumbus über eine Expedition, der sicherte Kolumbus, im Gegenzug für das Bringen von Gold und Gewürzen, zehn Prozent der Profite aus dem Verkauf der Güter, Statthalterschaft über die gefundenen Ländereien und den Titel Admiral der Weltmeere zu und bestimmte, dass Kolumbus für die Krone von Kastilien einen westlichen Seeweg nach Ostasien suchen sollte, im Auftrag der spanischen Krone, in „Konkurrenz“ mit Portugal. Im Rahmen des Indienhandels wollte er, als Erster, den Weg im Westen erschließen.
Im August 1492 stach er mit drei Schiffen von Palos/ Andalusien aus in See. Sie erlebten auf den Kanaren den Vulkansausbruch des Teide /Teneriffa, sahen diese unbekannten, bösen Rauchwolken als schlechtes Omen. Nach Irreführung durch den

Kompass, erreichten sie nach zweimonatiger und dramatischer Fahrt, die „Neue Welt“, betraten erstmals mittelamerikanischen Boden, als eine Insel (der Bahamas) erreicht wurde, die von den Einheimischen Guanahani genannt wurde. Kolumbus ging an Land, nannte sie San Salvador (spanisch ‚Heiliger Retter‘) und nahm sie für die spanische Krone in Besitz. Er glaubte, sich südlich von Cipango (Japan) zu befinden und wollte auf direktem Wege weiter nach Westen, die Ostküste Chinas erreichen. Auf der Weiterfahrt entdeckte er noch weitere Inseln. 1493 entdeckte er die Insel Saint Barthélemy, nach seinem Bruder benannt. Außerdem entdeckte er Kuba (nannte die Insel Juana, nach dem Prinzen Don Juan) und La Isla Española. Sie wurde zu Hispaniola, die erste Kolonie des Königreichs in der Neuen Welt und Kolumbus wurde ihr Gouverneur und Vizekönig (heute Haiti und Dominikanische Republik, die Inselgruppe der Großen Antillen). Mit den dort lebenden indigenen Volk der Arawak verlief friedlicher Handel. Da Kolumbus ein Schiff, die *Santa Maria,* die vor Hispaniola auf Grund gelaufen war, verloren hatte, kehrte er Anfang 1493 mit beiden verbliebenen Schiffen nach Palos zurück. Kurze Zeit nach seiner Ankunft begann er mit Vorbereitungen für eine 2. Expedition, die entdeckte Gebiete sichern und weitere für Kastilien erobern sollte und er wollte weiter nach dem erhofften „Goldland“ suchen, dem eigentli-

chen Ziel der Expedition. Dazu erzählte er den spanischen Herrschern er habe Asien (tatsächlich: Kuba) und eine Insel an der Küste von China (tatsächlich: Hispaniola) entdeckt und versprach, er könne den Majestäten „so viel Gold, wie sie brauchen" und „so viele Sklaven, wie sie nachfragen" aus diesen Gebieten mitbringen. Mit 17 Schiffen und etwa 1500 Leuten begann Kolumbus Ende 1493 von Cádiz aus seine 2. Reise, um entdeckte Gebiete zu besiedeln. Die Flotte entdeckte die Inseln Dominica (Sonntag) und weitere kleine Inseln der Kleinen Antillen, wie z.B. Guadeloupe, Martinique. Er nahm sie für das kastilische Königreich in Besitz und benannte sie. Er erkundete die südliche Küste der auf der ersten Reise entdeckten Insel Kuba, die er für chinesisches Festland hielt. Dabei entdeckte er Jamaika (später abgewandelt vom indigenen Wort Chaymakas) und Puerto Rico, erreichte aber nicht das Festland von Mittelamerika. Als er vor der Rückreise an seinen Siedlungen anhielt, entdeckte er, dass die Indianer, die den Siedlern am Anfang freundlich gesinnt waren, wegen schlechter Behandlung zu Feinden geworden. Kolumbus verbrachte nach Kämpfen mit „Indigenas" und einer Meuterei und aufgrund der teilweise Leck geschlagenen Schiffe ca. 1 Jahr in der Festung Jamaika, bevor er 1495 nach Spanien zurückkehrte.
Auf seiner dritten und letzten Reise, im Mai 1498, schlug Kolumbus eine Route ein, die südlicher gele-

gen war als auf den vorhergehenden Reisen. Er segelte an Cabo Verde (Kapverdische Inseln) vorbei und dann westwärts über den Atlantik. Dabei entdeckte er Trinidad und Tobago. Er glaubte weiterhin, Teile der Neue Welt und Asien entdeckt zu haben. In „seinen“ Siedlungen wollte er Land aufbauen, auch mit Hilfe von Indios und einzelne spanische Siedler, dadurch hatte er, ohne böse Absicht, die Sklaverei entwickelt. 1498 gründete Bartolomeo im Süden der Insel Hispaniola die Siedlung Santo Domingo, heute die Hauptstadt der Dominikanischen Republik. Außerdem wurden Indianer / „Indigenas“ in den von Bartolomeo entdeckten Goldminen der Insel als Helfer/ Sklaven eingesetzt – ein Sklavenhandel entstand, der Kolumbus schwer zur Last gelegt wurde. Das Wort könnte von lat. Wort servus (Diener) abstammen.
Ende Mai 1498 unternahm Kolumbus seine 3. Fahrt in die „Neue Welt“ mit 6 Schiffen. Sie erreichten Trinidad an der Orinoko-Mündung. Hier vermutete er die Quelle des Ganges/ Indien. Sie erlebten Mißstände auf Haiti und andere wiedrige Umstände, so dass er nach Granada zurückkehren musste.
In der Zwischenzeit, 1498, hatte der Portugiese Vasco da Gama (1469-1524) auf einer Südroute um Afrika den ersehnten Seeweg nach Indien entdeckt.
Im Februar 1502 bat Kolumbus das Königspaar Ferdinand II. von Aragón und Isabella I. von Kastilien um eine Flotte. Anfang 1502 stach er, mit 4

Schiffen, von Spanien aus in See, mit seinem zweiten Sohn Fernando und seinem Bruder, zu seiner letzten „Amerika-Reise". Sie landeten bei den kleinen Antillen, wurden wegen Sturm abgetrieben bis zur Einfahrt des heutigen Panamakanals, an der mittelamerikanische Festlandküste zwischen Honduras und Panama. Im August 1502 betrat Kolumbus bei Kap Honduras erstmals amerikanisches Festland, wollte beweisen, dass es dort eine Durchfahrt nach China gäbe. Eines der Schiffe, die Karavelle *Vizcaína* (zwei- bis viermastiger Segelschiff-Typ) musste, wegen Zerstörungen im Holz, aufgegeben werden. Im September 1504 trat der mittlerweile an Gicht erkrankte Kolumbus die Heimfahrt an und starb 1506 in Spanien.
Auf seinen 4 Reisen verlor er insgesamt 9 Schiffe. Er hatte geglaubt, einen neuen Seeweg nach Indien entdeckt zu haben und nannte die von ihm auf dem Weg nach Westen entdeckten Inseln „Westindische Inseln" und ihre Bewohner Indians/ Indianer. Noch heute wird diese Bezeichnung genommen für die Inselgruppe der Antillen, abgeleitet von lateinisch ante, was „vor" bedeutet, im Sinne von vorgelagerte Inseln (vom Festland).
Die allerersten Entdecker Amerikas waren die Vorfahren der Indianer (damals hatten sie je nach ihrem Volk ihre Bezeichnungen), die vor langer Zeit von Asien in den zuvor unbewohnten Kontinent eingewandert waren, zu der Zeit, als teilweise auch

die Inuit ihre Wege in die arktischen Gebiete unternahmen, ursprünglich aus Afrika über Asien. ERSTAUNLICH: 2001 wurde in der Bucht von Nombre de Dios bei Portobelo (ein kleiner Ort, 30 km östlich vom Anfang des Panamakanals, bei Colón) ein Wrack gefunden. Warscheinlich handelt es sich bei diesem Wrack um die Karavelle *Vizcaína.* Kolumbus hatte nie bemerkt, dass es sich um einen bis dahin völlig unbekannten, großen Kontinent handelte, von dem er Inseln entdeckt hatte.

Die südamerikanische República de Colombia / Kolumbien ist nach ihm benannt worden und mittlerweile der zweitgrößte südamerikanische Staat, mit der Hauptstadt Bogotá (über 50 Mill. Ew).

Amerigo Vespucci (1454-1512), italienischer Kaufmann, Seefahrer, Navigator und Entdecker. Erst 1504, zwei Jahre vor Kolumbus Tod, kommt Vespucci bei seinen Reisen nach Nord-, Mittel- und Süd-Amerika auf den Gedanken, dass diese Landmassen nicht Asien sondern ein neuer und vierter Erdteil ist. Er erforschte weite Teile der Südamerika-Ostküste, entdeckte den Amazonas, Venezuela und Rio de Janeiro und benannte diese Städte auch. (Nach ihm wurden das jetzt noch in Betrieb befindliche, bekannteste Segelschulschiff der italienischen Marine und der Flughafen seiner Heimatstadt Florenz benannt).

Aus Amerigo wurde America

Relativ unbekannt ist: der deutsche Kartograph

Martin Waldseemüller (*um 1472,† 1520) erstellte 1507 eine Beschreibung der Reisen von Vespucci und die erste Weltkarte, eine Globuskarte, auf der die Landmassen im Westen „die neue Welt" als ein neuer Kontinent dargestellt sind. Die Grundlage hierfür waren die Entdeckungen portugiesischer und weiterer Seefahrer in den Jahren um 1500. Ausgehend von Vespuccis Reisebericht war er der Ansicht, dass die Inseln, die Kolumbus entdeckte und Westindische Inseln getauft und als Indien bzw. Asien vorgelagerte Inseln angesehen hatte, in Wirklichkeit ein neuer, großer und unbekannter Kontinent im Weltmeer ist. Somit war eigentlich Vespucci, der wahre Entdecker dieses neuen Kontinents, da er auch ausführlich die Küste entdeckt, erkundet und beschrieben hatte. Aus diesem Grund trug Waldseemüller auf seiner Karte für diese neue Welt, zu Ehren Vespuccis, den Namen *„America"* ein.

Kolumbus gilt als europäischer Entdecker Amerikas.... ...weil seine 4 Reisen in den Jahren von 1492-1501 zu dauerhafter Kolonisierung durch Menschen anderer Kontinente in geschichtlicher Zeit führten. Möglicherweise war schon 1473, also 19 Jahre vor der ersten Kolumbus-Fahrt, eine dänische Expedition unter Leitung des aus Hildesheim stammenden Didrik Pining (1428-91), in Begleitung des Portugiesen João Vaz Corte-Real, an die Gewässern um Grönland bis zum „Stockfischland"

(Newfoundland) vorgestoßen. Um 1480 begannen die Portugiesen mit der Fischerei vor Stockfischland. Ihnen folgten um 1500 Basken und Bretonen. Zwischen 1492 und 1495 (zeitgleich war Columbus in Mittelamerika unterwegs) befuhr der Portugiese João Fernandes Lavrador (1486-1506) die Gewässer zwischen Grönland, Newfoundland und dem nach ihm benannten Labrador. Anschließend tasteten sich viele Expeditionen zu Land und zu Wasser schrittweise immer weiter nach Nordwesten in das eisige Inselgewirr des Nordpolarmeeres vor.

Der allererste Sucher des nördlichen Seeweges nach Asien

João Vaz Corte-Real (Corte Real) (1429-96), war ein portugisischer Seefahrer und Sohn von Vasco Anes Corte Real, der bereits seit 1450 auf der Azoreninsel Terceira lebte. Er stand als Kapitän in Diensten des dänischen Königreiches und segelte 1473 mit dänischen Schiffen, die u. a. vom deutschen Seefahrer Didrik Pining (1428-91) geführt wurden. Im Auftrag des (deutschstämmigen) Königs Christian I. (1426-81) von Dänemark und Norwegen, sollte von Island nach Grönland gefahren werden, um die damals „abgerissene“ Verbindung mit Grönland wiederherzustellen und vermutlich auch, um von dort aus (weiter) nach Indien zu gelangen. Die Expedition erreichte über den nordwestlichen Atlantik Grönland. Weil keine genauen Aufzeichnungen vorliegen wird vermutet, dass sie auch über Grönland hinaus gesegelt sein könnten. Weiterhin wird angenommen, dass Corte Real erst auf einer zweiten Reise, in Begleitung seiner Söhne Miguel und Gaspar eine „ferne“ Insel entdeckt hat, die er *Terra Nova do Bacalhau* benannte (portugiesisch = neues Land des Kabeljaus). Nach heutigem, geografischem Wissen, könnte es das Gebiet gewesen sein, was sehr viel später Newfoundland genannt wurde. Sollte dies tatsächlich stimmen, wäre Corte-Real, gut zwanzig Jahre vor Kolumbus, an der Küste von Nordamerika gelandet. Auch er wäre nicht der erste Amerika-Entdecker gewesen, denn der Wikinger Leif Eriksson war bereits im Jahr 1000 dort. Corte-Real gilt als erster Sucher eines Seeweges nach Asien! Wahrscheinlich zwang Treibeis, Nebel und Sturm zur Umkehr. Ob sie je Land gesehen haben, bei dem Nebel? Von dem Fischreichtum wurde berichtet und seitdem fuhren Jahr für Jahr einige Kutter auf Fischfang nach Nordwesten. Der Nord-West-See-Weg war zunächst in Vergessenheit geraten, jeder ging davon aus, dass es nur den Seeweg um Afrika gibt. Corte-Real wurde später Gouverneur von Terceira, eine Insel der Inselgruppe der Azoren, im Nordatlantik, (ableitet von portugiesisch terceira = die Dritte)

Eine Gier, nach Reichtum aus den Gewürzländern, macht sich breit ....

.... und die nächsten Fahrten wurden geplant.

João Fernandes Lavrador (1486-1506), von den

Azoren, aus kleinbäuerlicher Herkunft, daher O Labrador genannt (portugiesisch = Landbesitzer), war ein portugiesischer Seemann, 1492 und 95 dreimal auf Entdeckungsfahrt zwischen Grönland, Newfoundland und Labrador, auf den Spuren seines Landsmannes Corte-Real. Er suchte vergeblich eine Durchfahrt nach Asien. Nach der Rückkehr soll er König Heinrich VII. (Henry Tudor, König von England (1457-1509)) über die „ferne“ Ostküste berichtet haben und daher wurde dieses Teil des neu entdeckten Gebiets, seinem Namen entsprechend, **Terra do Labrador** genannt.
Später gab ihm in Lissabon keiner ein Schiff für eine weitere Fahrt, denn Vasco da Gama (1469-1524), portugiesischer Seefahrer, hatte 1497 endlich den lange gesuchten Seeweg um das Kap der Guten Hoffnung/ Südafrika herum nach Indien geschafft. Zuvor, im April 1488, wurde das Kap, vom portugiesischen Seefahrer und Entdecker Bartolomeu Diaz (1450-1500), erstmals von einem Europäer gesichtet und umrundet.
Damit hatten die Portugiesen ihren brennenden Wunsch erfüllt, den „Wettlauf“ gewonnen.
----- Als Giovanni Caboto 1497 Lavrador den Navigator-Posten auf seinem Schiff anbot, sagte er zu. Jetzt musste nur noch die Nordwest-Passage gefunden werden!

Von einer Nordwest-Passage fest überzeugt, nicht gefunden - dafür neues Land entdeckt

Giovanni Caboto (John Cabot) (1450-98), italienischer Seefahrer in englischen Diensten, beiteiligte sich an verschiedenen Fahrten im östlichen Mittelmeer und hatte bereits vor Kolumbus die Auffassung, Indien und China können nur über eine Nord-West-Passage erreicht werden, um somit das „Gewürz-Monopol der Araber“ zu brechen. Die Portugiesen betrieben unter aller Geheimhaltung, Pläne zur nordwestlichen Durchfahrt. Als sich Caboto in Portugal aufhielt, erfuhr er, dass der Ozean im hohen Norden im Sommer offen und eisfrei wäre.
Das mag wohl den Ausschlag gegeben haben. 1491 lernte Caboto englische Kaufleute in Bristol kennen die seit langem Handel mit Island betrieben. Nach den ersten Kolumbus-Fahrten gelang es Cabot die britischen Handelsherren von dieser Wichtigkeit zu überzeugen und im März 1496 erteilte König Heinrich VII. die Erlaubnis zur Entdeckungs-Fahrt, in den noch unbekannten Norden. In dieser Zeit (1492-1501) war auch Columbus unterwegs und Spanien und Portugal hatten sich, mit Einverständnis des Papstes, die Welt geteilt - Entdeckungsreisen anderer Länder waren darin nicht vorgesehen.
Dennoch gelang es. Cabot stach im Mai 1496 von Bristol aus in See, mit ein paar Schiffen und mit Unterstützung einiger Bristoler Kaufleute. Er erreichte Südgrönland und hatte erklärt, dass er schon in 64°30′ nördlicher Breite unterwegs war (auf der Höhe von Nuuk/Grönland, nördlicher Teil

Hudson Strait, Eingang zur Hudson Bay), dort wohl auch die Nordwest-Passagen Durchfahrt entdeckt hätte (vermutlich den Eingang zu Hudson Bay), wo sich ihm eine breite Meeresfläche eröffnete, in die er weitersegeln wollte. Nach seiner Ansicht war das der Pazifische Ozean. Insofern man diesen Angaben Glauben schenken kann, handelte es sich dabei um die Hudson Bay (60°N, 85°W). Seine Mannschaft zwang ihn zur Rückkehr, wegen Nahrungsmangel und schlechtem Wetter (dieses Meuterei-Vergehen wurde damals noch mit dem Galgen bestraft). Oder lag es am Treibeis in der Hudson Strait? Er fuhr zurück, konnte dadurch nicht als Entdecker mit Kolumbus und Fernão de Magalhães gleichstehen und auch den Titel Admiral erhielt er dadurch nicht. Die Fahrt wurde ein Misserfolg – auf ganzer Strecke.
Zu einer zweiten Fahrt, erneut von Bristol, brach Cabot in Begleitung einer seiner Söhne, Sebastiano und mit 18 Mann im Mai 1497 auf, mit dem Schiff *Matthew*. Vermutlich ist er zuerst an der amerikanische Ostküste angelandet, an einer Landzunge, die er *Terra de prima vista* (Bonavista) nannte und das Land *newe founde islande* (spanisch = neu gefundene Insel), Newfoundland/ Neufundland. Dann segelte er wohl weiter entlang der Küste und kam am 24. Juni, dem St. Johannistag, an einen östlichsten Landzipfel von einem Festland, den er daraufhin St. John's nannte – die Nordost-Küste von Newfoundland. Mittlerweile ist St. John's die Haupt-

stadt von Labrador und Newfoundland und hat ca. 115.000 Ew. Die 108.860 km² große Insel liegt vor der Nordamerika Nordostküste im Atlantik, im äußersten Mündungsgebiet des Saint Lawrence River. Dass dieses „neue Land“ eine Insel ist, wurde erst viel später entdeckt. 1583 nahm England die Insel offiziell in Besitz und erst ab 1610 entstand die Kolonie Newfoundland. Bewohner und Besitzrechte wechselten viel im Laufe der Jahre zwischen England und Frankreich und aus Irland, Schottland und Skandinavien kamen erste Siedler. Aus Frucht auf Ureinwohner zu treffen, war Cabot vielleicht kurz an Land gegangen, aber wohl nirgends im Gebiet unterwegs. Vielleicht hatte er auch „Eingeborene“ gesehen, oder diese ihn, das Schiff und seine Leute? Er nahm dennoch das Land für England in Besitz. Später wurde die Meeresenge, zwischen Newfoundland und Cape Breton Island/ Nova Scotia, Cabot Strait benannt, es ist die breiteste von drei Mündungen in den Gulf of Saint Lawrence zum Atlantik.
Da Cabot`s erreichte Ziele nicht ganz eindeutig definiert sind (werden konnten) kann nur vermutet werden, dass er vielleicht - ebenfalls- an der damals sogenannten Chebucto-Halbinsel (heute Nova Scotia / Neu Schottland) anlandete, am Cape Breton Island, ohne Landgang, denn davon wird nirgends berichtet. (Ganz früher wurde dieses Gebiet von Paläo-Indianern bewohnt und erste Siedler kamen

1773 aus Schottland an das Cape Breton, dem nordöstlichen Teil der 55.284 km² großen Nova Scotia Insel/ kanadische Provinz).
Cape Breton Island ist 10.311 km² groß, mittlerweile durch eine Straßendamm mit dem Festland verbunden und der höchste Punkt ist White Hill (535 m). Über den weiteren Verlauf der Cabot-Expedition ist wenig bekannt. Er hatte die Nordwest-Passage nicht gefunden, war jedoch von deren Existenz fest überzeugt. Im August 1497 kam er zurück nach Bristol, wurde daraufhin als der Entdecker Nordamerikas gefeiert, gilt – nach dem Wikinger Leif Eriksson im 11. Jhd. – als erster Europäer, der dieses Festland erreichte und erhielt den Titel Großadmiral (mit dem auch Kolumbus geehrt wurde). Um irgendwie wieder dorthin zu gelangen und weiter zu suchen, bediente sich Cabot (er hatte sich in John Cabot umbenannt) einiger Tricks: er schwärmte, dass er bei Prima Vista den Ostrand von Asien entdeckt hätte und wenn man von dort nach Süden fahren würde, so gelange man nach Cipangu, zur Insel des Goldes und den Gewürzen. Im Mai 1498 fuhr er mit 5 Schiffen los, man hoffte, die Westroute nach Asien zu erreichen, Handelskolonien zu gründen, der Tauschhandel stand im Vordergrund und Mönche wollten die indigene Bevölkerung missionieren. Nach einiger Zeit geriet eines der Schiffe in Seenot und kehrte zurück. Cabot und die anderen Schiffe blieben verschollen, ihr Schick-

sal ist nicht bekannt. Lavrador überlebte und Cabot`s Sohn Sebastiano überlebte und fuhr 1526-30, im Sinne seines Vaters, auf die Suche nach der Nordwest-Passage – ohne Erfolg.

Es gibt sehr viele Cabot-Denkmäler, sie sind ganz besondere Sehenswürdigkeiten – geworden.

Wo zum Teufel ist die Nordwest-Passagen-Durchfahrt zu den verlockenden Gold- und Gewürzländern?

... Wollte den „Traum“ seines Vater fortführen

Sebastian Caboto (Sebastian Cabot), (*ca. 1480 in Venedig, † 1557 in London) verfolgte die Ziele seines Vaters. Er glaubte auch, dass all diese Land-Teile eine neue Welt sein müsste, deren Größe nicht zu erahnen wäre. Kolumbus hatte viele, unbekannte Inseln gefunden, aber nicht Indien oder Cipangu. Auch Sebastians Vater war fast überzeugt, er hätte auf seinen beiden ersten Reisen die Küste von Cathay/Asien entdeckt. Er wollte eine dritte Erkundungsfahrt machen und ist auf dieser Fahrt im Meer verschollen.

Der junge Sebastian Caboto hatte 1497 und 1498, auf den Seefahrten mit seinem Vater viel Wissen gesammelt und vieles bestätigte sich, was die beiden auf zwei Fahrten an der Küste im fernen Westen gesehen haben. Später stand er im Dienst der englischen und spanischen Krone, war Kartograph und er hatte eine Welt-Karte erstellt. Im Süden haben Spanier und Portugiesen eine Küste entdeckt, die sich, nach deren Erkenntnissen, nach

Norden zieht, mit einer westlichen Biegung. Dort schließt sie an die Entdeckung der letzten Kolumbus-Fahrt an. Doch irgendwie verblieb eine Lücke und die Frage, ob sich die Küste fortsetzt oder gibt es eine Durchfahrt nach Westen, bis nach Asien? Sebastian Caboto war überzeugt, dass sich die Küste ununterbrochen weiter nach Norden zieht. Und er hatte den eisernen, nahezu fanatischen Willen: die Durchfahrt in den Nordwesten, bis ganz nach Cathay! Er hatte 1496 als Kind mit seinem Vater schon einen Teil erkundet, in denen ebenso die Portugiesen Fernandes, sowie die Brüder Gaspar und Miguel Corte-Real unterwegs waren. Er war auch überzeugt, dass im Westen ein großer Erdteil sein muss, der sich langgestreckt in den westlichen Seeweg gen Asien schiebt. Weiterhin war er der Meinung, dass man ihn nur im Norden, oder Süden, umsegeln kann. Er wollte es im Norden versuchen. Seine Vorstellung: Wäre das reiche Cathay, das Marco Polo beschreibt, das Cathay, das angeblich so viele tüchtige Schiffe und erfahrenen Seeleute besitzt, uns wirklich so nahe, wäre es unser Nachbar am westlichen Ozean? Dann hätten deren Schiffe längst den Weg zu uns gefunden, zumal auf dem Atlantik westliche Winde vorherrschen! Somit stand auch ihnen dieser andere Kontinent im Weg. Er begeisterte mit seiner Idee den Monarchen, nach dem Motto: wer zuerst kommt, malt zuerst – …….. Ruhm und Vorteil für die britische Krone ……..

Der 33 jährige Sebastian Caboto wollte das herausfinden. 1509 stach er mit zwei Schiffen in See, ohne auch nur eine Ahnung zu haben, wie lange diese Reise dauern würde. Auch andere Seefahrer-Nationen könnten unterwegs zur Gefahr werden. Seine Fahrt könnte zum Ruhm, aber auch zum Elend führen. Es liegen keine Reiseberichte vor. Vermutlich forschte er, auf der Suche nach der Nordwest-Passage, entlang der amerikanischen Nordwest-Küste, vielleicht im Bereich Hudson Bay, die damals für den Pazifik gehalten wurde (erst 1610 erkundete Henry Hudson dieses Seegebiet, was später nach ihm benannt wurde).
Sebastians Vater (und auch Kolumbus) hatten vom Florentiner Paolo dal Pozzo Toscanelli (1397-1482), dem ersten Astronomen und Kosmografen seiner Zeit, gelernt, dass die Erde keine Scheibe ist, wie bisher angenommen wurde, sondern eine Kugel, was schon in der Antike bekannt war. Ohne diese Lehre wäre der Gedanke an eine Fahrt über den Atlantik, nach Westen, zur Nordwest-Passage, wohl kaum aufgekommen. Giovanni Caboto war sich dann sicher: wenn die Erde wirklich eine Kugel ist, dann musste man sich auf ihr jedem Ort von zwei Richtungen her nähern können! So konnte man doch über einen Seeweg zu den fernen Gewürz-Ländern gelangen, ohne weite Wege über Land nehmen zu müssen. Denn von diesen überaus goldreichen Ländern Cathay und Cipangu (China und

Japan) hatte Cabotos Landsmann Marco Polo so sehr geschwärmt, der lange in Cathay gewesen ist. Zuerst hatte man das alles für Lügen gehalten, bis bald die ersten Seefahrer und Kaufleute kamen. Giovanni Cabotos Vorstellung ging so weit, dass er glaubte, der kürzeste Weg nach Asien würde über den Nordpol führen, oder nah daran vorbei. Ihm fehlten finanzielle Mittel für so eine aufwendige Reise. Die Portugiesen waren dabei, um Afrika herum einen Seeweg nach Asien zu finden. Er wollte sogar in portugiesische Dienste treten, wenn die ihm ein Schiff gegeben hätten. Aber dort war man überzeugt, der einzige Weg führt nur um Südafrika herum. Vater und Sohn Caboto haben herausgefunden, dass schon der Portugiese Prinz Heinrich der Seefahrer (Dom Henrique de Avis, genannt O Navegador (1394-1460) den Seeweg nach Indien - die Nordwest-Passage - im Norden unbedingt suchen wollte.
1512 kehrte Cabot nach Lissabon zurück, von dort nach Sevilla. Eine Zeit zähen Wartens verging und 1516 konnte eine spanische Expedition unter dem Kommando Cabots zur Suche nach der Nordwest-Passage beginnen, mit Erlaubnis des Königs Ferdinand III. (von Neapel). Doch ehe die Zusage sicher war, verstarb der König und danach wollte sich in Sevilla niemand mehr an die Abmachungen halten. Er durfte die amtlichen Karten vervollständigen und bekam verschiedene Ämter des spanischen Seewe-

sens. Daher bekam er alle Landkarten zur Überarbeitung, trug die Fahrten der Spanier und Portugiesen darin ein, galt als der beste Geograf seiner Zeit. 1519 und 1521 verhandelte er mit Venedig, der Heimat seiner Familie, eine venezianische Expedition durch die nordwestliche Durchfahrt nach China zu führen. Weil dies keinen Erfolg brachte, soll er sogar in Rom versucht haben, den Heiligen Vater für sein Vorhaben zu begeistern, in dem er angab, man könne die Ausbreitung des Glaubens unter den Völkern des Ostens fördern.
In der Zeit war **Fernão de Magalhães** unterwegs. Cabot hielt weiterhin fest an der nordwestlichen Seeweg-Möglichkeit. Sogar die Entdeckungen, die die Eroberung von Mexiko durch die Spanier zur Folge hatte, bestärkten ihn weiterhin in seiner Auffassung: die neue Welt müsste vom Äquator bis Labrador eine zusammenhängende Landmasse sein. Er kam jedoch ganz von seinem Vorhaben ab. Auf Befehl des Kaisers Karl V. (1500-58), römisch-deutscher Kaiser, sollte er 1526 erforschen, wie es südlich des Äquators, bis zur Südwest-Passage aussah. Diese Fahrt dauerte 4 Jahre und hat viel zur genauen Kenntnis der Ostküste Südamerikas, besonders der La Plata Mündung (Silberfluß)/ Uruguay/Argentinien, beigetragen. Auch während dieser Fahrt hatte er mit Meuterei und Indianern zu kämpfen und hatte, als er 1529 nach Sevilla zurückkehrte, von 4 Schiffen 3 und von 200 Mann 176

verloren.
Es gibt eine Nordwest-Passage - Cabot war ganz sicher ... Das Misslingen der 1527 durchgeführten Expeditionen zur Labrador-Küste von John Rut (1512-28), englischer Seefahrer und 1536 Richard Hores unglückseliger Fahrt zur Suche der Nordwest-Passage hatte jeden Glauben daran erschüttert.
Als Cabot um 1550 nach England zurückkehrte, dachte er, trotz seiner 73 Jahre, ernsthaft daran, seine „lebenslange Suche nach der Nordwest-Passage" noch vollenden zu können und das „Sehnsuchtsland" weiter nordöstlich zu erreichen, blieb weiterhin fanatisch überzeugt von der Existenz der Passage. Die Spanier waren erfolglos, doch Cabot gab nicht auf. Er faßte auf „seiner" Weltkarte zusammen, was er selbst gesehen und durch andere erfahren hatte. Nach allem, was sich in dieser Karte ergab, die er erst 1544 in London veröffentlichte, war dies ein ziemlich genaues Bild der gesamten Ostküste Nordamerikas. Er erkannte auch, dass der Fisch- und Walfang bei Newfoundland, Labrador und Grönland reichhaltig war und dass die Entdeckung dieses Fischreichtums in den nördlichen Gewässern eines der wichtigsten Ergebnisse der Suche nach der Nordwest-Passage war. Cabot war und blieb dennoch weiterhin fest davon überzeugt und setzte sein Wissen und seinen Einfluß ein in verschiedenen Gesellschaften, die gegründet wur-

den. Auf allen Schiffen, die unter seiner Schirmherrschaft in die Nordmeere fuhren, wuchs eine neue Generation eismeererfahrener Seeleute heran. Sie griffen, verfolgten und ergänzten in den folgenden Jahren Vater und Sohn Cabot`s Lebenstraum auf – er sollte Recht behalten, aber das Ziel dauerte noch viele Hundert Jahre (und unzählige Menschenleben). Cabot hielt die Kapitäne dazu an, ihre Logbücher nach einem von ihm entwickelten Schema zu führen. Noch im hohen Alter versäumte er nichts, was Entdeckungen anging, war bei dem Auslaufen der Schiffe dabei, als ob er selbst mitfuhr. Er lebte seinen Traum von seiner Kindheit bis in die Ewigkeit. Die „neue Nachwelt" hat es seiner Vorstellungskraft, seinem Mut und seiner Überzeugung zu verdanken, dass letztendlich (1903) diese Passage entdeckt wurde. 1553 wurde er Gouverneur der 1551 gegründeten Muscovy Company (Handelsgesellschaft für den Handel mit Russland), (die viele Jahre später verschiedene Seefahrer beauftragte) und beschäftigte sich hier mit der Nord-Ost-Passage.

Sein Vermächtnis an die Welt ist seine „Weltkarte von 1544".

Ihm zu Ehren erschien 2019 eine portugisische 2€ Sondermünze.

Die Portugiesen waren weiterhin unterwegs - und blieben verschollen

1500-02 (Kolumbus machte in der Zeit seine 3. und

4. Fahrt) unternahmen die portugiesischen Brüder Gaspar (ca. 1450-1501) und Miguel (um 1452-1502) Corte-Real, die Söhne von João Vaz Corte-Real, der erste Sucher nach dem nördlichen Seeweg, als Kapitäne im Auftrag des portugiesischen König Manuel I. (1469-1521) Fahrten in die „Neue Welt" und man sicherte ihnen die Herrschaft über neuentdeckte Länder zu. Sie brachen von Lissabon auf, mit zwei Fahrten und drei Schiffen und gelangten vermutlich in die Gewässer um Süd-Grönland, Ungava Bay (im Norden der kanadischen Labrador-Halbinsel) und Labrador. Sie nannten dieses Gebiet *terra verde* (grünes Land). Während Gaspar einen südlichen Kurs einschlug, segelten die anderen beiden Schiffe 1501 zurück nach Portugal. Gaspar kehrte nicht mehr zurück. Im Mai 1502 versuchte sein Bruder Miguel, mit einer Expedition von 3 Schiffen, ihn zu finden. Auch sein Schiff kehrte nie zurück, nur die anderen beiden schafften es. Daraufhin verbot König Manuel I. weitere Fahrten. Die Cabots hatten entdeckt, dass sich die Nordküste von Labrador nach Westen umbog und sich zu einer großen Bucht ausweitete. Sollte das schon die gesuchte Durchfahrt sein? Über den Verlauf aller Cabot-Expeditionen ist wenig bekannt, daher wurden sie oft angezweifelt, was auch an den, bis dahin nicht geglaubten, guten Wetter, bzw. den Eisverhältnissen gelegen haben könnte. Denn erst heutzutage weiß man, dass sich das Eis in diesem

Gebiet jedes Jahr und zu unterschiedlichen Jahreszeiten immer verändert.

Die Südwest-Passage entdeckt und großes Unglück erlitten

Fernão de Magalhães (1480-1521) war portugiesischer Seefahrer und sollte, im Auftrag der spanischen Krone, eine Seeroute nach Asien finden, wurde dabei zum Held und gleichzeitig zum tragischen Held, der ersten Weltumelung, die den endgültigen Beweis für die Kugelform der Erde erbrachte. Er hatte nicht vor, die Welt zu umsegeln, sein Antrieb war, wie die Fahrt von Kolumbus 27 Jahre zuvor, nach Westen zu segeln, um in den Osten zu gelangen, eine möglichst kurze Route zu den Gewürz-Inseln zu finden.

1519 begann die Seereise mit 5 Schiffen in Sevilla. Nach der Überquerung des Atlantik gelangte die Flotte an die Südamerika Küste und ging am 13. Dezember in der Guanabara-Bucht vor Anker, die Magellan Bahia de Santa Lucía nannte (nach der Heiligen Santa Lucia). Dieselbe Bucht hatten die Portugiesen bereits am 1. Januar 1502 erstmals besegelt und für einen Fluss gehalten, dem sie den Namen des Heiligen Januarius gaben – Rio de Janeiro/ Januar-Fluß. (Damals lebten in der Region Tupi-Indianer, mit denen sich später die Franzosen verbündeten. 1565, wurden die Franzosen durch die Portugiesen von dort vertrieben, die daraufhin am 1. März 1565 die Stadt São Sebastião do

Rio de Janeiro gründeten). Unterwegs gab es viel Meuterei auf den Schiffen und nur 3 Schiffe schafften die mühsame Fahrt durch die Meerenge, die heute als Estrecho de Magallanes/ Magellanstraße bekannt ist, und erreichten den Pazifischen Ozean Ende November 1520. Magellan nannte ihn Pazifik oder Stillen Ozean, weil sich die begleitenden Stürme gelegt hatten. Da die Mannschaft während der Durchfahrt Allerheiligen feierte, nannte Magellan die Meerenge Estreito de Todos los Santos – Allerheiligenstraße und gilt als Entdecker dieser Südwest-Passage, um Südamerika herum nach Asien. Anschließend überquerten die Seefahrer als erste Europäer den Pazifik. Nachdem sie die heutigen Philippinen erreicht hatten, fiel Magellan dort im Kampf mit Kriegern der Visayas. Am 6. September 1522 kam die *Victoria* zurück nach Spanien, mit 18 Männern von anfangs 242. Die erste Weltumseglung war vollendet, hatte fast 3 Jahre gedauert, Magellan erlebte sie nicht mehr. Außer ihm kamen sehr viele Menschen qualvoll ums Leben.

Die Nordwest-Passage nicht gefunden, dafür einen „berühmten" Fluß entdeckt

Während Cabot unterwegs war, wurde, in der Zwischenzeit, im Jahre 1524 der italienische Seefahrer und Entdecker Giovanni da Verrazzano (1485-1528) vom französischen König François I. (1494-1547) beauftragt, in der Region zwischen Florida und Newfoundland nach einer Route in Richtung Pazifik zu suchen. Man wusste inzwischen aus Kartenaufzeichnungen: die „Neue Welt“ im Nordosten liegt auf der gleichen Breite wie Frankreich - Frankreichs Nachbar jenseits des großen Meeres, also nichts, wie hin! Verrazano besegelte die amerikanische Ostküste zwischen den heutigen Bundesstaaten North Carolina und South Carolina, erreichte die Ostküste, in der Nähe von Cape Fear, (heute im Bundesstaat North Carolina), segelte weiter Richtung Norden, entlang der Outer Banks (eine schmale, 280 km lange, niedrige Inselkette vor der North Carolina Atlantikküste). Hier glaubte er, mit dem heutigen Pamlico-Sound eine Verbindung zum Pazifischen Ozean gefunden zu haben. (Der Sound bildet mit einer Länge von 129 km und einer Breite von 24-48 km die größte Lagune an der US Ostküste und wird durch die vorgelagerte Inselkette der Outer Banks, vom Atlantik getrennt). Dies führte dazu, dass über einen Zeitraum von ca. 60 Jahren Nordamerika auf manchen Karten als zweigeteilter, nur von einer dünnen Landbrücke verbundener Kontinent erschien. Während seiner Reise ging er häufig an Land und suchte den Kontakt zu Indianern. Seinen Aufzeichnungen zufolge segelte er an der Küste des späteren New Jersey in Richtung Lower New York Bay, entlang der heute als The Narrows bezeichneten Wasserstraße, zwischen Long Island und Staten Island, entdeckte auch die Upper New York Bay zwischen Staten Island und

Manhattan sowie den Hudson River, der nach Henry Hudson (1565-1611) benannt ist, der ihn 1609 als erster Europäer erforschte. Von der Bucht, von New York aus, segelte Verrazzano weiter entlang der Küste von Long Island, entdeckte Block Island und Narragansett Bay (im heutigen Rhode Island). Dann gelangte er nach Maine (nördlichster US-Bundesstaat), streifte die Küste von Nova Scotia und Newfoundland, bevor er nach Frankreich zurück kehrte. Es sollte eine zweite Expedition erfolgen. Wäre dieser Auftrag einige Monate früher gekommen, so hätte sich Cabot die lang ersehnte Gelegenheit zu einer erneuten Suche geboten. Er war aber am Rio de la Plata unterwegs und so fiel die Aufgabe Estêvão Gomes (1483-1538) zu. Der portugiesische Seefahrer war schon unter Magellan als Weltumsegeler dabei. Die Expedition, mit 29 Mann segelte im September 1524 von A Coruña (Nordwest-Spanien) los. Sie kamen in Kuba an und segelten dann nordwärts, entlang in die Upper New York Bay und den Hudson River (den er "San Antonio River" nannte) und weiter bis Maine, wo er die Mündung des Penobscot River für die „richtige“ Passage hielt. Im August 1525 kehrte Gomes nach Spanien zurück. Die nördliche Hälfte der heutigen US-Küste wurde lange Zeit auf Karten als Tierra de Esteban Gómez bezeichnet. Die Spanier begannen sich zu fragen, ob es überhaupt dieses Silber- und Gewürzland gab, es sollte nordwestlich von Florida liegen, am Pazifik. Dort sollte eine Meeresstraße nach Asien führen, den nördlichen Teil der neuen Welt vom südlichen Teil trennen und von West nach Ost verlaufen, von den Portugiesen Anián genannt. Das war einfach nur der spanische Name für die Nordwest-Passage, vom Mar del Sud bis Mar del Nort / Pazifik zum Atlantik. Eine spätere Vermutung besagte, eine solche Wasserstraße könnte vom Gulf of California ausgehend an Niederkalifornien, das man damals irrtümlich für eine dem amerikanischen Kontinent vorgelagerte Insel, die Insel Kalifornien, hielt, vorbei bis in den Gulf of Saint Lawrence führen. Alle diese Ideen basierten auf der Vorstellung, Amerika sei kein Kontinent, sondern nur ein riesiger Archipel. Die Straße von Anián konnte niemals gefunden werden. Heute weiß man, dass ein solcher Wasserweg nicht existiert.

Die Nordwest-Passage nicht gefunden, dafür einen Fluß entdeckt und Canada „erfunden“

Jacques Cartier (1492-1557), geboren im Jahr, in dem Kolumbus die erste Westfahrt nach Indien wagte, war ein französischer Seemann und ging mit 12 Jahren zur See. Er träumte möglicherweise damals schon von der Eroberung der Nordwest-Passage, von den Kolumbus-Reisen hatte er sicher gelesen. 1534 sollte er, im Auftrag von König François I. diese Nordwest-Passage finden, neue Länder und Inseln entdecken, wo es viel Gold und andere Reichtümer geben sollte. (Zum Vergleich: heutzutage wird nach Bodenschätzen, Öl und Gas gebohrt). Mit 2 Schiffen stach er von Saint-Malo / Nordwestfrankreich in See und bei der Ankunft an der „Neue-Welt-Küste“ gelangten sie an die „Cabot-Entdeckungs-Küste“ Newfoundland. Von dort in nördlicher Richtung in eine Meeresenge, Strait of Belle Isle (ca. 125 km) zwischen Labrador und Newfoundland, das östliche Mündungsgebiet vom Sankt Lorenz River, ein Sund, der tief ins Hinterland führt - ein mächtiger Strom. Die Fahrt verlief weiter entlang der Küste und sie fanden heraus, dass das Stockfischland, wie die Portugiesen Newfoundland nannten, eine zusammenhängende große Insel ist, mit der Westseite zum Gulf of Saint Lawrence, die größte Flußmündung der Erde. Cartier kam in diesem Gebiet in Kontakt mit den ansässigen Indianern, sie waren freundlich. Er unternahm mit einigen Gefährten und einem Dolmetscher im Boot und zu Fuß Streifzüge in die Gegend und ergänzte seine Karte. Er hörte, dass es einen großen Fluß gibt, den sie Saguenay nannten, der tief ins Land führt bis an mehrere große Seen oder Meer. Dennoch war Cartier skeptisch, um nach Siedlungen zu suchen und kehrte im September 1534 mit wenigen Informationen zurück nach Frankreich. Die erhoffte Durchfahrt hatte er nicht gefunden, war jedoch fest davon überzeugt, diese zu einem späteren Zeitpunkt finden zu können. Der König war unzufrieden, er sollte doch eine Durchfahrt nach Cathay finden und auch gleich Güter von dort mitbringen! Mittlerweile (er)regte der Ehrgeiz (die Gier) viele Seeleute und Frankreich wollte sich auch an den Abenteuern und dem Reichtum der Neuen Welt beteiligen. Der Wille des Königs war auch, mit der neuen Expedition Soldaten, Bauern und Handwerker in das neue Land anzusiedeln (im Nachherein der Ursprung der Siedlungen in diesem Gebiet). 1535 wurde Cartier wieder beauftragt, Inseln und Länder mit großen Mengen Gold zu finden, der König wollte „Bares“ haben. Mit 3 Schiffen und 110 Mann fuhren sie los, kamen nach fast zwei Monaten genau am 10. August 1535, dem Tag des heiligen Laurentius von Rom, an der Mündung des großen Stromes an, der im Vorjahr bereits halbwegs entdeckt wurde. Zu Ehren des Heiligen dieses Tages, benannte Cartier den Strom und die Bucht *Fleuve Saint Laurent* / Saint Lawrence River / Sankt Lorenz Strom (mit 1197 km Länge drittgrößter Fluss in Nordamerika, vom Ontariosee bis zum Atlantik). Das Volk der Mohawk nennen ihn *‚großer Wasserweg‘*. Hier vermutete Cartier die gesuchte Durchfahrt. Er war der erste, der auf dem Fluss ins Landesinnere vorstieß, entlang der Halbinsel Gaspésie und der Insel Île d'Anticosti. Gaspé wurde schon im Vorjahr gebaut, als kleine Unterkunft der Seeleute während der Fahrt. Damit hatte Cartier das Gebiet für den König, für Frankreich, in Besitz genommen. Die Siedlung, viele Jahre nur ein Fischerort, ist heute eine Stadt mit über 15.000 Ew., in Französisch Kanada / Neufrankreich / Provinz Québec, sowie die Partnerstadt von Saint-Malo/ Frankreich, die Geburtsstadt von Cartier. Anticosti ist ca. 7890 km² groß, 217 km lang, 16-48 km breit, hat wenig Einwohner und ist mittlerweile ein Nationalpark. Im weiteren Verlauf gelangten die Seefahrer erstmals den St. Lawrence River hinauf, bis zur heutigen Île de Montréal /Island of Montreal, an das Irokesen Dorf Hochelaga (irokesisch: große Stromschnelle). Die Insel hatte zunächst keinen Namen, liegt im St. Lawrence, im östlichen Mündungsbereich des Flusses Ottawa, ist 499 km² groß. Den 233 m hohen Hügel, nahe der Siedlung, gab Cartier den Namen Mont Royal, nach seinem Gönner, König François I. Der Mont Royal ist ein Höhenzug-Überrest eines Vulkankomplexes, der vor 125 Mill. Jahren aktiv war, und Hausberg, Mittelpunkt sowie der Namensgeber der Stadt Montreal. Erst 1632 benannte der Seefahrer Samuel de Champlain die Insel auf seiner Karte Isle de Mont-Real und ließ eine Siedlung anlegen, an der Mündung des Flußes Ottawa, die „Keimzelle“ der heutigen Stadt. Die Île de Montréal ist mit rund 1.900.000 Ew. die bevölkerungsreichste Binneninsel Kanadas und der Welt, mit der Stadt Montreal. Der Name der Stadt kam nicht von Cartier, er leitet sich von Monte Real ab, einer italienischen Be-

zeichnung, die der venezianische Kartograf Giacomo Gastaldi auf seiner 1556 erschienenen Darstellung verwendete. Aus der Siedlung Hochelaga wurde 1642 Ville-Marie, daraus Monte Real und später Montréal, die heutige Millionenstadt und Ville-Marie sowie Hochelaga sind heutige Stadtbezirke.
Cartier gelangte den St. Lawrence erstaunlich weit hoch und entdeckte eine Fluß-Verzweigung, den linken Neben-Fluß Ottawa. Er ist 1271 km lang und bedeutet „Händler" in der Sprache der Algonkin-Indianer, die zur Zeit der Besiedlung an diesem Fluss Pelz-Handel betrieben. Früher hieß ein Indianer-Stamm Ottawa, denen Fluß und Stadt ihren Namen verdanken. Erst um 1850 entwickelte sich am Ottawa-Fluß die Stadt Ottawa, die Hauptstadt von Kanadas (rund 995.000 Ew.). Cartier hatte bei seinen Erkundungen einen Dolmetscher dabei, der ihm Zugang zu den Indianern ermöglichte. Donnacona hieß ein Häuptling. So heißt heute eine kleine Stadt, nahe Québec, am Nordufer des St. Lawrence. Im November 1535 entschied sich Cartier, den Winter im Indianer Dorf Stadacona zu verbringen. Die Mannschaft litt an Skorbut (damals eine unbekannte Krankheit). Die Ureinwohner retteten durch einen Sud aus Fichtennadeln, der viel Vitamin C enthält, vielen Männern der Besatzung das Leben. 1536 kehrte Cartier zurück nach Saint-Malo; 85 von 110 Mann hatten überlebt.

Es liest sich wie ein Märchen: der König war mit Cartier`s Ergebnissen nicht zufrieden, er wollte und brauchte Gold und die Reichtümer von Cathay und das sofort!
1541 beauftragte König François I. Cartier, mit 5 Schiffen und 350 Siedlern, bei Stadacona, ursprünglich ein Dorf der St. Lawrence-Irokesen, eine Kolonie zu gründen. Er baute das Fort Charlesbourg-Royal, nach Charles duc d'Orléans, dem jüngsten Sohn des Königs, und überwinterte dort, wo heute Québec liegt. (Erst im Juli 1608 gründete der Seefahrer Samuel de Champlain einen Handelsposten, aus dem sich die spätere Stadt Québec entwickelte.) Die Ansiedlung war erfolglos, aufgrund von Auseinandersetzungen mit den Indianern. Er glaubte Indianern, dass es ein Gebiet mit Goldvorkommen sei und kehrte im Juni 1542 mit Gesteinsproben zurück. Es waren nur Kupfererz- und Glimmer-Steine. 1544 erhielt er den Auftrag, seine Leute nach Frankreich zurückzubringen, hiervon ist wenig bekannt. **Stadacona /Kanada**: Der Landesname ist laurentisch, die Sprache der St. Lawrence-Irokesen in Stadacona und dem St. Lawrence-Tiefland, und das Wort *kanata* hatte die Bedeutung Dorf/ Siedlung. Laurentisch war nahe verwandt mit anderen Sprachen der irokesischen Sprachfamilie. Cartier verwandelte kanata zu Canada. Er war der erste, der mit diesem Wort nicht nur das Dorf Stadacona meinte, sondern auch die weitere Umgebung um

den St. Lawrence. Heute ist Kanata eine Vorstadt, südwestlich der Hauptstadt Ottawa, am Ottawa River mit rund 118.000 Ew. ! Ab 1547 bezeichneten Landkarten das gesamte Gebiet nördlich St. Lawrence River als **Canada**.
Heute: das riesige Kanada mit seinen vielen unterschiedlichen Lebensräumen ist eine Welt für sich: vom endlosen Grasmeer der Prärie über die zahlreichen Flußgebiete bis zu den Eisfeldern der Arktis und von den Regenwäldern der Pazifikküste bis zu den schneebedeckten Gipfeln der Rocky Mountains– es lohnt sich diese „große Welt" zu entdecken und heutzutage kommt man – fast– überall hin .... im zweitgrößten Land der Erde.
Von Frankreichs ersten Versuchen die Nordwest-Passage zu finden, blieb als „Gewinn" das klare Bild von der Insel Newfoundland, der Gaspé-Küste, die Entdeckung des großen Stromes und die Siedlungen, die heute große Weltstädte sind, mit wunderbar klingenden Namen. Cartier zu Ehren heißt der höchste Berg im Süden der Provinz Québec, Mont Jacques Cartier, (1268 m). ---- Erst ein halbes Jahrhundert später, 1603, wurde die „neufranzösiche Kolonie" durch Samuel de Champlain ausgebaut.
Die Suche nach der Nordwest- oder Ostwest-Passage und die ersten Mustangs der Welt ! Fast die ganze nordamerikanische Geschichte hängt mit der Suche nach dem Goldland zusammen

Francisco Vásquez de Coronado (1510-54), spanischer Abenteurer, wurde 1540, im Auftrag des Vizekönigs von Mexiko Antonio de Mendoza (1490-1552) beauftragt, im Gebiet von Mexiko die Nordwest-/ Ostwest-Passage zu finden und das Goldland mit den „sieben goldenen Städten von Cibola".
Mit 350 Spaniern, 300 Indianern und 1000 Sklaven sowie über 1400 Tieren, darunter sehr viele Pferde erfolgte die Expedition... und brachte Nordamerika und den Indianern unbeabsichtigt eine „Besonderheit"!! Aus dem Reiterzug von Coronado entliefen, wegen einem Unwetter, ein Großteil seiner Pferde und auch Rinder. Die berühmten Mustangs wurden die Ahnen all der Wildpferde Nordamerikas, die sich im Laufe der Zeit in großen Herden auf den Grasebenen und Tälern tummelten. Und aus einstigen, zufälligen Züchtungen aus den 1870 ziger Jahren, gingen die noch heute beliebten Appaloosa Pferde hervor. Später nutzten die Cowboys Mustangs als Reitpferde und nannten ungerittene Mustangs „Broncos". Die Besiedlung des Westens erfolgte auch dank der Mustangs. Coronado blieb zwar erfolglos mit seiner Suche, bildete aber dafür ungewollt erfolgreich den Grundstock der noch heutigen Mustangherden!

*****

Teil 2

Der Nordwest-Passagen-Urgedanke --- wo zum Teufel ist die Nordwest-Passage ???

Über viele Jahre gab es zahlreiche Folgeexpeditionen, meist von England aus, die zurückkehrten oder verschollen blieben, zum Teil englische oder auch berühmt gewordene Kapitäne wie John Davis, Henry Hudson, Thomas Button, William Baffin, Robert Bylot, Thomas James, Luke Foxe, Juan de Fuca, sowie der dänische Seefahrer Jens Munk und viele andere, mit vielen tragischen Schicksalen

Einer von vielen tragisch-berühmten Seefahrern, Neu-Entdecker Grönlands, die Baffin Bay entdeckt und Namensgeber der Davis Strait

John Davis (1550-1605), englischer Seefahrer und Entdecker, begann seine Seefahrer- Karriere schon als Kind und war der erste Europäer, der mit der wissenschaftlichen Erforschung der polaren Meere und ihrer Küsten begann und Fahrten nach Spitsbergen und das dortige Nordmeer unternommen hatte. Insgesamt hat er 3 Expeditionsfahrten in dem Meeresgebiet zwischen Westgrönland und Ostkanada unternommen. Wenige Jahre nach Frobisher startete er 1585 von seinem Geburtsort Dartmouth/ südenglische Grafschaft Devon und gelangte mit den beiden, kleinen Schiffen *Sunshine* und *Moonshine* bei seiner ersten Fahrt auf der Suche nach der Nordwest-Passage, in arktische Gewässer. Wegen Nebel, aufgetürmten Eisschollen

und schlechtem Wetter kam er nicht an die Ostküste von Labrador, sondern an eine unbekannte Schärenlandschaft – Süd-Grönland. Er gilt als erster „Neu-Entdecker Grönlands“, das er Land of Desolation (Verwüstung) nannte, weil alles so öde erschien, im Nebel. Er umfuhr die Südspitze von Grönland und gab ihr den Namen Cape Farevel (dänisch: Kap Farvel / Kap Lebewohl). Er musste ja hier auf der Rückfahrt wieder vorbei. (Viele Seefahrer haben es nach erster Umrundung nie wieder gesehen). Die Küste ist eine Felsenkette mit schneebedeckten Bergen. Einen langen Fjord entdeckte er, in der Nähe der heutigen Stadt Nuuk/ Godthåb, den er zu Ehren seines Freundes Gilbert-Sund nannte (heute: Nuup Kangerlua / Godthåbsfjord), einer der längsten und breitesten Fjorde und Hauptarm eines der größten Fjordsysteme Grönlands. Die erste Besiedlung von Südwestgrönland begann um 986 von Island aus und Godthåb, die jetzige Siedlung dort, wurde um 1725 gegründet, Eskimo nahmen die Wikingersiedlung in Besitz.
Die Seeleute gingen an Land und trafen auf Inuit, was sehr unerwartete und abenteuerliche Erlebnisse und Tauschgeschäfte zur Folge hatte. Im Sommer überquerte die Davis-Expedition die Meeresstraße in nordwestliche Richtung. Dieses Meeres-Teilstück erhielt später seinen Namen: Davis Strait. Sie sichteten Land, eine große, langgestreckte Insel, die später den Namen seines Nachfolgers Baffin

tragen würde, sowie die „Nord-Verlängerung" der Davis Strait später Baffin Bay genannt wurde. In einer der vielen Buchten dort, hatte Frobisher das Nordwest-Erz entdeckt. Die Küste sah der Grönlands sehr ähnlich. Davis fielen die zahlreichen Seehunde, Vogelscharen und Eisbären auf und großer Fischreichtum, dazu das Grün an den Klippen. Hier entdeckte er den Exeter Sound, fast an der Ostspitze von Baffin Island und den Cumberland Golf /Sound, ein Meeresarm der Labrador Sea in der Qikiqtaaluk Region/Territorium Nunavut, benannt nach dem Herzog von Cumberland (1619-82). Er schneidet zwischen den Halbinseln Cumberland Peninsula und Hall Peninsula ca. 300 km tief in Baffin Island hinein, ist überwiegend 65 km breit und seine Küstenlinie ist durch zahlreiche Fjorde und vorgelagerte Inseln zerpflügt. Verständlich, dass er hier die Nordwest-Passage vermutet hatte. Aufgrund der späten Jahreszeit kehrte er um und beide Schiffe kamen wohlbehalten nach Dartmouth zurück. Davis war zu der Ansicht gekommen, die Nordwest-Passage könnte nur schrittweise erobert werden, das Meer wäre überwiegend eisfrei (aber da hatte er sich extrem geirrt). Im Folgejahr, 1586, wollte er im Cumberland Sound weitersuchen, ging aber zuerst am Gilbert-Sund an Land, wurde von den Eskimo freundlich begrüßt und rege Tauschgeschäfte begannen. Als sie einige Zeit später im Gebiet des Cumberland Sound gelandet waren, hatten

sie Angst vor den Eisbergen und der Eisdrift, im Hochsommer! Davis schickte einige Leute mit der *Mermaid* heim, aus Sicherheitsgründen und setzte mit der *Moonshine* die Fahrt zurück, ostwärts, fort, bis er an Grönlands Westküsten Schären einen Ankerplatz fand. Im August überquerte er nochmals die Davis Strait, bis zum Cumberland Sound. Hier stellte er eine starke Strömung fest, die auf die nahe Nordwest-Passage vermuten ließ. Er fuhr dann entlang der Küste südwärts weiter bis zu einer Bucht an der Labrador-Küste. Auch hier erlebten sie großen Fischreichtum und Vogelschwärme. Ein kalter Nordsturm zwang sie zur Heimreise.
Davis war weiterhin der Ansicht: die Nordwest-Passage zu finden ist nur eine Frage der Zeit und Geduld, was die vielen Geldgeber nicht verstanden. Mit 3 Schiffen, die unterschiedliche Aufgaben hatten, ging die nächste Fahrt zunächst Richtung Gilbert Sund. Sie segelten die schärenreiche Küste der Baffin Bay entlang, dann zur Grönlandseite, bis auf 72°, nur noch 18° vom Nordpol entfernt, soweit nördlich war noch kein Seefahrer gekommen. Hier entdeckte Davis eine ca. 1000 m hohe Fels-Erhöhung, auf einer Insel, die er seinem Gönner zu Ehren, Sandersons Hope benannte (Sandersons Hoffnung /Upernavik). Der Berg ist fast das ganze Jahr über schneebedeckt, nicht vergletschert. Upernavik liegt auf der gleichnamigen Insel, eine von vielen kleinen Inseln des Upernavik-Archipel, südlich des Ikeq (der

Upernavik Isfjord), in den auch große Eisberge kalben. Einige km südöstlich liegt die Insel Qaarsorsuatsiaq mit dem Berg Qaarsorsuaq/Sanderson Hope. Die Stadt hat sich vom einstigen Wohnplatz einiger Inuit in 17 Jhd. zu einer der kleinsten Orte Grönlands gemausert, mit heute ca. 1000 Ew.
Davis glaubte, sich hier nun am Eingang zur Nordwest-Passage zu befinden. Er hatte jedoch diese Meeresstraße entdeckt, die viel später benannt wurde nach William Baffin, der sie 1616 mit Bylot durchquerte. Diese über 300 km breite Meeresstraße wird im südlichen Teil Davis Strait genannt, so haben beide Entdecker ein „Andenken" bekommen. Der nördliche Teil heißt Smith Sound.
Die Seefahrer kreuzten die Bay und begegneten Packeis, was sie umgehen konnten, fuhren dadurch nach Westen, bis sie wieder vor dem Cumberland Sound ankamen. Hier fand Davis eine neue breite Einfahrt, die er Lumleys-Inlet nannte. Es war aber tatsächlich die Frobisher Bay /ab 1987 Iqaluit genannt, Bucht und Siedlung, am Ende der Bucht auf Süd-Baffin Island. Die Passage war hier nirgends und außerdem war das Schiff nicht mehr ganz in Ordnung, daher kehrten die Seefahrer zurück.
1591 begleitete er Thomas Cavendish (1555-92, britischer Freibeuter und der dritte Weltumsegler) auf seiner Fahrt zur Suche nach der Nordwest-Passage vom Pazifik aus. In der Estrecho de Magallanes gerieten sie in Seenot, suchten Schutz in einer

Feuerland-Bucht und hier verschwand Cavendish um mit dem besten Schiff auf Kaperfahrt in den Pazifik zu fahren. 1592 entdeckte Davis die später benannten Islas Malvinas / Malvinen / Falkland Islands. Die *Desire*, das Schiff, mit dem er einen Teil der Falkland Islands entdeckte, ist heute Teil des Wappens der Falkland`s. Auf der Heimfahrt kamen nur 14 Mann der ursprünglich 76 Mann Besatzung nach Hause. Er kam in Schuldhaft, seine Frau verließ ihn, keiner glaubte ihm. Aber er glaubte fest an die Nordwest-Passage, an Ruhm, Ehre und Wohlstand und schrieb zwei Fachbücher. Bald hörte er, dass die Niederländer die seetüchtigsten Schiffe bauten und weitläufig unterwegs waren. Mit denen wollte er sich verbünden, um weiter einen Weg nach Asien suchen zu können. Vom griechischem Seefahrer Juan de Fuca hatte er gehört, dass dieser ab der Westküste nördlich von Mexiko eine weite Einfahrt entdeckt hatte. War das wirklich der gesuchte Seeweg? Davis nahm 1598-1600 an einer Ostindien-Expedition der Niederländer teil und begleitete James Lancaster 1601-03 als Steuermann auf dessen Ostindien-Expedition. 1604 diente er als Steuermann auf einer Expedition mit dem selben Ziel unter Sir Edward Michelborne (*um 1562–1609). Auf dieser Reise, 1605, wurde John Davis bei der Insel Bintan, nahe Sumatra, von japanischen Piraten getötet.

Der berühmte Seefahrer machte auf seinen Fahrten zahlreiche Entdeckungen und detaillierte Beschreibungen von Land und Bewohnern in arktischen Gebieten, so konnten nachfolgende Seefahrer ihre Erfahrungen anknüpfen und erweitern. Die **Davis Strait** erinnert an ihn – sozusagen **ein See-Denkmal** für alle Ewigkeit.

Davis und Lancaster sind im Gebiet Südostasien unterwegs

James Lancaster (um 1554-1618), englischer Seefahrer, unternahm 1591-94 mit 3 Schiffen ausgehend von Plymouth seine erste Ostindien-Fahrt; Bemühungen um das spätere Britisch-Indien, die erste englische Mission in diese Seegebiete.
Die Route verlief über Kapstadt, Sansibar bis in das Südchinesische Meer, Südostasien bis nach Ceylon (ab 1972 Sri Lanka). Die Heimfahrt war tragisch, am Ende kamen 25 Mann zurück. Im selben Jahr leitete Lancaster ohne größeren Erfolg ein Expedition nach Brasilien. 1601-03 war er im Auftrag der Englischen East India Company in ähnlichen Gebieten unterwegs. Die Fahrt führte vorbei am Kap der Guten Hoffnung bis zu den indonesischen Inseln Sumatras. John Davis, war als Steuermann dabei.
Von Königin Elisabeth I. (1533-1603) wurde James Lancaster zum offiziellen Unterhändler mit den ostindischen Herrschern ernannt. Die Reise war ein wirtschaftlicher Erfolg. Unter seiner Leitung wurden weitere wichtige Expeditionen sowohl nach

Indien als auch bei der Suche nach der Nordwest-Passage durchgeführt. William Baffin benannte 1616 den Lancaster Sound nach ihm, außerdem ist er Namensgeber für den Lancaster Hill /Antarktis.

Die Nordwest-Passage nicht gefunden, dafür neues Land und Québec gegründet

Samuel de Champlain (1567-1635) französischer Entdecker, Kolonialpionier und Kartograf, stammte aus einer Seefahrerfamilie, war erst Soldat, ging in jungen Jahren zur See und lernte navigieren, zeichnen und Seekarten erstellen. Die spanische Regierung beauftragte Champlain und seinen Onkel Captain Provençal mit einer Reise in ihre Kolonien Westindien/Karibik (benannt nach den Kariben, Bezeichnung für mehrere indigene Völker Süd-und Mittel und Mittelamerikas). Champlain hatte sogar die Idee eines Kanals, der Panama durchschneiden sollte, um den Atlantik und den Pazifik zu verbinden (über 300 Jahre später, 1914, wurde genau dieser Kanal eröffnet, ist eine der wichtigsten Wasserstraßen der Welt). Zwischen 1598 und 1601 unternahm Champlain drei Reisen von Spanien zu ihren amerikanischen Kolonien und besuchte verschiedene Orte, darunter die *Virgin Islands* / Jungferninseln und andere karibische Inseln, Puerto Rico, Mexiko und Panama. Der König Henri IV. (15 Nachkommen!) wollte eine Expedition, um einen Ort in der Neuen Welt zu finden, an dem eine französische Kolonie und eine Pelzhandels-Siedlung gegründet werden kann. Im Königs-Auftrag unternahm er im März 1603 von Frankreich aus seine erste Reise. Sie überquerten den Atlantik, weiter an Newfoundland vorbei, segelten in den Sankt Lorenz und ankerten nahe der Mündung des Flußes Rivière Saguenay (Saguenay ist mittlerweile eine große Stadt, Provinz Québec). Während dieser und den anderen Aufenthalten erstellte Champlain Karten und Berichte, wobei er auch auf Erzählungen der Ureinwohner und von Franzosen, die mit diesen lebten, zurückgriff, sowie deren Leben und Bräuche erkundete. Die Expedition ging weit den Sankt Lorenz hinauf bis in das heutige Montreal. An einigen Stellen betrieben die Huronen-Indianer Pelzhandel. Die einheimischen Führer, die den Franzosen geholfen hatten, sprachen oft von einem großen Wasser im Westen. Das ließ hoffen, dass dieses Meer der Pazifik und die Nordwest-Passage nach Asien sein würde. Starke Stromschnellen verhinderten weitere Entdeckungen. Ein paar Jahre später wurde herausgefunden, das „Meer", auf das sich die Eingeborenen bezogen, ist/sind die (heutigen) „Great Lakes /Große Seen": Lake Erie, Lake Huron, Lake Michigan, Lake Superior und Lake Ontario. Champlain erforschte nahezu unermüdlich weiterhin mit den verschiedenen einheimischen Stämmen, zu denen die Algonquin, Montagnais, Irokesen und Huronen gehörten (die einst in den Gebieten Stadacona und Hochelaga lebten).

Die Expedition endete, als sie im September 1603 nach Frankreich zurückkehrten.
Im Verlauf der Jahre 1604-15 folgten 7 weitere Reisen, während der sich letztendlich die französische Erschließung des inneren nordöstlichen Amerika entwickelte. Er wollte in seinen Anstrengungen nicht nachlassen, bis er im Westen oder Norden das Meer fand, das die bisher von so vielen Seefahrern vergeblich gesuchte Durchfahrt nach China öffnete und er wollte das Werk seines Vorgängers Cartier vollenden. Sein Ziel war das große Wasser im Westen, von dem die Indianer bereits Cartier erzählt hatten. 1604 war Champlain mit 120 Mann auf dem Weg in die Neue Welt. Diesmal wurde die Expedition von Pierre Dugua de Mons (1558-1628), Unternehmer und Entdecker, geleitet. Es ging jetzt um den Pelzhandel im ganzen Gebiet des Sankt Lorenz und einen guten Platz für eine französische Siedlung zu finden. Sie landeten diesmal an der Küste vor Nova Scotia und segelten zur Fundy Bay und die Gebiete südlich des Sankt Lorenz. Die Überwinterung war auf Ile de la Croix / Croix Island (Insel des Kreuzes) im St. Croix River, hier entstand die erste Siedlung französischer Pelzhändler, aus Holzhütten. 1605 gründeten sie ihre erste erfolgreiche Siedlung in der Fundy Bay, Port Royal (heute Annapolis Royal) in Nova Scotia (1622 von schottischen Einwanderern besiedelt). Champlain und Pierre Dugua de Mons sind die Gründer der ersten

dauerhaften Siedlung in einem Land, was sie la Nouvelle-France / Neufrankreich nannten, das heutige große Land Kanada.
Im April 1608 machte sich Champlain wieder auf die Fahrt zum Sankt Lorenz, nochmal mit dem Ziel, eine neue französische Kolonie zu gründen. In einem Gebiet am Ufer des Sankt Lorenz begann der Bau einer Festung und anderer Gebäude. Am 3. Juli 1608 gründeten Champlain und seine Männer die erste erfolgreiche französische Kolonie in Nouvelle-France und Champlain war der erste Gouverneur dieser Kolonie. Der Ort der Kolonie befand sich an einem Ort, den die einheimischen Indianer Kebec nannten. Hier entwickelte sich die Stadt **Québec**. Der Name leitet sich ab von Kebec, die Algonkin-Sprache für „dort, wo sich der Fluss verengt". Kephek bezeichnet die Stadt, was „Engpass" bedeutet, die Flussverengung zwischen Québec und der gegenüberliegenden Stadt Lévis. Québec ist heute die elftgrößte und älteste Stadt Kanadas, mit dem Spirit ihrer französischen Gründer. Québec City ist die Hauptstadt der kanadischen Provinz Québec, die größte kanadische Provinz.
Auf oder an einer Felskuppe, die den Strom wie eine Festung überragt, soll der Grundstein von Nouvelle-France sein, so hatte es sich Champlain vorgestellt, mit der Hoffnung, von hier aus das „Vorhaben Nordwest-Passage" leichter durchführen zu können. Die folgende Zeit war oft mit india-

nischen Auseinandersetzungen und auch Krankheiten durchzogen. Im Sommer 1609 war Champlain landeinwärts nach Westen gefahren, um zielstrebig das Land zu erkunden und zu kartieren. Er war der erste Europäer, der den nach ihm benannten Lake Champlain entdeckte. Zurück in Frankreich berichtete er über den Erfolg der Gründung der Siedlung Québec. So wurde beschlossen, dass es das Zentrum für den französischen Pelzhandel sein würde. Den Pelzhandel dominierte die in Montreal 1783 gegründete North West Company, nachdem er lange von unabhängigen Jägern/ Händlern betrieben worden war. (Sie wurde 1821 mit der HBC zwangsweise zusammengeschlossen).
Champlain kehrte in den nächsten Jahren viele Male nach Nouvelle-France und Québec zurück, erkundete und kartographierte ein Großteil des Landes. 1611 segelte er den Sankt Lorenz hinauf und erreichte Montreal und bis März 1613 war er wieder in Québec, gelangte bis zum Ottawa River und erkundete Gebiete, die mit den Great Lakes verbunden waren. 1615 fuhr er, mit Gefährten, den Ottawa River hinauf, entdeckte den Lake Nipissing und gelangte zum French River. Er sah die Great Lakes zum ersten Mal, als er in der Georgian Bay an der Ostseite des Lake Huron/Huronsees ankam, benannt nach dem indianischen Stamm der Wyandot / Huronen. Mittlerweile verläuft durch den Lake Huron die Grenze zwischen Kanada und

den USA. In einem Kampf mit den Irokesen wurde er verwundet. Im Juli 1616 kehrte er nach Frankreich zurück und schlug dem französischen König vor, die Kolonie Québec zu vergrößern. Der König stimmte zu, und Champlain kehrte 1620 wieder nach Nouvelle-France zurück. Ebenso 1620 beendete Champlain auf Anordnung von König Louis XIII. (1601-43) seine Erkundungen und widmete sich fortan der Verwaltung und der gezielten Kolonialisierung von Nouvelle-France. Dafür verzichtete er, die Suche nach der Nordwest-Passage weiter zu betreiben. Die Kolonie Québec hatte weiterhin Probleme mit den Eingeborenen, musste 1629 den Engländern übergeben werden, bis 1632 die Kolonie nach Frankreich zurückkehrte. Weiterhin als Gouverneur kehrte Champlain 1633 nach Québec zurück. Er gilt als einer der größten Pioniere der französischen Expansion im 17. Jhd. und wurde für seine Reisen im heutigen Kanada berühmt. Sein besonderes Augenmerk galt den damals noch unbekannten Indianerstämmen der Huronen und der Irokesen, wobei er die Natur und Lebensweise der Eingeborenen stets in einen friedlichen Zusammenhang zu stellen versuchte. Seine Reisen ermöglichten es Frankreich, die Kontrolle über den nordamerikanischen Kontinent zu erlangen und das Land Kanada zu bilden. Bekannt wurde er für die Errichtung und Verwaltung von Siedlungen in Kanada, die Kartierung des Sankt Lorenz, die Entdeckung der Great Lakes und die Gründung der Stadt Québec. Er gründete Handelsgesellschaften, die Waren nach Frankreich transportierten, überwiegend Pelze, trug bis zu seinem Tod zum Wachstum der Kolonie bei, wird in ganz Kanada geehrt und viele Orte tragen seinen Namen, einschließlich des Lake Champlain. Sein Vermächtnis ist am besten in der Stadt Québec zu sehen. Zum Zeitpunkt des Todes, am 25. Dezember 1635 in Québec, lebten in Nouvelle-France fast 300 französische Pioniere - mittlerweile über 7 Millionen Menschen.

Die Nordwest-Passage nicht gefunden,
dafür einen Meilenstein für die Entstehung von New York und die Hudson's Bay entdeckt
vier große Reisen mit „bleibender Erinnerung" !

Davids Tod und der von anderen Seefahrern hatte großen Schock ausgelöst, aber die magische Anziehungskraft der Nordwest-Passagen Suche bestand nach wie vor.

Der nächste war **Henry Hudson** (um 1565,†um 1611), englischer Seefahrer, der durch vier große Entdeckungsreisen (1607-11) berühmt wurde, alle mit dem Ziel, im Norden die gesuchte Durchfahrt zu finden. Er hatte eine völlig andere Vorstellung als seine vielen Vorgänger. 1607 unternahm er, im Auftrag Muscovy Company, seine erste Expedition mit dem Schiff *Hopewell*, die sollte über den Nordpol führen, um eine Nordost-Passage vom Nordpolar-Meer bis nach China zu finden. War er besessen oder war es nur sein Auftrag? -sicher beides. Das Polarmeer, bis auf die Ränder, sollte eisfrei sein, so hatte er gehört. Natürlich war das nicht der Fall! Zunächst erreichte er Shetland Islands und die Grönland-Ostküste, folgte der Eisgrenze nach Norden und dann gelang es ihm, als erster Seefahrer, die Nordwestküste Spitsbergens /Svalbard, bis zum 82. Grad nördlicher Breite, zu erreichen. Wegen Packeis mussten sie umkehren. Auf der Rückfahrt entdeckte er die Insel Jan Mayen. Die mittlerweile zu Norwegen gehörende 370 km^2 große Insel ist vulkanischen Ursprungs. Das genaue Entdeckungs-Jahr von Jan Mayen ist, bis heute, nicht bekannt. Als sicher gilt, dass der englische Walfang-Kapitän John Clarke die Insel Mitte Juni 1614 sichtete/ entdeckte. Ebenso erreichten niederländische Schiffe die Insel im selben Sommer. Es könnte wiederum möglich sein, dass Henry Hudson bereits 1608 die Insel entdeckte, auf der zweiten, seiner vier Fahrten, zur Suche nach der Nordwest-Passage. Oder es könnte auch 1612 Thomas Marmaduke gewesen sein. Die Insel trug zunächst verschiedene Namen, ab 1620 setzte sich die Bezeichnung Jan Mayen durch, nach dem niederländischen Walfangkapitän Jan Jacobs May van Schellinkhout, der Bruder von Cornelius Jacobsz May, dem ersten Gouverneur von Nieuw Nederland (von 1624-67 bestehende niederländische Kolonie an der Ostküste Nordamerikas). Die Brüder waren Neffen des damals bekannteren Seefahrers Jan Cornelisz May, der durch seine Expeditionen zur Entdeckung der Nord-ost-Passage bekannt geworden ist. Hudson sollte im Folgejahr, 1608, vom Nordpolarmeer, über den Nordpol, eine Nordwest-Passage entdecken, gelangte nur bis zur Eisgrenze und scheiterte, wie einige Vorgänger, am Eis der Kara Sea. Weil Wind und Wetter günstig waren fuhr er den weiten West-Weg bis hinüber nach Baffin Island, zu „Davis Lumleys-Inlet“, fand hier keine Nordwest-Passage und kehrte heim. Er war ähnlich wie Davis ein menschenfreundlicher Kapitän, viel zu nett für all die vielen Rauhbein-Seeleute, in seiner Mannschaft. Vor seiner dritten Reise begab er sich, wie bereits Davis, nach Holland. Im Dienst der 1602 gegründeten Niederländischen Ostindien Kompanie stach er im März 1609 von der holländischen Insel Texel mit dem Schiff *Halve Maen* (Halbmond) zu seiner 3. Reise in See, wieder zur Erforschung einer Passage, nachdem die Versuche von Barents und Heemskerk misslungen waren, eine nordöstliche Durchfahrt nach Asien zu finden.

Hudson erreichte das norwegische Nordkap, nahm dann die Erforschung der Gewässer vor Nowaja Semlja (russische Doppelinsel) wieder auf und suchte eine Nordost-Durchfahrt durch das Eis in der Barents Sea, die zwar vorhanden ist, aber zur damaligen Zeit nicht bereist wurde, oder werden konnte. Die Besatzung rebellierte, wieder war alles erfolglos. Daraufhin schlug er Gegenkurs ein, segelte den weiten Weg nach Westen und Anfang Juli erreichten sie die Küste von Newfoundland/ Kanada. Dann gings nach Süden, bis Nova Scotia und an der nordamerikanischen Küste entlang. Hudson wollte die große Meeresstrasse weiter erkunden, die Giovanni da Verrazzano bereits 1525 entdeckt hatte und folgte der ostamerikanischen Küste vorbei an der Südspitze der Halbinsel Nova Scotia, dann südlich an Long Island vorbei und Mitte Juli erreichten sie dieses Ziel. Bei Streifzügen an Land gelang Hudson eine Entdeckung, die einmal für die Nachwelt etwas ganz Besonderes werden würde. Er fand die Mündung des großes Stromes in einem, sumpfigen schönen Gebiet und segelte weit in die Bucht, auf dem später nach ihm benannten Hudson River (er wäre super stolz gewesen) entlang der Insel Manhattan (1524 bereits von Verrazzano gesichtet) und nutzte den folgenden Monat zur Erforschung des Hudson River. Hudsons Steuermann war bis in die Gegend des heutigen Albany vorgedrungen, etwa 240 km nördlich der heutigen Stadt New York. Eine Durchfahrt zum Pazifik, wie Hudson vermutet hatte, war hier nicht. Sie sind Indianer-Siedlungen begegnet, die eine Fülle an Mais und Bohnen hatten und freundlich waren. Später gab es feindselige Begegnungen mit den Indianern. Geplant war, bei Newfoundland zu überwintern. Da Hudson auch auf dieser Fahrt keine Passage zum

Pazifik entdecken konnte und zudem ließ der Proviant eine Überwinterung nicht zu, kehrten sie nicht nach Holland zurück, sondern in Davis Heimathafen Dartmouth/England. Die Auftraggeber waren nicht zufrieden, (nur) mit Biberfellen anstelle der erhofften edlen, schönen Waren aus China.

Vom Indianergebiet zur Weltstadt

Zwar hatte Giovanni da Verrazzano als erster Europäer schon 1524 die Insel Manhattan und den Fluß entdeckt, --- aber was Hudson`s Matrosen zuhause erzählten, veranlasste 1609 einige holländische Händler, sich an den von Hudson entdeckten Strom niederzulassen, an der Südspitze der Insel Manna-Hatta, abgeleitet aus einer Algonkin Indianersprache - bedeutet „Land der vielen Hügel“, wie es zu der Zeit auch war! Im Tausch mit den Indianern erwarben holländische Kaufleute massenweise Biberfelle, die sie nachhause verschifften, daraus entstand, dass sie 1613 bei ihrer Regierung einen Schutzbrief zur Gründung einer Kolonie bekamen und 1624 war der Grundstein für die Siedlung Nieuw Amsterdam/ Neu Amsterdam gelegt.

Im 17. Jhd. wurde Manna-Hatta von Peter Minuit (*zwischen 1585/1594 -† 1638), deutscher Seefahrer, im Dienst der Niederländischen Westindien Kompanie, für Waren im Wert von 60 niederländischen Gulden den Indianern abgekauft. Einige Jahrzehnte später, als die Engländer den Niederländern diese Kolonie abnahmen, erhielt sie den Namen

NEW YORK (Am 8. September 1664 ergab sich Nieuw Amsterdam kampflos einer von Richard Nicolls, erster englischer Gouverneur, geführten Flotte der Royal Navy. Die Engländer benannten die Stadt und die Kolonie New York, nach deren damaligem Befehlshaber James, Herzog von York, dem Bruder Charles' II. von England, der später selbst König wurde.) Seit 1783 sind weite Teile dieses Gebietes USA Gebiet, mit Grenze an Kanada.
--- Heute, über 395 Jahre später, ist New York eine berühmte Multi-Kulti Weltstadt, mit vielen Stadtteilen, den schönsten Wolkenkratzern und über 8 Millionen Einwohnern! Und ....
...sucht intensiv nach Lösungen, wie sich das gesamte Gebiet von drohenden Überschwemmungen und einem immer höher werdenden Meerespiegel in Zukunft retten kann....)

Alles, was einmal war, ist immer noch, nur in einer anderen Form.
Dein Herz soll im Einklang mit dem Herzen der Erde schlagen.
Du musst fühlen, dass du ein Teil des Ganzen bist, das dich umgibt
Moderne indianische Weisheiten

Hudson hatte die Erkenntnis gewonnen, dass nur westlich von Grönland die Nordwest-Passage zu finden ist .... Wie Recht er hatte, ergab sich erst 296 Jahre später (1906 durch Amundsen). Im April 1610 startete Hudson seine letzte Nordwest-Passagen Such-Reise in London, im Auftrag der neu gegründeten Gesellschaft englischer Geschäftsleute, mit seinem Schiff *Discovery*. Mit an Bord war Hudson`s zweiter Sohn John, der seinen Vater auf allen 4 Reisen begleitet hatte, sowie Robert Bylot, 2. Offizier und sehr aufmüpfiger Matrose. Hudson kreuzte die Davis Strait und gelangte Mitte des Jahres bei „Davis Lumleys-Inlet" an Resolution Island (bis heute unbewohnte Insel, an der Südostspitze von Baffin Island, in der Davis Strait), an der Nordostseite der Meeresstrasse, die später nach ihm benannte Hudson Strait, obwohl sie schon vorher von Corte Real, Cabot und Davis befahren wurde. Von hier gelangte er Anfang August 1610 in die Hudson Bay (über 1,23 Mill. km^2 großes sogenanntes Randmeer, in Nordost-Kanada – ist nach, nicht von Hudson benannt worden// Inuktitut: Kangiqsualuk Ilua), wo er einen idealen natürlichen Hafen vorfand, eine Art Bucht, die sich nach Süden erstreckte – Sollte hier die lang gesuchte Durchfahrt beginnen? Es war die Ungava Bay, im Norden der kanadischen Labrador-Halbinsel. Hier verbrachte er die drei folgenden Monate mit der Erforschung der östlichen Inseln und Küsten. Als das Wetter besser wurde, war Hudson in der Annahme, im Pazifik zu sein, welch ein fataler Irrtum! Er segelte nach Süden an der Küste entlang. Sie landeten im Südzipfel der Hudson Bay in einer Sackgasse, James Bay (später erst so benannt, zu Ehren von Thomas James einem englischen Kapitän). **Thomas James** (1593-1635), englischer Seefahrer, brach 1631 mit dem Schiff *Henrietta Maria* in die Hudson Bay auf, suchte die Nordwest-Passage und erkundete die Küste der Bucht. Nach der Überwinterung auf Charlton Island/James Bay (benannt nach Charles I. König von England, Schottland und Irland) setzte er seine Expedition im Sommer 1632 ins Nordpolarmeer fort.

Er war während seiner Expedition mehrmals dem Tode nah und letztlich war sie erfolglos.
Von der Einmündung an der Hudson-Strait bis ans südliche Ende der Hudson Bay, die James Bay, ist es eine Länge von fast 1400 km! Im weiteren Südkurs durch die Hudson Bay mussten sie mit Eisbergen, Eisdrift und schlechtem Wetter kämpfen. Viele Spannungen in der Mannschaft entwickelten sich im Laufe der Fahrt und Hudson hatte nicht das Naturell, sich entsprechend durchzusetzen...der Anfang vom bösen Ende. Hudson drängte darauf, weiter nach Süden zu fahren, dort wurden sie, unvorhersehbar, heftig vom Eis eingeschlossen.

Eine Meuterei endet mit einer Tragödie

Bei Hudson und seinen Leuten war die Enttäuschung bitter und dadurch entstand der Anfang einer Meuterei. Die Mannschaft wurde aufsässig, auch als eine Insel zum Schutz angesteuert werden konnte. Vom Eis versperrt trieb die *Discovery* in alle Richtungen hin und her und an Bord wurde die Stimmung immer schlechter. Ende Oktober fror das Schiff endgültig ein und sie mussten in der James Bay überwintern. Das kannte Hudson nur von Willem Barents, der 1596 an der Nordostküste/ Karasea überwintern musste. Sie verbrachten den Winter in einer vom Schiffszimmermann notdürftig gebauten Holzbehausung. Die Mannschaft wurde über den Winter teilweise krank und war sehr geschwächt. Als das Eis im Frühjahr auftaute, wollte

Hudson den Rest der Bucht erkunden. Entbehrungen und Kälte führten zum Streit, die Verpflegung wurde knapp und die Mannschaft meuterte am 22. Juni 1611. Das Schiff konnte wieder starten und Hudson hatte die besessene Absicht, die Nordwest-Passagen Suche fortzusetzen, obwohl der Proviant knapp war. Bylot widersprach und Hudson degradierte ihn zum Matrosen. Einige der Mannschaft schmiedeten Meuterei-Pläne, sie wollten nachhause, anstatt noch weiter ins Unheil zu gelangen. Hudson bemerkte nichts von der aufkommenden Revolte. Am 23. Juni, bei Tagesanbruch, setzten die Meuterer Hudson, seinen Sohn und noch einige kranke Seeleute in ein Beiboot, gaben ihnen Angel und etwas Werkzeug mit und zuletzt stieg – freiwillig – der Zimmerman zu seinem Kapitän ins Boot. Irgendwo in der Hudson Bay sind sie für immer verschollen. Vom Rest der Mannschaft kehrten nur wenige nach England zurück und stellten sich dem Gericht.

Henry Hudson hätte sich zu Lebzeiten sehr gefreut, dass so viele Dinge ihm zu Ehren seinen Namen bekommen haben. Ein außergewöhnlicher Mensch, tragisch verschollen, doch für immer unvergeßlich.

„bleibende Erinnerung" und nach ihm benannt sind:
Hudson River, Gebiet New York // Hudson-Strait (Meerenge in Kanada zwischen der Ungava-Halbinsel und Baffin Island, die zur Hudson Bay führt) // Hudson Bay, große Meeresbucht im kanadischen Teil Nordamerikas // Hudson Valley, ein Talgebiet am Hudson River // Hudson County, New Jersey //die Stadt Hudson, nördlich von New York City // Henry Hudson Bridge, Mautbrücke in New York

City, verbindet den Stadtteil Bronx mit dem nördlichen Ende von Manhattan // Hudson-Land, Gebiet in Ostgrönland // -- Irgendwann, ganz am Anfang, wurde der Name der Bucht von Hudson's Bay in Hudson Bay geändert, was oft zu Verwechslungen mit der Gesellschaft Hudson's Bay Company führt (e).

Die Nordwest-Passage nicht gefunden, dafür einen Fluß und eine große Insel

Zu nächst hatte man geglaubt, dass Hudson mit den Leuten sicher an eine Küste gekommen ist und Platz bei Indianern gefunden hat. Dennoch wurde von der Nordwest-Gesellschaft eine Such-Expedition befürwortet, die zugleich Hudson`s Forschungen fortführen sollten. Das Kommando bekam **Thomas Button** und auch Robert Bylot fuhr mit, als Offizier. Die Expedition fuhr im Mai 1612 mit den Schiffen *Resolution* und *Discovery* von England aus in die Hudson Bay, um nach den Verschollen zu suchen und dabei die Nordwest-Passage zu finden. Sie erreichten die Mündung eines Flusses. Thomas Button kartographierte das Westufer und das Gebiet der Hudson Bay und entdeckte einen Fluß. Sie mussten an der Südküste der Hudson Bay überwintern, dabei starben 4 Männer, darunter Kapitän Nelson. Ihm zu Ehren wurde der Fluß Nelson River genannt. Er ist 664 km lang, einer der wasserreichsten Ströme Nordamerikas, ein Abfluss vom Lake Winnipeg, mündet in die Süd Hudson Bay. Die Crew überwinterte im selbstgebauten Provisorium Fort Nelson. Nach Hudson wurde überall gesucht,

bei der Gelegenheit die Süd- und Westküste der Bay erkundet und kartiert, der Nordteil blieb unerforscht. Es gibt inzwischen ca. 150 benannte Berge im Gebiet der südkanadisch-arktischen Inseln. Im Nordosten der rund 41.200 km² großen Southampton Island, am Nordrand der Hudson Bay, erheben sich die Porsild Mountains, mit 600 m und der 625 m hohe Mathiasen Mountain. Vermutlich hat Thomas Button auch diese dem Festland vorgelagerte Insel sozusagen entdeckt (Inuktitut: ᓴᓪᓕᖅ/ᓴᓪᓖᑦ, Salliq, “große flache Insel vor dem Festland“). Ein großer Insel-Teil hat eine flache Tundravegetation, war vor vielen Jahrhunderten besiedelt mit Völkern der Dorset-Kultur, später von der Thule-Kultur und den Inuit. Heute leben in der kleinen Inselhauptstadt Coral Harbour, in einer Bucht, im südöstlichen Gebiet der Insel, ca. 900 Einwohner /Inuit.
Button glaubte, aufgrund der Gezeiten in der Hudson Bay, dass sie nach Westen mit dem Ozean verbunden sein müsste und eine neue Hoffnung keimte auf. Im Folgejahr brach Button in den Norden auf, um hier die Passage zu suchen. Bei dieser Fahrt verlor er die *Resolution* im Eis. Mit der *Discovery* segelten sie weiter. Direkt am Eingang der Hudson Bay entdeckte er Mansel Island, mit 3180 km² die 28größte kanadische Insel und das Tor zum Eingang der Hudson Bay. Er benannte sie nach Sir Robert Mansell (1570–1652), Vizeadmiral der Royal Navy.

Nachdem sie 65° nördliche Breite erreichten, mussten sie umkehren und kamen 1613 nach England zurück.

Die Nordwest-Passage nicht gefunden,
dafür Namenspatron einer riesigen Insel und Bay
Große Forscher und Entdecker --> Baffin&Bylot

Die glorreiche *Discovery* stand vor ihrer 4. Fahrt. Der Hudson Bay Nordteil sollte erkundet werden mit Bylot, inzwischen Kapitän geworden und **William Baffin** (ca.1585-1622), englischer Seefahrer und Entdecker. Er war schon „eis-erfahren" und 1612 als Steuermann bei der James Hall Expedition an die Westküste Grönlands dabei. Sie wollten die Nordwest-Passage finden. Auf dieser Fahrt wurde Hall, aus Rache wegen verschleppten Inuits im Vorjahr, von einem Inuit erstochen. 1613 und 1614 war Baffin Steuermann auf zwei Expeditionen nach Spitsbergen, um neue Fischgründe zu finden. 1615 nahm er an der ersten von zwei Expedition unter der Führung von Kapitän Robert Bylot auf der *Discovery* teil. Die beiden bildeten für die nächste Zeit ein gutes Entdecker-Team. Zunächst wurde die Hudson Strait und Southampton Island, 1613 durch Thomas Button entdeckt, am Nordrand der Hudson Bay, genauer erkundet. Baffin war der Meinung, dass, anstatt die Hudson Bay weiter nach einer möglichen Passage zu durchsuchen, besser viel nördlicher gesucht werden sollte. Er erstellte exakte Karten vom Gebiet und aus diesem Grund habe er verdient, das das Land, dessen Südufer auf seiner Karte so genau dargestellt wurde, seinen Namen Baffin tragen solle; so hatte William Edward Parry um 1821 gesagt – eine Ehre für Baffin und die größte Insel des Kanadisch-Arktischen Archipels und fünftgrößte Insel der Welt (507.451 km², ca.1600 km lang, zwischen 200-700 km breit). Die Baffin Bay wurde 1585 von John Davis entdeckt, nach William Baffin benannt, der sie 1616 mit Robert Bylot durchquerte.

--->> Seit der Entdeckung Amerikas durch Kolumbus waren mittlerweile 125 Jahre vergangen, rund 35 Fahrten zur Suche der Nordwest-Passage, viele Menschen kamen uns Leben und noch immer bestand keine Klarheit darüber, wie Amerika im Ganzen aussah, nördlich von Labrador, westlich von der Hudson Bay, nördlich von Kalifornien und wie die Ostküste Asiens verlief.

Baffin hat auf seinen Karten von Grönland und Nordkanada eine ganze Menge Namen, die er für rühmeswert hielt „vergeben“, darunter Lancaster-, Jones- und Smith Sound. Damit wollte er nicht nur einen Dank erzielen, sondern auch seinen Förderern schmeicheln, um Geld für nächste Expeditionen zu bekommen, denn ohne diese Gelder hätten die Seefahrer nicht ihren Teil zur Erforschung der Erde leisten können. Durch Thomas Smiths Unterstützung konnte die nächste Erkundungsfahrt 1616 erfolgen.

Die Nordwest-Passage nicht gefunden, dafür den Jones- und den Lancaster Sound

1616 traten Baffin&Bylot die zweite gemeinsame Reise mit der *Discovery* an, ihre fünfte Fahrt. Sie fuhren an der grönländischen Westküste nach Norden und passierten am 5. Juli den nördlichsten Punkt von Nordwestgrönland, den John Davis 1587 erreicht hatte, Sandersons Hope /Upernavik. Dichtes Packeis ließ sie einige Tage warten. Dennoch waren in diesem Jahr die Eisverhältnisse gut und sie kamen „in Fahrt“, überquerten die Melville Bay um in das „Nordgewässer“ zu gelangen. Vor einem langen Fjord, den Baffin Wolstenholme Sund nannte, wurde das Wetter wieder eisiger und stürmisch. Sie mussten den Fjord verlassen und schafften es in eine Bucht die sie Wal Sound nannten, wegen der vielen Wale. Die Bucht war in der Nähe der Insel Wolstenholme, in der Baffin Bay, westlich vom Bylot Sound, am südlichen Ufer der Mündung vom Wolstenholme Sund , südlich von Saunders Island/ in der North Star Bay/Baffin Bay, benannt nach Commander James Saunders, Royal Navy. Wolstenholme & Saunders sind beide gegenüber der US-Thule Air Base vorgelagert. Jede Bucht hat hier ihren eignen Namen. Als das Wetter besser wurde, steuerten sie in einen breiten Sund, der sich nach Norden öffnete. Durch Eisberge und den typisch, arktischen Luftspiegelungen, glaubten sie, der Sund sei von Gebirgszügen begrenzt und drehten ab.

Dann entdeckten sie eine Meeresenge vor sich, die Baffin Smith Sound nannte, (50 km lang, zwischen Grönland und kanadisch Ellesmere Island, die Einfahrt/ „Nord-Verlängerung“ der Baffin Bay, stellenweise nur 40 km breit). Sie benannten das Gewässer nach Thomas Smythe (1558–1625), dem Finanzier ihrer Reise, „Sir Thomas Smith's Sound“. Bald darauf standen sie, südwestlich vom Smith Sound, vor einer anderen Einfahrt, den Jones Sound (verläuft zwischen Devon Island im Süden und Ellesmere Island im Norden, ist über 200 km lang und 40-80 km breit, am westlichen Ende ganz eng). Die nördliche Weiterfahrt war wegen Packeis versperrt. Ein breiter Sund, den Baffin nach dem englischen Seemann James Lancaster benannte, war vom Eis verstopft, mit schneebedeckten Bergen zu beiden Seiten. Aus diesen Gründen drangen sie nicht weiter in den Sund und verpassten, dass gerade dieses Gewässer kein Sund war, sondern die Einfahrt zur Nordwest-Passage! Hatte Baffin sich auch hier durch Luftspiegelungen täuschen lassen? Der Gesundheitszustand einiger Seemänner verschlechterte sich, Bylot ließ die Expedition abbrechen und sie segelten südwärts an der Baffin Island Küste entlang, die zu der Zeit noch nicht so hieß, das hätte Baffin stolz gemacht. Dann überquerten sie die Davis Strait und gingen an der Grönland-Südwestküste bei Sukkertoppen vor Anker (heute ist es der kleine Ort Maniitsoq). Hier

wurden alle wieder gesund, durch den Sud von verschiedenen Pflanzen, so dass sie später wohlbehalten im Heimathafen London ankamen.
Baffin zweifelte daran, dass der Pazifik über die Nordwest-Passage erreicht werden könnte und schlug der englischen Admiralität vor, die Suche von Osten nach Westen, von Pazifk aus, zu starten, um dann in die Hudson Bay zu gelangen.
>>> Erst 200 Jahre später erreichte wieder eine Expedition die Baffin Bay.
John Ross erkundete 1818 erneut das Meer vor Westgrönland, bestätigte die Genauigkeit der Karten der Bylot-Baffin-Expedition. Obwohl Bylot sie geleitet hatte, fiel der Ruhm vor allem William Baffin zu. An Robert Bylot erinnert heute Bylot Island an der Einfahrt in den Lancaster Sound.
Die Nordost- und auch die Nordwest-Passage nicht gefunden, am Ende eine Katastrophe
Einer der ersten wichtigen Seefahrer im Eis war der Däne Jens Munk. Er sollte im Auftrag seines Königs Christian IV. die Nordost- und auch die Nordwest-Passage finden. **Jens Munk** (1579-1628) norwegisch-dänischer Seefahrer und Entdecker, fuhr mit 12 Jahren zur See. 1609 und 1610 unternahm er, auf zwei dramatisch verlaufenden Fahrten, den Versuch, die Nordost-Passage durch das nördliche Eismeer zu finden. Beide Expeditionen scheiterten. Vom dänischen König Christian IV. wurde er zum Kapitän ernannt, später war er einer der bedeu-

tendsten Offiziere der königlich norwegisch-dänischen Flotte. Christian IV. (1577-1648) war 60 Jahre lang König von Dänemark und Norwegen (1588 -1648) und hatte 21 Kinder!!! Er versuchte einen Gesamt dänisch-norwegischen Staat zu formen. Durch ihn sind die Städte Kristiansand, Kristianstad, Christianshavn / København sowie Glückstadt entstanden und 3 Schlösser. Neben der Gründung von Glückstadt und den Versuchen, die Oberherrschaft über Hamburg oder wenigstens den Elbzoll an sich zu bringen, förderte er auch die Kaufleute. 1616 erteilte er der ersten Dänischen Ostindien-Kompanie die Privilegien.
Jens Munk erhielt 1619 von seinem König den Auftrag, die Küste Ostgrönlands zu erforschen und auch die Nordwest-Passage zu suchen. Mit 2 kleinen Schiffen und 64 Mann verließ Munk im Mai 1619 København. Er umschiffte das Kap Farvel / Grönlands Südspitze und gelangte dann zur Frobisher Bay. Durch schlechte Witterungsbedingungen kamen sie erst nach längerer Zeit in die Hudson Bay und wegen dieser Verspätung wurden die Schiffe nahe der Mündung des Churchill River /West Hudson Bay vom Eis eingeschlossen, mussten überwintern. Als das Eis im Juni 1620 aufbrach, waren 61 Besatzungsmitglieder durch Kälte, Hunger und Skorbut gestorben. Nur Munk und drei Seeleute überlebten, machten sich im Juli 1620 auf den Rückweg und erreichten im September Bergen/

Norwegen. Zum Admiral befördert, setzte Munk seine militärische Karriere bis zu seinem Tode 1628 im Dienst der königlich-dänischen Flotte fort.
Jens Munk Island im Norden des Foxe Basin wurde nach ihm benannt.
Churchill (58°46'N,94°10'W) : Hier siedelten bereits zu verschiedenen Zeitepochen nomadische, indigene Ur-Völker, die unmittelbaren Vorfahren der heutigen Inuit und die erste permanent bewohnte Siedlung war 1717 ein aus Holz gebautes Fort an der Mündung des Churchill River, das damals von der HBC eingerichtet wurde. Die Stadt wurde nach John Churchill, 1. Duke of Marlborough benannt, dem Gouverneur der HBC zu Ende des 17. Jhd. (ein Ahne von Sir Winston Churchill). 1741 ersetzte die HBC das hölzerne Fort durch ein größeres Fort aus Stein, das Fort Prince of Wales. Heute besteht nur noch der große Hof, das Gelände ist mit Gras überwachsen. Mittlerweile leben in Churchill, Provinz Manitoba, rund 900 Ew. mit recht guter Infrastruktur. Das Wort Manitoba ist abgeleitet dem Cree-Wort „Manitou bou“ /„Der Engpass des Großen Geistes“.

Die Nordwest-Passage nicht gefunden, dafür ein großes Meeresbecken entdeckt

Luke Foxe (1586-1635), englischer Entdecker, bewarb sich 1629 bei der britischen Krone um eine Expedition, um die Nordwest-Passage zu finden, die er in der Nähe des Churchill Rivers/ West Hud-

son Bay vermutete. Im Mai 1631 startete er die Fahrt mit der *Charles* und erreichte Mitte Juni die Hudson Bay, die er ebenso wie das Foxe Basin bis Ende September besegelte. Er war der erste, der die Hudson Bay umsegelte und kam dadurch zu der Erkenntnis, dass in diesem Bereich keine Passage möglich ist. Ende Oktober 1631 kehrte er nach England zurück. Eine weitere Entdeckungsfahrt gab es für ihn nicht. Nach ihm wurden die Foxe-Halbinsel, Foxe Channel und das Foxe Basin benannt. Foxe gab insgesamt 27 geographischen Orten einen Namen, von denen 8 auch heute noch diese Bezeichnung tragen. Einer davon ist der Roes Welcome Sound zwischen Southampton Island und dem kanadischen Festland, den er nach seinem Freund und Sponsor Thomas Roe (1581-1644), englischer Diplomat, benannte. Southampton Island, 1613 von Thomas Button entdeckt, ist 41.214 km² groß, am Nordrand der Hudson Bay, im Westen durch den Roes Welcome Sound und im Norden durch die Frozen Strait vom Festland getrennt. An ihrer Südküste ist die Inuit-Siedlung Coral Harbour.
Das Foxe Basin (65°55′59″N, 77°55′0″W) ist ein Meeresbecken nördlich übergehend von der Hudson Bay, mit über 9 Inseln, die größte ist mit 9.521 km² Prinz Charles Island und unbewohnt. Das Gewässer wird von Baffin Island, der Melville Halbinsel und von Southampton Island eingerahmt und ist im Nordwesten durch die Fury and Hecla Strait

mit dem Golf of Boothia verbunden. Der südliche Ausgang ist der Foxe Channel, der zwischen Southampton Island und der Foxe Halbinsel liegt. Er ist 322 km lang und 145-320 km breit, verbindet das Foxe Basin mit der Hudson Strait und Hudson Bay. Das Basin ist knapp 100 m tief und heute die Heimat der größten Walrossherden Kanadas.
In den 1630er Jahren wurde die Suche vorerst aufgegeben, da Baffin, James und Foxe die Ansicht vertraten, dass weder von der Hudson Bay noch von der Baffin Bay ein Zugang zur Passage existiere. Erst zum Anfang des 18. Jhd. wurden wieder vereinzelte Erkundungen unternommen, unter anderem 1719 von James Knight.

Die Nordwest-Passage nicht gesucht, dafür Kupfer-Vorkommen entdeckt und den Arktischen Ozean gesichtet

Samuel Hearne (1745-92), englischer Entdecker, Naturforscher und auch Pelzhändler, trat mit 11 Jahren in Portsmouth/Südküste England in die Royal Navy ein und stellte sich Anfang 1766 in den Dienst der HBC, auf einen Posten im Fort Prince of Wales am Churchill River/ Hudson Bay Westseite. 1762 wurde er zusammen mit einem Chipewyan-Indianer beauftragt, die Kupfervorkommen am Coppermine River zu erkunden. Ein besonderer Kupferbrocken, der auf einer früheren Expedition gefunden wurde, veranlasste die HBC zu einer größeren Überland-Expedition, mit dem Ziel, einen

Nachweis für die Nordwest-Passage zu erbringen, deren Existenz oft angezweifelt wurde. Außerdem sollten die Kupferminen am Coppermine River untersucht und die Landstriche erforscht, sowie die Indianerstämme zu Handelsbeziehungen mit der HBC bewegt werden. Als Steuermann betrieb Hearne Pelzhandel mit den Eskimo, nördlich der Churchill-Mündung. Er war mit dem Land seit 4 Jahren vertraut und kannte sich gut aus. Mit dem Zweimaster *Charlotte* entdeckte er 1768 die Überreste der James Knight-Expedition. 1769 erhielt er von der HBC den Auftrag für eine Überland-Expedition zum Coppermine River und war der erste Europäer, der eine Entdeckungsreise auf dem Landweg durch Nord Kanada bis zum Arktischen Ozean machte. Die Land-Expeditionen 1769 und 70 scheiterten aus verschiedenen Gründen. Der Dritte Versuch zog sich von 1770-72. Hearne wollte über den Coppermine River, deren 845 km Länge er noch nicht kannte, mit Kanus den Arktischen Ozean erreichen. Er war jedoch von den vorhandenen Kupfervorkommen enttäuscht und vor allem von der Tatsache, dass der Fluss nicht schiffbar war und somit das Kupfer nicht abgebaut werden konnte. Erstaunlich: während der Reise schlossen sich mehrmals andere Indianer für Teilstrecken an, so dass zeitweise über 200 Personen im Trupp waren. Einige Indianer richteten am Coppermine River ein Massaker gegen rund 20 Inuit an, deren Mentalität

sie wohl nicht verstanden. Hearne benannte diese Stelle daraufhin Bloody Falls. Kurz darauf, im Juli 1771, sichtete er den Arktischen Ozean an der Mündung des Coppermine River und ist der erste Europäer, der den Coronation Gulf entdeckte.
((Der „Krönungs-Golf" wurde jedoch erst 1821 von John Franklin so benannt, zu Ehren der Krönung von Prince of Wales zum König Georg IV. (1762-1830) - Nach dem Tod von Georgs III. am 29. Januar 1820 wurde sein Sohn und Prinzregent als Georg IV. Thronfolger und war 1820-30 König des Vereinigten Königreichs Großbritannien und Irland und König von Hannover. (Ihm folgte 1827 sein Bruder als William IV. (1765-1837) auf dem Thron). Sie gehörten dem Haus Hannover an, einer Nebenlinie der Welfen)).
Hearne`s Indianer-Führer leitete die Gruppe zurück nach Churchill/ Hudson Bay Südwestküste. Mitten im Winter war er der erste Europäer, der den Great Slave Lake /Großer Sklaven See entdeckte und überquerte. Hearne ging als „Kupfer-Entdecker" in die Geschichte ein: er kehrte von der 3. Expedition nach knapp 19 Monaten am 30. Juni 1772 zum Fort Prince of Wales zurück, hatte insgesamt rund 8000 km bereist und über 650.000 km² Land erforscht. Bei seinen Reisen durchquerte er die heutigen Provinzen Manitoba, Saskatchewan, Nunavut und Nordwest-Territorien. Er brachte Kupferproben vom Coppermine River mit. Das Natural History Museum / London ist im Besitz eines 3 kg schweren Exemplars, 1818 von der HBC erhalten.
1774 erbaute Hearne das „Cumberland House" für die HBC, den ersten Handels-Posten und die erste permanente Siedlung, am Saskatchewan River (547

km lang, wird durch die Gletscher der Rocky Mountains/ Provinz Alberta gespeist.) Heute ist Cumberland House die älteste Siedlergemeinde in Saskatchewan, hat ca. 2000 Ew. und hier befindet sich noch das Pulverhaus aus den 1890er Jahren, was von der HBC gebaut wurde.
Rund 47 Jahre später, 1819-22, erforschte John Franklin auf der Coppermine-Expedition das Mündungsgebiet des Coppermine River, der im Coronation Gulf mündet, einer Bucht im arktischen Ozean und zählt als ein „kleines" Teilstück der „großen" Nordwest-Passage, die dort entlang führt. Zwischen den Sandbänken des Coppermine River und dem Ufer des Coronation Gulf ist die Siedlung Coppermine entstanden. Sie liegt auf dem nordkanadischen Festland und heißt seit 1996 Kugluktuk (Inuktitut: ᖁᒡᓗᒃᑐᒃ, „Ort mit Stromschnellen") und hat mittlerweile ca. 1500 Ew., meist Inuit, die Copper Inuit bezeichnet werden, nach den nahe gelegenen Copper Mountains (Kupferberge).

Der größte Seefahrer und Entdecker aller Zeit, aber die Nordwest-Passage nicht entdeckt

James Cook (1728-79), englischer Seefahrer/Weltumsegler und Entdecker, war 1760-67 in den Küstengebieten der Hudson-Mündung, Newfoundland/Labrador/Nova Scotia unterwegs. Er wurde berühmt durch 3 extrem lange Seereisen (1768-79) in den Pazifik, den er exakt kartographierte, entdeckte und er benannte weite Teile der

Erde, zahlreiche Gebiete und Inseln, die Ostküste Australiens und Landgebiet von New Zealand. 1778, auf der letzten Reise, gelangte Cook durch die Bering Strait, hoch bis auf 70° 44' N, ehe Eismassen die Fahrt versperrten. ...... Wenn das Eis nicht den Weg verhindert hätte, vielleicht hätte er die Nordwest-Passage entdeckt?! zu mindestens den westlichen Ausgang .... geografisch befand er sich schon am Nordwest-Passagen-Ausgang, was ihm damals nicht bewußt war, weil er andere Ziele im Auge hatte. Er hatte nur einen kleinen Meeres-Teil der Nordwest-Passage vom Pazifik aus erkundet und festgestellt, daß man diesen nördlichen Durchgang nie ganz passieren könnte, wegen dem ewigen Treibeis das ganze Jahr über und dass mit Schiffen (zu seiner Zeit) kein wirtschaftlich nutzbarer Seeweg den Pazifik und Atlantik verband.

Die Nordwest-Passage liegt nicht in jenen Breitengraden, die lange Zeit vermutet worden waren

George Vancouver (1757-98), englischer Seefahrer, setzte die „Cook-Unternehmungen" 1791–95 fort, gehörte von 1772-75 zur Cook-Mannschaft der *Resolution* und er sollte u.a. die westamerikanische Küste zwischen dem 30. und 60. Breitengrad kartographieren und in diesem Bereich nach einer möglichen Nordwest-Passage Ausschau halten. Nach langer Seefahrt, ähnlich wie die letzte Cook-Route, stellte er fest, dass diese Passage nicht in jenen Breitengraden liegt, was lange Zeit so vermutet wurde. Er ist Namensgeber für die Stadt Vancouver / kanadische Provinz British Columbia (drittgrößte kanadische Stadt).

Keine Nordwest-Passage, dafür einen großen Strom entdeckt und benannt

Alexander MacKenzie (1764-1820), schottisch-kanadischer Entdecker. 1774 wanderte seine Familie von Schottland nach New York aus und 5 Jahre später siedelten sie nach Montreal um. Ein Jahr nach dem 1788 gegründetem Handelsposten der North West Company / Fort Chipewyan brach Mackenzie, mit einigen einheimischen Begleitern, zu seiner 1. Expedition in den Nordwesten Kanadas auf. Ziel der Unternehmung war das Finden einer Verbindung zum Pazifik oder der Nordwest-Passage. Mit Kanus führte die Expedition über den Slave River zum Great Slave Lake / Großer Sklavensee (der zehntgrößte See der Welt). Der Name hat nichts mit Sklaven zu tun !! – hier kam einfach ein Buchstabe hinzu und dadurch entstand ein völlig falscher Name, der leider bestehen blieb! Das Indianervolk der Slavey, das früher und auch noch heute, in der Gegend am großen See siedelt, hat ihn so benannt. Die Slavey sind eine Gruppe innerhalb von mehreren, verwandten, kanadischen First Nations, die in zwei regionale/territoriale sowie sprachliche Stammes-Gruppen unterteilt werden: den South Slavey (Volk am großen Fluss /

Mackenzie River) und den North Slavey (Volk am Great Bear Lake / Großer Bärensee, Sahtú in der Sprache der Slavey). Im Gebiet des Sees suchte MacKenzie einen Fluß-Abfluss nach Nordwesten und entdeckte an dieser Stelle einen großen Strom, den er Mackenzie River nannte (1903 km lang, beginnt an der Westspitze vom Great Slave Sea, durchfließt die Täler zwischen Mackenzie Mountains (ein nördlicher Teil der Rocky Mountains) und Franklin Mountains, westlich vom Great Bear Lake und mündet im Mackenzie Delta, in der Mackenzie Bay/Beaufort Sea/ Arktischer Ozean). Die Expedition folgte dem Flusslauf mit Kanus bis zu seinem Delta, was sie im Juli 1789 erreichten. Um die 4000 km hatten sie zurückgelegt, nachdem sie zum Fort zurückkehrten. Auf der zweiten Expedition, im Oktober 1792, wiederum von Fort Chipewyan, begleitete ihn sein Cousin Alexander Mackay, 6 französische Abenteurer, 2 einheimische Indianer und sein Hund. Viel mehr ist nicht bekannt. Ein Jahr später, im Mai 1793, erfolgte ein erneuter Marsch und im Juni entdeckte er den Fraser River (der längste ganz in der Provinz British Columbia gelegene Fluss, entspringt in den Rocky Mountains und mündet nach ca. 1375 km südlich von Vancouver in den den Pazifik). Im Juli erreichte die Expedition durch die Rocky`s die Pazifikküste bei Bella Coola (Siedlung an der Mündung des Bella Coola River in den North Bentwick Arm des Burke Channel im Westen der Provinz British Columbia, hat heute ca. 1000 Ew.). MacKenzie hatte zwar keine Nordwest-Passage gefunden, aber die spätere Atlantik Ocean-Teil-Strecke, was er zu dem Zeitpunkt gar nicht wissen konnte. Jedenfalls erkannte er, dass der Mackenzie River keine Verbindung für die gesuchte Durchfahrt ist. MacKenzie war der Erste, der Nordamerika nördlich von Mexiko durchquerte. Später wurde er Direktor der North West Company, hatte großen Einfluss auf die Expansion Kanadas und trieb deren Vereinigung mit der HBC voran. :: Sequenzen aus dem Buch „Das Rätsel der Nordwestpassage" von Kurt Lütgen

Viele Land- und Meernamen halten die Erinnerung an die kühnen Seefahrer fest: die vorbereitenden Fahrten von Martin Frobisher, John Davis, Henry Hudson und von William Baffin sowie anderer Entdecker klärten die Polargegenden Nordamerikas auf, ohne jedoch die Durchfahrt zu finden.

Das sollte erst noch viele Jahrhunderte später gelingen.

...Ein weiter und weiterer Entdeckungsweg folgt ....

Teil 3

Der Nordwest-Passagen-Urgedanke ---
wo zum Teufel ist die Nordwest-Passage ???
Warum wurde die Nordwest-Passage bisher NICHT gefunden ?

Da eine Nordwest-Passage Schiffsreisen zwischen Europa und Ostasien / Atlantik und Pazifik entscheidend verkürzen würde, suchten die seefahrenden Nationen mehr als 500 Jahre lang nach einer Durchfahrt im Nordpolarmeer. Nahezu „wahnsinnig" war der italienische Seefahrer Sebastian Cabot, Sohn des Labrador-Entdeckers John Cabot, der 1497 – weit nach den Wikingern – das nordamerikanische Festland erreichte. Der englische König Heinrich VII. beauftragte ihn, Entdeckungsfahrten in unbekannte Gewässer zu unternehmen und sie für England zu erobern. Cabot glaubte, dass eine Art Hindernis zwischen Europa und Asien lag, was man ganz nördlich umfahren müsste. Nach ihm waren über viele Jahrhunderte weitere Seefahrer unterwegs. Alle hatten nur kleine Ansätze geschafft, dafür viele interessante Gebiete und Gewässer entdeckt!

Mit der Auffindung der „Neuen Welt" und der Seewege nach Indien setzte die neuere Nordpolarforschung ein, weil die Spanier und Portugiesen die neugefundenen Seewege aus dem Atlantik in den Indischen und in den Pazifischen Ozean für Schiffe anderer Staaten sperrten, um die Handelsherrschaft für sich zu wahren. Denn die Unternehmungslust (und Gier) besonders der Engländer und Holländer suchte nun auf neuen Wegen, um die Nord-Erdteile herum, den eigennützigen Gegnern ein Schnippchen zu schlagen, da die neuen See-Straßen nach Nordwesten und Nordosten, um Nordamerika und um Nordasien herum, den Weg nach Indien abzukürzen versprachen und vor den eifersüchtigen Mitbewerbern sicher waren. Diese rein praktischen Beweggründe führten zwar nicht zu dem erwünschten Ziel, dienten aber einerseits der wirtschaftlichen Erschließung des Nordpolargebiets und vor allem andererseits der wissenschaftlichen Erforschung und kartographischen Festlegung der bisher ganz unbekannten arktischen Gebiete. Mehr und mehr wurden wissenschaftliche Absichten aller Art der Antrieb für kühne Erkundungsfahrten und Vorstöße gegen die nördliche Eiskappe. Es wurde wie eine Sportleidenschaft, um jeden Preis wollte man den Pol selbst bezwingen und sich im Lobe „baden“. Besonders die Engländer bemühten sich sehr.

Um 1740-95 herum sah es die damalige englische Kolonial-Politik, die Minister des Königs, immer wieder als eine Notwendigkeit, dass eine Nordwest-Passage gefunden wird. Das würde für England ein unschätzbarer Wert sein und man käme von einem Schulden-Berg herunter. Britische und amerikanische Waren würden gute Preise erzielen und ein neuer, wertvoller Handel würde dadurch für die Unternehmen Seiner Majestät eröffnet und gesichert, dessen waren sich die „hohen Leute“ sicher. Selbst im Falle, dass man sie nicht findet, wäre die Sache recht nützlich, da es all den wiederholten, gewagten und kostspieligen Versuchen, eine Durchfahrt zu finden, ein Ende setzen werde. ---------- Was bringt Entdecker dazu, so viel zu riskieren, in einer Welt aus ewigem Eis, die bisher nie ein Mensch gesehen hat, doch gerade das war wohl der Kick und dazu Macht und Gier (wieder mal). **Ganz besessen von einer möglichen Entdeckung der Nordwest-Passage:** Die Lösung der Aufgabe wurde erst zu Beginn des 19. Jh. besonders auf das Betreiben von **John Barrow** (1764-1848), 1. Baronet der Royal Society wieder aufgenommen. Er war auf Walfang in Spitsbergen unterwegs, auf mehreren offiziellen und halboffiziellen Arktis-Entdeckungs-Fahrten, als diplomatischer Dolmetscher in China und ein britischer Staatsbeamter. 1804 wurde er 2. Sekretär der Royal Navy, organisierte und förderte zahlreiche Entdeckungsreisen, während der ersten Hälfte des 19. Jh., in die unkartographierten Ecken der Welt, besonders nach Westafrika und in die Nordpolarregion. 1816 startete Barrow ein Entdeckungsprogramm. Er dirigierte „seine Männer“ auf teilweise zeitgleiche und ungewöhnliche Expeditionen, unter ihnen John Ross, James Clark Ross und John Franklin. Er glaubte nicht an die Existenz der Baffin Bay, jedoch an ein offenes Polarmeer. Er war davon besessen, dieses erforschen zu lassen, außerdem sollte der erreichte Erfolg den Ruf Englands in der ganzen Welt, als Seefahrtsmacht, steigen lassen. 1818 wurde der schottische Kapitän John Ross, mit William Edward Parry als 2. Kommandant und den Schiffen *Alexander* und *Isabella*, mit klaren Vorgaben beauftragt.

Fast zu gleicher Zeit hatte sich Kapitän William Scoresby (1789-1857) Walfänger, wie bereits sein Vater, bei Josef Banks (1743-1820), (begleitete James Cook auf seiner ersten Reise/ Weltumsegelung (1768–71)), dem großen Mann und „Fürsten der Wissenschaft“ der Royal Society, beworben. Scoresby hatte bereits Erfahrungen im Eis-Meer gesammelt und bei seinen Beobachtungen bemerkt, als sei es im hohen Norden insgesamt wärmer geworden und dadurch das ganze Packeis nach Süden in Bewegung geraten. Das haben andere Walfänger auch festgestellt. Daher vermutete er, eine Nordwest-Passagen Durchfahrt könnte gelingen. Banks hielt die Nordwest-Passage nur noch für eine geografische Wissenschaft, gut für die Forschungsarbeiten. Er wies dem Chef der Admiralität Henry Dundas, 1.Viscount Melville (1742-1811), dass endlich Hoffnung besteht, das arktische Meer zu erkunden nicht nur für den Fortschritt der Wissenschaft. Recht schnell wurde ein Befehl erlassen, 4 Schiffe für Expeditionen auszurüsten. 2 sollten durch die Davis Strait nach Nordwesten, bis zum Pazifik fahren, die anderen beiden entlang der Ostküste von Grönland nach Norden, bis zum Nordpol, oder nördlich um Grönland herum bis zur Bering Strait. Hinter diesen kühnen Vorstellungen steckte John Barrow, der mit seiner Leidenschaft und Begeisterung auf großzügige Geldgeber stieß, Geldpreise wurden ausgesetzt, dem, der bis zum 110.

Grad westlicher Länge kommt wurden 5000 Pfund versprochen, dem Entdecker der Nordwest-Passage 10.000 Pfund. Aus unterschiedlichen Gründen wurde Scoresby anstelle eines Kommandos nur eine Mitarbeit auf einem der Schiffe angeboten, was er enttäuscht ablehnte. Barrow konnte schließlich John Ross anwerben. Er hätte lieber den wesentlich erfahreneren Leutnant William Edward Parry als Expeditionsleiter gehabt.

Die Nordwest-Passage nicht gefunden, wenn bloß der Nebel nicht gewesen wäre ....

John Ross (1777-1856), schottischer Admiral und Polarforscher, erhielt 1818 von der Admiralität das Kommando über eine Expedition mit den Segelschiffen *Isabella* und *Alexander*. Die *Isabella*, ein ehemaliges Walfängerschiff führte Ross und Leutnant William Edward Parry (1790-1855) hatte das Kommando über die kleinere *Alexander*. Sollten sie, auf der Suche nach der Nordwest-Passage, das Meer nördlich der Davis Strait frei von Eis vorfinden, so sollten sie sich nach Norden halten, bevor sie auf Westkurs gehen; bei etwa 72° nördlicher Breite sollte die nordwestliche Durchfahrt vollendet sein und sie könnten durch die Bering Strait in den Pazifik gelangen, auf Hawaii überwintern und im Folgejahr diese Route wieder zurück fahren. Welch ein „irrsinniger" Plan, würde man heute sagen, wie kommt man auf solche Vorgaben, ohne entsprechende Seekarten, nur Vermutungen?!

Die Seefahrer machten sich auf den langen Seeweg, wie die Befehle der Admiralität vorgaben, um nun endlich eine mögliche Durchfahrt der lange gesuchten Nordwest-Passage zu finden. Ganz optimistisch verlassen sie 1818 England und Mitte Juni erreichten sie in der Baffin Bay die Disko Insel, an Grönlands Westküste. Wegen vom Norden herandrängenden Packeises, im Vaigat, (Meeresenge, Nordostküste der Diskoinsel) mussten sie hier Zuflucht suchen. Viele Walfänger warteten hier auf bessere Bedingungen. Einige Tage später konnten sie gen Norden weiterfahren. Kurz darauf blockierte Eis die Weiterfahrt, obwohl sie offenes Wasser sahen. Die Mannschaft musste mit dicken Trossen die Schiffe im Eis schleppen, eine mühselige Arbeit. Viele ähnliche Expeditionen mussten auch so verfahren. Sie gelangten bis auf 75° nördliche Breite und setzten die Fahrt fort, im lockeren Treibeis, stellenweise ganz frei zum Segeln. Sie fuhren nun, 200 Jahre später auf Baffin`s Spuren, in einer großen, langgezogenen Bucht, entlang Grönlands Westküste, die Ross Melville Bay nannte, nach seinem Auftraggeber, (eine Route, die mittlerweile sehr viele Kreuzfahrtschiffe unternehmen). Hier war viele Jahre später eine Art Knotenpunkt für die Fahrt zum ge-

genüber liegendem Lancaster Sound, Richtung Nordwest-Passage.
Gemäß Baffin`s Route gelangten sie zum Kap Dudley Digges (1879-1947), irisch-amerikanischer Schauspieler), eine kleine Felsnase, fast der Westzipfel auf 76° und Hakluyt Island auf 77°, benannt nach Richard Hakluyt (1552-1616) englischer Geograph. Hakluyt Island ist ein Teil einer Küsteninsel-Gruppe, vor der Westküste von Northumberland Island, geologisch den gegenüberliegenden kanadischen Inseln sehr ähnlich. Weiter im Norden, im Mündungsbereich des Smith Sound (Verlängerung der Baffin Bay), 78°, benannte Ross das Westende der Hayes-Halbinsel Kap Alexander, das Grönland-Westkap. Ob er damals schon wußte, dass er den westlichsten Punkt Grönlands entdeckt hatte? - ab hier verläuft die Küste stark ostwärts weiter. Nur eine unbewohnte, kleine Inselgruppe liegt noch etwas weiter westlich. Benannt ist die Halbinsel nach dem amerikanischen Polarforscher Isaac Israel Hayes (1832-81), der diese Region in der Mitte des 19. Jh. erforschte. Das Kap Alexander, etwas nördlich von Thule, bildet mit dem gegenüber liegenden Kap Isabella auf kanadisch Ellesmere Island den Eingang von der Baffin Bay in den Smith Sound, der hier an der engsten Stelle 48 km breit ist. Beide Kaps wurden von Ross nach seinen beiden Schiffen benannt, haben somit die Namen der berühmten Dreimaster erhalten. Nur etwas weiter nördlich,

traf Ross bei Etah, die „nördlichsten Menschen“ der Welt, die Etah-Eskimos, in der damals wohl nördlichsten Siedlung der Welt. Heute ist sie verfallen. Eine Weiterfahrt in den Smith Sound war vom Eis versperrt und vernebelt, daher kam Ross zu dem Entschluß, wie schon Baffin, das dieser Sund keine Durchfahrt hat und vermutete, Grönland und die Baffin Bay-Westküste sind durch eine Landbrücke verbunden. Somit segelten sie südwest-wärts zur Mündung des Jones Sound. Mitte 1616 entdeckte Baffin die Einfahrt zum Jones Sound, benannte ihn nach Alderman Jones, einem ihrer Auftraggeber. Baffin und auch Ross hielten den Jones Sound für eine nach Westen geschlossene Bucht. Tatsächlich ist er über 200 km lang, 40 bis 80 km breit und verläuft auf dem 76. nördlichen Breitengrad. Es wäre eine Möglichkeit von hier in die Beaufort Sea zu gelangen, jedoch verläuft der Seeweg durch ein Insel-Labyrinth und ist vermutlich nie eisfrei. In falscher Annahme und bedingt durch die schlechte Wetterlage, unterließ Ross weitere Erkundungen. Im Hochsommer können oft geschlossene Treibeisfelder, Eisberge und „schlechtes“ Wetter jedes Weiterkommen verhindern, da hat sich bis heute nicht viel geändert. Noch um die Mittsommerzeit, 23. Juni, sind Temperaturen um den Gefrierpunkt normal.

Vernebelte Berge, die die Entdeckung der Nordwest-Passage verhinderten

Nachdem der Jones Sound keine Durchfahrt ermöglichte, segelten die beiden Schiffe wieder südlich bis zum von Baffin bereits 1616 entdeckten und benannten Lancaster Sound, die Einfahrt zur Nordwest-Passage. Am 31. August 1818 (31.8.2019 war unser Abreise-Tag) waren sie dort, bei diesigem Wetter. Ross kannte diesen „Eingang" damals nicht oder nicht genau genug und ließ sich „optisch" täuschen.... Er sah, auf 83° Länge, schneebedecktes Gebirge, von West nach Nord erstreckt, davor vereinzelte Eisberge und glaubte, der Smith-, Jones- und nun auch der Lancaster Sound seien nur Buchten. Das erwies sich – sehr viel später – als fataler Irrtum. Diese scheinbaren Berge waren so deutlich, dass Ross sie sowohl kartografierte als auch skizzierte und sogar kleine Details hinzufügte, wie beispielsweise die Benennung kleiner Buchten. Die Gebirgsgruppe, die er Cunningham Mountains nannte, sind diese schneebedeckten Berge und wie man mitterlweile weiß: ist das eine Bergkette an der Südostküste von Devon Island, ein Teil der Devon Ice Cap, die Teil der Arktischen Kordillere ist, mit den Daten: 74°40'05"N 81°09'55"W. Im rechten Winkel dazu sah er und auch einige seiner Mannschaft einen anderen Gebirgszug, den Ross als Croker`s Mountains in seine Zeichnung eintrug. Daraufhin stand für ihn fest, dass es dort keine Weiterfahrt und somit keinen Sund geben kann.

ZITAT: ich sah deutlich das Land am Grund der Bucht, das mit denen, die sich entlang der Nord- und Südseite erstreckten, eine zusam-

menhängende Gebirgskette bildete. Dieses Land schien in einer Entfernung von acht Meilen zu sein; und Mr. Lewis, der Meister, und James Haig, der führende Mann, wurden geschickt und orientierten sich. Das Wasser auf der Oberfläche hatte eine Temperatur von 1°C. In diesem Moment sah ich auch eine Kontinuität von Eis in einer Entfernung von sieben Meilen, die sich von einer Seite der Bucht zur anderen erstreckte, zwischen dem nächsten Kap im Norden, das ich nach Sir George Warrender benannte, und dem im Süden, benannt nach Viscount Castlereagh. Die Berge, die das Zentrum in Nord- und Südrichtung besetzten, wurden zu Ehren dem ersten Sekretär der Admiralität, John Wilson Croker (1780-1857) Dichter und Journalist, Crocker`s Mountains genannt. Die südwestliche Ecke, die eine weitläufige Bucht bildete, die vollständig von Eis besetzt war, wurde Barrow's Bay genannt, nach Sir John Barrow und wird im Süden von Cape Castlereagh und im Norden von Cape Rosamond begrenzt, einem Vorgebirge, das nach Osten ragt, ein Hochland in der Mitte. Die nördliche Ecke, die letzte, die ich erkannt hatte, war eine tiefe Bucht; und da es genau auf den von Baffin`s Lancaster Sound angegebenen Breitengrad ist, habe ich keinen Zweifel daran, dass es dasselbe war, und halte es für ein bemerkenswertes Beispiel für die Genauigkeit dieses fähigen Navigators Baffin.
[Ross: um 15 Uhr im August 31st. 1818 [Sir John Ross]

Nachts segelten sie in die breite Mündung der Bucht hinein, der Wind stand günstig und früh morgens sichteten die wachhabenden Offiziere Land vorraus. Bevor das weiter beobachtet werden konnte, war der Horizont im Nebel verschwunden, nur die hohen Berg-Spitzen waren zu erkennen und wirkten wie eine lückenlose hohe Bergkette, vom Norden nach Süden. Diese Croker`s Mountains hatte Ross, auf dem Schiff *Isabella*, exakt beschrieben, da er deutlich eine zusammenhängende Gebirgskette sah. Er hatte sich durch die Entfernungen, den Nebel und die Höhe des Gebirges täuschen lassen - eine arktische Fata Morgana (Luftspiegelung). Diese Spiegelungen sind nicht selten in der Arktis, vom Schiff aus gesehen, man steht zwar hoch oben, aber auch das Eis türmt sich teilweise hoch aufeinander, oft nur stellenweise und dazu die Meeresbewegungen sowie Nebel, im Wechsel mit Sonnenschein, läßt alle Sinne „verschwinden". An Bord der *Alexander,* die nicht weit hinter der *Isabella* war, hatten Parry und die Mannschaft einen ganz anderen Eindruck. Später wurde berichtet, dass sie, in einer anderen Position als die *Alexander,* vor oder in der Einfahrt standen und absolut der Auffassung waren, es sei der Eingang der Nordwest-Passage, vieles sprach dafür, alle hatte keinen Zweifel mehr. Parry konnte eine Dünung feststellen, was bedeuten konnte, dass der Lancaster Sound Verbindung zu einem Ozean im Westen haben müsse. Doch Kapitän Ross ließ beide Schiffe umkehren. Die Expedition wurde abgebrochen, weil Ross glaubte und darauf bestand, dass die Croker`s Mountains den See-Weg versperrten. Fortan wurde er als „der Mann, der nicht existierende Berge sah" benannt und beschimpft. Eine optische Täuschung - es waren Nebelbänke, wie es sich später herausstellte. Daraufhin entstand Streit zwischen Barrow und Ross. Obwohl Parry Ross nicht öffentlich widersprach, teilte Parry der Admiralität seine Zweifel mit. Ross wurde seiner Kommandobefugnisse enthoben. ((Anhand dieser „Ross-Koordinaten" habe ich ermittelt, dass Ross schon ein

Stück in den Lancaster Sound gefahren war, denn er hatte 83° Länge angegeben, das war somit die Position auf Höhe der Bucht Crocker`s Bay und am Ende dieser Bucht hat er, aufgrund von Nebel und weil Wasser und Berge ähnliche Farben haben, Berge gesehen, die vielleicht auch nur Wolken waren)).
Die Parallel-Expedition, befehligt unter Kapitän **David Buchan** (1780- ca.1838), schottischer Marineoffizier und Polarforscher, verließ im April 1818 London, mit den Schiffen *Dorothea* und *Trent* und mit John Franklin und erreichte die Magdalena Bay an der Spitsbergen-Westküste im Juni. Hier stellten sie fest, dass sich das Eis wieder „normalisiert" hatte und sie einige Wochen lang gefangen hielt. Mit Seilen schleppten sie die Schiffe und entkamen der Bucht nach Norden. Bis Anfang Juli waren sie nicht sehr weit gekommen, steckten im Eis, es ging nicht mehr weiter. Sie befanden sich etwas nördlich von 80 °, ungefähr auf dem gleichen Breitengrad wie Nord-Spitsbergen. Kein Europäer war so weit nach Norden gesegelt, außer William Scoresby. Es dauerte einige Tage, bis sie wieder ins offene Wasser zurückkehrten konnten, wurden dann von einem Sturm getroffen, der sie auf das Eis zu treiben drohte. Als der Sturm nachließ, war die *Dorothea* zu beschädigt, um in der Arktis weiterzufahren. Franklin wollte mit der *Trent* weitermachen, aber Buchan war anderer Meinung und ließ umkehrten. Ende September erreichten sie ihren Heimathafen.

Da die Ross- und Buchan-Expeditionen erfolglos waren, ordnete die britische Admiralität daraufhin eine weitere Expedition an und beauftragte 1819 William Edward Parry. In den Folgejahren war Barrow besessen von einer möglichen Entdeckung der Durchfahrt und der englische Staat machte die Polarforschung zur Nationalsache. Barrow war inzwischen der Ansicht, dass es erforderlich sein müsste, die folgende Expedition in mehrere Gruppen zu teilen, die das „Problem“ zugleich von Osten, Westen und Süden erkunden.
Diese Aufgaben werden sich über einige Jahre erstrecken, man wird viel neues Wissen erzielen, neue Gebiete erforschen; sie werden aber zum Ziel führen, dessen war sich Barrow ganz sicher und damit seien Geld und Mühe nicht vergeudet.
Während Parry 3 Expeditionsreisen, mit unterschiedlichen Zielen unternahm, segelte John Ross auch wieder auf Entdeckungs-Tour.
Die Parry-Expeditionen sind sehr außergewöhnlich und hoch interessant >>> mehr darüber im Teil 5

*****

Die Suche geht voran, aber das Wetter spielt sehr oft nicht mit –
– die Nordwest-Passage nicht gefunden-
sehr erlebnisreiche Expeditionen überstanden
Die Vier-Überwinterungen-Expedition und Entdeckung des magnetischen Nordpols

John Ross war der Meinung, dass nur noch ein kleines Stück fehlt. Er entschloss sich, eine eigene Expedition durchzuführen, von der er viel für sich selbst und für die Sache der Nordwest-Passage erhoffte. Als Geldgeber gewann er seinen Freund Felix Booth (1775–1850), den Inhaber einer Ginfabrik. Es reichte nur für ein Schiff, aber besser als gar keine Fahrt. Erstmals in der Geschichte der Polarforschung entschied er sich für ein Dampfschiff, dem er den Namen *Victory* gab. Im Mai 1829 stach Ross mit seinen Leuten von London aus in See, in Begleitung von seinem Neffen James Clark Ross. Er war auf dieser Fahrt als 1. Offizier dabei, hatte bereits bei „Parry-Expeditionen“ mitgemacht, daher sehr erfahren und leitete an Bord, nach Parry`s System, einen Schulunterricht und Sport. Im Lancaster Sound sah Ross nun wohl ein, dass es seine Crocker`s Mountains tatsächlich nicht gibt. Aber deshalb machte er ja nicht diese Fahrt. Sie kamen trotz Treibeisfeldern gut voran, segelten an der Küste von Nord Somerset Island entlang, dann weiter an der Küste eines noch von keinem Europäer entdeckten Landes. Er nannte es nach seinem Freund und Förderer Boothia Felix. Weiter südlich wurden die Eisfelder wieder dichter. Ross erkannte und beschrieb exakt die Hilflosigkeit gegenüber der Bedrohung von Naturgewalten und dass man niemals etwas vorrausahnen kann. Auf 70° nördlicher Breite wurde er gezwungen, einen Winterhafen zu suchen. Die Seefahrer kamen mit Eskimos in Kontakt, zwangen ihnen aber nicht ihre europäischen Gewohnheiten auf, sondern zeigten ihnen, wie man Fischnetze knüpft, was sie bisher nicht kannten. – Vielleicht der kleine Beginn für die spätere hohe Kunst des Fischfangens?! Ross erfuhr vieles von ihnen, u.a. auch, dass sein entdecktes Land Boothia Felix eine Halbinsel der nordamerikanischen Festlandküste ist und das Binnenland hat viele Seen, sowie im Westen das große Meer, das er Gulf of Boothia nannte. Irgendwann stellten die beiden Forscher fest: sie waren am nördlichsten Punkt des amerikanischen Kontinents angelangt und an der Küste vom Packeis eingeschlossen. James Ross hatte bei Parry das „Winterreisen" gelernt und wagte auf Boothia einige Schlittentouren, wobei die Eskimos alles zur Verfügung stellten, samt Hunden und Führer. Er kam ca. 375 km weit über Land und gelangte auch bis zur westlichen Küste von King William Island und an das „Meer der Hoffnung". Er war überzeugt, dass die Verbindung, die um die ganz nördliche Küste des amerikanischen Festlandes herum führt, nicht mehr weit fern sein könnte. Er nannte diese Stelle Victory Point, die Nordwestseite von King William Island (wo genau in diesem Bereich, nur wenige Kilometer weiter südlich, fast 20 Jahre später, am 22. April 1848 die Franklin Katastrophe begann). Victory Point war nur 375 km entfernt von „Franklins" Turnagain

Point, den er im Vorjahr erreichte, bevor er wegen Proviantmangel umkehren musste.
Den ganzen Sommer über verhinderten Packeis, starker Frost und Schneestürme eine Weiterfahrt. Erst Ende September konnten sie starten, aber schon kurz darauf wurde die *Victory* erneut vom Eis eingeschlossen. Mit viele Mühe und dem Einsatz von Eissägen und Äxten gelang es, eine Bucht knapp nördlich des vorigen Winterhafens freizuschlagen. Ende Oktober begann der Winter erneut mit aller Härte.

Entdeckung des magnetischen Nordpols

James Ross hatte regelmäßige beim Erkunden des Festlandes Kompass- und erdmagnetische Messungen durchgeführt und hat dabei auf Boothia den magnetischen Nordpol vermutet. Mit Hilfe einheimischer Inuit zog er auf Schlitten los und erreichte am 1. Juni 1831 den magnetischen Nordpol. Der geografische Nordpol lag etwa 2300 km von ihnen entfernt. Damit ist James Clark Ross der erste Europäer, der sich am magnetischen Nordpol aufhielt. Er war der Ansicht, die Lage von diesem magnetischen Nordpol sei unveränderlich, wie der geografische Nordpol. Erst viele Jahre und Forschungen später wurde erkannt, mittels verschiedener Berechnungen, dass die Position sich verändert. Hier zeigte sein Kompass die Position 70°17'17"nördlich und 96°46'45"westlich genau an. Die Freude der Seeleute war groß, das war eine Besonderheit! Eine öde, flache Gegend hatte sich die Natur zum Mittelpunkt einer ihrer verborgenen Kräfte „ausgesucht". Über all die Jahre ist dieser magnetischen Nordpol auf einer langen Wanderschaft und er wandert immer noch – mittlerweile stetig gen Nord-Sibirien.

Ein Winter mit gewaltigen Eismassen! Auch die 2. Überwinterung war die große Schicksalsmacht der Arktis. Das menschliche Miteinander zerrte an den Nerven. Die Freude auf eine Weiterfahrt Ende August war riesig, aber nur kurz. Nach wenigen Seemeilen steckten sie schon wieder fest und es musste der 3. Winterhafen aufgesucht werden, mit den gleichen Winterbedingungen, wie die Jahre zuvor. Ross bewunderte die Schönheit und Einzigartigkeit dieser arktisch-bizarren Eiswelt – ein Kommen und Gehen, mit Strömungen der Gezeiten, Winden und Sturm und dann wieder Windstille, alles ohne Stillstand, im ewigen Rhythmus der Klima-Natur. Er beschrieb die Naturgewalten und beobachtete alles, aber bei aller Härte der nunmehr 3. Überwinterung verlor er die Freude an der Natur.

Ein trauriger Abschied

Der strenge Winter dauerte 4 Jahre !! In weiteren Verlauf erschwerte sich alles und die Expedition um Kapitän Ross stand vor einer traurigen Entscheidung, ein harter Entschluß – Schiffs Aufgabe.

Von 36 Schiffen in 42 Seemannsjahren war die *Victory* das erste Schiff, was Ross aufgeben musste,

ein trauriger Abschied für alle Seemänner. In Booten mussten sie die *Victory* ihrem Eis-Schicksal überlassen, das tat allem in der Seele weh, aber es gab absolut keine andere Möglichkeit. Mit den Booten mussten sie erneut überwintern, also doch noch eine 4. Überwinterung, denn vor der neu einsetzenden Vereisung hätten sie nicht den Lancaster Sound erreicht. Hier hofften sie ein Walfängerschiff zu treffen. Nach mühevoller Fahrt kamen sie bis zu ihrem ersten Depot, von der ersten Überwinterung, an der Nord Somerset Island Küste. Zum Glück konnten sie mit den im Depot hinterlassenen Vorräten überwintern und einen Schuppen bauen. Eine weitere harte Zeit begann. Anfang August 1833 wurde der Prince Regent Inlet eisfrei und sie gelangten schnell in den Lancaster Sound. Zufällig begegnete ihnen das Walfängerschiff *Isabella* und nahm die Seemänner auf und die Boote in Schlepptau. Nach viermaliger Überwinterung, mit viel Unterstützung durch die Inuit, und am Ende glücklichen Umständen wurden sie von der mittlerweile wieder als Walfangschiff arbeitenden Isabella gerettet und Mitte Oktober kamen sie in London an. Die Seemänner galten schon als verschollen und im Frühjahr 1833 war der Gefährte von Ross, George Back aufgebrochen, um von der kanadischen Tundra nach der Ross Expedition zu suchen.
Die „Ross Expedition der 4 Überwinterungen“ hatten zwar keinen Erfolg bei der Suche nach einer

schiffbaren Durchfahrt der Nordwest-Passage, aber viele erfolgreiche Erkenntnisse gesammelt. Vom Parlament erhielt Ross sogar die Expeditionskosten erstattet und eine große Prämie für die Seeleute, die er bis auf 2 Mann, zurückgebracht hatte. Ross war enttäuscht – wie lange würde das fehlende Puzzleteil der Passage noch unentdeckt bleiben?

*****

.... Ein weiter und weiterer Entdeckungsweg folgt....

Teil 4

Der Nordwest-Passagen-Urgedanke ---

wo zum Teufel ist die Nordwest-Passage ???

Die katastrophale Coppermine Expedition

Langer Fußmarsch mit Schicksalen, aber einigermaßen gutem Ende.

Die erste Franklin-Expedition, über Land -ein Krimi ! Viele glaubten, er hatte den schwierigen Verlauf dieser Expedition verschuldet, aber nein – er wurde falsch beraten und der Rest war harte Natur und menschliches Schicksal.

Im Jahre 1819 war John Barrow besessen von der Entdeckung der Nordwest-Passage und arbeitete einen umfangreichen Entdeckungs-Plan aus. Parallel zu den Expeditionen per Schiff, die Parry unternahm, sollte auch das Gebiet von der Hudson Bay bis zur Nordküste Kanadas östlich der Mündung

des Coppermine River (den Namen erhielt der Fluss aufgrund der Kupfervorkommen an seinem Unterlauf) vermessen und kartiert werden, um die Nordwest-Passage zu entdecken und diese zu kartieren. In Ergänzung zu den Entdeckungen von Samuel Hearne und Alexander Mackenzie, zwischen 1770 und 1790.
Franklin wurde für das Vorhaben gewählt. Er war zwar ein Vollblut-Seefahrer, doch auf sein Wissen über Klima, Flora und Fauna kam es Barrow an. Nur 4 Marinepersonen begleiteten ihn: George Back (1796-1878) und Dr. John Richardson (1787-1865) schottischer Mediziner, Botaniker, Geologe, die beide selbst zu bemerkenswerten Entdeckern der Arktis wurden, sowie Robert Hood und John Hepburn. Weitere Begleiter sollten sich aus Einheimischen (First Nation) zusammensetzten, da sie die Gegend besser kennen. Schon der Marsch-Beginn von der Hudson Bay Südseite war schwierig. Die Leute, die als Bootfahrer, Wegführer und Helfer dienten sollten, waren nicht sehr breitwillig. Sie arbeiteten in sogenannten Faktoreien großer Pelzhandelsgesellschaften. Wegen der Marsch-Vorräte wurde die Franklin-Gruppe falsch beraten, aus Unwissenheit oder Egoismus vielleicht? Ihnen wurde gesagt, es gäbe weitere Faktoreien für genügend Vorräte unterwegs. Aber die Nachschub-Versorgung soweit im Norden war sowieso schwierig und kam selten vor. Die Überwinterung war

1819/20 im Fort Chipewyan (wurde 1788 als Handelsposten gegründet, ist noch heute eine kleine Siedlung, benannt nach dem Volk der Chipewyan, die in dieser Region lebten). Nach der Überwinterung sollte die Gruppe weiter Vorräte aufnehmen, von den Indianern am Great Slave Sea. Die Indianer, die mitkommen sollten, hatten aber wegen Seuchenkrankheiten kaum jagen können und daher keine Vorräte. In der nächsten Pelz-Faktorei erging es ihnen ähnlich. Hier erbaten sie Hilfe und benötigten die Unterstützung eines erfahrenen Indianers, der nach langer Überredungskunst einwilligte, die Gruppe zu begleiten. Der Indianer Häuptling sollte für den nötigen Proviant sorgen. Da er sich auskennt, schlug er vor, ein Winterquartier auf halber Strecke zu machen, weil der Weg bis zur Küste in einem Sommer nicht zu schaffen wäre. Außerdem sei dort genug Fischfang möglich und Holz für Feuer. Dass Indianer und Pelzhändler diesen Rat aus Eigennutz gaben, durchschaute Franklin zunächst nicht. Erst als sie den Platz für das Winterlager erreicht hatten, erkannte Franklin die Falle. Von Fleisch und anderen Dingen keine Spur, die begleitenden Indianer verlangten Geschenke! Durch die Herbstwanderung der Rentiere, gab es genug Fleisch. Franklin erkundete das Gebiet und hoffte, dass Jagdmunition und Tauschwaren aus der letzten Faktorei nachgesendet würden. Dort konnten sie aber wegen schlechter Versorgung an den Posten selbst, keine Güter weitergeben. Die Indianer waren unwillig zu jagen, sie wollten die versprochene Munition, die ja nun nicht kam. Als im Herbst Nachschub eintraf, vereinnahmte der Häuptling alles für sich und wurde immer habgieriger. Gut, dass Dr. Richardson in der Gruppe dabei war. Er wurde zum Leibarzt des ewig kranken Häuptlings. Als Franklin im Frühjahr aufbrechen wollte, zählte der Häuptling viele Einwände auf, warum es nicht möglich wäre. Franklin bestimmte Richardson zum Anführer und darum zog auch der Häuptling mit, in Abhängigkeit der kostbaren Medizin. Dr. John Richardson hatte 1819–22 und auch 1825–27 als Arzt Franklin bei dessen Suche nach der Nordwest-Passage begleitet. Dabei machte er botanische und geologische Beobachtungen und hielt diese in mehreren naturwissenschaftlichen Werken fest (später war er dann auf der Suche nach Franklin und seinen Leuten beteiligt). Am Juni 1821 befand sich die Expedition auf dem Weg zum Eismeer, nach fast 2 jährigem Marsch, im Juli sichteten sie das Meer. Daraufhin schickte Franklin den Indianer-Häuptling zurück und hoffte nun Eskimo anzutreffen. Der Indianer wollte für Vorräte und Depots für den Rückweg sorgen. Franklin glaubte an eine Verbindung zwischen dem Coppermine River und der Wager Bay und Repulse Bay, weil damals alle der Meinung waren, dass über diese Buchten die Hudson Bay mit dem nördlichen Ozean verbunden war.

Nach der Karte von Samuel Hearne (1745-92), der 1769-72 im Auftrag der HBC über Land bis zum Coppermine River, an der Polarmeerküste, gelangt war, betrug die Entfernung zwischen dem Coppermine River und Repulse Bay (in der Nord-Hudson Bay) 900 Meilen (1448 km). Der Coppermine River ist 845 km lang, entspringt im See Lac de Gras (ursprünglich Ekati) und mündet im Coronation Gulf (Meerenge zwischen Victoria Island und der Festlandküste, Territorium Nunavut).
Diese Entfernung in arktischen, teils vereisten Gewässern mit Birkenrindenbooten überwinden zu wollen war im Grunde aussichtslos. Eine mühsame Tour begann und wurde zur Tortur. Keine Eskimo waren in der Nähe, nur deren leere Depots. Sie schienen für die Eskimo gefährlich zu sein, vielleicht waren sie deshalb untergetaucht. Auch kleine Geschenke an deren Feuerstellen lockte nicht. Die Franklin-Gruppe hatte kaum noch Proviant und unergiebige Jagderfolge. Der Plan war, auf diesem Gebiet auf die Schiffe von William Parry zu treffen, was nicht erfolgen konnte. *>>> weitere Informationen über die Parry Expedition stehen im Kapitel Nordwest-Passage --- wo zum Teufel ist die Nordwest-Passage???*
Am 15. August 1821 hatten sie kaum 800 km erreicht und der Proviant war fast verbraucht, es mußte eine Entscheidung fallen – eine Fahrt weiter gen Osten oder Rückkehr? Sie erkannten hier Ebbe, Flut und Strömungen. Eine mögliche Verbindung zur Hudson Bay und Atlantik? Franklin ließ umkeh-

ren am Point Turnagain (Kap Umkehr - so heißt das Kap noch heute), am nördlichsten Punkt dieser Expedition. ((Im Jahr 1838 erreichte Thomas Simpson (1808-40) fast den gleichen Punkt, wurde jedoch von Eis blockiert und musste 160 km östlich laufen. 1839 war die Küste eisfrei und Simpson folgte der gesamten Küste nach Osten.))
Ab jetzt begann die Odyssee des Grauens. Sie fuhren mit ihren teilweise schon undichten Booten zur Mündung des Flußes und erhofften bald das Fort Enterprise zu erreichen. Zunächst ging die Fahrt flußaufwärts, also gegen die Strömung, bis der Fluß zu flach wurde und sie ihn verlassen mussten.

Fußmarsch mit Schicksalen

Strapazen, Regen und Kälte setzten den nun hungernden Leuten immer mehr zu. Die steinige Tundra gab keine Nahrung her. Durch einen erlegten Moschusochsen hatten sie nur vorrübergehend neue Kraft bekommen. Dann machte der Winter ihnen arg zu schaffen und das unwegsame Gebiet durch Schluchten und Täler. Aus Tierknochenmehl, Flechten und dem Leder von Schuhen mussten sie etwas Eßbares machen. Den kräftigsten der Gruppe, Leutnant George Back sendete Franklin mit 3 Indianern voraus, um weitere Indianer zur Hilfe zu holen. Robert Hood und Dr. Richardson und Hepburn blieben mit 2 Leuten zurück, weil es Hood zunehmend schlechter ging. Franklin ging mit dem Rest der Gruppe weiter. Die Hoffnung auf baldige

Hilfe aus dem Fort oder vielleicht im Fort Enterprise, hielt die Männer aufrecht. Sie waren von Frostbeulen geschwächt, konnten nur noch kriechend vorankommen. Dennoch konnte Franklin seine Leute aufmuntern, bis sie das Fort erreichten. Aber dort fanden er und seine 5 Mann nur Verlassenheit vor und einen Brief von Back, der weitere Hilfe holen wollte. Also hatte der Indianer Häuptling sein Versprechen gebrochen und kein Proviant gelagert. Franklin erwies sich als zäh und gab nicht auf. Aus einem Nichts als nur Flechten und Tierknochenresten kochten sie sich greuliches Essen. 2 Tage hielten sie tapfer durch. Dann kam ein Bote, von Back entsandt, mit der Botschaft: Hilfe gab es nicht, sie mussten den Weg zum nächsten Fort weitergehen. Zur Jagd zu schwach, hungerten alle weiter. Eines Tages tauchten Dr. Richardson und John Hepburn auf, aber 4 Mann fehlten. Sie haben nahrungsmäßig, wohl durch einen Indianer, der die ganze Zeit in Begleitung der Richardson-Gruppe war und sich als guter Jäger zeigte, die katastrophale Hölle erlebt und „Fleisch unbekannter Art“ , was er als Wolfsfleisch bezeichnete gegessen. Robert Hood war auf nie ganz geklärte Weise durch eine Schussverletzung ums Leben gekommen. Richardson und Hepburn bangten daraufhin um ihr Leben, denn der Indianer war zum Kannibalen und Mörder geworden und sein Handeln wurde immer merkwürdiger. Zur Rettung aller hatte Richardson ihn erschießen müssen. Jetzt waren die Verbliebenden zwar in Sicherheit, aber noch lange nicht gerettet. Sie glaubten kaum noch daran, dass der tapfere George Back ihnen helfen konnte, vielleicht war auch ihm etwas zugestoßen? Es blieb ihnen nur noch Warten und Hoffen.

Tatsächlich trafen am 7. November drei Indianer mit Proviant ein, die wohl von Back entsendet wurden. Die verbleibende Expedition verdankten dem mutigen Back ihr Leben. Von ursprünglich 20 Leuten, mit denen sie aufgebrochen waren, verstarben 13 auf unbekannte Weise. Diese Expedition 19/21 hatte, außer vielen Schicksalen, nicht viel erreicht. Sie hatten nur ein Stück der langen nordamerikanischen Atlantikküste erkundet, damit der Nordwest-Passage zwar nicht näher gekommen, aber zu der Erkenntnis gelangt, dass eine Überland-Fahrt, mit Booten, absolut nicht möglich ist. Aber die Nordwest-Passage gibt es, davon waren sie überzeugt.

Ein einfacher Plan, doch die Tücken der Eis-Arktis waren einfach schwer

.... es fehlen nur noch einige Teilstücke

Nach den Parry- und Franklin-Expeditionen sah sich John Barrow weiterhin bestätigt, mit seiner Vorstellung von der Nordwest-Passage. Es fehlten nur Teilstücke bis zur „Vollendung“, die noch erforscht werden müssten. Dies sollte durch mehrere Gruppen erfolgen. Vom Westen und zeitgleich vom Osten. Parry und Franklin stellten sich sofort zur Ver-

fügung. Parry sollte vom Lancaster Sound südwärts zum Coronation Golf (Meerenge südlich von Victoria Island) fahren, Franklin von der Mackenzie Mündung die Küste nach Westen erkunden und einer dritten Expedition entgegenkommen, die unter Beechey von der Bering Strait – von West nach Ost kommen sollte. Ein einfacher Plan, doch keiner hatte die Tücken der eisigen Arktis bedacht.
>>> weitere Informationen über Parry`s Expedition stehen im Kapitel Nordwest-Passage --- wo zum Teufel ist die Nordwest-Passage ???
Auch Beechey erging es ähnlich. Er gelangte nur wenig weiter über das von James Cook entdeckte und von ihm benannte Eiskap an der Nordwestküste von Alaska. Beechey hatte dabei aber die Küstenlinie bis Point Barrow erkundet, dem er diesen Namen gab. Auf dieser Fahrt sollte er Franklin treffen, das klappte aber nicht, weil auch diese Expedition Wetter-Schwierigkeiten, aber noch mehr Probleme mit dem mangelnden Proviant hatte.

Die 2. Franklin-Expedition:

Im Sommer 1824 erkundeten Franklin und seine Leute die Mündung des Mackenzie River. Auch dieses Mal begleiteten ihn George Back und die Gefährten von der 1. Fußmarsch-Expedition. Zeitgleich bereiteten Leute von der HBC, unter der Leitung von Peter Warren Dease, am Great Bear Lake (Großer Bärensee) ein Winterlager vor. Der See ist mit einer Fläche von 31.153 km² der größte See im Gebiet der Nordwest-Territorien, der viertgrößte See in Nordamerika und noch dazu der größte See in Nordamerika, außerhalb des Gebietes der Großen Seen. Durch den nördlichen Teil verläuft der Polarkreis. Er hat viele Buchten und Arme, sie wurden nach Angehörigen der HBC benannt, die die Arktis-Expeditionen von John Franklin 1819-22 begleitet hatten: Peter Warren Dease, Robert McVicar, John McTavish, Edward Smith sowie George und James Keith.

Die Leute am Great Bear Lake teilten sich in zwei Gruppen auf. Eine fuhr nach Westen, die andere nach Osten – vom Mackenzie zum Coppermine River. Franklin gelangte mit Eskimobooten fast 700 km in westliche Richtung, trotz vieler Packeisfelder. Wären die Eisverhältnisse besser gewesen, hätten sie auf die Beechey Expedition stoßen können und der westliche, letzte Nordwest-Passagen Abschnitt wäre erkundet worden. Jedenfalls führt hier eine Durchfahrt entlang, das hatte Franklin durch seine Erkundungen im Vorjahr schon erkannt. Nun blieb dieser Expedition nur das Erstellen von entsprechenden Karten, für die späteren Nachfolger. Franklin war sicher, dass die letzte Etappe der Nordwest-Passage in Küstennähe schiffbar ist. Man müsse nur die richtige Jahreszeit und Wetterlage abpassen und hier lag das ganze Problem, denn das Wetter ist unberechenbar.

1827 ordnete die Admiralität die Einstellung weiterer Such-Expeditionen an, weil es zu kostspielig wurde. Das enttäuschte Parry und Franklin, aber auch Barrow.

Von der Begeisterung bis zum mysteriösem Ende .....es fehlt nur noch ein kleines Stück......

Thomas Simpson (1808-40) war ein schottischer Polarforscher, Pelzhändler der HBC und Cousin des damaligen Gouverneurs der HBC, George Simpson. Von 1836-39 war Simpson an einer Expedition entlang der Kanada Festland Küste beteiligt, die von Peter Warren Dease (1788-1863), von der HBC geleitet wurde. Sie hatten zunächst das Gebiet zwischen dem Great Bear Lake und dem Coppermine River erkundet und wollten dabei auch das letzte kleine Stück der Nordwest-Passage finden, was den vorigen Expeditionen bisher nicht gelungen war. Zehn weitere Männer begleiteten sie, darunter James McKay und George Sinclair, die 1834 mit George Back den Back River erkundet hatten. Die Expedition wurde eher von der HBC als von der Royal Navy organisiert, die den größten Teil der Erkundung der Nordwest-Passage gesponsert hat. Sie sollten den Mackenzie River bis zum Arktischen Ozean befahren, nach Westen abbiegen und damit die Erkundungs-Lücke zwischen Franklins 1826 am weitesten westlich und William Beecheys am weitesten östlich gelegenen Point Barrow schließen. Im nächsten Sommer sollten sie den Coppermine River hinunterfahren, somit Franklins Route von 1821 nach Osten zum Kap Turnagain wiederholen und entlang der unbekannten Küste mindestens bis zur Mündung des Back River weiterfahren, der 1834 über Land erreicht worden war. Die Expedition verbrachte den Winter 1836 in Fort Chipewyan, wo sie zwei lange Boote bauten. Die Gruppe startete im Juni und erreichte einen Monat später die Mündung des Great Bear River. Dort teilte sich die Gruppe. Ein Teil sollte mit Dease flussaufwärts zum Great Bear Lake fahren, um im Fort Confidence ein Winterquartier zu errichten, während die anderen mit Simpson den Mackenzie River in einer halsbrecherischen Stromschnellen-Höllenfahrt hinunter bis zur Küste fuhren, die sie am 9. Juli erreichten. Ihre Fahrt ging weiter entlang der Küste nach Westen, vorbei an Franklins Kap Turnagain, bis sie 80 km östlich von Point Barrow, von Eis blockiert wurden. Simpson und fünf Männer gingen zu Fuß weiter und erreichten am 4. August Point Barrow. Am 25. September kehrten sie nach Fort Confidence zurück. Zu diesem Zeitpunkt war die Nordküste von der Bering Strait bis zur Coppermine River Mündung kartiert worden. Man wusste damals noch nicht so genau, dass genau dieser Abschnitt der westliche und letzte Teil der Nordwest-Passage bildete.

Anfang des Jahres ging Simpson mit einigen Leuten über Land, um den oberen Coppermine River zu erkunden. Sie erreichten die noch gefrorene Arktis und mussten zwei Wochen warten, bevor sie gen

Osten abfahren konnten. Am 20. August wurden sie einige Meilen von Franklins Point Turnagain auf der Kent Halbinsel durch Eis blockiert. Dease blieb mit den Booten zurück und Simpson ging ungefähr 160 km östlich zu einem Ort, den er Point Alexander (nach seinem Bruder Alexander nannte). Im Norden sah er Land, das er Victoria Land nannte. Im Osten sah er offenes Wasser im Queen Maud Gulf. Er kehrte zu Dease und den eingefrorenen Booten zurück. Kurz darauf wurde es eisfreier und alle gelangten zurück zum Coppermine River. Sie waren nicht viel weiter gekommen als zuvor Franklin. Aber diesmal waren die Eisverhältnisse besser und sie folgten derselben Route, passierten Franklin`s Point Turnagain und Cape Alexander, segelten zum ersten Mal über die Dease Strait und den Queen Maud Gulf, fanden die Adelaide Peninsula und die Simpson Strait im Norden und erreichten Chantrey Inlet (Tariunnuaq), eine Bucht, südlich von Boothia Peninsula an der Nordküste von Nordamerika/ Territorium Nunavut, wo McKay und Sinclair bereits 1834 gewesen waren. Auf Montreal Island fanden sie einen Cache (Steinhaufen), den George Back 1834 hinterlassen hatte. Als sie Chantrey Inlet verließen, erlebten sie einen Sturm, der vier Tage dauerte. Sie kehrten zum 80 km entfernten Castor and Pollux River, zurück. Danach folgten sie der Südküste von King William Island bis zu einem Punkt/Kap, den sie Cape Herschel nannten, nach John Frederick William Herschel (1792-1871), britischer Astronom. Auch Herschel Island in der Beaufort Sea ist nach ihm benannt. Hier biegt die Küste etwas nach Norden ab, mit vielen Buchten. Sie folgten jedoch zum Queen Maud Gulf, zur Südküste von Victoria Island - genau hier kamen gut 10 Jahre später, 1848, einige der letzten Überlebenden der Franklin Expedition entlang, auf ihrem verzweifelten Weg Richtung Back River und diese letzten Spuren wurden erst viele Jahre später entdeckt und rekonstruiert.

Als Dease und Simpson in diesem Gebiet unterwegs waren, war es damals die längste Bootsfahrt, die je in kanadisch-arktischen Gewässern unternommen wurde. Aus dieser Zeit entstanden sehr viele Namen für Meeresengen und Inseln!

Zu diesem Zeitpunkt war die gesamte arktische Küste von der Bering Strait bis jenseits des Chantrey Inlet grob kartiert worden. Die verbleibenden „Probleme“ waren die Möglichkeit einer Wasserroute vom Chantrey Inlet zum Golf of Boothia und das riesige rechteckige Gebiet nördlich der Küste und südlich des Parry Channel. Die Gruppe kehrte im September zum Great Slave Sea zurück. Von dort verfasste Simpson einen Brief an seinen Cousin und Leiter der HBC, in dem er die Ergebnisse der Expedition beschrieb, mit einen Expeditionsplan, um die weitere Erkundung der Küste zwischen der Fury and Hecla Strait und den östlichen Grenzen

seiner früheren Erkundungen abzuschließen. Inzwischen arbeitete Simpson an Vorbereitungen für eine neue Expedition und machte sich auf den Weg zur Red River Colony. Die gesamte Reise von 3070 km begann im Februar 1840. Er erhielt keine Antwort, wusste aber nicht, das England seine Nachricht nicht rechtzeitig erhalten hatte, um ihm Antwort senden zu können. Ohne die Genehmigung der Direktoren war Simpson nicht befugt, eine weitere Expedition zu organisieren. Anstatt ein ganzes Jahr auf eine Antwort zu warten, beschloss er, nach Großbritannien zurückzukehren.
Thomas Simpson verließ die Red River Colony im Juni 1840 und beabsichtigte, nach Süden zum Minnesota River zu gelangen, wo er eine Reise antreten würde, die ihn schließlich nach England führen würde. Er machte sich zunächst mit einer Gruppe von Siedlern auf den Weg. Am 14. Juni 1840 kamen Simpson und zwei seiner Gefährten in einem Wildnislager in der Nähe des Turtle River im Territorium Iowa (früher Bundesstaat North Dakota, seit 28.12.1846 der 29. US Staat) durch Schussverletzungen ums Leben. Simpson war durch seine Besessenheit wahnsinnig geworden! Die strapazenreichen Jahre haben ihn zermürbt. Er ist von der fanatischen Suche nach der Nordwest-Passage und den verlockenden Prämien verrückt geworden, oder durch die vielen Reisen zu Pferd zuletzt schwach und krank gewesen. Am Ende wurde er

zum zweifachen Mörder und Selbstmörder, oder wurde er selbst von den anderen ermordet, aus Habgier durch Notizen- und Karten-Diebstahl? Das wurde nie ganz geklärt, weil man den beiden überlebenden Begleitern Glauben schenkte. Er war so nahe dran, die letzten Teile des Gebietes zu entdecken. Später hatte Simpsons Bruder Alexander versucht, dass diese mysteriösen Taten aufgeklärt werden, glaubte nicht an die Schuld seines Bruders. 100 Jahre später, 1938, hat der berühmte isländisch-kanadische Polarforscher, Entdecker und Historiker Vilhjalmur Stefánsson (1879-1962) das Buch „Unsolved Mysteries of the Arctic" über den Fall Simpson geschrieben. Er fand die offizielle Geschichte, die auf Aussagen von Zeugen beruhte, nicht überzeugend, aber nicht unmöglich. Außerdem gibt es das Buch von Alexander Simpson (1845) „The life and travels of Thomas Simpson"
Back River /Great Fish River/ Großer Fisch Fluß 67°16'11"N, 95°15'41"W verläuft in den kanadischen Territorium Nunavut und Nordwest-Territorien, ist 974 km lang und der 20. Längste Kanadas. Er entspringt nördlich vom Aylmer Lake (liegt 100 km nördlich des Great Slave Sea, wurde 1833 von George Back nach Lord Matthew Whitworth-Aylmer (1775–1850), (1830-35) Generalgouverneur von Kanada, benannt. Der Back River, bekannt durch seine sehr vielen Stromschnellen, mündet in Richtung Nordost in der Buch Chantrey

Inlet (40 km breit und ca. 110 km lang) im Süden von King William Island, das Nordwestufer gehört zur Adelaide Peninsula. Die erste bekannte Erforschung des Back Rivers durch Europäer erfolgte 1834 durch den britischen Seefahrer George Back und danach nochmals 1856 durch James Anderson, einem Faktoristen der HBC. Das Back River Flussgebiet sowie dessen Nebenflüsse waren die traditionellen Stammesgebiete sehr unterschiedlicher Inuitvölker. **George Back** (1796-1878) war ein britischer Marineoffizier und Polarforscher, kam im September 1808 zur Royal Navy und geriet 1809 in französische Kriegsgefangenschaft, aus der er erst fünf Jahre später entlassen wurde. Während der Haftzeit entwickelte er ein Talent für Malerei, was vor der Erfindung der Fotografie eine für Expeditionen wichtige Fähigkeit war. Aus diesem Grund nahm er 1818 an **David Buchans Expedition** nach Spitsbergen teil. Er diente an Bord der *Trent,* unter dem Kommando von John Franklin, der auf den jungen Offiziersanwärter aufmerksam wurde. Franklin nahm ihn auf seine Expedition zur Erkundung der nordamerikanischen Arktisküste von 1819-22 mit. Die Expedition hätte beinahe in einer fatalen Katastrophe geendet, als die Gruppe mangels Nahrung und sonstigen Vorräten fast verhungerte. Dass Franklin selbst und einige weitere Männer bei der Expedition überlebten, verdankten sie dem Lebensretter Back, der einen äußerst strapaziösen Marsch zu einem Indianer Fort schaffte und dort Hilfe organisieren konnte. Bei seiner 2. Expedition von 1825-27 zum Mackenzie River nahm Back auch teil. 1829 war John Ross mit der *Victory* zur Expedition Richtung Lancaster Sound und Somerset Island aufgebrochen, nochmals auf Suche der Nordwest-Passage, was ihm zuvor misslungen war. Wegen Packeis steckten sie ganze vier Winter fest und wurden in der Heimat schon vermisst. Nachdem nach 3 Jahren keinerlei Nachricht über den Verbleib eintraf, stellte die britische Admiralität auf Nachdruck von Ross Bruder George eine Rettungs-Expedition zusammen, die Back übernehmen sollte. Es wurde vermutet, dass die *Victory* im Prince Regent Inlet im Eis eingeschlossen war und Ross sich auf Somerset Island gerettet hatte. Dort befanden sich noch ausreichend Vorräte im Schiffswrack der *Fury*, die Edward Parry 1825 dort zurücklassen musste. Das hatte den Leuten in der Tat helfen können. Backs Plan war es, vom Great Slave Lake aus dem Great Fish River/ --längst Back River genannt, entlang bis zur kanadischen Arktisküste zu folgen und anschließend nach Somerset Island zu gelangen. Zum Great Fish River war jedoch bis dato kein Europäer vorgedrungen, sein Verlauf war nur aus Berichten von Indianern bekannt. 1833 segelte er nach New York und verfolgte dann zu Fuß Pelzhandelsrouten, die er noch von Franklins 2. Expedition kannte. In einem Fort musste er überwintern

und erhielt 1832 die gute Nachricht, dass Ross und seine Mannschaft mittlerweile sicher nach England zurückgekehrt war. Back konnte sich daraufhin auf die Erkundung des Flusses und der an dessen Mündung liegenden Küste konzentrieren, immer noch auf der Suche nach Teilstücken der Nordwest-Passage. Nach einer anstrengender Tour mit Booten, über 30 Stromschnellen mussten umgangen werden, stießen sie an der Küste auf Packeis und kehrten um, ganz bis New York und heimwärts nach England. Es sollte aber weitere Kartierung der nordamerikanischen Eismeerküste gemacht werden, noch war vieles unerforschtes Gebiet. Zuvor war schon eine Expedition hier gescheitert, aber alle überlebten. Im Juni 1836 stach Back mit 60 Mann Besatzung mit der *Terror* in See. In der Nähe des Foxe Channel wurden sie vom Packeis eingeschlossen, das Schiff wurde beschädigt, die Mannschaft litt an Skorbut und erst ein Jahr später konnte die Mannschaft das Schiff befreien. Es konnte notdürftig repariert werden und geriet auf der Heimfahrt, im Atlantik, in einen schweren Sturm und entging zum dritten Mal nur knapp einer Katastrophe. Im September 1837 kamen sie in Irland an. Daraufhin war er im Ruhestand, aber beriet während der Rettung der Franklin-Expedition die britische Admiralität mit John Barrow.
John Barrow schrieb im Ruhestand eine Geschichte der Entdeckungsreisen in die Arktis, die er, auf der

Suche nach der Nordwest-Passage, besonders unterstützt hatte. Die Barrow Strait als Fortsetzung des Lancaster Sound wurde nach ihm benannt.

*****

....Ein weiter und weiterer Entdeckungsweg folgt....

Teil 5

Der Nordwest-Passagen-Urgedanke ---
wo zum Teufel ist die Nordwest-Passage ???
Nicht mehr Croker`s Mountains stattdessen Croker`s Bay

Im Auftrag der Admiralität, fuhr William Edward Parry 1819-20 und 1821–23 in die Arktis und begab sich auf die Suche, schließlich war er schon 1818 als Begleiter der Ross-Expedition an das Tor der nordwestlichen Durchfahrt gelangt, jetzt konnte es nur ganz einfach werden, die Passage zu beenden.
Er war am 1.8.1819 an der berühmten Einfahrt zum Lancaster Sound und bewies, dass es eine Meeresstrasse keine Bucht ist. Die Karten wurden darauf überarbeitet und John Wilson Croker, der über den Verlust einer so beeindruckenden Anzahl schneebedeckter Gipfel enttäuscht gewesen sein musste, wurde „vertröstet" mit einer von Parry nach ihm benannten, besonderen „Gletscher-Bucht" an der Südküste von Devon Island, die Croker`s Bay.
(... und hier schließt sich ein unsichtbarer Kreis, denn diese Croker`s Bay haben wir auf der Reise befahren und dort tolle Erlebnisse gehabt. Wohl keinem war bekannt, wer dieser Croker war, bzw. woher die Bay diesen Namen hatte .... Dieses Rätsel ist hiermit gelöst!)

Bereits über 200 Jahre dauerte die Suche nach der Nordwest-Passage – es liest sich wie ein Märchen, doch es ist erlebte Geschichte, mit vielen Enttäuschungen ... und am Ende siegte der Ehrgeiz.

Diese „Parry-Geschichte“ ist ein ganz besonderer, erheblicher Teil der Nordwest-Passagen Entdeckung und darum beschreibe ich es recht ausführlich; es stecken so viele besondere Details darin. Man denkt immer, oder dachte bisher, all diese Entdeckungsfahrten waren den Ideen kühner, mutiger und abenteuer-freudiger Seefahrer entsprungen, das war aber nicht (immer) der Fall. Eine treibende Feder, in einem bestimmten Zeitraum, war John Barrow, der eine gewisse Neugier hatte und auch Gier nach Macht und Reichtum besaß, oder in den Jahren entwickelte, weil er immer an eine mögliche Durchfahrt glaubte.

(((Er lag nicht falsch, nur leider hat er den „Amund sen-Erfolg“ nicht erlebt, der kam 1906, 55 Jahre nach Barrows Tod)))

Der Kapitän der vielen Enttäuschungen – der charismatische Entdecker der vielen Inseln und Buchten. Die schönste von allen Suchen nach der Passage ... und mit happy End !

William Edward Parry (1790 -1855, in Bad Ems, während eines Kuraufenthalts), britischer Entdecker und Polarforscher (hatte 11 Kinder). Er kam als 13 jähriger zu der unter Admiral William Cornwallis stehenden Kanalflotte, war später Kadett der französischen Flotte und wurde 1810 Leutnant auf der Fregatte *Alexandria*, die zum Schutz von Walfängern in den Gewässern um Spitsbergen eingesetzt wurde. 1818 begleitete Parry als 2. Offizier, den schottischen Kapitän John Ross, der im Auftrag von John Barrow auf die Suche nach der Nordwest-Passage gesendet wurde. Die beiden Schiffe erreichten den Lancaster Sound, die Einfahrt zur Nordwest-Passage. Doch Ross kannte sie damals nicht, ließ sich „optisch" täuschen, sah Gebirge, die er Croker`s Mountains nannte und erteilte Befehl zum Umkehren. Vom zweiten Schiff, mit Parry an Bord, hatte keiner diese „Geisterberge" gesehen und alle waren der Meinung, es könnte dort die gesuchte Passage tatsächlich sein. Trotzdem ließ Barrow nicht locker, oder Parry?

Der Erste Versuch – das Ziel ist soooo nah !

Der 28 jährige Parry begab sich von London mit den Schiffen *Hecla* und *Griper*, unter Royal Navy Kapitän Matthew Liddon (1800-64), sowie Frederick William Beechey auf die Suche, war am 1.8.1819 am berühmten „Tor zur Nordwest-Passage", der Einfahrt zum Lancaster Sound angelangt. Diese Parry Expedition wurde auch scherzhaft „Schulausflug" genannt - die harte Schule der Arktis, zu den Eisbären und Eskimo. Zu der Zeit wurde bereits seit über 200 Jahren nach der Passage gesucht und bisher kannte man nur eine einzige Überwinterung, die von 1612 vom Kapitän Thomas Button (1575-

1634) Offizier der Royal Navy. Alle anderen Versuche mussten aus mangelnden Vorbereitungen und Unkenntnis abgebrochen werden. Wer die Arktis kennt, weiß dass man in den drei Sommermonaten nicht viel erreichen kann und man müsse überwintern lernen. Parry war optimistisch, das Vorhaben in einem einzigen Sommer zu schaffen. Bei den Vorbereitungen war ihm James Cook ein Vorbild. Er nahm viele antiskorbutisch wirkende Lebensmittel mit, für über 2 Jahre. Außerdem Steinkohle zum heizen, Decken aus Wolfsfell und eine riesige Segeltuchplane für eine mögliche Überwinterung. Sie konnten sogar Brot backen. Die Schiffe *Hecla* und das Begleitschiff *Griper* hatten verstärkte, abgerundete Bordwände, mit flachem Kiel. Diese Erkenntnis hat sich später Fritjof Nansen zu Eigen gemacht, als er, für seine Pol-Expedition, die *Fram* umbauen ließ. Parry hat „Wetter-Glück", traf andere Eisverhältnisse vor, als auf der vorigen Fahrt. Das brüchige Eis im Lancaster Sound konnte bewältigt werden und danach hatten sie sogar eisfreies Wasser. Alle hielten Ausschau nach den ominösen Croker`s Mountains – aber nichts in der Art war zu erkennen und seine Zweifel von der vorigen Fahrt waren bestätigt.

Vor dem 90. Längengrad versperrte ein dichtes Eisfeld die weitere Fahrt. Dennoch sahen sie auch eisfreies Gebiet, eine breite Meeresstraße, die zum Gulf of Boothia führte. Parry nannte sie Prince Regent Inlet, auf dem 90. Längengrad (73°00'N, 090° 30'W) und segelte hinein. Nach zwei Tagen trafen sie auch hier auf geschlossenes Eis. Sie bemerkten immer wieder, dass der Kompass „närrisch" wurde. Sie waren in die Nähe des magnetischen Nordpols geraten. Da eine Weiterfahrt wegen der Vereisung nicht möglich war, fuhren sie zurück in den Lancaster Sound, in der Hoffnung hier weiter nach Westen zu gelangen. Das klappte gut und diesen Abschnitt benannte Parry Barrow Strait (was Barrow sicher sehr gefreut hat). In diesem Bereich taten sich neue Wasserwege auf, in alle Richtungen, wie eine Kreuzung: nach Norden der Wellington Channel, nach Süden der Peel Sound, nach Westen, als Anschluss an die Barrow Strait, der Melville Sound und die Banks Strait. Parry und seine Leute entdeckten viele kleinere und größere Inseln, ein Insel-Labyrinth mit felsigen Klippen und spärlicher Vegetation. Eine dieser kleinen Inseln, bekam den Namen nach seinem ersten Offizier Frederick William Beechey (1796–1856). Sie hofften nach wie vor auf eine Weiterfahrt gen Westen. Parry war der erste Europäer, der Melville Island am 1. September 1819 entdeckte und am Folgetag in der Nähe von Point Ross anlandete. Die Insel wurde benannt nach Robert Dundas, 2. Viscount Melville (1771-1851), der zu dieser Zeit First Sea Lord/ Royal Navy war. Parry entdeckte bis dahin noch nicht bekannte Teile der polaren Inselwelt Kanadas und eine wei-

tere, unbekannte Insel – Bathurst Island (Platz 13 der kanadischen Inseln). UND: hier befand sich der magnetische Nordpol, in den 1960er und 1970er Jahren, bevor sich seine Lage immer weiter nach Norden verschob. Diese Inselgruppe Melville Island sowie Devon- und Cornwallis Island benannte Parry Georgs Islands (zu Ehren Georg III. 1738-1820). Sie wurden 1954 nach ihrem Entdecker Parry Islands genannt und später, zu Ehren von Königin Elisabeth II. umbenannt in Queen Elizabeth Islands. Zu dem Gesamt-Insel-Gebiet gehören 34 Hauptinseln und 2092 kleinere Inseln. Einige davon hatte William Baffin 1615/16 als Erster entdeckt. Bathurst Island wurde benannt nach Henry Bathurst, 3. Earl Bathurst (1762-1834), britischer Adliger und Politiker, ist sehr gegliedert und hat viele Buchten, da konnte sich Parry mit den Namensgebungen richtig austoben. Er benannte Cornwallis Island nach William Cornwallis, „seinem“ ersten Admiral, als er 13 Jahre alt war.
Auf Höhe der Melville Island Ostseite überquerten sie den 110. Längengrad, zur Freude der Seemänner. Die Expedition hatte sich damit die Belohnung von 5000 Pfund gesichert, die das Parlament für das Erreichen dieser Länge bewilligt hatte. Das Juli-Wetter war mild, so wurde entschlossen, weiter nach Westen zu gelangen, das Ziel wirkte so nah. Hierbei entdeckte William Beechey die fünftgrößte Insel Kanadas, Banks Island 72°51′N, 122°7′W, mit

70.028 km^2 und die 24. der größten Inseln der Welt, Region Inuvik/Nordwest-Territorien. (Heute beheimatet die Insel die größte Gänsekolonie in Nordamerika und über die Insel wandert drei Viertel der weltweiten Moschusochsen-Population). Sie wurde zu Ehren des Sir Joseph Banks (1742-1820) benannt, ein Botaniker, der Mitte des 18. Jhd. James Cook auf seiner ersten Reise/ Weltumsegelung (1768–71) begleitete und dabei zahlreiche naturwissenschaftliche Entdeckungen machte. Die Freude der Mannschaften war riesig. Nur noch ein paar Tage, dann würde man die Beaufort Sea und sodann die Bering Strait erreichen. Doch schlagartig brach der Winter ein, was überaus normal ist. Die Expedition konnte nicht weiter nach Westen vorzustoßen, die Eisbedingungen verhinderten es.
Im September 1819 erlebten sie bei Melville Island fast eine Katastrophe. Durch den starken Wind getriebene Eisschollen drückten die *Griper* gegen Land und sie drohte zu kentern. Mit Mühe gelangten sie mit beiden Schiffe in eine Bucht, überwinterten ab 26. September 1819 in Winter Harbour / Winterhafen, eine kleine Bucht in einer großen Bucht an der Südostseite von Melville Island / Dundas Peninsula, am Viscount Melville Sound, gegenüber von Victoria Island. Das hatte Parry zuvor schon im Auge gehabt. Es dauerte bis zum 1. August 1820, da das Meer so lange gefroren war. Parry veranlasste, dass die Mannschaften beider Schif-

fe unterrichtet werden, um den langen Winter auszuhalten. Die *Hecla* war eine schwimmende Akademie – einzigartig – es gab Zeitungen, Konzerte, Theater. Der Winter war teilweise bis -40° und noch im April war die Winterkälte nicht gewichen. Parry wollte die Zeit nutzen, um Erkundungsfahrten über Land zu unternehmen. Er ließ dafür von den Schiffszimmerleuten einen Wagen bauen. Dieser sollte von 8 Matrosen gezogen werden, daher nicht schwer sein, aber Last aushalten. So eine Landschaftsexpedition hatte vor ihm kein anderer gewagt. Zum ersten Mal wurden Schlafsäcke mitgenommen, die von Bordschneidern genäht wurden. Die 12 Männer marschierten in mondhellen Nächten, schliefen am Tage im Schutz des Wagens. Sie stießen auf Vogelkolonien, Rentierherden und Moschusochsen und waren erstaunt, soweit im Norden, an der Nordküste der Melville Insel, Überreste von Eskimosbehausungen zu finden. Inzwischen hatte die übrige Mannschaft die Aufgabe, beide Schiffe wieder seeklar zu machen. Doch der harte, lange Winter ließ das nicht zu. Erst im August, als fast schon die neue Wintervereisung begann, konnten sie starten. Mit Äxten, Eissägen und Sprengungen schafften sie eine schmale Fahrrinne zum offenen Wasser des Melville Sound. Ab hier noch weiter westlich zur Beaufort Sea zu gelangen, war verlockend, aber das Gebiet war völlig vereist. Der Traum von der Nordwest-Passagen Durchfahrt

blieb, auf dem letzten Abschnitt, im Eise stecken. Es sollte kein Eis-Drama werden, daher kehrte die Expedition, wenn auch erfolglos, doch wohlbehalten nach London zurück. Parry hatte zwar keinen Erfolg mit einer Durchfahrt, dennoch war die Expedition ein großer Erfolg. Bis auf das West-Ende hatte er weite Teile vom Insel Archipel entdeckt und das größte Puzzleteil der Nordwest-Passagen Suche. Es scheiterte am Ende nur an der unbezwingbaren Vereisung. Parry war nun überzeugt, dass es in diesen hohen Breiten, wegen der Unberechenbarkeit des Meereises, keinen Erfolg zu einer durchgängigen Passage gibt. --- was sich viele Jahre später auch als (ein weiterer Nordwest-Passagen-) Irrtum herausstellte. Er glaubte, eine Durchfahrt ist nur an der amerikanischen Nordküste möglich, von der Bering Strait aus oder vor der Hudson Bay, durch den Foxe Channel. Die Hudson Bay wurde als Bucht des Atlantiks angesehen, ist jedoch über den Foxe Channel und Foxe Basin mit dem Atlantik verbunden.
Somit war dieses Gebiet für Parry nicht ganz unbekannt. Hinzu kommt, dass Barrow besessen war von der Vorstellung, diese Passage komplett schaffen zu können. Der Plan für die Expedition ging schnell und weil Parry aus der Fahrt zuvor großes Ansehen bei den Seeleuten hatte, meldeten sich fast alle wieder zur 2. Expedition. Unter den 118 Mitgliedern der *Hecla* und *Fury* (das neue Schiff)

gab es nur wenig neue Leute.

Der 2. Versuch – kurz vor dem Ziel versperrte Packeis den Weg ...... und jetzt ist es schon wieder da, aber ganz woanders....

Im Frühjahr 1821 knüpfte die Parry Expedition an die früheren Fahrten von Baffin, Foxe und Middleton, im Bereich südöstlich der Hudson Bay. Parry gelang es, die Frozen Strait, die immer vereist ist, zu passieren, was vor ihm noch keiner geschafft hatte. Eine Durchfahrt von der Repulse Bay gab es nicht, so suchte er weiter nordwärts entlang der Ostküste. Im September begann sich Neueis zu bilden und Packeisfelder zwangen die Seeleute, die Schiffe im schmalen, engen, eisfreien Lyon Inlet, benannt nach George Francis Lyon (1795-1832), dem Kommandanten der *Fury*, Parry`s Stellvertreter, zur Überwinterung, in der Bucht von Winter Island (70 km^2), eine unbewohnte Insel, im äußersten Westen des Foxe Basin. Bei Untersuchungen des Gebietes stießen sie auf eine Eskimosiedlung und ein lebhafter Tauschhandel begann.

Zitat aus Parry`s Tagebucheintrag: Die Thule-Leute sagten mir, dass mein Schiff am Leben sei und fragten sich, was für ein Tier es sei. Ich versicherte ihnen, dass es kein Tier sei - aber die Thule glaubten mir nicht, da sie gesehen hatten, wie sich ihre Flügel (Segel) bewegten ..."

Eine Eskimofrau zeichnete eine Übersicht der Umgegend mit Landenge, Halbinsel, Bay und großes Meer. Einer Halbinsel, die Parry entdeckte, gab er den Namen Melville Peninsula (nach Robert Dundas, 2. Viscount Melville). Parry vermutete, dass die Eskimofrau mit dem großen Meer das von ihm im Vorjahr entdeckte Prince Regent Inlet meinte. Das Eis im Foxe Basin war zäh und er ließ die Schiffe aus dem Eis sägen. Sie gelangten erst Mitte August 1822 in eine Meeresstraße, nördlich Melville Peninsula, die Parry nach seinen beiden Schiffen, Fury and Hecla Strait (69°54'N, 84°17'W) nannte. Dann ging es wieder nicht weiter, denn die schmale, flache Wasserstraße blieb den ganzen Sommer hindurch vom Wintereis verstopft. In der Hoffnung, im folgenden Sommer bessere Verhältnisse zu haben, entschloss sich Parry nahe dem Eskimowohnplatz Iglulik zu überwintern. Iglulik (Platz der Iglus) liegt auf einer der Melville Peninsula vorgelagerten und gleichnamigen Insel, im nordwestlichen Ende des Foxe Basin, südlich der Fury and Hecla Strait. Die Insel wird seit über über 2000 Jahren von Inuit bzw. deren Vorfahren besiedelt. Erstaunlich: Diese kleine Siedlung, die Parry zufällig entdeckte, hat sich in all den Jahren zu einer kleinen Stadt gemausert.

Heute leben in/auf **Iglulik** /Igloolik ᐃᒡᓗᓕᒃ (69°23'N, 81°48'W) ca. 1700 Ew. und ganz bekannt ist das Nunavut Arctic College.

Die Seeleute mussten warteten, bis sie ihre Fahrt fortführen konnten und Kommandant Lyon nutzte die Zeit, um Sprache und Gebräuche der Inuit zu lernen und auch, wie man sich in der Arktis mit Kayak und mit Hundeschlitten fortbewegt.

Von den Inuit erwarb er ein Kayak, nahm es dann mit nachhause. Nach zwei Überwinterungen konnte im Spätsommer 1824 endlich die Rückfahrt beginnen. Ohne viel erreicht haben zu können, hatte Parry dennoch viele, schöne Entdeckungen gemacht und „tolle“ Namen vergeben.

Der 3. Versuch – nicht schon wieder Packeis !!!

1824/25 startete Parry einen 3. Versuch das Meer „Akuli“ (die Committee Bay / im Süden vom Gulf of Boothia), wie es die Eskimofrau nannte, zu erreichen. Von dort aus wollten sie, irgendwie, den Weg bis zur Bering Strait schaffen, durch die Wasserstraße Prince Regent Inlet. Schon wieder trafen sie auf dichtes Eis in der Baffin Bay, kamen erst im September in den Lancaster Sound. Kaum hatten sie den Prince Regent Inlet erreicht, musste Pary wieder überwintern. Im folgenden Sommer setzten sie die Fahrt fort. An der Küste von Nord Somerset Island gerieten sie wieder in Packeis. Dabei bekam die *Fury* ein Leck und musste aufgegeben werden. Mit großer Mühe konnten die Seeleute einen Großteil des Proviants bergen. Die *Hecla* entging mit knapper Not einer Strandung. Daraufhin erfolgte die Rückkehr. Nach 3 Mißerfolgen ist es Parry gelungen, sich aus dem Bann der Nordwest-Passage zu lösen. Er hat aber einen riesigen „Meilenstein“ in der Geschichte der Nordwest-Passage geschafft und geschaffen, mit vielen Erfahrungen. Er und

seine Leute hatten bewiesen: im Westen des Lancaster Sound existiert ein 960 km langer Seeweg. Eine außerordentliche Forscher-Leistung!
Ganz ohne Eis und Arktis ging es wohl doch nicht: 1827 fuhr er, im Auftrag der Royal Society, nach Spitsbergen, um von dort zum Nordpol zu gelangen. Mit neuen Ideen: er wollte mit Booten auf Stahlkufen, über das Eis fahren. Die Bootschlittengruppe kam bis 82° nördlicher Breite! Damit stellten sie einen arktischen Rekord auf, der 50 Jahre lang nicht überboten wurde.

– Happy End für Parry –

((Seine Eindrücke schilderte er in dem Buch: Narrative of the attempt to reach the North Pole (1827))

Auch wenn Parry weder die Nordwest-Passage vollständig befuhr noch den Nordpol erreichte, brach ten seine Entdeckungen und Studien viel Klarheit über die Struktur der arktischen, nordamerikanischen Inselwelt und ihren Bewohnern und vor allem bekamen sehr viele Inseln ganz schöne, „berühmte" Namen – für ein Insel-Leben lang !

Zu Ehren von William Parry wurden viele Dinge benannt: die Parry Island, (später in Queen Elizabeth Islands umbenannt). Weitere Gebiete mit seinem Namen: Parry Channel, Lac Parry, ein See auf der Ungava-Halbinsel/ Nordwestspitze der Labrador-Halbinsel, und die Parry Peninsula/ Franklin Bay, Amundsen Golf, sowie Mount Parry und Parry Patch in der Antarktis und der Mondkrater Parry.

Zu Ehren von John Barrow wurden eine Meerenge und Kaps benannt: Point Barrow, Kap an der Nordküste von Alaska //

Barrow Strait, Meerenge und Verlängerung vom Lancaster Sound // Barrow Island, Insel in Western Australia // Kap Barrow in der Westantarktis sowie Kap Barrow in der Ostantarktis.
--- 1930 wurde ein ca. 5 m langer und 3 m hoher Sandsteinfelsen, Parrys Überwinterungsgebiet von 1819 in Winter Harbor, die Bucht an der Südküste von Melville Island, markiert und als National Historic Site of Canada ausgewiesen.

*****

....Ein weiter und weiterer Entdeckungsweg folgt....

Teil 6

Der Nordwest-Passagen-Urgedanke ---

wo zum Teufel ist die Nordwest-Passage ??

Helden der Nordwest-Passage

Eine ewig lange Suche wird zur Tragik, Such-Expeditionen werden zu Entdeckern,

Retter werden selbst zu Geretteten oder kommen tragisch ums Leben ...

Die lange Geschichte der Entdeckung der Nordwest-Passage ist wie ein spannender Krimi,
mit Höhen und Tiefen und mit vielen wunderschönen Dingen, aber auch mit sehr viel schlimmer, teilweise grausamer Tragödie. Es ist nicht nur die Geschichte von Franklin und seiner legendären Expedition, sondern auch von vielen Seeleuten.
Weil sich viele Entdeckungen und Erkenntnisse aufeinander aufbauen, sich ergänzen und fortset-

zen, vom Beginn bis heute, möchte ich in diesem Buch einen breiten Bogen spannen und die Zusammenfassung beschreiben, von allen Dingen, die mir ganz besonders wichtig erschienen. Im Zuge meiner Recherchen kamen immer neue, spannende Teile hinzu, die mich sehr verblüfft haben und vielleicht sogar ganz unbekannt sind. Die Franklin Expedition ist ein großes Puzzleteil von der gesamten Nordwest-Passage. Durch die vielen „Teile" und durch die besonderen Tragödien, aber auch Erfolge, ist sie erst so „legendär" geworden. Die Expeditionen bauten auf die vorigen auf und wurden nicht einfach so aus Spaß an der Eroberung unternommen. Sie waren wohlüberlegt und (nicht immer) durchdacht und endeten oft am Eis-Schicksal der mächtigen Arktis. Erst durch die Suche nach der verschollenen Franklin Expedition wurden nach und nach neue Gebiete entdeckt und erkundet – unser heutiges Erbe der frühen, mutigen Seefahrer! Heutzutage weiß man vieles darüber, wie die einstigen Seefahrer an einzelnen Etappen unterwegs waren. Wenn man auch inzwischen eine, im Grunde sogar 5, mögliche Durchfahrten gefunden hat, so ist auch heute noch immer das Eis ein unberechenbares Risiko. Und hier schließt sich ein Kreis, so empfinde ich das jedenfalls, denn wir hatten auch „Eis-Probleme" auf unserer Fahrt und ziemlich genau dort, wo es schon früher für die Seefahrer schlechte Eisverhältnisse gab. Wir hatten ebenso die Sorge, umkehren zu müssen. Das war exakt das Gefühl zu früher und man kann es erst verstehen, wenn man die Ur-Geschichte der Nordwest-Passage gelesen hat und somit die Gegebenheiten nachvollziehen kann und die Vergleiche erkennt. Die Eis-Natur ist weitaus kräftiger als der Mensch – noch!

Die schicksalhaft-dramatische Franklin-Expedition / The British Naval Northwest Passage Expedition ...verschollen, im Verlauf der Nordwest-Passage...

John Barrow war mit 80 Jahren immer noch in seinem Amt als Sekretär der Admiralität und immer noch im Glauben und der Hoffnung, die Entdeckung der Nordwest-Passage noch zu erleben. 1843 erfuhr er von der Thomas Simpson Expedition. Er sprach mit seinem Freund Francis Beaufort (1744-1857), Hydrograf der Admiralität (ein Hydrograf kartiert Küstenlinien und lotet Gewässer aus), (die Beaufort Sea vor der Kanada/Alaska Nordküste und die antarktische Beaufort Island sowie die Beaufortskala / Windskala wurden nach ihm benannt, aber erst 1906 schuf der britische Wetterdienst die Version der Skala, die noch heute als Beaufort-Skala bekannt ist). Barrow wollte, dass die Admiralität der HBC zuvorkommen müsste, bevor diese den Ruhm der Entdecker erhalten würde. 1844 gelang es ihm mit Mühe die Admiralität und Regierung zur Zustimmung einer letzten, abschließenden Suche nach der Nordwest-Passage zu bewegen. James Clarke Ross käme in Frage. Er lehnte ab, mit der Begründung, diese Expedition gebühre dem Briten Sir John Franklin (1786-1847) von der Royal Navy, der kühnste Forscher und Entdecker seiner Zeit. Die Admiralität hatte aufgrund von Franklins Alter (59) Bedenken und wollte Parry beauftragen. Er vertrat die gleiche Ansicht wie Ross. Die Admiralität versuchte sogar Franklin zu Gunsten von Ross zum Verzicht zu bewegen. Für Franklin waren die „weißen Flecken“ auf der Landkarte eine verlockende Herausforderung. Die einzige Gefahr würde das mögliche Eis im Bereich King William Island darstellen, aber so weit dachte keiner, oder hätte mit diesem Risiko gerechnet.

Voller Hoffnung, an die Teilerfolge der sehr vielen Vorgänger-Forscher anzuknüpfen

Am 19. Mai 1845 verließ der erfahrene Admiral Sir John Franklin Greenhithe an der Themse / London mit 24 Offizieren und 110 Seemännern und einem Schiffarzt auf den Schiffen, *HMS Erebus* und *HMS Terror*, in Begleitung von einem Versorgungsschiff, das später wieder umkehrte. Die beiden Schiffe hatten sich bereits in der Antarktis bewährt, sie waren ausgerüstet mit technischen Geräten der damaligen Zeit, außerdem hatten sie jeweils 20-PS-Dampfmaschinen, Meerwasser- Entsalzungsanlagen und Beiboote. Alle glaubten an den Erfolg, die jahrhundertealte Suche nach der Nordwest-Passage jetzt zu vollenden. Ausgerüstet mit Proviant für 3 Jahre und sie hatten rund 8000 Konservendosen an Bord. Nachdem sie von London gestartet waren, mit Zwischenhalt in Schottland, segelten sie zuerst nach Westgrönland, wo sie am 4. Juli in der Bucht vor Qeqertarsuaq / Disko Bay noch einmal Proviant und Frischwasser aufnahmen. Die schiffbare Durchfahrt vom Atlantik zum Pazifik musste zu finden musste zu finden sein, wenn sie überhaupt vorhanden war. Einige Zweifel bestanden immer noch. Aus Erfahrungen der letzten 25 Jahre war klar, dass eine komplette Durchfahrt nicht ohne Überwinterung möglich sein würde. 2 oder 3 Jahre waren für die Fahrt eingeplant. Franklin hatte das Kommando auf der Erebus und Francis Rawdon Moira Crozier (1796-1848) irischer Offizier der Royal Navy, war Kapitän der *Terror*. Franklin hatte große Erfahrungen auf ausgedehnten Erkundungsmärschen in der Arktis gesammelt. Er war absolut zuversichtlich, aber seine Frau Jane Griffin (1791-1875), seit 1828 mit ihm verheiratet, hatte große Zweifel und Sorgen, was sie ihrem Mann aber nicht sagte. Geplant war, dass er Briefe via HBC-Posten nachhause senden wollte, um sie,

zwischendurch, über seinen Standort zu informieren. „Gefahren sind nach meiner Erfahrung nur so schlimm, solange man zögert, sie anzupacken“ – soll er gesagt haben.
Als sie in Grönland ankamen, waren bereits 5 Männer krank und wurden auf Versorgungsschiffen nach Hause geschickt. Sie konnten nicht wissen, welches Glück sie hatten. Am 12. Juli segelten die verbleibenden 129 Männer, Richtung Kanada und trafen am 26. August am Lancaster Sound/Baffin Bay auf zwei Walfangschiffe, die später berichteten, dass beide Mannschaften wohlauf waren. Sie befuhren dann den Lancaster Sound gen Westen. Dickes Packeis machte der Expedition gelegentlich zu schaffen. Sie waren zunächst weiter nach Norden gefahren, an Cornwallis Island vorbei, auf der Suche nach dem offenen Polarmeer. Das Meer war hier keineswegs so eisfrei, wie es nach der damaligen Theorie vom eisfreien Polarmeer zu erwarten gewesen wäre. Nachdem sie den Wellington Channel bis auf 77° nördlicher Breite erkundet hatten und der Durchgang der Nordwest-Passage hier nicht gefunden wurde, verbrachten sie den ersten Winter in der Bucht von Beechey Island.

Ab diesem ungefähren Zeitpunkt beruht sich der weitere Expeditions-Verlauf nur auf Vermutungen und Rekonstruktionen von vielen Such-Mannschaften und Wissenschaftlern.

*****

>>> Zuhause in England hatte niemand auch nur eine Ahnung von dem, was geschehen war. Nur Lady Franklin hatte eine „unterbewusste" Vermutung. Waren sie durch das offene Polarmeer - womöglich über den Nordpol - gesegelt? – diese Vorstellung hatte man früher. >>>

*****

Teil 7

Wo zum Teufel ist die Franklin Expedition???

348 Jahre nach John Cabot`s Fahrt, ereignete sich die größte Arktis-Katastrophe, als 1845 alle 129 Seeleute im Eis spurlos verschwanden. Da es nach über 2 Jahren seit der Abfahrt noch immer keine Lebenszeichen von Franklins Expedition gab, machten sich zeitgleich mehrere Expeditionen auf die Suche und über 140 Schiffe und eine ganze Reihe von Überlandexpeditionen hatten das gleiche Ziel – erfolglos – verfolgt. Über 31 Jahre (1848-79) wurden um die 40 Expeditionen, sowohl zu Wasser als auch zu Land mit der Suche beauftragt und gerieten dabei selbst in tödliche Gefahr oder starben tragisch. Insgesamt fanden bei diesen Suchaktionen mehr Menschen den Tod als durch die Franklin-Expedition. Nur einige Seefahrer-Kapitäne erlangten Berühmtheit durch ganz unterschiedliche Ge-

gebenheiten und teils gute sowie ebenso tragische Erlebnisse.

*****

Die „Teufels-Passage“

Verschollen in der Arktis und die 12 Jahre lange Suche nach der Franklin Expedition

Franklins Ehefrau, Lady Jane Griffin (1791-1875) hatte zu Beginn der Expedition Ross und Parry dazu bewogen, zu Franklins Gunsten auf die Teilnahme zu verzichten. Sie wollte, dass ihr Mann der Entdecker der Nordwest-Passage ist – sein würde. Gegen Ende des 2. Sommers nach der Abfahrt überkam sie eine leichte Ungeduld und Sorge, denn bisher war noch kein Lebenszeichen angekommen, wie vereinbart war. Daraufhin setzte sie im Sommer 1847 eine Belohnung aus, für den, der nach Juli 1845 Franklin und seine Schiffe westlich der Baffin Bay gesehen hat. War die Expedition längst „überfällig“? Keiner in England hatte auch nur eine Ahnung von dem, was geschah, geschehen war. Lady Franklin hatte das sichere Gefühl, dass alle in Not geraten sind. Sie bat um Hilfe, auch im Namen der Seemänner-Familien. Ihre Vermutung war, dass sie Unglück erlebt hatten, zwischen Kap Walker (Ostspitze von Russell Island, in der Barrow Strait und dem Coronation Golf /Süd-Victoria Island /ein langes Gebiet.

Wie Recht sie damit hatte, hat nie jemand gewusst

und ihr auch nicht geglaubt. Franklin hatte seiner Frau erklärt, er wolle, im Notfall, zur Festlandküste bis zu einem HBC-Posten gelangen, in die Nähe des Back River/ Fisch-Flußes, weil es dort Möglichkeiten für Fischfang und Jagd gibt. Die Admiralität unternahm im Sommer 47 nichts, weil vermutet wurde, nach 2 Überwinterungen sei noch nichts zu befürchten, außerdem hatte Ross 4 Überwinterungen erlebt/überlebt. Noch nie zuvor waren in der Geschichte der Polarforschung so viele Menschen auf einmal verschwunden. Weder die britische Öffentlichkeit, noch die Royal Navy hatten ernsthaft an ein Scheitern Franklins und seiner Mannschaft gedacht. Als es nach mehr als 3 Jahren noch immer keine Lebenszeichen von der Expedition gab, startete die Admiralität eine der größten Suchaktionen der Geschichte des 19. Jhd. und zeitgleich machten sich 3 Rettungs-Expeditionen ab 1849 auf die Suche und zum ersten Mal begaben sich Polarforscher in größte Gefahr, um ihre Kameraden zu retten, oder wenigstens über deren Schicksal Erkundungen zu machen.
Die Admiralität glaubte, Franklin würde, wie zuvor John Ross, mit Booten, im Notfall, Richtung Lancaster Sound/Baffin Bay fahren, um dort auf Rettung von Walfängerschiffen zu stoßen.
Die vielen Suchaktionen starteten teilweise zeitgleich in das kanadische Seegebiet von 3 verschiedenen Seiten:

1. vom Atlantik, der Route entlang, die Franklin zu Beginn gefahren ist
2. von der Bering Strait, von hier wollte man Franklin entgegen kommen
3. von der kanadischen Landseite, vom Süden, teils mit Schlitten und Booten.

Nie hatte einer geahnt oder in Erwägung gezogen, dass das fast immer arktische Eis alle Versuche stoppen würde, denn viele arktische Gebiete waren noch nicht entdeckt worden und daher völlig unbekannt. Außerdem sollte, ganz nebenbei, auch immer „Ausschau“ nach der gesuchten Nordwest-Passagen Durchfahrt gehalten werden.

Die erste Such-Aktion wurde von Franklins ehemaligen Expeditionsarzt Dr. Sir John Richardsen durch den Norden Kanadas geleitet, wo sie die Expedition vermuteten. Er gelangte zusammen mit John Rae an eine von Eispressungen verwüstete Küste. Wenn die Franklin Expedition hier hineingeraten sein sollte, wäre jede Rettung aussichtslos. Sie hinterließen jedoch Depots mit Lebensmittel, Kleidung und Zelten. Richardsen kehrte nach England zurück, währrend Rae 1849 am Coppermine River über drei Wochen auf das Aufbrechen des Packeises wartete, ohne Erfolg. Wenn er etwas weiter marschiert wäre, hätte er vielleicht einige Spuren von Franklin gefunden?! Erfahrene Seefahrer und Neulinge beteiligten sich an weiteren Aktion und um die 40 Schiffe waren auf der großen Suche. 6 Schiffe

mussten wegen Packeis aufgeben. Parry`s Eis-Erfahrungen, Entdeckungen und Erkundungen waren für alle hilfreich, aber jede Suchaktion war völlig individuell, unterschiedlich schwer oder auch oft tragisch.
Das Großaufgebot an Schiffen und Männern fand trotz großer Mühe und harten Strapazen im Verlauf von 6 Jahren nur eine einzige Spur der verschwundenen Expedition.
Die 3. Such-Aktion verlief 1849 unter William John Samuel Pullen (1813-87), Royal Navy Offizier, von der Bering Strait, vom Westen in Richtung Osten, in die Nordwest-Passage, bis zum Mackenzie River. Das Schiff *Plover* steckte frühzeitig im Eis fest, dies und die *Herald* kehrten bald darauf um. Im Folgejahr treffen sich beide Schiffe auf Chamisso Island (Inuktitut: Iguagvik), in einer tiefen Bucht an der Alaska Westküste, wieder. Auf der Rücktour entdeckten sie die damals noch wenig bekannten Inseln Wrangell Island und Herald Island, 63,5 km östlich von Wrangell Island, eine russische Insel im Westen der Ostsibirischen See, benannt von ihrem Entdecker Ferdinand von Wrangel (1797-1870) deutschbaltischer Offizier, Weltumsegler und Geograph, als er 1820-24 auf einer Nordost-Passagen Expedition unterwegs war.
Jahrelang war es keiner Rettungstruppe gelungen, in das riesige Gebiet zwischen Barrow Strait und Coronation Gulf einzudringen, denn hier ist über-

wiegend das ganze Jahr hindurch alles vereist. Aber gerade hier hatte das Unglück seinen Lauf genommen!
Trotz der langen Zeit der erfolglosen Suche nach den in der Arktis verschollenen beiden Schiffen samt Crew, wollte man die Hoffnung nicht aufgeben. John Ross hatte 4 Winter überstanden, mit weit schlechterer Ausrüstung. Franklin war viel besser ausgerüstet und hatte mehr Proviant dabei. Das würde jedoch bei Eispressung und Schiffbruch nicht viel helfen. Es wurde vermutet, dass die Seeleute irgendwo Zuflucht gefunden haben und dort auf Hilfe warten, aber wo müsste man suchen, in diesem riesigen Arktis-Gebiet?
Inzwischen war John Barrow mit 84 Jahren plötzlich am 23. November 1848 in London verstorben. Daraufhin übernahm Francis Beaufort weitere Entscheidungen und die große Suche mit vielen Schiffen, von verschiedenen Seiten wurde organisiert.

Die große Suche

14 Schiffe nehmen an der Such-Aktion teil, um Überlebende oder Spuren der Franklin-Expedition zu finden. Dabei geraten, unter oft extremen Bedingungen, viele Seefahrer in Lebensgefahr. Dennoch werden einige Gebiete und Inseln entdeckt und teilweise erkundet.

Ein Großaufgebot an Suchexpedition wurde zwischen 1848-53 ausgesandt.
Als die offizielle Suche nach Franklin begann, bot

der Walfänger William Penny (1809-92) Franklins Ehefrau Jane Griffin seine Dienste an und startete im April 1850 mit den Schiffen *Lady Franklin* und *Sophia* (benannt nach Franklins einziger Tochter) die Such-Fahrt zur Baffin Bay, neben einer Vielzahl weiterer Teams. Penny hatte bereits 1847 auf seinen Walfangfahrten aus persönlichem Interesse heraus vergeblich versucht, die Franklin-Schiffe zu erreichen.
In den ersten Jahren der großen Suche waren Schiffe unter den Kapitänen unterwegs, u.a.: James C. Ross (1848), James Saunders (1849), Horatio T. Austin (1850), John Ross (1850), Charles Codrington (1850) und William Kennedy (1851). Alle kreuzten an den Küsten des Lancaster-, Barrow- und Melville Sound, zeitweise waren bis zu 16 Schiffe versammelt, mit sehr umfangreicher Suche.
Kapitän **Horatio Thomas Austin** (1800-65), britischer Vizeadmiral der Royal Navy, startete eine Flotte im Mai 1850 mit den Seglern *Resolute* und *Assistance*, *Pioneer* und *Interpid* in Richtung Barrow Strait und Melville Sound. Er diente bereits 1824 unter William Edward Parry auf der 3. Arktis-Expedition mit der *Fury*, die 1825 an der Ostküste von Somerset Island Schiffbruch erlitt. Zu seinen herausragenden Leistungen während dieser Zeit zählt die Organisation von mehreren Langstrecken-Schlittenexpeditionen, zusammen mit Francis Leopold McClintock, bei denen große Gebiete von

Melville Island, Prince of Wales Island, Byam Martin Island und teilweise Somerset Island erkundet wurden. 1850 hatte Lady Franklin den Schoner *Prinz Albert* erworben und schickte Kapitän Charles Codrington Forsyth (ca. 1810-73) los. Bei einer Anlandung der *Prinz Albert* an Leopold Island/ Nordostspitze von Somerset Island, im Lancaster Sound, findet sich rein zufällig ein Tauende mit dem eingewebten roten Faden der englischen Marine, ein Teil Segeltuch und Holzstücke. Die allererste Spur der verschollenen Franklin Expedition?! Kapitän Forsyth stößt danach in den Peel Sound vor – er wäre hier richtig gewesen, wie man Jahre später herausgefunden hatte, aber Packeis versperrte die Weiterfahrt, somit kehrte er mit diesen Fundstücken sofort nach England zurück.
1851 startete Kapitän **William Kennedy** (1814-90), kanadisch-britischer Marineoffizier, die 2. Fahrt der *Prinz Albert.* Gemeinsam mit dem französischen Marineoffizier Joseph-René Bellot fuhr er durch den Lancaster Sound bis Somerset Island. Die beiden Forscher entdeckten im weiteren Verlauf die Bellot Strait, zwischen Boothia und Somerset Island, fuhren durch diese Verbindungs-Meeres-Straße gen Westen und gelangten zum Peel Sound, mit Prince of Wales Island auf der anderen Seite des Sounds. Sie erkundeten die Gegend vermutlich bis weiter zur Nordspitze, Kap Walker und konnten nicht ahnen, dass sie fast auf Franklins Route un-

terwegs waren, der 1846/47 den Peel Sound durchsegelte, bevor die Schiffe im Eis stecken blieben und danach weiter gen Süden gelangten, was erst viele Jahre später ermittelt wurde. Da Kennedy fälschlicherweise den Peel Sound, an der Einmündung der Bellot Strait, für eine Bucht anstelle einer schiffbaren Meerenge hielt, unterließ er es, weiter südlich nach Franklin zu suchen. Mittlerweile ist gewiss, dass William Kennedy hier nicht auf die Franklin-Schiffe gestoßen wäre, da diese bereits weiter gekommen waren. Die Kennedy Suchexpedition kehrte entlang der Nordküste von Somerset Island und über Beechey Island zurück. Später wurde nach ihm der Kennedy Channel, die Meerenge zwischen Ellesmere Island und Grönland, benannt.
1852 fuhr das Schiff *Isabel* unter Kapitän Edward Augustus Inglefield (1820-94), Royal Navy Offizier, auf die Suche. Dabei kartierte seine Expedition bisher unerforschte Gebiete entlang der nordkanadischen Küste, darunter Teile der Baffin Bay, Smith Sound und Lancaster Sound.
Der mittlerweile 74-jährige John Ross startet die Suche mit den Schiffen *Felix* und *Mary*. Kapitän Saunders fährt im August mit der *North Star,* als Versorgungsschiff in Richtung arktisches Meer ab. Henry Grinnell (1799-1874), amerikanischer Reeder, schenkte der Suche die Schiffe *Advance* und *Rescue*, die von der Londoner Admiralität ausgerüstet und bemannt wurden, als sogenannte 1. Grin-

nell-Expedition und der Amerikaner, Leutnant Edwin Jess de Haven (1819-65) bekam das Kommando. Auf der *Advance* fuhr Elisha Kent Kane mit, der von der Feldarbeit in Florida, zur Mitfahrt als Chirurg beordert wurde. Diese Expeditionen waren recht unbekannt und blieben daher, wie auch die weitaus umfangreicheren Unternehmungen der Royal Navy, weitestgehend erfolglos. Die Jess de Haven-Expedition fuhr durch den Lancaster Sound und gelangte an dessen Ende, in nördliche Richtung, in den Wellington Channel, wo Franklin 1846 gewesen ist. Die Schiffe *Rescue* und *Advance* waren für den Winter nicht ausgerüstet und wollten zur Rückkehr aufbrechen, dann blieben beide im Eis stecken und an einem Eisberg hängen, der sie nordwärts zog, bis 75° 25', so hoch wie noch kein anderes Schiff in dieser Region kam. De Haven benannte das von ihm nördlich in weiter Ferne entdeckte Gebirgs-Gebiet Grinnell-Land (der nördliche Teil von Ellesmere Island, am Kane Basin gegenüber von Grönland). Bange Wochen hatten die von Kälte und Skorbut gezeichneten Mannschaften durchzustehen, ehe sie Anfang Juni 1851 wieder freikamen. Zuerst musste die Besatzung die *Rescue* aufgeben und wechselte zur *Advance*, konnte im Folgejahr, im April 1851, auf das Schiff zurück und unter harten Bedingungen glückte es, dass beide Schiffe Anfang Juni aus dem Eis-Labyrinth heraus segeln konnten. Später erreichten sie Upernavik/

Grönland und fuhren heimwärts. 1851 kehren alle Expeditionen nach erfolgloser Suche, nach England zurück. Ende September 1851 wurde die 1.Grinnell-Expedition von Henry Grinnell in New York empfangen und ihm wurden beide Schiffe zurückgegeben. De Haven war überzeugt, dass Franklin nach der Überwinterung in der Nähe von Beechey Island wahrscheinlich nach Norden zu einem unbekannten offenen Meer aufgebrochen war, denn er wollte ja über den Nordpol fahren. Viele Jahre später wurde dann festgestellt, dass das Gegenteil der Fall war und dass Franklin gemäß seinen ursprünglichen Befehlen weiter nach Süden gefahren war. De Haven war sehr verzweifelt über den vorzeitigen und erfolglosen Abschluss der Expedition. 1853 leitete Elisha Kent Kane die 2. Grinnell-Expedi-tion. Er fand keine neuen Informationen über Franklin und musste die Advance im Eis zurück lassen.
Kapitän William Penny der mit der *Lady Franklin* unterwegs war, fallen bei Cape Riley, nahe Beechey Island, Schlittenspuren auf. Er findet eine Steinhütte und einen Napf sowie einen Trinkbecher - Zinkgefäße aus Franklins Besitz! Bei der weiteren Suche gelangen sie nach Beechey Island und gehen an Land, suchen mehr zufällig die Gegend ab. Am 25. August 1850 entdeckten Erasmus Ommanney (1814-1904) und Pennys Männer am Ufer der Bucht, Überreste eines Winterlagers, die ersten Spuren der seit 1845 vermissten Franklin Expediti-

on. Ommanney war 2. Kapitän der *Assistance*, unter Kapitän Horatio Thomas Austin, der auch die *Resolute* führte. Außerdem fanden sie drei Gräber, aber kein Schriftstück oder Hinweis über das weitere Schicksal von Franklin und seinen Leuten. Der Gräber-Fund auf Beechey Island wirkte eher verwirrend als klärend – was war hier passiert, in welche Richtung führte die Weiterfahrt, wo sind sie geblieben?? - viele, viele Fragen. Drei Gräber und keine Information an markanten Stellen, wie es im Grunde üblich war. Das wäre hier sehr hilfreich gewesen. Zwar wäre jede Rettung zu spät, hätte aber zu einer schnelleren Aufklärung geführt. Somit wurde das Gebiet mit Schlittenfahrten erkundet und an verschiedenen Stellen wurden Depots eingerichtet. Alles ohne Erfolg, weder die Schiffe, noch die Menschen – alles spurlos verschwunden. Nur eine Art Winterlager wurde entdeckt, bestehend aus einem hölzernen Lagerhaus und einer kleinen Schmiede. Aber war das von Franklin oder von einem verlassenen *HBC Posten* (Hudson Bay Company)? Penny vermutete, wie bereits Jess de Haven, dass Franklin, nach der Überwinterung oder vielleicht schon davor, von hier den Eingang des nach Norden führenden Wellington Channels auf Passierbarkeit untersucht hatte. Darum setzte er seine Expedition in die Richtung fort. Franklin hatte tatsächlich diese Richtung eingeschlagen (was man erst einige Jahre später herausfand). Pennys Suche

war erfolglos. Er entdeckte bei Ausfahrten mit Schlitten die nach ihm benannte weiter nördlich gelegene Penny Strait (trennt Bathurst Island von West-Devon Island). Überzeugt davon, dass Franklin weiter im Norden zu finden sei, wandte sich Penny am 11. August 1851 bittend um Unterstützung durch dessen Schiffe an den Kommandanten des Hauptsuchtrupps der Royal Navy, Admiral H.T. Austin. Als er dies verweigerte, gerieten beide in einen erbitterten Streit, in dessen Folge beide Parteien ihre Suchbemühungen abbrachen, dennoch hatte Penny einige Proben der arktischen Tierwelt für den Natur-Forscher Charles Darwin mitgenommen; somit war seine Expedition nicht ganz erfolglos. Das wichtigste Ergebnis war: „Franklins Winterlager" wurde entdeckt.
In der Nähe von Beechey Island treffen die Schiffe zufällig zur Überwinterung zusammen. Die englischen Schiffe, die den Winter wohlbehalten überstanden haben, kehrten ebenfalls in diesem Sommer zurück. Ein Jahr später wird Edward Belcher mit weiteren Such-Expeditionen beauftragt.
Kapitäne Collinson und McClure auf Weltreise...
Während einige Such-Mannschaften nach England zurückkehrten, waren zwei andere noch auf weiter See unterwegs......
Die *Enterprise* mit Kapitän **Richard Collinson** (1811-83) englischer Marineoffizier und Polarforscher und die *Investigator* mit dem Kapitän **Robert John Le**

Mesurier McClure (1807-73) britischer Seefahrer und Polarforscher, wurden mit der großen Suche beauftragt. Für diese beiden Expeditionen wurde die Fahrt aus Richtung Bering Strait angewiesen. Proviant für 3 Jahre haben beide Schiffe an Bord, müssen auch die längste Strecke fahren, dabei überqueren sie zweimal den Äquator, um zum Ausgangspunkt für ihre Suche zu gelangen – fast eine Weltreise! Da es damals noch keinen Panamakanal gab, mussten die Schiffe durch die Magellanstraße, die Südwest-Passage Südamerikas, fahren und Hawaii galt als Zwischenstation, wo sich beide Schiffe treffen sollten. Weiter über die Aleuten bis zur Bering Strait war geplant, um während der eisfreiesten arktischen Jahreszeit das Packeis zu erreichen, wo die Franklin Schiffe, im Eis einschlossen vermutet wurden. Sie kamen aber zu unterschiedlichen Zeiten auf Hawaii an. Irgendwie ergab sich dann eine Art Wettrennen – jeder wollte der Erste sein, um den Ruhm zu erhalten? McClure hatte zwei Ziele vor Augen: die Aufklärung Franklins und die Entdeckung der Nordwest-Passage.
Collinson entschied sich, anders als McClure, die Aleuten am westlichen Ende zu umsegeln, dabei verlor er wertvolle Tage im allzu kurzen arktischen Sommer. Während die McClure *Investigator* noch im selben Jahr bis zur Prinz of Wales Strait vordringen konnte, steckte die *Enterprise* zeitweise im Packeis fest, gelangte aber bis Cambridge Bay und

überwinterte dort. Collinson sah sich dann gezwungen, den Befehl zur Rückkehr, zum Hafen von Hongkong zu geben. Das missfiel einigen Offizieren, weil sie ein Jahr verloren hatten und bei der Rückreise kam es zu größeren Auseinandersetzungen. Im folgenden Jahr kamen sie bis Point Barrow (Kap an der Alaska Nordküste), überwinterten 1851/52 am südlichen Ende der Prinz of Wales Strait und erreichten im Sommer 1852, dank einer großen navigatorischen Leistung, über die schmale und felsige Dease Strait die Mündung des Coppermine River, was die Entdeckung einer, bis dahin noch unbekannten Teilstrecke der Nordwest-Passagen Durchfahrt darstellte. Collinson überwinterte hier 1852/53 zum 2. Mal. Er sandte im Frühjahr einen Schlittentrupp aus und bemerkte, dass eine frühere Expedition unter John Rae bereits in der Gegend war und weitere Such-Bemühungen in dieser Richtung aufgab. Collinsons Männer fanden im Süden von Victoria Island ein Stück Holz, möglicherweise ein Fundstück der Franklin Expedition. Da aber seine Vorräte knapp wurden und der allzu kurze arktische Sommer unmittelbar bevorstand, entschied sich Collinson dagegen, weitere Schlittentrupps auszusenden. Auf ihrer Rückreise im Herbst 1853 steckte die *Enterprise* zum 3. Mal im Eis fest. Diesmal nahe der Mackenzie River Mündung. Erst 1854 gelang die lange Rückfahrt durch die Bering Strait. McClure und die *Investigator* gelangten unterdessen in Gebiete mit teilweise geschlossenen Eisfeldern, die bis zum Nordpol reichten. Bisher ist es noch keinem Schiff gelungen, in dieses Hocharktis-Gebiet vorzudringen. Sie waren, umgeben vom schweren Packeis, in eine Eis-Sackgasse geraten. Zuvor waren sie im Bereich der Mackenzie imRiver Mündung Eskimo begegnet. Diese waren erstaunt über die drei Bäume auf einem Umiak/Eskimoboot. Im weiteren Segelverlauf suchte McClure eine geeignete Möglichkeit für eine Überwinterung und sie fuhren gen Norden, Richtung Banksland /Banks Island, 5.größte Insel Kanadas, an 24. Stelle der weltgrößten Inseln. Es ist die westlichste Insel im kanadisch-arktischen Archipel, gehört zur Region Inuvik der Nordwest-Territorien, entdeckt von Frederick William Beechey, der als Leutnant unter William Edward Parry bei dessen Expedition 1819/ 20 diente, benannt zu Ehren des berühmten englischen Naturforschers Joseph Banks (1742-1820). Bei Banks Island war noch nichts winterlich, wie es schien. Die Hoffnung bis zur Barrow Strait zu kommen, war groß, das würde bedeuten ... seit mehr als 300 Jahren warten alle auf die Entdeckung der Nordwest-Passage. Sie segelten durch die Meerenge Prince of Wales Strait, zwischen den Inseln Banks Island und der Westseite von Victoria Island, die „Zielgerade" war ganz nah, nur noch ca. 60 Seemeilen entfernt. Es würde über den Viscount Melville Sound – Barrow Strait – Lancaster Sound

ganz geradeaus bis zur Baffin Bay gehen. McClure war ganz aufgeregt – sollte er zum Entdecker werden?
Aber ... hatten sie inzwischen total vergessen, dass sie auf die Suche nach Franklin geschickt wurden?
Urplötzlich kam der Winter, in der Arktis völlig normal, kalter Wind und Eispressung drückte das Schiff gefährlich gegen die Küste. Sie konnten nur noch auf günstige Eisverhältnisse warten und hofften auf baldiges Weiterkommen – das Ziel war so nah! Mitte September schob das Eis, durch den Südwestwind, das Schiff nordwärts auf den Viscount Melville Sound zu. McClure wollte das Schiff mit Booten schleppen lassen – nur noch 30 Seemeilen! Jetzt musste nur noch der direkte Anschluss an den Viscount Melville Sound hergestellt werden, den William Parry 1819 von der anderen Seite, aus Richtung Lancaster Sound, wegen Packeis an genau dieser Stelle nicht vollenden konnte.
So kurz vor dem letzten Etappen-Ziel kippte das Wetter extrem und schweres Packeis im Viscount Melville Sound hatte die Weiterfahrt aus der Prince of Wales Strait total versperrt. Was war jetzt die beste Lösung? Erfahrungen gab es nicht. Sie hatten Eskimo getroffen, diese konnten keine Auskünfte zu dem Gebiet im Norden geben. Sie nennen es \`das Land des weißen Bären\`, das klingt ehrfurchtsvoll. \` Im Winter ist das Meer dort böse\` – sie müssen wohl schlechte Eis-Erfahrungen gemacht haben

oder haben Angst vor den Eis-Ungeheuern, wenn die sich mit ohrenbetäubendem Krach aufbäumen, drücken und pressen, knarren und bersten. So hatte McClure das später am eigenen Schiff erlebt, bevor sie es aufgeben mussten. Über Nacht kam der Winter und trieb viel Eis in die Prince of Wales Strait, dennoch war ein Streifen offenes Wasser zu sehen. Am 23. Oktober unternahm McClure mit 7 Gefährten eine Schlittenreise, um zu erkunden, wie weit sie tatsächlich von der Vollendung der Nordwest-Passage entfernt waren. 3 Tage waren sie unterwegs. Dann erblickten sie, dass die Ostküste der Prince of Wales Strait nach Nordosten verlief, die westliche Seite zog sich weiter nach Norden. Von einer um die 180 m hohen Anhöhe hatte McClure den „Ausblick der Nordwest-Passagen Geschichte“! Im Osten lag die Nordküste von Victoria Island, als Fortsetzung der Ostküste der Prince of Wales Strait. Im Westen erstreckte sich die Küste von Banks Island und nach Norden und Nordosten lag das Eis des Viscount Melville Sound, dahinter Melville Island (Inuktitut : ᐃᓗᓪᓕᖅ, Ilulliq), auf dem 111. Längengrad (die 4.größte der Queen Elizabeth Islands und die 33. weltgrößte Insel, umgeben von 7 anderen Inseln und vielen Meeresstraßen). Auf der Karte gleicht sie einer ganz riesigen Ingwerwurzel, sie wurde am 1. September 1819 von William Parry entdeckt, der am Folgetag in der Nähe von Point Ross anlandete.

Die Nordwest-Passage entdeckt - McClure der „große Entdecker" !?!

Das hört sich richtig an, erscheint auch so, **aber ... sehr viele Entdecker haben mit einer Menge Puzzleteilen dazu beigetragen, dass McClure jetzt nur noch das letzte Stückchen finden konnte**, was fast schon von Parry zuvor entdeckt war. McClure hatte nur die letzte Etappe, den Lücken-Schluss, entdeckt und erkannt, dass die Nordwest-Passage schiffbar ist – sofern die Eisverhältnisse das ermöglichen. Jetzt war kein Zweifel mehr und jeder, der an die Nordwest-Passage geglaubt hat, hat sich nicht geirrt. Die Ur-Ur-Nordwest-Passagen-Sucher, die immer fest daran geglaubt hatten, sind jetzt höchst erfreut (schauen sich das von „oben" an).

Gegen Ende des Winters ließ McClure mit 3 Schlittengruppen auf Victoria Island und Banks Island nach Franklin und seinen Leuten suchen. Keine Spur, nichts. Auch Eskimo, die sie trafen haben nichts gesehen oder gehört. Im McClure-Labyrinth der weißen Inseln hatte sich diese Expedition anscheinend nicht verirrt. Im Juli 1851 schob die Eisdrift McClure`s Schiff täglich einige Seemeilen nach Norden und alle hofften auf eine „automatische" Durchfahrt zum Viscount Melville Sound und somit die Durchsegelung der Nordwest-Passage vollenden zu können. Doch die Eis-Schleuse zog alle Tore zu! McClure hatte nur die Möglichkeit zum Umkehren, um Banks Island südlich umfahren zu können,

in Richtung Melville Island und Melville Sound. Im Norden war alles mit Eis verstopft und der Südteil von Banks Island eisfrei. McClure dachte, er könnte Melville Island umrunden und dort im Norden eine eisfreie Durchfahrt finden, mit weiterem Direkt-Verlauf in Richtung Baffin Bay. Das wäre eine weitere Möglichkeit der Passage. Die „böse" Arktis machte es der Expedition nicht leicht (machte sie es nicht jeder Expedition nicht leicht???)
- sie wollte nicht entdeckt werden?!
Am 19. August 1851 kam nachts ein gewaltiger Wetterumschwung, das Packeis drängte und Windströmungen zwängte die *Investigator* in eine Wasserstraße nördlich von Banks Island. Sie wurde McClure Strait genannt. Ein Eis-Inferno begann und das Packeis türmte sich auf, durch den Druck der Eispressung. Durch Zufall fanden sie Zuflucht in einer kleinen Bucht, im Nordosten von Banks Island. Hier wurden sie vom Eis „gefangen" und mussten 3 Überwinterungen aushalten, bis zum Frühjahr 1853! Diese Bucht wurde Mercy Bay genannt (mercy heißt Gnade/Erbarmen) 74°4'N 119°0'W, ist im Gebiet der Nordwest-Territorien, ein südlicher Arm der McClure Strait/Verlängerung der Barrow Strait/ Lancaster Sound. Die Mercy Bay und die Castel Bay, etwas weiter südlich, sind Teile des mittlerweile ernannten Aulavik-Nationalparks.
Bis zum Frühjahr litt die Besatzung stark an Unterernährung und Skorbut. McClure machte ausgefeil-

te Pläne für die Evakuierung der weniger gesunden Mitglieder, die die Strapazen eines dritten Winters wahrscheinlich nicht überstanden hätten. Er hatte schon geplant, das Schiff zu verlassen und mit der Mannschaft nach Süden zu gelangen, über Prince of Wales Strait, wo er 1851 vorsorglich Boote, Schlitten und Proviant deponiert hatte.

>>> weitere Informationen über die McClure Expedition stehen im Kapitel: Besondere Persönlichkeiten Teil n und über die *Investigator* im Kapitel: Die berühmten Entdecker- und Polarschiffe

Die Belcher-Expedition, die Retter der McClure-Expedition .....

..... wo blieb die McClure Expedition?

Unter der allgemeinen Leitung von Edward Belcher, der 1852 mit einer Flotte von 6 Schiffen auf der Suche war, sollte Vizeadmiral Henry Kellett (1806-75), britischer Marineoffizier und Entdecker mit der *Resolute* zusammen mit der *Intrepid,* unter dem später berühmten Francis Leopold McClintock, in Richtung Westen bis Melville Island vorstoßen, um aufzuklären, was der seit beinahe einem Jahr vermissten *Investigator* zugestoßen sein könnte, die in diesem Gebiet vermutet wurde. Beide Schiffe wurden vor Dealy Island, in einer Bucht, im Süden von Melville Island, winterfest gemacht. Im Herbst 1852 stieß, nur 80 km weiter westlich, eine Schlittenexpedition auf einen Steinhaufen, in dem McClure eine Nachricht, die auf das Frühjahr 1852 datiert war, hinterlassen hatte. Genau dort in der Bucht, im Süden von Melville Island, die Winter Harbor

genannt wurde, Parrys Überwinterungs-Gebiet von 1819, der hier eine Nachricht in einen Stein gemeißelt hatte – welch ein Zufall. Die „Notfall–Nachricht“ besagte: dass die Mannschaft der *Investigator* auf einer Schlittenfahrt die Existenz der Nordwest-Passage nachgewiesen hatte, das Schiff liegt noch in der Mercy Bay im Eis fest, im Norden von Banks Island. Geplant war, im Sommer zu versuchen, über das Eis Richtung Beechey Island zu gelangen. Daraufhin war Kellett klar, dass dieses Schiff im Eis eingesperrt ist, irgendwo im Gebiet zwischen Mercy Bay und Melville Island. Der schnell einbrechende arktische Winter machte es unmöglich, Suchtrupps dahin zu schicken.
Erst im März 1853 machte sich Leutnant Bedford Pim von der *Resolute* (einem Schiff der Belcher-Flotte), trotz bitterer Kälte, auf die Suche, mit Hundeschlitten. Er fand in der 250 km entfernten Mercy Bay die seit nun 2 Wintern festsitzende *Investigator* mit ihrer skorbutgeschwächten und unterernährten Mannschaft vor. Auf Kelletts Befehl, gegen McClures Einwände, wurde die *Investigator* von ihrer Mannschaft aufgegeben und eine Schlittentour in Richtung Dealy Island angetreten, zu den Schiffen. Bald darauf blieben Kelletts Schiffe selbst in der kleinen Bucht im Süden von Cornwallis Island im Eis stecken, wurden fast zerquetscht! Hier musste nun der 4. Winter, 1853/54, verbracht werden. Auch die Schiffe *Assistance* und *Pioneer* von Bel-

cher, Kelletts Vorgesetztem, saßen weiter nördlich in dichtem Packeis fest und dieser gab im April 1854 per Schlittentrupp den Befehl, beide Schiffe aufzugeben. Zeitgleich musste Kellet mit McClure und den Verbleibenden der Besatzung per Schlitten über das Eis Richtung Osten nach Beechey Island „wandern“. Die *Investigator und Resolute* gingen später durch Eisschäden verloren. Somit hatten die Seefahrer Eis-Glück im Eis-Unglück und wurden zur rechten Zeit gefunden/gerettet. Wer weiß, was ihnen passiert wäre, vielleicht ein ähnliches Schicksal wie der Franklin Expedition? Letztendlich wurden die Retter von der *Resolute* später selbst zu Geretteten und am Ende wurden die Mannschaften aller Schiffe vom Versorgungsschiff der Expedition, *North Star* und den dafür angeforderten Schiffen *Phoenix* und *Talbot* aufgenommen und kamen am 28. September 1854 in England an. Nur insgesamt 10 Mann verloren ihr Leben. Belcher wurde bekannt für seine katastrophaler Expedition und Schiffe, von denen 5 aufgegeben werden mussten, darunter die *Investigator, Breadalbane* und die *Resolute,* die ihre eigene, spannende „Geschichte“ erlebte. In England wurde McClintock zum Kapitän befördert.

>>> weitere Informationen über die *Investigator*, *Resolute* und andere Schiffe stehen im Kapitel: Die berühmten Entdecker- und Polarschiffe und über Edward Belcher, McClintock und seine Expeditionen stehen im Kapitel: Besondere Persönlichkeiten

Nach dem Schiff *Resolute* hat der spätere Ort Resolute seinen Namen bekommen.

Im Herbst 1854 wurde McClure für seine Entdeckung geadelt. Er erhielt die 10.000 Pfund Belohnung, die seit 1818 auf den oder die Entdecker warteten, er war aber so geizig und gab seinen Rettern mit Kapitän Henry Kellett nichts davon. McClure wurde gefeiert als Entdecker der Nordwest-Passage, erhielt jedoch nur die Hälfte des ausgelobten Preisgeldes, da er sein Schiff zurücklassen und ein Teilstück zwischen Banks- und Melville Island zu Fuß zurücklegen musste und später vom rettenden Schiff aufgenommen wurde. Er hatte als erster Seefahrer sogar 2 nordwestliche Seewege-Möglichkeiten, zwischen den beiden Ozeanen, gefunden und befahren - aber nur das letzte Stück und einschließlich der Rückfahrt nach England. Collinson`s bemerkenswerte Leistung, die Entdeckung der, nautisch überaus anspruchsvollen, aber erwiesenermaßen passierbaren, Nordwest-Passage, wurde bei der alleinigen Vergabe des darauf ausgesetzten Preisgeldes an seinen Begleiter Robert McClure ignoriert. Collinson unterließ es daraufhin, sich jemals wieder um ein Kommando in der Royal Navy zu bemühen.
-----Somit waren McClure und seine Crew die ersten, die Amerika umrundeten und das letzte Teilstück der Nordwest-Passage durchquerten konnten, wenn auch mit dreijähriger Winter-Unterbrechung – zu dieser Zeit beachtliche Leistungen !

Zwei Fragen blieben: ist die Nordwest-Passage komplett schiffbar, denn das hat bisher keiner geschafft. Und was war mit dem Schicksal der Franklin Expedition? Dazu hatten sie nichts entdeckt.

Wer hat die Nordwest-Passage entdeckt???

Im Grunde haben das alle Expeditionen gemeinsam, egal, wieviel Jahre das insgesamt gedauert hat. Jede hat einen Abschnitt oder einen wichtigen Hinweis entdeckt, jede Expedition auf ihre Weise und im jeweiligen Gebiet. Somit gibt es keinen „Haupt-Entdecker". McClure hat zwar das letzte fehlende Stück entdeckt, aber bis heute ist es NICHT die Hauptroute der Nordwest-Passage. Sie hat 5 oder 6 verschiedene Routen-Möglichkeiten, die, alle nach den jeweiligen Eisverhältnissen, mehr oder weniger oder auch gar nicht passierbar sind. Die beiden „McClure-Routen" sind die beiden letzten Möglichkeiten, meist total vereist. Die McClure-Expedition sollte die Franklin-Leute und seine Leute suchen und stieß dabei auf die letzte Nordwest-Passage-Etappe ---

---- Zufall, Schicksal, Ehrgeiz? – von allem etwas.

Kapitän Edward Augustus Inglefield (1820-94), britischer Admiral und Polarforscher, unternahm mit der *Phoenix* 2 Fahrten in die Arktis, um sich an der von Edward Belcher beaufsichtigten großen Suchaktion zu beteiligen, auch um Hilfsgüter zu bringen. Er untersuchte dabei die nördlichen Küsten der Baffin Bay und benannte 1852 Ellesmere

Island (79°N, 80°W) nach Francis Egerton, 1. Earl of Ellesmere. Sie ist mit 196.236 km² die größte Insel der Queen Elizabeth Islands, die nördlichste und Teil desTerritorium Nunavut, 3. größte Insel Kanadas und 10. größte Insel der Erde. Auf Inuktitut: Umingmak Nuna, „Land der Moschusochsen".
1853 kehrte Inglefield von der 1. Fahrt nach England zurück, zusammen mit dem Offizier Samuel Gurney Cresswell von der *Investigator*.
Als Inglefield im Folge-Jahr, 1854, in der Arktis ankam, waren Belchers Schiffe verlassen, bis auf eines, zu dem sich die Besatzungen „gerettet" hatten. Die meisten dieser Männer kehrten mit Kapitän Inglefield in ihre Heimat zurück.
Samuel Gurney Cresswell hatte die Nordwest-Passage –erfolgreich– durchquert!
Er hat sie als Erster insgesamt durchquert, nur auf unterschiedliche Weise.
Samuel Gurney Cresswell (1827-67), Offizier der Royal Navy war „technisch gesehen" der erste Marineoffizier, der durch die gesamte Nordwest-Passage gelangte! McClure war für die Expedition verantwortlich, aber Cresswell erreichte zuerst England. Er hatte an Franklin-Rettungsbemühungen unter James Clark Ross teilgenommen, wurde im September 1849 zum Leutnant gefördert und während der Arktisexpedition, auf der Suche nach der Nordwest-Passage, zum 2. Leutnant und Schiffskünstler an Bord der *Investigator* ernannt. Wäh-

rend dieser Reise skizzierte und malte Cresswell mehrere Darstellungen ihres Lebens in der Arktis. Nachdem das Schiff von September 1851 bis zum Frühjahr 1853 im Eis eingeschlossen war, wurden mehrere Männer krank und Cresswell wurde beauftragt, sie zum ca. 260 km entferntem Schiff *Resolute* von Kapitän Henry Kellett zu transportieren. Kellett schickte daraufhin Cresswell mit weiteren erkrankten Männern nach Beechey Island, zu den dortigen Schiffen. Im Sommer kehrte Cresswell nach England zurück und verkündete, dass die Nordwest-Passage endlich „lokalisiert“ worden war – aber nicht auf ganzer Strecke durchfahren!
Im Juli 2010 wurde das Wrack der *Investigator* durch Archäologen von Parks Canada (Organisation zur Erhaltung und Schutz des Kultur- und Naturerbes) gefunden, in der Mercy Bay / McClure Strait.

>>> weitere Informationen über die *Investigator* stehen im Kapitel: Die berühmten Entdecker- und Polarschiffe

The never-ending-search

Von 1848-59 wurden von der britischen Admiralität und der Witwe Franklins Jane Griffin zahlreiche Rettungs-Expeditionen entsandt, das löste insgesamt, die teuerste und längste Such- und Rettungsaktion der Geschichte aus, mit über 40 Expeditionen, 32 Schiffe, über viele Jahre, teils zu Land, teils zur See und im Eis. Die Franklin-Expedition blieb verschollen. Einige erfuhren erst viel später, wie nah sie schon an einigen Unglücksstellen gewesen waren, dennoch wäre es zu spät gewesen.

Mehr als 1,5 Jahrhunderte lang haben etliche Mannschaften erfolglos nach Franklin gesucht. Insgesamt kamen bei den Suchaktionen mehr Menschen ums Leben als durch die Franklin-Expedition.

Lady Franklin trieb die Suche immer wieder durch viele Spendengelder voran

Sie beteiligte sich mit ihrem Privatvermögen an vielen Aktionen und erhöhte unter anderem die Belohnung für die Rettung oder Aufklärung des Schicksals der Männer um 10.000 Pfund Sterling. In die Finanzierung von insgesamt 5 Rettungsexpeditionen steckte sie fast ihr gesamtes Vermögen. In der Zwischenzeit sammelte sie alle erdenklichen Informationen zur Arktis und lag richtig mit ihrer Vermutung, dass die Franklin Expedition nördlich von Victoria Island verschwunden, vielleicht sogar untergegangen ist. Bei den anschließenden Durchsuchungen, die auf Betreiben von Lady Franklin gestartet wurden, konnte viel an arktischem Wissen gewonnen werden. James Clark Ross wurde mit der Leitung einer der Suchexpeditionen betraut und auch Sophia Cracroft (Freundin von Francis Crozier) beteiligte sich, unter großem Einsatz persönlichen Vermögens daran, immer weitere Expeditionsschiffe auszurüsten und loszuschicken. Die Franklin-Expedition blieb verschollen ....
Nachdem in den vergangenen Jahren immer klarer wurde, dass es ein fatales Ende genommen haben musste, erklärte 1854 die Royal Navy, 9 Jahre nach

dem Auslaufen der Schiffe, Franklin und seine Männer offiziell für tot und angesichts der gewaltigen Verluste der Suchtrupps an Männern und Material weigerte sie sich, weitere Expeditionen zu entsenden. Die Suche nach Franklin wurde eingestellt, aber Franklins Witwe Lady Jane war eine entschlossene Frau und setzte sich weiterhin mit Spendengeldern für die Suche ein. Sie wendete sich an die HBC, dass nochmals gezielter gesucht werden sollte. Da bekam sie eine interessant-traurige Nachricht von Dr. John Rae (1813-1893), schottischer Arktisforscher und Arzt. Er stand seit 1833 im Dienst der HBC und galt als guter Schütze und Schneeschuhläufer. Die HBC hatte ihn in 1846 mit der Erforschung der Küste und Hinterland Kanadas beauftragt. Er sollte hauptsächlich klären, ob es zwischen Hudson Bay und Simpson Strait einen oder mehrere Wasserwege gibt. Gute, erfahrene Männer hatte er dabei. Er leitete 1846–48 eine Expedition zur Erkundung der Nordwest-Passage, im Gebiet des Mackenzie River und erkundete ein großes Gebiet von Victoria Island. Gemeinsam stellten sie fest, dass es keine Meeresstraße zwischen der Repulse Bay (Nordwest-Ecke der Hudson Bay) und Committe Bay (südöstliches Ende vom Gulf of Boothia) gibt. Rae setzte 1848 seine Erkundungen fort und dabei suchte er im Auftrag der HBC ebenso nach der Franklin Expedition. Er war der Ansicht, Spuren von ihnen zu finden durch kombinierte

Boots-, Schlitten- und Schneeschuhtouren.
1851 gelangte John Rae mit zwei Hundeschlitten in die Nähe der verlassenen Schiffe der Franklin Expedition. Hätte er je geahnt, an welch geschichtsträchtigem Ort er, zufällig, ohne es zu wissen, gelangt war, wäre die Suche nach der Expedition vermutlich anders ausgegangen. 1853 wollte er zum letzten Mal Erkundungen machen und dabei wiederum nach der Franklin-Gruppe Ausschau halten. Außerdem entdeckte er, dass es einen offenen Kanal östlich von King William Island gab. Rae war der erste, der bemerkte, dass Boothia tatsächlich eine Halbinsel war und entdeckte die nach ihm benannte Meeresenge Rae Strait.
Im Frühjahr 1854 fuhr er mit Hundeschlitten über die Rae Strait-Enge und kam zur Pelly Bay, südwestlich vom Gulf of Boothia. Rae erfuhr durch zufälligen Kontakt mit einheimischen Inuit, vom Schicksal der verschollenen Franklin-Expedition, nach dessen Verbleib inzwischen schon zahlreiche Suchaktionen gestartet worden waren. Er schloss aus den Erzählungen der Netsilik-Inuit, dass sich um die 30 Männer mit schweren Schlitten übers Eis Richtung Süden geschleppt hatten, in der Gegend King William Island, beim Versuch auf dem Landweg in Sicherheit zu gelangen. Sie waren so schwach, einer nach dem anderen sei gestorben. Ihnen konnte nicht mehr geholfen werden. In ihrem Inuit-Lager zeigten sie Rae einige Dinge, die sie damals an sich ge-

nommen hatten. Rae konnte einiges eintauschen, wichtige Dinge, wie eine Silberschale, ein Besteck mit Wappen und ein Orden von John Franklin. Ihm wurde die Stelle beschrieben, wo die Leute gesehen wurden. Es könnte die Mündung des Back River / Fisch Fluß sein. Er kannte sie nicht, nur durch die Berichte von Back und Simpson. Im Dezember war er zurück und wollte dass weitere Nachforschungen im jetzt „bekannten" Gebiet verfolgt werden. Die Admiralität übergab ihm 10.000 Pfund, weil er der erste war, der eine „sichere" Nachricht über Teile der Franklin Expedition geben konnte. Außerdem trug Rae teilweise zur tatsächlichen, späteren Entdeckung/Aufdeckung bei, was später McClintock gelang. Das Schicksal war hiermit noch lange, lange, lange … nicht geklärt!

Die Admiralität wollte nach wie vor die Suche nicht fortführen…. zu teuer.

Lady Jane gab sich damit nicht zufrieden und gab nicht auf. Sie konnte die HBC überreden, nochmal eine Suchaktion an der Back River Mündung zu unternehmen. Immer wieder hat Lady Jane auf das Gebiet Peel Sound/King William Island hingewiesen, was vom Beginn an ihr „Unglücks-Gefühl" war. Man glaubte ihr nicht. Die HBC schickte Anderson und Stewart, 2 Faktoreimitarbeiter, in 3 Birkenrindenkanus zum Erkunden der Back River Mündung. Ende Juli begegneten sie den Copper-Inuit, die ihnen Gegenstände im Tauschgeschäft übergaben,

die zweifelsfrei zur Franklin Expedition gehörten. Sie erzählten, diese Dinge haben sie vor vielen Jahren in einem Boot gefunden, in dem tote Männer an einen Strand getrieben waren.
Zurück in London waren diese Gegenstände ein weiterer Beweis dafür, dass einige der Mannschaft in dieser Gegend waren – zuletzt. Dennoch blieben unzählige Fragen offen. Lady Jane wollte weiterhin im Namen der Verschollenen-Familien Klarheit gewinnen, was passiert war und wo. Sie war mutig und erhob bei der Admiralität Einspruch dagegen, dass McClure die Geldprämie für die Nordwest-Passagen Entdeckung zuerkannt wurde. Dies wurde ihr als Missgunst und Geldgier ausgelastet. Es ging ihr aber um den Ruhm Franklins und seiner Leute, denn es sei noch gar nicht bewiesen, ob er nicht doch auf dieser Fahrt die wirkliche Nordwest-Passage als Gesamtheit entdeckt hatte (wie Recht sie damit hatte, fanden Forscher erst sehr viele Jahre später heraus). Die Admiralität wollte nicht noch weitere Männer ihr Leben riskieren lassen, um eine nicht mehr zu rettende Mannschaft zu finden.

Die letzte Such-Expedition – bedeutende Funde werden entdeckt

Lady Jane war weiterhin entschlossen, noch eine, vielleicht letzte, Such-Expedition zu finanzieren und trieb 1857 eine Menge Spendengelder zusammen, denn ihr Vermögen war inzwischen aufgebraucht.

Sogar der englische Schriftsteller Charles Dickens (1812-70) beteiligte sich. Ausrüstungen steuerte die Admiralität bei. Als Kapitän der von Lady Jane erworbenen (sogenannten Schraubenyacht) *Fox* wählte sie den Iren Francis Leopold McClintock (1819-1907) der sich bereits auf drei Hilfs-Expeditionen gut bewährt und Erfahrungen mit Hundeschlitten hatte. Er war der Meinung, die Franklin Katastrophe wäre nicht passiert, oder anders, wenn sie früher Schlittenhunde und kundige Führer dabei gehabt hätten. Sie hatten sich nicht die Gewohnheiten der Eskimo oder Pelzhändler angenommen. Für Lady Jane hätte McClintock ein Sohn von Franklin sein können; so einen wie er hätte er sich als Sohn sicher gewünscht. Sie hoffte, das vielleicht doch noch Überlebende gefunden werden könnten, sonst aber persönliche Dinge oder eine Bestätigung, wie auch immer, dass Franklin berechtigten Anspruch darauf hat/hätte, als erster die Nordwest-Passage entdeckt zu haben. „Das Leben ihrer Mannschaft ist wertvoller als alle anderen Ziele", hatte sie ihm als Rat mit auf dem Weg gegeben. McClintock traf alle Vorbereitungen selbst, als 1. Offizier fuhr der Marineleutnant William Robert Hobson mit, Kapitän Allan W. Young, der Schiffsarzt, Dr. David Walker, der schon polarerfahren war und 22 weitere Seeleute. **Robert Hobson** (1831-80) geboren in Nassau /Bahamas, kam 1845 zur Royal Navy und nahm an unterschiedlichen Fahrten zur

Franklin-Suche teil. Am 2. Juli 1857 stach Kapitän McClintock mit 26 Mann, Ausrüstung und Proviant für über 2 Jahre auf der kleinen *Fox* von Aberdeen/Nordost Schottland in See. Er verfolgte fast die gleiche Route wie Franklin; später befuhr auch Amundsen die fast gleiche Route, von Oslo aus.
Im August 57 steckten sie schon in der Melville Bay (große Bucht an der Westküste Grönlands/Baffin Bay) im Packeis fest und trieben mit der Drift 242 Tage nach Süden, vom 75° bis 63° nördlicher Breite, wie McClintock im Tagebuch notiert hatte. Als sie Ende April 58 frei kamen, ging die Fahrt auf Nordwestkurs, direkt bis Beechey Island. An der Stelle, wo damals Franklins Winterlager war, in der Nähe der drei Gräber, ließ McClintock den Gedenkstein aufstellen, den Witwe Franklin dem Andenken der gesamten Besatzung gewidmet hatte. Elisha Kent Kane hatte ihn schon vor paar Jahren hierher bringen sollen, wurde damals vom Eis verhindert und hatte ihn in Godthåb / Nuuk /Grönland hinterlassen. Durch McClintock hat der Gedenkstein seine bestimmte Stelle bekommen und ist mittlerweile eine Art (traurige) Sehenswürdigkeit für Arktis-Touristen geworden.
McClintock`s Schifffahrt ging von Beechey Island südlich zur Bellot Strait. Auf einigen Schlittentouren wurden Proviantdepots verteilt, an der Küste von Boothia. Am 17. Februar brach McClintock mit 2 Begleitern und 3 Hundeschlitten zum Gebiet des

magnetischen Nordpols auf. Es waren unmenschlich-harte Minustemperaturen. Nahe der Pasley Bay (an der wir auf unserer Schiffsreise einen eindrucksvollen Landgang erlebten) begegneten ihnen Eskimo, die Gegenstände hergaben, wie Uniformknöpfe, Messer und Bestecke. Sie hatten diese kostbaren Dinge bei anderen Eskimo eingetauscht. Diese hätten erzählt, dass sie gesehen haben, wie ein Schiff mit drei „Bäumen“ westlich von King William Island vom Eis zerdrückt wurde. Diese Informationen gaben einen Zusammenhang zu den von Dr. Rae und Anderson gesammelten Gegenständen. Am 2. April 59 machten sich McClintock und Leutnant Hobson, 1 Dolmetscher und 4 Matrosen mit 1 Schlitten und 1 Hundeschlitten auf den Weg nach King William Island. Nach einiger Zeit teilten sie sich in 2 Gruppen. McClintock zog an der Ostküste King William Island entlang, gen Süden. Die Westküste hatte er absichtlich Hobson überlassen, denn dort konnte er möglicherweise Schiffstrümmer oder ähnliche Gegenstände finden. Wenn das gelingen würde, wäre es für Hobsons Beförderungsaussichten nützlich. Noch ehe sich ihre Wege trennten, trafen sie erneut Eskimo. Sie erzählten, vor einigen Jahren wären zwei Schiffe nordwestlich von King William Island gewesen. Eins sei vom Eis zerdrückt worden, das andere lag am Strand. Viele weiße Männer seien nach Süden gezogen, in großen Booten auf Kufen. McClintock und Hobson schlossen aus dieser Nachricht, das gestrandete Schiff müsse noch zu finden sein. Aber an der Ostküste von King William Island erfuhr McClintock von anderen Eskimo, dass auch das zweite Schiff gesunken sei. Er tauschte von diesen Eskimo einige Silberbestecke ein, die auch sie wiederum bei anderen Eskimo eingetauscht hatten. Diese hätten erzählt, dass sie gesehen haben, wie eine Gruppe geschwächter Männer sich nach Süden bewegt hatte und einer nach dem anderen sei tot umgefallen. Von Papieren, Nachrichten und Hinweisen war den Eskimo nichts bekannt. McClintock setzte seine Suche noch einmal an der Südküste von King William Island fort und ca. 12 Meilen von Cape Herschel (Südkante von King William Island) entfernt, entdeckte er einen Cairn / kleiner Steinhaufen/ Steinwarde. Darin fand er einen Brief von Hobson, an ihn gerichtet, mit der Information, er habe diese besondere Stelle sechs Tage zuvor erreicht, ohne etwas von dem Wrack oder von Inuit gesehen zu haben, aber er hatte eine Aufzeichnung/Dokument gefunden - die Aufzeichnung, nach der so intensiv gesucht wurde – von der Franklin Expedition in Point Victory /Nordwestküste von King William's Land (wie es damals noch hieß). Damit war sicher, dass Hobson den ersten schriftlichen Beweis der gesuchten Expedition gefunden hat. McClintock machte sich auf den Weg zu dieser Fundstelle. Er kam am 29. Mai an den westlichen Punkt vom King

William Island, den er Kap Crozier nannte. In der Nähe stieß er auf ein Boot, ein Beiboot der *Terror*, was hoch am Strand lag. Er fand Gebetsbücher, Uhren und Gewehre und 40 Pfund Schokolade, zwischen drei Skeletten. Die Leute mussten zu schwach gewesen sein, um ihren Kameraden zu folgen und sind erfroren. Alle nahmen am Ende ihr Schicksal mit in den Tod.
McClintock setzte seinen Weg fort und gelangte bis zur Küste und der Stelle, an der nach Berichten der Eskimo das zweite Schiff gestrandet sein sollte. Aber er und seine Begleiter fanden nichts. Am 19. Juni kehrte McClintock`s Schlittengruppe zur *Fox* zurück. Hobson traf ein paar Tage später ein, gefolgt von Young, der keine Spur der Verschollenen fand, aber festgestellt hatte, das Prince of Wales Island, die er umrundet hatte, eine der größten Inseln des arktischen Archipels und durch eine breite Meeresstrasse von Victoria Island getrennt ist. Somit fand McClintock, 14 Jahre nachdem die Franklin-Schiffe zur Expedition aufgebrochen waren, in der von John Rae beschriebenen Gegend auf King William Island, die erschütternden Überreste der Franklin Expedition, inklusive einer, in einem Cairn hinterlegten, handgeschriebene Nachricht auf einem Marine-Formular, das als besonderes Dokument in die Geschichte einging - als das letzte Lebenszeichen – das zwei Männer der Expedition, Crozier und Fitzjames, im April 1848 dort auf King

William Island deponiert hatten. Damals war das eine Art gedrucktes Rettungs-Formular, in sechs verschiedenen Sprachen und dafür vorgesehen, mit entsprechenden Informationen ergänzt, den jeweiligen Not-Standort mitzuteilen. So ein Formular/Dokument führten normalerweise die Expeditionsschiffe mit, um diese Nachricht im Notfall, in Flaschen eingeschlossen, auf See über Bord zu werfen und zu versenden (klassische Flaschenpost).
((So eine Flaschenpost mag eine Idee von Christoph Kolumbus gewesen sein, der auf seiner Fahrt nach Westen 1493 während eines schweren Sturmes ein Zedernholzfässchen mit Nachrichten für seine Auftraggeber, König Ferdinand II. und dessen Ehefrau Isabella I. ins Meer geworfen hat)).
Jede Person, die eines dieser Aufzeichnungen findet, wird gebeten, dies mit einem Hinweis auf Zeit und Ort an den Sekretär der Admiralität weiterzuleiten.
Hobson war der erste, der wichtige Stätten und Relikte auf King William Island sowie die einzigen beiden Botschaften zur letzten Phase der Expedition fand.

Document found by Lt. Hobson on 6 May 1859 telling of the Franklin expedition's fate

Auf diesem Dokument wurde (anscheinend von Leutnant Gore) geschrieben:
28. Mai, die Schiffe Ihrer Majestät Erebus und Terror überwinterten im Eis bei 70 Grad 5 Minuten

nördlicher Breite und 98 Grad 23 Minuten westlicher Länge; den Winter 1846/47 verbrachten sie auf Beechey-Island, bei 74 Grad 42 Minuten 28 Sekunden nördlicher Breite und 91 Grad 39 Minuten 15 Sekunden westlicher Länge, nachdem sie den Wellington Channel bis zum 77. Breitengrad hinaufgefahren und auf der Westseite Cornwallis Island zurückgekehrt waren.
Sir John Franklin Expeditionsleiter. „all well".
Eine Gruppe bestehend aus 2 Offizieren und 6 Männern verließ die Schiffe am Montag, den 24. Mai 1847.
GM. GORE, Lieut. CHAS. F. DES VOEUX, Steuermann

Anmerkung: „Das obige Dokument enthält einen Fehler, nämlich dass Erebus und Terror 1846/47 auf Beechey Island überwintert hatten. Die korrekten Daten sind jedoch 1845/46."
Ein zweiter Eintrag lautet:
25. April 1848, die Schiffe Ihrer Majestät Erebus und Terror wurden am 22. April verlassen, 5 Meilen nordwestlich von hier, nachdem sie seit dem 12. September 1846 festsaßen. Unter dem Kommando von Kapitän F.R.M. Crozier landeten die Offiziere und Mannschaften, insgesamt 105 Seelen, hier bei 69 Grad 37 Minuten 42 Sekunden nördlicher Breite und 98 Grad 41 Minuten westlicher Länge.
Sir John Franklin starb am 11. Juni 1847, des weiteren verlor die Expedition bis zu diesem Datum durch Todesfälle neun Offiziere und fünfzehn Mann.
F.R.M. Crozier, Kapitän und Erster Offizier, und James

Fitzjames, Kapitän der H.M.S. Erebus.
Brechen morgen, den 26. zu Backs Fish River auf!
Es gab eine dritte Notiz auf dem Papier. Sie lautete:
Dieses Schriftstück fand Leutnant Irving unter einem Cairn, von dem man annahm, Sir James Ross habe es 1831 aufgebaut, 4 Meilen nördlich von hier, wo es der verstorbene Kapitän Gore im Juni 1847 niedergelegt hatte. Aber es war nicht das von Sir James Ross erbaute Cairn und man verlegte das Papier an diesen Ort, der ebenjener ist, an dem Sir James Ross' Cairn errichtet wurde.
>----> Meine Recherche anhand der Koordinaten:
> Laut dem gefundenem Dokument überwinterten sie im Eis bei 70 Grad 5 Minuten nördlicher Breite und 98 Grad 23 Minuten westlicher Länge. Der **Larsen Sound** wird angegeben mit den Koordinaten: 70°30'N, 98°45'W und das ist mit minimaler Abweichung genau die Position, wo wir auf der Reise entlang gekommen sind und wo bisher auch viele andere Schiffe ihre Route fahren – und ganz sicher gar nicht im Klaren sind, dass genau dort Franklin auf seinem Schiff verstarb und das weitere Unglück seinen eisigen Weg begann.
>> Auf dem zweiten Eintrag stehen die Koordinaten ihrer Ankunft an der King William Island Westküste: 69 Grad 37 Minuten 42 Sekunden nördlicher Breite und 98 Grad 41 Minuten westlicher Länge. Das trifft fast genau zu auf den dort entdeckten **Victory Point**, mit den Koordinaten 69°40'N, 98°18'W.
Der endgültige Beweis ....

McClintock und Hobson trafen somit auf die endgültigen Hinweise, die Franklins Schicksal dokumentierten – ein zum Schlitten umfunktioniertes Boot mit zwei Leichen an Bord, sowie in einem Cairn 2 Notizen auf dem Papier eines „Admiralitäts-Formblatts", die besagten, dass Franklin zunächst 1 Winter auf Beechey Island und dann 2 Winter vom Eis umschlossen im Nordwesten vor King William Island verbracht hatte. Franklin selbst sei dort am 11. Juni 1847 gestorben und seine Mannschaft habe unter der Führung der beiden Offiziere Francis Crozier und James Fitzjames den Versuch unternommen, nach Süden entlang des Back Rivers vorzustoßen, wo man eine Siedlung der Hudson's Bay Company zu erreichen hoffte. Unterwegs sind alle Männer nach und nach umgekommen.
Mit dem Dokument und der Information, dass John Franklin am 11. Juni 1847 verstorben ist, waren es McClintock und Hobson die 1859, 12 Jahre später, den Tod Franklins und der gesamten Mannschaft endgültig feststellten.
Die *Fox* erreichte London am 23. September 1859 und Hobson wurde zum Kommandeur befördert, 1866 zum Kapitän und 1872 in den Ruhestand versetzt. 26 Monate nach dem Fund des Schriftstückes musste McClintock der Witwe Lady Franklin die traurige Gewissheit bestätigen. Er hatte selbst gut 19 Monate in der Arktis verbracht und war dem Tod einige Male sehr nahe, aber diese Nachricht

und das Dokument zu überbringen, war viel schlimmer. „Diese Aufzeichnung ist in der Tat ein trauriges und berührendes Relikt unserer verlorenen Kameraden“, hatte er gesagt.
McClintock`s Bericht vom Januar 1860 an Lady Jane: (Zusammenfassung seines ca. 17 Seiten langen Schriftstücks / written by: Francis Leopold McClintock /Published in: The voyage of the 'Fox' in the Arctic Seas, a narrative of the discovery of the fate of Sir John Franklin and his companions)
((Anmerkung: das folgende mag schwer zu lesen und zu verstehen sein. Es ist teilweise original übersetzt, was und wie es McClintock beschrieben hat- es verdeutlicht die damalige tragische Situation der Mannschaft und McClintock und Hobson versuchten anhand von vielen Kleinigkeiten zu erkennen, was vorgefallen sein könnte, um dies Lady Jane berichten zu können))
>>Die Geschichte wird im Übrigen in so wenigen Worten wie möglich über ihren wunderbaren Erfolg bis zu diesem Datum, dem Mai 1847, erzählt.
1846 zogen sie nach Südwesten und erreichten schließlich innerhalb von zwölf Meilen das nördliche Teil von King William's Land, als ihr Fortschritt durch den bevorstehenden Winter 1846/47 gestoppt wurde. Dieser Winter scheint ohne ernsthaften Verlust an Leben vergangen zu sein; und als im Frühjahr Leutnant Gore mit einer Gruppe zu einem bestimmten Zweck abreist um die unbekannte Westküste von King William's Land zu erkunden, zwischen Point Victory und Cape Herschel, waren diejenigen an Bord der Erebus und Terror. " alles gut ", befahl der tapfere Franklin immer noch. Rund

um den Rand des Papiers, auf das Leutnant Gore 1847 diese Worte der Hoffnung und Verheißung schrieb, hatte ein anderer später die folgenden Worte geschrieben: 25. April 1848 - Die Schiffe *Terror* und *Erebus* wurden am 22. April verlassen, 5 Meilen NNW davon, seit dem 12. September 1846. Die Offiziere und Besatzungen, consisting of 105 souls (bestehend aus 105 Seelen), standen unter dem Kommando von Kapitän Crozier, landete hier 69°37'42"N/ 98°41'W. Sir John Franklin died on the 11th June 1847 und der Verlust durch Todesfälle bei der Expedition betrug bis zu diesem Datum 9 Offiziere und 15 Männer. (Unterzeichnet) JAMES FITZJAMES, Captain H.M.S. Erebus / (Unterzeichnet) F.R.M. CROZIER, Kapitän und leitender Offizier. Starten morgen (26.) zum Back's Fish River". Diese Randinformationen wurden offensichtlich von Captain Fitzjames geschrieben, mit Ausnahme der Notiz, die angibt, wann und wohin sie gehen, die von Captain Crozier hinzugefügt wurde. Es gibt einige zusätzliche Randinformationen in Bezug auf die Übertragung des Dokuments an seine derzeitige Position (den Standort der Säule von Sir James Ross) von einem Punkt vier Meilen nördlich in der Nähe von Point Victory, wo es ursprünglich deponiert war, von dem später verstorbenen Commander Gore. „all well“ / alles gut, dieses kleine späte Wort zeigt uns, dass auch er innerhalb der letzten Monate gestorben war. Wie traurig war in der kurzen Zeit von zwölf Monaten die Geschichte von Franklins Expedition geworden; wie verändert

von dem fröhlichen "Alles gut" von Graham Gore! Eine traurige Geschichte wurde nie in weniger Worten erzählt. In ihrer extremen Einfachheit liegt etwas zutiefst Berührendes, und sie zeigen auf die stärkste Weise, dass beide Führer dieser sich zurückziehenden Partie vom höchsten Pflichtgefühl angetrieben wurden und mit Ruhe und Entscheidung die furchtbare Alternative eines letzten kühnen Kampfes ums Leben fanden, anstatt ohne Anstrengung an Bord ihrer Schiffe zu sterben; denn wir wissen genau, dass *Erebus* und *Terror* im Juli 1848 noch im Eis steckten.
Im zweiten Teil der von Fitzjames verfassten Aufzeichnung steht: Die ursprüngliche Zahl, aus der sich die Expedition zusammensetzte, betrug 138 Männer und die Aufzeichnung besagt, dass der Gesamtverlust durch Todesfälle 9 Offiziere und 15 Männer betrug, folglich blieben 114 Offiziere und Männer übrig; es heißt aber auch, dass nur 105 unter dem Kommando von Captain Crozier an Land gingen, so dass 9 Personen fehlten. //Die Notiz von Leutnant Hobson sagte mir, dass er Mengen von Kleidung und Gegenständen aller Art am Steinhaufen gefunden habe, als hätten diese Männer, die sich bewusst waren, dass sie um ihr Leben kämpfen müssen, dort alles aufgegeben haben, was sie für überflüssig hielten.// Von Cape Crozier aus wurde festgestellt, dass sich die Küste scharf nach Osten abwendet und am frühen Morgen des 30. Mai lagerten wir neben einem großen Boot - //ein weiteres melancholisches Relikt, das Hobson einige Tage

zuvor gefunden und untersucht hatte, wie mich seine hier hinterlassene Notiz informierte; aber er hatte keine Aufzeichnungen, Tagebücher oder ähnliches entdeckt, nur eine kleine Bibel. Eine riesige Menge zerlumpter Kleidung lag da, und das haben wir zuerst untersucht. Kein einziger Artikel trug den Namen seines früheren Besitzers. Da war das im Boot, das uns mit Ehrfurcht überwältigte. Es waren Teile von zwei menschlichen Skeletten. Einer war das eines kleinen jungen Menschen; der andere von einem großen, starken Mann. Unter einer erstaunlichen Menge an Kleidung befanden sich viele Stiefel verschiedener Art, außerdem fanden wir Seiden-Taschentücher, Handtücher, Seife, Schwamm, Zahnbürste, 5 Uhren und Haarkämme. Die einzigen Vorräte, die wir finden konnten, waren Tee und fast 40 Pfund Schokolade. Ich war erstaunt, dass der Schlitten genau nach Nordosten gerichtet war! Die Position dieses verlassenen Bootes ist ungefähr 50 Meilen - wie ein Schlitten fahren würde - von Point Victory und daher 65 Meilen von der Position der Schiffe entfernt. Sie wollten zu den Schiffen zurückkehren; auf keine andere Weise kann ich erklären, dass zwei Männer in ihr zurückgelassen wurden, als wenn die Gruppe das Boot nicht weiter ziehen konnte und diese beiden Männer, die nicht in der Lage waren, mit ihren Schiffskameraden Schritt zu halten, deshalb zurückgelassen wurden und mit solchen Vorräten versorgt, bis zur der Rückkehr der anderen vom Schiff mit frischem Vorrat. Ob es die Absicht der Gruppe war, das Ergebnis einer weiteren Saison auf den Schiffen abzuwarten oder dem Weg zum Great Fish River zu folgen, ist nun eine Frage der Vermutung. Es ist sehr wahrscheinlich, dass sie beabsichtigt hatten, das Boot erneut zu aufzusuchen. Ob alle oder einige jemals ihre Schiffe erreicht haben, ist ungewiss.

---ab hier kämen noch ca. 15 Seiten Bericht von McClintock---Siehe unter: www.canadianmysteries.ca/sites/franklin/archive/text/McClintockFox_en.htm

------------- Wenn man diese Zeilen liest, die seiner Feder aus tiefer, trauriger Erinnerung entsprungen sind, dann wird einem erst so richtig bewusst, welchem Schicksal diese Seefahrer ausgesetzt waren. Man stellt sich die Frage aber auch: warum waren sie so fein angezogen und so gar nicht auf das ewige Eis vorbereitet und warum haben sie so viele unnötige Dinge an Bord gehabt. Sicher war der ganze Nationalstolz in jedem von ihnen, denn sie wollten ja die ersten, glorreichen Eroberer werden und sodann glänzen und strahlen in ihren Uniformen. Die Beechey-Gräber bezeugen nur einen kleinen Teil der späteren Katastrophe, die sie zu dem Zeitpunkt ja nicht ahnen konnten.

Nachdem McClintock alles ausführlich berichtet hatte, ohne Auslassen von noch so schaurigen Situationen, sagte Lady Jane: „ich wusste es“, zu McClintock, sie hätte es schon so früh geahnt, gefühlt – Und damals hatten alle Such-Gruppen an den völlig falschen Stellen gesucht, weil man ihr nicht glauben wollte.

McClintock gilt daher als der Entdecker der verschollenen Franklin-Expedition. Seitdem wurde sehr viele Jahre weiter geforscht und gesucht.
In ihren letzten Jahren widmete sich Witwe Lady Jane weiterhin der Aufklärung des Schicksals der unglücklichen Expedition sowie dem Andenken an ihren Mann.
>>> weitere Informationen über Franklin, McClintock und Graham Gore stehen im Kapitel: Besondere Persönlichkeiten - Helden der Nordwest-Passage

*****

Teil 7A
Vermutungen und Rekonstruktionen von vielen Such-Mannschaften und Wissenschaftlern

Vielleicht ließ sich Franklin, nach dem Vorbild früherer Entdeckungsfahrten, bei Beechey Island vom Eis einschließen, um im Sommer weiter in die Passage vorzudringen. Diese kleine Felseninsel wurde 1819 während der Parry-Polarexpedition entdeckt und nach dessen ersten Offizier Frederick William Beechey benannt. Daher kannte Franklin diese Insel, vermutlich auch das Bucht-Gebiet. Die Lage dieser Insel, zwischen der Barrow Strait (Verlängerung vom Lancaster Sound) und dem Wellington Channel hielt Franklin für geeignet, er war wetterbedingt gezwungen, hier mit den Schiffen *Erebus* und *Terror* 1845–46 zu überwintern, in der

Bucht lagen sie geschützt vor Anker. Die Mannschaft errichtete in Ufernähe ein Winterlager. Im Januar kam die erste Tragödie: 3 junge Seeleute verstarben nur wenige Monate nach dem Start der Expedition, wie inzwischen erforscht wurde, waren sie schon während der Fahrt erkrankt. In der Bucht, etwas oberhalb vom Strand gelegen, wurden sie begraben und dort stehen seitdem die 3 einsamen Arktis-Gräber. Nach der Überwinterung, mit den tragischen Todesfällen, machte sich die Expedition im Frühjahr wieder auf den Weg, die Eisverhältnisse erschienen gut. Vielleicht wollten sie, auf Parry`s Kurs, weiter westlich vordringen, die Passage wäre hier vollendet gewesen.

Im Melville Sound wurden sie vermutlich von einer Weiterfahrt aufgrund Vereisung, abgehalten. Vielleicht ist Franklin von Beechey Island direkt nach Norden in den Wellington Channel, zwischen Cornwallis Island und Devon Island gefahren und weil es dort vereist war, kehrten sie direkt zurück. Eine Cornwallis Island Umrundung war sicher nicht möglich, wegen Packeis und dort sind viele kleine Inselchen, Schären und Untiefen. Möglicherweise sind sie von Beechey zum Peel Sound gesegelt, hatten hier eine eisfreie Durchfahrt vermutet. Dann segelten sieinige Tage in südliche Richtung, vermutlich in der Annahme, sie stünden kurz vor ihrem ersehnten Ziel, die Durchfahrt gefunden zu haben ... doch dann stießen sie unverhofft auf Packeis.

Nach heutigen Erkenntnissen konnten sich beide Schiffe irgendwann aus dem Eis befreien, die Fahrt fortsetzten, bis sie erneut im Eis eingeschlossen waren, südlich der Meeresstraße, die später`Franklin Strait` benannt wurde. Am Ende der Franklin Strait, zwischen King William Island und Victoria Island, treffen zwei Meeresströmungen zusammen (was sich erst im Verlauf vieler Such-Aktionen herausgestellt hat). Aus Norden und Nordwesten drängte damals Treibeis heran (ist auch heute noch der Fall). Irgendwann blieben sie im festen Eisstrom stecken, der vom inzwischen nach McClintock benannten Kanal hereindrückte (den sie damals nicht kannten). Es ist verwunderlich, dass beide Schiffe nicht durch Eispressung zerstört wurden, wie das so vielen anderen Schiffen passiert ist. Eis staut sich gegen Ende des Sommers und bildet, infolge dieser sich überkreuzenden Kanal-Strömungen und dem Druck, das sehr gefährliche Schraubeis. Die Eisdecke gerät unter den Sonnenstrahlen der langen nordischen Sommertage und unter dem Druck von Ebbe, Flut und Wind in Bewegung. Eispressung hört sich, wie man heute längst weiß, schauerlich an, wenn Tonnen von Eis sich übereinander drücken, unter ächzendem Krachen und Dröhnen voranschieben, `wie das Donnern schwerer Güterzüge` oder `Explosionen` wird es oft beschrieben. Gemäß der späteren Rekonstruktionen befanden sie sich nur noch um die 100

km von der Route entfernt, die Thomas Simpson bereits vor einiger Zeit nach Westen hinausfindig gemacht hatte. Franklin hatte sich wohl auf die Erfahrungen seines Vorgängers James Clark Ross gestützt und wollte westlich von King William Island vorbei segeln, anstelle östlich. Warum er diese Route gefahren ist, weiß man nicht genau und das kann nur vermutet werden. Wahrscheinlich ging er davon aus, dass King William Island eine Halbinsel ist, im Süden durch eine Landzunge mit dem nordamerikanischen Kontinent verbunden. Vielleicht ist er falsch beraten worden oder hat sich auf seine Karten und Geräte zu sehr verlassen, vielleicht schien die östliche Seite vereist zu sein. Eiskarten, wie heute eingesetzt werden, gab es natürlich nicht. Bei Regen, Nebel, Schnee und Eis ist die Sicht so schlecht, dass sie sich auch verfahren haben könnten.... Und plötzlich taucht die Eiswand auf! So ähnlich erging es Arved Fuchs auf seinem Segeltörn -an ziemlich genau gleicher Stelle! Es bleiben für immer Spekulationen. Da sie überwintert haben, müssten die Schiffe soweit in Ordnung gewesen sein, sonst wären sie längst gesunken oder vom Eis zermalmt worden.
Ab 12. September 1846 waren sie in der nördlichen Victoria Strait im Packeis fest eingeschlossen. (Genau in diesem Bereich, an der Mündung vom McClintock Channel waren auch auf unserer Reise die heftigen Eisblockaden!) Sicher haben sie das

alles damals in ihren Logbüchern vermerkt, doch die sind im ewigen Eis der Arktis geblieben.

Vom Eis eingeschlossen, zwei Winter lang ...

Auf den 2. Winter folgte der Sommer 1847, der so kalt war und so geringe Erwärmung brachte, dass sich das Eis nicht lockerte und die Schiffe vor King William Island, wenige Meter vor der Küste, festgefroren blieben. Man nimmt inzwischen an, dass es ein letztes Aufbäumen der Kleinen Eiszeit war, das den arktischen Sommer 1847 beinahe ausfallen ließ.

Vor der Nordküste von King William Island, nahe Cape Felix (das King William Island Nordkap) begann der Anfang vom langen, tragischen Ende für beide Schiffe und nach und nach von der Mannschaft. Sie waren endgültig am Packeis gescheitert und das Eis hielt die Schiffe 2 arktische Winter lang eingeschlossen - ohne Unterbrechung dazwischen. Was sie in dieser Zeit erlebt und unternommen haben, ist bis heute ein Rätsel. Genug Proviant hatten sie – vermutlich, aber das konnte nicht gegen Kälte und Vitaminmangel nützen und die Ernährung an Bord wurde dann allmählich katastrophal.

Es ist nicht schwer, sich die Verzweiflung vorzustellen, die unter der Besatzung entstanden sein muss, als sie auch noch im Sommer 1847 im Eis eingeklemmt waren, Packeis weiterhin die Schiffe blockierte und eine weitere Überwinterung im Eis erzwang. Da sie keine Skier oder andere Geräte dabei hatten, um im Winter auf die Jagd gehen zu können, schwanden die Vorräte schneller als geplant. Franklin hatte sich zu sehr auf seine Schiffe verlassen und keine Vorsorge für Überland- Märsche getroffen, keine Schlitten mitgenommen und nie gedacht, die Lebensweise der Eskimo anzunehmen. Die Mannschaft blieb bis 1848 in den Schiffen.

Mittlerweile wurde herausgefunden....

....John Franklin ist am 11. Juni 1847 (mit 61 Jahren) gestorben, ca. 200 km von jener Stelle der Kent Halbinsel (am Coronation Gulf, trennt Dease Strait von Victoria Island) entfernt, die er von Westen kommend bei seiner ersten, von ihm geleiteten, Arktisexpedition 1819-22 kartiert hatte. Eine 100% tige Ursache ist nie genannt worden, es gibt Vermutungen, dass er einen Herzinfarkt bekommen haben könnte (was man erst sehr viele Jahre später rekonstruieren konnte). Als er starb, waren bereits ca. 24 Männer den Strapazen durch Skorbut und Kälte erlegen. Wärmeverlust des Körpers, der bei kaltem Wind schnell zur lebensbedrohlichen Gefahr werden kann und der Hunger mögen Gründe gewesen sein. Kühlt das Gehirn aus, versteifen sich die Muskeln. Zunächst versucht der menschliche Körper durch Zittern die abgegebene Wärme nachzuliefern. Doch die Auskühlung konnte unter Umständen recht schnell voranschreiten, was wiederum zu einer plötzlichen Müdigkeit führt, die die größte Gefahr darstellt. Schläft ein Mensch auch

nur kurzfristig auf dem Eis vor Erschöpfung ein, und seine Körpertemperatur sinkt dabei bis auf 31°, dann wird er bewußtlos und stirbt. Später heißt es dann, der Mensch sei erfroren.
Das komplette Schicksal ist bis heute nicht ganz geklärt, oder nur teilweise.
Der lange Marsch bei eisiger Kälte sollte zur Rettung führen .... ((ab jetzt basiert alles auf Vermutungen derjenigen, die nach der Expedition gesucht haben und verschiedene Artefakte entdeckten. Ein ganz wesentlicher Teil wurde von den damals ansässigen Inuit berichtet und inzwischen haben Wissenschaftler, teilweise sogar aufgrund der Hinweise von den verschiedenen Inuit, einiges erforschen und rekonstruieren können))
Am 22. April 1848, nach 3 Jahren und 19 Monaten in der Arktis, mussten die überlebenden 105 Mann die weiterhin vom Eis eingeschlossenen Schiffe verlassen, es gab keine andere Möglichkeit! Wissenschaftler haben herausgefunden, dass vermutlich beide Schiffe ziemlich genau in der Mitte zwischen der oberen Westküste von King William Island und der gegenüberliegenden Collinson Halbinsel, vielleicht Mitten im Bereich des Larson Sound im Eis stecken geblieben waren. Sicher war die Ernährung an Bord knapp geworden, die körperliche Verfassung teilweise sehr arg und wohl auch aus diesem Grund unternahmen sie, unter der Führung des Kapitäns der *Terror*, Francis Crozier (1796-

1848) und des nach Franklins Tod die *Erebus* kommandierenden 1. Offiziers James Fitzjames (1813-48), den verzweifelten Versuch, einen etwa 350 km südlich gelegenen Aussenposten der Hudson's Bay Company am Back River zu Fuss, über das Packeis, zu erreichen. Cozier sah wohl nur noch diese eine, letzte Chance und es sollten die ersten Schritte ihres Rettungsplanes sein.
Sie transportierten Tonnen von Ausrüstung, Vorräten und allerhand unnötige Sachen wie Seife und Tafelsilber, in mehreren Booten, auf Kufen, die um die 600 kg schwer gewesen sein müssten, eine Strecke von 28 km über Meereis. Alle hofften auf ein Überleben - eine baldige Rettung – irgendwo. Sie versammelten sich an der Nordwestküste von King William Island, in einem Lager etwas südlich von **Victory Point** (1829 von James Clarke Ross entdeckt und benannt (nach seinem Schiff), während er mit Schlitten auf Land-Erkundung zur Nordwest-Passage unterwegs war). Hier trafen sie die letzten Vorbereitungen, wie es weitergehen soll: eine 350-400 km lange Wanderung entlang der gefrorenen Küsten von King William Island und der Adelaide Halbinsel zum Back River. Sie wollten zum Nordkanada Festland gelangen und einen Posten der HBC erreichen, um Hilfe zu erhalten. Schätzungsweise minus 50° Kälte, Hunger und Krankheiten machten daraus einen Todesmarsch. Unterwegs waren weitere 21 Männer gestorben, an

Hunger, Kälte, Erschöpfung und vor allem an Skorbut / Vitamin C Mangel, wohl auch an Vergiftungserscheinungen durch einen sehr hohen Bleianteil in den mitgeführten Konservendosen (was sie damals nicht wussten oder ahnten). Die meisten Männer verstarben im Verlauf nach und nach, bevor sie ihr Ziel erreichten, noch auf der Insel und nur wenige erreichten das nordamerikanische Festland, kamen hier ebenfalls ums Leben. Die wenigen Details, die über diesen Todesmarsch bekannt wurden, waren in dem kurzen handschriftlichen Dokument enthalten, das die McClintock-Expedition 11 Jahre später in einem Cairn in der Nähe von Victory Point gefunden hat.
Alle 105 Männer, die sich auf den Weg zum Back River machten, starben und Rekonstruktionen von Ereignissen, die zu diesem Ergebnis führten, beruhten größtenteils auf Entdeckungen ihrer Gebeine und Gräber durch Inuit- und euro-amerikanische Suchexpeditionen des 19. und frühen 20. Jhd. sowie auf archäologischen Untersuchungen, die in den 1980er Jahren begannen. Die geografischen Standorte dieser Entdeckungen boten eine Möglichkeit, die Route zum Back River zu verfolgen, und die Überreste und Artefakte der Skelette bildeten die Grundlage für spätere bioarchäologische Studien, die darauf abzielten, die zugrunde liegenden Umstände zu verstehen. Die Ursachen werden immer noch erforscht, aber überwiegend konnten

Forscher inzwischen feststellen, dass verschiedene Umstände wie Hunger und Erfrierung oder in Kombination die Todesursachen waren, zuzüglich Bleivergiftung, Skorbut, Tuberkulose und Zinkmangel. Die letzten verzweifelten Überlebenden versuchten....... .....das letztendlich in der verhungernden Gruppe Kannibalismus vorgekommen ist, um das eigene Leben zu retten, ist inzwischen anhand von ca. 400 gefundenen Knochen in forensischen Studien in Kanada und England, zuletzt im Jahre 2015, erforscht und bestätigt worden. Was jedoch insgesamt wirklich passierte, galt lange Zeit als eines der großen Rätsel in der Geschichte der Polarforschung und auch über die Ursache zum Tod Franklins gab es noch vor wenigen Jahren nur Vermutungen.
Nach einer Theorie soll das in den Lötstellen der Konservendosen gebundene Blei zu einer schleichenden Vergiftung gesorgt haben. Vielleicht hatten alle eine Bleivergiftung? Ein Marinehistoriker vermutet jedoch, dass die Mannschaft aufgrund einer Bleivergiftung, durch die damaligen Konservendosen, nicht hauptsächlich ums Leben gekommen ist. Die wahrscheinlichste Ursache könnte überwiegend Tuberkulose und/oder auch Skorbut gewesen sein, vieles spricht, nach wissenschaftlichen Kenntnissen aus dem Jahr 1984, dafür.
Der genaue Weg, sowie der Verbleib der Mannschaft war lange Zeit - viele Jahre, völlig unbekannt. Wissenschaftler fanden nach und nach verschiede-

ne „Funde“ und Fundstücke an vielen verschiedenen Stellen entlang der King William Island Süd-Westküste und an 2 Stellen an der Adelaide Halbinsel-Nordküste.

Ein „tragisch-trauriger Erfolg“: Durch den langen Marsch entlang der Küste schlossen die letzten Seemänner das sozusagen vorletzte, fehlende, Stück der gesuchten Nordwest-Passage. Das absolut letzte Teilstück hatte McClure 1850-54 aufgrund seiner eigentlichen Suche nach der Franklin Crew, nach dem Verlassen der eisgeschädigten *Investigator* bei Banks Island und dem dann folgenden Schlitten-Marsch durch den Viscount Melville Sound/ Barrow Strait „zufällig“ entdeckt.

*****

Teil 8
Die neuesten Entdeckungen
--- gefunden und erforscht

Im Mai 1859 wurde ein Franklin-Expeditionszeltlager am Cape Felix von der McClintock-Suchexpedition entdeckt und 20 Jahre später, im Juli 1879, von der Schwatka-Expedition erneut aufgesucht. Die Suche nach Überlebenden der Franklin Expedition hatte in den 1860er Jahren **Frederick Gustavus Schwatka** (1849-92) interessiert. Er war Leutnant der US-Army, sowie ein Forschungsreisender in

Alaska und im nördlichen Kanada. Unter seiner Führung startete Mitte Juni 1878 eine Suchaktion-Expedition nach King William Island, um gezielt dort diverse Erkundungen zu unternehmen. Mit dem Überwinden von über 5200 km wurde bei der Expedition ein neuer Streckenrekord für Schlittenreisen aufgestellt. Es wurden bis zur Rückkehr, 2 Jahre später, Gegenstände der Franklin Expedition sowie Gräber einiger Teilnehmer gefunden, in einer Bucht, der Schwatka den Namen Starvation Cove (Hungerbucht) gegeben hat, weil hier vermutlich die allerletzten Überlebenden gestorben sind. Mittlerweile ist ein großer Friedhof errichtet worden, mit Grabsteinen und Stelen.
Die McClintock- sowie die Schwatka-Suchtrupps fanden erhebliche Mengen an Schiffsartefakten, aber keine Gebeine. Im Juni 1879 untersuchte die Schwatka-Expedition das Gelände und fand ein Grab eines Marineoffiziers, der aufgrund der Entdeckung einer ihm 1830 verliehenen Mathematikmedaille, im Grab als Leutnant John Irving identifiziert wurde. Daraufhin wurde am 13. Juli ein Denkmal über dem Irving-Grab errichtet und ein Stein markiert, um es als solches zu kennzeichnen.
Menschliche Überreste, die der Franklin Expedition zugeschrieben werden, wurden einige Jahre später, an 35 Stellen auf King William Island und auf der Adelaide Peninsula an 7 Stellen zwischen Thunder Cove und Starvation Cove gemeldet oder gefunden.

Einige Jahre vor den aufwendigen Franklin-Suchaktionen wurden vereinzelte Inuit von einigen „Franklin-Such-Trupps“ angetroffen, mit Kleidungs- und Ausrüstungsgegenständen, die eindeutig der Franklin Expedition entstammten. Viele Teile konnten die Entdecker bei den Inuit eintauschen und davon sind wiederum später viele Dinge ins Museum gekommen. Sogar das Schachbrett, welches Lady Franklin für die Expedition gestiftet hatte, wurde aufgefunden, sowie auch Geschirr und Trinkbecher von der *Terror* und der *Erebus*. Außerdem hatten Inuit einige Gebeine der Mannschaft entdeckt, aber auch nur ein Schiff. Das hatten sie den Leuten der Suchtrupps versucht zu erklären. Keiner wollte ihnen Glauben schenken. Erst sehr viele Jahre später, zwischen 2012-15, als Wissenschaftler den Meeresboden mit Sonar absuchten, erwies sich, dass damals die Inuit die Wahrheit gesagt hatten.

Der Schatz der Nordwest-Passage !

- 250 Kilometer nördlich vom Polarkreis -

---Die Suche nach Franklins Schiffen wurde auch in den folgenden Jahrzehnten, bis sie erst vor wenigen Jahren entdeckt wurden, nie ganz aufgegeben, sie waren seit 1847/48 verschwunden. Noch 1913 finanzierte der kanadische Staat Expeditionen, sieben Jahre nachdem Roald Amundsen die Durchfahrt der Nordwest-Passage erstmals gelang. 1992 wurde die vermutete Untergangsstelle der beiden Schiffe von Kanada zu einem Ort von nationaler

Bedeutung, zu einer National Historic Site of Canada, erklärt. Ab 2008 verstärkte Kanada die Suche nach den Schiffen und war jährlich in die Arktis gefahren. Hintergrund ist auch, dass Kanada seine Souveränität über die Nordwest-Passage bekräftigen will. Seit 2008 hatten Suchtrupps mühsam hunderte Quadratkilometer arktischen Meeresbodens abgesucht, um die rund 31 m langen Dreimaster aufzuspüren. Es gibt kaum Schiffe, nach denen Meeresarchäologen so intensiv gesucht haben, wie nach *Erebus* und *Terror*. Große Teile des gesamten Gebietes sind fast das ganze Jahr über von Eis bedeckt und nur sechs Wochen zwischen Juli/August und September ist das Wasser relativ offen und teilweise schiffbar. Das Zeitfenster für die Suche war, früher wie heute, sehr begrenzt. Erst 170 Jahre später kann das Schicksal der Franklin-Expedition weitestgehend nachvollzogen werden. Durch einen ersten sensationellen Fund der *Erebus*, in 2014 – zu dieser Zeit fehlte vom Schwesterschiff *Terror* zunächst weiterhin jede Spur.
Die Nordwest-Passage wurde inzwischen längst gefunden und wird auch befahren, aber noch immer waren/sind Wissenschaftler auf der Suche und gleichzeitig auf Entdeckungstour.
Die beiden Schiffe sollten ursprünglich die Nordwest-Passage entdecken, nun wurden sie selber entdeckt - eine meeres-archäologische Sensation!!

Das **Wrack der *Erebus*** und der Schatz der Nordwest-Passage!

Anfang September 2014 konnte die Victoria-Strait-Expedition, eine von Parks Canada (die kanadische Nationalparkverwaltung) geleitete Expedition, mit Forschern und Wissenschaftlern, bei umfangreichen Unterwasserforschungen mit einem Sonargerät, das Wrack der *Erebus* lokalisieren, aufgrund von Hinweisen eines Inuit aus Gjoa Haven, der sich schon sehr lange mit dem Verschwinden der Schiffe beschäftigt hatte. Aufgrund seiner präzisen Angaben haben die Wissenschaftler das Wrack gefunden, gut 250 km nördlich vom Polarkreis. Zuerst wurden Erkundungsflüge mit einem Helikopter unternommen und dabei konnten an Land einige Artefakte gefunden werden. Die Meeresarchäologen sind auch mutige Taucher und waren selbst sehr gespannt, was sie am Meeresboden finden würden, was sie zuvor auf dem Sonargerät entdeckt hatten. Die *Erebus* lag in 11 m Tiefe auf dem Grund der Ook-joo-lik / Wilmot and Crampton Bay, in der Victoria Strait, südlich von King William Island und der Westseite der Adelaide-Halbinsel, auf Position 68°13'00.0"N 98°50'00.0"W, direkt vor O'Reilly Island und gut 100 km westlich von Starvation Cove, wo die letzten Überlebenden verstarben. O'Reilly Island ist die größte der zahlreichen Inseln im Queen Maud Gulf und der Adelaide-Halbinsel unmittelbar westlich vorgelagert. Sie ist flach und von vielen Seen durchsetzt. Die Fundstelle ist mehr als 100 km südlich der lange Zeit von den Wissenschaftlern vermuteten Untergangsstelle. 2900 km nordwestlich der Hauptstadt Ottawa. In diesem Gebiet sind die Jahresdurchschnitts-Temperaturen um -13°, im Juni -2°, der Januar ist mit -25° am kältesten. Zunächst war den Meeresarchäologen nicht klar, welches der beiden Schiff-Wracks sie gefunden haben. Sie gehörten zur gleichen Schiffsklasse, waren ungefähr gleich groß, mit etwas unterschiedlicher Bauweise. Erst durch einen Abgleich mit den Bauplänen stellte sich heraus, dass das Wrack der *Erebus* gefunden wurde. Es ist einerseits in einem schlechten Zustand, wiederum aber auch gut erhalten, nach der langen Zeit. Der Fund ging durch die Presse und erfreute die ganze Nation, welch ein sensationeller Fund, keiner hätte das jemals für möglich gehalten!!!

Mittlerweile konnte durch Untersuchungen teilweise rekonstruiert werden, dass das Schiff doch nicht von der zuletzt verbliebenen Mannschaft aufgegeben worden war, sondern hatte, gesteuert von einigen Männern, die sich nicht an dem langen Fußmarsch in den Süden beteiligten, oder aus anderen Gründen nicht konnten, die Victoria Strait und King William Island passiert und war bis zum kanadischen Festland gelangt – oder wurde es mit der Eisdrift hierher getrieben?

Die Franklin-Mannschaft hatte insgesamt die

Nordwest-Passage gefunden ..... !!
Da dieses Gebiet damals bereits teilweise entdeckt und auch bekannt war, wurde, im Grunde, der eigentliche Expeditionszweck erreicht. Das müsste denen sicherlich (noch) bewußt gewesen sein. Sie waren ja auf dem besten Weg, die gesamte Passage gefunden zu haben und von Anfang bis Ende durchfahren zu können, wenn nicht das arktische Eis einen eisigen Strich durch diese Expedition gemacht hätte!
Laut den Inuit-Überlieferungen, was beobachtet wurde, stieg von dem Schiff noch einige Zeit lang Rauch auf und eine Planke war vom Deck auf das Packeis geschoben worden. Die Männer an Bord blieben wohl noch so lange, bis der Proviant zur Neige ging. Vielleicht oder im Grunde recht sicher, haben sie auf ihre Kameraden gewartet, die vom Festland Hilfe holen wollten. Keiner hat das traurige Schicksal überlebt. 1850 und 54 wurden bei den Such-Expeditionen erstmals Gegenstände, die offensichtlich Franklins Männern gehört hatten, gefunden. Inuit berichteten, damals aus Fußspuren im Schnee erkannt zu haben, dass die übrigen Männer das Schiff verlassen hatten und andere Inuit hatten verzweifelte Hungergestalten gesehen, die sterbend über das Eis zogen. Sie wurden nie wieder gesehen. Wann die verlassene *Erebus* letztendlich gesunken ist, lässt sich (noch) nicht ermitteln, daran wird sicher noch weiter geforscht. Nach den

neuesten Erkenntnissen könnte ein Teil der Crew eine Rückkehr mit der *Erebus* versucht haben. Auch das Abdriften der Wracks im Treibeis wird vermutet - das hat die Suche besonders schwierig gemacht.
Archäologen konnten inzwischen neben einigen Gegenständen auch die Schiffsglocke mit dem Aufdruck 1845 von Franklins Flaggschiff *Erebus* bergen. Sie lag auf dem Oberdeck, eingebettet und umgeben von Algenpflanzen. Eine Schiffsglocke ist eine Art Herzstück jedes Schiffes und ihr Fund daher ein besonderer Schatz - **der Arktis-Schatz der Nordwest-Passage!**
Seit September 2019 steht die schön restaurierte Schiffsglocke im Nattilik Heritage Centre Museum in Gjoa Haven und versetzt die Besucher ins Staunen, denn niemand hatte jemals damit gerechnet, die Wracks zu finden und noch dazu die so gut erhaltene Schiffsglocke! – und sie funktioniert!
Das Projekt sei eines der größten und umfangreichsten archäologischen Unternehmen in der Geschichte Kanadas, hieß es. Zuletzt waren an die 350 Gegenstände vom *Erebus*-Wrack geborgen worden und inzwischen sind teilweise einige interessante Dinge in das National Maritime Museum in Greenwich /London gekommen. Es ist das größte Museum für Seefahrtsgeschichte der Welt.
Trotz langer und auch teurer Suche mit Satelliten- und Unterwasser-Aufnahmen hatten Forscher das

Wrack der *Terror* nicht aufspüren können, sie hatten es zunächst auch ganz woanders vermutet. Die *Terror* konnte in 2016 geortet werden, aufgrund von Hinweisen durch 2 Inuit-Jäger. Diese beiden Inuit kann man als die letzten „Franklin-Sucher" oder „Wrack-Sucher" bezeichnen, oder ebenso als Entdecker, was die beiden sicher ganz stolz gemacht hat.
//// The *Erebus* was found in 2014 just off O'Reilly Island, a hundred kilometres due west of Starvation Cove and two years later the *Terror* was located in the shallow waters of Terror Bay *////*
Das Wrack der *Terror* wurde, 171 Jahre nach dem Untergang, am 3. September 2016, gefunden, fast 100 km südlich der bisher vermuteten Untergangsstelle, in der schon im 19. Jhd. nach ihr benannten Bucht Terror Bay, einer Bucht der King William Island-Südküste. Das sind ca. 60 Seemeilen nördlich vom Wrack der *Erebus*, in 24 m Tiefe, auf der Position 68°54'N, 98°56'W, 220 km nördlich vom Polarkreis. Auf die Spur sind die Forscher durch den Hinweis von einem Inuit-Jäger aus Gjoa Haven gekommen. Er hatte berichtet, dass er damals bei der Jagd in dieser Bucht gesehen hatte, wie ein großes Stück Holz aus dem Eis geragt hatte, das einem Mast glich. Erst dieser Hinweis brachte die Forscher dazu, ihre Suche in dieses Gebiet auszudehnen. Denn nach allen bis dahin vorliegenden Erkenntnissen, wurde als letzte Position der *Terror* ein Ort

mehr als 90 km weiter nördlich angenommen. Dieser Inuit fuhr auf dem Forschungsschiff *Martin Bergmann* für die Arctic Research Foundation mit, das auf der Suche nach der *Terror* war. Aufgrund seiner Angaben wurde genau gesucht, auf dem Weg vom nördlichen Ende der Victoria Strait – dem Ort, an dem damals die *Terror* vermutlich aufgegeben wurde und wo seither hauptsächlich nach ihrem Wrack gesucht worden war, bis in die Terror Bay. Vermutet wird inzwischen, dass die *Terror* offenbar noch einmal flott gemacht wurde und das ist die eigentliche Sensation des Fundes. Dieser Fundort macht nun wahrscheinlich, dass einige Männer damals versucht haben müssen, mit dem Schiff weiter nach Süden zu gelangen. Dieses Schiff ist demzufolge noch gut 200 km weiter nach Süden gekommen, bevor es wieder im Eis stecken blieb. Es muss ein elendig langer Kampf ums Überleben gewesen sein, der sich damals hoch im kanadischen Norden zugetragen hat. Am Ende hat es keiner überlebt: alle 129 Mitglieder der „legendären Franklin-Expedition" kamen - jeder auf unterschiedliche Weise - ums Leben. Die Royal Navy-Schiffe *Terror* und *Erebus* waren Jahrzehnte verschollen. Was einst an Bord passierte, ist bis heute Stoff für Wissenschaftler, Filmemacher und Buchautoren - und immer noch nicht ganz genau geklärt und wird aufgrund der Wrack-Funde weiter erforscht. In beiden Wracks wurden keine Leichen gefunden. Die ersten

Untersuchungen mit einem Unterwasserroboter zeigten, dass die *Terror* aufrecht am Meeresboden liegt, alle drei Masten stehen auch aufrecht und kein Anker sei ausgeworfen worden. Unterwasserarchäologen erkundeten das Wrack ausgiebig und es gelang ihnen, in den Rumpf zu tauchen. Dabei wurden eindrucksvolle Video-Clips erstellt, die von der kanadischen Nationalparkverwaltung veröffentlicht wurden. Teller und andere „Artefakte" / Gegenstände stehen in Regalen, neben einem Tisch. Entdeckt wurden Becher, Gläser, Schalen, viele Teller und Flaschen in Regalen, sowie Betten und Tische, sogar heile Glasscheiben. Viele Stellen des Unterdecks konnten die Forscher inzwischen erfassen, nur die Schlafräume von Kapitän Francis Crozier blieben (bisher) unzugänglich. Laut der Arctic Research Foundation hat das Wrack einen außergewöhnlich guten Zustand, insgesamt besser als die *Erebus.* Die Meeresarchäologen erfreute beide Funde und es übertraf alle Erwartungen, denn damit hatte nie jemand gerechnet. Alles deute darauf hin, dass das Schiff unerwartet und langsam gesunken und zuvor verlassen wurde. Wegen des tiefen, eisigen Wassers in der Terror Bay ist es noch recht gut erhalten, auch durch den Mangel an natürlichem Licht und Sauerstoff und einem tiefen Sediment, das sich im gesamten Wrack in wellenförmigen Mustern niedergelassen hat.
Die Forscher / Taucher waren erstaunt, was die

Seeleute damals alles mitgenommen haben. Zwar hatten sie mit einer ca. 3 Jahre dauernden Reise gerechnet und Proviant für 3 Jahre dabei, aber auch vieles Unnötige war an Bord, z.B. rund 3000 Bücher (keiner weiß, warum es so viele Bücher waren), Tafelsilber und, nach heutiger Auffassung, jede Menge unnötiges Zeug und Unmengen an Konservendosen. *<<< Berichte, Fotos und Video: polarjournal.ch/2019/10/01/erste-bilder-aus-dem-wrack-der-hms-terror/*
>>> weitere Informationen zu beiden Schiffen stehen im Kapitel 12: die berühmten Entdecker- und Polarschiffe

In über 500 Jahren suchten unzählige Menschen...

...in über 30 Expeditionen mit über 140 Schiffen und diversen Überland-Expeditionen die Nordwest-Passage und später fast nochmal soviele suchten die Franklin-Expedition. Der fanatische Gedanke einer nordwestlichen Durchfahrt ließ, trotz so vieler bitterer Enttäuschungen, die Gemüter nie zur Ruhe kommen. Sir John Franklin und seine Leute, die 1845 mit *Erebus* und *Terror* England verließen, waren so voller Hoffnung, an die Teilerfolge der vielen Vorgänger-Forscher anknüpfen zu können. Sie wollten die gesamte Durchfahrt schaffen – und erlangten tragische Berühmtheit. Keine andere Region hat der Polarforschung so viel Opfer gefordert, wie die Suche nach der Nordwest-Passage. Die vielen Such-Expeditionen haben einen enormen Beitrag zur Erforschung der Arktis geleistet.

Unbekannte Inseln, Teilabschnitte und Völker wurden entdeckt. Inseln, Meeresengen und Sunde haben entsprechende „Entdecker-Namen“ aus dieser Zeit bekommen und für immer behalten!

Mittlerweile wurde erforscht ….

Es war M’Clintocks Team, das 1859, am Victory Point an der Westküste King William Island die ersten tragischen Überreste der eisigen Wanderung nach Süden entdeckte und kartierte und die Expeditionsaufzeichnungen von Kapitän James Fitzjames gefunden hatte: ein zum Schlitten umfunktioniertes Boot sowie eine Notiz in einem Steinhaufen, auf dem Papier vom Fitzjames, der Autor der einzigen Dokumente der Expedition. Demzufolge waren Franklin und 24 seiner Seeleute bis 1848 gestorben. Daher gilt M’Clintock als ein Entdecker der verschollenen Franklin-Expedition. Die Aufzeichnungen, die hinterlassen wurden, erscheinen in gewisser Hinsicht rätselhaft, vermutlich durch die Auswirkungen einer Bleivergiftung.
Unter den vielen Fundstücken war ein silberner Dessertlöffel mit Geigenmuster, der dem Leutnant gehörte. Einige Inuit hatten M’Clintock erzählt, sie hätten das Material in einem Lager nordwestlich der Mündung des Back River gefunden, in dem eine Gruppe (die letzte) verhungert war.
1981, genau 135 Jahre nach der Tragödie, hatte ein kanadisches Forscherteam mit dem kanadischen Anthropologen Owen Beattie (canadian professor

of anthropology at the University of Alberta), zwischen 1984 und 1986, die „Beechey-Gräber untersucht und festgestellt, dass die 3 Männer im Zeitraum Januar bis April 1846 gestorben sind und begraben wurden, im arktischen Permafrost. Über einige Jahre hat er mit einen Team von diversen Wissenschaftlern und Forschern der Verlauf der Expedition rekonstruiert, vom ersten überwinternden Hafen auf Beechey bis zur Starvation Cove auf dem Festland, wo die letzten Überlebenden starben. Mithilfe moderner Forensik konnten die Identitäten und Todesursachen der Tragödie weitgehend erforscht werden. Die wichtigste Erkenntnis war: durch das Lötblei, Bleigehalt der Konservendosen, hat eine Bleivergiftung zum Tod beigetragen sowie Tuberkulose, Unterernährung und Lungenentzündung. Owen Beattie und John G. Geiger haben 1989 dazu das Buch geschrieben: „Der eisige Schlaf“. 2016 analysierten Forscher weiter und kamen zum gleichen Ergebnis.

Literatur-Tipps: am Ende des Buches / Quellenhinweise

Es wurde viele Jahre weiter geforscht und gesucht. Inzwischen konnte relativ gut das Schicksal der Franklin Expedition ermittelt werden. Alle Männer starben, bevor sie irgendein Ziel erreichten und ihre tragischen Überreste und viele andere Fundstücke wurden an 35 Orten entlang der Route des Rückzugs gefunden, weil hier nach und nach die Leute verstarben. Diese Entdeckungen spielten

eine zentrale Rolle bei der Nachstellung von Ereignissen, von denen angenommen wurde, dass sie während des gescheiterten Versuchs, den Back River zu erreichen und der katastrophalen Ergebnisse der Expedition aufgetreten sind.
Nach den inzwischen geo-wissenschaftlichen Erkenntnissen, steht fest, **dass die letzten Überlebenden die Nordwest-Passage vollendet hatten** ...zu Fuß und mit tragischem Ende. Das, was diese Expedition vor hatte, wurde erreicht. Leider haben Franklin und seine Leute das nicht mehr erfahren können.

Es gibt so viele Fragen .....

Obwohl die Standorte der vermissten Schiffe inzwischen bekannt sind, stellten die Entdeckungen neue Fragen zum Verlauf und zum Verschwinden, beziehungsweise zum Untergang. Die Wracks sollen jetzt zugleich der Regierung in Kanada und den Inuit von Nunavut gehören. Es ist sicher auch für die vielen Nachfahren der damaligen Expeditionsmitglieder eine schöne Sache, dass durch die Wracks-Funde der letzte Teil einer jahrelangen Geschichte bisher einigermaßen rekonstruiert werden konnte und weiterhin noch erkundet wird. Die kanadische Regierung freut sich über das "historische Geschenk" und verwies auf die Bedeutung der Inuit im Territorium Nunavut, ohne deren Unterstützung und Hilfe, Ratschläge sowie ihr traditionelles und modernes Wissen wären die Wracks nicht gefun-

den worden, daher sollen die Wracks gemeinsam Kanada und den Inuit von Nunavut gehören.
Es gibt noch sehr vieles zu erforschen und zu analysieren. Die Unterwasserarchäologen-Forscher hoffen auch, Schriftstücke zu finden um herauszubekommen, was damals an Bord passierte, welche Pläne es gab, welche Ängste, welche Sorgen, wie gelangten die Schiffe dahin, wo sie als Wrack gefunden wurden, mit der Eisdrift und wie und wo trennte sich ihr Schicksal, wieviele von der Mannschaft waren zuletzt noch an Bord ….es gibt sehr viele Fragen und führt zu einer Fortsetzung der unendlichen „Entdeckungs-Geschichte" !
Die Suche nach den Wracks hat nicht nur historischen Wert, denn weiterhin wird unkartografierter Meeresboden vermessen und erforscht. Bisher wurden mehr als 1200 Quadratkilometer Meeresboden kartografiert. Diese Vermessungen sind von großer Bedeutung für die Sicherheit der zunehmenden Schifffahrt, von Kreuzfahrtschiffen und Frachtern in der Arktis, die mehr und mehr durch die Nordwest-Passage fahren (leider).
Somit geht die Nordwest-Passagen-unendliche-Geschichte unendlich weiter und wird wohl für immer die letzten kleinen Geheimnisse im Reich des Arktis-Neptun für sich behalten. Franklin`s Grab wurde bisher nicht gefunden.
Bis heute ist das Polareis unberechenbar und hat vielen Expeditionen, noch heutzutage, die Durch-

fahrt verhindert. Einige Teile sind im Jahr nur kurz eisfrei. Das macht verständlich, warum die Seefahrer einige Mal im Eis eingeschlossen waren und später im Eis ums Leben gekommen sind. Was genau auf den Schiffen passiert ist und wie sich der lange, tragische Fußmarsch zugetragen hatte, wie sind die Schiffe *Erebus* und *Terror,* vom Standort des Verlassens der Crew bis zum jeweiligen Wrack-Fundort gekommen?? ----------- es bleibt für immer das Rätsel der Nordwest-Passage!

Die Forschungen gehen weiter ....

->>> 2014 und 2016 lösten die Wrack-Funde einige Rätsel um das tragische Schicksal der Besatzung teilweise auf. Was mit dem Schwärmen eines damals 17-jährigen Jungen begann, hört sich im Verlauf all der Jahre wie eine lange Geschichte an. Es sind die unendlich vielen wahren Begebenheiten, die diese Geschichte in über 720 Jahren entstanden ließ und sie ist bis heute noch nicht zu Ende, wird vielleicht niemals richtig enden, denn solange Forscher und Wissenschaftler sich noch immer mit dieser „Geschichte" und weiterhin neuen Erkenntnissen beschäftigen, ist kein Ende in Sicht.

Ein „wissenschaftliches Wander-Team" hatte 2018 geplant, die Fußmarsch-Route der letzten Überlebenden abzugehen, dabei zusätzlich auch das umliegende Natur-Terrain zu erkunden. (was daraus geworden ist, entzieht sich meiner Kenntnis).

Das Interesse daran ist jedenfalls groß und noch

immer wird geforscht, heutzutage mit modernen Geräten.
Eine never ending story, eine unendliche Tatsachen-Schicksals-Geschichte, die in so vielen Facetten, vom Anfang bis heute, spannend ist, wie keine andere Geschichte der Welt.

****

Bekannte Seefahrer und ihre vielen Entdeckungen

**Die Nordost-Passage nicht gefunden,
dafür Spitsbergen und die Bäreninsel**

Willem Barents (1550-97), niederländischer Seefahrer und Kartograph, hatte Karten von den Mittelmeerländern, Irland und Nordnorwegen erstellt. Niederländische Kaufleute waren Ende des 16. Jhd. stark an einem alternativen Seeweg zum Fernen Osten interessiert, denn die einzige bekannte Route um Afrika und über Südostasien war lang und durch die Konkurrenz zu den anderen Seemächten gefährlich und zuvor sind bereits einige Versuche misslungen. Die Entdeckung dieser Passage hätte der aufstrebenden niederländischen Kolonialnation neue Wege nach Osten ermöglicht, die nicht von Spanien oder Portugal kontrolliert wurden. Barents war von 1594-97 an 3 Fahrten zur Entdeckung der der Nordost-Passage beteiligt. 2 Fahrten mussten abgebrochen werden, wegen riesigen Eismassen. 1596, auf seiner letzten Reise, stießen er und seine

Leute auf Nordkurs segelnd, auf eine kleine Insel, die sie Beeren-Eiland nannten, nachdem sie dort einen Eisbären getötet hatten. **Bjørnøya** (Bären-Insel, 178 km²) liegt zwischen dem Nordkap und Spitsbergen, was Barents für Grönlands Küste hielt. Er benannte das Insel-Gebiet nach den spitzen Bergen an der Westküste. Spitsbergen ist der Name der größten Insel der 61.022 km² großen Inselgruppe, zu der rund 400 Inseln gehören, norwegisch: **Svalbard**. Die Hauptinsel heißt **'Spitsbergen'**, (auf norweg. u. niederl.). Somit hatte Barents Spitsbergen entdeckt, jedenfalls den Hauptteil.

Er segelte anschließend weiter nach Osten. Die Schiffe wurden vom Packeis eingeschlossen. Auf der Doppelinsel Nowaja Semlja ‚neues Land' mussten sie – unge- plant – überwintern, bauten eine dürftige Unterkunft aus Treibholz. Das war die früheste überlieferte Überwinterung so weit im Norden. Bekannt ist, dass Barents auf seiner letzten Reise eine Karte der Arktis zeichnete, die den Nordpol erstmals in einem von Kontinenten umgebenen Meer liegend darstellte. Barents starb im Frühling 1597 auf Nowaja Semlja, vermutlich an Skorbut. Nach Barents sind der Ort Barentsburg/ Spitsbergen, die Barents Sea, der Meeres-Bereich zwischen Spitsbergen und Kara-Sea benannt und Barents Land, der nördliche Teil von Nowaja Semlja.

*****

Zwei erfolgreiche Expeditionen geschafft, die dritte gilt als verschollen in der Arktis

John Franklin (15. April 1786 in Spilsby (Lincolnshire)/England, † 11. Juni 1847 nahe der King William Island /kanadische Arktis) war ein britischer Soldat, Seemann und später Konteradmiral und Polarforscher. Als 14-jähriger zog es ihn zur See, kam 1800 zur Royal Navy und nahm 1801 an der Seeschlacht vor København teil. Danach begleitete er 1801/03 seinen Onkel, den Forschungsreisenden Matthew Flinders, nach Australien. Diese Reise machte Franklin zum Seemann, er erwarb nautische Kenntnisse und hatte seinen Onkel als vorbildlichen Expeditionsführer. Nach einem Schiffbruch wartete die Mannschaft auf einer Sandbank, bis Flinders Hilfe geholt hatte. Mit knapper Not überstand Franklin im Oktober 1805 die Seeschlacht von Trafalgar / Gibraltra; wurde 1808 zum Leutnant befördert und war 1814 bei der Schlacht von New Orleans dabei. Seine erste Polarexpedition ging 1818 mit der *HMS Trend* nach Spitsbergen, um die Nordost-Passage zu entdecken, unter der Leitung von David Buchan (1780-1838) schottischer Marineoffizier und Polarforscher. Schon auf dieser Fahrt erlebte er ähnliche Eis-Gegebenheiten, wie einige Jahre später auf seiner tragischen und letzten Expedition und die Fahrt wurde abgebrochen. Buchan wurde im Dezember 1838 auf der Seereise von Kalkutta nach England mit der Upton Castle / East Indiaman (ostindische

Handelsgesellschaft) auf See für verloren erklärt. Franklin erhielt 1819 von der Admiralität den Auftrag, das Gebiet von der Hudson Bay, den Flußlauf des Coppermine River bis zur Mündung und die Kent-Halbinsel, Nordwest Kanadas zu erforschen. Während dieser ersten, verhängnisvollen Überland-Expedition trafen Franklin und seine Mannschaft auf extreme Situationen, am Rande des Verhungerns. Um zu überleben, mussten sie Flechten und sogar das Leder von Stiefeln essen, was Franklin den Spitznamen „der Mann, der seine Schuhe aß“ gab. Franklin verlor auf dieser Expedition 9 seiner 19 Begleiter. 1824-26 erforschte Franklin auf seiner 2. Expedition die Küste zwischen den Mündungen von Mackenzie River (die er als zweiter Europäer nach Alexander MacKenzie (1764-1820) im Jahre 1789 erreichte) und Coppermine River, dann nach zwischenzeitlicher Rückkehr zum Great Bear Lake, die Küste westlich der Mackenzie-Mündung bis fast zur Mündung des Colville River. Er erkundete und kartierte hierbei den wichtigen Abschnitt der westlichen Nordwest-Passage und hatte dabei rund 2500 Meilen ergründet.
1828 heirateten Franklin und Jane Griffin (eine Freundin seiner ersten Frau). Am 29. April 1829 wurde er von König Georg IV. als Knight Bachelor in den Adelsstand (Ritterstand) erhoben.
1836-43 verbrachte er auf Tasmanien /südöstlich von Australien in Eigenschaft als Gouverneuer.

Mit fast 60 Jahren entschied sich Sir John Franklin den Auftrag der Admiralität anzunehmen, zu einer erneuten mehrjährigen Arktis-Expedition, mit dem Ziel, die Nordwest-Passage zu finden, was bis dahin über 350 Jahre niemanden gelungen ist, nur in Etappen. Am 19. Mai 1845 stach die Expedition mit den Schiffen, *Erebus und Terror* (unter Kapitän Crozier) in See. 129 Mann suchten die Nordwest-Passage und am Ende fanden alle den Tod. Weil diese Expedition so außergewöhnlich tragisch verlief und auch die jahrelange Suche nach den Seefahrern, ist die Geschichte hierzu besonders bekannt und wird immer mit der Nordwest-Passage verbunden und auch immer verwurzelt bleiben. Das ist aber nur ein Teil, eine Etappe, aus vielen Erkundungen in all den Jahren der Nordwest-Passagen Suche.

Nach Franklin benannt wurde die Franklin Strait, bei King William Island und eine Bucht im Amundsen Golf, die Franklin Mountains, westlich vom Great Bear Lake, ein kleiner Landstreifen südlich der Adelaide Halbinsel und das Kap Franklin Point an der Nordostküste von King William Island sowie Franklin Island (35 km²), etwas nördlich von Crozier-Island (4 km²) im Kennedy Channel (Meeresenge in Nordwestgrönland, nördlich vom 80. Breitengrad, zwischen Ellesmere Island und Washington Island). >>> weitere Informationen über die Franklin-Expedition steht im Kapitel Nordwest-Passage --- wo zum Teufel ist die Nordwest-Passage ???

*****

Der meist geehrte Kapitän in der Geschichte der Royal Navy

Francis Rawdon Moira Crozier, der irischstämmige Offizier (1796-1848), kam mit 13 Jahren zur Royal

Navy, war an mehreren Expeditionen in der Arktis und Antarktis beteiligt. 1820 traf er auf Kapitän William Edward Parry, der gerade seinen 2. Versuch plante, mit den Schiffen *Fury* und *Hecla* die Nordwest-Passage zu entdecken und zu durchsegeln. 1821 nahm Crozier an dieser Expedition als Midshipman auf Parrys Schiff *Fury* teil, wo er auch seinen späteren engen Freund James Clark Ross kennenlernte, der hier ebenfalls als Midshipman diente. Die Expedition führte in die Gegend der Melville Peninsula, am Foxe Basin und brachte Crozier erstmals in Kontakt mit den Ureinwohnern der Nordpolarregionen, den Inuit. Auch die erste Erfahrung einer Überwinterung in einem vom Eis eingeschlossenen Schiff erlebte er hier. Crozier und Ross nahmen 1824 auch an Parrys 3. Expedition teil, die mit dem Schiffbruch der *Fury* bei Somerset Island endete. Zu seinen Aufgaben zählte die Überwachung der magnetischen Experimente und astronomischen Untersuchungen. Als 1835 sein Freund James Clark Ross mit dem Kommando über eine Rettungsexpedition für vermisste Walfangboote im Polarmeer betraut wurde, übernahm Crozier, mittlerweile zum Leutnant befördert, die Stelle als zweithöchster Offizier auf der *HMS Cove*. Die Walfänger konnten gerettet werden. 1839 nahm Crozier wieder als zweithöchster Offizier auf einer vierjährigen Antarktisexpedition, unter der Leitung von James Clark Ross teil. Diese Expedition, mit den Schiffen

Erebus und *Terror*, letztere unter Croziers Kommando, lief im August 1840 in Hobart, der Hauptstadt der britischen Kolonie Van Diemen`s Land – das heutige Tasmanien – ein. Hier wurde er vom Gouverneur der Kolonie Sir John Franklin, freundlich aufgenommen und verliebte sich in dessen Nichte, Sophia Cracroft, sie heirateten nicht, blieben bis zuletzt in engem Kontakt. Die Expedition wurde als großer Erfolg bekannt und er wurde zum Kapitän befördert.

Im Mai 1845 nahm er an der Franklin Expedition teil, wieder mit den Schiffen *Erebus und Terror*, was mit der entsetzlichen Eis-Tragödie endete. Im Winter 1848, beim verzweifelten Versuch, die letzten Überlebenden der Expedition nach Süden zum Back River zu führen, kamen er und alle anderen, in der kanadischen Arktis, südlich von King William Island, nach und nach und ums Leben.

Crozier ist Namensgeber von einigen geographische Dingen rund um die Arktis und in der Antarktis, z.B. Cape Francis Crozier an der King William Island Westküste und Kap Crozier beim westlichen Eingang der Mercy Bay (Gnadenbucht) auf Banks Island, in der die *Investigator* unter Robert McClure, der später als tatsächlicher Entdecker der Nordwest-Passage gefeiert wurde, zwei harte Winter verbrachte. Und im Norden von Banks Island liegt Crozier Channel. Außerdem die Crozier Strait zwischen Cornwallis Island und Bathurst Island, sowie der Crozier River, in der Nähe der Fury and Hecla Strait.

Auf Spitsbergen liegt Crozier-Point. Im Kennedy Channel (Meerenge nördlich vom 80. Breitengrad, zwischen Ellesmere Island und Washington Island) ist Crozier Island (4 km²), etwas südlich von Franklin Island (35 km²). Und ein Mondkrater trägt den Namen Crozier.

*****

Commander auf Franklins Schiff *Erebus*, im Eis gestorben.

Graham Gore (1806-1848) war der Enkel von John Gore Senior und setzte das Expeditionserbe fort, fast 70 Jahre nachdem sein Großvater dasselbe versucht hatte. Er kam im April 1820 zur Marine und diente 1836 und 1837 auf der *Terror* unter **George Back** während Backs Reise in die Arktis. Er wurde 1845 zum Leutnant auf Franklins Schiff *Erebus* ernannt und während der Reise zum Commander. Im Mai 1847 schickte Franklin Gore und sechs Männer nach King William Island, um die damals unbekannte Verbindung in der Nordwest-Passage zu erkunden. Die Gruppe marschierte eine kurze Strecke entlang der Westküste der Insel nach Süden, bevor sie zu den Schiffen zurückkehrte. Als die Schiffe im April des folgenden Jahres verlassen wurden, war Gore bereits zwischen Juni 1847 und April 1848 im Eis vor King William Island gestorben.

*****

Der bekannte „Irrtum"-Entdecker der Nordwest-Passage

John Ross (1777-1856) schottischer Admiral und Polarforscher, kam schon mit 9 Jahren zur Royal Navy und wurde später bei See-Schlachten, im Kampf 13 Mal verwundet. 1818 wurde er mit der großen Suche nach der Nordwest-Passage beauftragt, mit den Schiffen *Isabella* und *Alexander* (un-

ter mit Leutnant William Edward Parry).
Was mittlerweile kaum noch jemand weiß: Ross entdeckte auch das Thule-Gebiet in Nordwest-Grönland und nahm, zum ersten Mal in der Geschichte der westlichen Zivilisation, Kontakt zu den Polar-Eskimo auf. Seine Ansichten, dass der Smith- und der Lancaster Sound nur Buchten seien, erwiesen sich als große Irrtümer. Er hat sich „optisch“ täuschen lassen, von einem Gebirge, wie er angenommen hatte, das er „Croker`s Mountains“ nannte. Wie sich erst viel später herausstelle, hatte er sich durch die Entfernungen, die Wetterbedingungen und die Höhe des umliegenden Gebirges ganz gewaltig getäuscht --- täuschen lassen---.
William Edward Parry kehrte 1819-20 und 1821-23, im Auftrag der Admiralität, zurück und entdeckte einen großen Teil des kanadisch-arktischen Archipels (Parry-Islands) und bewies, dass der Lancaster Sound eine Meeresstraße und keine Bucht ist.
>>> weitere Informationen zu Parry stehen im Kapitel Nordwest-Passage --- wo zum Teufel ist die Nordwest-Passage ???
1829 organisierte Ross eine weitere, private Expedition, mit der *Victory,* die hauptsächlich von dem Gin-Fabrikanten Baron Felix Booth finanziert wurde. Daraufhin entdeckte er eine große Halbinsel, die er Boothia nannte und entdeckte auch King William Island. Nach viermaliger Überwinterung wegen Packeis und der Entdeckung des magnetischen Nordpols durch seinen Neffen James Clark Ross auf der Boothia Halbinsel wurden sie 1833 von

der wieder als Walfänger arbeitenden *Isabella* gerettet und zurück nach England gebracht.
Beachtenswert: Seine 3. Arktisreise unternahm er im Alter von 72 Jahren, 1850–51 mit dem Schoner *Felix,* auf der Suche nach der verschollenen Franklin-Expedition.

Im Jahr 1831 den magnetischen Nordpol entdeckt, sowie Land und Vulkane in der Antartis

James Clark Ross (1800-62) englischer Seefahrer und Entdecker, kam schon als 12-jähriger zur Royal Navy, sein Onkel John Ross war zu dem Zeitpunkt ein junger Marine-Offizier. 1818 nahm er bei der Expedition seines Onkels, zur Suche der Nordwest-Passage, teil und 1819–25 an mehreren weiteren Polarexpeditionen unter der Führung von William Edward Parry, 2. Offizier von John Ross. Er war erfolgreich bei selbstständiger Durchführung wissenschaftlicher Untersuchungen und Schlittenerkundungen, sammelte wichtige Erkenntnisse zum Forschen und Überleben in der Polarregion. Er wurde für seine Leistungen zum Leutnant befördert und lernte dort auch seinen langjährigen Freund Francis Crozier kennen.
1829 begleitete er seinen Onkel John Ross auf dessen 2. Fahrt, während der er am 1. Juni 1831 den damals an der Westküste der Boothia-Halbinsel liegenden magnetischen Nordpol entdeckte, auf 70°05'N, 96°28'W, ungefähr 2300 km vom geografischen Nordpol entfernt. Seine Messgeräte hatten

ihm den Weg gewiesen. Vier Jahre war diese Expedition vom Eis eingeschlossen, dabei gewann Ross wichtige Erkenntnisse insbesondere über die Ernährung der Inuit. Am 29. September 1839 unternahm er als Kapitän mit den Schiffen *Erebus* und *Terror* eine Expedition in die Ost-Antarktis. Als zweit-höchster Offizier der Expedition und Kommandeur der *Terror* wählte er seinen Freund Francis Crozier. Sie entdeckten dort u.a. Land mit hohen Schneegebirgen, dem Ross den Namen Victoria Land gab. Ross erreichte als erster Mensch 79°10′ südlicher Breite. Er benannte die davor liegende Insel Ross Island und die beiden Vulkane darauf nach seinen Schiffen: Mount Erebus (3794 m), der vom Gletschereis bedeckte, südlichste, noch aktive Vulkan der Erde und Mount Terror (3262 m /erloschenen). Als die Ross-Expedition bei der Insel eintraf, wurden sie Zeugen eines Ausbruchs des Mount Erebus. Dieses eindrucksvolle Ereignis prägte lange Zeit die Vorstellung der Menschen, die Antarktis ist ein Gebiet zwischen Feuer und Eis. 1843 kehrten sie nach England zurück. 1848 sollte Ross mit den Schiffen *Enterprice* und Investigator die verschollene Franklin-Expedition suchen, mit der ihn Erinnerungen an seinen Freund Crozier und die Mannschaft der Schiffe *Erebus und Terror* verband. Er organisierte im Frühjahr 1849 mehrere Schlittenfahrten. Die wichtigste, unter seiner Leitung, führte entlang der nördlichen und

westlichen Küste von Somerset Island bis 72°38' nördlicher Breite. Wegen hohen Eisgangs musste er sich auf den Heimweg machen.
SEHR INTERESSANT: Viele geographische Orte sind nach James C. Ross benannt, unter anderem Ross Sea (Rossmeer), Ross Ice Shelf (Ross Schelfeis, bzw. Rossschelf, ca. 525.000 km²), Ross Island(2460 km²) Kap Ross (Ost-Victorialand), James Ross Island (2378 km²) in der Antarktis sowie der Mont Ross (1850m), auf den Kerguelen, im südlichen Indischen Ozean, die Ross 1840 besucht hatte.

*****

Erste Spuren der gesuchten Franklin-Expedition, auf Beechey Island

Elisha Kent Kane (1820-57) amerikanischer Forscher, Entdecker und Arzt, erforschte zunächst die Philippinen (die bereits 1543 entdeckt wurden). Dann plante er, den Nordpol von Westgrönland zu erreichen. 1853-55 leitete er die von Henry Grinnell (1799-1874), (amerikanischer Reeder und Kaufmann) finanzierte Expedition, zur Auffindung der verschollenen Franklin Crew (die sogenannte 2. Grinnell-Expedition), nachdem er schon 1850 die erfolglose, aber am Ende gut verlaufende, 1. Grinnell-Expedition als Arzt begleitet hatte.
Auf Beechey Island entdeckten er und Kapitän Erasmus Ommanney (1814-1904) am 25. August 1850, zufällig am steinigen Ufer der Bucht, verdeckt

mit Schnee und Steinen, die Kopfbretter von drei Gräbern, die sich als die ersten Spuren der seit 1845 vermissten Franklin Expedition erwiesen. Die Suchaktion verlief dennoch weiterhin, ebenso wie viele andere Rettungs-Aktionen, erfolglos, sie trug aber wesentlich zur Erforschung der kanadischen und grönländischen Arktis Gebiete bei.
Mit der Brigg *Advance*, durch finanzielle Hilfe von Grinnell, brach er Ende Mai 1853 von New York auf. In Nord-Westgrönland erreichte er die Meeresenge zwischen Grönland und Kanada, durchfuhr hier den Smith Sound, der nach Norden hin übergeht in das **Kane Basin** (grönländisch Ikersuaq), (79°30' nördliche Breite, ca. 180 km lang und bis zu 130 km breit), der breiteste Teil der Nares Strait. Er überwinterte in der Rensselaer Bay, weit oberhalb von Thule. Von dort aus unternahmen Kane und sein Begleiter Isaac Israel Hayes jeweils getrennte Schlittenfahrten in den Norden. Kane erkundete Nord-Grönland (Washingtonland und den Humboldt-Gletscher), während Hayes den mittleren Teil von Ellesmere Island erforschte. Weil Packeis die *Advance* „angriff“ musste das Schiff aufgegeben werden und die Mannschaft konnte durch Hilfe der Etah-Eskimos in Rettungsbooten Upernavik, an der westgrönländischen Küste erreichen.

*****

Erasmus Ommanney (1814-1904) kam im Alter von 12 Jahren unter seinem Onkel, Kapitän John Ommanney, zur Royal Navy. 1835 wurde er zum Leutnant befördert, 1846 zum Kapitän. Als Kapitän Horatio Austin während der Franklin-Suchexpedition im Februar 1850 zum Kommandeur der *Resolute* ernannt wurde, wählte er seinen Freund Ommanney zum 2. Kommandeur. Die Expedition organisierte auch ein umfangreiches System von Schlittenfahrten, mit denen die Küste von Prince of Wales Island vermessen wurde. Am 25. August 1850 entdeckte Ommanney die ersten Spuren des Schicksals von Franklin, die Überreste eines Lagers, was bewies, dass seine Schiffe in der Bucht von Beechey Island überwintert hatten. Auf der Landspitze der Insel fand Ommanney einen großen Steinhaufen. Weitere Relikte waren in der Nähe verstreut. Obwohl der Steinhaufen abgebaut wurde, waren keine weiteren Spuren der unglückseligen Expedition zu finden. Die Ommanney Expedition kehrte im Oktober 1851 nach England zurück. Nach ihm benannt: Ommanney Bay auf Prince of Wales Island und Erasmus Ommanney Island, kleine halbmondförmige Insel, 11 km vor der nordwestlichen Spitze von Jackson Island im arktischen Russland.

*****

Die Nordwest-Passage nicht gefunden, dafür trägt eine kleine Insel seinen Namen

Frederik William Beechey (1796-1856), britischer Seeoffizier, Polarforscher und Geograph, kam mit 10 Jahren zur Royal Navy, nahm schon mit 15 an einer Seeschlacht bei Madagaskar teil. Er machte 1818 als Offizier zusammen mit Franklin die Expedition nach Spitsbergen, zur Suche der Nordwest-Passage. 1819/20 war er als Leutnant der *Hecla* mit William Edward Parry unterwegs, im Bereich Lancaster Sound, auf erneuter Suche. Hierbei entdeckte Parry, am Südwest-Ende von Devon Island, die kleine 4,6 km^2 Insel, die er nach seinem Leutnant, Beechey Island benannte. Beechey hat jedoch selbst nie „seine" Insel gesehen. Er entdeckte auf dieser Expedition als erster Europäer Banks Island, die fünftgrößte kanadische Insel und die westlichste Insel im kanadisch-arktischen Archipel. Sie wurde zu Ehren des englischen Naturforschers Joseph Banks (1743-1820) benannt, gehört zur Region Inuvik der Nordwest-Territorien. 1821 erforschte Beechey einen Teil der Nordküste Afrikas. 1825-28 fuhr er als Kommandant der *Blossom* eine Expedition in den Pazifik, durch die Bering Strait, zum Nordatlantik. Geplant war, weitere Erkenntnisse über die Nordwest-Passage zu bekommen und ein Treffen mit Franklin bei Chamisso Island, im Kotzebue* Sound/Nord-West Alaska. Franklin erforschte zu der Zeit mit seiner Expedition weiter östlich, an der Alaska Nordküste, westlich der Mackenzie River-Mündung (1903 km langer Fluß in Nordwest-

Kanada), die er 1789 als zweiter Europäer erreichte, nach Alexander MacKenzie (1764-1820), bis fast zur Mündung des Colville River (560 km langer Fluss in Nord-Alaska, 1837 benannt von P. W. Dease und Thomas Simpson, den britischen Forschungs-Reisenden, nach Andrew Wedderburn Colvile (1779–1856), dem späteren Gouverneur der HBC). Als Franklin nicht eintraf, fuhr Beechey mit der *Blossom* weiter bis Icy Cape (eine Landzunge an der Alaska Nordwestspitze, 1778 von James Cook entdeckt und benannt) und erreichte später Point Barrow im nördlichsten Alaska. (Barrow ist die nördlichste Stadt Alaskas, der USA, und eine der nördlichsten der Welt, liegt noch etwas nördlicher als das norwegische Nordkap, benannt nach Sir John Barrow). In diesem Gebiet sind die vom Nordpolarmeer kommenden Stürme oft so gewaltig, dass sie innerhalb von wenigen Minuten kilometerlange Eisflächen spalten und aufeinanderschieben können.

Da ein Treffen, aus diesen schlechten Witterungsgründen, nicht zustande kam, kehrte Beechey im Oktober 1828 nach England zurück. Die Expedition war dennoch durch ihre Ausbeute an botanischen und anderen Erkenntnissen ein großer Erfolg.

*Zusatz: die Siedlung Kotzebue wurde nach der Meerenge benannt und diese nach ihrem Entdecker Otto von Kotzebue (1787-1846), deutsch-baltischer Offizier der russischen Marine und dreifacher Weltumsegler, unter

Adam Johann von Krusenstern (1770-1846). Kotzebue sollte zu Beginn des 19. Jhd. im russischen Auftrag die Nordwest-Passage finden.
---- Beechey wurde 1855 Präsident der Royal Geographical Society.

*****

Die größte und die letzte Expedition von der Royal Navy

Edward Belcher (1799-1877) war ein kanadischer Seefahrer und Polarforscher. 1825 begleitete er Frederick William Beechey auf einer Fahrt in den Pazifik. 1836-42 nahm er auf der *Sulphur* an einer Erdumsegelung teil. 1852 war er zusammen mit Kapitän Beechey an der großen Suchexpedition zur Bering Strait unterwegs. Belchers Expedition war mit einer Flotte von 5 Schiffen sowohl die größte als auch die letzte, die von der Royal Navy geschickt wurde. Das Versorgungsschiff *North Star* blieb nahe Beechey Island zurück und Belcher erkundete mit den Schiffen *Assistance* und *Pioneer* die Gegend nördlich vom Wellington Channel, hierbei blieben die Schiffe *Intrepid* und *Pioneer* im Eis stecken. Daraufhin erforschte Belcher mit einem Schlitten die Penny Strait (zwischen Bathurst Island und Devon Island) und kam sogar ganz hoch bis zum Jones Sound. Eins der Schiffe der Belcher Expedition war die *Resolute*, unter Kapitän Henry Kellett. Das Schiff war auch im Eis steckengeblieben, wurde geleert, verlassen und blieb im Eis-

Schicksal zurück.
Erstaunlich: Zwei Jahre später bargen amerikanische Walfänger die treibende *Resolute* und 1879 wurde, nach der Demontage des Schiffes, aus den Balken und Planken der berühmte Präsidenten-Schreibtisch „Resolute Desk“ gebaut, der im Oval Office des Weißen Haus steht.
Nach Belcher benannt: Belcher Islands (inuktitut: Qikirtait), ein ca. 1500 Inseln Archipel, ca. 2900 km² groß, im Südosten der Hudson Bay und der 70 km lange Belcher Channel, er verläuft zwischen Cornwall Island im Norden und Devon Island im Süden. Belcher erreichte 1852 diese nach ihm benannte Wasserstraße.

>>> weitere Informationen über die Expeditionen im Kapitel Teil 7: Wo zum Teufel ist die Franklin Expedition??? und über die Resolute im Kapitel Teil 12: Die berühmten Entdecker- und Polarschiffe

*****

William Edward Parry (1790-1855), britischer Admiral und Polarforscher, begleitete 1818 John Ross, auf die Suche nach der Nordwest-Passage - erfolglos. Auf seiner nächsten Arktis-Reise 1819-20 erforschte Parry mit den Schiffen *Griper* und *Hecla* einen bis dahin noch nicht bekannten Teil der polaren Inselwelt Kanadas, entdeckte und benannte viele unbekannte Inseln wie z.B. Bathurst Island und Melville Island. 1818-23 unternahm er 2 Arktisexpeditionen und die 3. Reise 1824-25, über den Lancaster Sound in das Prince Regent Inlet, endete mit dem Schiffbruch der *Fury* an der

Ostküste von Somerset Island. Auf der *Hecla* kehrte die gesamte Mannschaft nach England zurück. 1827 versuchte er, von Spitsbergen den Nordpol zu erreichen, gelangte nur bis 82° 45' nördlicher Breite. Auch wenn Parry weder die Nordwest-Passage vollständig befuhr noch den Nordpol erreichte, brachten seine Entdeckungen viel Klarheit über die Struktur der arktischen Inselwelt Nordamerikas.

*****

Zufällig von Inuit vom Schicksal der Franklin-Expedition erfahren

Dr. John Rae (1813-93), schottischer Arktisforscher, leitete 1846-47 eine Expedition zur Erkundung der Nordwest-Passage (im Gebiet des Mackenzie River) und erkundete auf Schlittenreisen das Hinterland der Repulse Bay, das Gebiet Victoria Island und war der erste, der zeigte, dass Boothia Peninsula tatsächlich eine Halbinsel ist. 1848 war er auf Bootsfahrten mit Richard Collinson die Polarmeerküste zwischen Mackenzie- und Coppermine River unterwegs. 1851 gelangte John Rae mit zwei Hundegespannen in die Nähe der verlassenen Schiffe der Franklin-Expedition. Hätte er je geahnt, an welch geschichtsträchtigem Ort er, zufällig, gelangt war, wäre die Suche nach der Expedition vermutlich anders ausgegangen. Im Frühjahr 1854 erfuhr er durch zufälligen Kontakt mit Inuit vom Schicksal der Verschollenen, nach dessen Verbleib inzwischen schon zahlreiche Suchaktionen gestartet worden

waren. Er schloss aus den Erzählungen der Inuit, dass sich Franklins Männer mit schweren Schlitten über das Eis Richtung Süden geschleppt haben. Dadurch trug John Rae zur tatsächlichen, späteren Entdeckung/Aufdeckung durch McClintock bei. Später wurde McClintocks Bericht mehr anerkannt, als der von John Rae, dem man nicht glauben wollte, daher erhielt er keine Anerkennung, obwohl ER das Schicksal der verlorenen Expedition –zuerst– entdeckt hatte. Außerdem entdeckte er, auf seiner 3. Überlandexpedition, dass es einen offenen, eisfreien Kanal östlich von King William Island gab, den er Rae Strait nannte. Er hatte mit seiner Entdeckung der Rae-Strait, den „besseren" Wasser-Weg östlich von King William Island gefunden und seine Anerkennung lebt im Namen dieser Wasserstraße.
Robert John Le Mesurier McClure (1807-73), irischer Seefahrer und Nordpolforscher, diente 1836/37 bei der Arktis-Expedition von George Back (1796-1878) britischer Marineoffizier und Polarforscher, als Bootsmann an Bord der *Terror* und begleitete Back auf der Expedition von der Repulse Bay, (obere Nordwest Seite der Hudson Bay) bis zur Mündung des Great Fish River /Großer Fischfluss, (später Back River genannt). Für diese Boot-Fahrt über den gut 850 km langen Fluss brauchten die 11 Mann 25 Tage, mussten über 30 Stromschnellen und Wasserfälle umgehen! Wegen Packeis im Polarmeer mussten sie umkehren.

1848 war McClure Oberleutnant der *Enterprise*, unter James Clark Ross, auf der Suche nach der verschwundenen Franklin Expedition. Wegen anhaltenden Mangels an Fortschritten befahl die britische Admiralität Anfang 1850 eine neue Expedition, um Franklin und der Mannschaft Hilfe zu leisten, nicht zum Zweck der geografisch wissenschaftlichen Forschung. Die *Enterprise* mit Kapitän Richard Collinson und die *Investigator* unter Commander McClure, in seinem ersten arktischen Kommando, erhielten den Such-Auftrag. Beide Schiffe waren bereits in arktischem Gewässer unterwegs, dafür geeignet und für eine dreijährige Reise vorgesehen und ausgestattet. Sie fuhren mit Unterstützung der Schaluppe *Gorgon.* Geplant war eine siebenmonatige Reise über den Atlantik, mit Westkurs durch die Südwest-Passage / Magellanstraße zum Pazifik, nach Hawaii und durch die Aleuten bis zur Bering Strait, mit möglicher Durchfahrt bis zur Baffin Bay. Durch erhebliche Packeis-Felder in der kanadischen Arktis musste der Kurs immer wieder geändert werden. Die Schiffe von McClure und Collinson fuhren unterschiedliche Strecken und hatten für den Rest ihrer jeweiligen Fahrt keinen weiteren Kontakt mehr. Ende Oktober 1850 gelangte McClure weit im Norden in den Viscount-Melville-Sound. Hier blieb das Schiff im Eis eingeschlossen, die Mannschaft musste vier Überwinterungen aushalten. Bei seinen Erkundungen im Umfeld

entdeckte er zufällig eine fast eisfreie Wasserstraße. Damit hatte er die so lange gesuchte Nordwest-Passage gefunden - das letzte westliche Durchfahrt-Teilstück zwischen Pazifik und Atlantik. Er erkannte auch, dass diese Passage, aufgrund der ganzjährigen Packeis-Blockade, für die Schifffahrt unpassierbar ist. McClure gilt als der Entdecker der Nordwestpassage. Mittlerweile weiß man jedoch, dass an dieser Entdeckung zahlreiche Männer und ihre Expeditionen über sehr viele Jahre beteiligt waren.
>>> weitere Informationen über die McClure Expedition stehen im Kapitel: Wo zum Teufel ist die Franklin Expedition??? und über die Investigator im Kapitel: Die berühmten Entdecker- und Polarschiffe

*****

Die endgültigen Hinweise und Beweise des Schicksals der Franklin-Expedition .....

Francis Leopold McClintock (1819-1907) irischer Entdecker und Arktis-Forscher, kam in jungen Jahren zur Royal Navy, wurde 1831 Leutnant, 1843 Kapitän, 1884 Admiral und bekannt als derjenige, der das Schicksal der verschollenen Franklin-Expedition teilweise klären konnte. 1848 beteiligte er sich als 2. Leutnant der *Enterprise* an einer ersten Expedition, mit James Clark Ross, an der Franklin-Suche. Sie erkundeten mit Schlittentouren, auf Somerset Island, mehrere hundert Kilometer bis dahin nicht kartografierter Küstenlinie.
1850 nahm er als 1. Offizier der *Assistance* an der Kapitän H. T. Austin Expedition teil. 1851, bei seiner

nächsten Franklin-Suchexpedition unter Austin, wurde McClintock als Führer für die Schlittentouren eingesetzt, zuständig für die Organisation der Schlittenteams und erkundete mit über 20 Schlittenteams von je 6–8 Mann erneut mehrere hundert Kilometer Gebiet der Melville Island Südküste. Seine Männer erreichten, neben der Rettung der im Eis festgesetzten Robert McClure-Mannschaft von der *Investigator* einen neuen Langstreckenrekord für Schlittentouren, über 1900 km. Für seine Verdienste wurde er bei seiner Rückkehr zum Commander befördert und erhielt das Kommando über die *Intrepid*, unter der Leitung von Edward Belcher und Vizeadmiral Henry Kellett. 1852-54, als Teil der Kellett-Expedition, fuhr McClintock allein mit dem Schlitten 2300 km und entdeckte 1300 km der zuvor unbekannten Küste und ein riesiges Gebiet von Melville Island bis Prince Patrik Island, im ganz hohen Nordwesten Kanadas, die er entdeckte und erforschte (unabhängig von George Frederick Mecham (1828–58). Benannt nach Prince Arthur William Patrick, (von 1911-16 Generalgouverneur von Kanada). Im April 1857 wurde McClintock von Jane Franklin beauftragt, sich mit der kleinen *Fox* und 25 Mann auf erneute Suche nach den Verschollenen King William Island Gebiet zu begeben. Zuvor nahm er in der Disko Bay/Grönland 30 Schlittenhunde und einen Inuit an Bord. Im Peel Sound, stellte er fest, dass alles von Eis blockiert war, daher kehrte er um, umrundete Nord-Sommerset Island und befuhr den Prince Regent Inlet in der Hoffnung, die Bellot Strait zu passieren. Ab September steckte die *Fox* 8 Monate fest im Eis, sie überwinterten in der Nähe. Im Februar 1859, nach 2 ungeplanten Überwinterungen wegen Packeis, erreichte er auf seiner Schlittentour die Westküste der Boothia Halbinsel und den damals dortigen magnetischen Nordpol (von James Clark Ross 1831 entdeckt). Mit Schlittenfahrten, bei denen er die zahlenmäßig schwache Besatzung durch einige Schlittenhunde ergänzte, kam er an die Westküste von King William Island. Hier traf er einige Inuit, die ihm erzählten, dass vor dieser Insel ein Schiff vom Eis zerquetscht worden war. Die Besatzung sei sicher ans Festland gekommen, wurde vermutet, aber einige seien wohl verhungert. Einige Monate später traf McClintock an der Ostküste von King William Island andere Inuit, die ihm Artefakte von Franklins Expedition verkauften. An der King William Island Nordwest-Küste, bei Point Victory, entdeckte McClintock`s Leutnant William Hobson am 5. Mai 1859 zufällig ein „Schriftstück“.

William Hobson, der ein anderes Gebiet abgesucht hatte, fand in einem Cairn das wichtigste Dokument der ganzen Nordwest-Passagen Geschichte, somit trafen McClintock und Hobson auf die endgültigen Hinweise, die Franklins Schicksal dokumentierten.

Die McClintock Expedition kehrte im September 1859 nach England zurück, um Lady Jane Franklin von diesem „Beweis-Fund“ zu berichten und die Fundstücke auszuhändigen, er bestätigte somit den Bericht des Forschers John Rae aus Inuit-Quellen über die Tragödie von Franklins Leuten. McClintocks Bericht wurde mehr anerkannt, als der von John Rae, dem man nicht glauben wollte, daher erhielt Rae keine Anerkennung, obwohl ER das Schicksal der verlorenen Expedition –zuerst– entdeckt hatte. Durch Raes Bericht gelangte McClintock überhaupt in das „richtige“ Gebiet, um eine Suche durchzuführen, um Raes Suche nachzuvollziehen und zu vollenden. Außerdem stieß McClintock auf Unverständnis mit seiner Behauptung, Franklin habe noch vor seinem Tod die Nordwest-Passage „im Wesentlichen“ entdeckt. So hatte auch Lady Franklin immer argumentiert. Es war ja nur ein Teilstück, das aber zur Vollendung geführt hätte …. wenn ….
Die Meerenge zwischen Victoria Island und Prince of Wales Island wurde nach McClintock benannt.
>>> Die „McClintock Geschichte“ wurde in: Die Reise der *Fox* in den arktischen Meeren veröffentlicht: eine Erzählung über die Entdeckung des Schicksals von Sir John Franklin und seinen Gefährten.

*****

Teil 9

Besondere Persönlichkeiten - Helden der Nordwest-Passage, mehr oder weniger bekannt

Nachtrag und Ergänzungen zu berühmten Entdeckern, Forschern, Seefahrern

Croker`s Mountains, Crocker Land und Bradley Land ...

... Nordwest-Passagen-Irrtümer - gab es erstaunlicherweise einige.

-- Am bekanntesten ist der Christoph Columbus-Irrtum. Er glaubte 1492 einen westlichen Seeweg nach Indien entdeckt zu haben, es war Mittelamerika.

-- Auch Cabot irrte sich, als er vorschnell verkündete, »New Found Land« sei China.

-- Was weniger bekannt wurde: Robert Peary will 1905/06 eine unbekannte Landmasse entdeckt haben, nordwestlich von Ellesmere Island, die er Crocker Land nannte, das es ebenfalls nicht gibt und längst wird angenommen, dass Peary die Insel, aus welchen Gründen auch immer, nur erfunden hat, oder ließ er sich auch durch Luftspiegelungen und Nebel täuschen?

-- Frederick Cook, Polarforscher, gab an, eine Insel oder 2 größere Landmassen im Nordpolarmeer, bei 84°N entdeckt zu haben, die er Bradley Land benannte, nach seinem Sponsor John R. Bradley.

-- John Barrow glaubte 1816 nicht an die Existenz

der Baffin Bay, jedoch an ein offenes Polarmeer.
-- John Ross und William Edward Parry fanden zwar die Lancaster Sound-Passagen Einfahrt, aber Ross befand eine Weiterfahrt versperrt. Er sah angeblich Gebirge, die er Croker`s Mountains nannte und hatte das exakt beschrieben, sich aber durch die Entfernungen, den Nebel und die Höhe des Gebirges täuschen lassen und hier begann eine von sehr vielen weiteren Nordwest-Passagen-Irrtümern.
-- John Ross` 2. Irrtum: er hatte bei einer seiner Fahrten Teile von King William Island entdeckt, die er für einen Teil des nordamerikanischen Festlands hielt.
-- 1610 erkundete der Engländer Henry Hudson, auf der Suche nach der Nordwest-Passage, die Hudson Bay mit dem Schiff *Discovery*. Auf seiner 4. und letzten Expedition segelte er an derWestküste von Grönland entlang und kartierte einen großen Teil der dortigen Ostküste. In der Annahme, im Pazifik zu sein, segelte er nach Süden bis zur James Bay.
-- 1851/52 leitete William Kennedy (1814-90) kanadisch-britischer Marineoffizier, eine Expedition zur Aufsuchung der Franklin-Expedition. Sein großer, fataler Irrtum: er hielt fälschlicherweise den Peel Sound, südlich der Bellot Strait, nur für eine Bucht anstelle einer schiffbaren Meerenge und unterließ es darum, weiter südlich nach Franklin zu suchen, wo sie vermutlich auf die Franklin-Schiffe getroffen wären.

*****

Norwegischer Nationalheld - spannendes Leben mit ganz tragischem Unglück

Roald Engelbregt Gravning Amundsen wurde als vierter Sohn am 16. Juli 1872, in Borge, Gemeinde Fredrikstad, am Eingang vom Oslofjord /Norwegen geboren. Sein Name ist altnordisch und bedeutet so viel wie „der Ruhmvolle“, welch ein passender Name!

1889, fast 30 Jahre nach McClintocks Rückkehr von der letzten Suche nach den Leuten der Franklin-Katastrophe, kehrte in Norwegen Fridjof Nansen (1861-1930) von seiner 1. Reise, die Überquerung des grönländischen Inlandeises zurück. Bisher war er noch nicht recht bekannt und gelangte durch diesen Sieg über das Grönlandeis ersten Ruhm und große Bewunderung. An diesem Tag war auch der 17 jährige Roald unter der jubelnden Menge und hierbei ist sein Wunsch entstanden, auch so wie der knapp ältere Nansen zu sein, für eine Heldentat bewundert zu werden, sich einen Namen zu machen und zum Ruhm zu gelangen. Nansen hatte einen grandiosen Sieg geschafft – einen Sieg über die Natur und einen Fortschritt für die Wissenschaft und Menschheit. Er wurde zum Idol für den jungen Roald, der wollte auch so etwas schaffen und schmiedete fortan Pläne. Schon als kleiner Junge interessierte er sich für Berichte von Polar-

reisenden und sein Ur-Sprungs-Traum war, zum Nordpol zu kommen, mit einem Eisbrecher.
Er war nicht nur inspiriert von Fridtjof Nansen und seiner Grönlanddurchquerung, sondern auch gebannt und tief beeindruckt von den Büchern über die Franklin-Expeditionen. Durch sein Interesse an diesen Berichten begann der Wunsch, Polarforscher zu werden. Außerdem hatte bisher noch keiner die Nordwest-Passage durchsegelt – das war sein Ziel! Er würde zu Ruhm gelangen, ganz sicher! Er wollte auch für eine erhabene Sache leiden, so schrieb er später in einem seiner Bücher. Das er tatsächlich zu seinem Ruhm kam, hätte er sich wohl nicht erträumt.. und er ist immer noch berühmt, legendär und ein unvergessener Held! Sein Traum, sein Plan, sollte Wirklichkeit werden und er wurde der erfolgreichste Polarforscher der Welt.
Als Schüler übte er durch mehrtägige Wanderungen in den Bergen nahe Oslo. Für eine Arktisfahrt braucht der Körper Kräftigung und Abhärtung, das wußte er und hatte bald eine robuste Kondition und Muskelkraft, die ihn bis an sein Lebensende fit hielt. Er begann ein Medizin-Studium, brach es jedoch nach kurzer Zeit ab, studierte ebenso Sprachen, sogar auch Deutsch. Aber seine Polar-Leidenschaft wurde immer größer, oder war sein Ziel nur der Ruhm? In jungen Jahren heuerte er als Matrose auf verschiedenen Schiffen. Seine 1. Seefahrt war auf einem Robbenfängerschiff, gleich eine harte

Schule. Er bereiste zwischen 1894 und 1896 weite Teile der Welt und arbeitete an seiner seemännischen Ausbildung. 1895 legte er in Kristiania (heute Oslo) das Steuermannspatent ab. Solange er in Norwegen war, bewanderte er viele der unzähligen norwegischen Gletscher.
Im Laufe der Jahre reifte sein Wunsch, in die kanadische Arktis zu reisen und die noch immer nicht bezwungene Nordwest-Passage zu durchqueren. Er hatte wohl ein besonderes Wikinger-Gen: das Abenteuer und das Erkunden neuer Gebiete!
1895 erfuhr er zufällig in Antwerpen, dass der belgische Marineoffizier und Antarktisforscher Adrien de Gerlache (1866-1934) eine Antarktis-Expedition plante und als Expeditionsschiff die norwegische Walfänger-Barke *Patria* erworben hatte, die später *Belgica* hieß. Ein norwegisches Schiff! – Amundsen bewarb sich natürlich. Sein Start begann 1896-99 mit der Belgica-Antarktis-Expedition, auf Empfehlung seines Idols Fridjof Nansen, als 2. Offizier unter dem Kommando von de Gerlache zur 1. Südpolexpedition. Die *Belgica* fror im Packeis fest und trieb über ein Jahr hilflos durch das vereiste, oft nebelverhangene Südpolarmeer. Dabei war De Gerlache viele Wochen unfähig, sein Stellvertreter starb und somit wurde der 25 Jahre alte Amundsen als 2. Offizier zum Leiter der Expedition, bei der Teile der westantarktischen Küste vermessen und erforscht wurden. Das war die richtige Bewährungsprobe für

Amundsen und trotz der erlebten Härte der Antarktis hielt ihn nichts von einem Plan ab. Fridtjof Nansen unterstützte ihn durch seine nautischen Fähigkeiten in den folgenden Jahren. Nach seiner Rückkehr nach Norwegen unternahm er unter anderem eine Fahrradtour durch Westeuropa und leistete seinen Wehrdienst. Außerdem wollte er Untersuchungen über die Lage des magnetischen Nordpols anstellen. Seit Ross die Position 1831 ermittelt hatte, waren nicht mehr genauere Untersuchungen durchgeführt worden. Das gab er als Hauptgrund an, da er Mitstreiter befürchtete, die ebenso an der Bezwingung der Nordwest-Passage interessiert sein könnten. Ab 1901 studierte er im norwegischen Meteorologischen Institut und später sogar in Hamburg, unter dem bekannten Geophysiker und Polarforscher Georg von Neumayer (1826-1909), geomagnetische Messtechniken. Weniger bekannt ist, dass er mit 29 Jahren ein Studium am Marineobservatorium in Wilhelmshafen machte und an der deutschen Seewarte in Hamburg, mit Kapitänspatent. Bald darauf ging seine konkrete Planung los - ein Schiff musste gefunden werden und Geld brauchte er auch. Das Schiff sollte robust, nicht so groß, mit geringem Tiefgang sein. Dabei machte er sich (wie schon Nansen) die Erkenntnisse seiner Vorgänger James Ross und McClintock zu Eigen. 1901, kaufte er sein berühmtes, einmastiges Segelschiffes Gjøa, eine nur etwa 20 m lange Hardangerjakt, verstärkte es mit einem 13 PS-Motor. Viel Geld ging dafür drauf, außerdem wurden nautische Instrumente und Proviant angeschafft und die Besatzung musste entlohnt werden. Alles gewaltige Probleme, die jeden anderen zum Aufgeben gebracht hätten, aber nicht den „zähen“ Amundsen mit seinem klaren Ziel vor Augen: er wollte die Nordwest-Passage schaffen! Das Suchen nach fähigen Seefahrern, die Eismeererfahrung besitzen, gelang recht schnell. Im Mai 1903 war die *Gjøa* seeklar. Amundsen hatte schon einen Monat zuvor einen Teil Proviant nach Schottland gebracht, der weiter nach Grönland / Melville Bay entsendet werden sollte. Außerdem holte er sich Rat beim schottischen Polarforscher Allan Young. Zuhause in Norwegen mussten vorab noch viele Dinge bezahlt werden, beinahe erlitt diese Expedition Finanz-Schiffbruch, Lieferanten verlangten schon ihr Geld und das Schiff stand kurz davor, gepfändet zu werden. Mutig erklärte er seinen sorgfältig ausgewählten Seefahrer-Gefährten die prekäre Situation und schlug einen listigen Plan vor, dem alle zustimmten. Die „berühmte“ Seereise begann am 16. Juni 1903. Sie schlichen, bei strömenden Regen, in Kristiania um Mitternacht zur *Gjøa*, gingen an Bord und nahmen Kurs durch den Oslofjord in den Skagerak / Nordsee.

Zur Mannschaft zählten, außer Amundsen, Godfred Hansen (1876–1937), Helmer Hanssen (1870–

1956), Anton Lund (1864–1945), Peder Ristvedt (1873–1955), Gustav Juel Wiik (1878–1906) und Adolf Henrik Lindstrøm (1866–1939). Eine dreijährige, wunderbare Entdeckungsfahrt stand ihnen bevor.
Als früher die Wikinger zur See losfuhren wurde meist ein Fest daraus gemacht und viele standen am Ufer und schauten den Schiffen nach und sicher erwachte in einigen kleinen Jungen der Wunsch Seefahrer zu werden. Jetzt mussten sie sich heimlich aus dem Staub machen, aus den Fängen der Gläubiger.

Die berühmten Nordwest-Passagen Bezwinger – ein ganz besonderes Abenteuer !

Im Sommer 1903 waren die Eisverhältnisse günstig. Nachdem Amundsen im Juli, bei seinem Zwischenstopp in Godthåb / Nuuk /Grönland, 20 Schlittenhunde und Proviant, den die Schotten vereinbarungsgemäß gebracht hatten, eingeladen hatte, durchquerte er die Melville Bay und gelangte problemlos über die Baffin Bay in den Lancaster Sound, die von John Rae (schottischer Arktisforscher) entdeckte Route. Am 22. August ankerte die *Gjøa* in der Bucht von Beechey Island. Hier war für Amundsen und die Seeleute eine wichtige Station ihrer Reise. Am Gedenkstein, den Witwe Franklin zum Andenken an die tragische Franklin Expedition durch Francis McClintock hatte aufstellen lassen,

erwiesen sie den verunglückten Seeleuten ihre Ehre. Am 24. August setzten sie ihre Fahrt fort und nahmen Kurs auf den Peel Sound. Amundsen wusste, dass er die wenigen arktischen Sommertage nutzen musste, weil er nicht in ähnliche harte Eis-Bedrängnis geraten wollte, wie es vor ihm vielen anderen passiert war, hauptsächlich jedoch Franklin. Sie hatten Glück mit dem Wetter.
Er verfolgte den Rat, den McClintock sozusagen hinterlassen hatte: die Aussicht, eine schiffbare Durchfahrt zu finden, ist an der Ostküste von King William Island am besten. Franklin hatte die Westseite gewählt, was beiden Schiffen zum Eis-Verhängnis wurde. Nachdem Amundsen den fast eisfreien Peel Sound verlassen und in die James Ross Strait gefahren war, zog dichter Nebel auf. Vor der südlichen Boothia Westküste kamen sie in Packeis Gebiet. Sturm kam auf und sie waren in großer Gefahr zu stranden, zu kentern oder vom Treibeis zerdrückt zu werden, kamen dennoch voran, bis sie am Ende der James Ross Strait auf eisfreie Fläche gelangten. Die Eis-Gefahr war gebannt und gleich darauf waren sie erneut in höchster Gefahr. In der Nacht gab es Feueralarm, der Maschinenraum brannte, es war immerhin jede Menge Petroleum und Sprengstoff am Bord! Und wieder hatten sie Glück und es gelang ihnen, den Brand zu löschen. Am nächsten Tag mussten sie mit flachem Fahrwasser kämpfen, an einer kleinen Insel lief die Gjøa

auf Grund und noch dazu schob der starke Sturm das Schiff hin und her wie ein Papierboot. Die Situation konnten sie nur in den Griff bekommen, indem sie Ladung abwarfen, damit das Schiff höher kommt, wieder schwimmt und mit der Flut weitersegeln könnte. Nach viel Mühe kam die Gjøa frei. Am 8. September fuhren sie in die eisfreie Rae Strait gen Westen. Weiterhin erschien alles eisfrei zu sein. Die Versuchung war groß, jetzt weiterzufahren, die Nordwest-Passage in einem Stück geschafft zu haben – welch ein Ruhm wäre das!! Aber Amundsen widerstand dieser Versuchung, denn es ging auf den Winter zu und da lauert Eis an jeder Ecke. Darum suchte er eine Bucht, wo sie überwintern könnten. Am westlichen Ufer von King William Island fand er eine geeignete Möglichkeit, eine versteckte Bucht, eine Inuit-Siedlung, der er den Namen „Gjøa-Haven“, nach seinem Schiff, gab. Er befand ihn als „Verdens beste, minste havn“ (der beste, kleinste Hafen der Welt). Hier waren sie vor Eispressung sicher, es gab Möglichkeiten zum Jagen und Fischen und Trinkwasser. Sie schafften ihre Vorräte an Land, errichteten Lagerschuppen und Beobachtungs-Stationen. Amundsen und seine Männer verbrachten 18 Monate und darunter 2 Winter auf King William Island. Die Mannschaft baute ein freundschaftliches Verhältnis zu den Inuit auf. Einen ganzen Sommer hatten sie mit den Inuit verbracht und konnten sich deren Arktis-Erfahrung

aneignen. Amundsen lernte von ihnen, sich den extremen Lebensbedingungen der Arktis anzupassen und u.a. mit Hundeschlitten umzugehen, er eignete sich deren Umgang mit der arktischen Natur an, lernte das Leben und Überleben in Eis und Kälte und 2 Winter in eisiger Dunkelheit der langen Polarwinterzeit. Er fuhr mit Hunde-Schlitten die Westküste der Insel entlang. Außerdem hatte er noch die Absicht, den magnetischen Nordpol zu lokalisieren. Mit unermüdlicher Zähigkeit war Amundsen unterwegs und kein schwerer Schneesturm oder dichter Nebel, nichts hielt ihn von seinem Vorhaben ab und dabei erlernte er den Iglu-Bau und erlebte den Polarwinter bei -60°. Amundsen wurde vom Skorbut befallen und nur durch essen vom blutfrischen Fleisch wurde er wieder gesund. Während des Aufenthaltes konnten sie viele Dinge erforschen, messen und Karten skizzieren, oft bei teilweise unter -50°. Damit schaffte das Expeditions-Team wichtige Beiträge zur Wetter- und Meereskunde, Erkenntnisse des Erdmagnetismus und Erklärung des Polarlichtes.
Wichtig war es Amundsen auch, sich mit den Inuit auszutauschen, von ihnen Gebrauchsgegenstände einzutauschen (die heute in einem norwegischen Museum sind). Sicher ist auf dieser Reise, oder schon davor, sein nächster Wunsch entstanden – der Nordpol. Da wollte er unbedingt hin und auch zum Südpol. Dazu war die Lebensweise der Inuit

sehr hilfreich. Er sammelte Erkenntnisse, die ihm (später) den entscheidenen Vorteil beim „Wettlauf zum Südpol“ brachten: den Umgang mit den Schlittenhunden, die entsprechende „polare“ Kleidung und die richtige Verpflegung. Somit war der im Grunde ungeplante Aufenthalt in dieser kleinen „Inuit-Siedlung“ ein Glücksfall oder glücklicher Zufall für ihn. Durch seine freundliche, große und kräftige Erscheinung wurde er von den Inuit bewundert. Sie nannten ihn Amukjenna – großer Häuptling. Er wollte ihnen nebst vielen anderen praktischen Dingen das Baden beibringen, aber das glückte nicht, waren sie wasserscheu?
19 Monate regierte Häuptling Amundsen wie ein Vater, lehrend, über das kleine Inuitvolk. Amundsen hatte einen Wolfs-Charakter – gute Strategie und Beharrlichkeit. Bisher konnte er mit seinen Leuten wegen Dauer-Vereisung der Simpson Strait nicht weitersegeln, was alle nicht sehr störte. Im Lauf der Zeit sind auch zwischenmenschliche Verbindungen entstanden. Aber auch ein tragisches Geschehen überschattete den Aufenthalt. Amundsen hatte sich überreden lassen und einem Inuit für gute Dienste ein Waffe geschenkt. Fatalerweise spielten zwei Inuit Jungen damit. Dabei löste sich ein Schuß und tötete einen der Jungen. Amundsen war sehr betroffen, fühlte sich schuldig.
Als im Hochsommer 1905 das Eis in der Simpson Strait lockerte, setzten Amundsen und seine Ge-

fährten am 13. August ihre Reise fort, um die Nordwest-Passage zu vollenden. Durch die Enge zwischen dem Kanada Festland und der Südküste von Victoria Island entlang gab das Eis jedoch nur eine schmale Rinne frei, im Verlauf der Simpson Strait bis zum Coronation Gulf. Ein Vorteil, da die *Gjøa* einen niedrigen Tiefgang hatte, bei den felsenübersäten Meeresgrund. Sie mussten ununterbrochen die Entfernung ausloten. Am 17. August erreichen sie die Bucht Cambridge Bay /Südküste von Victoria Island. Hier war die reguläre Durchfahrt geschafft. Bis hierher war 1852 Kapitän Collinson vorgedrungen, auf der Suche nach Franklins Expedition. Die Freude war riesig, ein Traum ist in Erfüllung gegangen, die ganze Welt würde von ihnen reden. Sie konnten das nicht lange genießen, denn eine Weiterfahrt war fast nicht möglich, weil das Wetter nicht mitspielte. Eis machte die Fahrt westlich der Union and Dolphin Strait, die heute Amundsen Golf heißt, zur Strapaze und nahezu unmöglich. Nahe der Mackenzie River Mündung lag dichtes Packeis. Sie mussten sich auf eine erneute Überwinterung einrichten, in King Point am Mackenzie Delta, die 10 Monate dauerte. Amundsen hatte eine Schlittenreise unternommen, um von der Siedlung Eagle City/Alaska die ersten Berichte der erfolgreichen Durchfahrt nachhause zu senden. Während seiner Abwesenheit starb sein norwegischer Gefährte Gustav Juel Wiik an einer Lungener-

krankung am 31.März 1906. Er wurde in King Point beigesetzt. Mitte Juli 1906 kam die *Gjøa* endlich frei und am 31. August trafen sie in Nome/Alaska ein und wurden von einigen Bewohnern umjubelt. Amundsen reiste mit einem Postschiff nach Süden, um seine Erfolgs-Botschaft nachhause zu senden. In der Zwischenzeit bekam die *Gjøa* einen neuen Mast. Godfred Hansen steuerte die *Gjøa* nach San Franzisco, wo ihr und der Besatzung am 19. Oktober ein Heldenempfang gewährt wurde. Die Stadt-Leute wollten das „mutige Schiff" in einen Park stellen, zum Andenken.
Amundsen hatte endlich geschafft, was viele Seefahrer über 400 Jahre gesucht und versucht haben – zuletzt hatte es Franklin 1845-48 versucht und Amundsen hat es 1903-06 geschafft. UND ... beide hatten Schwierigkeiten mit den Eisverhältnissen, das besagt, diese Nordwest-Passage ist schiffbar aber total unberechenbar und damit für den erhofften kürzeren Weg nach Asien nicht brauchbar. Die Durchquerung dieser **„Teufels-Passage"** zeugte von der hohen Leistung Amundsens als Kapitän. Dafür erhielt er 1906 das Großkreuz des Sankt-Olav-Ordens. Erst kurz zuvor, 1905, war Norwegen unabhängig geworden und feierte Amundsen als ihren Nationalhelden.
Für Amundsen brachte dieser Erfolg Ruhm und Anerkennung worauf er so fixiert war, jetzt konnte er auf gute Finanzierung für seine weiteren Vorhaben

hoffen. Sein Streben nach Ruhm und Eroberungslust ließ ihm wohl keine Ruhe und sein neues Ziel war im Grunde der Nordpol. Zuvor erklärten Robert Peary und Frederick Cook, dann Richard Byrd ihre Ansprüche, den Nordpol als Erste erreicht zu haben. Aber erst viele Jahre später stellte sich das alles als unwahr oder nicht so ganz wahr heraus. Da alle drei dies nicht eindeutig belegen konnten, trieb es Amundsen, der eigentlich den Nordpol als Erster erobern wollte, zum Südpol und er machte sich mit seinem Schiff *Fram* auf den Weg dorthin.

Der Weg zum Südpol... hat geklappt

Ein listiger Plan: Da Norwegen noch nicht lange unabhängig und außenpolitisch noch nicht allgemein anerkannt war, befürchtete Amundsen im Falle einer Bekanntgabe seines Zieles – der Südpol – Schwierigkeiten mit der norwegischen Regierung zu bekommen, da diese der britischen Regierung freundschaftlich verbunden war. Um seine Unternehmung nicht zu gefährden, hielt er sein Ziel geheim und teilte es der Mannschaft erst unterwegs mit, wobei er ihnen freistellte, ihn weiter zu begleiten. Alle folgten ihm. Im Januar 1911 erreichten sie die Antarktis. Aufgrund zu kalter Witterung, -40° startete seine Expedition zum Südpol mit einem Abbruch erst am 20. Oktober.

Auf Skiern, zusammen mit Helmer Hanssen, Sverre Hassel und Oskar Wisting, 54 Hunden und 4 Schlitten gingen sie dem Ziel entgegen, was sie am 14.

Dezember 1911 erreichten und feierlich die norwegische Flagge platzierten, 35 Tage vor dem Eintreffen des Briten Robert Falcon Scott (1868-1912). Der Marineoffizier erreichte das Ziel fünf Wochen später und starb mit vier Weggefährten auf dem Rückweg zum Basis-Lager an Erschöpfung und Unterernährung. Amundsens Hundeschlitten und bessere Kleidung waren ein klarer Vorteil.
Nachdem dann bekannt wurde, dass doch noch kein Mensch je zuvor am Nordpol gewesen war, hatte Amundsen ein neues, im Grunde sein Haupt-Ziel, vor Augen – der Nordpol. Gleich nach seiner Rückkehr von der Südpolexpedition plante Amundsen eine Expedition, die ihn in die Arktis führen sollte. Anstatt mit dem Schiff zu reisen, wollte er diesmal ein Flugzeug benutzen. Damals waren Flugzeuge noch recht neu, doch Amundsen faszinierte die Vorstellung, mit einem solchen Gefährt den Nordpol zu erreichen. So erwarb er am 11. Juni 1914 den ersten in Norwegen vergebenen „Flugschein für einen Zivilisten".

Der Weg zum Nordpol... hat nicht geklappt
Expedition durch die Nordost-Passage

Wegen Ausbruch des Ersten Weltkrieges musste Amundsen seine Pläne vorerst aufgeben, beschloss jedoch, eine Expedition per Schiff durch die Arktis zu wagen. Sein Plan sah vor, irgendwo in der östlichen Arktis ins Eis einzudringen und sich über 4-5 Jahre durch das Eis treiben zu lassen. Mit der

„Drift", nach Nansens Vorbild, wollte er zum Nordpol gelangen. Dafür gab er den Bau eines Schiffes in Auftrag, die *Maud*, die er mit einer Finanzhilfe des norwegischen Parlamentes finanzierte. Am 16. Juni 1918 lief das Schiff in Tromsø /Norwegen aus. Gleich zu Beginn hatte die Mannschaft mit starkem Treibeis zu kämpfen. Dies führte dazu, dass sich Amundsen am 18. September dazu entschloss, an der nordsibirischen Küste zu überwintern. Die Probleme hörten jedoch nicht auf. Amundsen zog sich Ende September einen Splitterbruch an der linken Schulter zu, nachdem er schwer gestürzt war. Kurz nachdem dieser Bruch auskuriert war, wurde er am 8. November von einem Eisbären angefallen und erlitt dabei vier tiefe Rückenverletzungen. Einen Monat später vergiftete Amundsen sich bei wissenschaftlichen Arbeiten mit Kohlenmonoxid. Er selber behauptete, nach einigen Stunden wieder völlig gesund gewesen zu sein. Sein langjähriger Begleiter Oscar Wisting, der auf Amundsens Expeditionen für die medizinische Versorgung der Begleiter zuständig war, sah dies jedoch anders: „Das war eine böse Geschichte, und sein Herz hat sich nie mehr davon erholt." An einen planmäßigen Expeditionsverlauf war so nicht mehr zu denken. Erst am 18. Januar 1919 konnte die *Maud* wieder aufbrechen. Doch auch in den folgenden Monaten ging es nur langsam voran. Am 23. September desselben Jahres musste Amundsen erneut an der nordsibirischen Küste überwintern. Pläne, per Schlitten den Nordpol zu erreichen, zerschlugen sich. Amundsen fasste bei der 2. Überwinterung den Entschluss, umzukehren, mit dem Schiff nach Alaska zu fahren und sich nicht nochmal im Packeis treiben zu lassen. Teile der Besatzung besuchten und erforschten die indigene Bevölkerung der nordsibirischen Küste und gingen auf eigene Reisen. Erst Anfang März 1920 konnte die *Maud* wieder losfahren. Inzwischen war auch die Motivation bei allen Beteiligten an einem Tiefpunkt angelangt. Am 20. Juli 1920 erreichte das Schiff den Hafen von Nome /Alaska.

Sein „Nordpol-Plan“ klappte nicht ganz, dafür gelang ihm mit der *Fram* die Nordost-Passage zu durchqueren, als Zweiter, nach Adolf Erik Nordenskiöld (1832-1901). Der finnisch-schwedische Polarforscher unternahm verschiedene Fahrten, auch nach Spitsbergen und Grönland, bevor er 1878-79 die Nordost-Passage mit seinem Schiff *Vega* bezwungen hatte.

Die Zeppelin-Expedition... hat geklappt

In den folgenden Jahren, nach der Nord-Pol-Aktion, erforschte Amundsen Teile Nordkanadas und beschäftigte sich intensiv mit der Luftfahrt, die er als die „Zukunft des Reisens und Erforschens“ ansah. 1925 startete er von Spitsbergen, gemeinsam mit dem US-amerikanischen Polarforscher und Flieger Lincoln Ellsworth (1880-1951), seine erste Flugexpedition in die Arktis. In den folgenden Jahren entdeckte Amundsen das Flugzeug als ein Instrument zur Polarforschung. Hier erlebte er viel Pech, als eines der beiden Flugzeuge, mit denen er 1925 gestartet war, im Wasser notlanden musste, zwang ihn dies, schon kurz nach dem Beginn diese Expedition abbrechen. Während er mit Unterstützung vom italienischen Polarforscher und Luftschiffpionier Umberto Nobile (1885-1978) seine folgende Nordpol-Expedition, diesmal mit einem von Nobile gebauten Zeppelin, plante, erfuhr er, dass der amerikanische Polarforscher Richard Byrd (1888-1957) mit einer kleinen Fokker-Maschine den Pol von Spitsbergen aus bereits erreicht hatte. Der Zeppelin *Norge* konnte nur noch Zweiter werden und mit 106 m Länge war das Luftschiff eine eindrucksvolle Besonderheit, angetrieben durch drei Maybach-Motoren zu je 245 PS, die Höchstgeschwindigkeit lag bei ca. 110 km/h. Mit Nobile, Ellsworth und 13 weiteren Expeditionsteilnehmern wagte Amundsen die Überquerung der Arktis in einem Luftschiff. Mit Zwischenstopp in Vadsø/ Nordost Norwegen ging die Fahrt weiter bis Ny Ålesund / Spitsbergen und vor hier startete am 12. Mai 1926 der berühmte Flug quer über die Arktis, direkt über den Pol, bis nach Nome /Alaska.

---- Daher zählt Amundsen im Grunde zu den ersten Menschen, die den geographischen Nordpol erreicht haben, jedoch nicht zu Fuß.

Richard Byrd, der „Pol-Überflieger", überflog beide Pole, 4 Mal die West-Antarktis und war von 1928-41 öfter in der Antarktis und machte auf Expeditionen geografische Entdeckungen.

Das besonders tragische Unglück - ein Rätsel

- Amundsens Rettungsflug – ein großer Held kam heldenhaft ums Leben.

Bei seinem Flug, als Leiter einer Rettungsexpedition, für den in Not geratenen Luftschiffpionier Umberto Nobile, geschah das unerwartete tragische Unglück. Nobile hatte am 23. Mai 1928 mit seinem neuen Zeppelin *Italia* die Arktisüberquerung wiederholt, geriet in einen Schneesturm und stürzte dabei ab. Er und seine Mitfahrer überlebten eine Notlandung im Meer. Amundsen hatte vom Unglück erfahren, wollte zur Hilfe eilen und mietete kurzerhand ein zweimotoriges sogenanntes Flugboot, samt Besatzung, mit dem er am Morgen des 18. Juni 1927 in Richtung Spitsbergen gestartet war. Vor Bjørnøya /Bäreninsel (genau zwischen Tromsø und Spitsbergen) stürzte er ins Meer ab, vielleicht wegen Nebel an den Klippen zerschmettert? – er blieb für immer verschollen.

Bis heute ist die Unglücksursache völlig unbekannt. Mittlerweile wurde schon mit einem Tauchroboter an verschiedenen Stellen gesucht, ohne Erfolg. Es würde zu Amundsen passen, das dieses „Geheimnis" niemals gelöst wird/ werden soll.

– ein norwegischer National-Held, tragisch ver-

schollen - ein trauriges Unglück.
----Noch immer versuchen Forscher/Wissenschaftler eine Ursache zu ergründen, Teile vom Flugzeug zu finden, einiges konnte schon am Meeresboden mit Sonar entdeckt werden---
Gemessen an den bei seinen Expeditionen erreichten Zielen war Amundsen der erfolgreichste Entdecker in der Arktis und Antarktis.
Besonders schön ist es, dass er „seinem“ kleinen Ort in der Arktis den Namen Gjoa Haven gegeben hat. Somit wird der charismatische Roald Amundsen „immer lebendig“ sein.
In Tromsø / Nordnorwegen, gegenüber vom Nordnorsk Kunstmuseum, steht auf dem "Roald Amundsens plass" das im Jahr 1936 von dem Bildhauer Carl Edvard Paulsen geschaffene, lebensgroße Denkmal für den berühmten Polarforscher. Sein Geburtshaus, außerhalb von Fredrikstad, ist heute Gedenkstätte und Museum und wird durch eine Stiftung verwaltet. Sicher stecken noch viele andere Geschichten und Berichte hinter dem berühmten Seefahrer und vieles geht aus seinem Buch hervor. Jeder weiß, dass eine Segelfahrt, auf so engen Raum, über eine ungewisse, lange Zeit, nicht nur ein Vergnügen war. Aber darum geht es nicht. Die Tatsache, dass Amundsen sich auf diesen, bis dahin als sehr gefährlich geltenden, Seeweg, gemacht hat, ob nun aus Ruhm- oder Anerkennungs-Sucht, macht noch heute deutlich, dass wir Nordwest-

Passage-Reisende es hauptsächlich ihm zu verdanken haben, in diese „eisige Welt“ reisen zu können – auf seinen Spuren, sowie auf denen vieler anderer Entdecker und Forscher, vor oder nach ihm.

Einzigartige, besondere Besonderheit und *Hommage /Hyllest/ Huldigung*

1918 war Amundsen am Versuch gescheitert, mit der *Maud* an den Nordpol zu gelangen. Nach 3 Überwinterungen erreichte er, nach erfolgter Durchquerung der Nordost-Passage im August 1921, Seattle/ Washington. Beim 2. Versuch erreichte er Nome. Die *Maud* sank später bei Cambridge Bay.

1921 freundete sich Alonzo Lewis, ein (damals) junger amerikanischer Bildhauer, in Seattle, mit Amundsen an, der wegen den hohen Expeditionskosten für die Nordwest-Passagen Fahrt bankrott war. Lewis war von der Geschichte des glücklosen Abenteurers fasziniert. So hatte sich Amundsen wohl bereit erklärt, für Lewis zu posieren, in der Hoffnung, dass die Skulptur das Interesse an weiteren Heldentaten und möglicherweise die finanzielle Unterstützung dafür ankurbeln könnte, denn noch zu dem Zeitpunkt war sein Ruf schlecht. Lewis modellierte eine überlebensgroße Gipsbüste, hatte dann Probleme mit Käufern und irgendwie verschwand die Büste in der „Unterwelt“ von Pfandleihen, in Sammlungen von Erinnerungsstücken oder Antiquitätengeschäften. Amundsen selbst

erlangte 5 Jahre später seinen Ruhm, durch die erfolgreiche Luftschiff-Fahrt mit der *Norge*. Die Büste war wohl längst vergessen.
1975, 54 Jahre später, stieß der Norweger Einar Sverre Pedersen auf die Büste, als er während eines Urlaubes an der Pazifikküste in Seattle zufällig in einem Antiquitätengeschäft stöberte und in der Büste sofort Amundsen erkannte. Der Beginn einer ganz besonderen Besonderheit: in einer Metallgießerei in Oslo ließ er 2 Nachbauten in Bronze erstellen, um an Amundsens wagemutigen, erfolgreichen, fünftägigen Polarflug mit dem Luftschiff (Airship) *Norge* zu erinnern.
Eine Bronze-Büste auf einem Marmorsockel befindet sich in Ny-Ålesund, (kleiner Ort auf Svalbard/ Spitsbergen) mitten im Centrum, beim Nordpol Hotel, wo er seine Reise begann. Die andere wurde der Stadt Nome in Alaska gespendet, in deren Nähe er und sein italienischer Pilot Nobile 1926 gelandet waren und am 31. August 1906 war Amundsen hier bereits mit der *Gjøa* angekommen.
1988 sammelte Pedersen genug Geld, um eine dritte Büste zu beschaffen. Diese wurde der australischen Stadt Hobart gespendet, um an den 76. Jahrestag von Amundsens Südpol-Reise zu erinnern; nach seiner Rückkehr im Dezember 1911 segelte er zum ersten Mal zu dieser tasmanischen Hafengemeinde. 2014 wurde diese Büste an den Eingang des neuen IMAS-Gebäudes (Institute For Marine &

Antarctic Studies) gesetzt, um sie für lokale und internationale Besucher zugänglicher zu machen.
„Die Skulptur ist eine tägliche Erinnerung an die wegweisenden Entdecker, die vor über hundert Jahren den Weg nach Süden ebneten, und an den Respekt, den wir denen entgegenbringen, deren Spuren wir immer noch folgen“, hieß es bei der Enthüllung.
1994, als die norwegische Gemeinde Tromsø versuchte, eine eigene Büste zum Gedenken an das 200-jährige Bestehen der Stadt anfertigen zu lassen, schlug die Gießerei vor, zwei Repliken gleichzeitig zu gießen. Es dauerte noch zwei Jahre, bis die fünfte und die letzte Amundsen-Büste ihre Standorte finden würden.
1996 einigten sich Ron Sheardown, ein kanadischer Pilot und Freund von Pederson, darauf, die fünfte Büste von Oslo in ein kleines Dorf in Nunavut zu bringen - ein Ort, an dem die Inuit Amundsen und seiner Crew einige ihrer wertvollsten Lektionen über das Überleben in der Arktis beigebracht hatten -natürlich Gjoa Haven.
Als „Amundsen`s Rückkehr“ wird die Bronze-Büste in Gjoa Haven bezeichnet, die 1996 zum 91. Jahrestag von Amundsens Abreise mit der Enthüllung als Denkmal eingeweiht wurde und für Touristen ein echter Hingucker ist. Zu Lebzeiten hätte er sich bestimmt gefreut, war er doch so sehr auf Ruhm und Anerkennung bedacht. Das ist mit dieser Büste ge-

lungen ...und nicht nur mit dieser und gerade dies ist die einzigartige, außergewöhnliche und recht unbekannte Besonderheit.
Amundsen`s legendäre Berühmtheit ist auch sehr mit Ny-Ålesund verbunden; hier steht außer dem Büsten-Denkmal, ganz in der Nähe, noch heute der Luftschiffmast seiner Zeppelinfahrt über den Nordpol und ist eine historische Hauptattraktion. Dazu gehört auch das Museum, u.a. mit Exponaten zu Amundsens Polreisen in den 1920er-Jahren und die Amundsen-Villa von 1918. In diesem Haus wohnte er 1926 während der Vorbereitungen zum Polflug mit der *Norge.*
2011, also 100 Jahre nach der „Südpol-Eroberung“, enthüllte König Harald V. in Oslo ein Denkmal, zur Ehrung, das Amundsen und seine vier Weggefährten in Lebensgröße zeigt. Zur Jubiläumsfeier, direkt am Süd-Pol, kam der vorher eingeflogene norwegische Ministerpräsident Jens Stoltenberg die letzten fünf Kilometer zum Pol zusammen mit drei Landsleuten auf Skiern. Dort erwartete sie nicht das - 40°eisige Nichts, wie ihre Vorfahren vor hundert Jahren, sondern die mittlerweile gut ausgebaute US-Polarstation "Scott-Amundsen", auf der rund 200 Arbeiter tätig sind. Sie wurde 1959 gegründet und nach den beiden Südpol-Pionieren Amundsen und Scott benannt, liegt in 2835 m Höhe auf dem Antarktis Inlandeis, wenige hundert Meter

vom geographischen Südpol entfernt !
(89°59′51″S, 139°16′22″O).

Nach Amundsen benannt:
Kap Amundsenodden auf Spitsbergen
das Amundsen-Becken, das tiefste Seebecken des Arktischen Ozeans
der Amundsen Golf und die Amundsen-Insel in Kanada
der kanadische Eisbrecher Amundsen
die Amundsen-Scott-Südpolstation
der Amundsen-Krater am Südpol des Mondes
die Amundsenhöhe in den Fischbacher Alpen in Österreich
Amundsenhavet (Amundsen-See) im Südpolarmeer
Amundsen Isen, das Gletscherplateau, ein Teil des Polarplateaus im Königin-Maud-Land/Antarktis
Amundsen-Briefmarke, es gibt ca. 10 verschiedene, eine erschien am 13. Juli 1972 zum 100. Geburtstag von Roald Amundsen (6 Kopeken/ Sowjetunion)
sowie das neue, moderne Schiff der Hurtigruten: Roald Amundsen, mit den „Brüder-Schiffen" Fritjof Nansen und Otto Sverdrup

Seit Amundsens berühmter Reise haben viele Schiffe und Entdecker die berühmt gewordene, geschichts- und schicksalsträchtige Nordwest- Passage sicher passiert.

Es gibt eine ganze Reihe an spannenden Büchern, die Amundsen selbst geschrieben hat, u.a.: Mitt Liv som Polarforsker (Norwegian Edition) / My Life as an Explorer: Autobiography
Seine Reisebeschreibungen und Bücher wie „Die Eroberung des Südpols, 1910-1912 und Die Nordwest-Passage Meine Polarfahrt auf der Gjøa 1903-1907 wurden Bestseller.

*****

Grönländischer Nationalheld und die besondere Hundeschlittentour

Knud Johan Victor Rasmussen (1879-1933), wurde in Ilulissat geboren und war ein dänisch-grönländischer Polarforscher, mit Inuit-Wurzeln, lernte schon als Kind die Lebensweise und Kultur der Inuit, studierte an der Universität København und war ein hervorragender Hundeschlittenführer. Er liebte seine grönländische Heimat, wuchs in das Leben des Jägervolkes auf, konnte sich daher recht gut mit den Völkern verständigen und verfolgte, ähnlich wie Roald Amundsen, einen Jugendtraum: er wollte die Eskimo in ihren grönländischen und arktischen Heimat-Gebieten erforschen. In jungen Jahren reiste er öfter in polare Gebiete, war u.a. in Island, Lappland, Grönland und Nordnorwegen unterwegs. Mit 30 lernte er Peter Freuchen (1886-1957), dänischer Kartograph und Polarforscher, in København kennen, beide interessierten sich für Grönland und Eskimovölker. So entstand ihre Idee, eine Handelsstation in Nordgrönland zu etablieren, um damit den dortigen Polareskimo benötigte Handelswaren zu fairen Preisen zu liefern und ebenso wollten sie die Gegend erforschen, auch um dänische Hoheitsansprüche geltend machen zu können. 1910 reisten sie mit ersten Waren nach Nordgrönland und errichteten in der North Star Bay ihre Station in Uummannaq, wo bereits eine Missionsstation war. Hier lebten die Inughuit viele Jahre isoliert. Ihre Heimat heißt Avanersuaq (Land im entlegensten Norden), daher werden sie von den Westgrönländern Avanersuarmiut genannt (Polar-Eskimo/Polar-Inuit). Rasmussen lernte ihre Lebensweise, Sagen, Traditionen und Mythen kennen und sein Wunsch entstand, dass diese Menschen ihre Kultur erhalten - aber dennoch konnte und kann sie auch nicht so weiter bestehen bleiben.

Thule – ein Name, mit „Wikinger-Vergangenheit"

Die Station erhielt den Namen Thule, weil sie so weit im Norden ist und damals die nördlichste Station der Erde war. Sie wurde eine Handels-, Forschungs- und Missionsstation, diente zunächst als Ausgangspunkt für die Thule-Expeditionen. Der Name, altgriechisch Thoule, auch Tile, tauchte schon 330 v.Chr. auf, als der Seefahrer Pytheas aus Massalia (Marseille), (* um 380 v.Chr.,† um 310 v.Chr.) eine neue Handelsroute nach Nordeuropa erkunden sollte und eine Insel im eisigen Nordmeer beschrieb. Zu der Zeit wusste man von einer Insel im äußersten Norden der Welt, daher der Name Thule, also für den äußersten Nordrand der Welt (lat.: ultima thule). Gemeint war damit Island und Thule bedeutet so viel wie Mythos, im Sinne von Göttern und Geistern aus der keltischen Mythologie, denn die Insel ist aus Vulkanen entstanden und muss oft furchterregend gewirkt haben, beim Anblick der tobenden Vulkanausbrüche, die alles mystisch vernebelten. Vermutlich kannten die Römer Island schon und irgendwann im 8. Jhd. entstand der Name Thula für Island. Die Umbenennung von Thule in Island erfolgte erst in der Wikingerzeit, die Insel wurde zunächst Snæland/ Schneeland bezeichnet. Ebenso hat der Begriff Thule einen Zusammenhang mit den Thule-Inuit, der Thule Kultur, die hier ca. 1000-1800 n.Chr. wohnten. Sie waren die Vorfahren aller Inuit und entwickelten sich um das Jahr 1000 an der Küste Alaskas, dehnten sich dann nach Osten über Kanada aus und erreichten im 13. Jhd. Nord-Grönland – das Ende der Welt. Im Nachherein entstand der Name Thule-Kultur, als Zuordnung, für die „nördlichsten Menschen der Welt". Dieses Gebiet wurde im Mittelalter von Island aus von den Wikingern bevölkert und später lebten hier wieder Inuit, bis heute. >>> weitere Informationen im Teil 10 und 11 --- Die Normannen –Wikinger– entdeckten Island und Grönland

Der Ort **Thule** (77°29'0"N,69°20'0"W), an der hohen Nordwestküste Grönlands, heißt **Qaanaaq** in Inuktun, die Eskimo-aleutische Sprache und der nördliche, grönländische Dialek. Die Siedlung liegt nur 30 km von Kanada entfernt, auf der Höhe von Ellesmere Island/Kanada, am Smith Sound, ist die nördlichste Stadt von Grönland (seit 2009 eine Gemeinde innerhalb einer Groß-Kommune an der Nordwest Küste, bis runter nach Ilulissat). Die Polar-Inuit / Inughuit wurden 1953 umgesiedelt (vertrieben und „entwurzelt"), weil 1951 in unmittelbarer Nähe von Thule die Thule Air Base (grönländisch - Pituffik „wo man etwas festmacht"), der US Air Force -Militärflugplatz errichtet wurde. Er besteht immer noch und längst mit modernster Radaranlage. Thule wurde als dänische Bezeichnung für das neugegründete Qaanaaq übernommen. Heute leben dort in der Thule-Region, zwischen 76° und 79° nördlicher Breite, über 650 Ew., darunter ca. 600 Inughuit, die kleinste Gruppe der indigenen Grönland-Inuit. Damit sind sie die mit Abstand am weitesten nördlich lebende Gemeinschaft der Welt. Qaanaaq hat eine große Kirche, Sporthalle, einen Supermarkt, ein Touristikbüro, Restaurant, Hotel und einen Flughafen, gut 1000 km nördlich vom Polarkreis, rund 1300 km vom Nordpol entfernt. Das Qaanaaq-Museum zeigt vieles über Rasmussen und seine Expeditionen. Schneemobile und Hundeschlitten sind die Hauptverkehrsmittel und ein Ölkraftwerk bereitet die Stromversorgung. Im Sommer bietet das Oberflächenwasser die Wasserversorgung, im Winter das Schmelzen von Eis, hauptsächlich des Qaanaaq Gletsjers, (ca. 398 m hoch). Mit Knud Rasmussen hatte Grönland Anfang des 20. Jhd. seinen eigenen Polarforscher und Nationalhelden, der von Thule ausgehend 7 Expeditionen unternahm. Auf diesen weitgespannten Fahrten erwies er sich als sehr guter Führer und guter Kamerad, der seine paar Expeditionsmitglieder durch seine starke Persönlichkeit zu einer guten Gemeinschaft zusammenfügte. Kein anderer Forscher wie er hatte mit Hilfe des Hundeschlittens über große Entfernungen so verschiedenartige Aufgaben, Schwierigkeiten und Herausforderungen geschafft.

Auf der 1. Thule-Expedition (1912) überquerte er zweimal das grönländische Inlandeis. Er fuhr niemals allein auf seiner Expedition, immer waren zwei oder drei Eskimo dabei oder teilweise auch andere Forscher. Noch vor der 2. Thule-Fahrt (1916-18) zur nordgrönländischen Küste fand er zufällig einen riesigen Meteorstein im Gebiet bei Thule, der im Geologischen Museum København ist. In der Nähe wurden weitere ähnlich große Meteoriten gefunden. Die 2. Thule-Expedition war die verhängnisvollste von allen Reisen. Mit seinem 6 Mann Team verschaffte er sich ein Gesamtbild der geologisch-botanischen, archäologischen und geografischen Verhältnisse entlang der grönländischen Nordküste. Sie waren zuerst mit Booten und Kajak unterwegs, später mit „Eskimo-Technik" / Hundeschlitten, über mehr als 2300 km, mit teilweise lebensgefährlichen Schwierigkeiten. Sie kartierten bis dahin unbekannte Fjorde der Nordküste. Im Verlauf entstand ein harter Überlebenskampf aus Gründen der Nahrungsknappheit, und der Grönländer Hendrik Olsen kehrte eines Tages von seiner Jagd nicht zurück, er blieb verschollen. Später verstarb der Schwede Thorild Wulff an den Folgen der extremen Strapazen. Die 4. Thule-Expedition (1919-20) führte entlang der Grönland-Ostküste zu den dort ansässigen Eskimo. Rasmussen setzte seine Leidenschaft fort, mit dem Sammeln von Sagen, Mythen, Liedern, Sitten und Bräuchen. Vier Eskimo aus diesem Gebiet nahmen später an der 6. Thule-Expedition nach Ostgrönland teil.

Die längste Hundeschlittenreise der Arktisforschung. Zu den „großen Arktis-Reisen aller Zeiten" zählt Rasmussens Hundeschlittentour, die längste in der Geschichte der Arktisforschung - die 5. Thule-Expedition, 1921-24. Rasmussen war mit weiteren Begleitern am 17. Juni 1921 von København wo er überwiegend wohnte, mit dem Schiff bis nach Thule gefahren um dort noch Mitfahrer abzuholen. Dann ging die Schiffsfahrt in Begleitung von 7 Inuit, darunter 3 Inuit-Ehepaare, in das Gebiet der Hudson Bay Westküste, wo sie ein Iglu, ihr Über- winterunghaus, bauten und 2 Winter blieben, aus Forschungsgründen. In diesem Gebiet wohnten die Aivilik-Eskimo. Die Rasmussen-Iglu-Unterkunft wurde sogar weihnachtlich geschmückt, um an Freunde und Familie zu denken. Sein Bemühen galt stets der „Völkerverständigung" unter den einzelnen Eskimogruppen und er hatte sich zum Ziel gesetzt, alle jene Eskimostämme aufzusuchen, die an der Arktis-Küste leben, um sie und ihre Kulturen zu erforschen. Die Eskimo lebten weit verstreut zwischen Grönland und Sibirien und bewohnten damals gut ein Drittel der arktischen Gebiete. Die Expedition teilte sich, zum Erforschen verschiedener Gebiete, in 2 Mann-Gruppen auf, im Bereich der östliche Hudson Bay. Hierbei erlitt Peter Freuchen eine Erfrierung an seinem linken Fuß.

Ein Leben voller Schicksalsschläge und dennoch extrem spannend - Peter Freuchen (1886-1957), dänischer Polarforscher, lernte 1906 auf der Danmark-Expedition den Meteorologen Alfred Wegener kennen, danach Knut Rasmussen. Später heiratete er eine Inughuit-Frau, sie hatten 2 Kinder. 1912 unternahm er mit Rasmussen die erste von insgesamt 7 sogenannten Thule-Expeditionen. Als Kartograph und Naturwissenschaftler wollte er mit seiner Frau an der 5. Thule Expedition teilnehmen. Während der Anreise nach Thule verstarb sie an einer Grippe. Im Zuge der 5. Expedition 1921/22 unternahm er viele Fahrten im Gebiet der Hudson Bay, kartierte Teile der großen Inseln, die Ostküste der Melville Halbinsel und große Gebiete von Baffin Island. Im Januar 1923 erfror ihm bei −54°C sein linker Fuß, daher musste er nach Dänemark zurück, wo sein Fuß amputiert wurde.
Später war er Filmautor, schrieb Bücher und erlebte weiterhin viel Schicksal.
Rasmussen hatte in seinem Tagebuch notiert, dass die Temperaturen teilweise unter -50° lagen und einige Male konnten er mit seinem Begleiter Eskimo Wohnstätten mit ihrer Jagdbeute versorgen, die selbst unter der Kälte litten und kaum Nahrung hatten. Alle lebten von dem Zug der Rentiere, die nur zu bestimmten Zeiten vorbeiziehen und daher reichlich gejagt werden konnten und dann als Nahrungsvorrat dienten, ebenso wie Robben. Zur Wei-

ter-Reise an die Küste war Rasmussen, mit Begleitung von einem grönländischen Eskimo-Ehepaar, im März aufgebrochen, mit zwei 6 m langen Schlitten, gezogen von 12 Hunden, mit ca. 500 kg Gepäck-Gewicht, bestehend aus Vorrat, Hundefutter und Handelswaren, Waffen und Kleidung. In verschiedenen Eskimo-Wohnplätzen haben sie in Iglus übernachtet. Die sind in der Regel schnell gebaut und sehr gemütlich und sogar warm! Unterwegs entdeckten Rasmussen und sein Begleiter einige teilweise gut erhaltene Ruinen von Winterhäusern entlang der arktischen Küste, Relikte der einstigen Eskimokultur, hauptsächlich vom Volk der „Tuni", von denen einige sesshaft blieben und andere wanderten weiter. Die Grönländer hatten früher ähnliche Häuser und daraus konnte Rasmussen schließen, dass sie Nachkommen der „Tunit" waren. Bei jedem Besuch in den Eskimo Wohnplätzen erlebte Rasmussen ihre Sagen, Mythen, Lieder und auch Zauberformeln, bzw. deren Bedeutungen und schrieb sie auf und begab sich mit ihnen auch auf die Jagd nach Nahrung. Er erkannte, dass die Eskimo ein gutmütiges Volk sind, voller Lebensfreude und Fröhlichkeit. Sie leben (lebten) so unterschiedlich und doch so ähnlich, mit teilweise „indianischen" Gewohnheiten und Traditionen, denn sie glauben an Schamane und eine Art Geisterwelt und zelebrieren Festlichkeiten mit Trommeltänzen, Singen und Spielen. Einige Indianerstämme (Indianer,

Itqilik genannt) lebten oft in der Nähe, im Binnenland, was ganz früher nicht immer eine gute Nachbarschaft war und zu argen Konflikten führte.
Die Expeditions-Tour war nicht immer einfach, bei Eis, Sturm und Schnee, oder Morast und Schlamm, aber auch Sonnenschein. Die Schlitten-Strecke, die Rasmussen geplant hatte, führte auch zu einem Schneehüttenlager, am damaligen magnetischen Nordpol, bei Kap Adelaide, an der Boothia Peninsula Westküste, wo sie eine Netsilik-Eskimo Iglu-Siedlung besuchten. Hier ist das Gebiet, wo die Nordwest-Passage entlang führt, was Rasmussen von Amundsens Expedition wußte. Er wollte im Laufe von ca. 1,5 Jahren alle jene Eskimogruppen aufsuchen, entlang an der ganzen nordamerikanischen und kanadischen Küste, mit dem Ziel Nome und auch Ostsibirien. Sie haben fast alle unterschiedliche Gruppennamen, die sich auf ihre Wohnplätze beziehen, leben teilweise unterschiedlich. Die Seehund-Eskimo bewohnen mehr die Küstengebiete, leben vom Seetier-Fang. Die Rentier-Eskimo siedeln in einem riesigen Binnenland-Gebiet, leben von der Rentierjagd und Lachsfang, im Winter vom Seehundfang auf dem Eis. Rasmussen musste fast täglich für Nahrung / Jagdbeute sorgen, auch für die Hunde, was nicht immer leicht war, wie er in seinen Berichten beschrieb. Für ein paar Tage machte er Halt bei den Eskimos am Great Fish River/ großer Fischfluß, wo einst die letzten Überlebenden der

Franklin Expedition hin wollten. Von dort ging die Tour weiter über die Simpson Strait nach King William Island, bis Gjoa Haven. Hier lebte er über den Sommer eine Weile im Zeltlager bei den Netsilik, die hier schon Roald Amundsen kennengelernt hatte. Auf all seinen Expeditionen über das gesamte „Eskimo-Gebiet“ zwischen Grönland und der Bering Strait konnte er eine bei den Eskimo aller Gruppen und Sippen gemeinsame Sprache feststellen, wenn auch mit leichten Dialekten und viele ähnliche Lebensweisen. Als die Tour an der kanadischen Küste entlang führte, war es Januar (1924) und teils -40°. – Erstaunlich, wie Mensch und Hunde das geschafft haben! –
Als sehr extrem beschrieb er einen Stop bei den Agiarmiut, in einem Iglu-Lager, mitten auf einer Eisfläche, nahe der kanadischen Küste. Die Reise führte entlang der Alaskaküste, im Gebiet der Pelztiere, der Pelztierjäger und Rentierzüchter. Die Eskimo sind dadurch „reicher“ als viele andere ihrer Völkerfamilie. Nachdem Rasmussen und seine grönländischen Begleiter 1921 von Godthåb per Schiff gestartet waren, wurde, nach einer sehr erlebnis- und etappenreichen Fahrt am 23. Mai 1924 der nördlichste Wohnplatz Amerikas, Point Barrow, erreicht, gut 3000 km entfernt von der Hudson Bay. Zu der Zeit wohnten dort ca. 250 Eskimo, ursprünglich die Thule-Kultur Eskimo. Am 31. August erreichte er Nome, die bekannte Goldgräberstadt, im

Süden der Seward Halbinsel an der Bering Strait. Als 1898 die „drei glücklichen Schweden" am Anvil Creek und ein Jahr später an den Stränden, Gold entdeckten, begann Nome zu boomen. Das lockte viele Goldsucher nach Nome und Umgebung und die Bevölkerung wuchs schnell auf ca. 28.000 an. Heute leben in Nome rund 3800 Ew. und im weiten Gebiet der Halbinsel um die 7500 Inupiat. Diese Region hat vulkanischen Ursprung und nach wie vor wird Gold abgebaut! (Es werden sogar Goldwaschkurse für Besucher angeboten und man kann historische Gebäude und Hütten besichtigen).
Von Nome konnte Rasmussen endlich nachhause telegrafieren und Berichte versenden. In dem Gebiet rund um die Westküste von Alaska leben die meisten Eskimo, je nach der Gegend, in Zeltlagern oder Holzhütten, teilweise mit Elektrizität. Die Arbeit ist, außer der allgemeinen Jagd, sehr viel auf den Tourismus bezogen.
Rasmussen besuchte ein ganz besonderes Völkchen, die auf King Island, eine Insel mitten in der Bering Strait, westlich der Seward Halbinsel lebten (zu der Zeit), an den Steilhängen eines 200 m hohen und 2 km langen Felsen. (Entdeckt wurde die Felseninsel 1778 von James Cook, der sie nach seinem Leutnant an Bord, James King (1750-84), benannte). Die Inupiat bewohnten Holzhäuser aus Treibholzplanken, die sie auf Holzpfähle gebaut haben. Seit ungefähr 1970 ist diese kleine Felsen-

Insel nur noch von Seevögeln bewohnt, besonders von den hübschen Papageitauchern. Die einstigen Eskimo sind längst nach Nome gezogen.
Zum Abschluß der Expedition hatte Rasmussen geplant, mit einem Schiffchen einen „Abstecher zu anderen Seite“ zu machen, um die westlichsten Eskimo im äußersten Nordosten, am Ostkap zu besuchen, die Nase der Tschuktschen-Halbinsel, am östlichsten, asiatischen Festlandpunkt, am Ende eines riesigen Kontinents, nur 82 km gegenüber vom Kap Prince of Wales/Alaska entfernt. Die Anlandung war am Ufer von Enmitahin Dorf/ Emma-Town, ein Yupik-Dorf, etwas südlich vom Ostkap, mit runden Zelten oder Hütten aus Walroßfellen. Wegen der damaligen „Bürokratie“ konnte er sich nicht lange aufhalten und kehrte nur mit dem Erlebnis „mal hier gewesen zu sein“ nach Nome zurück. Hier blieb er noch 4 Wochen. Ende Oktober 1924 erfolgte die 2 Monate-Heimreise „klassisch“, mit einem Touristendampfer, entlang der Pazifikküste. Er und seine treuen Inuit-Begleiter hatten eine Gesamtstrecke von 20.000 km (um die halbe Erde) zurückgelegt, sein Jungendtraum ging in Erfüllung! Es war die bisher längste Expedition, die je ein Forscher „zum Besuchen“ der Polar-Völker unternommen hat.
Rasmussen hat aus all seinen eskimoischen Kultur-Sammlungen das Buch „Myter og sagn fra Grønland“/ „Mythen und Sagen aus Grönland“ veröf-

fentlicht. Er sagte einmal: „ auf all meinen Reisen versuchte ich bei den Eskimo stets ihren Sinn zu erfassen, ihren Gesangstext, ihre Magie, ihren Spirit und ihre Dichtkunst einzufangen, es hat mich tief berührt und beeindruckt."
Die 6. Thule-Expedition (1931) begann in Qaqortoq (dänisch Julianehåb, mittlerweile fünftgrößte grönländische Stadt, benannt nach Juliane Marie von Braunschweig-Wolfenbüttel-Bevern (1729-96), sie wurde in Deutschland geboren, war eine Schwägerin vom „alten Fritz" und Königin von Dänemark und Norwegen, durch Heirat mit König Friedrich V. von Dänemark (1723-66).
Die Expedition verlief nach Süden, um das Südkap herum und entlang der Ostküste. 1932/33 begann die 7. und letzte Thule-Expedition, um das Kap Farvel herum, zur mittleren Ostküste Grönlands, diesmal auf noch breiterer Basis und mit 100 Teilnehmern. Darüber gibt es sehr umfangreiche Berichte. Inmitten seiner Arbeit über die Auswertung der Expedition und das Schreiben seiner Bücher, verstarb Knut Rasmussen ganz plötzlich an den Folgen einer Fleischvergiftung. Ein guter Freund hatte später die Bücher zuende geführt und herausgegeben. Knud Rasmussen hat auf seinen Reise über 20.000 Teile und Fundstücke gesammelt, die im National Museum København ausgestellt sind, über 8 Bücher geschrieben und wurde für seine wissenschaftlichen Arbeiten weltweit mehrfach geehrt.

Er war verheiratet und hatte drei Kinder.
In seiner Geburtsstadt Ilulissat befindet sich im Museum eine Büste vom grönländischen Nationalheld. Das ehemalige Rasmussen-Wohnhaus wurde 1986 verlegt als Museum nach Qaanaaq und hoch oben auf dem Umanak-Fjeld befindet sich ein Rasmussen-Denkmal. Das Stein-Denkmal, von den dankbaren Polar Eskimo, kündet von seinen vielen außergewöhnlichen Taten, mit „seinem“ Blick auf das Meer oder das Eis – je nachdem.
Nach Knud Rasmussen sind einige geographische Dinge benannt. Am bekanntesten ist das Rasmussen Basin, südöstlich von King William Island, entlang der Küste des nordamerikanischen Festlandes, mit 4 Meeresengen verbunden sowie mit dem Ort Gjoa Haven. (Auf der halben Strecke der Roald Amundsen-Nordwest-Passagen-Durchquerung überwinterte die Expedition 1903-05 mit ihrem Schiff *Gjøa* in der zum Rasmussen Basin gehörenden Bucht Gjoa Haven).
Und so schließt sich auch hier die Verbindung - Rasmussen und die Nordwest-Passage-, denn er war während seiner 5. Thule Expedition auch in diesem Gebiet unterwegs, per Hundeschlitten ------ entlang der kanadisch-nordamerikanischen Küste, dem westlichen Teilstück der Nordwest-Passage, mit seinen „besonderen Bewohnern und Tieren“.

Eskimo sind Überlebenskönner

Knud Rasmussen und auch Roald Amundsen haben

sich vieles von den Eskimo angeeignet, von der Kleidung bis zum Jagen. Die beiden haben erkannt, dass die Eskimo sich sehr praktisch an die lebensfeindliche Arktis angepaßt hatten und große Könner beim Leben und Überleben im Eis waren, das betrifft (noch heute) die Kleidung, Nahrung und Fortbewegung. Amundsen sagte einst: „ich kann meinen Eskimo-Freunden nur wünschen, dass die Zivilisation sie niemals erreicht.“ Er hätte sich gefreut, dass die Gjoa Haven-Inuit ihm zur Ehren, zum 100 jährigen Gründungsjubiläum in 2003 ein Fest gestaltet haben und im Museum wurde eine Büste aufgestellt. - Er hätte sich aber nicht gefreut, das die Zivilisation sie an den Rand vieler Verzweiflungen und Existenzen gebracht hat – aber sie sind immer noch in ihrem Heimatgebieten und leben mit ihren Traditionen, so lange es (noch) geht.

*****

Erste Hin- und Rückfahrt durch die Nordwest-Passage gelungen !

Henry Asbjörn Larsen (1899-1964) war ein norwegischer Seefahrer in der Arktis. Zu seinen bedeutendsten Leistungen zählen mehrere frühe Durchquerungen der Nordwest-Passage. Er hat von 1940-42 erstmalig eine Durchquerung der Nordwest-Passage in entgegengesetzter Richtung, als West-Ost-Richtung, mit der *St. Roch* geschafft, die, wegen großer Eismassen, die den McClintock Channel und die Franklin Strait blockierten, insgesamt 28

Monate dauerte. Die meiste Zeit war die Überwinterung an Victoria Island und der Boothia Halbinsel. Das war nach der „Passagen-Erstbezwingung“ durch Roald Amundsen, dessen Route Larsen auf der Hinfahrt folgte, die 2. Durchführung der Nordwest-Passage überhaupt. Er befuhr die Bellot Strait, hielt diese Meerenge für zu flach für größere Schiffe und wäre dort fast von Eisschollen zerdrückt worden. Auf der, wegen besseren Eisverhältnissen, nur 3 Monate dauernden Rückfahrt von Halifax / Ostkanada nach Vancouver/Kanada-Westküste wählte Larsen 1944 eine nördlichere Route, die noch nie zuvor komplett durchschifft worden war. Er fuhr diesmal durch den Lancaster Sound, nördlich an Somerset Island vorbei, in den Viscount Melville Sound, durch die Prince of Wales Strait (zwischen Banks- und Victoria Island) und zur Beaufort Sea – die erste Durchquerung ohne Überwinterung. Damit war ihm auch die erste Hin- und Rückfahrt durch die Nordwest-Passage gelungen. Er überwinterte 1940-42 in Pasley Bay, auf seiner erfolgreichen Reise durch die Nordwest-Passage und reiste mit dem Schlitten rund um die Halbinsel.
Die *St. Roch*, ein Schoner der Royal Canadian Mounted Police, war das 2. Segelschiff, das die Nordwest-Passage durchfahren hat und das 1. Schiff überhaupt, das diese Reise entgegengesetzt, in West-Ost-Richtung, also vom Pazifik zum Atlantik, unternahm und das 1. Schiff, das Nordamerika

vollständig umfahren hat.
Seit 1958 ist es als Museumsschiff im Vancouver Maritime Museum. >>> weitere Informationen über die *St. Roch*, stehen im Kapitel: Die berühmten Polarschiffe

*****

Teil 9 A

Frühere Königinnen – die Namensgeberinnen für arktische Inseln, Gewässer und Schiffe

Englische Königinnen, im Grunde deutsch-englische Mischungen, mit etwas dänisch dabei und einer interessant-bewegten Geschichte

Die Königin der vielen traurigen Schicksale

Königin **Adelheid von Sachsen-Meiningen**, (1792-1849) Adelheid Louise Theresa Caroline Amelia von Sachsen-Meiningen, war eine deutsche Prinzessin und ab 1830 Queen Adelaide von Großbritannien und Irland sowie Königin von Hannover und die Ehefrau von König Wilhelm IV. von Großbritannien (1765-1837). Man könnte sie die Königin der vielen traurigen Schicksale nennen, außerdem hatte ihr Gemahl bereits 10 Kinder aus voriger Verbindung. Adelheid hatte 6 Kinder geboren. Ihre erste Tochter starb kurz nach der Geburt, ihre zweite Tochter lebte nur drei Monate, kurz darauf bekam sie Zwillingssöhne, die bei der Geburt starben, zwei Jahre später das gleiche Schicksal mit ihrem Zwillingspärchen. Somit gab es keine Nachfolge. Eine von Adel-

heids vielen Nichten, war Victoria (1819-1901). Sie wurde die spätere Königin Victoria von Großbritannien, die Ururgroßmutter von der (derzeitigen) englichen Königin Elisabeth II.
Nach Königin Adelheid wurde die Adelaide Halbinsel / Nunavut benannt, die Städte Adelaide in Südafrika und in Australien und die Gemeinde Adelheidsdorf, bei Celle/Niedersachsen.

Die „zufällige" Königin

Victoria (1819-1901)– gebürtig Princess Alexandrina Victoria of Kent – war die Tochter von Edward Augustus, Duke of Kent and Strathearn und Victoire von Sachsen-Coburg-Saalfeld. Ihr Vater: Prince Edward Augustus, Duke of Kent and Strathearn (1767-1820) war der 4. Sohn von König Georg III. von Großbritannien, Irland und Hannover, und von Königin Charlotte. Er entstammte dem Haus Hannover. Ihre Mutter: Marie Louise Victoire von Sachsen-Coburg-Saalfeld (1786-1861) war eine Prinzessin von Sachsen-Coburg-Saalfeld und durch Heirat nacheinander Fürstin von Leiningen und Herzogin von Kent. Victoria war von 1837-1901 Königin des Vereinigten Königreichs von Großbritannien und Irland, ab Mai 1876 trug sie zusätzlich den Titel Kaiserin von Indien (diesen Titel führten britische Monarchen als Herrscher von Britisch-Indien). Ihre Thronbesteigung war 3 Jahre vor ihrer Hochzeit. Eigentlich war sie an 5. Thronfolgerstelle, aber weil ihr Onkel Wilhelm IV. (der

Vater von Adelheid) gestorben war und es keine Nachkommen gab, fiel die Königswürde an sie. Mit der Thronbesteigung am 20. Juni 1837 endete das aufgrund des im Königreich Hannover geltende Gesetz, dass Frauen von der Thronfolge ausschloss; die seit 1714 bestehende Personalunion zwischen Großbritannien und Hannover, das von 1714-1837 bestand. In dieser Zeit war der Kurfürst von Braunschweig-Lüneburg bzw. König von Hannover gleichzeitig König von Großbritannien. Ihr Onkel: Wilhelm IV. (1765-1837) vormalig Prince William Henry, Duke of Clarence and St Andrews, Earl of Munster war von 1830-37 König des Vereinten Königreichs von Großbritannien und Irland. Der Tod seines älteren Bruders Frederick Augustus, Duke of York and Albany machte Wilhelm im Alter von 61 Jahren zum direkten Thronfolger Georgs IV. Prinz Friedrich August, Prinz von Großbritannien und Irland aus dem Haus Hannover, Herzog von York und Albany, Herzog zu Braunschweig und Lüneburg, Bischof von Osnabrück (1763-1827) war der letzte Fürstbischof des Hochstifts Osnabrück und britischer Feldmarschall. Er wurde direkter Nachfolger seines älteren Bruders Georg IV. , weil dieser keinen Thronerben hatte, seine Tochter starb an den Folgen einer Totgeburt. Sein Bruder Ernst August wurde dann König von Hannover. Sie gehörten zum Haus Hannover, einer Nebenlinie der Welfen. 1840 heiratete Königin Victoria ihren Cousin Prinz

Albert von Sachsen-Coburg und Gotha (1819-61) gebürtig Seine Durchlaucht Prinz Franz Albert August Karl Emanuel von Sachsen-Coburg-Saalfeld, Herzog zu Sachsen – ein deutscher Prinz aus dem Haus Sachsen-Coburg und Gotha. Als Königsgemahl hatte er bis zu seinem Tod 1861 erheblichen Einfluss auf seine Ehefrau und die Entwicklung der britischen Monarchie. Ab 1857 trug er den Titel Prince Consort (Prinzgemahl). Erstaunlich:
sie hatten 9 Kinder, 40 Enkel und ca. 88 Urenkel. Victoria bestimmte, dass alle ihre Enkel ihren oder Alberts Namen tragen sollten. Durch deren Ehen hat sie Nachkommen in fast allen europäischen Monarchien, daher ihr Beiname „Großmutter Europas“ und mittlerweile gehören folgende europäische Monarchen und ehemalige Monarchen zu

Eine besondere Enkelin von Königin Victoria

Maud Charlotte Mary Victoria von Großbritannien und Irland (1869-1938) war eine britische Prinzessin und wurde durch die Heirat mit Prinz Carl von Dänemark die erste Königin des unabhängigen Königreichs Norwegen. Prinz Carl nannte sich nach der Krönung Haakon VII. von Norwegen. Sie hat beiderseits englisch-dänische Großeltern, ist die 5.Tochter von Eduard VII. (1841-1910), erster britische Herrscher aus dem Haus Sachsen-Coburg und Gotha (seit 1917 in Großbritannien Haus Windsor genannt), der älteste Sohn von Königin Victoria (1819–1901) und zugleich Urgroßvater der (heuti-

gen) englischen Königin Elisabeth. Maud ist die Enkelin von Königin Victoria und ebenso die Großmutter des amtierenden Königs Harald V. von Norwegen. Ihr Sohn Alexander Edvard Christian Frederik von Dänemark aus dem Haus Schleswig-Holstein-Sonderburg-Glücksburg (1903-91) war von 1957 bis zu seinem Tode König Olav V. von Norwegen. Dänemark ist älteste Monarchie Europas!
---- All diese königlichen Zusammenhänge mögen schwer zu verstehen sein und vieles versteht man erst, wenn es Geschichte geworden ist - von Königin Adelheid von Sachsen-Meiningen über Victoria und dann zu Maud, die obwohl in England geboren, durch Heirat zur norwegischen Königin wurde. Daher ist sie Namensgeberin für das Schiff *Maud* geworden.

*****

Teil 10

Eskimo und Inuit

Lange bevor die Europäer die Arktis erkundeten, lebte dort bereits vereinzelt, indigene Nomaden-Bevölkerung. Die Vorfahren der heutigen Eskimo/Inuit haben eine über 5000 jährige Kultur-Geschichte, von Prä-Dorset-, Dorset-, bis Thule- und weiteren Kulturen. Nur mit mündlichen Überlieferungen ihres Wissens und ihrer Erfahrungen wurde alles an die nächsten Generationen „vererbt“. Es ist tief in ihnen verwurzelt.

Auch die Bezeichnung Dorset ist verwurzelt, sie leitet sich ab vom Namen der Insel und Siedlung Cape Dorset (Inuktitut: Kinngait, hohe Berge), die am Nord-Eingang der Hudson Bay liegt. Um 1925 hatte dort ein Anthropologe Überreste einer bis dahin unbekannten Kultur gefunden und sie seither als Dorset-Kultur bezeichnet.

Dorset: Namensgeber ist eine Grafschaft in Südwest-England. Die benachbarten Grafschaften sind Devon im Westen, Somerset in Nordwesten.

Eskimo, liebenswerte , freundliche und fröhliche Menschen

Eskimo ist die „Sammelbezeichnung“ für die indigenen Völker im nördlichen Polargebiet, deren Siedlungsgebiet sich von Nordost-Sibirien über die Bering Strait und die arktischen Regionen Alaskas und Kanadas bis nach Grönland erstreckt.

In der Nationalflagge des kanadischen Territoriums Nunavut befindet sich, außer dem roten Inukshuk in der rechten oberen Ecke des weißen Feldes ein blauer fünfzackiger Stern, der Polarstern. Diese 5 Zacken stehen für die 5 indigenen nordischen Völker der Eskimo: Inuit (Kanada), Inuvialuit (Kanada), Kalaallit (Grönland), Inupiaq (Alaska) und Jupikyt (Russland). Obwohl ihre Siedlungsgebiete geographisch weiträumig und nicht zusammenhängend sind, zeichnet die zu den Eskimo zählenden Volksgruppen eine einheitliche Kultur und enge Sprach-Verwandtschaft aus, doch macht die „Mensch“ bedeutende Eigenbezeichnung auch Unterschiede.

Je nach Region haben diese Menschen unterschiedliche Bezeichnungen: Die beiden Hauptgruppen sind die Inuit (östliche Eskimo), die größte Gruppe sind die grönländischen Inuit (grönländisch: Kalaallit) und die Inuit in Nord- und Nordostkanada, sowie die Yupik (auch Yuit) in Südwestalaska (westliche Eskimo). Eine kleinere Gruppe der Inuit sind die in Westalaska lebenden Inupiat. Weiterhin verwandt sind die zu den Ureinwohnern Alaskas zählenden Aleuten. In Alaska und Kanada leben nahe dem Polarkreis die Athabasca-Indianer, die sich wie die Inuit auch zu den Ureinwohnern zählen. Beide Völkerstämme haben den selben Ursprung und daher auch viele Ähnlichkeiten im Aussehen, Lebensweise und in ihren Mythen. Die Inuvialuit (auch Inuvialiut) leben in Nordalaska und Nordwestkanada und auf der sibirischen Tschuktschen Halbinsel. Früher gab es viele vereinzelte Stämme entlang der alaska-kanadischen Küste, jede hatte ihre Bezeichnung, bildete aber eine zusammengehörige Gruppe, auch sprachlich. Im Nordosten Sibirien leben die Jakuty (Jakuten). Sie bilden unter den nordisch-indigenen Völkern die größte Gruppe, werden aber auch, vom Urstamm hergesehen, immer weniger. Sie gehören zu dem sogenannten Turkvolk, (bezeichnet ca. 40 Volks-Gruppen in Zentral- und Westasien, Sibirien und Osteuropa, deren Sprachen zur Sprachfamilie der Turksprachen gerechnet werden). Im Verlauf vieler Jahre siedelten sie aus der Baikalsee-Region nach Sibirien, in die mittlerweile selbständige Teilrepublik Sacha /Jakutien, (Sacha bedeutet Mensch), mit der Hauptstadt Jakutsk (Якýтск), am Fluß Lena. In Jakutsk lebten zunächst Russen und erst ab dem 18. Jhd. siedelten sich die Jakuten an.

Die verschiedenen Sprachen

Interessant: Die Muttersprache / Herkunftsprache bzw. Sprachfamilie ist jakutisch, auch sibirische Turksprache genannt. Das ist eine Vermischung aus den Ursprungsgebieten und untergliederte Sprachfamilie von Mongolisch und Tungusisch (Nordchina, ostsibirische Gebiete Russlands und Teile von der Mongolei), beeinflusst mit einer Art Grundwortschatz aus der türkischen Sprache und hat nur wenige Fremdwörter aus dem Russischen. Zusammengehörig zu einer Gruppe aus ca. 60 in Eurasien verbreiteten Sprachen (innerhalb dieser vielen Sprachgruppen ist auch türkisch). Die Turksprache ist die 7.größte Sprachfamilie weltweit ---jetzt erkennt man die zahlreichen, kaum noch zurückverfolgenden Ur-Sprachen der einzelnen Völker und Länder.

Alle sprechen eskimo-aleutische Sprachen, mit regional verschiedenen Dialekten. Der Ausdruck „Eskimosprachen“ bezeichnet auch eine Gruppe der Eskimo-Aleuten-Sprachfamilie , die die Inuit-Sprachen und die Yupik-Sprachen umfasst. Die Sprache der Eskimo heißt Inuktitut (=Sprache des Men-

schen) und ist von Sibirien über Alaska, Kanada bis Ostgrönland verbreitet.
Inuktitut wird als ostkanadische Dialektgruppe der Eskimosprachen bezeichnet, die hauptsächlich im Territorium Nunavut, den Nordwest-Territorien sowie in ostkanadischem Küstengebiet gesprochen wird, mit unterschiedlichen Dialekten. Dabei bildet oft ein sehr langes Wort (mit scheinbar sinnlos aneinandergereihten Buchstaben) übersetzt einen ganzen Satz. Ebenso wird in Nunavut das Inuktitut, außer mit lateinischen Buchstaben, mit einer Silbenschrift geschrieben, die eine Variante der kanadischen Silbenschrift (Canadian Aboriginal Syllabics) ist und eine indianisch abstammende Cree-Schrift. Die Sprache der Inuit in Grönland ist, außer Inuktitut, Kalaallisut, auch einfach grönländisch genannt. Außerdem gibt es noch Athabaskisch, die (recht unbekannte) aber geographisch am weitesten verbreitete indigene Nordamerikas, mit über 40 Einzelsprachen und Dialekten, die sich von Nordamerika, Nordwest-Kanada, Süd-Alaska, der Pazifik-Nordwestküste und Kalifornien bis in den Südwesten der USA und Nord-Mexiko erstreckt. Die bekannteste ist hierbei die Sprache der Apachen. Zwar wird überall noch viel die traditionelle Sprache gesprochen, doch auch zusätzlich oder überwiegend werden die Landessprachen der Nationen, in denen sie wohnen, gebraucht.

((An all diesen Ursprüngen und Zusammenhängen haben Sprachwissenschaftler sicher große Freude)).

„Eskimo" – was bedeutet das?

Eskimo ist eine ursprünglich von Cree- und Algonkin-Indianern verwendete Sammelbezeichnung für die mit ihnen nicht verwandten Völker im nördlichen Polargebiet. Die Algonkin (oder Algonquin) ist ein aus zahlreichen Gruppen bestehender Stamm der nordamerikanischen Ureinwohner, der heute zu den First Nations of Canada – den indianischen Völkern Kanadas – gezählt wird. Nach ihnen ist die Algonkin-Sprachfamilie benannt, eine der weit verbreiteten Sprachfamilien Nordamerikas. Die Algonkin lebten ursprünglich als Jägervolk im Tal des Flusses Ottawa (der heute die Grenze zwischen den kanadischen Provinzen Ontario und Québec bildet). Die Cree sind ein indigenes Volk der nordamerikanischen Indianer und ihr Stammesgebiet erstreckt sich von den Rocky Mountains bis zum Atlantik, über nördliche Teile der USA und Kanada. Sie selbst bezeichnen sich als Ayisiniwok „wahre Menschen" oder „das Volk", ihre Sprache gehört zur Algonkin-Sprachgruppe. Die Cree sind heutzutage die mit Abstand größte Gruppe unter den First Nations und ihre 135 staatlich anerkannten Stämme umfassen über 200.000 Menschen. Kein anderes indigenes Volk in Nordamerika hat ein so großes Verbreitungsgebiet.

Das Wort Eskimo soll sich aus dem Cree-Wort aayaskimeew, „Schneeschuhflechter" herleiten, abgeleitet in „Menschen, die eine andere Sprache sprechen". Der französische Jesuiten-Missionar Pierre Biard (1567–1622) hat dieses Wort in Esquimaux (was ja typisch französisch klingt) übersetzt und daraus ist Eskimo entstanden, was er vielleicht versehentlich in „Rohfleischesser" (wohlgemerkt nicht mit einem „f" in der Mitte!) übersetzt haben könnte. In leichter Abänderung des Wortes ist dann Eskimo entstanden. Die frühere Herleitung „Rohfleischesser" gilt heute als widerlegt. Die Worterklärung führte bei den Inuit zur Ablehnung des Wortes „Eskimo", weil sie „Rohfleischesser" als abwertend empfanden. Vermutlich entstand der „Ausdruck" auch aus dem Grund, weil die früheren Indianer (oder der Missionar) diese für sie „merkwürdigen" Menschen schlichtweg Rohfleischesser nannten, da sie ja meistens und im Vergleich zu Indianern, wesentlich mehr rohes Fleisch aßen. (Die Missionare versuchten die religiösen Vorstellungen der Indigenen mit dem katholischen Glauben „zu belegen", um sie so zu guten Christen zu machen, vielleicht liegt auch hier der Ur-Ursprung?) Somit war diese Bezeichnung kein Schimpfwort, denn das lag Indianern fern und viele heutige Eskimo sehen das auch in keiner Weise. Dieses Wort kommt jedoch nicht in allen Eskimosprachen vor und bezeichnet auch nur die kanadischen und grönländischen Volksgruppen, weshalb die Yupik und die Inupiat ihre Eigenbezeichnung verwenden oder sich dem „Volk der Eskimo“ zugehörig fühlen. Die Inupiat finden die Bezeichnung Eskimo nicht herabsetzend. „Eskimo“ wird in Alaska üblicherweise für Inuit und Yupik verwendet und akzeptiert. Da der Begriff Eskimo manchmal als abwertend empfunden wird, wurde er inzwischen überwiegend durch Inuit zu ersetzt. Die Gesamtzahl der polaren Arktisbewohner wird heute auf ca. 160.000 geschätzt. Auf Grönland leben etwa 50.000, in Kanada rund 60.000 – davon im Territorium Nunavut ca. 30.000, im übrigen Kanada, überwiegend in den Nordwest-Territorien, im Gebiet Nord-Québec und in Labrador, zusammen ebenfalls etwa 30.000 – und in Alaska etwa 30.000. Weitere 15.000 leben im nordöstlichen Sibirien. Die kanadische Arktis hat große Teile der Nordwest-Territories, zu denen der kanadisch-arktische Archipel mit den unzähligen Inseln gehört, sowie kleine Gebiete des nördlichen Yukon und der Grenze zu Alaska.

Die Menschen führten und führen im oft extrem eisigen Norden, unter außergewöhnlichen Naturbedingungen ein ebenso außergewöhnliches Leben. Sie haben im Laufe von Jahrtausenden ihren einzigartigen Lebens- und Überlebensstil den harten arktischen Verhältnissen angepasst. Für uns Mitteleuropäer ist es kaum vorstellbar, wie diese Menschen in der harten und doch so filigranen Ark-

tis leben können... und es wird für sie mit dem Klimawandel immer schwieriger. Die Urväter haben das Jagen von den Eisbären abgeguckt, so wird erzählt und irgendwann benutzten sie gefertigte Waffen aus Tierknochen, Sehnen und Häuten zum Jagen. Sie waren ein sehr erfinderisches Volk und diese Ur-Gene sollen sie auch für immer behalten, es gehört zu ihren Leben.
Die kanadische Regierung nahm früher ihre Verpflichtungen gegenüber Eskimo und Indianern in den Nordwestterritorien sehr ernst und führte sie nach und nach an die Gegenwart heran, obwohl das ein Eingriff in die Eigenständigkeit eines Volkes war und ist, das mit ganz anderen Traditionen lebte und unter völlig anderen Lebensbedingungen stand (was oft heftige Konflikte brachte). Im Laufe der Jahre hat sich daraus vieles integriert, obwohl es ihnen keinesfalls leicht fiel, sich anpassen zu müssen und bis heute leben sie, überwiegend, mit ihrer faszinierenden Kultur und sind stolz darauf (und hoffen auf einen Staat, der „hinter ihnen steht"!)
Die Jagd auf Seetiere und Landwild bildet noch immer ihre Lebensgrundlage. Um die Aufrechterhaltung und Kultur einiger Inuitstämme zu erhalten wurden verschiedene Interessengemeinschaft gegründet, wie z.B. Inuit Circumpolar Council, die sich auch mit Klima-Fragen beschäftigen.
Im Wandel vieler Zeiten und Klimaänderungen lernten alle Eskimovölker sich anzupassen und teil-

weise entstanden neue Gruppen/Völkchen und Familien. Sicher gab es untereinander Zwistigkeiten, was oft der Grund gewesen sein mag, dass einige Völker in andere Gebiete/ Jagdreviere verdrängt wurden/gezogen sind. Einige blieben Nomaden, andere wurden sesshaft, sofern sie gute Jäger waren und reichlich Nahrung/ Tiere vorhanden waren. So sind über die vielen Jahre ihre Siedlungen entstanden, einige davon bestehen noch heute und entwickeln sich weiterhin.
Die Eskimo, die ganz im Norden verblieben, lernten sich dem Gebiet anzupassen und wurden, wie Eskimo anderer Gebiete natürlich auch, sehr erfinderisch. Sie schauten vieles bei den Tieren ab und nutzten für die Kleidung Felle von Karibus, Robben oder Eisbären, legten sich damit eine zweite Haut zu, dem Klima angepasst. Diese Tiere waren selbst von Natur aus gegen Kälte geschützt, zusätzlich mit einer dicken Fett- und Speckschicht. Robbenhaut ist dünn, aber wasserdicht. Auf Grönland wurde Eisbärfell nur für Hosen verwendet. Karibufelle werden überwiegend mit der behaarten Seite nach innen getragen, mit den Sehnen wurde die Kleidung und alles andere genäht. Aus Knochen, Sehnen und Hautstreifen wurde Arbeitsmaterial hergestellt, wie Harpunen- und Hundeleinen. Stiefelsohlen aus Eisbärfell sind isolierend. Die komplette Jagdbeute wurde genutzt, bis zu kleinsten Sehnen und Vorräte für den langen Winter wurden ange-

legt. Sie haben aber nie große Mengen Vorrat gehabt und nur gejagt, um davon zu leben (zum Vergleich heute: wir leben, mit allen Dingen, im unsinnigen, absoluten Überfluß – aus Geldgier der Anbieter). Irgendwann haben auch die Eskimo bemerkt, dass sich mit ihrer Beute Handel machen lassen kann. Zuerst betrieben sie untereinander Tauschhandel, wobei man nicht mehr genau weiß, wie das angefangen hat: wurde ihnen ihre Beute abgenom- men oder haben sie diese selber an andere angeboten. Später mischten sich die weißen Pelzjäger ein, die außerdem auch viel für das Verdrängen der Eskimo verantwortlich waren, aus Macht und Gier, den beiden schlimmen Tugenden der Weißen Menschen.
Von den Eskimo haben „wir" einiges "übernommen", z.B. den Parka, ursprünglich und immer noch: eine lange Felljacke. Das Wort Parka stammt aus dem Inuktitut und bedeutet: parqaaq (Hitze/Wärme), ähnlich wie Anorak: eine wetterfeste Jacke mit Kapuze, ursprünglich aus Robbenfell gefertigt. Das Wort stammt aus der Kalaallisut-Sprache der westgrönländischen Inuit und dem Inuktitut „annoraaq" und bedeutet „Schutz gegen den Wind". Zusätzlich hat sich später der Frauen-Anorak "Amauti" mit einer Kapuze entwickelt: der aufgeweitete Rückenteil geht in eine Kapuze über. In dieser Rückentasche kann das Kleinkind bis zu etwa 2 Jahren in engem Kontakt zur Mutter sein,

wobei diese ihre Hände für andere Tätigkeiten freibehält. Zum Stillen kann sie es an die Brust holen, ohne dass der Säugling dabei den Witterungseinflüssen ausgesetzt ist. Vermutlich haben sie auch Handschuhe erfunden, die früher aus Lachshaut und Robbenfell gefertigt wurden. Sehr warscheinlich haben Eskimo Sonnenbrillen erfunden, denn sie benutzen Brillen, die aus dünnem Holz oder Knochen bestehen, vorne zwei schmale Schlitze haben und vor der Sonne schützen. Mit Sicherheit stammen auch Schlittschuhe aus ihrer Idee, nicht zum Spaß, sondern um besser über das Eis zu kommen, um Jagen zu können. Dafür wurden Rentierknochen geschickt geschnitzt. Die Jagdkultur ist noch immer erhalten geblieben und lebenswichtig. Zur Fortbewegung auf dem Wasser wurden schon ganz früher Boote aus Tierhäuten gebaut, später Kajaks. – Das Wort Kajak kommt von dem grönländischen Qajaq und bezeichnet ein Paddelboot mit Ursprung in der Arktis, ein Bootstyp, der mittels Doppelpaddel, man sitzt, allein, darin in Fahrtrichtung, bedient wird. Vermutlich hat Christoph Kolumbus aus dem Namen der karibisch-indignene Arawak das Wort abgeleitet, weil er diese mit ihren Booten gesehen hat. Kajaks und Kanadier (kniend mit Stechpaddel) sind die beiden Untergruppen von Kanus. Später wurden alle Indianerboote Kanu bezeichnet, hergeleitet von canaoa (karibisch für Einbaum). Im Laufe der vielen Jahre wurden immer

mehr Motorboote genommen. Auf schneebedeckten Flächen konnten sie sich mit Schlitten (früher aus Tierknochen und Sehnen) und dann mit Hilfe von Schlittenhunden über lange Strecken fortbewegen und ihre Beute transportieren, oder auf diese Weise ihren Umzug zu anderen Orten schaffen.
Kultur: Die Kultur der kanadischen Eskimo ist durch zwei Hauptgruppen gekennzeichnet, von denen die eine Verknüpfung mit dem Binnenland, die andere Verbindung mit der Küste hat. Die meisten Eskimo waren traditionell halbsesshafte Jäger und Sammler und standen nicht mit dem Meer in Verbindung, waren nie mit dem Fang von Seetieren vertraut. Dennoch waren alle Eskimo ursprünglich Binnenlandjäger und ein Teil von ihnen zog später in Küstengebiete, zur Jagd auf Seetiere, alles Völker mit einer hervorragenden Anpassung an die Lebensbedingungen der arktischen Küste, mit Gegenständen wie Harpune (– Speer mit Widerhaken, mit afrikanischem Ursprung!), Iglu, Kajak und Umiak (Boote) oder Ulu-Wiegemesser. Beide Gruppen behielten ihre ursprüngliche Sprache und ihre Mythen und Sagen, fügten nur andere Dinge hinzu, die zu ihrer jeweiligen Umgebung passten. Sie vergleichen sich mit den tierischen Geschöpfen und haben Ehrfrucht vor ihnen. Ihre Rituale besagen u.a. sich bei ihrer Beute zu bedanken, ihnen Ehre zu erweisen, denn diese trägt zu ihrem Leben und Überleben bei. Früher wurde, im Laufe vieler Jahre, reger

Tauschhandel betrieben, mit ansässigen Nachbarn, die wiederum durch Tausch andere Dinge, meist Tiere, hatten und darauf mit Wikingern tauschten, was –leider- nicht immer friedlich verlief, zudem noch doppelt traurig, wenn jemand zuvor bei der Jagd ums Leben gekommen war.
Die traditionelle Musik der Eskimo ist überwiegend vokal. Die einzigen eigenen Musikinstrumente sind die große Rahmentrommel „qila", aus Robbenhaut gefertigt, die früher als Schamanentrommel verwendet wurde und gelegentlich auch Rasseln.
Traditionen, Bräuche, Geister und Rituale - daran glaubten die Eskimo früher
Früher sahen die Eskimo die Welt als eine große Gemeinschaft von beseelten Dingen. Sie selbst waren Teil dieser Gemeinschaft in der alle, egal ob Mensch oder Tier, gleich viel wert waren. Alle Seelen waren miteinander verwandt und einander ähnlich. Dieser Glaube an die Gemeinschaft spiegelt sich auch in der **besonderen Namensgebung** der Eskimo wieder: Während bei uns in der Regel die Eltern den Vornamen ihrer Kinder aussuchen, wurde bei den Eskimo noch vor rund 100 Jahren der Name bereits vor der Geburt festgelegt. Wenn bei den Eskimo ein Kind auf die Welt kam, dann waren es nicht die Eltern, die den Namen bestimmten, sondern zum Beispiel ein älterer Mann aus dem Jägervolk. Das klingt für unsere Ohren vielleicht komisch. Ein nicht verwandter Mensch,

der den Namen des Babys bestimmte? Aber die Eskimo waren früher in der eisigen Kälte besonders auf die Hilfe der anderen angewiesen. Was zählte, war vor allem die Gemeinschaft. Jeder Einzelne war wichtig und so wanderten auch die Namen jedes Verstorbenen immer weiter. Wenn jemand in der Gemeinschaft starb, dann wurde dieser Name sofort dem Neugeboren gegeben, denn „kein Name durfte ohne Hülle" bleiben. Die Eskimo glaubten nämlich, dass hüllenlose Namensgeister Unglück bringen konnten. Mit dem Namen gingen dann auch alle Eigenschaften des Verstorbenen auf das kleine Kind über. War der Verstorbene geschickt, klug und fröhlich gewesen, so wurde, das glaubten die Eskimo, auch das Baby so. Im Laufe des Lebens kamen viele weitere Namen dazu und zwar immer dann, wenn jemand aus der Gemeinschaft starb. Die Kinder durften sich aber auch weitere Namen selbst aussuchen, zum Beispiel wenn sie einen Menschen gerne mochten. Mit dem Tragen der Namen wurde man dann auch noch automatisch mit den Leuten verwandt. Bei uns kennt man den Brauch, dass man bei der Taufe ggf. zusätzlich die Namen der Taufpaten bekommt. Unsere Nachnahmen „gehen" auch mit der Familie weiter.

Wohl dem, der einen warmen Iglu, Öl in der Lampe und Frieden im Herzen hat.

Die nordalaskischen Eskimo leben an der Küste Nordalaskas, sie bezeichnen sich gemeinsam als

Iñupiat, authentische Menschen. Nunamiut wurde und wird als allgemeine Bezeichnung für Menschen verwendet, die den Winter im Landesinneren verbringen, und Tariurmiut ist der entsprechende Begriff für die Küstenbewohner. Malemiut leitet sich von einem Yup'ik- Eskimo-Wort (Central Alaskan Yup'ik) ab, aus dem Alaska-Gebiet Kotzebue Sound und Nome, das früher verwendet wurde. Die sibirischen Yupik und Naukan leben im östlichen Russland und auf der zu Alaska gehörenden Insel Sivuqaq/ St. Lawrence Island (4640km^2), mitten in der Bering Sea. Yupik bezeichnet mehrere Eskimo Gruppen sowie ebenso deren Sprachen.
Heute leben Eskimo auf einem rund 9000 km langen Küstenstreifen, von der Bering Strait bis zur grönländischen Ostküste. In der Nähe der Bering Strait wohnen die sogenannten Bering-Eskimo, weiter nördlich, bis zur kanadischen Grenze ist das Gebiet der Nordalaska-Eskimo und nahe des Yukon River siedeln Westalaska-Eskimo. Fast jedes kleine Gebiet hat ihren eigenen Eskimo-Stamm: in Kanada leben die Mackenzie-Eskimo nahe am Fluß und die Copper-Eskimo im Gebiet Victoria Island und dem gegenüberliegenden Festland, hier in der Nähe wohnen die Karibu-Eskimo. Die Netsilik sind auf der Boothia Halbinsel beheimatet, die Iglulik (vielleicht entstammte hier die Bezeichnung für Iglu) bewohnen die eisige Melville Halbinsel. Das Baffin Land ist Heimat der Baffin-Eskimo und so gibt es noch viele

weitere Gebiete und Eskimo-Völkchen. Obwohl es unter allen Eskimo-Stämmen einige Unterschiede gibt, sind die körperlichen Merkmale sehr ähnlich: alle sind überwiegend klein und robust, mit glattem, schwarzen Haar und dem asiatischen Gesichtszügen. Sie haben sich an das polare Klima angepaßt, mit allem, was dazu gehört und haben über all die Jahre gelernt, die wenigen Materialien, die ihnen die Natur zur Verfügung stellt, optimal zu nutzen. Im Laufe der Jahre hat es die westliche Kultur (leider) geschafft, den Inuit eine neue Lebensweise zu vermitteln (aufzudrängen)..................

Du weißt nicht, wer dein Freund oder dein Feind ist, bis das Eis bricht.

Inuit

Inuit bezeichnen sich die kulturell ähnlichen, indigenen Volksgruppen, die im arktischen Zentral-und Nordostkanada, den Nordwest-Territorien, Nunavut („Unser Heimatland“) und Nunavik („Land, in dem es sich leben lässt“ / Quebec), sowie auf Grönland (Kalaallit Nunaat „Land der Kalaallit“ Land der Menschen), in Alaska und in Nunatsiavut („unser schönes Land“ /Labrador und Ost-Newfoundland) leben. Sie sind wohl eines der bekanntesten Völker der Erde. Die Bezeichnung Eskimo wird nur als Oberbegriff benutzt, der auch die verwandten arktischen Volksgruppen der Kalaallit (die Dänen sagen grønlænder /Grönländer), der Inupiat (in Nordalaska) und Yupik (beiderseits der Bering Strait) umfasst. Jedoch nicht die entfernter verwandten Aleuten. Inuit ist deshalb kein Ersatz für „Eskimo“ und ist auch nicht im Wortschatz aller um den Nordpol lebenden Volksgruppen enthalten. Inuit oder Inuit-Inupiaq wird auch die östliche Sprachgruppe der Eskimosprachen genannt, die von Nordwest-Alaska bis Grönland reicht und die in fünf Dialektgruppen unterteilt wird. Inuit ist Inuktitut und bedeutet ‚Menschen‘ die Einzahl lautet Inuk (Mensch). Auf Grönland unterscheidet man die Inughuit, die Polar Eskimo, deren Siedlungsgebiet die nördlichste dauerhaft bewohnte Zone der Arktis ist, von den Inuit in Ost- und Westgrönland. Die Kalaallit stammen vom Volk der Thule ab, aber wahrscheinlich nicht von ihren Vorgängern in Grönland, der Dorset-Kultur. Vermutlich ist das Wort Kalaallit aus dem von den Wikingern gebräuchlichen Begriff Skræling entstanden, der wurde von den Grænlendingar, also den in Grönland siedelnden Wikingern, genutzt und bezog sich historisch speziell auf die Südwestgrönländer und bedeutet soviel wie skræklig - schrecklich, gruselig, hässlich / die Wilden. Die Ostgrönländer nennen sich Tunumiit. Sie sind mit ca. 3500 Menschen die zweitgrößte indigene Volksgruppe Grönlands. Ihre Sprache ist Tunumiisut, eine Sprachfamilie vom Kalaallisut. Ungefähr 80-88% der grönländischen Bevölkerung oder ungefähr 44.000 bis 50.000 Menschen identifizieren sich als Inuit. Die Aivilik, auch Aivilingmiut sind Inuit, die traditionell nördlich der Hudson Bay, in der Nähe von Naujaat (früher Repulse Bay), Chesterfield Inlet und Southampton Island gelebt haben. Sie sind Nachkommen des Thule-Volkes und gelten als südliche Untergruppe der Iglulik Inuit. Ende des 19. Jhd. wanderten sie nach Süden aus, um unter amerikanischen Walfängern zu arbeiten, die in der Hudson Bay jagten. Die Aivilik sind bekannt für ihre Hunde-Teams und ihre Walrossjagd. Die Eskimo, die am westlichen Ufer der Hudson Bay angesiedelt waren, waren im Gegensatz zu vielen anderen Volksgruppen ehr groß gewachsen, mit Gesichtszügen, die mehr an Indianer als an (asiatische) Eskimo erinnern, teilweise auch mit leichten afrikanischen Zügen. Eskimo und Indianer sind einst aus gemeinsamen Wurzeln entstanden, aber verschiedene Umwelteinflüsse brachten verschiedene Kulturen hervor. Die Indianer erhielten ihre Eigenart, der Umgebung der Wälder angepasst, die Eskimo hingegen passten sich den kahlen, baumlosen Tundren und später dem Eis und den Meeresküsten an. Ihre Namen haben charakteristische Bedeutungen, ähnlich wie das bei den Indianern üblich ist. Früher beneideten einige Grönländer die Skrælinger um deren besondere Jagdkünste. Besonders bei der Jagd auf Wale waren sie geschickt im Umgang mit Harpune und Speeren. Von einem Wal konnten vielen Menschen viele Tage lang essen und auch viele andere Dinge davon nutzen. `Diese Art des Jagens liegt nicht in der Natur der Menschen, Wale werden den Christen nur durch die Gnade Gottes geschenkt` – früher eine Grænlendingar-Weisheit.

Geschichte /Urschichte

Die ganze Nord-Halbkugel der Erde ging durch mindestens 4 große Eiszeiten, die letzte wird auf ca. zwischen 90.000 und 10.000 v.Chr. geschätzt ... das ist unser Ur-Klima!

Vermutungen, da es wenige Spuren dieser früheren Wanderungen gibt: Paläo-Eskimo gelangten, lange nach den Indianern, etwa ab 3000-2500 v.Chr. (und lange nach der letzten, etwa 10.000 v.Chr. endenden Eiszeit) von Asien aus über die Landenge (heute Bering Strait) nach Alaska und Kanada. Sie sind nach archäologischer Auffassung mindestens 12.000 Jahre später als die ersten paläo- indianischen Gruppen auf den amerikanischen Kontinent gelangt, mit mongolischer oder mongolisch-indianischer Abstammung und einer afrikanischen Ur-Abstammung. Gegen 2500 v.Chr. (das Klima der Arktis war damals wärmer als heute) wanderte ein Teil der Paläo-Eskimo von Alaska bis nach Grönland. Ob diese „Ur-Zeit-Einwanderer“ durch ihren Instinkt getrieben wurden, von Alaska nach Süden vorzudringen, durch angeborenen Entdeckerdrang oder ob sie nach Süden abgedrängt wurden durch eine neue „Menschenwellen“ / andere Völkchen, die sie weitertrieben, ist kaum erforscht. Sie haben diese Region nicht aus Abenteuerlust besiedelt, das war damals die einzige Zuflucht vor nachdrängenden Stämmen aus dem Süden Asiens und sie folgten ihren Beutetieren, immer auf der Suche nach besseren Jagdgebieten. Sie mussten auch weiter ziehen, denn Mammute starben aus, Moschusochsen und Rentiere wanderten weiter. Außerdem folgten sie den Rentieren, die damals schon diesen Weg, auf der Suche nach besten Futtermöglichkeiten, zogen. Letztendlich wanderten sie immer weiter und durchstreiften jede mögliche Gegend des Kontinents, bis einige das heutige Feuerland / (früher Magellanica, nach Ferdinand Magellan, Inselgruppe an der Südspitze Südamerikas) erreichten. In dieser Zeit entwickelte sich die Prä-Dorset-Kultur (mit den Independence (selbständig) -Kulturen I und II sowie der Saqqaq-Kultur). Später – etwa 500 v.Chr. - 1000 n.Chr. – folgte die Dorset-Kultur (benannt nach der heutigen Süd-Baffin Bay Siedlung Cape Dorset, in deren Nähe archäologische Fundstücke entdeckt wurden). Vermutlich mit Abstammung von indianischen Völkern. Parallel dazu entwickelte sich 2000 v.Chr. - 1000 n.Chr. im durch pazifischen Einfluss wärmeren Alaska die Neo-Eskimo-Kultur.

Alaska – ein Gebiet der vielen Extreme

Alaska 65°0′N,151°0′W ist aleutisch und bedeutet „Land, in dessen Richtung das Meer strömt“, die Eskimo bezeichnen es als Teller. Das Gebiet ist der flächenmäßig größte, der nördlichste und zugleich westlichste US-Bundesstaat, jedoch mit der viert-

niedrigsten Bevölkerungszahl aller US-Staaten. Während der letzten Kaltzeit (vor ca. 20.000 Jahren) lebten dort viele tausend Jahre lang Menschen. Erst als der Meeresspiegel stieg, wanderten die Menschen von dort über diese Landbücke nach Südosten, was die Besiedlung Amerikas zur Folge hatte. Während des Höhepunktes der letzten Kaltzeit, lag der Meeresspiegel rund 125 m tiefer, als heute, so dass eine ca. 40-50 km breite und bis zu 85 km lange, hügelige Landschaft beide Land-Teile miteinander verband. Damals war die heutige Bering Strait eine fruchtbare Graslandschaft, die von Mammut, Wollnashorn, Rentier und Moschusochse besiedelt wurde (heute ist das Meer dort ca. 50 m tief). Höchst wahrscheinlich folgten die damaligen indigenen Völker den riesigen Herden. Um die zeitliche Differenz zwischen dem Aufbruch in Asien vor rund 25.000 Jahren und dem Eintreffen in Amerika vor etwa 15.000 Jahren zu erklären, wird ein langer Aufenthalt im Bereich von Beringia vermutet. Als Grund gelten die starke Vergletscherung in Amerika und die besondere Eignung der damaligen Landschaft für eine menschliche Besiedelung.
Durch klimatische Faktoren war dort eine Tundraartige Vegetation, die Bäume und damit Feuerholz bot. Aufgrund der Eisvorstöße und -rückzüge und der damit verbundenen Änderungen des Meeresspiegels der letzten 140.000 Jahre ist es wahrscheinlich, dass die Gegend in diesem Zeitraum

mehrfach aus den Fluten auftauchte und wieder versank. Es ist heute steht für ein umfangreiches See- und Landgebiet zu beiden Seiten der Meeresenge.
Etwa 1000 n.Chr. erfolgte, bei wärmerem Klima als heute, eine erneute Wanderung von Alaska-Eskimo über Nordkanada bis Grönland. Die Neo-Eskimo-Kultur war den Dorset-Eskimo in vielen Bereichen deutlich überlegen. In kurzer Zeit wurde die Dorset-Kultur verdrängt, teilweise vermischten sie sich. Die neu entstandene Kultur wird nach Fundstücken nahe der nordgrönländischen Siedlung Thule als Thule-Kultur bezeichnet; die Zeitspanne der Thule-Kultur umfasst etwa 800 Jahre (1000 bis etwa 1800, also bis gegen Ende der von etwa 1550 bis 1850 dauernden sogenannte Kleinen Eiszeit). Als reine Jäger waren sie im Unterschied zu den Indianern nicht auf landwirtschaftliche Erzeugnisse oder gesammelte Früchte und Beeren angewiesen. Solange es genügend Jagdbeute gab, war die Existenz der Inuit-Gemeinschaft gesichert. Selbst die Kleine Eiszeit konnte sie als Volk nicht gefährden. Je nach Region jagten sie überwiegend die unterschiedlichen Beutetiere der Arktis. Später kam reger Handel hinzu, meist mit Walfängern oder Leuten der HBC und die Inuit wurden oft Opfer skrupelloser Händler, die sie beim Kauf der begehrten Jagdgewehre gegen immer mehr Pelze erpressten.
Die sogenannte Eskimo-Grenze liegt an der Bristol

Bay, westlich der Alaska-Halbinsel (1778 benannte James Cook diese Bucht nach dem britischen Marineoffizier Augustus John Hervey (1724-79), dem 3. Earl of Bristol) sowie weiter östlich davon bei der Insel Kodiak. Weit früher reichte diese Grenze bis zum Prince of Wales Sound (östlich von Anchorage) und den davon südlich gelegenen Küsten, wo die nördlichste Gruppe der Nordwest-Indianer, das Volk der Tlinkit, lebte. Einige Gruppen oder Völker wanderten über die Jahre, aus unterschiedlichen Richtungen, überwiegend aus Sibirien, weiter nach Westen, an der sibirischen Küste entlang und gelangten nach und nach auf oder durch unterschiedliche Weise, bis ins heutige Lappland. Dort bewohnen die Samen die nördlichen Bereiche Skandinaviens. Ihre Sprache und Kultur ist nicht skandinavisch, sondern ganz eigen und besonders an der bunten Kleidung kann man den sibirisch/russisch/paläoasiatischen Ur-Ursprung erkennen. Die Samen siedelten sich im sogenannten Fennoskandia an. Ihr Siedlungsgebiet Samebyar (entstanden aus den ursprünglichen lokalen Gemeinschaften) erstreckt sich bis heute von Mittel- und Nord-Schweden, Nord-Norwegen, Nord-Finnland und im Nordosten bis zu den Küsten des Weißen Meeres und der Barents Sea /Russland und Teile der Halbinsel Kola (das sozusagen rechte Hinterbein vom „Skandinavischen Tiger“). Die ursprünglichen Sprachen der Samen gehören zur Familie der uralischen Spra-

chen und sind mit dem finnisch, ungarisch und samojedisch verwandt. Fennoskandinavien / Fennoskandia bezeichnet die nordeuropäische Halbinsel, die sich aus Finnland (Fenno) und der Skandinavischen Halbinsel (Scandia) sowie Karelien und der Halbinsel Kola zusammensetzt. Die Samen sind, wie auch die mongolisch-sibirischen Vorfahren und die Jakuten in erster Linie Rentierzüchter. Ganz ähnlich wie die Eskimo haben auch die Samen eine Schamanentrommel für ihre Zeremonien.
Insgesamt bewohnen die eurasischen Völker bis auf ein kleines Gebiet, in dem ca. 1000 asiatische Eskimo leben, die gesamte nördliche Region einschließlich der Inseln, bis hin zu den Aleuten und Kamtschatka. Die Thule-Eskimo sind die direkten Vorfahren der heutigen Inuit. Der Zeitraum von 1500-1900 gilt als Inuit-Frühgeschichte. Als historische Periode der Inuit bezeichnet man die Zeit seit 1800. Einige wandten sich den Waldgebieten zu, andere den Meeresküsten. Innerhalb ein bis zwei Generationen hatte sich die erste Welle Thule-Kultur quer durch die Arktis ausgebreitet. Die Sarqaq-Jäger waren die ersten Menschen, die an der Westküste Grönlands südwärts wanderten. Der wachsende grönländische Eisschild hat viel ihres Lebensraumes bedeckt, das sie gezwungen waren, sich dem Leben an der Küste anzupassen. Als sich das Klima veränderte starben viele allmählich aus. Im 16. Jhd. gab es kaum noch einen Küstenstrich, der nicht von

Inuit bewohnt oder zumindestens erkundet wurde und sie waren weit entfernt von asiatischen und indianischen Kulturen. **Traditionelle Lebensweise**: Um unter den extremen, arktischen Bedingungen zu überleben, haben sie sich schnell ihrer Umwelt angepaßt. Die Inuit-Kultur hat, in abgelegenen Siedlungen zum Teil bis heute, eine relativ einheitliche Jagdkultur, die bis Mitte des 20. Jhd. vor allem auf das Jagen von Robben, Walrosse und Walen, aber auch von Karibus, Eisbären basierte. Wichtigste Jagdwaffe war die Harpune, auch Pfeil und Bogen wurden verwendet. Außer der Jagd betrieben sie Fischfang und sammelten Früchte. Eine nomadische Lebensweise, die durch das Verfolgen jagdbarer Tiere in wildarmen Zeiten begründet war, hatten nur die Karibu-Inuit, die im Inland lebten. Die Binnenland-Eskimo lebten und leben unter wesentlich günstigeren Umständen als ihre Stammesverwandten im Osten, aber mit ziemlich gleicher „Lebensanschauung“ und auch teilweise mit Einflüssen der Indianer. Die Inuit der Küstenregionen waren halb-sesshaft. Zur Fortbewegung auf dem Wasser nutzten sie den Kajak oder ein Umiaq / Umiak (Frauenboot), es wurde ursprünglich aus Treibholz und Robbenhäuten gefertigt. Auf dem Land und dem Meereis diente und dient ihnen im Winter der von Schlittenhunden gezogene Qamutik (Schlitten) als Transportmittel. Im Sommer wurden die Hunde als Tragetiere benutzt. Die meisten Inuit lebten als

Familiengruppen in Camps – während des Winters im Qarmaq, einer Behausung, die je nach Region und verfügbarem Material aus Stein, Gras- und Erssoden, niedrigem Gestrüpp, gelegentlichem Treibholz und Walknochen erbaut und mit Schnee abgedichtet wurden. Iglus dienten nicht als feste Winterunterkünfte, sondern wurden auf Jagdausflügen gebaut. **Iglu, die runden Schneehäuser der Inuit** Der Begriff Iglu bezieht sich nicht nur auf aus Schnee und Eis gebaute Behausungen, sondern auf Häuser allgemein. Für den Iglubau werden mit speziellen Messern Blöcke aus dem Eis geschnitten, die in einer enger werdenden Spirale übereinander geschichtet und mit weichem Schnee abgedichtet werden, perfekt isolierend. Der Eingang, meist als Tunnel gebaut, ist gegen den Wind abgeschirmt und wird durch einen Schneeblock verschlossen. Es gibt unterschiedliche Bauweisen und Größen. Diese Behausung ist sehr widerstandfähig, wärmedämmend und schnell zu bauen. Im Inneren kann die Temperatur bis zu 50° über der Außentemperatur liegen! Specksteinlampen (mit Seehundtran) sorgten für Licht und dienten auch als Feuerstelle. Rentierfelle wurden als Decken und für Kleidung genutzt. Ein Iglu hatte früher eine geräumige Bettstelle und die ganze Familie/Sippe war meist in einem Iglu versammelt. Die schönen Schneehütten fallen im Mai zusammen und die Inuit ziehen in Zelte um, die oft sehr groß sind, mit Rentierfellen gearbeitet,

ziemlich ähnlich wie ein Indianer-Tipi -diese Bezeichnung kommt von nordamerikanischen Indianern und steht für wohnen, leben. Früher lebten kleine Siedlungen mit ein paar Iglus an den Küsten der Arktis. Knud Rasmussen ist bekannt geworden, weil er früher viele der Völker besucht hatte und eine Weile bei ihnen wohnte, um ihr Leben und ihre Kultur zu „studieren".
Mittlerweile sind die Eskimo mit großen Schlitten unterwegs, die weite Strecken schaffen können, so dass sie kaum noch „Schnee-Hütten" auf ihren Jagdausflügen bauen müssen und so geht diese Tradition ganz langsam zu Ende. Außerdem wohnen sie längst in Holzhäusern und kaufen im Supermarkt ein, leben somit nicht (mehr) nur vom Fisch&Fleisch. Diese Iglu-Kultur ist nicht in der gesamten Arktis verbreitet, in Grönland und Alaska waren sie nie bekannt. Dort bestanden die „Jagd-Behausungen" aus Zelten, die wie Indianer Tipi aus Holz- oder Walknochenpfählen und Tierhäuten gebaut waren. Der dauerhafte Wohnbereich war in den Boden gegraben, mit einem Dach aus Walkiefer und Tierhäuten versehen.
Im Sommer lebten sie im luftdurchlässigeren Zelt, das aus Robbenfellen mit Walknochenstangen errichtet wurde. Elemente polarer Kultur waren oft das Langhaus und die mit Öl aus dem Speck von Meeressäugern betriebene Serpentin-Öllampe (Qulliq). Das Nomadenleben ist seit Ende der

1960er Jahre vorbei, die Inuit bewohnen mittlerweile vorgefertigte Siedlungshäuser/ Holzhäuser. Schlittenhunde (anders als in Nord-Grönland heute in Nunavut sind eher ein Luxus) wurden mittlerweile durch Schneemobile, Kajak und Umiak durch fabrikgefertigte Kanus mit Außenbordmotoren abgelöst, was das Fahren damit nicht wesentlich sicherer macht, ehr gefährlicher, weil gerade die Schneemobile schwer und zu schnell sind, um oftmals rechtzeitig die Eissituation zu erkennen und abzuschätzen. Im Sommer werden viele Wege nicht mehr zu Fuß, sondern mit dem Quad unternommen.

Für die meisten indigenen Völker spielte schon immer der Walfang eine große Rolle, er diente zum Leben und Überleben. Aber ist das eine „Erfindung" der Eskimo oder Wikinger? Nach Ansicht von Forschern und Archäologen spricht vieles dafür, dass die ersten Walfänger schon sehr lange vor der Wikingerzeit (790–1070 n.Chr.) Meeressäuger erlegten, ungefähr im 6. Jhd. und weit davor die indigenen Völker, die überwiegend alles dieser Tiere verarbeitet und genutzt haben, zum Überleben.

Was hat denn heute noch der Walfang mit Wikinger-Traditionen zu tun??? – Nichts.

Dieser Aspekt gehört auch zum Thema Klimaschutz, das sollte allen Ländern klar sein!

Die Jagd auf Grönlandwale findet aufgrund internationaler Schutzmaßnahmen nur noch nach stren-

gen staatlichen, auf einer Übereinkunft beruhenden Regel zur Aufrechterhaltung von Tradition statt (Nunavut: 5 Grönlandwale innerhalb von 10 Jahren). Traditioneller Handel mit Robben- und Fuchsfellen sowie mit Handarbeiten aus Walross- und Narwal-Elfenbein sind infolge Boykotts durch viele Staaten (aus Tierschutzgründen) zum Erliegen gekommen.
Seit der 2. Hälfte der 1950er Jahre sind Inuit-Kunst und Kunsthand-Werk wichtige (Einnahme) Quellen geworden. Marmorskulpturen, Kunstgrafik, Wandbehänge und -teppiche, Schmuck, Keramiken und Puppen geben heute einer großen Zahl von Inuit-KünstlerInnen aller Generationen neben Jagen und Fischen eine wesentliche Lebensgrundlage. Seit den letzten 100 Jahren haben die grönländischen Frauen eine Lieblingsbeschäftigung: Perlenstickerei! Und dieser „Perlen-Kreativität“ waren und sind keine Grenzen gesetzt und noch heute sind Perlen die einzigartige Schönheit, Stolz und besondere Freude ihrer Nationaltracht.
Zum Vergleich: die Sami in Lappland/ Nordskandinavien haben originelle Fransen an ihren Tüchern, die den Hauptteil ihrer Nationaltracht bedeuten, die sie auch zu ähnlichen Anlässen wie die Inuit tragen. Sie stammen ursprünglich aus Sibirien und haben somit über viele Jahrtausende einen Zusammenhang, einen Ur-Ursprung mit den Völkern, die von Asien via Bering Strait in den arktischen

Raum gezogen sind, ihre Lebens- und Wohnweise war damals sehr ähnlich und sie begannen, zwischen 1800 und 900 v.Chr., die Rentierzucht und Handel mit den Wikingern. Während die einen Völker gen Osten zogen, bewegten sich die anderen gen Westen, oder wurden dahin vertrieben. Die Inuit erhofften sich eine positive Entwicklung sowohl auf wirtschaftlichem wie auf kulturellem Gebiet, im Nordosten Kanadas von der Bildung des Territoriums Nunavut, das seit 1. April 1999 besteht und von den Inuit selbst verwaltet wird. Da es sich um ein Territorium und nicht um eine Provinz handelt, sind die rechtlichen Kompetenzen der Regierung Nunavuts eingeschränkt und die Abhängigkeit von der Bundesregierung ist hoch. Besonderer Wert wird hier auf die Pflege von Inuit-Kultur und -Tradition gelegt. Als sehr bedeutsames Problem wird die globale Erwärmung angesehen, die nicht nur das traditionelle Leben der Inuit wesentlich verändert, sondern auch Tier- und Pflanzenwelt stark beeinflusst. Die Regierung des Territoriums Nunavut zeigt daher essentielles Interesse daran, wie sich das Kyoto-Protokoll weiterentwickeln und seine Ziele erreichen wird.

Nuannaarpoq - Die Inuit haben dieses einzige Wort für Freude - nuannaarpoq - oder genauer, die außerordentliche Freude am Leben zu sein.

taking extravagant pleasure in being alive

Etwas, das sie wirklich und vollständig lebendig

fühlen lässt, sie sind unbeschreiblich dankbar dafür. Ein Wort eines Volkes mit enger Beziehung zur Natur, das inmitten der Extreme des Lebens lebt. Die unbeschreibliche und wilde Freude fühlen, einfach am Leben zu sein. Das ist nuannaarpoq. In Norwegen und Dänemark heißt es hygge ['hüggə] - Gemütlichkeit, auch eine Art der Lebensfreude.
In Costa Rica begrüßt man sich mit pura vida! – reines Leben, tolles Leben, oder schönes Leben, so wie es jeder empfindet.

Die Inuit ...eine Leben zwischen Tradition und Moderne

Junge Inuit lernen die Fährten der Schneehasen zu lesen, Robben zu jagen, zu angeln und Fische auszunehmen, ein Lager im Schnee zu bauen und zu erkennen, ob das Eis auf dem Fjord oder See den Hunde-Schlitten trägt. Meist lehren die Väter ihren Söhnen das Jagen und die Gefahren des Eises sind immer schwieriger zu erkennen, weil sich das Klima wandelt und auch das Jagen will gelernt sein, bedarf viel Übung und große Geduld. „ An einigen Tagen wirst du nichts fangen, obwohl du alles richtig gemacht hast und an einigen Tagen wirst du etwas oder sogar viel fangen, obwohl vorher alles schief lief!“ – dies ist häufig der „Trost“ aus der eigenen Erfahrung der Väter an die Söhne. Die Jagd ist extrem wichtig für das Überleben und ein großer Teil ihrer Kultur, und Jäger zu sein ist eine Lebensweise. Viele Männer kamen früher und noch heute

bei der Jagd ums Leben, auch unabhängig von ihren Hundeschlitten. Und statt mit Hundeschlitten fahren sie inzwischen mit Motorfahrzeugen über die vereisten Pisten – und können dadurch noch weniger rechtzeitig brüchige Stellen erkennen.
Die Inuit-Kinder lernen ein Hunderudel zu zähmen, sie genießen aber auch die Ruhe, die Weite, die gleichmäßigen Geräusche und das Atmen der Hunde, die durch den Schnee traben. Mädchen und Frauen machen Handarbeiten, Pullover aus Moschusochsenwolle und vieles mehr. Die Kleidung bestand früher aus Renntierfellen und wurde von den Frauen hergestellt. Das war strapazierfähige, warme Kleidung und konnte die Kälte in der arktischen Region gut vertragen und war so gearbeitet, dass die Inuit auf dem Wintereis nicht erfrieren und nicht durchnässt werden. Das Fell stammte von den gefangenen Tieren, und je nach Art des Beutetieres hatte das Fell eine unterschiedliche Dichte, Haltbarkeit und ein unterschiedliches Aussehen.
Tradition: Die grönländische Tracht für Männer und Frauen bestand aus Pelz, Hose und Stiefeln, aber der Schnitt und die Art des Fells waren bei den Trachten für beide Geschlechter jeweils unterschiedlich. Wer gute Kamiks, Hosen und Anoraks nähen konnte, dem war ein gutes Leben sicher, hieß es früher – und das ist wohl immer noch so.
Als die Europäer im 17. und 18. Jhd. nach Grönland kamen, brachten sie Stoffe und Glasperlen als

Tausch-Gegenstände mit. Besonders die Glasperlen wurden anfangs zur Dekoration eingesetzt wie früher die Knochenstückchen. Nach und nach wurden sie in die Kleidung und Trachten integriert, besonders in die Stücke, die –noch heute– bei verschiedenen Feiern getragen werden. Das schönste Fest ist, außer Weihnachten, Grönlands Nationalfeiertag am 21. Juni. Aus dieser Kleidung hat sich die hübsche, farbenfrohe grönländische Nationaltracht entwickelt. Im Laufe der Zeit wurde das Tragen von einer großen Anzahl Perlen zu einem Statussymbol, das vor allem an der Nationaltracht der Frauen deutlich zu sehen ist. Besonderheit: sogar der erste Schultag (Anfang August) ist ein Anlass zum Feiern in Grönland. Die 6-jährigen Kinder tragen an diesem besonderen Tag alle voll Stolz ihre Nationaltracht. Der Nationalfeiertag heißt auf Grönländisch Ullortuneq, „längster Tag des Jahres", es ist Mittsommer. Am Abend hissen die Menschen in grönländischer Nationaltracht überall ihre rot-weiße Flagge und feiern gemeinsam oder treffen sich an Häfen. Grönlands Nationaltracht variiert etwas, je nach Landesgebiet, Grönland ist schließlich die größte Insel der Welt. Am verbreitesten, von Süd– bis Nordgrönland, ist die westgrönländische Frauen-Nationaltracht: eine Anorak und im Vordergrund sind die Farben rot, blau, grün und schwarz, ursprünglich aus Haarbändern entstanden.

Was auf den ersten Blick wie bunter Stoff aussieht sind unzählige Perlen! Sehr farbenfrohe und ganz elegant gestickte Perlen zieren die weibliche Nationaltracht. Das oder die Muster sind dem typischen Norweger-Muster sehr ähnlich, aber auch sibirisch-samische Farb-Varianten haben Einflüsse genommen. Es begann schon vor 300 Jahren, als holländische Walfänger Waren und Perlen handelten, gegen Felle tauschten (ein mieser Tausch, vergleicht man den Wert zwischen Fellen und Perlen). Zu Beginn war dieser Perlenkragen noch kurz, er wurde aber immer breiter und breiter. Sie wurden, an der Nationaltracht getragen, zu einem Zeichen für Wohlstand. Heutzutage bedeckt der Perlenschmuck fast die Hälfte vom Anorak. Außerdem werden verschiedene Tierhäute verwendet, um die Tracht herzustellen. Robbenfell wird hauptsächlich für die Kamiks und Hosen genutzt. Früher Eisbär- und heute Lammfell wird an der Vorderseite der Hosen gemeinsam mit wunderschön eingefärbtem Robbenleder verwendet. Grönländische Stickereien werden auf nur wenigen Millimeter breitem, bunt gefärbtem Robbenleder gefertigt, ‚Avittat' genannt. Die Kamiks-Stiefel von Frauen und Männern sind auch reich bestickt und verziert. Die Frauen Kamiks

haben am Schaft oft Blumen-Muster, die sibirischer Abstammung sein könnten. Besonderheit: Die Nationaltracht wird grundsätzlich von Generation zu Generation weitergegeben und zu vielen besonderen Angelegenheiten getragen, fröhlichen wie traurigen Ereignissen – das bedeutet, die Grönländer lieben und zelebrieren ihre Tracht und tragen sie sehr oft.
Vor allen „Nord-Völkern“ haben die Entwicklungen der Moderne auch keinen Halt gemacht. Immer mehr weicht die traditionelle Selbstversorgung dem Tauschhandel, bei dem dubiose Pelzhändler betrogen und gelogen haben, auf Kosten, bzw. auf Leben der indigenen Völker sowie besonders der Tierwelt. Die Balance zwischen Menschen und Tieren kam aus dem Gleichgewicht und später erschienen europäische Missionare, um die Ur-Völker zu bekehren. Vieles und viele Dinge haben sich in all den Jahren geändert und mussten sich mit der Zeit anpassen. Heute leben die Inuit nur noch teilweise wie ihre Vorfahren, wie zwischen zwei Welten: dem Leben in ihrer alten nomadischen Jagdkultur und in großen modernen Städten. Inzwischen macht moderne Kleidung und elektrischer Strom das Leben im Eis viel angenehmer. Auf den Hundeschlitten kann auf keinen Fall verzichtet werden. Hunde brechen auf dünnem Eis nicht so schnell ein wie etwa ein Motorschlitten. Heute leben die Inuit nicht mehr so wie ihre Vorfahren, ob-

wohl viele auch in der modernen Zeit vom Fischfang leben und einige haben Arbeit auf den Öl- und Gasfeldern gefunden. Zu den Nordwest-Passage-Entdeckerzeiten fuhren oft Inuit mit oder begleiteten Fußmärsche und haben sehr viel zum Überleben geholfen. Große Entdecker wie einst Roald Amundsen haben von ihnen gelernt und einige Inuit gaben ihr Wissen und ihre Entdeckungen bei der Suche nach der Franklin Expedition. Insgesamt trugen die indigenen Menschen der Region einen großen Anteil zur Erforschung ihrer Heimat bei und das ist bis heute noch der Fall.

Wie können Traditionen in einer Welt überleben, die sich rasend wandelt – und was würde ihr Verlust bedeuten? Was bedeutet das Leben auf und mit dem Eis für die Grönländer und was wird es künftig bedeuten? Grönland ist ein Land, was sich stetig entwickelt. Der Wandel bedeutet Verlust und zugleich Beginn. Die Inuit lebten und leben von den Dingen der Natur. Fischfang und die Jagd liegt den Grönländern nicht nur im Blut, es steckt in den Knochen. Seit Urzeiten jagen die Grönländer, was sie brauchen. Ihr Garten ist das Meer. Die Jagd macht sie unabhängig von teuer importierten Lebensmitteln, sie bedeutet kulturellen Wert und Identität. Es ging nie um Überfluss, es ging ums Überleben. Auch um das Überleben einer Kultur. Viele Jungen sind erst 12, wenn sie ihre ersten Robben fangen. Aber jedes Tier verdient Respekt.

Jeder Jäger dankt seinem Opfer, so will es das Ritual. Es geht nicht nur um die Beute, es geht darum, der Gemeinschaft etwas zurückzugeben. Das lernen die Jungen von den Alten. Aber was wird, wenn immer mehr Schneemobile statt Hundegespanne über das Eis rattern? (die Auspuffgase??) Wo früher jede Familie ihre Hunde hatte, stehen jetzt vor fast jedem Haus diese Fahrzeuge. Auch darum gibt es heute in ganz Grönland nur noch ca. 15.000 Schlitten-Hunde. Die Rasse zählt zu den ältesten und reinsten der Welt. Vor einigen Jahren waren es mehr als doppelt so viele. Im Frühjahr lassen viele die Hunde laufen, nachdem sie nutzlos geworden sind. Gibt es zu viele, werden sie erschossen. ABER: die Hunde sind die besten Freunde und die stärksten Verbündeten, jedoch sie sind keine Kuscheltiere. Sie sind da draußen eine Art Werkzeug, um zu überleben.
Doch längst sind Walfang und Eisbärenjagd (größtenteils) verboten, der Export von Robbenfellen ist verboten. Zu den Hauptabnehmerländern für kanadische Robbenfelle gehörten einst Norwegen, Dänemark und China. Das Eskimo-Leben hat sich deswegen verändert, seit kaum noch jemand Robbenfell kauft und inzwischen kommt der Klimawandel noch dazu, erschwert ihre Lebensgewohnheiten. Das Eis unter den Stiefeln aus Seehund- und Eisbärfell wird dünner und dünner.

--- Verliere nie den Respekt vor Wasser, Eis und Schnee, heißt es bei den Inuit. Respektiere sie, denn du kannst sie nicht kontrollieren.
Es gibt ein Inuit-Sprichwort:
Strebe nach Stärke, nicht um grösser als dein Bruder zu sein, aber um deinen größten Feind zu besiegen: dich selbst
Die Zeit, in der das Eis zu brüchig für Schlitten, aber noch zu dick für Boote ist, dehnt sich. Oft nur noch 8 Wochen trägt es sicher, früher waren es 8 Monate. Einige Fjorde, die die Inuit noch vor wenigen Jahren mit dem Schlitten durchquerten, frieren nicht einmal mehr zu. Immer längere Umwege müssen sie in Kauf nehmen. Wo das Eis zu dünn ist, können sich – versteckt unter Schnee – Abgründe auftun. Jeden Winter kommt es vor, dass ein Jäger und sein Schlitten nicht wieder zurückgekehrt.
Angst ist immer mit dabei: die Angst zu versagen, die Angst zu scheitern, die Angst vor dem Ende.
Doch das Wetter komme, wie es komme, sagen die Inuit. Es gibt Grönländer, die hoffen, dass das schmelzende Eis lange verborgene Bodenschätze freigibt, dass mehr und mehr Touristen kommen, dass es ein guter Wandel ist, für alle. Der Tourismus hat längst „viele Wurzeln geschlagen“ und kurbelt damit das Leben in der Arktis an, wie fast überall auf der Welt. An die vielen Nachteile dadurch denkt kaum jemand. Die Wirtschaft wird erweitert, Im- und Export steigern sich. Das ist, was heute zählt. Ist das ein Weg in die Unabhängigkeit der Grönländer? Man wird sehen.

Früher konnten Jäger auf den Schlitten nicht verzichten. Nur mit ihm konnten sie zur Robbenjagd ziehen. Ein Schlitten gleitet lautlos dahin. Lärmende Motorschlitten vertreiben die Tiere, Robben ziehen sich aus Furcht zurück. Hunde schützen bei der Eisbärenjagd, umzingeln die Beute. Früher fingen sie an guten Tagen 5 Robben, heute sind sie froh, wenn sie nach Tagen eine erwischen. Die Eisbären werden immer weniger, der Klimawandel zerstört ihre Lebensgrundlage. Doch es ist nicht nur das Wetter. Mit dem Wandel verändern sich auch die Menschen. Jungen Leuten fehlt oft die Orientierung, in der städtischen Kultur weißer Europäer finden sich schon die Eltern nur schwer zurecht. Ein Schicksal vieler grönländischen Jugendlichen, viele wohnen in Kinderheimen, auf ihnen lastet ein schweres koloniales Erbe. Manche Grönländer sagen, es liege am Verlust der Identität, am Wegfall der Tradition, an der erbarmungslosen Moderne, diesem rasanten Wandel, der das Leben sinnlos scheinen lasse und es ist die Abgeschiedenheit, die wochenlange Dunkelheit, Depressionen und der Alkohol, der die Probleme erst ertränkt und dann vergrößert. Grönland hat traurige Spitzenwerte, wenn es um Missbrauch von Kindern und um Gewalt gegen sie geht und leider (noch) eine der höchsten Selbstmordraten der Welt. Jeder in Grönland hat mindestens einen Freund, einen Angehörigen oder einen Nachbarn durch solches Schicksal

verloren. Statistiken besagen, dass die Hälfte aller Jugendlichen einen Selbstmordversuch unternommen hat.
Die Inuit betreiben auch sehr viel Hundeschlittenrennen, bei -20° und mehr, die nicht immer glücklich enden und oftmals das Leben von Menschen und Tieren riskiert wird. Aber was sie dabei erleben ist ihr Leben: die beißend, scharfe Kälte im Gesicht, der Fahrtwind, die Stille – auch wenn so viele andere Schlitten mitfahren. «Du bist allein, nur du, die Natur, rundherum nichts als Eis und Schnee», viele Kinder lernen schon mit ca. 9 Jahren, den Schlitten zu lenken. Die stille Natur, die jeder braucht, die Kraft und Lebensqualität gibt. Der Sieg ist gar nicht so wichtig, dabei sein ist alles. Danach wird meist viel gefeiert und auch getanzt.
Bei allen indigenen Völkern gilt seit jeher der Respekt vor Tieren, Natur und Menschen als Schlüssel dafür, das Gleichgewicht in der Welt zu wahren.
Die ursprüngliche Religion war ausgesprochen animistisch, das heißt, alle Tiere, Pflanzen, leblose Dinge und sogar Begriffe galten als mit einer menschenähnlichen Seele ausgestattet. Die meisten Ur-Stämme lebten mit einem traditionellen Tabu-System. Die ganze Welt galt mit verschiedenen Geistwesen bevölkert, mit einigen gottähnlichen Gestalten. Ein Schamane (Medizinmann) spielte eine wichtige Rolle, als Geisterbeschwörer und Vermittler zwischen der überirdischen und irdi-

schen Welt, mit Zauberworten und Amuletten. – Noch heute kennen wir Amulette, z.B. als Kettenanhänger oder Glücksbringer, das hat sicher indigenen Ursprung. Die Glaubens-Vorstellungen der Inuit stimmen weitgehend mit den Religionen anderer Eskimovölker überein. Mittlerweile hat sich auch in dieser Hinsicht vieles geändert, besser gesagt, der allgemeinen Menschheit angepaßt.

Mythen

Die Inuit lebten und leben mit vielen Traditionen, besonderen Regeln und Mythen. Hier spiegeln sich hauptsächlich die extremen Lebensbedingungen im hohen Norden wieder. Es werden oft Geschichten erzählt von Licht und Dunkelheit, von den Tieren, die Teil ihres Lebens sind, die sie umgeben und ihnen Nahrung erbringen und hauptsächlich vom Eisbären, die ihren Vorfahren das Jagen lehrten, außerdem von Hunger-Zeiten und Zeiten des Jagdglücks oder –unglücks und von Menschen, die mystische Kräfte hatten, sowie Begegnungen mit Geistern oder Hexen. So wird schon den Kindern erzählt, dass Sonne und Mond zu Urzeiten Bruder und Schwester waren. Einer der besonderen Mythen der Arktis beschreibt das Leben in langer Dunkelheit, was auch die Inuit nie recht verstehen konnten: >>> die Menschen lebten früher in völliger Dunkelheit, bis ein Rabe kam und ihnen die Sonne brachte. Unglücklicherweise verlor er einen Teil der Sonnenkugel während seines Fluges. Aus

diesem Grund werden nur im Sommer die Tage und Nächte erhellt und im Winter ist die lange Finsternis <<<
Dieser Mythos ist eine beliebte Geschichte, die sich die Arktis-Menschen seit Jahrhunderten erzählen. Innerhalb des Polarkreises geht die Sonne am 21.6. nicht unter und am 21.12. nicht auf. Die Grönländer dachten jedes Mal, sie kommt nie wieder und so war die Freude stets riesig, als sie im nächsten Jahr wieder erschien, alles zu neuem Leben erweckte.
Dies Ereignis wurde auch schon früher gefeiert und dieser Brauch hält bis heute, nahezu überall im Norden – Mittsommerfest.
Eis-Mytos
Eis, das wusste früher jeder Grönländer, konnte sich plötzlich erheben und in der Luft zerbersten, als würde es vom Zauber der Trolle hochgeschleudert.
Die eigentlichen Entdecker ! - vor den Wikingern
Zwischen 8000 und 3500 v.Chr. waren die ersten Bewohner im Gebiet des heutigen Labrador Indianer, eingewanderte Ur-Vorfahren aus Asien. Sie haben den Weg von Sibirien über Alaska, Kanada bis nach Grönland zurückgelegt, jeder Stamm, jedes Völkchen auf ganz eigene Weise und eigenen Möglichkeiten. Um 4000 v.Chr. – 2000 v.Chr. verdrängten die Pre-Dorset-Inuit die Siedlungsgebiete der Indianer. Aus Alaska und Nordkanada wander-

ten ungefähr im 14. Jhd. Inuit ein (die der Thule-Kultur) und verdrängten die bisher dort lebenden Dorset-Inuit. Vermutet wird auch, dass die Grönländer in „ihren neuen Gebieten“ von „Eingeborenen“, den Inuit oder Indianern verdrängt wurden, oder Schlimmeres?

Die Eskimo sind vor „Urzeiten“, im Laufe der Jahre, an der Nordwest-Passage entlang, in die unterschiedlichen Gebiete gelangt, wo sie sich angesiedelt haben.

Sie sind die eigentlichen Entdecker der Nordwest-Passage!!!
Letztendlich haben Inuit auch dazu beigetragen, dass die beiden Wracks gefunden werden konnten. Obwohl sie gar nicht wussten, was sie entdeckt hatten, zählen sie auch hier als die Entdecker!

*****

In der Sprache der Inuit gibt es kein Wort für Zukunft. Nur das Heute zählt. Und manchmal der Blick ins Gestern.

«Es ist, wie es ist»
«Was wir mit Sicherheit wissen, ist einzig dass, das geschehen wird, was geschehen soll.»

Handle mit dem Herzen, aber nicht mit der Stimme.
Inuit /Eskimo Sprichwort

****

So viele Worte für MENSCH :

* Aivilik * Ayisiniwok * Agiarmiut * Kalaallit * Inuit * Iglulik * Inuvialuit * Inughuit * Inupiaq * Iñupiat * Netsilik * Tunumiit * Nunamiut * Jakuty * Jupikyt * Yupik * Yuit * Sacha * und viele weitere

Teil 11

Die Wikingerzeit

Um das Jahr 793 n.Chr. begann die Wikingerzeit und „dauerte“ ca. 300 Jahre. Das Volk war nicht nur so lebens-und abenteuerfreudig, wie wir uns das heute alle vorstellen mögen. Im Laufe der vielen Jahre haben die nordischen Wilden aus nahezu allen Ländern West-Europas ein Schlachtfeld gemacht, zerstört und erobert - war das im Sinne ihrer heidnischen Götter ? Es ist nicht ganz eindeutig nachvollziehbar und hatte viele Gründe und eine sehr lange, verzweigte Geschichte.

Aber auch im 8. Jhd. fanden durch die Sarazenen (Araber) und im 9. Jhd. durch die Magyaren (Ungarn) Raub-Feldzüge statt und Westeuropa war infolge der zerstörerischen Energie dieser Räuberbanden zu einem verworrenen Macht-Geflecht aus Herzog- und Fürstentümern, Königshäusern, Klöstern usw. geworden und so blieb es die folgenden 500 Jahre. Die Wikinger-Spuren und „Andenken“ kann man in vielen Orten aller Länder finden/ sehen. Es ist eine lange Geschichte, viele Bücher es gibt darüber und wenig exaktes Wissen. Sie haben aber auch Gutes hervorgebracht, wie Handlungs-

fahrten, Handelsplätze, Siedlungen und einen unendlichen Mythos geschaffen, der noch heute beeindruckt. Neue Handelsrouten nach Asien haben sie erreicht, waren aber NICHT auf der Suche nach einer Nordwest-Passage.
Das Wort, die Wortherkunft, hat viele, altertümliche Wurzeln. Es kommt aus dem altnordischen, nordgermanischen und angelsächsischen Sprachraum: víkingr, oder auch fara i viking (auf Kaperfahrt fahren), mit indogermanischen Wurzeln u̯eik, u̯ik, für Haus, Siedlung. Davon leitet sich Vik ab, was immer noch gebräuchlich ist und Bucht heißt. Daraus wiederum sind diverse Orts- und Gewässer-Namenendungen entstanden z.B. -vig (dänisch), -wik, -wyk, -vik, -wiek, -wijk oder -wig, wie Schleswig, auch Sleswig oder Slesvig (dänisch),
Wyk auf Föhr, Narvik/ Norwegen, Reykjavík/Island oder Winterswijk/Holland. Gemeint sein könnten demzufolge Bewohner ein Völkchen, die an einer Bucht siedelten. Vielleicht hängt es auch mit dem Handel betreiben oder Handelsplatz zusammen, oder waren die früheren Piraten damit gemeint, die sich in Buchten versteckten? Bucht heißt auf grönländisch: kangerluk – hat keine Wort-Ähnlichkeit.
Das Wort Wikinger ist eine deutsche Form, bzw. Schreibweise, norwegisch und dänisch: Vikinger, isländisch: Víkingar, schwedisch: Vikingar.
Die Normannen –Wikinger– entdeckten Island und Grönland, der Isländer Leifur Eiríksson war der

Entdecker der neuen Länder

- oder ist das nur eine Sage?

961 n.Chr. wurde der Norweger Thorvald Ásvaldsson (*um 920, † 980) aus Norwegen verbannt und segelte mit seiner Familie, einigen Leuten und Vieh nach Island. Thorvald`s Vater war Ásvald Ulfsson (*um 880), dessen Vater hieß Ulf Øksna-Thorisson (*um 850) und dessen Vater war Thorir Ásvaldsson (*um 810) und ebenso auch der Bruder von Naddaðr Ásvaldsson (*um 820), der ca. 860 Island entdeckte, nur eine Bucht an der Ostküste und es Snæland (Schneeland) nannte. Einige Jahre danach umsegelte der schwedische Wikinger Gardar Svavarsson Island und überwinterte im Norden in einer Bucht, die er *Garðarsholmur* (Gardarsholm) nannte. Er gilt (auch) als Island- Entdecker. Um 860-1200 war das Nordmeer rings um Island eisfrei, erst dann begann die Eisbedeckung. Dieses Land aus Eis und Feuer, aus Vulkanen entstanden, ist das jüngste Land der Welt!

865 war der nächste Entdecker der Norweger Flóki Vilgerðarson (*um 830). Er kam an die Südostküste, um sich dort niederzulassen und hatte einen mit Eis überzogenen Fjord gesehen, in der Nähe seines Hofes und daher der Insel seinen heutigen Namen gegeben: Ísland (Eisland). An der Südostküste von Island ist die nördlichste Hauptstadt der Welt, Reykjavík / Rauch-Bucht, wegen der vielen dampfenden Quellen, (mittlerweile rund 129.000 Ew.).

Die ursprüngliche Entstehung gleicht fast einem nordischen Märchen!
Bald darauf ließen sich norwegische Siedler nieder. Nachdem Thorvald auf Island verstarb, führte sein Sohn Eiríkur rauði /Erik Rauda/ Erik der Rote / Erik Thorvaldsson (der Sohn von Thorvald), (*um 950 in Norwegen, † 1003 in Brattahlíð), der isländische Wikinger, den Hof weiter und heiratete auf Island. Erik geriet, aus Rache, in verbrecherische Schwierigkeiten und wurde daraufhin von Island verbannt. Er wollte das Land suchen, von dem 875 der Norweger Gunnbjørn Úlfsson (*um 845) ein hohes Gebirge gesehen hatte.
985 erreichte Erik der Rote, (rot, wegen seiner rotbraunen Haare) mit seinem Schiffchen und seiner Familie die grönländische Ostküste und segelte weiter an der Küste entlang auf Südkurs. Letztendlich kam er in ein Fjordgebiet an der Westküste. An einem Fjord, der seitdem Eriksfjord heißt, ließen sie sich nieder. Die Gegend war Island sehr ähnlich, das be-eindruckte Erik, so gab er dem Land den isländischen Namen Grænland (Grünland), weil es zu der damaligen Warm-Zeit wunderbar grün war, nur hohe Bergspitzen, die heute unter dem Eis liegen, trugen Eishauben. Er gründete die erste Siedlung, die er Brattahlíð (steiler Abhang) nannte. Auf Island hatten sich bis zu 400 Siedler Eriksson angeschlossen, um mit ihm in diese neuen Gebiete zu siedeln, bei dem Gedanken an grünes, urnatürli-

ches Weideland auf Grönland. Tragik: von 35 Booten erreichten nur 14 bei schwerem Sturm die verheißungsvolle Insel, viele Boote sanken, einige konnten umkehren.
An der Südspitze und im Südwesten von Grönland gab es zu Beginn vereinzelte Siedlungen. Später kamen einige Geistliche aus Norwegen und Island. Nach und nach wurde das Fjordgebiet mit kleinen Höfen und auch Landwirtschaft besiedelt. Die ersten Häuser waren langgestreckt, so wie man es zu der Zeit in Norwegen und Island baute, mit Gras- und Erdsoden verstärkt. Die „isländischen Wikinger" wurden Farmer, betrieben Weidewirtschaft und im Laufe der Jahre entwickelte sich ein allgemein reger Handel / Tauschhandel.
>>> Um das Jahr 990, lange vor Columbus, wurde das Gebiet nordöstliches Amerika von Leif Eriksson und rund 35 Isländern entdeckt!
Erik`s ältester Sohn, Leifur Eiríksson/ Leif Eriksson (*um 970 auf Island, † 1020), hatte 3 Jahre lang die grönländische Süd- und Südwest-Küste erkundet. Vieles aus dieser Zeit ist nicht weiter bekannt, beruht auf Sagas und Geschichten, und wird sicher immer noch erforscht.
Damals sprach man schon davon, neue Länder zu erkunden. Er hatte von seinen Landsmann Bjarni Herjólfsson (* um 966 auf Island) von einer fremden Küste weit westlich von Grönland erfahren, die er entdeckt hatte, aber nicht an Land war, aus zeit-

lichen Gründen. Somit müsste er eigentlich als der Entdecker zählen. Eriksson wollte dieses schaffen und segelte mit Kurs zum neuen Festland, auf der Herjólfsson-Route.

Über den Wind können wir nicht bestimmen, aber wir können die Segel richten Wikinger-Spruch

Zuerst stießen er und seine Mannen auf ein flaches, steiniges Gelände und Eriksson nannte es Helluland (Land der flachen Steine), vermutlich war es der südöstliche Teil vom Baffin Island (erst später so benannt). Die Fahrt verlief weiter entlang der Küste und das zweite Land, was sie entdeckten war Wald- und Sandgebiet. Er nannte es Markland (Land der Wälder), die Küste vom heutigen Labrador. Auf der Weiterfahrt kamen sie an eine wieder andere Gegend, eine vorgelagerte Insel, und gingen an einer Flußmündung an Land, errichten Hütten und überwinterten. Hier entdeckten sie Weinranken und darauf nannte Eriksson es Vinland (Land des Weines). Dieses Gebiet ist die Insel Newfoundland, im Mündungsbereich des St. Lorenz River und von Labrador durch die Strait of Belle Isle getrennt. Eriksson und seine Mannen waren somit die ersten Europäer mit der zeitweiligen Besiedlung Nord-Ostamerikas.

Auf Grönland gab es keine Bäume und darum wurde Holz aus Markland herbeigeschafft. Die Grönländer dachten sich nichts dabei, für einige Ladungen Holz und ebenso Tierfelle, für den Tauschhandel, nach Markland zu segeln. Aus den Balken wur-

den Bretter und Türpfosten geschnitten und mit Schnitzereien verziert. Einige Jahre später wurde vieles nach und nach aus Treibholz, von zerfallenen Schiffen, gebaut. – nur welche Schiffe waren das, die dieses Treibholz „sendeten“?
Die Handelsbeziehungen mit Vinland dauerten bis ins 14. Jhd. an. Es kann aber auch möglich gewesen sein, dass dieses Gebiet so besonders war, mit Fischreichtum und viel Holz, was die Siedler aus Grönland, vielleicht auch auf die Empfehlung durch Eriksson, dazu gewogen haben könnte, ihre grönländischen Dörfchen aufzugeben, um in ein „besseres“ Land zu siedeln? Oder wurden sie in ihrem Gebiet schon nach und nach von den Inuit verdrängt? Ebenfalls in dieser Zeit wanderten aus Alaska und Nordkanada Inuit der Thule-Kultur ein und verdrängten die bisher dort lebenden Dorset-Inuit. Nach der extremen Klimaveränderung im 12./13. Jhd. wuchs auf Vinland kein Wein mehr, deshalb suchte man Vinland irrtümlich lange Zeit weiter südlich. In dieser Gegend, am nördlichsten Ende Newfoundlands, lebten seit ca. 4000 v.Chr. Menschen, 5-6 verschiedene Inuit-Völkchen. Um 1000 n.Chr. hatten sich einige Grönländer angesiedelt. Hier wurden 1961 von norwegischen Archäologen die Grundmauern einer grönländischen Siedlung mit 11 Häusern sowie einer Schmiede ausgegraben, 1968 zur National Historic Site of Canada erklärt und 1978 von der UNESCO

zum Weltkulturerbe. Mittlerweile bietet das Visitor Information Centre Einblicke in die Geschichte der Stätte – eine wunderbare Reise in die „alte Zeit“. Um 1500 war der Kontakt zu Island und Norwegen abgebrochen. Es ist wenig bekannt über den plötzlichen Verbleib der Siedler von Brattahlíð und den umliegenden Wohnplätzen am Eriksfjord. Einige sind vermutlich nach Island oder auch nach England übergesiedelt, durch Heirat oder auch im Glauben, dort bessere Verhältnisse zu finden und der Klima-Not zu entkommen. Im 15. Jhd. tötete oft große Hungersnot, Seuchen und schlimme Krankheiten sehr viele Menschen. Vielleicht haben sich einige Siedler in ihren Rundschiffen auf die Reise (oder Flucht?) in die Neuen Länder gemacht...

....und sind nie angekommen, oder nur wenige ?

...die Götter mögen es wissen.....

Alles Weitere ist eine lange, lange Geschichte und der Ursprung unserer Entstehung - noch immer sind wir Menschen Eroberer – mit „Wikinger-Genen“.

Kürzlich haben Wissenschaftler mittels Sateliten erforscht, wo historische Wikinger-Siedlungen gewesen sein könnten, die überwiegend an Küstengebieten von England und den Shetlands waren. Dabei sind sehr interessante Erkenntnisse entstanden – und es wird weiterhin (weltweit) geforscht.

*****

Teil 12

Die berühmten Entdecker- und Polarschiffe

In all den Jahren der Nordwest-Passagen Suche waren etliche Schiffe mit unzähligen Seeleuten unterwegs. Allein dies würde ein ganzes Buch füllen! Einige Seefahrten wurden kaum erwähnt oder beschrieben, erlangten nicht zu Ruhm und Erfolg oder gingen verloren. Sehr viele Fahrten und Expeditionen erlangten Berühmtheit, entweder durch eine Menge und ganz besondere Erlebnisse und Ereignisse und / oder große Tragödien, für unzählige Seefahrer und teilweise auch für die Schiffe.
Ich habe einige „Besonderheiten“, gemäß meinen Recherchen, zusammengestellt und war selbst immer wieder erstaunt, welche unglaublichen „Geschichten“ sich zugetragen haben, dabei gehe ich nur auf die Expeditionen und Fahrten ein, nicht auf Dinge, die an Bord passierten.

Die Schicksals-Schiffe

Erebus und ***Terror*** - beide Schiffe hatten schon an mehreren erfolgreichen Expeditionsfahrten in die Arktis und Antarktis teilgenommen. Sie waren aufwendig umgebaut worden, ihre Konstruktion wurde stahl-verstärkt, mit besonderem Stahlschutz versehen, was im Falle einer Vereisung hilfreich sein sollte. Jedes der Schiffe hatte eine Lokomotive-Dampfmaschine und eine Schiffsschraube bekommen und war mit einer kohlenbetriebenen Heißwasserheizung ausgestattet, in den Kombüsen wurden Entsalzungsanlagen zur Gewinnung von Trinkwasser aus dem Meer eingebaut. Beide Schiffe hatten Proviant für 3 Jahre an Bord und waren für die damalige Zeit technisch auf dem neuesten Stand, mit jeweils 6 Beibooten. Beide Schiffe haben ein ähnliches Schicksal erlitten und beide wurden im Monat September gefunden, mit 2 Jahren Unterschied.

HMS Erebus war ein Kriegs- und Forschungsschiff der Royal Navy im 19. Jhd. und 33 m lang.

>>> *HMS* – steht für Her Majesty's Ship - das „Schiff ihrer Majestät". Schiffe die zu den Briten gehörten, Handels Marine, Kriegsmarine und andere, bekamen, zu Ehren der Königin, die Vorbezeichnung. Bis 1918 hatten alle deutschen Schiffe SMS davor stehen - Seiner Majestät Schiff.

Benannt nach Erebos (latinisiert abgewandelt in Erebus), dem Gott der Finsternis in der griechischen Mythologie und gehörte der Hecla-Klasse der Bombarden (bomb vessel) an. Dies waren Schiffe zum Beschuss der Küste mit schweren Mörsern. Bekannt wurde das Schiff für seine James Clark Ross-Expeditionsreise in der Antarktis und war Franklins Flaggschiff bei der letzten Arktis-Expedition. Wegen Packeis und Eispressung in der Arktis, musste die Mannschaft 1848 das Schiff verlassen und aufgeben. **Das Wrack der *Erebus* wurde im September 2014** in der Wilmot and Crampton Bay vor der Adelaide Halbinsel gefunden. Es lag in 11 m Tiefe. Unterwasser-Archäologen konnten bisher neben einigen Gegenständen sogar die Schiffs-

glocke – **der Schatz der Nordwest-Passage** – bergen. Sie ist mittlerweile in das neue Nattilik Heritage Centre - Museum in Gjoa Haven gekommen.
Zwei Vulkane, im Südpolarmeer, in der Antarktis, wurden 1841 von James Clark Ross nach „seinen damaligen" Schiffen *Erebus* und *Terror* benannt: Mount Erebus, 3794 m hoch, der südlichste aktive Vulkan der Erde, bildet die Westseite von Ross Island und der bereits erloschene, 3262 m hohe Mount Terror.
HMS Terror war eine von der Royal Navy in der Davy-Werft in Topsham/England gebaute Bombarde. Das Schiff trug zwei Mörser, die ein Kaliber von 13 bzw. 10 Zoll hatten. Nach ihrer Außerdienststellung als Kriegsschiff wurde die *Terror* umgebaut und als Forschungsschiff in der Arktis und der Antarktis eingesetzt. Zuletzt nahm sie zusammen mit der *HMS Erebus* an der Franklin-Expedition teil. Terror bedeutet Furcht/Schrecken. Ob hier vielleicht ein falscher, unpassender Name für ein Schiff gewählt wurde? Es hat ja in der Tat Furcht und Schrecken erlebt, bis hin zum Untergang, aber auch mit gutem Ende, jedenfalls für beide Wracks.
Nachdem beide Schiffe 3 Jahre im arktischen Packeis festsaßen, wurden sie 1848 von ihrer Mannschaft aufgegeben. 1992 wurde von Kanada die vermutete Untergangsstelle der beiden Schiffe zu einem Ort von nationaler Bedeutung, zu einer National Historic Site of Canada, erklärt. Forscher

und Mitgliedern der Arctic Research Foundation aus Kanada haben, 2 Jahre nach dem Fund der *Erebus,* auch das Wrack der *Terror* gefunden !
Das Wrack der *Terror* wurde am 3. September 2016, 171 Jahre nach dem Untergang, in 24 m Tiefe, in einer Bucht an der Südküste von King William Island gefunden, die heute als Terror Bay bekannt ist, fast 100 km südlicher von der immer vermuteten Unglücksstelle. .....Nach den neuesten wissenschaftlichen Erkenntnissen könnte damals ein Teil der Crew eine Rückkehr und Weiterfahrt mit der *Erebus* und/oder *Terror* versucht haben. Auch das Abdriften der Wracks im Treibeis wird vermutet – genau das hat die Suche besonders schwierig gemacht.
-- Welches ganz genaue Schicksal beide Expeditions-Schiffe im Eis erlitten haben, ist bis heute überwiegend ein Rätsel geblieben –

*****

Vom Eis zerdrückt, gesunken und als Wrack wieder gefunden !

Die ***HMS Investigator*** war ein 36 m langer und 8,5 m breiter Dreimaster, ein Handelsschiff, das 1848 von der britischen Admiralität gekauft und in Dienst gestellt wurde, um nach der Franklin-Expedition zu suchen. Nach 2 Reisen in die Arktis steckte das Schiff von Kapitän Robert McClure im September 1851, auf seiner Suche nach der Franklin Expedition, in der Mercy Bay im Norden von Banks Island, im Eis fest. Er hatte von der Bering Sea kommend, fast die Hälfte der Passage, von der Westseite her, durchfahren können und eine offene Wasserstraße bis zur 45 Meilen entfernt liegenden Melville Island gefunden. Er gilt als Entdecker der Nordwest-Passage, obwohl er nur ein Teilstück, das Anschlußstück gefunden bzw. gesehen hat. McClure und seine Crew verbrachten in der Mercy Bay 3 Jahre im Packeis, an Bord der *Investigator*. Das Schiff hat die Eis-Strapazen tapfer ausgehalten, könnte man sagen, bevor die Mannschaft es am 3. Juni 1853 aufgeben mussten und zufällig von der Besatzung der *Resolute* gerettet wurden, die später selbst durch das Eis verloren ging. Am Ende kamen fast alle Seemänner und nach England zurück.

Die *Investigator* sank igendwann.... wurde nach 157 Jahren gefunden.

Im Juli 2010 wurde das Wrack durch Archäologen von Parks Canada (Organisation zur Erhaltung und Schutz des Kultur- und Naturerbes) gefunden, in der Mercy Bay / McClure Strait. Es lag aufrecht, nur knapp 10 m tief im Wasser und wurde als „weitgehend intakt" beschrieben. Die Crew hatte es mit Hilfe von Sonarscan-Geräten orten können. Gehoben/ geborgen werden soll es (vorerst) nicht. Im Juli 2011 bargen die Parks Canada-Archäologen viele Gegenstände aus dem Wrack. Außerdem haben Wissenschaftler von Parks Canada erst vor einiger Zeit Gräber von 3 Besatzungsmitgliedern der McClure-Expedition gefunden.

*****

„Resolute Desk" - der berühmte Schreibtisch

Die Dreimast-Bark ***Resolute*** wurde 1850 von der Royal Navy erworben, diente bis 1879 als britisches Polarforschungs-Segelschiff, hatte schon 2 vorige Namen, wurde 1851 mit Heizung nachgerüstet und war 1852 Teil der Such-Aktion-Flotte, unter Edward Belcher. Die *Resolute* und eines ihrer Schwesternschiffe blieben im arktischen Eis beim Viscount Melville Sound, am Westende vom Lancaster Sound stecken, wurde 1853 geleert und die Mannschaften beider Schiffe gerettet. Die *Resolute* blieb im arktischen Eis zurück, ihrem Schicksal überlassen. 1854 kehrte Belcher nach dem Verlust mehrerer Schiffe in die Heimat zurück.

2 Jahre später wurde die treibende *Resolute*, fast 2000 km von ihrem letzten eisigen Liegeplatz entfernt, in der Baffin Bay vom amerikanischen Walfänger George Henry gefunden, sie war sogar noch halbwegs „schiffbar" und konnte nach einer Reparatur nach England zurückgegeben werden. 1879 wurde, nach der Demontage des Schiffes, aus den Balken und Planken vom Schreiner der königlichen Schiffswerft ein Schreibtisch gebaut, den Königin Victoria (1819-1901) als ein Dankesgeschenk 1880 an den 19. US-Präsident Rutherford B. Hayes (1822-93) übergeben ließ. Seit dieser Zeit steht der be-

rühmte, gewaltige Präsidenten-Schreibtisch „Resolute Desk" im Oval Office des Weißen Hauses.

*****

Tragisch in der Tragik:
einige der zur Hilfe gekommenen Seefahrer wurden selbst Opfer der extremen Arktisbedingungen.

Das Rettungsschiff wurde selbst zum Opfer
Die ***HMS Breadalbane***, war eine 38 m lange britische Dreimast-Handelsbark, 1843 in Schottland gebaut. Nach dem Verschwinden der Franklin Expedition wurde *Breadalbane* von der britischen Admiralität in Dienst gestellt, um die Schiffe zu versorgen, die die arktischen Gewässer nach der vermissten Franklin Expedition durchsuchten. 1853 verließ sie London, in Begleitung der *HMS Phoenix*. Beide erreichten den Sammelpunkt für die Suchtrupps auf Beechey Island. Im arktisch-eisigen Wetter wurde sie nach und nach vom Packeis zerquetscht. Ihre 21 Mann Besatzung und viele Vorräte konnten, unter dramatischen Bedingungen, von der Besatzung das Begleitschiffes *HMS Phoenix*, gerade noch rechtzeitig gerettet vom Schiff werden. In der Nacht vom 20. auf den 21. August brach das Eis durch den Rumpf und versenkte die *Breadalbane* auf dem Boden der Barrow Strait/ Nordwest-Passage in der Nähe von Beechey Island, ungefähr 800 km nördlich vom Polarkreis. Bemerkenswert: das Wrack ist eines der nördlichsten bekannten Schiffswracks, auch eins der am besten erhaltenen Holzschiffe. Im

August 1980 wurde das Wrack von einem kanadischen Forscherteam entdeckt, dass mit dem Eisbrecher *Sir John A. McDonald* der kanadischen Küstenwache, unterwegs war, in 10 m Tiefe. Es war in rosafarbene Korallen gehüllt. 3 Jahre später wurde es zur National Historic Site of Canada erklärt, da das Schiff für die Suche nach der verloreneren Franklins Expedition einsetzt wurde.

*****

Das norwegische Wunderschiff *Gjøa*

Die ***Gjøa*** ist eine 21,3 m lange „Hardangerjakt“ (Gaffelkutter), mit nur einem Mast und wurde über 28 Jahre für den Fischhandel genutzt, bevor Roald Amundsen das Schiff kaufte. Dieses kleine Schiff war das erste, das die Nordwest-Passage bewältigte und dies gelang Amundsen 1903-06, mit 6 Mann Besatzung. Nach 3 Überwinterungen in Gjoa Haven erreichte die *Gjøa* unversehrt Nome (Alaska).

Geschichte: Die *Gjøa* wurde 1872 als fünfte in einer Reihe von Schaluppen von Knut Johannesson Skalaas auf der Rosendal-Werft, Hardanger/Norwegen gebaut. Das Schiffsholz stammte aus den umliegenden Wäldern. Der erste Besitzer war Asbjørn Sexe, der das Schiff nach seiner Frau Gjøa Frøynes benannte. Der Name Gjøa wurde von dem altnordischen Namen Gyða abgeleitet, einer zusammen gesetzten Form von Guðfríðr (guð "gut" und fríðr "schön"). Nachdem das Schiff 1882 zerstört

war, wurde sie zum Segler umgebaut und nach Tromsø verkauft, um in polaren Gewässern zu fahren. Sie war das ideale „Arktic-Schiff" für den damals 28-jährigen norwegischen Polarforscher Roald Amundsen, der sie 1901 für seine Arktisexpeditionen kaufte, rundum verstärken und eistauglich machen ließ. Auch die Maschine wurde durch eine stärkere getauscht, mit 13 PS-Motor. Sie hatte (und hat noch) einen grünen Rumpf mit einem holzbraunen Streifen, darunter schwarz und rot ganz unter der Wasserlinie. Die Räume unter Deck wurden durch den Umbau enger – ziemlich wenig Platz für eine ca. 3 Jahre lange Reise in die Arktis, denn auch jede Menge Proviant musste an Bord untergebracht werden, selbst an Weihnachtsschmuck wurde gedacht. Die *Gjøa* wurde 1909 von der norwegisch-amerikanischen Gemeinschaft gekauft und der Stadt San Francisco übergeben. Diese stellte das Schiff im Golden Gate Park auf. 100 Jahre nach Roald Amundsens Geburt, als die *Gjøa* im Jahr 1972 selbst 100 Jahre alt und schon oft vom Zerfall bedroht gewesen war, wurde sie von Norwegen zurückgekauft und seit 2009 steht das historische und restaurierte Schiff in einem Erweiterungsbau vom Frammuseet auf der Halbinsel Bygdøy in Oslo.
Die Rosendal-Werft ist mittlerweile Hardanger-Museumswerft / Erlebnispark, in Norheimsund, ein familienfreundliches maritimes Museum.
1972 erschien eine norwegische Briefmarke mit der *Gjøa*. Im

Grunde ein kleiner Satz Briefmarken mit den bekannten Polarschiffen: 60 Øre mit der *Maud*, 80 Øre mit der *Fram* und 1,20 Kronen mit Gjøa. Ob diese Marken unter Sammlern wertvoll sind? Zu Amundsen und auch Fridjof Nansen gibt es ebenso einige, verschiedene Briefmarken und nicht nur norwegische Ausgaben.
>>Das Frammuseet Bygdøy wurde am 20. Mai 1936 eröffnet und zeigt der Geschichte der norwegischen Polar- Forschungsreisen, besonders von den 3 großen norwegischen Polarforschern Fridtjof Nansen, Otto Sverdrup und Roald Amundsen. Den Mittelpunkt des Museums bildet das Forschungs-Segelschiff *Fram*, es kann besichtigt werden.
Ich habe als Kind dort die *Fram* bewundert und natürlich nicht verstanden, was dieses Schiff so besonders machte. Dort sind auch die 3 *Fram*-Fahrten dargestellt und es gibt eine umfangreiche Ausstellung zu den Arktis- und Antarktisgebieten. Seit Mai 2009 ist die *Gjøa* im Museum, eine Museums-Erweiterung erfolgte 2013.

*****

Die *Maud*, berühmtestes Polarschiff aller Zeiten

Die ***Maud*** war ein norwegisches Dreimastschiff, 36,5 m lang und 12 m breit, mit dem Roald Amundsen zwischen 1918 und 1925 zwei Forschungsreisen unternahm und die Nordost-Passage durchfuhr. Nach seiner erfolgreichen Antarktisexpedition plante Amundsen weitere Reisen in die Arktis.
Die *Maud* wurde nach demselben Prinzip gebaut wie die *Fram*, mit runden Spanten, um Eisdruck widerwiderstehen zu können. Amundsen wollte ein

Schiff mit vergleichbarer Zuladung, jedoch mit weniger Tiefgang. Sie wurde 1915 auf der Werft in Asker, am Oslofjord, gebaut, Stapellauf: 7. 6. 1917. Amundsen taufte das Schiff nicht mit Sekt, sondern mit Eis, auf den Namen *Maud*, zu Ehren der damaligen 1. norwegischen Königin Maud.

(Prinzessin Maud Charlotte Mary Victoria von Großbritannien und Irland (1869-1938) war eine britische Prinzessin und wurde durch die Heirat mit Prinz Carl von Dänemark die 1. Königin des unabhängigen Königreichs Norwegen. Sie ist die Großmutter von König Harald V. von Norwegen).

Amundsen und seine Besatzung fuhren im Juli 1918 von Norwegen los, um sich, ausgehend von der östlichen Arktis, in der Nähe der Bering Strait, mit dem Packeis in Richtung Nordpol treiben zu lassen. Diese Expedition scheiterte und nach 3 Überwinterungen erreichte die *Maud*, nach erfolgter Durchquerung der Nordost-Passage, im August 1921 Seattle/ Nordwest USA. 1925 wurde sie von der Hudson's Bay Company gekauft und unter dem Namen *Baymaud* als Versorgungs-Schiff, schwimmendes Lagerhaus und später als Radiostation, eine der ersten in der Arktis, eingesetzt. 1926 geriet das Schiff in der Cambridge Bay in schweres Packeis und sank 1930 in flachem Wasser, so dass Teile des Rumpfes und die Takelage noch über der Wasseroberfläche waren. Das aus dem Wasser herausragende Wrack war bis vor ein paar Jahren eine Touristenattraktion. Die Gemeinde Asker, wo die *Maud* 1917 gebaut wurde, erwarb 1990 die

Überreste zu einem symbolischen Preis von einem Dollar.

Der lange Umzug zurück nach Norwegen

Das Wrack blieb vorläufig weiter vor Ort, in Cam Bay. Ab 2011 wurde versucht, es zu bergen, um es nach Norwegen zu bringen. Nach anfänglichen Bedenken und vielen Eis-Schwierigkeiten, ist es erst im Sommer 2017 gelungen, eine Schleppzug-Reise starten und Anfang August 2018 kam das Wrack nach Vollen/Gemeinde Asker/ am Oslofjord, und ist nun im ehemaligen Segelhafen Vollen, wo es gebaut wurde, als Museumsschiff ausgestellt.Weil das Wrack viele Jahre eine Sehenswürdigkeit in Cam Bay war, ist die *Maud* wohl das berühmteste Polarschiff aller Zeiten..... und, aufgrund des Namens, gibt es ein neues „berühmtes Schiff" - *MS Trollfjord*/Hurtigruten wurde im Frühjahr 2021 komplett umgebaut, zum neuen Hybrid-Expeditionsschiff *MS Maud*, ist vollmodernisiert und zugleich das „kleine" Schwesterschiff von *MS Roald Amundsen* und *MS Fridjof Nansen*.

*****

Die ruhmvolle Geschichte des Schoners *St. Roch* / *THE ST. ROCH* – A TRUE CANADIAN ADVENTURE

Der Schoner ***St. Roch*** von der Royal Canadian Mounted Police wurde 1928 in North Vancouver gebaut, ist 31,78 m lang, 7,54 breit und wurde von Tom Hallidie nach dem Vorbild von Roald Amundsens Schiff *Maud* konstruiert. Sie besteht haupt-

sächlich aus dem Holz von Douglasien, die Außenhülle ist mit australischem Eukalyptus verkleidet. Massive Verstrebungen sollten dem Druck des Eises entgegenwirken. *St. Roch* war das 2. Segelschiff, das die Nordwest-Passage durchquert hat und das 1. Schiff, dass diese Tour in West-Ost-Richtung, vom Pazifik zum Atlantik, unternahm. Außerdem war es das 1. Schiff, das Nordamerika vollständig umfahren hat und wurde 1929-39 in der kanadischen Arktis eingesetzt, als Patrouillen-, Versorgungs- und Transportmittelschiff, als die einzige Verbindung zwischen den verschiedenen, verstreuten nördlichen Gemeinden. 1935-37 überwinterte die *St. Roch* 2 Jahre in Cambridge Bay. Viele Jahre lang war es der Traum von Kapitän Henry Asbjörn Larsen (1899-1964), norwegischer Seefahrer, die Nordwest-Passage zu durchqueren, so wie es zuvor Amundsen 1903 gelang. Aber immer wieder musste der Traum ein Traum bleiben. 1940-42 gelang ihm etwas Einzigartiges: er durchfuhr, auf derselben Route wie Roald Amundsen vor 38 Jahren mit der *Gjøa*, jedoch in umgekehrter Richtung die Nordwest-Passage – von West nach Ost. Diese erfolgreiche Durchquerung führte durch die Bellot Strait. Larsen hielt die Meerenge für größere Schiffe für zu flach und beschrieb, wie sein Schiff bei einer Änderung der Windrichtung fast von Eisschollen zerquetscht wurde.
Auf der 1944 nur 3 Monate dauernden Rückfahrt

von Ostkanada zur Kanada-Westküste wählte er die nördlichere Route, die noch nie zuvor komplett durchsegelt worden war und als „wahre Nordwest-Passage“ gilt, die sozusagen McClure entdeckt hatte: vom Lancaster Sound / Barrow Strait kommend, durch die Prince of Wales Strait, Beaufort Sea zur Bering Strait.
St. Roch liegt seit 1958 als Museumsschiff in einem Trockendock im Vancouver Maritime Museum, das um das Schiff herum errichtet wurde! 1962 wurde die *St. Roch* zur National Historic Site of Canada erklärt.
vancouvermaritimemuseum.com/permanent-exhibit/st-roch-national-historic-site

*****

Was die Erde befällt, befällt auch die Kinder der Erde
indianische Weisheit

Teil 13

Das Ur-Klima

Unsere Erde ist vor schätzungsweise 4,5 Milliarden Jahren entstanden, aus einer überdimensionalen Gaswolke, in Verbindung mit der Sonne und dem Sonnensystem. Seitdem hat sich ihr Aussehen stets geändert und ändert sich immer noch. Vor ca. 3 Milliarden Jahren zerbrach und verschob sich die Erdkruste und über all die Jahre entstand ein sich immer weiter veränderndes Land. Als vor ca. 720 Millionen Jahren die Oberfläche des Erdplaneten zu

erkalten begann, bildeten sich die Ozeane durch Millionen Jahre andauernden Regen. Nach und nach entwickelten sich die Kontinente, die auf dem Meer schwimmen, entstanden aus dem Inneren des Erdkerns und Vulkanausbrüchen. Das ist alles eine große, umfangreiche Wissenschaft (und füllt viele Bücher und Medien) und vieles ist noch immer ungeklärt. Vor über 3 Milliarden Jahren entstand Leben, aus Algen und Bakterien. Daraus haben sich mit der Evolution Pflanzen, Tiere und dann der Mensch entwickelt.
Die Ur-Arktis: über die Nordhalbkugel brach vor ca. 600.000 Jahren die Eiszeit herein und weite Landgebiete wurden vom mächtigen Eismassen überzogen und kilometerdicke Eisschilde bedeckten Grönland sowie große Teile von Nordamerika, bis in die Gegend des heutigen New York, Nordasien und Skandinavien, sowie Nord- und Mitteldeutschland. Gletschermassen drückten bis in Richtung Sachsen/Dresden und zum Teutoburger Wald, formten dabei die norddeutsche Tiefebene bis zum Rand der Mittelgebirge. Seitdem pendelt das Klima etwa alle 100.000 Jahre in einem steten Wechsel zwischen Kalt- und Warmzeiten, bei insgesamt eher niedrigen Temperaturen. Der Beginn der Vereisung auf der Nordhalbkugel war damals einer der größten Klimawandel der Erde. Die Eiszeit wurde mehrfach unterbrochen von Warmzeiten, in denen fast tropische Pflanzen- und Tierwelt vorkam. Dann

kam die Eiszeit zurück und bedeckte riesiges Gebiet mit Schnee und Kälte.
Die Arktis-Bewohner sind ursprünglich, vor über 10.000 Jahren, aus asiatischen Gebieten in die arktischen Regionen eingewandert, verbunden mit unglaublichen harten Lebensbedingungen, die sie über Jahrtausende perfekt gemeistert haben. Unsere Ur-Vorfahren mussten sich größtenteils an die ständigen Klimaveränderungen anpassen, aber nicht weil sie es wollten.... sie mussten es und die Menschen müssen es noch heutzutage. Viele unserer heutigen Lebensräume, aber auch Fähigkeiten und Kenntnisse haben ihre Wurzeln in dieser Eiszeit. Ein Wechsel zwischen kalten und warmen Phasen gab es in der Erdgeschichte schon häufig. Zum Ende der letzten Eiszeit, vor ca. 15.000-12.000 Jahren, führten die dann folgenden wärmeren Sommer zu einer weiteren Entwicklung und Ausdehnung der Wälder. Als anschließend der Meeresspiegel weiter anstieg, wurde die Tundra in ihrer Ausdehnung über mehrere Tausend Jahre auf ein Minimum von der heutigen Fläche reduziert. Viele Jahre später kam ein Abkühlungsphase, die bis zur „Kleinen Eiszeit“ (von Anfang des 15. Jhd. bis ins das 19. Jhd.) anhielt. Die Folge davon war ein Rückzug der Baumgrenze nach Süden, die im Verlauf vieler Jahre ihre heutige Position erreichte und gleichzeitig dehnte sich die Tundra aus. Das war und ist bis heute eine äußerst komplexe Entwick-

lung. Forscher haben herausgefunden: In der Größenordnung entspricht der Unterschied zwischen dem Klima der Eiszeit und der Gegenwart etwa dem, der durch den anthropogenen Klimawandel bis zum Ende des 21. Jhd. zu erwarten ist.
Heutzutage wird der Klimawandel als Ursache globaler Katastrophen angesehen. Für die Menschen der Antike waren Warmzeiten Erfolge für gute Ernten. Kälte bedeutete Hunger und Not. Besonders markant war das mittelalterliche Klima-Optimum, als sich nach der Eiszeit vor 11.000 Jahren große Teile der Nordhalbkugel in 50 Jahren um etwa 10° erwärmten. Und in den folgenden Jahrtausenden waren die Temperaturen mehrfach rund 1° über den heutigen. In diesem Verlauf änderten die Menschen sich nahezu global von Jägern und Sammlern zu Ackerbauern und Viehzüchtern.
Katastrophen und Klimawandel von der Antike bis heute – über die Klimawandelereignisse der letzten 2500 Jahre gibt es unzählige Bücher, Berichte etc. und die Forschungen hierzu hören nie auf, weil die Erde „ein Lebewesen" ist.
Es wird noch immer geforscht, ob das Eiszeitalter schon zu Ende ist, oder leben wir derzeit in einer Warmzeit-Periode? – auf die irgendwann die neue, nächste Kälte-Welle mit Vergletscherung folgt?
Solange die Erdachse ihren gegenwärtigen Neigungswinkel beibehält, wird es in den Gewässern des Nordens immer Eis geben; der Meinung waren

schon vor über 200 Jahren die früheren Nordmeer-Forscher. Wissenschaftlich spricht heute vieles dafür, dass wir uns in einer Art Zyklus globaler Erwärmung befinden, denn nach den verschiedenen Phasen der langen Vergangenheit sind wir, gemäß den aktuellen Forschungen, bereits über die sogenannte Erwärmungsphase hinweg und müssen uns sehr wahrscheinlich auf eine neue Kältephase einstellen, die in ca. 20-30 Jahren beginnen könnte, oder auch sehr viel später.
Das Klima-Thema ist eine ganz besondere, äußerst komplexe Wissenschaft für sich. Ich kann und möchte hierzu nur sehr wenig schreiben, weil sich die Erkenntnisse ständig verändern, erneuern und ergänzen, das ist auch gut so. Der Mensch erforscht so gut es geht und man kann nur hoffen, dass der Mensch nicht die Natur und Lebensräume der Arktis kaputt-forscht.
Die Arktis - die Entstehung des arktischen Eises vor 2,7 Millionen Jahren. ... Lange hatten Wissenschaftler gerätselt, warum sich im Norden erst so spät Eis gebildet hatte. Am Südpol sind die Gletscher viel älter, ca. 36 Millionen Jahre alt sind.
Die Arktis - ein Gebiet, das sich mittlerweile schneller erwärmt, als irgendwo anders auf der Welt. Die Eisflächen und das Eisvolumen in der Arktis schmelzen dramatisch und Forscher haben festgestellt, dass rund um den Nordpol im Winter innerhalb von 50 Jahren die Durchschnittstemperaturen

um mehrere Grad gestiegen sind. Das Eis schmilzt schneller als früher und wenn der weltweite CO_2-Ausstoß nicht verringert wird, ist das arktische Sommereis in ca. 20 Jahren verschwunden und das Meer um dem Nordpol wird eisfreier werden. 2007 zeigten Messungen eine Abnahme der Eisfläche im Vergleich zum Durchschnitt der Jahre 1978-2000 um 40–45 % auf 3 Millionen km^2 und über 1 Million km^2 Eis ist geschmolzen. 2012 war die Eisfläche nur etwa halb so groß wie noch in den 1980er Jahren, aber 2013 wuchs die Fläche des arktischen Eises wieder. Auf Grönland schmilzt das Eis schneller als in der Antarktis, über 500 Milliarden Tonnen sind 2019 schon weg, soviel, so dass der Meeresspiegel fast 2mm anstieg. Wegen diesem extremen Sommer kam weniger Eis durch Schneefall wieder dazu, ca. 50 Milliarden Tonnen, dennoch schmolz weniger als im Rekordjahr 2012. Von 1980-2010 waren jährlich ca. 370 Mill. Tonnen Eis wieder hinzugekommen. Und... seit 2002 sind 5000 Millionen Tonnen Eis verschwunden (gem. Info ARD/ März 2021).
Wenn diese Entwicklung so bleibt, was vermutet wird, könnte die Arktis bereits 2030/35 im Sommer eisfrei sein, Nordwest-Passage und auch die Nordost-Passage werden dann ganzjährig „schifffahrtstauglich“ und dieses ist im Grunde genommen keine gute Prognose.
Amerikanische Forscher wollen herausfinden, die natürlichen Schwankungen des arktischen Klimas

besser zu verstehen, dadurch könnte genauer vorhergesagt werden, wie es mit dem arktischen Meereis in den nächsten Jahren weitergehen wird. Mittlerweile geben Satelliten Übersichten vom Eiszustand an beiden Polen.
Auf den Gletscherflächen bildet Schmelzwasser reißende Ströme, diese sammeln sich zu kleinen Seen mit bis zu 7 km^2 Größe und fließen unterirdisch ins Meer. Der Meeresspiegel steigt durchschnittlich um 1 mm jährlich. Vieles mag am Jetstream liegen, der sich, entgegen des Uhrzeigersinnes, wie eine Art fließendes Band sternförmig zwischen den 30. und 60. Breitengrad um die Nordhalbkugel zieht und die warmen und kalten Luftmassen trennt, in unregelmäßiger Folge. Oft wird dabei warme Luft aus dem südlichen Gebieten angesogen.
Der Schnee in Alaska hat zugenommen, das ist schwierig für die Tierwelt, die oft weite Strecken zurücklegen müssen. Das Eis gefriert später und taut früher.
„Gewinner" des Klimawandels ?!
Auf Grönland werden die Winter zunehmend ärmer an Schnee, es regnet öfter und kühlt danach wieder ab. Aus dieser (Ver)änderung versuchen die Inuit den Süden Grönlands landwirtschaftlich aufzubauen, mit Winterfutter für Nutztiere, was dann nicht mehr importiert werden müsste und Züchtung von Schafherden ...und vielleicht gelingt bald

auch andere Viehzucht, sowie Getreide und Gemüseanbau?! Viehzucht und Landwirtschaft haben schon die Wikinger begonnen, aber wegen den arktischen Wetterbedingungen ist das nichts geworden und auch die Wikinger sind über die Jahre „eingegangen".
Die andere Seite der Klima-Sache ist: die Inuit fühlen sich immer mehr um ihre Existenz und ihr Leben bedroht. Das traditionelle Leben und die Jagd spielten eine sehr große, lebenswichtige, Rolle für die Menschen. Weil die Meereisdecke immer dünner wird, sterben jedes Jahr viele Jäger, die sich mit ihrem Schneemobil auf zu dünnes Eis hinauswagen oder es einfach unterschätzen und einbrechen.
Der zunehmende Schiffsverkehr vertreibt die Tiere.
Der Lebensraum der arktischen Tierwelt ist schon heute arg bedroht, besonders durch steigende Wassertemperaturen und die Luft-Bedingungen.
Die hat sich ebenso verändert und tut es unaufhörlich. Umweltgifte aus dem Meer steigen in die Atmosphäre, Schwermetalle lagern Rückstände in den Tierkörpern, in deren Fettschicht. Dies wiederum gelangt in die Nahrungskette der Inuits... ein ganz schlimmer Umwelt-Kreislauf!
Die arktische Wirtschaft hängt stark von den Klimabedingungen ab. Die wichtigsten Wirtschaftszweige waren und sind teilweise noch immer die Pelztier- und Rentierjagd und –zucht sowie die Fischerei. Das Nordpolarmeer war und ist äußerst

fischreich und seit Beginn der indigenen Völker-Ansiedlung, bis heute, gibt es viele Fangflotten und früher wurde nahezu exzessiv Wal- und Robbenfang betrieben. Die Urvölker lebten davon, für ihren Eigen- und Überlebensbedarf, viel später begann die Gier und die rücksichtslose Ausbeute bis hin zur fast bedrohlichen Ausrottung. Das mag, bei den Urvölkern jedenfalls, damit zusammen hängen, dass wegen der klimatischen Gegebenheiten wenig Landwirtschaft möglich war und ist. Die Grönländer hatten schon mit der ersten Ansiedlung auch Viehhaltung, was besonders im Winter schwierig war und oft überstand nur wenig Vieh den langen, kalten Arktis-Winter, daher war der Fisch-und Robbenfang sehr wichtig für sie. In Skandinavien und auch stellenweise in Sibirien/ Russland sieht es wesentlich anders und besser aus mit allgemeiner Landwirtschaft.

Bedroht ist inzwischen auch die Industrie aller arktischen Länder, mit allem was dazu gehört. Die Seewege öffnen sich, weil das Eis an vielen Stellen dünner wird oder im Sommer teilweise für kurze Zeit die Schifffahrt ermöglicht. Mit der Öffnung der Nordwest-Passage durch die Klimaerwärmung ist es vielen Schiffen und Cruiseliners möglich, in die Arktis zu reisen. Aber ob sie auch Geld in die Siedlungen bringen ist sehr zweifelhaft (ist doch alles an Bord, bis auf Souvenirs). Die Passierbarkeit ist für den Schiffsverkehr nach wie vor witterungsbedingt

schwierig, nur über einen kurzen Zeitraum im Jahr möglich und auch das ist nicht vorhersehbar oder klimatisch berechenbar. Aber mit dem Klimawandel und den ansteigenden Temperaturen könnte sich das im Laufe der kommenden Jahre immer mehr ändern, denn schrumpfendes und schmilzendes Meereseis wird mittelfristig eine Befahrbarkeit über das ganze Jahr ermöglichen. Somit kommen immer mehr Schiffe und auch Touristen und dadurch immer mehr Schadstoffe in alle Gebiete. Den Arktis-Tourismus gab es schon immer in irgendeiner Weise und bereits vor über 100 Jahren legten Schiffe bei Spitsbergen an, von Norwegen kommend. Heute ist der Tourismus eine wichtige Einnahmequelle und der Tourist hat die Wahl zwischen Kreuzfahrt und Expedition und mittlerweile können sehr viele Gebiete erwandert werden, Kanufahrten und vieles mehr wird dem heutigen Erlebnis-Touristen angeboten – auf Kosten der arktischen Umwelt? UND ... wenn alles überwiegend eisfrei ist, wird es mit ziemlicher Sicherheit schon bald einem Schiff gelingen, die Nordwest- und Nordost-Passsage „in einem Durchgang“ zu befahren, als Umrundung des arktischen Nordens, an der polaren Grenze entlang. Das wird einige Zeit in Anspruch nehmen.
Für die arktische Wirtschaft öffnet sich „eine neue Welt“ - die Passagen werden schiffbarer und damit halbieren sich die Transportzeiten, in der Nord-

west- sowie Nordost-Passage. Während die größeren Städte und Siedlungen durch Flugzeuge versorgt werden, müssen dennoch im Winter die inzwischen wichtigen Schifffahrtsstrassen durch Eisbrecher freigehalten werden und auch in Zukunft wird es ohne Einsatz von Eisbrechern nicht möglich sein. Eine eisfreie Durchfahrt, überhaupt eine Nordwest-Passagen-Durchfahrt - das war ja der Ur-Gedanke der damaligen Seefahrer ...aber heute? will man das, braucht man das? – mit all der Gefahr für Menschen, Tiere und Natur???
Dieser Seeweg – eine der gefährlichsten Schiffsrouten der Welt – wurde über Jahrhunderte gesucht, sollte eine Abkürzung sein, um schneller an die edlen Güter in Asien zu gelangen. An Umweltbelastungen, Klima-Wandel hat früher niemand gedacht, zumal es früher etwas anders war, aber die Profitgier der Länder, besonders von England, war groß.

Vi må gi etter for verden, hun er ikke interessert i oss.
Wir müssen der Welt nachgeben, sie interessiert sich nicht für uns.
Norwegisches Sprichwort

Der Klimawandel wird niemals aufhören zu wandeln .....
Die 4,5 Milliarden Jahre dauernde Geschichte der Erde und die rund 300.000 Jahre Menschheit ist zugleich die Geschichte des Klimas. Seit der Entstehung unseres Heimatplaneten hat sich das Klima immer wieder verändert. Es hat den Planeten ge-

formt und Leben entstehen und vergehen lassen. Wie konnte die Erde Leben hervorbringen, und wie das Eiszeitalter den Menschen? Was hat das Verschwinden der Dinosaurier mit dem Klima zu tun? Klima – das ist ein unendliches Forschungsgebiet. JEDER einzelne Mensch MUSS UND KANN etwas zum Schutz des Klimas beitragen!!!
Unser Klima ist allgegenwärtig und ohne Stillstand, das ist der natürliche Kreislauf – der Welt.
Bei meiner Reise durch die arktische Natur haben wir uns immer wieder Gedanken über das Klima gemacht, wir waren ja „mitten drin“, im ewigen Eis und haben erfahren, dass jedes Jahr die Eis-Situation eine andere ist. Das hat sich zu früher, als die Entdecker unterwegs waren, nicht viel geändert. Hat ein Seefahrer gewisse Gebiete eisfrei, oder nahezu eisfrei vorgefunden, so hat er, oder ein anderer Seefahrer, im Folgejahr das totale Gegenteil erlebt. Und da unser Klima ein wichtiges Thema in unserem Leben geworden ist und sehr viel Beachtung braucht, möchte ich ein paar „Klima-Gedanken“ schreiben. Es betrifft nicht nur die Arktis, die Pole, die Wüste oder einzelne Teile der Erde, der Klimawandel hat seit der Entstehung der Erde begonnen und wird nie aufhören, sich immer weiter zu wandeln.

Wir Menschen haben die Erde geschenkt bekommen und wir haben die ehrenvolle Aufgabe, sie auch wie ein schönes Geschenk zu schätzen und zu behandeln.

*****

-------- Aus der Gier von damals ist heute Wissbegier und Neugier geworden – aus den Machtgedanken von einst ist Ohnmacht entstanden, in Bezug auf den Klimawandel --------
ein Teufelskreis zieht seine Kreise.....

Das globale, arktische Gebiet stellt keine einheitliche Region dar und es gibt Konflikte zu den jeweiligen Gebietsansprüchen und Hoheits-Gewässern. Alles wirkt mittlerweile wie eine Art Wettrennen mit der Erschließung der Arktis, welchen Ländern gelingt der Vormarsch, oder ist schon gelungen? Durch die Klimaerwärmung geht die Eisfläche der Polargebiete stark zurück und legt eine Menge Bodenschätze frei. Gewaltige Erdöl- und Erdgasvorkommen werden immer mehr entdeckt, können ausgenutzt werden. Schätzungsweise bis zu 25% der weltweiten Erdöl- und Erdgasvorkommen befinden sich unter dem Eis, im arktischen Meeresboden, soweit konnte schon erforscht und festgestellt werden. Da jedoch nicht eindeutig geklärt ist, wem diese Bodenschätze „gehören“, entsteht ein regelrechter Kampf darum. Für diese Rohstoffe ist mittlerweile Norwegen einer der führenden Exporteure der Welt. Der Mensch sucht nach Rohstoffen (Erdöl /Erdgas sowie „kostbare“ Bodenschätze) und internationale Konzerne wollen darin investieren.

ABER: die Gier auf all diese unschätzbaren Energie- und Rohstoff-Vorkommen, auf neue Reichtümer durch Rohstoffe ist groß und wird immer umfangreicher, die Vorkommen werden zunehmend ausgebeutet. Die Länder, die Menschen sind hungrig nach mehr Energie und dafür werden (immer mehr) Rohstoffe gebraucht. Eine Rohstoffgewinnung ist wichtig für die Nachhaltigkeit. Ein großer Teil des Erdöls für die USA stammt aus Nordalaska. Hier werden pro Tag über 1,5 Millionen Barrel Rohöl gefördert. Entlang der Küste liegen viele Forschungsstationen, die nach immer neuen Erdölquellen suchen. Ein Hauptproblem beim Abbau der Rohstoffe ist die Erbeutung ohne Rücksicht auf die Umwelt. Dadurch werden die empfindlichen Böden, das Grundwasser und die Eisflächen arg verschmutzt, sodass ein großer Umweltschaden entsteht. Seit die vielen reichen Bodenschätze (ein unpassendes Wort, denn Schätze sind doch andere Dinge?!?) entdeckt wurden, landen mittlerweile auf den Eisflächen, die früher immer nur mit Hundeschlitten befahren werden konnten, hochmoderne technische Geräte, Helikopter und Fahrzeuge. Das verdrängt die Eisbären und die Eskimo zusätzlich, es sei denn, sie bekommen eine Arbeitsmöglichkeit.

In Grönland laufen Ölbohrungen auf einer Fläche, ungefähr so groß wie England und ausgerechnet ist es der Rohstoff, dessen weltweiter Verbrauch maßgeblich zum globalen Klimawandel beiträgt --- ein Teufelskreis. Schon vor über 50 Jahren wurde vor den Auswirkungen der fossilen Brennstoffe gewarnt. Die weltweite Verbrennung dieser „Stoffe" bewirkt, dass die beiden Polkappen kontinuierlich schmelzen und dadurch steigt der Meeresspielgel stetig an. Die Ölförderungen, ein sich ständig vergrößernder Wirtschaftszweig, bringen den arktischen Ländern Arbeitsplätze und gute Steuereinnahmen. Ebenso ist Gas ist ein wichtiger Energieträger für Deutschland und andere Länder geworden. Die Industrie, insbesondere was Alaska betrifft, mit dem Prudhoe-Bay-Ölfeld, das größte Erdölvorkommen der USA, in Prudhoe Bay/Alaska und vor 1-2 Jahren wurde Methan-Vorkommen entdeckt, entwickelt sich immer mehr und alles engt den Lebensraum der Eisbären ein. Aber allen Tieren steht nach und nach eine dramatisch-bedrohliche Lebens-Änderung bevor, wie die Wissenschaft immer wieder feststellt und warnt. Das gilt auch für alle anderen Bewohner der gesamten Arktis.

In der zentralen West-Arktis, auf Cornwallis Island, waren oder sind immer noch Blei- und Zinkbergwerke in Betrieb. Im Übrigen hat sich der Bergbau stark entwickelt und das ganze arktische Gebiet ist, rund um den Globus, reich an diversen Bodenschätzen und neben Kohle, Erdgas und Erdöl kommen verschiedene Metalle vor: Aluminium, Blei,

Chrom, Eisen, Erz, Kobalt, Kupfer, Nickel, Platin, Uran, Zink, Zinn, sowie auch Jod, Magnesium, Phosphor und sogar Silber und Gold (überwiegend in Alaska und Sibirien).
Der Mensch hat allgemein den unbezähmbaren Drang, dorthin zu gehen, wo noch keiner war, über die Grenzen der kartierten Welt. Vielleicht gut so, dass eine sehr große Fläche unter dem Eis liegt und so schnell nicht entdeckt werden kann !!!
Der Klimawandel hinterlässt ständig große Spuren. Das Schmelzen des Eises in den arktischen Nationen kann man auch als „Regenwald der Arktis" bezeichnen. Der WWF warnt immer wieder vor einer Ausbeutung und eine bedrohte Tierwelt.
Auswirkungen des Klimawandels:
Die Erde hat und ist ein empfindliches Öko-System und die Folgen des Klimawandels sind im hohen Norden dramatischer als vielleicht anderswo, berichten Forscher der nordischen Länder. Seit über 30 Jahren taut der Permafrostbereich. Eine von mittlerweile vielen Folgen des Klimawandels, die alle Vegetationszonen betrifft, ist die regelrechte Verschiebung der Klimazonen. Das mehrjährige, dicke Eis wird immer dünner, die jährlich neue Eisschicht ist ebenso dünner als noch vor einigen Jahren, somit kann das Eis davon nicht mehr viel dicker werden und die Temperatur ist allgemein um ca. 5-10° gestiegen. Durch den Temperaturanstieg werden die Tundren und Polargebiete immer wei-

ter zum Nord- und Südpol hin verschoben und wärmere Klima- und Vegetationszonen breiten sich aus. Dadurch sinkt die Fläche der Tundren deutlich, sodass es in naher Zukunft bereits zum Aussterben der beheimaten Tier- und Pflanzenarten kommen könnte. Besonders betroffen sind Arten, die sich nicht schnell genug anpassen können und den veränderten klimatischen Bedingungen schutzlos ausgeliefert sind. Ähnlich wie sich in unseren deutschen Wäldern der Borkenkäfer arg verbreitet und Schaden anrichtet, sieht es in Norwegen und Schweden mit dem Birkenwuchs aus. Dort befallen Larven die Bäume und die Eier überleben wegen den milderen Wintern. Außerdem „klettert" die Polarkreis-Baumgrenze seit gut 50 Jahren sichtbar die Hänge hinauf. Diese dann neuen Waldgebiete in Kanada, Sibirien und Russland breiten sich immer mehr nach Norden aus, verdrängen mit der Zeit den bisherigen Permafrostboden der Tundra und da die Erde dort das Sonnenlicht dann nicht mehr reflektieren kann, sondern die Sonnenwärme aufnimmt, erwärmt es sich dadurch... so steigt die Temperatur, anstelle umgekehrt... einer von vielen „Klima-Teufelskreisen". Der Permafrostboden erwärmt sich weltweit, auch in den Alpen fällt es den Forschern auf und sie machen sich Sorgen, suchen nach Lösungen, wie man mit Kunstschnee-Anlagen die Gletscher-Schmelze zwar nicht aufhalten, aber

verzögern könnte. Durch das Abtauen des Permafrostbodens entstehen neue „Gefahren“, denn Wissenschaftler erkennen schon jetzt, dass sich Kohlendioxid und auch Methan freisetzen wird, durch ganz natürliche Prozesse. Das sind genau diese „Treibhausgase“, die schon seit Jahren den Temperaturanstieg erzeugen.
Außerdem befürchten Geoforscher, dass Tsunamis, die durch Bergstürze ausgelöst werden, sich in Zukunft, durch den Klimawandel, häufen könnten. Nicht nur vor Grönland, sondern auch in anderen Küstenregionen, wo Gebirge entlang von steilen Fjorden verlaufen, wie z.B. in Norwegen. Im November 2000 ereignete sich ein gewaltiger Bergsturz im Gebirgszug an der grönländischen Westküste, gegenüber der Nordseite der Diskoinsel. Hier stürzte ein Teil dieser Gesteinslawine in den Vaigat Sound, zwischen Diskoinsel und Festland. Kurz darauf kam es zu einem weiteren Bergrutsch, diesmal unter Wasser. Und das löste eine Tsunami-Welle aus, die nach 60 km die Diskoinsel erreichte. Sie war rund 28 m hoch und zerstörte ein Großteil der Gebäude in Qullissat, der, zum Glück, längst verlassenen, früheren Bergarbeiter-Stadt.

Derzeit : Klimawandel, einerseits Nachteile, andererseits Vorteile

Die Erde erwärmt sich nirgends so schnell wie an den Polen. Mit dem Klimawandel und den damit verbundenen ansteigenden Temperaturen könnte

sich das im Laufe der nächsten Jahre ändern. Schmelzende Eisflächen und dadurch weniger Meereis könnten dann die Befahrbarkeit vielleicht sogar das ganze Jahr über ermöglichen. Neben Kanada stellen auch andere an die Arktis grenzende Staaten Gebietsansprüche in der Polarregion, die dadurch für den Schiffsverkehr immer wichtiger wird und in der auch die reichen Bodenschätze lagern. Ein neuer Wirtschaftsraum erwacht. Die Region sieht sich als zukünftiger Gewinner des Klimawandels, trotz aller Folgen für die unberührte Landschaft und trotz der Folgen für die Heimat von rund 30 indigenen Völkern, die hier von Jagd und Rentierhaltung leben. Von Nordamerika über Lappland bis nach Sibirien werden mittlerweile Planungen für Häfen, Bahnstrecken und Kraftwerke vorangetrieben. Finanziert von internationalen Investoren. Denn bei diesem Jahrhundertprojekt will jeder der Erste sein.
Wissenschaftler haben eine Menge erforschen können, um zu verstehen, wie diese weite Welt lange, lange, vor der Eiszeit ausgesehen hat, wie Menschen und Tiere zu dieser Zeit entstanden sind, sich entwickelten und lebten. Noch sind viele und große Teile der Arktis vom ewigen Eis bedeckt. Vor über 30 Jahren war das Eis überall noch wesentlich höher aus heutzutage. Da das Packeis schwindet, wird weniger Wärmestrahlung ins All reflektiert, die Temperaturen sind in der Arktis in den letzten

Jahrzehnten deshalb schneller gestiegen als in anderen Gebieten der Erde. Ganz global, rund um die Erde, in der Antarktis, in den Alpen, Alaska und Russland, ist das Packeis extrem vom Schmelzen bedroht und damit die globale Natur- und Tierwelt. Das erschwert den auf dem Eis lebenden Tieren zunehmend das Leben.

Viele Tiere sind bedroht und Überfischung im Nordatlantik nimmt zu

Obwohl in den arktischen Regionen kaum Menschen leben, gefährden dennoch die Menschen massiv die Tierwelt. In den vergangenen Jahrhunderten wurden viele Meeressäuger fast bis zur Ausrottung gejagt. Die massive Bejagung im 19. und 20. Jhd. ließ die Bestände vieler Walarten, wie **Blau-, Buckel- und Pottwale zusammenbrechen.** Das „heutige" Problem ist die Überfischung im Nordatlantik. Auf diese Weise wird das fragile Gleichgewicht der Nahrungskette extrem bedroht. Im Grunde weiß jeder, dass durch weltweite Fischerei die „Gesundheit" der Weltmeere und dadurch auch die Gesundheit der Menschen „immer schwieriger wird" und ohne gesunde Meere und Meeresbewohner können Menschen und Tiere nicht (über)leben. Wohlbemerkt: die Inuit dürfen Robben jagen, das bedeutet nicht nur eine alte Tradition, es bedeutet ihr Leben und ihre Ernährung. Schlimm ist auch die Bedrohung durch Umweltgifte, die sich sehr hoch konzentriert im Ökosystem Arktis anlagern. Sie gelangen mit dem Wind und Meeresströmung nahezu aus allen Ländern der Welt dort hin und können aufgrund des Klimas nur sehr langsam bis gar nicht abgebaut werden. Hinzu kommen noch Ölbohrungen, der Schiffslärm und –verschmutzungen, die weitere Bedrohungen für die arktischen Tiere sind. Mittlerweile gelten zahlreiche arktische Tierarten als gefährdet. Wissenschaftler gehen davon aus, das sich dieser Zustand ehr verschlechtern als irgendwie verbessern wird. Außerdem „lebt" auch die Sonne und versprüht unaufhörlich ihre Sonnenwinde, die zwar schöne Polarlichter bilden, aber im ewigen All gefährlich sind. Wissenschaftler vermuten, dass sie bis in 200.000-500.000 oder mehr Jahren immer weniger wird, ihre weltweit benötigte Wärme nicht mehr abgeben kann und vielleicht zerplatzt sie sogar, aber soweit kann heute keiner vorausschauen.

Die weltweite Klimabelastung ....

...ist durch unsere Ernährung, ebenso durch Im- und Exporte mit den Jahren auch immer schlimmer, extremer geworden und kaum jemand denkt dabei an Kühe, Milch und Butter, Gemüse, Früchte und vieles mehr. Mal abgesehen von (Tanker-) Umweltkatastrophen, Treibhaus-Gasen und diversen Umweltsünden. Die große Sorge um erneute Tankerkatastrophen und Beeinträchtigungen für die Umwelt, besonders für die Tierwelt, wird immer bestehen. >>>> Außerdem müsste weltweit

viel intensiver erneuerbare Energie verwendet werden, solange die Sonne diese Energie „umsonst“ (an)bietet!
Es ist für jeden von uns Menschen, global, wichtig zu wissen, was jeder Einzelne zum Schutz des Klimas beitragen kann.... von Plastik, Mikroplastik und Müll bis hin zur Ernährung und CO_2- Belastung... eine unendliche Kette der „vermeidbaren“ Möglichkeiten! (Und Deutschland ist das 10. dreckigste Land der Welt!!!)
Wie lange wird es noch so bleiben ???
Oder wird die Arktis Region bald eine Art Naturpark ???

<u>WOHIN SCHREITET DER FORTSCHRITT??</u>

>>>> Forscher und Wissenschaftler vermuten, dass es in ca. 100 bis 150 Jahren, vielleicht auch viel früher, an den Polen kein Eis mehr geben wird und bisher kann nicht erforscht, sondern nur spekuliert werden, wie sich dies auf alle Gebiete der Erde auswirken könnte ... >>>>

Wir erben die Erde nicht von unseren Vorvätern,
wir leihen sie von unseren Kindern
<u>Indianische Weisheit</u>

Indianisches Denken und ihre Lebenshaltung unterscheidet sich sehr von unserem (westlichen) Denken und unserer Einstellung zum Leben. Der Indianer fühlt sich als ein Teil der Erde, während für uns (Weiße) der Mensch der “Herr der Schöpfung” ist und berechtigt, die Natur zu unterwerfen und dienstbar zu machen. Für Indianer, und auch für Eskimo, lebt die ganze Schöpfung in einer Einheit:

Erde, Tiere, Menschen und die wunderbare Natur. Deshalb ist das Verhältnis der indigenen Bevölkerung zur Schöpfung von einem besonderen Respekt bestimmt, den wir Weißen leider nicht (mehr) besitzen, längst verloren haben.
Wir müssen diesen indianischen Respekt annehmen, es ist so einfach!
Wir alle können das große Unrecht früher Tage nicht wiedergutmachen. Aber erst heutzutage, da unsere Rücksichtslosigkeit gegenüber vielen anderen Geschöpfen sich gegen uns zu wenden beginnt und die dadurch zerstörte und extrem ausgebeutete Natur uns nun selber zu zerstören droht, können und müssen wir den Schmerz und die Verzweiflung der indianischen Völker begreifen. Sie mussten einst erleben, wie all das, was ihr Leben und Lebensraum war, ihre (und unser aller) Mutter Erde mit den vielfältigen Lebensformen, genauso missachtet wurde wie sie selber. Wir Menschen, weltweit, müssen dringend unseren Planeten schützen, wie einen kostbaren Schatz, denn er ist unser einzig kostbarster Schatz - er ist unser aller Zuhause !!!

Erst wenn der letzte Baum gerodet,
der letzte Fluss vergiftet,
der letzte Fisch gefangen ist,
werdet ihr feststellen,
dass man Geld nicht essen kann!
Indianische Weisheit

---- Noch bestimmt die Arktis !-------

Mit der Eroberung der NWP wurde ein oder der Menschheits-Traum erfüllt, für den sehr viele Seefahrer ihr Leben auf`s Spiel gesetzt oder verloren haben. Das Vermächtnis wirkt noch heute und weiterhin forschen Menschen in dem Gebiet. Diesmal nicht zum Entdecken, jetzt geht es um den Erhalt der wunderschönen Natur, dem Lebensraum von Menschen und Tieren.

******

Die Arktis unser kostbarer Juwel im hohen Norden
The arctic .. our precious jewel in the far north
Arktis .. vår dyrebare juvel i nord!

SCHLUSSWORT

Ich liebe Reiseführer, die habe ich schon immer geliebt. Vorab kann man sich orientieren, was auf jeden Fall sehenswert ist und während der Reise kann man vieles vergleichen und Informationen nachgelesen zu den Dingen, die einen jeweils gerade umgeben oder die geplant sind. Leider hatte ich einmal einen Reiseführer, in dem die Wanderrouten etwas in die Irre geführt haben. Das war auf Madeira. Vielleicht lag es auch daran, das keiner portugisisch verstand?!
Mein Wissen habe ich durch das Lesen von sehr vielen Büchern bekommen, von div. Berichten, Filmen, Videos, Webseiten-Info`s, Radio- und TV-Sendungen (oft im „Steno-Stil" etwas mitgeschrieben). Ich habe mich im Buchverlauf viel an die historischen Quellen gehalten und eine Quintessenz aus diversen Büchern, Filmen etc. zusammengestellt, mit besten (Ge-) Wissen, dass alles korrekt ist.

/// Alle Quellen sind aufgeführt.

**** **Fotos: Astrid Götze-Happe** ****
==

QUELLEN und Literaturhinweise / Tipps :

TV-Reportagen aus: Terra X, / ZDF / ARD/ WDR, WDR-Quarks / NDR /ARTE/ PHOENIX/ALPHA
ARTE / NDR: Faszination Arktis / Tauchgang unter dem Eis ---> sehr interessante Reportage
ZDF Reportage: Drama im ewigen Eis
www.arte.tv/de/videos/078740-000-A/nach-dem-eis
Terra X - Die Nordpol Verschwörung / You tube
Terra X – Faszination Universum

Bücher:

Buch: Mai`s Weltführer Grönland
Buch: Die Grönland Saga, Jane Smiley
Buch: Die Wikinger, Geschichte und Legende / Magnus Magnusson
Buch : Die große Schlittenreise / Knud Rasmussen
Buch : Die Nord West Passage / Struzik/Beedell
Buch: Nordwestpassage: für dreizehn Arglose und einen Joghurt, Tina Uebel
Buch: Tag und Nacht Arktis, die Tiere
Buch: Was ist Was: Polargebiete
Buch: Was ist Was: die Eiszeit
Buch: Am Ende der Eiszeit / Klaus Scherer
Buch: Nordmeerkreuzfahrten und Hurtigruten / A.Diebold
Buch: Dumont`s Lexikon der Seefahrer und Entdecker / Fernand Salentiny
Buch: Arktis / Brando Quilici
Buch: Die Arktis - Leben im ewigen Eis / Marco Nazarri
Buch : Roald Amundsen: Die Nordwest-Passage. Meine Polarfahrt auf der Gjøa 1903-1907.
Buch: Abenteuer Hurtigruten / Kai-Uwe Küchler
Buch: Nordwestpassage / Helfried, Weyer

Buch: Das Rätsel der Nordwestpassage / Kurt Lütgen
Buch: Nordwestpassage Der Mythos eines Seeweges /A.Fuchs
Buch: Polarsvindlerne / Nils Aage Jensen
Buch: Arctic and Northern Waters (Englisch, 2014) / A. Wilkes
Buch: Eskimos - Wally Herberts
Buch: Menschen im Land des langen Tages (deutsch von Vitalis Pantenburg) / 1977 -> Dtsch.Jugendliteraturpreis
Buch: Aufbruch ins Unbekannte - James Cook - Entdeckungsfahrten im Pazifik - Die Logbücher der Reisen von 1768-1779 / A. Grenfell Price

Buch-Tipps, außer den oben genannten:
Abenteuer des Kapitän Hatteras / Jules Verne (Autor) //
Die bedeutendsten Entdecker und ihre Reisen /Ein Lexikon von Heinrich Pleticha und Hermann Schreiber
Buch: Wo Berge segeln / Heide Wilts // Buch: Who's Who der Piraten /nach der Originalausgabe aus dem Jahr 1924 von Philip Gosse und Thomas M. Meine // Buch: Immer noch 1000 Meilen zum Pazifik. Die Abenteuer des Alexander Mackenzie / Hans-Otto Meissner
Buch: Kundschafter am St. Lorenzstrom. Die Abenteuer der Weltentdecker / Hans-Otto Meissner // Buch: The Voyages of William Baffin / Clements R. Markham (Englisch) // Buch: The Voyage of the Jeannette - The Ship and Ice Journals of George W. de Long, Lieutenant-Commander U. S. N. and Commander of the Polar Expedition of 1879-1881 / herausgegeben von Emma De Long (Englisch)
GEO KOMPAKT (Nr. 56/2018) // Buch: Die Geburt der Erde
Tagebuch einer Entdeckungsreise nach den nördlichen Polargegenden im Jahre 1818 (Deutsch) Taschenbuch / Autor: William Edward Parry
Buch: Der eisige Schlaf: Das Schicksal der Franklin-Expedition / Owen Beattie , John Geiger (2015 / Deutsch) National Geographic // Originaltitel: Frozen in Time. The Fate of the Franklin Expedition.

Buch: Erebus: Ein Schiff, zwei Fahrten und das weltweit größte Rätsel auf See (2019 / Deutsch) /Michael Palin
Buch: Terror Taschenbuch-Roman / Dan Simmons // Friedrich Mader (Übersetzer) // Buch: Francis McClintock - Die Reise der „Fox" im arktischen Eismeer / Stefan Christoph Saar und Eckhard Berkenbusch
Buch: Life of Admiral Sir Leopold McClintock / Cambridge Library Collection/ Clements R. Markham // Buch: Barrow's Boys - Eine unglaubliche Geschichte von wahrem Heldenmut und bravourösem Scheitern (2002/ Deutsch) / Fergus Fleming, Henning Ahrens
Buch: Birds of Nunavut / James M. Richards und Anthony J. Gaston (Englisch) // Buch: Abschied vom Eis - Ein Weckruf aus der Arktis / Peter Wadhams // Buch: Discovery – The autobiography of Vilhjalmur Stefansson / 1964
Ganz aktuell: Arved Fuchs - Das Eis schmilzt -Klimaschutz und Wirtschaft neu denken /
Radio-Doku: Das Feature /Polarfieber, über die Jagd nach Resourcen der Arktis / Christian Schwalb -->
www.ndr.de/info/sendungen/das_feature/ARD-radiofeature-Polarfieber,sendung949754.html
Web-sites: www.plantet-wissen.de
eng.geus.dk/media/12245/nr14_p50-64.pdf
de.wikipedia.org/wiki/Grönland
denstoredanske.lex.dk
visitgreenland.com
visitgreenland.com/de/wp-content/uploads/2018/08/info_food_de.pdf ---->Tipp: etwas über die grönländische Esskultur
www.lexas.de
www.hurtigruten.de/reiseziele/nordwest-passage/
www.wdr.de/programmvorschau/wdr5/uebersicht/2019-10-27/
wki.bildungsserver.de/klimawandel/index.php/Gr%C3%B6nl%C3%A4ndischer_Eisschild

www.nzz.ch/wissenschaft/klima/wie-die-arktis-rasch-an-eis-verliert-ld.1288161
iugs.org/33igc/coco/EntryPage-c11010-p5006-o10553-l0-p5003.html
aguubs.onlinelibrary.wiley.com/doi/full/10.1002/2018GL077204
www.knut-helga-nordwest.de/nordwest-passage-tag-22-39/tag-37-beechey-island-radstock-bay/
www.tageo.com/index-e-ca-v-14.htm --- sehr interessant !
fishing-app.gpsnauticalcharts.com
www.thecanadianencyclopedia.ca
www.canadiangeographic.ca
www.biographi.ca
de.wikipedia.org/wiki/Nunavut
nunatsiaq.com
www.destinationnunavut.ca
Parks Canada / www.pc.gc.ca
geographic.org/geographic_names
libdbserver.princeton.edu/visual_materials/maps/websites/northwest-passage/ross1-6-2-full.jpg
www.youtube.com/watch?v=PqxT2aQg0og&feature=emb_rel_end ----> Northwest Passage Animated map
www.youtube.com/watch?v=nRVij0p76Ts ---> Discover the Northwest Passage
www.youtube.com/watch?v=QikR10v_F4I ---> Victoria Strait Expedition 2014: The Search
www.youtube.com/watch?v=csdugYpZ3Qc ---> Victoria Strait Expedition 2014: The Find
www.youtube.com/watch?v=T4ghd5PY9Z0 ---> Finding HMS Erebus
www.youtube.com/watch?v=MN61zqlDbzQ ----> HMS Erebus – Das arktische Totenschiff taucht auf. GERMAN DOKU
www.youtube.com/watch?v=gT7u2GlEfxs ----> Rare footage of Vilhjalmur Stefansson the Arctic explorer (1957)

The Atlas of Canada – Sea Islands
web.archive.org/web/20121006182302/http://atlas.nrcan.gc.ca/auth/english/learningresources/facts/islands.html
www.meereisportal.de/meereiswissen/was-ist-meereis/entstehung-von-meereis/wachstum-von-meereis/
www.br.de/kinder/inuit-leben-glauben-und-musik-der-eskimos-kinder-lexikon-100.html
www.plantetwissen.de/natur/polarregionen/arktische_tierwelt/index.html#:~:text=Im%20Nordpolarmeer%20lebt%20eine%20große,Zwergwale%20ebenso%20wie%20viele%20Zahnwalarten.
www.medienwerkstattonline.de/lws_wissen/vorlagen/showcard.php?id=5397&edit=0
world.expeditions.com/daily-expedition-reports/176298/
www.nzz.ch/wissenschaft/klima/wie-die-arktis-rasch-an-eis-verliert-ld.1288161
blogs.agu.org/fromaglaciersperspective/2018/09/07/croker-bay-glacier-nunavut-canada-poised-for-further-retreat/
www.cambridge.org/core/journals/polar-record/article/discovery-of-one-of-sir-john-franklins-ships/9CB8C7C82111F17B464CD88E6452E950/core-reader
nunatsiaq.com/stories/article/roald_amundsens_bust_turning_heads_in_gjoa_haven/ Roald Amundsen's bust turning heads in Gjoa Haven
www.klimawarnsignale.unihamburg.de/wpcontent/uploads/2014/04/daniels.etal.pdf Alfred-Wegener-Institut – Helmholtz-Zentrum für Polar- und Meeresforschung
William Robert Hobson (1831-1880) // cdm.ucalgary.ca › article › download
www.canadianmysteries.ca/sites/franklin/archive/text/McClintockFox_en.
www.histoarktis.de/histoarktis_press/zeittafeln/zeittafel-1600-1799/
Wikipedia/ Wikiwand / Geohack

www.cbc.ca/news/canada/terror-wreck-exploration-franklin-expedition-mystery-1.5252023polarjournal.ch/2019/10/01/erste-bilder-aus-dem-wrack-der-hms-terror
www.cambridge.org/core/journals/polar-record/article/finding-the-dead-bodies-bones-and-burials-from-the-1845-franklin-northwest-passage-expedition/85CC991A16D333E020DA1091EF23613C/core-reader
www.canadianmysteries.ca
www.canadianmysteries.ca/sites/franklin/voyage/voyageIntro_en.htm
www.greenpeace.de
www.awi.de
yuri.npolar.no
www.prowildlife.de

DANKE :::
Ich danke meinem Sohn Nils-Björn, der an mich und meine Buch –Idee geglaubt hat und sich mit mir freut!

Ebenso danke ich Doro für die liebe Unterstüzung und die gemeinsam empfundene Euphorie !
Und ein Dankeschön an die Freunde, die meine Vorfreude mit mir geteilt haben, aber noch gar nicht wissen, worum es ganz genau geht und deshalb ganz gespannt sind. Und ein herzliches DANKESCHÖN an meinen Onkel Martin, der ganz erstaunt war, dass ich ein Buch schreiben möchte über diese schöne Reise – er freut sich ganz doll darauf, es zu lesen.

A.G-H.

****

P.S. In der **E-Book – Ausgabe** sind viele schöne Farbfotos und zusätzlich noch weitere, ausführlichere Informationen zu verschiedenen Polarforschern wie z.B. Fridtjof Nansen, über den Nordpol und Nordpol-Entdecker, sowie Wissenswertes zu berühmten Schiffen.
Es ist sehr interessant !

ISBN 978-3-7541-4253-0
www.epubli.de